퇴직연금론

이봉주 · 류건식 공저

傳 英 社

머 리 말

우여곡절 끝에 우리나라에도 퇴직연금제도가 2005년 12월부터 도입되었다. 그러나 퇴직연금제도가 약 반 세기에 걸쳐 존재해 온 법정 퇴직금제도를 궁극적으로 대체할 것으로 예상되며 많은 근로자의 노후복지 및 자본시장 발전 등에 커다란 영향을 미칠 제도임에도 불구하고, 실제 퇴직연금제도에 대한 이해가 매우 부족한 것으로 나타나고 있다. 그 주된 이유는 전혀 새로운 제도가 도입되는 초기 단계인 탓이겠지만 그나마 퇴직연금제도에 대해 전반적으로 파악할 수 있게 하는 국내전문서적이 거의 없다는 것도 일조하고 있다고 생각된다. 본서는 이러한 공백을 채우기 위해 출간되었다.

사실 퇴직연금제도는 이미 1990년대 초반에도 제한적이지만 필요성을 인식, 논의된 바는 있었다. 그러다가 한국이 세계에서 가장 빨리 사회의 노령화 현상이 진행되고, 이로 인해 국가 장래에 다양한 측면에서 부정적인 영향을 미칠 수 있다는 빨간 불이 들어오고서야 비로소 도입되기에 이르렀다.

잘 알려진 바와 같이 한국도 지금 추세라면 2050년에는 65세 이상의 노인이 적어도 인구의 삼분의 일을 점유하게 될 것으로 보인다. 따라서 현재의 25세 사회 초년생 상당수가 21세기 후반으로 들어가게 되면 정정한 노인으로 여생을 사는 시대가 된다는 것이다. 이에 반해 이미 개혁 대상으로 제시되는 국민연금은 군인연금 등과 같은 특수직역연금과 더불어 국가의 재정에 커다란 압박을 줄 것으로 예상되고 있다. 또한 국민연금수급자의 입장에서도 낮은 소득대체율, 수급기간까지의 물가상승 등을 감안하면 기초적인 생활을 하기에도 벅찰 가능성이 높다.

퇴직연금제도를 이미 오래 전부터 운영하고 있는 선진국들도 고령화 문제에 촉각을 곤두세우고 있다. 예컨대 뉴욕타임즈 보도에 의하면, 지난 2005년 10월 OECD 각료 회의에서 벨기에의 연금청장은 현재 추세대로 진행된다고 할 때, 대부분 유럽 국가는 2050년이면 퇴직자 1명당 경제활동종사자 1명이 존재하는 상황에 직면하게 되고, 이는 결국 연금제도와 국가번영에 커다란 위협 요인이 되므로, 이제는 근로자가 보다 오래도록 경제활동에 종사토록 해야만 한다고 결론을 내린 바 있기도 하다.

인구구조상 선진국에서 가장 건전하다는 미국도 7천 5백만 명이 넘는 베이비붐세대가 서서히 퇴직을 앞두고 있음에 따라 노후 준비의 적정성에 대해 매우 우려하고 있다. 나아가 델타항공, 델파이의 파산 신청 등으로 연금개혁이 현재 커다란 화두로 대두되고 있는 실정이다. 한편 공적연금개혁의 주목할 만한 사례로 여겨져 왔던 칠레는 어려움에 직면하여 외부의 놀라움을 자아내고 있다. 한마디로 전세계가 고령화 추세 속에 공적, 사적연금제도의 문제점 때문에 많은 고민들을 하고 있는 상황이다.

이런 맥락에서 미흡한 수급권 보호 장치 등 여러 문제를 갖는 기존의 법정퇴직금 제도를 대체하기 위해 퇴직연금제도는 오히려 더 일찍 도입되었어야만 할 제도라는 것이 저자들의 판단이다. 비록 여러 한계를 갖고 점진적으로 도입되었지만 반드시 성공적으로 정착되어야 할 제도이기도 하다. 한편 퇴직연금제도의 도입에 따른 긍정적인 간접 효과로 거론되는 자본시장의 발전, 금융 인프라의 선진화, 기업지배구조의 개선으로 인한 건전한 자본주의의 정착 등은 신규 직장의 창출과 부의 증대로 근로자 그리고 미래 세대가 향유할 수 있는 과실이기도 하다.

저자들의 바램이라면 본서가 퇴직연금제도의 확산과 정착에 유용하게 활용되었으면 하는 것이다. 이를 위해 본서는 퇴직연금제도를 도입하고 운영하는 일반 기업 및 관련 금융회사의 실무자 그리고 관련 당국자들을 특히 염두에 두고 쓰여졌다. 물론 본서는 대학 및 대학원에서의 퇴직연금 강의 교재로 충분히 이용될 수 있게끔 이론적 내용을 균형적으로 갖추고 있으며 보험계리사 시험의 퇴직연금관련 수험서로도 활용이 가능하다고 본다.

본서는 크게 3부로 나뉘어 있다. 제1부에서는 퇴직연금제도를 개괄적으로 살펴보고자 하였다. 우선 퇴직연금제도의 도입 배경에 대해 논의한 후, 지난 12월 도입된 퇴직연금제도의 법적 체계와 특징을 자세히 살펴보고, 일반적인 퇴직연금제도의 유형과 내용에 대해 논의가 이루어진다. 아울러 퇴직연금시장에 대한 전망 및 해외 퇴직연금제도에 대한 동향이 소개된다. 이번에 도입된 퇴직연금제도에 대한 제도적 이해를 원하는 독자는 제2편을 곧장 참조하면 된다.

제2부는 퇴직연금제도의 이론과 운영에 초점이 맞추어졌다. 퇴직연금제도의 수리 및 재정, 자산운용, 마케팅 그리고 리스크관리에 관한 내용으로 구성되어 있다. 구성 자체는 실무적이지만 내용은 상당히 이론적인 측면을 아울러 갖고 있으며, 보험이나 재무에 대한 사전 지식을 어느 정도 가정하고 있다.

마지막으로 제3부는 퇴직연금의 규제와 감독에 관해 상술하고 있다. 퇴직연금제도는 일반적으로 매우 복잡한 규제를 받는 분야이고, 규제와 제도의 운용은 불가분의 관계라는 점에서 전반적인 규제와 감독의 흐름, 지배구조 및 감독체계에 대해 소개가 이루어졌다.

본서의 저술에 상당한 시간과 노력이 소요되었지만 처음 발간하다 보니 여러 가지로 미흡한 측면이 보이는 점을 부인할 수 없다. 퇴직연금제도의 성격상 제반 법령이 지속적으로 보완되고 개정될 필요성이 있다는 점에서, 본서의 개정은 예상외로 빨리 이루어질 수도 있다. 따라서 저자들이 만족하게 다루지 못한 부분, 예컨대 연금재무와 같은 부분 그리고 기타 오류 및 결점은 개정 작업에서 지속적으로 수정 · 보완하고자 한다. 이 기회에 독자 여러분들께 본서의 개선을 위한 건설적인 제언을 당부드린다.

본서는 저자들의 기존 연구 성과를 적지 않게 담고 있는 만큼 그 동안 연구를 위해 도움을 준 보험개발원 보험연구소의 관련 연구자들에게도 깊은 감사말씀 드린다. 아울러 인쇄 및 교정을 위해 수고해 주신 박영사 직원 여러분들의 노고에도 감사드린다.

2006년 4월
저자 일동

차　례

제 1 부　퇴직연금제도 개관

제 1 편　퇴직연금제도의 도입 배경

제 2 편　퇴직연금제도의 내용과 특징

제 3 편　퇴직연금제도의 유형

제 4 편 퇴직연금시장의 전망과 과제

제 2 부 퇴직연금제도의 이론과 운영

제 6 편 퇴직연금 수리 및 재정

제 8 편　퇴직연금 마케팅

제 9 편 퇴직연금 리스크

제 3 부　퇴직연금제도의 규제와 감독

제10편　퇴직연금 투자규제

제11편　퇴직연금 규제감독과 체계

제12편　퇴직연금 지배구조

[부 록]

제 1 편

퇴직연금제도의 도입 배경

제1장 연금제도의 체계 및 현황

I. 노후소득보장체계와 연금제도의 현황

한국의 노후소득보장제도는 크게 공적 제도와 사적 제도로 분류된다. 공적 노후소득보장제도는 공적연금을 말하며, 이는 일반인을 대상으로 하는 국민연금제도와 특수직역종사자를 대상으로 하는 공무원연금, 사립학교교직원연금, 군인연금 등의 특수직역연금제도로 구성된다. 한편 공적부조의 형태로는 2000년 10월부터 실시한 국민기초생활보장제도와 1998년 7월부터 저소득층 노인을 대상으로 실시해 온 경로연금제도가 있다. 사적 소득보장제도로는 근로기준법 및 기업내규에 의하여 일시금을 지급하는 법정퇴직금제도와 함께 1994년부터 세제혜택을 제공하고 있는 개인연금제도가 운영되고 있다.

따라서 현행 우리나라 노후소득보장제도의 기본체계는 공적연금제도를 1차

표 1-1 한국의 노후소득보장 체계

<table>
<tr><td colspan="2">구 분</td><td colspan="3">일반소득계층</td><td colspan="2">저소득층</td></tr>
<tr><td colspan="2">대 상</td><td>직장
근로자</td><td>자영업자</td><td>공무원 · 사학
교원 · 군인</td><td>저소득층</td><td>빈곤선 이하
계층</td></tr>
<tr><td rowspan="2">추가보장</td><td>3층</td><td colspan="3">개인연금</td><td rowspan="3"></td><td rowspan="3"></td></tr>
<tr><td>2층</td><td colspan="2">퇴직금</td><td rowspan="2">특수직역연금</td></tr>
<tr><td>1차안전망</td><td>1층</td><td colspan="2">국민연금</td></tr>
<tr><td rowspan="2">기초안전망</td><td rowspan="2">0층</td><td colspan="3" rowspan="2">–</td><td colspan="2">경로연금</td></tr>
<tr><td>–</td><td>기초생활보장제도</td></tr>
</table>

안전망으로 국민연금과 공무원연금 등의 특수직역연금이 있고, 공적연금 적용에서 제외된 저소득층에게 경로연금을 지급하며 빈곤층 이하의 계층에게는 최종안전망으로서 기초생활보장제도를 통하여 최소한의 소득을 보장하는 구조로 되어있다.[1] 또한 추가적인 소득보장제도로 직장근로자의 경우에는 법정퇴직금제도가 있으며, 3층으로는 개인연금가입을 통하여 추가적인 소득보장이 가능토록 세제혜택 등을 지원하고 있다. 이처럼 외견상 3층 노후보장체계를 갖고 있지만, 수급권보장 미흡 등 다양한 문제점들로 인해 퇴직연금제도의 필요성이 제기되어 왔다.

II. 연금제도의 유형 및 특징

1. 국민연금제도

현행 국민연금제도는 1988년 10인 이상 사업장 가입자를 중심으로 처음 실시한 이래, 1995년부터는 농어촌지역 주민, 그리고 1999년 4월부터는 도시지역 주민에게도 전면적으로 확대되었다. 이러한 제도 확대에 따라 국민연금 가입자 수는 1988년 약 443만 명에서 2004년 5월에는 약 1,716만 명으로 증가하였다. 그러나 이들 중 현재 도시 및 농촌지역의 납부 예외자가 전체가입자의 1/4 수준에 달해 명실상부한 전 국민연금이 시행되고 있다고 보기 어려운 실정이다.

국민연금제도의 재원은 사용자 및 피용자의 갹출금과 행정관리비의 국고부담 및 재정운용에서 발생하는 이익금으로 조성된다. 보험료는 1988년 제도가입자 월 보수의 3%를 기준으로 노사가 1/2씩 분담하기 시작하여 현재는 노사가 각각 4.5%씩을 분담하고 있다.

한편 지역가입자는 제도 도입시 3%로부터 시작한 후 매년 1%씩 인상하여 2005년 7월까지 9%로 인상되었다. 연금급여는 노령, 장해 및 사망자 유족에 대한 급여제도가 있으며 중도에 탈퇴하는 가입자를 위한 반환일시금제도가 설치되어 있었으나 1999년 법 개정시 이를 원칙적으로 폐지하였다.

1) 2004년 경로연금은 65세 이상의 노인을 대상으로 월 3만원~5만원을 지급하고 있으며 기초생활보장제도는 4인가족의 경우 월 105만원을 지원하고 있다.

국민연금은 도입시부터 제도 설계상 많은 문제점을 지니고 있다. 예컨대 1988년 제도 도입시 40년간 가입한 평균소득자 노령연금의 급여수준을 생애평균소득의 70%로 책정하고 있었으나 이처럼 높은 급여수준을 충당하기 위해 필요한 균형보험료율은 22% 수준 이상으로 추정되어 현재의 9% 수준과는 큰 차이를 보이고 있다. 이와 같은 고급여 · 저부담의 불균형 구조를 시정하기 위하여 1997년 민관합동의 국민연금제도개선기획단이 설립되었으며 제도 도입 10년만인 1998년에 국민연금법이 1차 개정되었다.

국민연금재정의 장기적 안정을 도모키 위해 이루어진 1차 개정의 방향은 지출을 줄이고 수입을 늘리는 것이다. 주요 내용으로는 연금 급여의 평균 급여율을 기존의 70%에서 60%로 낮추고, 연금수급개시연령을 60세에서 단계적으로 65세로 상향 조정하는 등 급여수준의 삭감을 주요 골자로 하고 있다. 또한 현재 9% 수준인 보험료율도 매 5년마다 재정재계산을 통해 2010년 이후 단계적으로 인상하는 방안을 포함하고 있다.

2003년 말 국민연금의 적립기금은 132조원으로 GDP의 21.1%에 이르고 있으나, 이러한 적립금의 증가는 국민연금의 적립식 운영방식에 따른 초기 현상일 뿐, 장기적인 연금재정의 건전성과는 무관하다. 연금적립기금은 향후 현재 가입자의 퇴직시 연금급여 지급을 위한 지급준비금의 성격을 지니고 있기 때문이다. 더욱이 국민연금발전위원회에서 2003년 실시한 재정재계산에 의하면 2047년이면 기금 고갈이 예상되어 현재는 2차 개정이 추진되고 있는 실정이다. 현행 보험료를 9%로 고정시키고 연금급여를 하향조정하는 경우 현행보험료 9%에 따른 적정 급여율은 30% 미만이어서 제도 개선이 불가피한 실정이다.

표 1-2 급여 수준 조정에 따른 국민연금 재정전망

급여율 조정계획	수지적자시점	기금고갈시점
급여율 60%(현행)	2034년	2047년
급여율 50%	2037년	2050년
급여율 40%	2042년	2058년
급여율 30%	2050년	2079년

자료: 국민연금발전위원회, 2003.

2. 특수직역연금제도

(1) 공무원연금제도

1960년에 도입된 공무원연금제도는 우리나라 최초의 공적연금제도로 일반적인 연금제도와는 달리 공무원의 노후소득보장뿐만 아니라 재해보장 및 근로보상적 성격까지를 포함하는 종합적인 사회보장제도라 할 수 있다. 2004년 6월 기준으로 가입자는 약 97만 명이다.

그 동안 공무원연금제도는 제도의 발전 및 시대적 요청에 의해 여러 차례 개정이 이루어져 왔다. 기여금 및 부담금의 경우 1960년 도입 당시 사용자로서의 국가 및 공무원이 각각 봉급월액의 2.3%로 출발하여 4차례의 보완을 거쳐 2001년에 8.5%로 인상되었다. 수급개시연령의 경우 1960년 당시 60세로 제한하였으나 이후 폐지되었다가 1996년 신규임용부터는 다시 60세로 제한되었다. 또한 퇴직연금과 일시금의 선택권도 제도 도입 당시에는 허용되었으나 1962년에 폐지된 후 1970년에 다시 선택권을 부여하였다. 또한 2001년에는 재정안정을 위해 정부기여율 및 가입자 보험료율을 각각 8.5%로 인상하였으나 연금기금의 고갈사태를 막기에는 〈표 1-3〉에서 보듯이 역부족인 것으로 나타나고 있다.

2003년 말 현재 기금적립규모는 3조 675억원이나 당해연도 급여지출은 약 4조 4,634억원으로 재정자립도는 69.5% 수준에 그치고 있다. 장기재정전망에 의하면 공무원연금의 연간 적자발생규모는 2005년 1조 8천억, 2010년 6조원, 2020년에는 31조원으로 기하급수적으로 증가할 것으로 예상되고 있다. 이러한 공무

표 1-3 공무원연금의 장기재정전망 (단위: 10억원)

	총지출	총수입	수지차	정부부담
2005	5,256	3,410	△1,846	766
2010	11,179	5,229	△5,950	2,051
2020	40,915	9,748	△31,167	6,310
2030	111,356	16,130	△95,227	11,540

자료: 방하남 외, 공사연금제도 균형적 발전방안 연구, 노동연구원, 2002, p. 46.

원연금의 재정위기는 제도 자체의 구조적인 불균형에 기인한다. 우리나라 공무원연금제도의 급여 수준은 30년 가입을 기준으로 퇴직 전 3년간 평균보수월액의 70%를 보장하고 있어서 미국 56%, 프랑스 60%, 독일 56% 등 선진국 공무원연금에 비해 매우 높은 수준으로 책정되어 있다. 더욱이 지난 40년간의 제도 변천과정에서 정부는 공무원연금의 재정균형에 대한 고려를 무시한 채 급여수준의 증대에 치중해 옴으로써 보험수리적으로 급여현가가 보험료에 비해 월등히 높아지고 연금재정자립도가 취약해지는 원인이 되고 있다.

(2) 사립학교교직원연금제도

1975년부터 실시한 사립학교교직원연금제도는 공무원연금제도와 재정조달이나 연금급여구조가 같고 가입대상자의 속성이 비슷하여 재정상황도 유사한 형태로 진행되고 있다. 사립학교교직원연금은 초기에는 사립의 초·중·고등학교, 전문학교 및 대학의 교사와 교수를 대상으로 제도가 발족되었으나 1978년부터는 이들 학교기관의 사무직원을 포함시켜 오늘에 이르고 있다. 가입자의 추이를 보면 1975년 4만 명으로 출발하여 2003년에는 22만 5천 명으로 확대됨으로써 연평균 16.0%의 증가추이를 보이고 있다.

2003년 말 현재 수입액은 1조 3,280억원인 반면 지출액은 7,042억원으로 연간 6,238억원의 흑자를 유지하고 있으며, 그 동안의 누적기금은 4.7조원에 달하고 있어 아직까지는 비교적 건전한 재정운용을 하고 있는 것으로 나타나고 있다. 그러나 제도가 성숙됨에 따라 연금지출이 급속히 증가할 것으로 예상되고 있어서 연금재정의 수지불균형 문제가 현안문제로 대두될 것으로 예상된다. 즉, 현재

표 1-4 사립학교교직원연금의 장기재정전망 (단위: 10억원)

	총지출	총수입	수지차	기금액추이
2010	2,053	2,020	△33	6,183
2016	4,451	2,352	△2,099	△539
2020	6,801	3,176	△3,176	△12,576
2030	14,276	6,518	△7,758	△74,626

자료: 김현국, 사립학교 교육연금법의 제도현황, 1999에서 재구성.

의 추세대로 하면 2010년에 사립학교교직원연금기금도 적자로 전환될 것으로 추정된다.

(3) 군인연금제도

군인연금제도는 공무원연금제도와 같이 1960년부터 실시되었으나 1963년에 제도가 분리되었으며, 장기복무하사관과 장교를 대상으로 약 15만 명 정도가 가입되어 있다. 그리고 재원조달이나 지급내용은 공무원연금제도와 동일하게 국가부담과 본인부담으로 재원이 조성되며 퇴직 · 장해 · 유족연금은 보수비례 연동방식을 택하고 있다. 그러나 공무원연금제의 정년제와는 달리 군인연금가입자는 근속 및 계급정년제로 조기에 퇴직하고 있기 때문에 수급권자가 많고, 특히 전투기간을 3배로 가산하고 있어 20년 이상의 연금수급자가 많을 뿐만 아니라 연금 선택률도 다른 공적연금제도 보다 매우 높은 실정이다.

또한 군인연금제도는 제도 발족시부터 연금수급권자가 발생하였고 제도가입자는 변동이 거의 없는 데 반해, 수급권자는 지속적으로 신장하고 있기 때문에 적자발생요인이 더욱 큰 상태이다.

실제로 군인연금의 연금재정은 1975년 이후 중앙정부지원의 적자보전으로 수지균형을 유지하고 있는 실정으로 2001년에는 적자보전금액이 7,096억원으로 2000년 이후 매년 10% 이상 큰 폭으로 증가하고 있다. 더욱이 국제정세의 변화 및 남북긴장완화 등으로 군축이 추진될 경우 퇴역군인의 증가 및 신규가입자수의 감소로 연금재정의 악화가 더욱 가속화될 것이 우려되고 있다.

3. 개인연금제도

(1) 개인연금제도 개관

금융실명제의 충격을 완화하고 개인자조노력을 북돋기 위해 정부는 소득공제, 이자소득에 대한 비과세 등의 혜택을 부여하는 개인연금제도를 1994년에 도입하였다. 그 후 2000년 12월에는 개인연금확대를 목적으로 세제개편을 단행하였고, 2001년 3월에는 조세특례제한법을 제정하여 금융기관간 계약이전을 허용하고 있다. 이에 따라 2001년 1월부터 판매되기 시작한 신연금저축(신개인연금제도)은 취급기관을 신용협동조합중앙회와 증권 · 투자회사, 뮤추얼펀드까지 확대

표 1-5 구개인연금제도와 신개인연금제도 비교

구 분		구개인연금제도	신개인연금제도
가 입 대 상		만 20세 이상 국내거주자	만 18세 이상 국내거주자
취 급 기 관		보험회사, 은행(신탁), 투신운용사, 우체국(보험), 농·수협 단위조합(생명공제)	보험회사, 은행(신탁), 투신운용사, 우체국(보험), 농·수협 단위조합 및 중앙회(생명공제), 증권투자회사, 신용협동조합중앙회(생명공제)
소득공제	범위	연간 납입금액의 40%	연간 납입금액의 100%
	한도	72만원	240만원
이자소득세		비과세	연금소득세(5%) 부과
중도해지 또는 일시금 수령시		이자소득세 부과	기타소득세(22%) 부과
5년 이내 중도해지시		소득공제 추징 해지시까지 납입금액의 4%	해지가산세 부과 해지시까지 납입금액(연간 240만원 한도)의 5%
저축기간	적립기간	10년 이상 만 55세 이후	좌 동
	연금지급기간	적립기간 만료 후 5년 이상	좌 동
저 축 금 액		월 100만원 또는 분기 300만원	좌 동
근 거 법		조세특례제한법 제86조	조세특례제한법 제86조의2
기 타		2000. 12월 말까지 가입	2001. 1. 1일부터 시행

자료: 금융감독원, 「개인연금제도의 운용현황」, 2002. 7.

하였고, 소득공제혜택을 연간 240만원까지 확대하였다.

세제 혜택에도 불구하고 2001년 전 금융회사의 개인연금 유지율은 33.2%에 불과한 것으로 나타나 매우 저조한 유지율을 기록하고 있는데, 이렇게 저조한 계약유지율은 개인연금제도의 발전에 가장 큰 장애 요인으로 작용하고 있다.[2] 금융회사별 계약 유지율은 은행이 39.2%로 가장 높고, 다음으로 손해보험, 투신,

2) 금융감독원, 「개인연금제도의 운용현황」, 2002. 7.

생명보험 순으로 나타나 우체국을 제외할 경우 생명보험이 가장 낮은 유지율을 보이고 있다.[3)]

특히 개인연금의 세대가입률을 보면, 보험계약의 세대가입률은 1996년의 39.2%를 정점으로 지속적으로 하락하여 2001년에는 25.6%를 기록하고 있으며,

표 1-6 금융기관별 개인연금 취급실적 및 유지율 현황 (단위: 천 건, %)

구 분	1994	1995	1996	1997	1998	1999	2000	2001	유지율[1)]
은 행	1,840	1,740	1,617	1,801	1,486	1,340	1,309	1,334	39.2
생명보험	1,643	2,182	2,406	2,139	1,692	1,598	1,651	1,506	26.0
손해보험	390	664	820	753	607	582	628	611	35.5
투신운용	233	373	344	304	246	224	210	205	33.8
우 체 국	–	–	–	–	83	67	71	77	–
합 계	**4,107**	**4,960**	**5,187**	**4,997**	**4,115**	**3,811**	**3,869**	**3,733**	**33.2**[2)]
(증감률)	–	20.8	4.6	△3.7	△17.6	△7.4	1.5	3.5	

주: 1) 유지율=2001년 보유계약건수/'94~'01년의 신규가입건수 합계.
2) 우체국 실적 제외.
자료: 금융감독원 및 통계청.

표 1-7 개인연금의 세대가입률(%)

구 분	1994	1995	1996	1997	1998	1999	2000	2001
보유계약세대가입률	32.5	38.3	39.2	37.0	29.9	27.1	27.0	25.6
신계약세대가입률	38.5	19.1	12.3	6.7	3.4	2.8	4.2	1.6

주: 1) 세대가입률=개인연금건수/연도별 가구수.
2) 통계청이 발표하는 공식 가구수는 5년단위(1995, 2000)로 발표되기 때문에 연도별 가구수는 연간가구증가수를 계산하여 산출하였음.
자료: 금융감독원 및 통계청.

3) 개인연금과 관련된 자료는 금융감독원에서 제공하고 있는데, 현재 제공된 자료는 대부분 2001년도 자료이기 때문에 여기에서는 불가피하게 2001년 개인연금 자료를 기준으로 하였다.

2001년 현재 미국의 39.5%, 일본의 37.2%에도 크게 못 미치고 있다. 신계약의 세대가입률은 도입초년도인 1994년의 38.5%를 정점으로 그 이후 급속히 하락하여 2001년에는 1.6%에 불과한 실정이다.

이처럼 판매실적의 부진과 더불어 세대가입률 등이 하락하는 주된 이유로는 장기상품으로서 만 55세부터 연금의 수급권이 부여되는 개인연금의 특성에 기인한 것이며, 특히 1997년 말 외환위기 이후 개인의 노후보장 수단으로써 개인연금에 대한 의존이 크게 감소하고 있다. 또한 소득감소, 저금리 추세 지속, 신개인연금에 대한 세제혜택 불만족 등의 영향에 기인한 것으로 분석된다.

(2) 개인연금상품특징

우리나라의 개인연금은 세법상 최소 15년 동안 계약이 유지되는 장기상품으로 수익률, 납입방식, 원리금 보장 여부 등에 따라 크게 보험형과 신탁형으로 구분할 수 있다. 보험형은 생·손보 및 우체국, 농·수협공제 등에서 판매하는 상품으로 이자율 보장 여부에 따라 확정금리형과 금리연동형으로 나누어진다. 확정금리형은 계약 체결시의 보험금과 예정이율이 보장되는 완전한 원리금 보장상품이며, 금리연동형은 공시이율의 변화에 따라 최종 연금적립액이 달라지는 상품이다.

신탁형은 상품의 구성과 운용방법의 차이에 따라 은행형 연금신탁과 투신형 연금신탁으로 나누어진다. 은행형 연금신탁은 운용실적이 나빠 손실이 발생하는 경우에도 원금부분은 보전해 주는 "원금+α"의 개념으로 상품은 크게 ① 채권 및 채권관련 파생상품, 신탁대출, 유동성자산 등에 투자하는 채권형과 ② 운용자산

표 1-8 금융기관별 개인연금 상품 종목

구분	연금보험	은행		투신	
		개인연금저축	개인연금저축 및 연금저축	개인연금저축	연금저축
상품 종목	확정금리형 금리연동형	— (은행별로 1개의 펀드로 합동운용)	채권형 주식안정형 (주식 10% 이내)	채권형 혼합형	국공채형 채권형 혼합형 주식형

의 10%를 주식에 투자할 수 있는 주식형으로 나누어진다. 반면 투신형 연금신탁은 원금이 보장되지 않는 완전 실적배당상품으로 크게 국공채형, 채권형, 주식형, 혼합형의 4가지로 구분된다.

Ⅲ. 현행 연금제도의 문제점

1. 공적연금 재정위기의 구조화

2004년 5월 현재 국민연금가입자 1,716만 명 중에서 사업장가입자는 715만 명이고, 지역가입자는 982만 명으로서 전체가입자의 55%를 차지하고 있다. 그러나 지역가입대상자의 소득신고율이 51.6%에 그치고 있어 약 480만 명이 연금의 사각지대에 노출되어 있는 실정이다. 또한 경제활동인구 중 임금근로자에 비해 제도 가입의 회피나 납부예외자가 많은 자영업부문이 넓은 것도 국민연금제도의 실질적인 적용 보편성을 저해하는 요소로 작용하고 있다. 즉 전체취업자 중 30% 이상이 자영업자로 그 중 대부분이 5인 미만 영세사업장이거나 자영업자이다. 그러나 도시지역 자영업자 확대 이후 2004년 5월 지역가입자의 가입이 52%에 그치고 있어 자영업자부문과 빈곤계층에 속한 인구의 노후소득보장 사각지대가 더욱 커지고 있다.

한편 현행 국민연금제도의 급여체계는 세대 내 소득재분배적인 요소를 가지고 있어 가입자의 정확한 소득파악 및 지속적인 보험료납부가 제도운영의 건전성을 위한 중요한 요소이다. 그러나 2004년 5월 기준 가입자의 소득 등급별 현황을 보면 평균소득 이하 점유율은 사업장가입자의 경우 28% 수준이나 지역가입자는 72% 수준으로 문제의 심각성이 매우 크다. 이로 인해 소득이 제대로 파악되는 직역가입자와 소득을 하향 신고한 자영업자계층간 소득분배문제가 크게 우려되고 있다. 이러한 형평성문제는 기존 직역가입자계층의 거센 불만으로 사회통합을 위협하는 등 제도정착에 장애요인으로 대두되고 있다. 또한 이러한 문제들은 향후 보험료가 인상되는 경우 자영업자들의 소득신고율이 더욱 하향화될 것으로 보이며, 노동시장의 유연화로 인한 비정규직 고용증가 등으로 가입자관리 및 소득파악이 더욱 어려워지게 될 우려도 있다.

표 1-9 2003년 국민연금법 개정(안) 주요 내용

주요 개정내용		현행 제도	법개정(안)
장기재정 안정화 방안	보험료율	평균소득월액의 9%	- 2010년부터 5년마다 1.38%p 상승 - 2030년부터 15.90%까지
	소득 대체율	60%	- 2004~2007년: 55% - 2008년: 50% ※ 기존 가입자 및 수급자의 기존 가입기간에 대해서는 종전의 소득대체율 적용
급여제도의 합리화 및 제도 내실화 방안	연금지급 정지제도	64세까지 소득활동에 종사하면 연금지급 정지	60~64세에 소득활동 종사시 연금감액만 적용
	조기노령 연금	조기수급 1년당 감액률 5%	조기수급 1년당 감액률 6%
	감액노령 연금	10~20년 미만 가입자 2.5% 추가감액률 적용	10~20년 미만 가입자 2.5% 추가감액률 폐지
기금운영위원회 상설화		비상설	독립적 상설위원회 기금운용실무평가위원회 폐지

자료: 보건복지부, 「국민연금법 개정법률안 보도자료」, 2003. 10. 28.

정부는 국민연금제도 개혁을 위해 소득대체율을 50%로 인하하되 2005~2007년까지는 55%로 조정하고, 보험료는 2010년부터 매 5년마다 1.38%포인트씩 인상하여 2030년에 15.9%로 조정함으로써 "저부담 · 고급여 체계"를 "적정부담 · 적정급여체계"로 점진적 개선('03. 7월 당정협의)하고자 노력하고 있지만, 이러한 노력이 정치적 이해관계로 인해 근본적인 개혁으로 실행되지 못하는 데 문제가 있다. 정부안은 보험요율 인상은 보류한 채, 급여 수준만 낮추는 쪽으로 정리됨으로써 국민연금의 재정위기를 해결하는 데 미흡할 수밖에 없게 되었다.

2. 공적연금의 미흡한 노후보장 수준

국민연금의 보장 수준을 국제적 관점에서 비교해 볼 때 한국은 소득대체율

그림 1-1 공적 연금 소득대체율의 국제비교

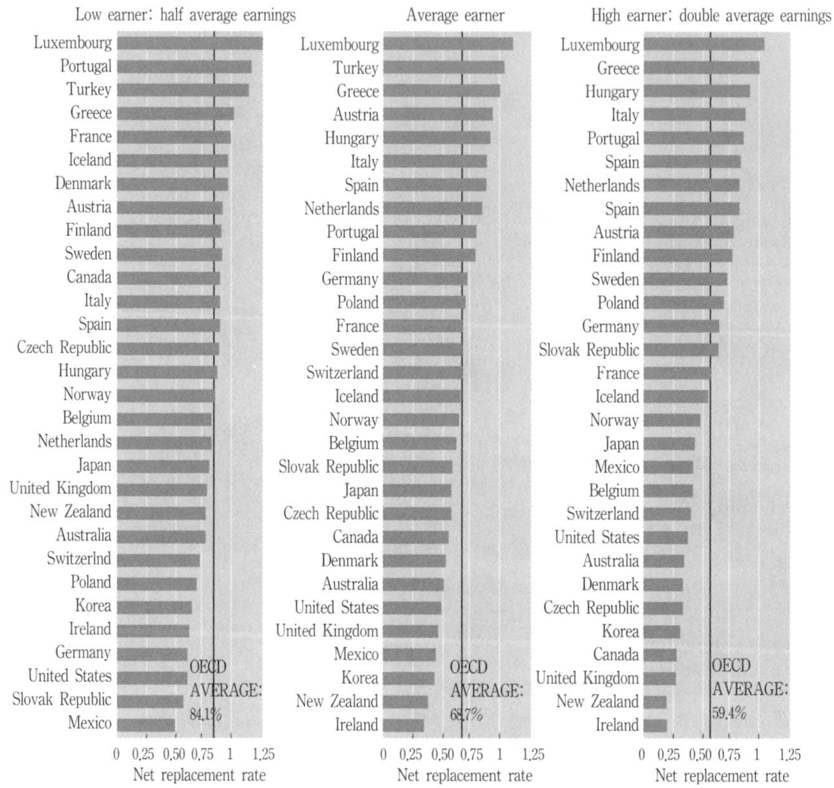

자료: OECD Pension Models.

기준으로 OECD 국가 중 최하위를 기록하고 있다. OECD 자료에 의하면 한국의 평균임금 수준 근로자들의 연금수령액은 퇴직 전 평균 세후 소득의 약 45% 수준으로 전체 회원국 30개국 가운데 27위에 머무르고 있다.

또한 소득이 낮은 사람들의 소득대체율도 OECD 평균보다 낮은 것으로 나타났는데, 평균 임금의 절반 수준에 그치는 소득을 받는 근로자들의 소득대체율은 OECD 평균 84.1%에 크게 못 미치는 70% 수준으로 25위를 기록하였다. 이렇듯 국민연금에 의한 노후소득 보장수준이 낮은 상황에서 국민연금의 재정안정을 위해 연금보험료율의 인상과 함께 연금급부의 삭감을 동시에 추진하고 있어 향후 국민연금은 노후소득 보장수단으로서의 위상과 역할이 크게 낮아질 것으로 전망된다.

3. 다층보장체계의 연계성 미흡

전체적인 노후소득보장 체계 내에서 국민연금 등 공적연금의 소득대체율과 민간연금에 의한 소득대체율이 동시에 고려되어 연금제도가 설계되고 있지 않다는 점에서 공적 제도와 민간제도간의 연계에 한계가 존재한다.[4] 또한 퇴직금의 연금화를 위해 퇴직연금이 도입되기에 노사 모두의 부담을 완화시키기 위해서는 퇴직연금 가입자에 한하여 국민연금의 소득비례부분의 적용제외가 이루어져야 할 필요가 있다.[5] 이를 위한 방법으로 국민연금 보험료의 인상이 있을 경우 인상분을 적용 제외시키고, 그에 맞추어 연금급여의 인하도 순차적으로 예상 가능한 수준으로 완만히 이루어지도록 해야 할 것이다.[6]

---

4) 이전에는 국민연금과 특수직역연금간에도 연계장치가 부재하여, 공무원이 일정 기간 내에 퇴직하면 일시불로 연금을 받고, 다시 국민연금에 가입하여야 했다. 그러나 이러한 문제점을 해결하기 위하여 정부는 국민연금과 특수직역연금간에 연계방안을 2005년 내에 만들겠다고 발표한 바 있다.

5) 향후 국민연금 갹출요율이 18~19%까지 인상될 수밖에 없을 것이므로 보험료 부담을 효율화하면서 보장 수준을 적정화할 수 있는 대안이 요구된다.

6) 김원식(2005), p. 126.

제 2 장 퇴직연금제도 도입 배경

I. 퇴직금제도의 현황 및 문제점

1. 퇴직금제도의 현황

우리나라의 퇴직금제도는 1953년도에 제정된 근로기준법 제28조에 근거한 것으로, 그 동안 수차례의 개정을 통하여 가입대상자의 범위를 확대하여 1989년 3월부터는 그 대상을 종업원 5인 이상의 사업체로 적용범위를 확대하여 시행하고 있다. 1년 이상 계속 근무한 근로자가 퇴직할 때 평균임금을 근속연수에 곱하는 퇴직금 산정방식에 따라 산출한 퇴직금을 고용주가 단체퇴직보험에 가입하여 수령하는 보험금으로 지급하거나 고용주 단독부담에 의하여 퇴직급여충당금으로 적립하여 근로자가 퇴직시에는 일시금으로 지급하도록 되어 있다.

근로기준법에 의하면 퇴직금 산정시 이용하는 평균임금은 이를 산정할 사유가 발생한 날 이전의 3개월간에 지급된 임금총액의 월평균을 사용토록 되어 있으나, 실제로 퇴직금의 산정에 있어서 근로기준법상에 명시된 평균임금을 산정기준으로 하는 사업장은 많지 않은 실정이다. 고용주는 퇴직금지급규정에 의거하여 퇴직금을 지급할 의무가 있으므로 퇴직급여충당금을 설정해야 하며 적립방법은 사내적립, 사외전환자금으로 활용, 금융기관에의 사외적립 등이 가능하다.

현행 퇴직금제도의 급여방식은 상대적으로 급여수준이 높고 근속기간이 장기적인 사무직, 전문직 근로자와 간부 및 임원들에게 유리하게 되어 있고 직장이동이 심한 단기 근로자인 기능직, 제조업에 종사하는 육체노동자에게는 불리하게 되어 있다고 할 수 있다. 현행 퇴직금제도의 역사가 50년을 넘었지만 적용 대상의 확대 이외에는 제도 내용이나 운영방식에 있어서 중요한 발전이나 변화가 없는 경직적이고 비효율적인 제도이다.

2. 퇴직금제도의 문제점

(1) 노후소득보장기능의 미흡과 노령화 추세

현행 퇴직금제도는 현재까지 근로기준법상의 법정복지제도로 법정지급률(8.3%)에 대한 규정은 엄격하나, 기업 차원에서의 퇴직충당금 적립이나 운영에 관한 규정이 부재한 상태에 있어 급여수준은 경직적인 반면 지급보장장치는 극히 약한 제도이다. 그 결과 제기되어 온 가장 대표적인 문제가 기업 차원에서는 미적립채무(unfunded liability)이며, 근로자 차원에서는 지불보장의 문제이다.

또한 현행 퇴직금제도 하에서 이직시마다 정산되는 퇴직일시금은 근로생애기간동안 가계소비수요에 따라서 소진됨으로써 정년퇴직시점까지 보전되기가 어렵고 따라서 대부분의 근로자의 경우 노후소득원으로서의 실질적인 기능을 다하지 못하고 있는 실정이다. 퇴직금을 이렇게 생활비 등으로 소비하는 데에는 노동시장의 구조적 요인, 즉 ① 근로자들의 높은 노동이동률 ② 기업의 조기, 강제 정년퇴직 관행과 사회복지체계의 한계, ③ 교육 · 주택비용의 높은 부담률 등이 복합적으로 작용하고 있다. 특히 한국은 세계에서 거의 유례없는 속도로 사회의 노령화가 진행되고 있고, 인구구조의 커다란 변화가 예고되고 있다. 통계청에 의하면 2020년에 이르면 65세 이상의 인구가 15.7%에 이르는 고령사회가 되고, 평균

표 1-10 국민의 연령대별 인구 구성비

구분	추계 인구	14세 이하	15~64세	65세 이상	노령화지수
2000년	47,008,111	21.1%	71.7%	7.2%	34.3%
2005년	48,294,143	19.1%	71.8%	9.1%	47.4%
2010년	49,219,537	16.3%	72.8%	10.9%	66.8%
2020년	49,956,093	12.6%	71.7%	15.7%	124.2%

주: 1. 임영조, “인구 노령화에 따른 고연령 보험 시장 확대 방안,” 보험개발원 전문가 컬럼, 2005. 9. 7.
2. 노령화지수=65세 이상 국민/14세 이하 국민×100.

수명도 80.7세로 증가할 것으로 예측되고 있다. 노령화지수도 2005년의 47.4%에서 124.2%로 급증할 전망이다. 또한 출산율도 2004년 기준 1.16명으로 세계 최저 수준으로 하락한 가운데 인구구조가 일정 연령대(1955년에서 74년생)에 집중되는 정도가 세계적으로 높게 나타나고 있다.[7] 즉, 선진형 노후보장체제를 갖추지 못한 상태에서 노년인구가 급증할 가능성이 높은 인구통계적, 사회적 구조를 지니고 있어 장수리스크에 대한 적절한 관리가 절실히 요청되고 있다.

(2) 고용 형태의 다양화 등에 대한 비현실성

현재 우리나라 노동시장은 고용 형태의 다양화에 따라 전체 근로계층에서 계약직, 임시직, 시간제 등 비정규근로자가 차지하는 비중이 점차 증가하고 있는 추세이다. 이러한 비정규근로자의 증가 추세로 과거 평생고용 모델하에서 정규직 장기근속자를 중심으로 설계된 제반 사회보장제도들은 사회적 형평성 차원에서 재고를 요구받고 있는데, 퇴직금제도가 그 대표적인 사례이다. 한편 기업의 임금체계가 점차 성과급 연봉제로 전환됨으로써 연봉제의 운영방식에 따라 퇴직금제도 자체가 무의미하게 될 수 있다.

(3) 미적립 퇴직금채무와 기업의 재정부담

퇴직금제도의 운용상 문제점으로는 우선 기업의 잠재부채로서의 미적립 퇴직금 부담을 들 수 있다. 즉 현행 우리나라 퇴직금의 법정지급률은 매 1년 근속에 대해 1개월분의 임금(8.3%)으로 선진국의 퇴직연금 기여율(사용자 부문)에 비해 낮지 않은 수준이며 대부분 미적립 상태로 기업회계상 채무로 축적되고 있어서 기업경영상 숨겨진 부담이 되고 있는 실정이다.

다음으로는 연공서열에 기초한 누진율 및 최종 임금에 기초한 급부를 들 수 있다. 기업의 퇴직금 부담은 무엇보다 임금의 인상률이 퇴직금에 그대로 반영되며 누진율을 적용할 경우 연공서열적 보상체제에 의해 근속연수에 따른 누진율의 증가폭이 과다하다고 할 수 있다. 아울러 퇴직급여의 산정기준이 근속기간 동안의 생산성 · 임금과는 상관없이 최종임금기준이어서 합리적 보상원칙과는 배치되며 특히 성과급체계 하에서는 비합리적이라는 평가를 받고 있다.

7) 이태열 · 김진억, "인구구조 불균형 문제의 국제비교 및 시사점," 보험개발원 주간보험이슈 제79호(2005. 9. 20).

(4) 퇴직금의 지급보장성 및 퇴직적립금에 대한 세제상 문제 노출

퇴직금의 지급보장 정도는 기업의 퇴직금 충당금을 어느 정도 기업운영과는 독립적으로 적립하고 있느냐에 따라 결정될 수 있는데, 한국노동연구원(1997)의 조사에 의하면 사외적립의 정도로 측정할 경우 지급보장정도는 45% 미만으로 추정되고 있다. 이에 따라 누적퇴직금이 자본금을 초과하게 되는 기업이 나오고 있으며, 기업도산시 근로자가 일시에 퇴직할 경우 퇴직금으로 지불할 재원이 없어 근로자들이 퇴직금을 받지 못하는 사례도 흔하게 나타나고 있다.

또한 제도적 문제뿐만 아니라 근로기준법의 임금채권(퇴직금포함) 최우선변제조항(제37조 2항)의 헌법불합치판정에 따라 기업도산시 우선해서 변제되는 퇴직금의 범위는 최종 3년간의 근로자에 대해 발생한 것으로 한정됨으로써 퇴직금의 법적 보장 장치가 더욱 약해졌다. 이후 임금 및 퇴직금의 부분적인 지불보장을 위해 임금채권보장기금(임금의 0.2%)이 설립되었으나 어디까지나 극히 제한된 부분적인 보장이며 임시적인 처방이라는 평가를 받고 있다.

퇴직금제도의 지불보장성이 미약한 것은 퇴직금 관련 세제정책의 부적절성에도 그 이유가 있다. 즉 대부분의 외국 제도에서는 기금의 안전성보장이 미흡하다는 이유로 사내적립이 세제혜택을 받지 못하고 있는 반면, 한국의 경우 사내에 적립할 경우에도 세제혜택을 부여하고 있어서 사외적립을 통한 지불보장방향으로의 발전을 저해하고 있다. 법인세법, 소득세법 시행령에 따라 퇴직금의 경우 퇴직급여충당금의 40%(2005년 퇴직연금세제개편으로 지금은 30%)까지 사내적립된 금액에 대해서도 손비인정을 하고 있다.

II. 퇴직금제도의 보완조치와 퇴직연금제의 도입 배경

1. 퇴직금제도의 보완조치

퇴직금제도의 불안정한 운용이 지속됨에 따라 퇴직금제도의 법적 구속력을 높이기 위하여 1996년 노사관계위원회는 근로자 측의 요구에 따라 임금채권보장법의 도입, 퇴직보험제도의 도입, 퇴직금중간정산제도 등의 도입을 수용하였다.

(1) 임금채권보장법의 제정

임금채권보장법은 사업주가 파산 등의 사유로 퇴직한 근로자가 지급받지 못한 임금과 퇴직금을 사업주를 대신하여 정부가 지급토록 한 것이다. 이를 위한 재원마련을 위하여 임금채권보장기금을 조성하고 여기에 기업이 임금총액의 0.2%(2005년도 0.04%) 안에서 기여하도록 하였다. 2000년 7월부터 상시근로자 5인 미만 사업장도 이 법이 확대적용 되었다. 또한 체불임금보장범위에 휴업수당도 포함되고 체불임금 지급보장대상 근로자를 도산신청일 1개월 전 이후 1년 이내에 퇴직한 근로자에서 현재 도산신청일 6개월 전 이후 2년 이내에 퇴직한 근로자로 확대하여 체당금지급실적이 증가하였다. 임금채권보장에 있어서 미불임금이나 퇴직금은 전액 보상되는 것이 아니고 연령별로 기준이 되는 임금에 상한을 두고 있다. 변제한도는 최종임금의 3개월분과 최종 3년간의 퇴직금으로 제한하고 있다. 그리고 제9조에서는 사업주의 부담금을 경감할 수 있도록 하고 있다.

(2) 퇴직금 중간정산제의 도입

근로기준법 34조(퇴직금제도) 3항에서 사용자가 근로자의 요구가 있는 경우 근로자가 계속 근로한 기간에 대한 퇴직금을 미리 정산하여 지급할 수 있도록 하였다. 그리고 정산하여 지급한 후의 퇴직금산정의 근속연수는 정산시점부터 새로이 가산하게 된다. 연봉제실시가 증가함으로써 앞으로 연봉감소를 우려하여 중간정산을 받는 것이 퇴직금을 퇴직시 수급받는 경우보다 유리할 수 있다.

이에 따라 제도의 도입 초기에는 목돈이 필요한 근로자들을 중심으로 퇴직금의 중간정산빈도가 증가하였으나 최근에는 정체상태에 있다. 근로자들은 기존에는 퇴직금을 담보로 하여 기업으로부터 무이자 혹은 저리대출을 받는 경우도 있었으나, 퇴직금청산을 계기로 재직기업과의 금전적 후견관계를 축소시키는 경향을 보이고 있다. 그리고 근로자와 기업간에 퇴직금으로 형성되었던 밀착도가 낮아지는 부작용도 있다. 퇴직금중간정산제의 도입은 명목상으로는 소유권자인 근로자의 편의를 위한 제도로서 도입되었으나 근속 중간에 정산을 받을 수 있게 함으로써 결과적으로는 근로자들의 노후소득보장이라는 측면에서는 마이너스적인 요소로 작용하게 되었다.

(3) 퇴직보험(퇴직일시금신탁)제도의 도입

정부는 법인세법 시행규칙 제4조 2(퇴직보험 등의 범위)를 1998년 개정하여 신탁업법에 의한 신탁취급기관(은행, 농·수·축협)과 증권투자신탁업법에 의한 위탁회사(투신, 투신운용회사) 및 보험업법에 의한 보험회사를 퇴직보험상품의 취급기관으로 지정하였다. 법정퇴직금제도의 취지에 따라 근로기준법에 의해 사외에 위탁된 금액에 대해서는 원본보장이 되도록 규정하고 있는데 퇴직신탁의 경우 신탁상품의 속성 및 유가증권의 시가평가제도 등으로 현실적으로 원본보전이 어렵기 때문에 상품개발이 용이하지 않아 수탁운영실적이 낮은 상태이다. 또한 은행 및 투신의 경우는 일시금만을 취급하는 것으로 근로기준법 시행령에 명시하고 있어 은행 및 투신의 퇴직신탁의 경우 자체적으로는 퇴직연금으로서의 기능을 충분히 발휘하기 어렵다.

2002년 현재 이미 판매중인 퇴직보험(신탁) 시장을 살펴보면 보험회사가 83.9%의 점유율을, 은행 등은 16.1%의 점유율을 보이고 있어, 은행 등에 비해 상대적으로 보험회사가 높은 시장점유율을 시현하고 있는 것으로 나타나고 있

표 1-11 퇴직보험(신탁)시장의 점유율 현황 (단위: 억원)

구 분			CY2000	CY2001	CY2002	비고
퇴직보험	생명보험	금 액	77,681	104,786	127,132	책임준비금 기준
		비 중	82.7%	78.1%	77.9%	
	손해보험	금 액	5,866	7,507	9,856	〃
		비 중	6.2%	5.6%	6.0%	
퇴직 일시금 신탁	은 행	금 액	10,232	21,757	26,059	잔액기준
		비 중	10.9%	16.2%	16.0%	
	투자신탁	금 액	147	195	204	설정액기준
		비 중	0.2%	0.1%	0.1%	
합 계		금 액	93,926	134,245	163,251	
		비 중	100.0%	100.0%	100.0%	

다. 퇴직보험(신탁) 시장에서 보험회사가 높은 시장점유율을 보인 주된 이유로는 원금보장성 상품 특성 이외에 단체보험 모집조직의 우월성, 기존 종퇴보험에 대한 퇴직보험으로의 이전 효과 등을 들 수 있다.

퇴직금제도의 연금화를 유도하기 위하여 근로기준법 제33조(퇴직금제도 4항)에서는 사용자가 근로자를 피보험자 또는 수익자로 하여 대통령령이 정하는 퇴직보험 또는 퇴직일시금신탁에 가입하여 근로자의 퇴직시에 일시금 또는 연금으로 수급하는 경우에는 퇴직금제도를 설정하는 것으로 본다고 규정하고 있다. 이때 퇴직보험에 의하여 지급되는 일시금 혹은 연금은 근로자에게 귀속되어야 한다. 따라서 기업에게 퇴직금을 사내에 적립하거나 사외에 적립하도록 융통성을 주었으나 기업의 퇴직급여충당금의 사외유출이 되므로 사실상 기업이 퇴직금을 사외에 적립할 유인은 그다지 크지 않다.

퇴직보험의 주요 내용은 퇴직보험 등의 권리가 양도되거나 담보로 제공되어서는 안 되며 계약체결 전 계약내용은 피보험자 등에 통지하여야 한다. 그리고 계약 후에도 보험료 등의 납부상황, 수급예상액 등을 피보험자에게 통지하여야 한다. 사용자는 퇴직보험 등에 의한 일시금이 퇴직금보다 적을 경우 그 차액을 근로자에게 지급하여야 한다. 문제는 퇴직보험에 가입한다고 퇴직금지급의무가 소멸되는 것은 아니라는 것이다. 따라서 퇴직보험 가입시 퇴직금의 일정액(혹은 일정비율)은 지불된 것으로 보아야 한다. 퇴직보험제도와 퇴직연금제도의 차이는 퇴직보험 등이 고용주의 갹출에도 불구하고 퇴직금의 책임을 보유하는 것에 반하여, 퇴직연금은 사실상 고용주의 추가적 부담이 없어진다는 것이다.

2. 퇴직연금제도 도입 논의 배경 및 근로자퇴직급여보장법 공포

앞서 언급한 바와 같은 현행 퇴직금제도의 미비점 등으로 기존의 퇴직금제도를 퇴직연금제도로 전환하자는 논의가 활발히 이루어졌다. 이처럼 퇴직금제도를 퇴직연금제도로 대체하려는 것은 퇴직금제도 중 사외적립형태인 퇴직보험 및 퇴직일시금신탁제도가 활성화되지 못한데다 일반적으로 퇴직연금제도가 사내유보 퇴직금제도에 비해 기금의 적립과 운용, 연금수급권, 급여지급형태, 연금이관성 등 여러 가지 장점을 갖는다는 점에 근거하고 있다.

이와 같은 상황하에서 1998년부터 「퇴직금제도 개선」이 노사정위원회 의제

표 1-12 퇴직금제도와 퇴직연금제도의 비교

구 분	퇴직금제도	퇴직연금제도
부담주체	기업주	기업주
기금적립	사내유보	사외위탁
기금운용	소극적	적극적
연금수급권	보장 안 됨	보장
급여지급형태	일시금	연금
전직시 연금이관	불가능	가능
연금세제 기업부담 운용수익 급여	일부 손금산입 비과세 저세율과세	전액 손금산입 비과세 과세

로 선정되어 노동부에서는 2000년부터 퇴직금제도 개선방안 연구용역 시작, 2001년 6월 용역결과를 토대로 노사정위원회에 제안하고 노사정위원회는 2001년 7월부터 별도의 실무팀을 구성하여 논의를 시작하였다. 그리하여 2003년 7월에 그간의 퇴직연금제 논의결과(노사의견 등)를 정부에 이송, 노사입장을 고려하여 입법추진을 요청하게 된 것이다. 정부는 노사정위원회 논의내용을 토대로 입법 작업을 진행하였고 마침내 「근로자퇴직급여보장법」이 2005년 1월 27일 공포(법률 7379호)되었다.

표 1-13 퇴직연금제도의 추진 과정

연월	내 용
1953	• 퇴직금제도의 도입
1961	• 퇴직금제도의 법적 강제화(30인 이상 사업장)
1975 1977	• 퇴직금제도 확대적용(30인 이상 사업장 → 16인 이상 사업장) • 종업원퇴직적립보험제도 도입
1988 1989	• 퇴직금제도 확대적용(16인 이상 사업장 → 10인 이상 사업장) • 퇴직금제도 확대적용(10인 이상 사업장 → 5인 이상 사업장)
1996. 12 1997. 3 1997. 8 1998. 2 1998. 8 1999. 4	• 퇴직보험 및 퇴직일시금신탁제도 도입(근로기준법 제 34조) • 퇴직금중간정산제 도입 • 퇴직금 우선변제효력에 대한 헌법불일치 판정 • 퇴직보험(일시금신탁)에 대한 요건 마련 (근로기준법 시행령) • 취급기관 지정 (법인세법 시행규칙) • 보험사 퇴직보험상품 인가
2000. 3 2000. 9 2000. 10 2000. 11	• 은행 및 농·수·축협의 퇴직일시금신탁상품 인가 • 투자신탁 및 투자신탁운용회사의 퇴직일시금신탁상품 인가 • 종업원 퇴직적립보험 폐지 • 재경부, 증시활성화대책으로 DC형 퇴직연금 도입 주장 - 2001년 증권연구원에 기업연금도입방안 연구 용역 발주
2002. 4 2002. 10 2002. 10	• 노동부, 기업연금 도입방안 용역 발주 • 경제정책조정회의에서 기업연금 도입추진결정 - 2002년 10월 기업연금법(안)확정 및 2002년 2월 국회제출 예정 • 노사정위원회 경제사회소위원회 개최 - 노동계(DB도입 주장), 경영계(DC도입 주장) 이견으로 합의도출 실패
2003. 2	• 기업연금 도입추진 실무위원회 구성(노동부) - 노동부, 재경부, 금감원, 보험개발원, 학자 등 20여 명
2004. 12	• 근로자퇴직급여보장법안 국회통과
2005. 1	• 법률공포(제7379호)

제 2 편

퇴직연금제도의 내용과 특징

제1장 근로자퇴직급여보장법의 체계와 주요 내용

I. 근로자퇴직급여보장법의 체계

「근로자퇴직급여보장법」이 제정됨에 따라 퇴직연금제도의 시행이 2005년 12월부터 본격적으로 이루어지게 되었고, 이로 인해 근로자의 안정적인 수급권 보장과 더불어 공적연금제도와 퇴직연금제도의 역할분담에 따른 사적연금제도의 활성화가 기대되고 있다. 현행 근로자 퇴직급여보장법의 체계는 총8장 제30조로 구성되어 있다.

근로자 퇴직급여보장법의 핵심은 ① 현행 퇴직금제도를 존치하는 상태에서 확정급여형 또는 확정기여형 퇴직연금제도 중 1가지를 설정토록 함으로써 이태리, 일본 등처럼 임의선택제도로 도입을 결정하였다는 점(다만 현행 퇴직보험과 퇴직신탁제도는 동법에서 제외되었으며, 일정 유예기간 경과 후 폐지), ② 적용범위는 상시근로자 5인 이상을 사용하는 사업 또는 사업장에서 모든 사업 또는 사업장으로 확장하였는데, 상시근로자 5인 이하 사업장은 2008년 1월 1일부터 적용하도록 하였다는 점, ③ 개인퇴직계좌(IRA)제도를 설정하여 퇴직일시금제도, 확정급여형 또는 확정기여형 연금제도에서 이직하면서 정산받은 퇴직급여를 일시적으로 또는 장기적으로 적립가능 토록 하였다는 점(IRA제도는 확정기여형연금제도와 동일하게 운용토록 규정), ④ 퇴직연금 취급기관으로 사무관리기관에 전 금융기관을 포함시키고 자산관리기관에 은행 및 보험사, 증권사, 농협으로 확대되었다는 점 등을 들 수 있다.

표 2-1 근로자 퇴직급여 보장법의 체제

장 구분		장별 세부내용
제1장	총 칙	제1조(목적), 제2조(정의), 제3조(적용범위), 제4조(퇴직급여제도)
제2장	퇴직금제도	제5조(퇴직금제도의 설정), 제6조(퇴직금의 지급), 제7조(퇴직금의 우선변제)
제3장	확정급여형 퇴직연금제도	제8조(확정급여형연금제도의 설정), 제9조(규약의 기재사항)
제4장	확정기여형 퇴직연금제도	제10조(확정기여형퇴직연금제도의 설정), 제11조(규약의 기재), 제12조(퇴직연금사업자), 제13조(자산관리업무의 위탁), 제14조(사무관리업무의 위탁)
제5장	개인퇴직 저축계좌	제15조(개인퇴직저축계좌의 가입자격), 제16조(개인퇴직저축계좌의 가입), 제17조(개인퇴직저축계좌의 가입), 제18조(개인퇴직저축계좌계약의 요건)
제6장	책무와 감독	제19조(사용자의 책무), 제20조(퇴직연금사업자 등의 책무), 제21조(사용자에 대한 감독), 제22조(퇴직연금사업자에 대한 감독)
제7장	보 칙	제23조(수급권의 보호), 제24조(퇴직연금의 폐지 · 중단시 처리), 제25조(퇴직급여제도 미설정시 처리), 제26조(정부의 책무), 제27조(업무협조), 제28조(권한의 위임 · 위탁)
제8장	벌 칙	제29조(과태료), 제30조(벌칙)
부 칙		제1조(시행일), 제2조(경과조치), 제3조(이 법에 의한 다른 법의 개정)

1. 자산운용관련 규제감독체계

근로자퇴직급여보장법에서 규정한 자산운용관련 규제감독체계는 근로자퇴직급여보장법 제4장 제11조 6항부터 제11조 8항에 잘 나타나 있다.

특히 자산운용관련 규제감독에 대한 보다 구체적인 내용은 제11조 7항(적립금운용방법 및 정보제공 등에 관한 사항)에 제시되어 있다. 제11조 7항의 내용을 종합하여 보면 ① 매반기 1회 이상 대통령령이 정하는 원금보장방법을 포함, 3가

표 2-2 근로자퇴직급여보장법의 자산운용관련사항

구 분	자산운용관련 사항(규약상)
적립금운용에 관한 사항(11조6항)	-가입자는 적립금의 운용방법 선정을 통하여 스스로 적립금을 운용할 수 있어야 함
적립금운용방법 및 정보 제공 등에 관한 사항(11조7항)	-매반기 1회 이상 대통령령이 정하는 원금보장방법을 포함하여 3회 이상의 적립금 운용방법이 제시될 것 -주식 등 위험자산의 운용방법과 비중은 대통령령이 정하는 바에 따르를 것 -운용방법별 이익 및 손실의 가능성 그 밖에 가입자가 운용방법을 선정하는 데 필요한 정보가 제공될 것 -가입자에게 매년 1회 이상 적립금의 운용결과, 운용방법, 그 밖에 가입자가 적립금의 운용방법을 선정하는데 필요한 교육이 실시될 것
운용현황 통지에 관한 사항(11조8항)	-이 경우 가입자에게 매년 1회 이상 적립금액 및 운용수익률 등이 노동부령이 정하는 바에 따라 통지될 것

지 이상의 적립금 운용방법을 제시하도록 하였다는 점에서 영미식보다는 일본식을 보다 지향하고 있는 것으로 나타나고 있다는 점 ② 주식 등 위험자산의 운용방법과 비중은 대통령령이 정하는 바에 따르는 것으로 함으로써 일정한 양적 규제를 통해 안정적인 투자규제를 모색하고 있다는 점 등이 특징적이다. 또한 제11조 8항(운용현황 통지에 관한 사항)에서 보듯이 노동부장관에게 적립금액 및 운용수익률 등을 통지하도록 규정함으로써 상시적으로 연금자산운용상황에 대한 감독을 유도하고자 하고 있다.

2. 수탁자책임관련 규제감독체계

(1) 사용자의 책무

사용자는 부담금의 수준 및 납부시기 등 대통령령이 정하는 사항에 대하여 가입자에 교육을 시켜야 하는 가입자 교육의무(필요시 퇴직연금사업자에게 교육실시 위탁가능)를 규정하고 있으며, 또한 가입자는 ① 자기 또는 가입자 이외의 제3자의 이익을 도모할 목적으로 자산관리업무위탁계약을 체결하는 행위, ② 퇴직연

표 2-3 근로자퇴직급여보장법의 수탁자책임관련 사항

구 분	수탁자책임관련 사항	관련 근거
사 용 자	근로자 교육실시의무	제19조 (사용자의 책무)
	금지의무 · 근로자이익상반행위 금지 · 권리양도 및 담보제공 금지 · 퇴직연금제도 운영저해 금지	
퇴직연금 사업자	법령준수 및 충실의무	제20조 (퇴직연금사업자 등의 책무)
	자산관리계약체결 거부금지	
	가입자손실보전금지	
	특별이익제공금지	
	가입자정보제공금지 특정한 운용방법제시금지	
정 부	세제 등 지원방안강구의무	제21조 (정부의 책무)

금사업자와 체결한 계약에 의해서 발생된 권리를 양도하거나 담보에 제공하는 행위 등을 금지하도록 규정하고 있다.

(2) 퇴직연금사업자 등의 책무

운용기관(퇴직연금사업자)는 ① 선량한 관리자의 의무, ② 퇴직연금취급실적 제출의무, ③ 이익제공 사전약속금지 의무 등을 준수하도록 하고 있다. 특히 사무관리업무를 수행하는 자는 업무범위 외 취득 정보사용금지의무, 특정운용방법 제시금지의무가 존재한다. 업무범위외 취득정보사용금지의무는 가입자의 성명 · 주소 등의 정보를 퇴직연금의 운영과 관련된 업무수행에 필요한 범위를 벗어나서 사용하는 행위를 금지한 것이며, 특정운용방법제시금지의무는 자기 또는 가입자 이외 제3자의 이익을 도모할 목적으로 특정한 운용방법을 가입자에게 제시하지 않아야 하는 의무이다.

(3) 정부의 책무

정부는 이 법의 근로자퇴직급여보장제도가 원활하게 운용될 수 있도록 세제 등 지원방안을 강구하기 위하여 노력할 의무가 있다. 이와 같은 법령상의 수탁자 책임관련 규제감독을 미국 등 선진국과 비교하여 볼 때, 사용자, 퇴직연금사업자, 정부 각각에 대한 책무범위를 보다 구체적으로 규정할 필요성이 있다.

3. 퇴직연금의 감독체계

근로자퇴직급여보장법에 의하면 감독유형은 크게 ① 보고 및 조사 ② 사용자 및 퇴직연금사업자에 대한 시정조치 ③ 퇴직연금의 폐지 · 중단시 처리 ④ 업무의 협조 ⑤ 권한의 위임 · 위탁 등으로 구분할 수 있다. 수탁자책임과 관련된 감독은 근로자퇴직급여보장법령 제22조부터 제28조까지 규정되어 있다. 주요한 감독유형(체계)를 보면 법 제23조에서 규정한 사용자에 대한 시정조치, 법 제24조에서 규정한 퇴직연금사업자에 대한 시정조치, 그리고 법 제26조에서 규정한 퇴직연금의 폐지 · 중단시 처리 등이라 할 수 있다. 특징적인 것은 종결에 관한 내용이 선진국의 경우 자발적 종결과 비자발적 종결 등으로 구분하여 구체적으로 규정되어 있는데 우리나라의 근로자퇴직급여보장법에는 사용자의 부담금미납부 및 사업의 도산 등으로 퇴직연금의 폐지시 중단가능하도록 함으로써 자발적 종결에 대한 기준이 뚜렷히 나타나고 있지 않다는 점이다. 법 제28조에는 권한(노동부장관)의 일부를 금융감독위원회 등에 위임할 수 있도록 함으로써 영국 등과 달리 주무 감독기관은 노동부, 간접 감독기관은 금융감독위원회 등으로 하고 있다.

(1) 사용자에 대한 감독

노동부장관은 이 법 시행에 필요한 범위 내에서 사용자로부터 퇴직연금의 실시상황에 관한 보고를 징수하거나 당해 직원으로 하여금 해당 사업장에 들어가 관계자에게 질문 · 조사할 수 있는 보고 및 질문 · 조사권이 존재한다. 또한 노동부장관에게는 사용자의 퇴직연금설정 · 운영이 법령, 규약 또는 노동부장관의 처분에 위반된다고 인정될 때에는 기간을 정하여 위반의 시정 또는 개선을 위하여 필요한 조치를 강구하도록 명령할 수 있는 위반시정 · 개선명령권이 존재하며,

표 2-4 근로자퇴직급여보장법의 퇴직연금 감독사항

구 분		수탁자책임관련 사항(감독)	관련 근거
보고 및 조사		사용자에게 퇴직연금의 실시상황 등에 관한 보고, 관계서류의 제출 또는 관계의 출석을 요구	법 제22조
		기업에 출입하여 관계인에 대해 질문하거나 장부 등 서류를 조사	
시정 조치	사용자	사용자가 이 법 또는 퇴직연금규약에 위반되는 행위를 할 때에는 기간을 정하여 위반에 대한 시정명령	법 제23조
		시정명령에 따르지 않는 경우 퇴직연금제도 운영의 중단 명령	
	퇴직연금 사업자	이법에 위반되는 행위를 할 때에는 기간을 정하여 위반에 대한 시정명령	법 제24조
		시정명령에 따르지 않을 경우에는 이법에 의하여 위탁받은 업무를 다른 퇴직연금사업자에게 이전명령	
퇴직연금의 폐지 · 중단시 처리		사용자의 부담금미납부 또는 사업의 도산 등으로 퇴직연금이 폐지되거나 운용이 중단된 경우에는 그 폐지 또는 중단 이후의 시점부터 계속근로기간 1년에 대하여 30일분 이상의 평균임금에 상당하는 금액을 퇴직근로자에 지급	법 제26조
업무협조		필요시 금융감독위원회 등 관련기관에 자료요청 가능	법 제27조
권한의 위임 · 위탁		노동부장관의 권한 일부를 지방노동관서의 장에게 위임하거나 금융감독위원회 등에 위탁 가능	법 제28조

특히 노동부장관은 사용자가 시정 또는 개선명령에 응하지 않아 퇴직연금을 계속하여 운영하는 것이 곤란하다고 인정될 경우, 노동부령이 정하는 바에 따라 퇴직연금운영의 정지를 명할 수 있는 퇴직연금운영정지 명령권이 존재하고 있다.

(2) 퇴직연금사업자에 대한 감독

노동부장관에게는 퇴직연금사업자가 이 법 또는 이 법의 규정에 의한 노동부장관의 처분에 위반되거나 응하지 아니할 경우에는 그 시정 또는 개선을 명할 수 있는 시정 · 개선명령권이 존재하며, 또한 퇴직연금사업자가 규정에 의한 명령에 응하지 아니할 경우 퇴직연금의 취급정지 또는 다른 퇴직연금사업자에게 계약이전을 명할 수 있는 퇴직연금취급정지권, 계약이전명령권이 존재하고 있다.

(3) 벌 칙

사용자의 책무 또는 퇴직연금사업자 등의 책무의 규정에 위반한 자에 대하여는 대통령령이 정하는 바에 따라 500만원 또는 1000만원 이하의 과태료를 부과할 수 있다. 이와 같은 과태료는 대통령령이 정하는 바에 의하여 노동부장관이 부과 징수하도록 규정하고 있다.

4. 재무건전성관련 규제감독체계

근로자퇴직급여보장법상에는 크게 ① 퇴직금의 우선변제, ② 퇴직금의 지급, ③ 규약상의 재무건전성 관련 사항, ④ 수급권 보호 등과 같이 재무건전성과 관련된 규제감독체계를 규정하고 있다. 특징적인 것은 사용자의 도산, 수탁기관의 도산 등에 의한 종업원의 수급권보호관련 규정이 체계적으로 정비되어 있지 않은 채 규정자체가 너무 추상적이고 포괄적이라는 점이다. 특히 퇴직금의 우선변제규정을 보면 퇴직금은 사용자의 총재산에 대하여 질권 및 저당권 다음으로 우선변제되도록 규정하고 있어 미국의 PBGC(Pension Benefit Guaranty Corporation)에 의한 수급권보호와는 많은 차이가 존재하고 있다.

표 2-5 근로자퇴직급여보장법의 재무건전성관련 사항

구 분		재무건전성관련 사항	관련 근거
퇴직금의 우선변제		퇴직금은 사용자의 총재산에 대하여 질권 또는 저당권에 의하여 담보된 채권을 제외하고는 조세 · 공과금 및 다른 채권에 우선하여 변제(다만 질권 · 저당권에 우선하는 공과금에 대하여는 그러하지 않음)	법 제9조 1항
		최종 3년간의 퇴직금은 사용자의 총재산에 대하여 질권 또는 저당권에 의하여 담보된 채권, 조세 · 공과금 및 다른 채권에 우선하여 변제	법 제9조 2항
퇴직금의 지급		사용자는 근로자가 퇴직한 경우에는 그 지급사유가 발생한 날로부터 14일 이내에 퇴직금을 지급	법 제7조
규 약	확정급여형	재정건전성 확보에 관한 사항: 재정건전성을 확보하기 위하여 사용자가 매년말 적립해야 할 적립금 수준 명시	법 제10조 4항
		확정급여형 퇴직연금의 폐지 · 중단에 관한 사항: 이 경우 폐지 · 중단사유 명시	법 제10조 5항
	확정기여형	부담금의 납부에 관한 사항: 사용자는 매년 1회 이상 정기적으로 부담금을 납부할 것	법 제11조 5항 가목
		수급권의 확인과 지급절차에 관한 사항	법 제11조 9항
		급여의 종류 및 수급자격에 관한 사항: 이 경우 급여의 종류에는 대통령령이 정하는 퇴직연금과 탈퇴일시금이 포함될 것	법 제11조 11항
		확정기여형 퇴직연금의 폐지 · 중단에 관한 사항: 이 경우 폐지 · 중단사유 등이 명시	법 제11조 13항
확정기여형 퇴직 연금 사 업 자		재무건전성 등 대통령령이 정하는 요건을 갖춘 자만이 확정기여형퇴직연금 운용	법 제12조
수급권 보호		퇴직연금의 급여를 받을 권리는 양도 및 담보제공불가	법 제25조

II. 퇴직연금제의 도입형태

1. 확정급여형과 확정기여형 제도

현행의 법정퇴직금과 가치가 상응하는 연금을 지급할 수 있는 확정급여(DB, Defined Benefit)형 퇴직연금제도와 종업원이 모든 운용 책임을 지는 확정기여(DC, Defined Contribution)형 퇴직연금제도가 도입되었다.

DB형은 노사가 사전에 퇴직 이후 받을 급여의 수준을 약정하여 근로자가 일정한 연령에 달한 때에 약정에 따른 퇴직급여를 기업이 지급하는 형태이다. 이

표 2-6 DB형 퇴직연금과 DC형 퇴직연금과의 비교

	DB형 퇴직연금	DC형 퇴직연금
개 념	-노사가 사전에 급여의 수준·내용을 약정 -근로자가 일정한 연령에 달한 때에 약정에 따른 급여지급	-노사가 사전에 부담할 기여금을 확정 -적립금을 근로자가 자기책임운용 -근로자가 일정한 연령에 달한 때에 그 운용결과에 기초하여 급여지급
사외적립	-재정건전성확보를 위해 대통령령에 구체적인 수준을 규정	-근로자별 연간임금총액의 1/12 이상 적립
적립금운용	-사용자가 운용지시	-근로자가 운용지시 * 퇴직연금사업자의 운용방법제시
급여수준	-퇴직금과 동일(일시금기준) * 연금은 일시금을 규약에 정하는 바에 따라 분할지급	-미정(적립금운용결과에 따라 근로자 별로 다름)
중도인출	-성격상 인정 안 됨	-일정한 경우 인정 * 대통령령 규정 예정
이직시 퇴직연금의 이전	-개인퇴직계좌로 이전가능	-새회사의 확정기여형 또는 개인퇴직 계좌로 이전가능
근로자 개별계좌	-없음(사업장별로 하나의 기금으로 통합하여 관리)	-있음

제도에서 기업의 비용은 약정된 퇴직급여를 제공하기에 필요해지는 분담금이 되며, 연금기금의 운용수익이 부족할 경우, 그 부족분을 채우는 것은 기업주의 책임이다.

한편 DC형에서는 사측이 약정된 갹출금을 정기적으로 부담하는 것으로 그 책임을 다하게 된다. 근로자는 자기책임 하에 운용하여 근로자가 일정한 연령에 달한 때에 그 운용성과에 의거하여 퇴직급여가 지급되는 제도이다.

2005년 하반기 현재 여러 조사에 의하면 우리나라에서 근로자는 급여수준의 보장이 확실하고 연금기금의 운용리스크를 근로자들이 부담하지 않는다는 측면에서 DB형을 보다 선호하고 있다. 이에 반해 기업주는 기금운용의 책임이 근로자에게 주어지고 갹출금 부담 이외의 추가적 책임이 없는 DC형을 보다 선호하는 경향이 있다. 주요국의 연금제도에서는 퇴직연금의 역사가 오래된 나라들이 DB형을 많이 채택하는 반면 최근에 연금개혁을 한 나라들은 대부분 DC형을 채택하는 경향이 있다. 이는 DC형의 경우 기금운용성과에 따라 연금급여가 결정되므로 기금고갈의 우려가 없고 연금재정의 안정성이 보장되기 때문이다.

2. 개인퇴직계좌의 도입

현행의 퇴직금제도는 기업마다 퇴직금규정 및 급여체계 등이 서로 상이하여 서로 다른 기업간에 퇴직금제도를 통산할 수 없기 때문에 근로자가 이직하거나 전직할 경우에는 일반적으로 이직 · 전직하는 기업으로 퇴직금을 이전되지 않고 일시금으로 퇴직금을 지급하여 왔다. 그러나 퇴직연금제도는 확정급여형 이외에 확정기여형과 개인퇴직계좌(Individual Retirement Account, IRA)를 도입하였기에 근로자가 이직하거나 전직할 경우에도 퇴직금이 통산 관리될 수 있다. 이에 따라 확정급여형 퇴직연금제도를 설정한 기업에서 확정급여형 퇴직연금제도를 설정한 기업으로 전직할 경우에는 기업간의 퇴직금 규정 및 급여 체계가 달라 전직하는 기업의 확정급여형으로 이전할 수 없으므로 확정급여형은 개인퇴직계좌로 계약전환하고 전직하는 기업의 확정급여형에 신규가입하게 된다. 그리고 확정급여형 기업에서 확정기여형 기업으로 전직할 경우에는 전직하는 기업의 확정기여형으로 계약이전하게 된다.

이와 같이 퇴직금의 통산제도가 가능하게 되는 경우 지금까지 근로자가 전직

그림 2-1 퇴직급여의 통산에 관한 제반 경우

(1) 확정급여형 기업에서 확정급여형 기업으로 전직할 경우

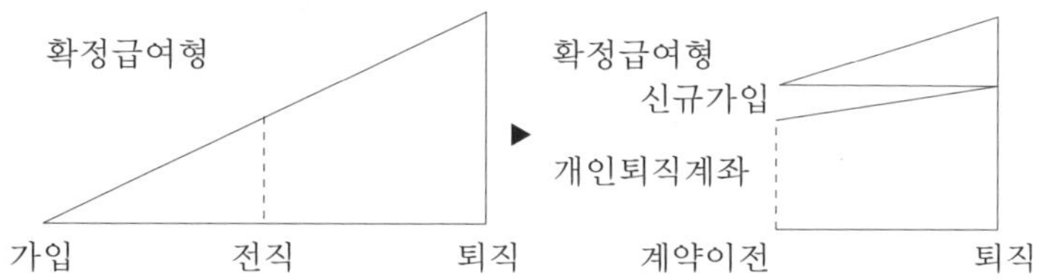

(2) 확정급여형 기업에서 확정기여형 기업으로 전직할 경우

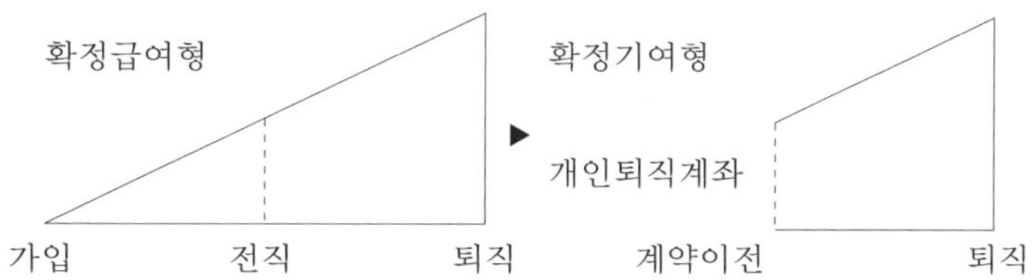

(3) 확정기여형 기업에서 확정급여형 기업으로 전직할 경우

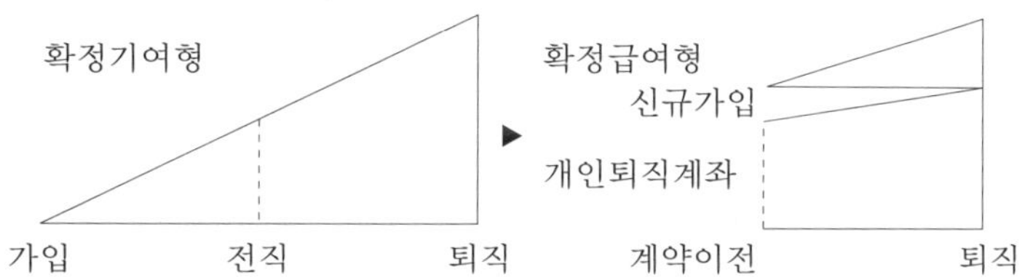

(4) 확정기여형 기업에서 확정기여형 기업으로 전직할 경우

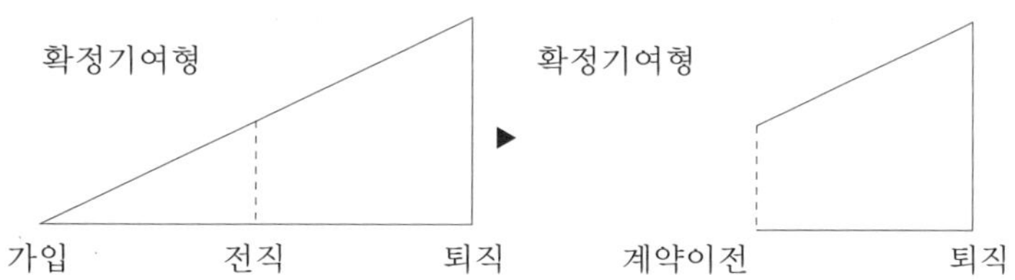

이나 이직할 경우에 지급되던 퇴직일시금이 근로자가 정년퇴직할 때까지 금융권 내에 계속해서 적립되게 될 것이므로 퇴직연금시장이 확대될 것으로 전망된다.

또한 확정기여형 퇴직연금이 도입됨으로써 현재 중간정산으로 인하여 중간정산시마다 근로자에게 지급되던 중간정산퇴직금을 퇴직연금화하는 것이 가능하게 되었다. 지금까지는 중간정산을 실시할 경우에는 제도적으로 퇴직연금화하는 것이 불가능하였으나, 확정기여형 퇴직연금이 도입됨으로써 중간정산퇴직금을 근로자에게 지급하지 않고 퇴직연금 부담금으로 지급하는 퇴직연금에 가입할 수 있게 되었다.

중간정산퇴직금을 모두 퇴직연금시장으로 흡수할 수 있는 것은 아니지만, 기업입장에서는 중간정산제도를 퇴직연금화하는 것이 동일한 부담으로 근로자의 노후생활보장을 강화할 수 있으며, 근로자입장에서는 노후생활보장은 물론이고 일시금보다 유리한 연금세제를 적용받을 수 있으므로 퇴직연금으로의 유인효과가 있다. 이 또한 퇴직연금시장의 규모를 확대하는 요인으로 작용할 것으로 기대된다.

3. 퇴직급여제도의 적용

(1) 퇴직급여제도의 설정 · 변경

현행 퇴직금제도를 근로기준법에서 분리하여 새로이 도입되는 퇴직연금제와 함께 「근로자퇴직급여보장법」에 포함시켰다. 모든 사업장은 퇴직금제 또는 퇴직연금제 중 한 가지 이상의 퇴직급여제도를 설정 · 운용할 수 있지만 퇴직급여제도 선택 또는 퇴직급여제도간 변경(DB↔DC↔퇴직금)시에는 근로자대표(과반수의 노조: 없는 경우 근로자의 과반수)의 동의를 얻어야 한다. 이는 퇴직급여제도들이 각각 장단점이 있는 점을 고려하여 노사가 합의하여 선택하도록 하기 위함이다. 선택된 제도의 내용을 변경하고자 할 경우에는 근로자대표의 의견을 들어야 하며 퇴직연금제의 형태는 사업장별로 노사가 협의하여 확정급여형 또는 확정기여형을 선택할 수 있다. 이는 사업장 여건 및 근로자의 선호가 다양하기 때문에 노사가 자율적으로 선택할 수 있도록 하기 위함이다.

(2) 5인 미만 사업장의 확대 적용

법정 복지제도의 형평성을 담보하기 위하여 근로자 5인 미만의 사업장에 대해서도 신규로 확대 적용한다. 다만 5인 미만 사업주의 부담능력과 준비기간을 고려하여 2008년 이후 2010년을 넘지 않는 기간 내에서 대통령령이 정하는 날부터 적용하고 사업주의 부담률(근로자의 급여액)도 현행 수준의 50/100 이상 100/100 범위 안에서 단계적으로 조정하도록 하였다.

Ⅲ. 퇴직연금제도의 설계 및 운용

1. 퇴직연금규약의 작성

퇴직연금제도를 설정하는 경우 근로자 대표의 동의를 얻어 「퇴직연금규약」을 작성하여 노동부장관에게 신고하여야 한다. 「퇴직연금규약」을 작성한다는 것은 개별 사업장의 퇴직연금제도를 설계하는 성격을 가지는 것으로 법정사항을 모두 포함하여야 하며 그 이외 또는 법정수준을 상회하는 수준은 노사가 자유로이 정할 수 있다.

(1) 확정급여형 퇴직연금제도

① 퇴직연금사업자(금융기관) 선정에 관한 사항

퇴직연금제도의 자산관리 및 운용관리업무를 위탁할 퇴직연금사업자, 즉 금융기관의 선정을 규약에 정하도록 하였으며, 퇴직연금제도의 운용에 있어서 퇴직연금사업자가 중요한 역할을 하게 되므로 노사가 합의하여 선정하도록 하였다. 자산관리업무와 운용관리업무를 수행하는 퇴직연금사업자는 동일기관으로 선정할 수도 있고, 다르게 할 수도 있다.

② 가입자에 관한 사항

당해 사업장에서 실시하는 퇴직연금제도의 가입자격, 가입시기, 가입방법 등을 정하도록 하였다.

③ 가입기간에 관한 사항

이 경우 가입기간은 퇴직연금제도의 설정 이후 당해 사업에서 근로를 제공한 기간으로 하되, 당해 퇴직연금제도의 설정 이전에 제공한 근로기간에 대하여도 가입기간으로 할 수 있다. 퇴직연금제도는 원칙적으로 장래의 기간에 대하여 노사가 합의한 시점부터 시행할 수 있으나, 다만 노사가 과거근무분에 대해서도 소급하여 시행하기로 한 경우에는 소급적용도 가능하도록 하였다.

④ 급여수준에 관한 사항

이 경우 근로자가 퇴직시 수령하는 일시금의 액이 계속근로기간 1년에 대하여 30일분의 평균임금에 상당하는 금액 이상이어야 한다. 확정급여형의 특성인 급여수준을 사전에 확정토록 하되, 그 수준은 퇴직시 일시금 기준으로 현행 퇴직금과 동등하게 설정해야 한다. 연금액은 지급기간에 따라 달라지며, 지급기간은 최소 5년을 넘는 범위 안에서 노사가 다양하게 설정할 수 있다(예: 5년, 10년, 20년, 또는 종신).

⑤ 재정건전성 확보에 관한 사항

이 경우 다음 각호의 어느 하나에 해당하는 금액 중 더 큰 금액이 적립되도록 명시하여야 한다.

가. 매 사업연도 말일 현재 급여에 소요되는 비용예상액의 현재가치와 부담금 수입예상액의 현재가치를 추정하여 노동부령이 정하는 방식에 의하여 산정된 금액으로서 대통령령이 정하는 수준

나. 가입자 및 가입자이었던 자의 당해 사업연도 말일까지의 가입기간에 대한 급여에 소요되는 비용예상액을 노동부령이 정하는 방식에 의하여 산정된 금액으로서 대통령령이 정하는 수준

확정급여형의 경우 최종적으로 사업주가 급여의 책임을 진다고 하더라도 도산 등 사실상 책임을 질 수 없는 경우에 대비하여 매년 의무적으로 사외에 적립해야 하는 기준을 법률에 규정해 놓음으로써 근로자 수급권 보장을 위한 안전장치를 마련하였다. 다만, 구체적인 수준은 관련세법, 사업장의 부담, 근로자의 수급권 보호 등을 고려하여 설정하도록 하고 있다.

⑥ 급여의 종류 및 수급자격 등에 관한 사항

이 경우 다음 각호의 내용이 명시되어야 한다.

가. 연금은 55세 이상으로서 가입기간이 10년 이상인 가입자에게 지급할 것. 이 경우 연금의 지급기간은 5년 이상일 것.

나. 일시금은 연금수급요건을 갖추지 못하거나 일시금 수급을 원하는 가입자에게 지급

⑦ 운용관리업무 및 자산관리업무의 계약의 해지 및 그 해지에 따른 계약이전에 관한 사항

계약의 해지사유 및 절차, 해지시의 계약이전 등 후속절차를 정하도록 하였다. 이는 계약의 해지와 관련된 노사간, 사용자와 퇴직연금사업자간의 마찰을 사전에 예방하기 위한 차원이다.

⑧ 운용현황의 통지에 관한 사항

이 경우 매년 1회 이상 적립금액 및 운용수익률 등이 노동부령이 정하는 바에 따라 가입자에게 통지되어야 한다. 가입자들이 운용상황을 확인하고, 적립금의 운용수익 등을 다른 퇴직연금사업자와 비교할 수 있도록 하기 위해 연 1회 이상 정기적으로 가입자에게 운용현황을 통지(서면, 인터넷 등 다양한 통지방법 허용 검토)하도록 한 것이다.

⑨ 수급권의 확인과 지급절차에 관한 사항

수급권의 확인방법 및 급여의 지급절차를 정하도록 하여 사전에 명확히 할 수 있도록 하였다.

⑩ 확정급여형 퇴직연금제도의 폐지 · 중단에 관한 사항

이 경우 폐지 · 중단사유 등이 명시되어야 한다. 이는 퇴직연금의 폐지 또는 중단과 관련된 노사간의 마찰을 예방하기 위하여 그 사유와 폐지 · 중단시의 후속조치 등에 대해서 사전에 정하도록 한 것이다.

⑪ 그 밖에 확정급여형 퇴직연금제도의 운영을 위하여 대통령령이 정하는 사항

(2) 확정기여형 퇴직연금제도

① 부담금의 부담에 관한 사항

이 경우 다음의 내용이 명시되어야 한다.

가. 사용자는 최소한 가입자의 연간 임금총액의 1/12의 금액은 현금으로 부담하도록 할 것

나. 가입자는 가목에 의한 사용자의 부담금 외에 추가로 부담금을 부담할 수 있다는 것

사용자의 부담수준은 현행 퇴직금의 사용자 부담이 근속연수 1년당 30일(약 1월분)의 임금(평균임금)이므로 근로자별 "연간 임금총액의 1/12(8.3%) 이상"으로 설정하도록 하였다. 이 경우 근로자에게는 매월 1/12만큼 100% 사외적립효과가 있고, 사용자는 기여금만 납입하면 경직적인 퇴직금제도 관리부담에서 면제되고, 노무관리의 유연성이 제고되는 효과가 있다. 이는 노사가 자율적으로 추가

기여할 수 있는 근거를 둔 것이다.

② 부담금의 납부에 관한 사항

이 경우 다음의 내용이 명시되어야 한다.

가. 사용자는 매년 1회 이상 정기적으로 부담금을 납부할 것

나. 사용자는 가입자가 탈퇴한 때에 당해 가입자에 대한 부담금을 미납한 경우에는 탈퇴일로부터 14일 이내에 그 부담금을 납부할 것

이는 사용자의 부담금 납부 빈도를 매년 1회 이상의 범위 안에서 사업장 실정에 따라 자율적으로 설정하도록 하되, 가입자가 퇴직한 때는 14일 이내에 미납부 부담금을 납부하도록 한 것이다.

③ 적립금의 운용에 관한 사항

이 경우 가입자는 적립금의 운용방법을 스스로 선정할 수 있고, 매반기 1회 이상 운용방법의 변경이 가능하여야 한다. 이는 적립금 운용결과에 따라 근로자의 수익이 달라질 수 있으므로 운용과정에 근로자가 직접 참여할 수 있도록 한 것이다.

④ 적립금 운용방법 제공 등에 관한 사항

이 경우 다음의 내용이 명시되어야 한다.

가. 매반기 1회 이상 위험과 수익구조가 상이한 세 가지 이상의 적립금 운용방법이 제시되어 있을 것

나. 운용방법별 이익 및 손실의 가능성에 관한 정보 등 가입자가 운용방법을 선정하는 데 필요한 정보가 제공될 것

이는 원리금보장상품을 포함하여 위험과 (예상)수익률이 다른 다양한 운용방법을 제시하여 근로자가 투자선호에 따라 선택하고, 금융시장의 상황에 따라 변경할 수 있도록 한 것이다. 또한, 금융지식이 충분하지 아니한 근로자들을 보호하기 위하여 적립금 운용에 필요한 정보를 제공토록 하고, 퇴직연금제도, 금융시장 상황 및 적립금의 합리적 운용방법 등에 대해서 매년 1회 이상 교육을 실시하도록 한 것이다.

⑤ 중도인출에 관한 사항

이 경우 주택구입 등 대통령령이 정하는 사유가 발생하는 경우에는 중도인출이 허용되어야 한다. 이는 주택구입 등 대통령령이 정하는 일정한 요건을 갖춘 경우 퇴직연금의 중도인출을 허용, 근로자의 예측하지 못한 일시금 수요에 대비

할 수 있도록 하기 위한 것이다.

⑥ 기　　타

나머지는 확정급여형을 준용함.

2. 업무의 수행

(1) 운용관리업무

적립금의 운용관리는 전문적인 기관에 의해서 안전하게 운용될 수 있도록 하기 위하여 퇴직연금사업자에게 위탁하도록 하였다. 이는 운용관리업무 중 적립금 운용결과의 기록 · 보관 등 대통령령이 정하는 업무는 재무건전성 및 인적 · 물적 요건 등을 갖춘 자에게 재위탁할 수 있도록 하여 제도운영의 효율성을 제고하고자 한 것이다.

운용관리 업무내역

◈ 사용자 또는 가입자에 대한 적립금 운용방법의 제시 및 운용방법별 정보의 제공

◈ 연금제도 설계 및 연금계리(확정급여형에 한함)

◈ 적립금 운용결과의 기록 · 보관 · 통지

◈ 사용자 또는 가입자가 선정한 운용방법을 자산관리업무를 수행하는 퇴직연금 사업자에게 전달

(2) 자산관리업무

적립금의 관리업무를 퇴직연금사업자에게 위탁하도록 하였다. 계약의 형태는 근로자의 수급권 보호를 위하여 적립금이 사용자로부터 분리되어 근로자의 수급권을 확보할 수 있는 특별계정에 의한 보험계약 또는 신탁계약만 허용하고 있다.

자산관리 업무내역

◈ 계좌설정 및 관리
◈ 부담금의 수령
◈ 적립금의 보관 및 관리
◈ 급여의 지급
◈ 운용관리업무를 수행하는 퇴직연금사업자가 전달하는 적립금의 운용지시에 따른 운용방법의 취득 및 처분

(3) 퇴직연금사업자의 등록 및 등록취소

퇴직연금에 관한 업무를 위탁받아 운용하고자 하는 자, 즉 퇴직연금사업자는 다음에 해당하는 자로서 일정요건을 갖추어 등록하여야 하였다.

- 간접투자자산운용업법에 의한 자산운용회사
- 보험업법에 의한 보험회사
- 은행법에 의한 금융기관
- 증권거래법에 의한 증권업 허가를 받은 주식회사
- 그 밖에 위의 기관에 준하는 자로서 대통령령이 정하는 자

근로자의 노후소득재원이 안전하게 관리 · 운용될 수 있도록 하기 위하여 재무건전성, 인적 · 물적 요건 등 대통령령이 정하는 일정한 요건을 갖추도록 하였다. 또한, 참여 금융기관의 범위는 근로자의 수급권 보장과 선택의 범위 확대·운용의 전문성을 조화시켰다. 운용관리는 보험 · 은행 · 자산운용사 · 증권사 등이, 자산관리(보험계약 또는 신탁계약)는 보험사 · 신탁업자 등이며 이들 사업자는 등록요건을 갖추지 못하게 된 경우나 허위로 등록한 경우에는 등록을 취소할 수 있다. 이 경우 노동부장관은 업무의 이전명령을 할 수 있으며, 노동부장관은 등록을 취소하고자 하는 경우 청문을 실시하여야 한다.

(4) 적립금의 운용

퇴직연금사업자는 선량한 관리자로서의 주의의무를 다하여야 한다. 자산관리업무 및 운영관리업무를 수행하는 자에 대해서 포괄적인 선관주의 의무를 부여하였다. 퇴직연금 적립금이 안정적으로 운용될 수 있도록 하기 위하여 퇴직연금사업자는 다음의 요건, 즉 ① 운용방법에 관한 정보의 취득과 이해가 쉬울 것,

② 운용방법간의 변경이 쉬울 것, ③ 적립금 운용결과의 평가방법과 절차가 투명할 것, ④ 대통령령이 정하는 원리금보장 운용방법이 1 이상 포함될 것(확정기여형 퇴직연금과 개인퇴직계좌), ⑤ 적립금의 안정적 운용을 위하여 분산투자 등 대통령령이 정하는 운용방법(투자대상 설정, 투자대상별 투자한도 설정, 이해관계인에 대한 투자제한 등) · 기준에 따를 것 등을 모두 갖춘 운용방법을 제시하도록 하였다.

Ⅳ. 개인퇴직계좌

1. 필 요 성

직장이동성 및 단기 근속자 증가, 중간정산제 및 연봉제의 확산 등으로 퇴직일시금이 노후자금으로 활용되지 못하고 소액생활자금으로 수령 · 소진되는 문제점이 증대되었다. 이에 따라 직장을 옮기더라도 일시금을 계속 적립했다가 은퇴시에 연금 또는 일시금으로 받을 수 있도록 하는 장치 마련될 필요가 있었는데, 개인퇴직계좌(IRA)에 일시금을 적립하는 경우 연금을 수급할 때까지 과세가 이연되고, 수급권 보장 등 안전장치가 적용된다.

2. 개인퇴직계좌의 설정과 운영

퇴직급여의 일시금을 수령한 자 등은 개인퇴직계좌에 가입할 수 있다. 개인퇴직계좌에의 가입 여부는 근로자의 재량에 맡기되, 세제를 통해서 가입을 지원하도록 하였다.

개인퇴직계좌는 퇴직연금사업자가 운영할 수 있다. 개인퇴직계좌에 가입하고자 하는 자는 퇴직연금사업자와 위탁계약을 체결하여야 한다(계약내용은 확정기여형 퇴직연금과 동일). 다만, 개인퇴직계좌는 퇴직급여의 일시금을 적립하는 것이기 때문에 부담금의 부담 및 납부만 상이하다.

V. 제도운영 관계자의 책무와 감독

1. 책 무

(1) 사 용 자

퇴직연금제도의 운영과 관련하여 가입자의 이해를 제고하기 위하여 일정한 책무를 부여하고, 가입자 보호를 위하여 적정한 퇴직연금의 운영을 저해하는 행위를 금지하고 있다.

책무내역

◈ 매년 1회 이상 가입자에게 당해사업의 퇴직연금제도 운영 등 대통령령이 정하는 사항에 관한 교육을 실시(퇴직연금사업자에게 위탁 가능)

◈ 퇴직연금제도를 운영함에 있어서 근로자 보호를 위하여 다음의 행위를 금지함

- 자기 또는 제 3 자의 이익을 도모할 목적으로 자산관리업무의 위탁계약을 체결하는 행위/그 밖에 퇴직연금제도의 적정한 운영을 저해하는 행위로서 대통령령이 정하는 행위

(2) 퇴직연금사업자

퇴직연금제도의 업무처리와 관련하여 퇴직연금사업자에게 일정한 책무를 부여한다(운용관리 및 자산관리기관 공통). 이는 퇴직연금제도의 건전한 운영을 위하여 법령 준수 및 계약 준수의무, 충실의무를 부여하고, 계약체결 회피 또는 강요를 방지하기 위함이다.

책무내역

◈ 퇴직연금사업자는 법령, 법령에 의거한 노동부장관의 처분 및 계약의 내용을 준수하고, 가입자를 위하여 충실히 그 업무를 수행하여야 함

◈ 사용자가 자산관리업무 또는 운용관리업무를 위탁하고자 하는 경우에 퇴직연금사업자는 정당한 이유 없이 계약의 체결을 거부하거나 특정의 퇴직연금사업자에게 위탁을 강요하는 등의 행위를 하여서는 안 됨

또한 퇴직연금제도의 건전정착을 도모하고 가입자의 사적 정보를 보호하기 위해 운용관리업무를 위탁받은 퇴직연금사업자에게 일정한 행위의 금지의무를 부여하고 있다.

금지행위

◈ 계약 체결시 가입자 또는 사용자의 손실의 전부 또는 일부를 부담할 것을 약속하거나 가입자 또는 사용자에게 특별한 이익을 제공하는 것을 약속하는 행위

◈ 가입자의 성명·주소 등의 정보를 퇴직연금의 운용과 관련된 업무수행에 필요한 범위를 벗어나서 사용하는 행위

◈ 자기 또는 제3자의 이익을 도모할 목적으로 특정한 운용방법을 가입자 또는 사용자에게 제시하는 행위

개인퇴직계좌를 운영하는 퇴직연금사업자는 당해 사업의 퇴직연금제도 운영상황 등 대통령령이 정하는 사항에 대하여 매년 1회 이상 가입자에게 교육을 실시토록 하고 있는데, 이는 개인퇴직계좌도 확정기여형과 마찬가지로 근로자가 적립금을 운용하므로 이에 필요한 교육의 실시의무를 퇴직연금사업자에게 부여한 것이다. 퇴직연금사업자는 매 사업연도 종료 후 3월 이내에 노동부령이 정하는 바에 따라 퇴직연금 취급실적을 사용자(퇴직연금 취급실적에 한함), 노동부장관과 금융감독위원회에 제출하여야 한다. 이는 퇴직연금제도의 운영상황을 파악하

고, 지도감독 및 제도개선 등에 참고하기 위한 취지이다.

2. 관리 · 감독 등

(1) 사 용 자

노동부장관은 필요한 경우 퇴직연금 실시상황 등에 관한 보고의 징구, 현장조사 등을 실시할 수 있다. 사용자가 퇴직연금제도 설정 · 운영 등에 관하여 법령 또는 규약에 위반되는 행위를 한 때에는 기간을 정하여 시정명령을 할 수 있으며, 이에 따르지 아니할 경우 퇴직연금의 운영 중단을 명할 수 있다. 퇴직연금제도가 적정하게 운영되도록 관리 · 감독하기 위한 근거를 둔 것이다.

(2) 퇴직연금사업자

노동부장관은 필요한 경우 퇴직연금사업자에 대하여 이 법의 규정에 의하여 수행하는 업무와 관련하여 자료제출 또는 보고를 명할 수 있으며, 이 법에 위반되는 행위를 할 경우 기간을 정하여 시정명령을 하고, 이에 따르지 아니할 경우 다른 사업자에게 이전을 명할 수 있도록 하였다. 또한 금융감독위원회는 대통령령이 정하는 업무에 대하여 감독하고, 이 법에 의한 책무를 위반한 경우 시정명령 등 대통령령이 정하는 조치를 할 수 있으며, 금융감독원장으로 하여금 업무 및 재산상황 등을 검사하게 할 수 있는 근거를 두었다.

Ⅵ. 기 타

1. 퇴직연금의 폐지 · 중단시 처리

퇴직연금이 폐지 또는 운영이 중단된 경우 폐지된 이후 또는 중단된 기간에 대하여는 법정퇴직금제도를 적용한다. 이 경우 폐지 · 중단시 적립금은 근로자에게 지급되도록 하고, 이는 퇴직금 중간정산으로 본다. DB형의 경우 사용자는 근로자에게 귀속된 퇴직연금 급여액과 퇴직금과의 차액을 지급한다. DC형의 경우 납부가 중단된 기간 이후에 대해서는 퇴직금제도가 적용된다. 노동계는 사용자의 고의 또는 경영상 어려움 등으로 퇴직연금제도가 중단 또는 폐지될 경우 근로자의 수급권 보장을 우려하므로 유사시에도 최소한 현행 퇴직금제도가 적용될 수 있도록 하였다.

2. 퇴직연금심의위원회 설치 · 운영

퇴직연금제도의 운영 및 개선에 관한 주요사항을 심의하기 위해서 노동부에 퇴직연금심의위원회를 두었다. 이는 퇴직연금제도의 운영 및 제도개선에 직접 이해당사자인 노사와 관계전문가를 참여시켜 제도의 건전한 발전을 도모하기 위한 것이다.

3. 퇴직급여제도의 미설정시 처리

이는 사용자가 퇴직연금제도를 설정하지 아니한 경우 법정퇴직금제도를 적용하도록 하였다. 이는 퇴직연금제도 미설정시 근로자의 퇴직급여를 보장하기 위한 보완장치로서 최소한 퇴직금제도는 적용될 수 있도록 한 것이다.

4. 양도 및 담보의 제공 금지

근로자의 수급권 보호를 위하여 퇴직연금의 급여를 받을 권리는 양도하거나 담보에 제공할 수 없도록 하였다. 다만, 주택구입 등 대통령령이 정한 사유와 요건을 갖춘 경우에는 노동부령이 정하는 한도 내에서 담보제공이 가능하도록 하였다.

5. 퇴직보험의 폐지

퇴직연금이 현행 퇴직보험을 보완 · 발전시킨 형태이므로 현행 퇴직보험은 폐지하되, 퇴직연금으로 점진적으로 전환할 수 있도록 약 5년의 경과규정을 두었다. 즉 이 법 시행 이후 퇴직보험은 신규로 가입할 수 없으나, 이미 가입된 경우 향후 약 5년 동안은 퇴직보험으로 인정된다. 기존의 퇴직보험 가입 사업장은 계약이전을 통해 전환하면 된다.

6. 권한의 위탁

퇴직연금사업자 등록, 퇴직연금사업자의 책무 및 적립금 운용제한 준수 여부 감독 등 이 법에 의한 권한의 일부를 대통령령이 정하는 바에 따라 금융감독위원회에 위탁하도록 하였다. 이는 전문적인 업무의 효율적 처리를 위하여 금융기관 관련 업무는 전담기관에 위탁하려는 취지이다.

7. 10인 미만 사업장의 특례

상시근로자 10인 미만 사업장의 경우 근로자의 동의를 얻어 개인퇴직구좌를 근로자 전원에게 설정한 경우에는 퇴직급여제도를 설정한 것으로 간주하고 있다.

8. 벌 칙

이 법에 의한 의무 위반에 대하여 다음과 같은 제재규정을 두었다.

벌칙내역

◈ 퇴직금을 14일 이내에 지급하지 아니한 경우 3년 이하의 징역 또는 2천만원 이하의 벌금 부과(제9조 위반)

◈ 퇴직급여제도를 차등 설정할 경우 2년 이상의 징역 또는 1천만원 이하의 벌금 부과(제4조 제2항 위반)

◈ 퇴직급여제도의 변경 절차에 위반한 경우에는 5백만원 이하의 벌금 부과(제4조 제3항 및 제4항 위반)

◈ 사용자 및 퇴직연금사업자가 이 법의 책무를 위반한 경우에는 1천만원(제19조 제1항, 제20조 제2항 내지 제4항) 또는 5백만원 이하(제19조 제2항, 제20조 제1항 · 제5항)의 과태료 부과

제 2 장 퇴직연금제도의 주요 특징

I. 퇴직연금제도의 운용체계 및 주요 특징

1. 퇴직연금제도의 운용체계

퇴직연금제도의 운용관리업무는 자산운용의 전문성과 효과성을 고려하면서 근로자가 다양한 선택기회를 가질 수 있도록 한다는 차원에서 은행(농협중앙회포함), 보험사, 증권사, 투신사 등 다양한 금융기관들이 참여하도록 하였다. 이에 반해 자산관리업무는 근로자의 수급권이 확보될 수 있도록 신탁계약(은행, 농협중앙회 포함)과 보험계약(보험회사)으로 한정하고 있다. 그러나 2005년 7월 신탁업법 시행령의 개정으로 증권사뿐만 아니라 보험회사도 신탁겸영이 허용됨으로써 증권사 및 보험회사 등도 신탁계약에 의한 자산관리업무가 가능하여 자산관리업무를 둘러싼 경쟁은 보다 치열해질 것으로 예상된다.

근로자퇴직급여보장법의 운용관리업무 측면에서 볼 때, 적립금의 운용관리는 전문적인 기관에 의해서 안전하게 운용될 수 있도록 하기 위해 퇴직연금사업자에게 위탁하도록 하였다. 이는 운용관리업무 중 적립금 운용결과의 기록 · 보관 등 대통령령이 정하는 업무는 재무건전성 및 인적 · 물적 요건 등을 갖춘 자에게 재위탁할 수 있도록 하여 제도운영의 효율성을 제고하도록 하였다.

그림 2-2 확정기여형 퇴직연금제도의 운영체제

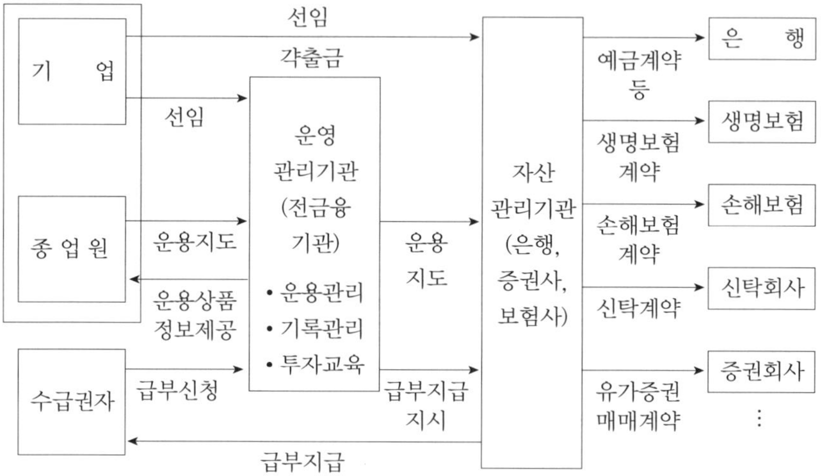

운용관리 업무내역

◈ 사용자 또는 가입자에 대한 적립금 운용방법의 제시 및 운용방법별 정보제공

◈ 연금제도 설계 및 연금계리(확정급여형에 한함)

◈ 적립금 운용결과의 기록 · 보관 · 통지

◈ 사용자 또는 가입자가 선정한 운용방법을 자산관리업무를 수행하는 퇴직연금 사업자에게 전달

이에 반해 자산관리업무의 경우 적립금의 관리업무를 퇴직연금사업자에게 위탁하도록 하였으며, 계약의 형태는 근로자의 수급권 보호를 위하여 적립금이 사용자로부터 분리되어 근로자의 수급권을 확보할 수 있는 특별계정에 의한 보험계약 또는 신탁계약만 허용하고 있다.

자산관리 업무내역

◈ 계좌설정 및 관리 ◈ 부담금의 수령

◈ 적립금의 보관 및 관리 ◈ 급여의 지급

◈ 운용관리업무를 수행하는 퇴직연금사업자가 전달하는 적립금의 운용지시에 따른 운용방법의 취득 및 처분

2. 퇴직연금제도의 주요 특징

제도설계 측면에서 볼 때, 급여제도의 설정시 근로자 과반수로 조직된 노동조합의 동의를 얻도록 하였다. 확정급여형 퇴직연금제도의 설정을 보면 퇴직금 일시금이 계속근로기간 1년에 대해 30일분의 평균임금 상당액 이상을 지급하도록 규정하고 있다. 또한 급여의 종류 및 수급요건에 관련된 사항을 보면 연금은 55세 이상으로서 가입기간이 10년 이상인 가입자에게 지급하도록 하고 있으며, 이 경우 연금의 지급기간은 5년 이상으로 규정하고 있다. 이에 반해 확정기여형 퇴직연금제도의 설정을 보면, 사용자는 최소한 가입자의 연간 임금총액의 12분의 1에 해당하는 금액을 현금으로 부담하도록 하고 있다. 또한 가입자는 사용자의 부담금 외에 추가로 부담금을 부담할 수 있도록 하고 있다. 부담금의 납부에 관한 사항을 보면 사용자는 매년 1회 이상 정기적으로 부담금을 납부하도록 규정하고 있으며, 가입자가 탈퇴할 때에 당해 가입자에 대한 부담금을 미납한 경우에는 탈퇴일로부터 14일 이내에 부담금을 납부하도록 하고 있다. 특히 확정기여형 퇴직연금제도의 경우 매반기 1회 이상 위험과 수익구조가 다른 3가지 이상 운용방법을 제공하도록 규정(원리금보장상품 1개 이상 포함)하고 있으며, 주택구입 등 대통령령이 정하는 사유가 발생하는 때에는 중도인출을 허용하도록 규정하고 있다.

또한 확정급여형 퇴직연금제도에서 연금제도 설계 및 연금계리는 재위탁이 가능하도록 규정하고 있다. 즉 연금제도의 설계 및 연금계리업무의 재위탁시, 해당 퇴직연금사업자는 전문인력, 전산설비, 사무공간 등을 갖추고 있도록 규정하고 있다. 이와 더불어 재무건전성이 일정수준에 달하는 금융회사만 퇴직연금사

표 2-7 제도설계 및 운영관련 근로자퇴직급여보장법 내용

구 분		세 부 내 용	규 정
구분 제도 설계 관련 규정	급여제도 설정	근로자 과반수로 조직된 노동조합의 동의	법 제4조3항
	퇴직금우선변제	최종 3년간 퇴직금은 질권, 저당권보다 우선변제	법 11조2항
	DB형 설정요건	일시금 금액이 계속근로기간 1년에 대해 30일분의 평균임금에 상당하는 금액 이상	법 12조4항
		55세 이상, 가입기간 10년 이상인 가입자에게 연금지급	법 제12조6항 가호
	DC형 설정요건	사용자는 매년 1회 이상 정기적으로 부담금 납부	법 제13조2항
		매반기 1회 이상 위험과 수익구조가 다른 세 가지이상의 적립금 운용방법 제시	법 제13조4항
	운용상품 제공	DC형과 IRA에는 대통령령이 정하는 원리금보장 운용방법이 하나 이상 포함될 것	시행령 제9조
		적립금의 안정적 운용을 위하여 분산투자 등 대통령령이 정하는 운용방법 및 기준 등에 따를 것	시행령 제10조
	업무의 위탁	사용자 및 퇴직연금사업자로부터 분리되는 보험계약 또는 신탁계약의 형태로 위탁 - 재무건전성, 인적 · 물적 요건을 갖춘 퇴직연금사업자 위탁 연금제도의 설계 및 연금계리(DB형에 한함)	법 제13조 제5호
	중도인출 허용	무주택자의 주택구입, 가입자 또는 그 부양가족의 6월 이상 요양, 천재지변 등 담보제공이 불가피하다고 노동부장관이 정하여 고시하는 사유와 요건을 갖춘 경우	

업자로서 등록이 가능하도록 하고, 기업이 적립금의 60% 이상을 적립하도록 규정함으로써 연금재정의 건전성을 강화하도록 하고 있다.

특히 사용자 및 퇴직연금사업자에 대해 신의성실원칙 및 충실의무 등과 같은 수탁자책임의무 규정을 두어 수탁자책임 위반시 과태료 및 형사처벌 등의 재제조치가 이루어지도록 하고 있다. 또한 위험자산에 간접적으로 투자하는 운용방법의 경우 위험자산에 대한 투자한도를 설정함으로써 확정기여형 퇴직연금제도의 안정적 운영에 초점을 맞추고 있다.

표 2-8 수급권 및 건전성 관련 근로자퇴직급여보장법 내용

구 분		세 부 내 용	규 정
수급권 및 건전성 관련 규정	퇴직연금 사업자 건전성 요건	자기자본비율이 일정기준(금융산업구조개선에 관한 법률상의) 이상일 것 - 은행(BIS 자기자본비율 8% 이상), 증권사(영업용 순자본비율 150% 이상), 보험사(지급여력비율 100% 이상)	법 제14조, 동법 시행령 제13조
	근로자의 수급권 보장	60% 이상 적립(책임준비금액과 최저적립기준액중 더 큰 금액을 적립하도록 규정)	법 제12조
	책무와 감독	사용자에 책무부과하고 위반시 제재 - 매년 1회 이상 가입자에게 교육실시 - 자기 또는 제3자 이익을 위해 업무계약체결 금지 - 운영 · 자산관리업무자료 고의로 누락 · 허위 작성하여 제공금지	법 제19조
		퇴직연금사업자에 책무부과하고 위반시 제재 - 법령 및 계약준수의무, 성실의무 - 계약체결회피 또는 강요금지의무 - 손실을 부담할 것을 약속하거나 강요금지의무 - 손실부담을 약속하거나 특별한 이익제공약속 금지 등	법 제20조
		정부의 책무 - 활성화방안 강구, 연구사업지원, 지급보장장치 강구	법 제23조
	투자한도 설정	DC 및 IRA에 있어서 위험자산에 간접적으로 투자하는 운용방법의 경우 위험자산에 대한 총 투자한도 * 금감위가 정하되(노동부와 사전협의), 퇴직연금형태별로 기준을 달리 정할 수 있음	동법 시행령 제17조 제1항 제2호

(1) 퇴직급여제도의 설정

사용자는 퇴직하는 근로자에게 급여를 지급하기 위하여 퇴직급여제도 중 하나 이상의 제도를 설정하도록 규정하고 있다. 다만 퇴직급여제도를 설정함에 있어서 하나의 사업장 안에 차등을 두어서는 안 되도록 되어 있다. 따라서 퇴직연금제도와 퇴직금제도는 차등제도로 보지 않으며, 퇴직연금의 실시 여부와 그 형태는 노사가 자율적으로 선택하도록 하고 있다. 이에 따라 한 사업장에서 퇴직금제도와 확정기여형 및 확정급여형 퇴직연금을 동시에 실시하여 근로자(집단)별로 그 특성에 맞는 퇴직급여 형태를 선택할 수 있다. 다만 이 경우에도 여러 개의 퇴직급여제도 설정 여부에 대하여 근로자대표의 동의를 구하도록 하고 있다. 또한 사용자가 퇴직급여제도의 종류를 선택하거나 선택한 퇴직급여제도를 다른 종류의 퇴직급여제도로 변경하고자 하는 경우에는 당해 사업에 근로자의 과반수로 조직된 노동조합이 있는 경우에는 그 노동조합, 근로자의 과반수로 조직된 노동조합이 없는 경우에는 근로자의 과반수(근로자대표)의 동의를 얻도록 하고 있다. 사용자가 선택되거나 변경된 퇴직급여제도의 내용을 변경하고자 하는 경우에는 근로자대표의 의견을 들어야 한다. 이 경우 근로자에게 불이익하게 변경하고자 하는 경우에는 근로자대표의 동의를 얻도록 하고 있다.

(2) 퇴직연금심의위원회

퇴직연금제도의 운영 및 개선에 관한 주요사항을 심의하기 위하여 노동부에 퇴직연금심의위원회를 두고 있다. 퇴직연금심의위원회의 구성은 위원장과 노동부장관이 위촉 또는 임명하는 위원으로 이루어져 있다. 노동부장관이 위촉 또는 임명하는 위원은 ① 근로자 및 사용자를 대표하는 위원 각 2인 ② 공익을 대표하는 위원으로서 퇴직연금에 관한 전문가 3인 ③ 재정경제부장관 및 금융감독위원회가 그 소속의 2급 또는 3급 공무원 중에서 추천하는 자 각 1인, 노동부의 퇴직급여업무를 담당하는 2급 또는 3급 공무원 1인 등으로 이루어 있다. 이들 위원 중 ①과 ②에 해당하는 위원의 임기는 3년으로 하되, 연임할 수 있다. 위원회에 간사 1인을 두며, 간사는 노동부의 퇴직급여업무를 담당하는 3급 또는 4급 공무원 중에서 노동부장관이 지명하는 자가 된다. 위원장은 위원회를 대표하고 위원회의 업무를 총괄하며, 위원장이 부득이한 사유로 직무를 수행할 수 없을 때에는 위원장이 미리 지명한 위원이 그 직무를 대행하도록 되어 있다.

또한 위원장은 재직위원 3분의 1 이상이 요구하거나 위원장이 필요하다고 인정하는 경우에 위원회를 소집하고 그 의장이 된다. 위원장은 회의를 소집하고자 하는 경우에는 회의 개최 7일 전까지 회의일시, 회의장소 및 안건을 각 위원에게 통지하여야 한다. 위원회의 회의는 재적위원 과반수의 출석과 출석위원 과반수의 찬성으로 의결하도록 하고 있다. 위원회의 효율적인 운영과 위원회로부터 위임받은 사항을 처리하기 위하여 위원회에 실무위원회를 둘 수 있다.

(3) 수급권의 보호

퇴직연금의 급여를 받을 권리는 양도하거나 담보로 제공할 수 없도록 규정되어 있다. 다만 주택구입 등 대통령령이 정하는 사유와 요건을 갖춘 경우에는 노동부령이 정하는 한도 내(가입자별 적립금의 100분의 50)에서 담보로 제공할 수 있도록 하고 있다. 주택구입 등 대통령령이 정하는 사유와 요건을 갖춘 경우라 함은 ① 무주택자인 가입자가 주택을 구입하는 경우, ② 가입자 또는 그 부양가족이 6개월 이상 요양을 하는 경우, ③ 그 밖에 천재 · 사변 등 노동부령이 정하는 사유와 요건을 갖춘 경우 중 어느 하나에 해당하는 경우를 의미한다.

(4) 10인 미만 사업에 대한 특례

상시근로자 10인 미만을 사용하는 사업의 경우 사용자가 근로자대표의 동의를 얻어 근로자 전원으로 하여금 제25조(개인퇴직계좌의 설정 및 운영 등)의 규정에 의한 개인퇴직계좌를 설정한 경우에는 퇴직급여제도를 설정하는 것으로 간주하고 있다. 이 경우 다음과 같은 사항을 준수하도록 하고 있다.

① 퇴직연금사업자 선정에 있어서 근로자 대표의 동의를 얻을 것
② 사용자는 최소한 가입자의 연간 임금 총액의 12분의 1에 해당하는 금액은 현금으로 부담할 것
③ 가입자는 사용자의 부담금 이외에 추가로 부담금을 부담할 수 있을 것
④ 사용자는 매년 1회 이상 정기적으로 부담금을 납부할 것
⑤ 사용자는 가입자의 탈퇴시에 당해 가입자에 대한 부담금을 미납한 경우에는 탈퇴일부터 14일 이내에 그 부담금을 납부할 것
⑥ 그 밖에 근로자의 수급권의 안정적인 보호를 위하여 대통령령이 정하는 사항

(5) 5인 미만 사업장 확대적용 및 퇴직보험 등의 유효기간

5인 미만 사업주의 부담능력과 준비기간을 고려하여 2008년 이후 2010년을

넘지 않는 기간 내에서 대통령령이 정하는 날부터 적용하도록 하고 있다. 사업주의 부담률(근로자의 급여액)도 현행 수준의 50/100 이상 100/100 범위 안에서 단계적으로 높일 수 있도록 하고 있다. 퇴직보험의 유효기간은 2010년 12월 31일까지이므로 2010년 이전에 퇴직연금제도로 전환이 이루어져야 한다.

II. 퇴직연금 투자규제

1. 확정기여형 퇴직연금과 개인퇴직계좌 원리금 보장방법

퇴직연금사업자는 근로자에게 근로자적립금의 운용방법을 제시할 때 ① 운용방법에 관한 정보의 취득과 이해가 쉽도록 할 것, ② 운용방법간의 변경이 쉬울 것, ③ 적립금 운용결과의 평가방법과 절차가 투명할 것, ④ 확정기여형 퇴직연금과 개인퇴직계좌의 경우 대통령령이 정하는 원리금보장방법이 하나 이상 포함될 것, ⑤ 적립금의 안정적 운용을 위하여 분산투자 등 대통령령이 정하는 운용방법 및 기준 등을 따를 것 등과 같은 요건을 갖추도록 규정하고 있다(근로자퇴직급여보장법 제17조 제2호).

따라서 확정기여형 퇴직연금과 개인퇴직계좌의 경우 안정적인 자산운용이 이루어지도록 대통령령이 정하는 원리금보장방법이 하나 이상 반드시 포함되도록 규정되어 있다. 여기에서 대통령령이 정하는 원리금보장방법이란 다음과 같은 운용방법을 말한다(근로자퇴직급여보장법 시행령 제16조).

① 신용등급 등에 관하여 금융감독위원회가 정하여 고시하는 기준 이상의 금융기관이 원리금지급을 보장하는 운용방법
② 국채, 지방채증권, 한국은행법 제69조 제1항의 규정에 의한 한국은행통화안정증권, 그 밖에 정부가 원리금의 상환을 보증한 채권
③ ① 및 ②의 운용방법에 준하는 것으로서 금융감독위원회가 정하여 고시하는 운용방법

다만 금융감독위원회가 ①과 ③을 정하고자 할 때에서는 사전에 노동부장관과 협의하도록 규정하고 있다.

2. 적립금의 안정적 운용을 위한 운용방법 및 기준

퇴직연금사업자는 적립금의 안정적 운용을 위하여 분산투자 등 대통령령이 정하는 운용방법 및 기준 등을 따르도록 규정하고 있는데, 여기에서 분산투자 등 대통령령이 정하는 운용방법은 다음 중 어느 하나에 해당하는 운용방법을 의미한다.

① 은행법에 의한 금융기관이 취급하는 예·적금

② 보험업법에 의한 보험회사가 취급하는 보험계약

③ 신탁업법 시행령 제3조 제2항 제1호의 규정에 의한 특정금전신탁

④ 증권거래법에 의한 유가증권으로서 금융감독위원회가 정하여 고시하는 유가증권. 이 경우 유가증권(간접투자자산운용업법에 의한 간접투자증권은 제외)은 사용자 또는 금융감독위원회가 정하여 고시하는 이해관계인이 발행하는 것이 안 되도록 규정하고 있다.

⑤ 그 밖에 적립금의 안정적 운용을 위하여 필요한 운용방법으로서 금융감독위원회가 정하여 고시하는 운용방법

이에 반해 분산투자 등 대통령령이 정하는 운용기준은 다음 각 사항에 관하여 금융감독위원회가 정하는 고시하는 기준을 의미하며, 이 경우 금융감독위원회는 퇴직연금의 형태별로 그 기준을 달리 정할 수 있도록 하고 있다.

① 대통령이 정하는 운용방법 중 투자위험이 큰 자산(위험자산)별 투자한도. 이 경우 확정기여형 퇴직연금 및 개인퇴직계좌의 경우에는 간접투자자산운용업법상의 간접투자방법에 의하지 않고서는 노동부령이 정하는 위험자산에 투자할 수 없도록 하고 있다.

② 확정기여형 퇴직연금 및 개인퇴직계좌의 운용에 있어서 위험자산에 간접투자하는 운용방법의 경우 위험자산에 대한 총투자한도. 이 경우 위험자산에 대한 총투자한도는 노동부령이 정하는 기준을 초과할 수 없도록 규정하고 있는데, 위험자산에 대한 총투자한도는 운용방법별 적립금액의 100분의 40이다.

3. 원리금보장 운용방법 취급기관

원리금보장 운용방법의 취급기관은 투자적격 신용등급 및 적기시정조치 수준 이상의 자기자본비율을 갖춘 금융기관에 한하여 허용하고 있다. 신용등급기준이 없는 경우 신용등급기준의 적용을 2006년 5월 31일까지 유예하고 있다. 여기에서 신용평가등급 등에 관하여 금융감독위원회가 정하여 고시하는 기준 이상의 금융기관이라 함은 다음의 요건을 충족하는 금융기관을 말한다.

① 신용평가기관으로부터 받은 당해 금융기관에 대한 신용평가등급이 투자적격(국내신용평가기관의 신용평가등급기준 BBB- 이상, 국제신용평가기관의 경우 이에 상응하는 등급)일 것. 다만 둘 이상의 신용평가기관으로부터 신용평가등급을 받은 경우, 그 중 낮은 신용평가등급을 적용하며, 당해 금융기관에 대한 신용평가등급이 없을 경우에는 무보증사채에 대한 신용평가 등급으로 갈음할 수 있도록 하고 있다.

② 금융산업의 구조개선에 관한 법률에 의한 자기자본비율이 금융감독위원회가 정하여 고시하는 기준 이상일 것

신용평가기관은 금융감독원장이 정하는 적격 또는 국제 신용평가기관을 의미한다. 적격 국내신용평가기관은 신용정보의 이용 및 보호에 관한 법률에 의해 허가를 받은 신용평가기관이며, 적격 국제신용평가기관은 ① Standard & Poor's Division of the McGraw Hill Companies, Inc. ② Moody's Investors Service, Inc. ③ Fitch, Inc. ④ A.M. Best Company, Inc. 등으로 하고 있다.

퇴직연금사업자의 건전성 요건(퇴직연금사업자의 등록요건)으로 자기자본비율이 일정기준(금융산업구조개선에 관한 법률) 이상일 것으로 요구하고 있다. 즉 은행은 BIS자기자본비율 8% 이상, 증권사는 영업용 순자본비율 150% 이상, 보험사는 지급여력비율 100% 이상인 경우에 퇴직연금사업자로 등록할 수 있다.

4. 적립금 운용방법 중 취급가능한 유가증권의 종류

퇴직연금감독규정에서는 퇴직연금제도의 안정적 운영과 수급권보장을 목적으로 적립금 운용방법과 관련하여 투자대상 유가증권의 종류를 투자위험이 크지

않으며, 안정성과 유동성이 높은 투자적격 채권, 국내외 상장주식 및 수익증권 등으로 한정하고 있다. 즉 적립금 운용대상 유가증권의 종류는 근로자의 수급권 보호차원에서 다음과 같이 유가증권범위를 한정하고 있다.

① 국채 · 지방채, 국내 · 국외(OECD국가) 투자적격채권

② 국내 상장주식, 금융감독원장이 정한 해외주식시장(뉴욕증권거래소, 나스닥시장, 동경 · 런던증권거래소 등 9개 시장) 상장주식

③ 신탁회사 · 자산운용사의 수익증권, 외국 자산운용사 수익증권(국내 판매분)

④ 투자적격 기업어음, 파생상품펀드 · 주가연계증권(최대손실범위 40% 이내) 등

또한 사용자와 지배회사 · 종속회사 관계에 있는 자가 발행한 유가증권은 사용자의 이익에 영향을 줄 수 있어 적립금 운용대상에서 제외시키고 있다.

5. 위험자산의 종류 및 투자한도

퇴직연금제도별 특성을 고려하여, 상대적으로 가격변동성이나 신용위험이 큰 유가증권을 위험자산으로 정하고 외국사례 등을 참조하여 다음과 같이 투자한도를 설정하였다.

(1) 확정급여형 퇴직연금제도

퇴직연금감독규정 및 시행세칙에 의하면 확정급여형 퇴직연금제도의 경우 주식 및 주식형 수익증권 등 주식관련 위험자산은 적립금의 30% 이내, 혼합형 수익증권 및 신탁회사 등 간접투자증권 형태의 위험자산은 40% 이내에서 투자할 수 있도록 하고 있다.

① 주식, 주식형수익증권, 전환사채, 후순위채권 등 주식관련 위험자산에 대한 투자한도는 적립금의 30% 이내

② 혼합형 수익증권, 신탁회사 수익증권 등 간접투자증권 형태의 위험자산에 대한 투자한도는 적립금의 40% 이내

③ 분산투자 유도를 위해 동일기업 발행주식 등에 대한 투자한도 설정

(2) 확정기여형 퇴직연금제도

근로자의 연금급여가 운용결과에 따라 변동되는 확정기여형 퇴직연금제도는 주식 및 주식형 · 혼합형 수익증권 투자를 금지하되, 외국 유가증권은 30% 이내, 계열회사 채권은 10% 이내에서 투자할 수 있도록 하고 있다. 따라서 퇴직연금은 주식 등 위험자산 투자를 적립금의 70%까지 할 수 있도록 허용하고 있다.

① 주식 및 주식형 · 혼합형 수익증권 등에 대한 투자금지
② 간접투자 운용방법의 위험자산 총투자한도는 40% 이내
③ 외국 유가증권에 대한 투자한도는 30% 이내
④ 동일회사 발행 유가증권(간접투자증권제외)에 대한 투자한도는 30% 이내로 하고, 계열회사 채권 등에 대한 투자한도는 10% 이내

Ⅲ. 퇴직연금 세제

퇴직연금세제의 개편안에 따르면 기업의 퇴직급여충당금 손비한도를 축소하는 것으로 되어 있다. 즉 퇴직급여추계액 중 40%의 손비처리에서 30%의 손비처리로 축소하는 것으로 되어 있다. 또한 퇴직급여불입액 중 소득공제한도를 300만원으로 확대함과 더불어 퇴직연금수령시 소득공제한도를 현행 600만원에서 900만원으로 확대하는 것으로 되어 있다. 특히 기존퇴직금에 대한 소득공제한도는 50%에서 45%로 하향조정함으로써 연금전환을 유도하고자 하였다.

1. 불입단계

퇴직연금 중 확정기여형 및 개인퇴직계좌의 경우 근로자의 추가불입이 가능한데, 이 경우 근로자의 추가기여분에 대해서는 소득공제를 허용하고 있다. 즉 현행 연금저축한도인 240만원과 통합하여 300만원으로 상향조정되었다. 근로자퇴직급여보장법 제25조 및 제26조에 의한 개인퇴직계좌의 경우 실질적으로 확정기여형과 동일하게 소득공제를 적용하고 있다.

또한 내국법인이 근로자 등의 퇴직금을 지급하기 위해 사외에 실제 불입하

는 퇴직연금분담금은 손금산입되며, 퇴직금의 사외적립을 유도하기 위해 사내 유보하는 퇴직급여충당금의 손비인정범위를 기존 퇴직금 추계액의 40%에서 퇴직금 추계액의 30%로 축소하였다.

2. 운용단계

퇴직연금 운용수익에 대해 비과세하며, 퇴직연금에서 발생한 소득은 실제로 당해 소득을 지급받을 때 발생한다.

3. 수령단계

퇴직일시금과 퇴직연금은 과세방식이 달라 세부담에 차이가 존재한다. 퇴직일시금은 퇴직소득공제 및 연분연승법에 의하여 산출세액을 계산하며 분류과세된다. 이에 반해 퇴직연금은 연금소득공제에 의하여 산출세액을 계산하며 종합과세(총연금액 600만원 이하 분리과세 선택가능)된다. 연금소득과 퇴직소득의 개별 소득별로 대폭적인 조정은 힘든 상황으로 연금소득공제의 과표구간 및 한도를 늘리고 퇴직소득에 대한 공제율을 점진적으로 축소할 예정이다.

표 2-9 현행과 개정안의 퇴직연금소득공제 비교

현 행	개 정 안
• 연금소득공제(소득세법 47조의 2) - 250만원 이하: 전액공제 - 250~500만원: 250만원+250만원 초과금액의 40% - 500~900만원: 350만원+500만원 초과금액의 20% - 900만원 초과: 430만원+900만원 초과금액의 10% * 한도 600만원	• 연금소득공제 과표구간 확대 및 한도 확대 - 350만원이하: 전액공제 - 350~700만원: 350만원+350만원 초과금액의 40% - 700~1400만원: 490만원+700만원 초과금액의 20% - 1400만원 초과: 630만원+1400만원 초과금액의 10% * 한도 900만원
• 퇴직소득에 대한 공제(법 48조) - 퇴직급여액의 50% 공제	• 퇴직소득에 대한 공제(법 48조) - 퇴직급여액의 45% 공제

IV. 퇴직연금재정 평가

1. 연금재정 검증

(1) 계속기준 재정검증

매 사업연도 말 적립금이 계속기준에 의한 책임준비금의 일정수준을 상회하고 있는지를 검증하게 되는데, 검증기준일은 계약단체별 매 사업연도 말일 기준이며, 적립금평가는 ① 시가평가, ② 또는 일정기간의 시가평가액을 평활(smoothing) 하는 방법 중에서 선택하도록 되어 있다. 이 경우 책임준비금은 급여현가에서 장래부담금수입현가와 과거부담금수입현가의 합을 공제하여 산정하도

표 2-10 퇴직연금 재정검증과 관련된 제반규정

근퇴법 제12조	근퇴법 시행령 제4조	근퇴법 시행규칙 제3조
5. 재정건전성확보에 관한 사항. 이 경우 다음 각호의 어느 하나에 해당하는 금액 중 더 큰 금액이 적립하도록 명시하여야 한다. 가. 매 사업연도 말일 현재 급여에 소요되는 비용예상액의 현재가치와 부담금수입예상액의 현재가치를 추정하여 노동부령이 정하는 방식에 의하여 산정한 금액으로서 대통령령이 정하는 수준(계속기준) 나. 가입자 및 가입자이었던 자의 당해 사업연도 말일까지의 가입기간에 대한 급여에 소요되는 비용예 상액을 노동부령이 정하는 방식에 의하여 산정된 금액으로서 대통령령이 정하는 수준(비계속기준)	법 제12조 제5호 가목 및 나목의 규정에 의한 "대통령령이 정하는 수준"은 각목별로 산정된 금액의 100분의 60 이상으로 한다. 다만 법 제12조 제3호 후단의 규정에 의하여 당해 퇴직연금의 설정 전에 제공한 근로기간을 가입기간으로 한 경우에는 그 기간을 고려하여 노동부장관이 정하여 고시하는 수준으로 한다.	① 법 제12조 제5호 가목은 급여에 소용되는 비용예상액의 현가에서, 장래근무기간분에 대하여 발생하는 급여지급을 위하여 산정되는 부담금의 현가와 과거근무기간에 대한 급여지급을 위하여 산정되는 부담금의 현가의 합을 공제하여 산정한다. ② 법 제12조 제5호 나목은 가입자별 예상급여를 합하여 산정한다. 이 경우 가입자별 예상급여는 당해 가입자의 근속연수에 법제12조제4호의 규정에 의한 급여수준을 곱하여 산정한다.

록 되어 있다.

(2) 비계속기준 재정검증

매 사업연도 말 적립금이 비계속기준에 의한 책임준비금(=퇴직급여추계액)의 일정수준을 상회하고 있는지를 검증하게 되는데, 검증기준일은 계속기준처럼 계약단체별 매 사업연도 말일을 기준으로 하고 있으며, 적립금의 평가 역시 시기평가 또는 일정기간의 시가평가액을 평활(smoothing)하는 방법 중에서 선택하도록 하고 있다. 이 경우 책임준비금(=퇴직급여추계액)은 (∑ 퇴직금지급을 위한 평균임금×근속연수)와 같은 산식에 의해 산출하도록 되어 있다.

표 2-11 퇴직연금 재정검증 후의 결과 처리

	적 립 부 족	초 과 적 립
산정방식	평가적립금 < max(계속기준에 의한 책임준비금 60%, 비계속기준에 의한 책임준비금 60%) * 단, 과거근무기간을 가입기간으로 설정한 경우에는 그 기간을 고려하여 별도기준 필요	평가적립금 ≥ max(계속기준에 의한 책임준비금, 비계속기준에 의한 책임준비금) 일정비율 * 당해 확정급여형 퇴직연금재정의 안정성을 확실히 확보할 수 있는 기준설정 필요
처리방안	적립부족에 해당하는 금액을 일정기간 동안 상각하여 납입 등을 종합적으로 검토중임	초과금액에 해당하는 금액을 다음 사업연도 납입부담금에서 공제 등을 검토

2. 과거근무 채무

근로자퇴직급여보장법 제12조(확정급여형 퇴직연금제도의 설정) 제3호 후단 및 동법 시행령 제9조 단서 규정[1])에 의하여 당해 퇴직연금설정 이전에 제공한 근로

1) 근로자퇴직급여보장법 시행령 제9조(확정급여형 퇴직연금의 적립금수준)의 단서규정에 의하면 "다만 법 제12조 제3호 후단의 규정에 의하여 당해 퇴직연금의 설정 전에 제공한 근로기간을 가입기간에 포함시키는 경우 당해 근로기간에 대한 적립금의 수준은 그 기간을 고려하여 각각 각목별로 산정된 금액의 100분의 60 이하의 범위 안에서 노동부장관이 고시한다"라고 규정되어 있다.

표 2-12 과거근로기간에 대한 DB형 퇴직연금 적립금수준

과거근로기간 / 연차구분	1년 미만	1년 이상 3년 미만	3년 이상 6년 미만	6년 이상 10년 미만	10년 이상
1차연도	100분의 60	100분의 30	100분의 20	100분의 15	100분의 12
2차연도	–	100분의 60	100분의 40	100분의 30	100분의 24
3차연도	–	–	100분의 60	100분의 45	100분의 36
4차연도	–	–	–	100분의 60	100분의 48
5차연도	–	–	–	–	100분의 60

기간(이하 "과거근로기간")을 퇴직연금 가입기간으로 하는 경우, 동 기간에 대한 적립금 수준은 그 기간을 고려, 계속기준 및 비계속기준별로 산정된 책임준비금액의 100분의 60 이하 범위 안에서 과거근무채무를 상각하도록 하고 있다.[2)]

적립금의 수준은 「근로자퇴직급여보장법」 제12조 제5호의 각목별로 산정된 금액에서 차지하는 비중으로 해당연도 말일까지 적립하여야 하는 수준이다. 가입기간 전체(과거근로기간과 퇴직연금 설정시점 이후의 가입기간을 합산)에 대한 적립금 수준은 다음의 산식에 의하여 산정하도록 규정하고 있다.[3)]

$$\frac{[(\text{과거근로기간 적립금 수준})+(\text{퇴직연금 설정시점 이후의 가입기간}\times 60/100)]\times \text{급여수준}^{4)}}{\text{가입기간 전체}\times\text{급여수준}}$$

따라서 과거근무채무에 대한 상각기간은 과거근무기간에 따라서 차이가 존재하고 있다. 즉 과거근로기간이 1년 미만인 경우에는 1차연도에, 과거근로기간이 1년 이상 3년 미만인 경우는 2차연도에, 과거근로기간이 3년 이상 6년 미만인 경우에는 3차연도에, 과거근로기간이 5년 이상 10년 미만인 경우는 4차연도에, 과거근로기간이 10년 이상인 경우는 5차연도에 계속기준 및 비계속기준별로 산정된 책임준비금액의 100분의 60이 되도록 과거근무채무를 상각하도록 하고

2) 노동부고시 제2005-29호(2005년 10월 5일).
3) 과거근로기간에 대한 적립금 수준이 100분의 60인 연도의 다음 연도부터의 적립금 수준은 가입기간 전체에 대하여 100분의 60을 유지하여야 한다.
4) 급여수준이라 함은 「근로자퇴직급여보장법」 제12조 제4호의 규정에 의한 급여수준을 말한다.

있다는 점이 특징적이다. 즉, 과거근무채무 전액을 상각하는 것이 아니고 과거근무채무의 100분의 60만을 일정기간 안에 상각하고 있고, 정액법의 상각방법을 선택하고 있으며, 단순히 과거근로기간을 기준으로 상각기간의 차이를 두고 있다. 따라서 상각이 모두 완료되는 경우에도 100분의 40만큼의 미적립채무는 여전히 존재하는 문제가 있다.

3. 퇴직연금 전문인력 요건

우리나라의 경우는 현행 근로자퇴직급여보장법상 퇴직연금사업자가 되고자 하는 경우 인적·물적 요건 등 대통령령이 정하는 요건을 갖추어 노동부장관에 등록하도록 규정하고 있다. 특히 확정급여형 퇴직연금제도를 설정한 사업자는 연금제도설계 및 연금계리 등 운영관리업무를 수행하기 위한 연금계리업무에 관한 전문인력을 갖추도록 퇴직연금사업자 등록요건에 규정(시행령 제6조 제1항 제2호)하고 있으며, "연금계리업무에 관한 전문 인력의 요건은 노동부장관이 정하여 고시한다"라고 규정하고 있다.

이에 따라 퇴직연금감독규정 제3조(퇴직연금사업자 등록의 세부요건)[5]에서 확정급여형 퇴직연금을 취급하고자 하는 운용관리기관은 퇴직연금계리 전문인력을 갖추도록 규정하고 있다. 퇴직연금계리 전문인력의 범위에 보험계리사 이외에 퇴직일시금신탁, 퇴직보험업무, 금융상품개발 등과 같은 업무에서 3년 이상 종사한 자도 포함시킴으로써 퇴직연금계리 전문인력의 범위를 매우 광범위하고 포괄적으로 규정하고 있다.

즉 우리나라의 경우는 비전문가 등도 DB형 퇴직연금계리 전문인력으로 규정하여 연금재정의 적정성 검증 등과 같은 제3자적 감시기능을 담당하게 하고 있는 반면, 미국 등 선진국은 연금수리의 중요성을 인식하여 연금계리사(pension actuary)로 DB형 퇴직연금계리 전문인력으로 한정시키고 있다는 점이 근본적인 차이라 할 수 있다.[6]

5) 2005년 10월 28일에 퇴직연금감독규정이 확정되었다.

6) 선진국에서는 퇴직연금계리 전문인력이 연금설계전문가로서의 역할 이외에 연금리스크관리전문가 및 연금재정검증전문가로서의 역할전환을 강력히 요청받고 있는 실정이다.

표 2-13 근로자퇴직급여보장법상의 연금계리업무 전문인력 규정

근로자퇴직급여보장법	시 행 령
제14조(퇴직연금사업자의 등록) 다음 각호의 어느 하나에 해당하는 자로서 퇴직연금사업자가 되고자 하는 자는 재무건전성 및 인적·물적 요건 등 대통령령이 정하는 요건을 갖추어 노동부장관에게 등록하여야 한다. 1. 간접투자자산운용업법 제2조 제16호의 규정에 의한 자산운용회사 2. 보험업법 제2조 제5호의 규정에 의한 보험사 3. 은행법 제2조 제1항 제2호의 규정에 의한 금융기관 4. 증권거래법 제28조 제1항의 규정에 의한 증권업허가를 받은 주식회사 5. 그 밖에 제1호 내지 제4에 준하는 자로서 대통령령이 정하는 자	제6조(퇴직연금사업자 등록요건) ① 법 제14조의 규정에 의한 "대통령령이 정하는 요건"은 다음 각호와 같다. 1. 생략 2. 운영관리업무 및 자산관리업무에 관한 전문성을 갖춘 인력과 업무수행에 필요한 전산요원 등 필요한 인력을 갖출 것. 이 경우 법 15조 제1항 제2호의 규정에 의한 연금계리업무에 관한 전문인력의 요건은 노동부장관이 정하여 고시한다. 3. 생략
제15조(운영관리업무에 관한 계약의 체결) ① 퇴직연금제도를 설정한 사용자는 다음의 업무(운용관리업무)수행을 내용으로 하는 계약을 퇴직연금사업자와 체결하여야 한다. 다만 제2호의 업무는 확정급여형 퇴직연금에 한한다 1. 사용자 또는 가입자에 대한 적립금운용방법 및 운용방법별 정보의 제공 2. 연금제도설계 및 연금계리 3. 적립금 운용현황의 기록·보관·통지 4. 생략 ② 제1항의 규정에 의하여 운영관리업무를 수행하는 퇴직연금사업자는 대통령령이 정하는 일부업무를 인적·물적 요건 등 대통령령이 정하는 요건을 갖춘자에게 처리하게 할 수 있다.	제7조(운용관리업무의 일부 수행) ① 법 제15조 제2항의 규정에 의한 "대통령령이 정하는 일부 업무"는 동조 제1항 제2호 내지 제4호의 업무로 한다. ② 법 제15조 제2항의 규정에 의한 "대통령령이 정하는 요건"은 다음 각호와 같다. 1. 법 제15조 제1항 제2호의 업무를 수행하고자 하는 자는 제6조 제1항 제2호의 규정에 의하여 노동부장관이 정하여 고시하는 인력을 갖출 것 2. 생략

표 2-14 DB형 퇴직연금계리업무 전문인력 규정요건

요 건	세 부 내 용	근 거
기본요건	- 보험계리사로서 보험계리업무 또는 법 제14조 각호의 1의 금융기관에서 3년 이상 종사한 자 - 퇴직일시금신탁 또는 퇴직보험업무에서 3년 이상 종사한 자 - 법 제14조 각호의 1의 금융기관에서 금융상품 개발업무에 3년 이상 종사한 자	퇴직연금감독규정 제3조 제1항 제1호
세부요건	감독원장이 인정하는 교육과정을 이수한 자	

결국 우리나라의 경우는 확정급여형 퇴직연금제도의 연금재정 검증 관련 규정에 연금수리의 개념 자체가 없기에 보험계리사의 역할규정이 전무할 뿐만 아니라 비전문 퇴직연금 담당자까지 연금계리업무의 취급을 인정하도록 하고 있어 제3자적 감시기능상의 한계를 보이고 있다.

V. 퇴직연금 지급보증

한국의 경우는 미국 등 선진국과 같은 연금지급보증제도가 시간적 제약상 아직 도입되어 있지 않지만, 퇴직금 우선변제제도 및 임금채권보장제도(1998년도입) 등과 같은 협의의 지급보증장치는 마련되어 있는 상황이다. 즉 근로자퇴직급여보장법 제11조(퇴직금의 우선변제) 이외에 임금채권보장제도의 도입으로 근로자가 기업의 도산으로 임금 등을 지급받지 못할 경우 최종 3개월분의 임금 휴업수당 및 최종 3년간의 퇴직금 중 체불액을 임금채권보장기금에서 사업주 대신 지불하기 때문에 어느 면에서는 연금지급보증과 관련된 기능을 일부 담당하고 있다고 할 수 있다. 또한 금융기관의 도산시 예금자보호법에 의해 현재 5,000만원까지 지급보장이 되고 있어 기업 및 금융기관 도산시 협의의 수급권 보장장치는 마련되어 있다.

1. 퇴직금의 우선변제

퇴직금을 민사소송으로 사용자에게 청구시, 사용자의 총재산에 대하여 질권 또는 저당권에 의하여 담보된 담보채권이나 조세 · 공과금을 제외하고는 타 채권보다 우선하여 변제받을 수 있다. 특히 최종 3년간의 퇴직금은 사용자의 총재산에 대하여 질권 · 저당권에 의해 담보된 채권, 조세 · 공과금 및 다른 채권에 우선하여 변제받을 수 있도록 규정하고 있다.[7] 이 경우 퇴직금은 계속근로연수 1년에 대하여 30일분의 평균임금으로 계산한 금액을 의미한다.

2. 임금채권 보장기금

임금채권보장법은 사업주가 파산 등의 사유로 퇴직하게 된 근로자가 지급받지 못한 임금과 퇴직금을 사업주를 대신하여 정부가 지급토록 한 것이다. 이를 위한 재원마련을 위하여 임금채권보장기금을 조성하고 여기에 기업이 임금총액의 0.2%(2005년도 0.04%) 안에서 기여하도록 하였다. 2000년 7월부터 상시 근로자 5인 미만 사업장도 이 법이 확대 적용되었다. 또한 체불임금 보장범위에 휴업수당도 포함되고 체불임금 지급보장 대상 근로자의 범위를 도산신청일 1개월 전 이후 1년 이내에 퇴직한 근로자에서 현재 도산 신청일 6개월 전 이후 2년 이내에 퇴직한 근로자로 확대하여 체당금의 지급실적이 늘어났다. 임금채권보장에 있어서 미불임금이나 퇴직금은 전액 보장되는 것이 아니고 연령별로 기준이 되는 임금에 상한을 두고 있다. 변제한도는 최종임금의 3월분과 최종 3년간의 퇴직금으로 제한하고 있다.[8] 그리고 제9조에서는 퇴직보험 등에 가입한 사업주에 대하여는 사업주의 부담금을 경감할 수 있도록 하였다.[9] 현재 근로자 1인이 임금채권보장법에 의해 지급받을 수 있는 체불임금의 최대액은 1,020만원이다. 퇴직연금제도의 도입으로 임금채권보장제도를 퇴직일시금제도에만 국한하여 운영할지 혹은 퇴직연금제도의 연금지급보장에도 적용되어야 할지 검토가 필요하다.

---

7) 근로자퇴직급여보장법 제11조(퇴직금의 우선변제).

8) 근로기준법 제37조(임금채권 우선변제).

9) 노동부장관은 근로기준법 제34조 제4항의 규정에 의한 퇴직보험 등에 가입한 사업주에 대하여는 임금채권보장기금의 부담금을 경감할 수 있다. 이 경우 그 경감기준은 노동부장관이 위원회의 심의를 거쳐 정한다.

3. 예금자보호법

현행 예금자보호법의 규정에 의하면 퇴직연금의 경우 5,000만원을 한도로 정하고 있어 수탁기관 도산시 종업원의 수급권이 충분히 보장될 수 없는 한계가 존재하고 있다. 즉 연금자산을 수탁하여 운영하는 금융기관의 도산시 최고 5천만원까지만 보장됨으로써 퇴직연금제도의 본래 목적인 노후생활의 안정을 기할 수 없을 뿐만 아니라 1은행 1인당 5천만원이라는 타 예금과의 형평성에서도 문제가 존재하고 있다. 즉 퇴직연금의 경우 타 예금처럼 여러 은행에 5천만원씩 분산 예치하는 것이 매우 어려울 뿐만 아니라 타 예금의 예치기간이 비교적 단기간임에 비해 퇴직연금은 매우 장기간에 걸쳐 예치되기 때문에 예금사고발생의 리스크가 그만큼 크다고 할 수 있다. 따라서 이와 같은 측면을 고려하지 않은 채 일률적으로 예금자보호법을 적용하는 것은 종업원의 수급권 보장 측면에서 많은 문제점을 내포하고 있다.

제 3 편

퇴직연금제도의 유형

제1장 개 요

전통적으로 퇴직연금제도를 설계할 경우 그 형태는 확정급여형(DB)이나 확정기여형(DC)을 취하고 있다. DB형은 노사가 사전에 퇴직 이후 받을 급여의 수준을 약정하여 근로자가 일정한 연령에 달한 때에 약정에 따른 퇴직급여를 사용자가 지급하는 형태이다. 이 제도에서 사용자의 비용은 약정된 퇴직급여를 제공하기에 필요한 부담금이 되며, 연금기금의 운용수익이 부족할 경우, 그 부족분을 채우는 것은 기업주의 책임이다. 한편 DC형에서는 사용자가 일정한 규칙(급여의 일정비율 또는 급여에 상관 없이 일정금액 등)에 따라 납부하는 부담금의 적립금액과 운용수익의 합계금액에 의해 퇴직연금의 급여수준이 결정된다. 사용자는 약정된(defined) 금액을 정기적으로 부담(contribution)하는 것으로 그 책임을 다하게 된다. 궁극적으로 근로자가 받게 되는 퇴직급여는 운용성과, 퇴직연령 등에 따라 변동하게 된다.

확정급여형은 특정 수준의 소득대체율을 염두에 두고 이를 달성코자 할 경우 유용하게 사용될 수 있다. 특히 기초소득을 제공하는 공적연금과 통합하여 원하는 수준의 퇴직소득을 갖게 할 수 있다. 반면 확정기여형은 운용리스크를 근로자가 부담하므로 노후설계의 예측가능성이 낮다. 한편 확정급여형은 퇴직자가 사망할 때까지 약속한 퇴직급여가 제공되므로 장수리스크(longevity risk)에서 면역되는 이점을 갖는다. 그러나 확정기여형의 경우 퇴직자는 장수리스크를 회피하기 위해 종신연금을 구입하거나 생존해 있는 동안 자산이 가용하도록 적절히 관리해야 한다. 여기서 특히 중요한 문제는 축적된 자산이 적절한 금액이 지급될 수 있는 연금을 구입할 만큼 충분한 수준이어야 한다.

한편 확정급여형은 기업이 도산할 경우 지급보장제도의 한계로 인해 미국의 예에서처럼 퇴직자는 예기치 못한 퇴직소득의 감소로 곤경에 빠질 수 있다. 그러나 확정기여형의 경우 적립금은 이미 수령한 급여를 반영하여 계산되어 있고 적립금을 외부의 금융기관에서 근로자별로 분리하여 관리하기 때문에 기업의 건전성이 장기적으로 담보되지 않을 경우에는 퇴직급여 확보의 안전성 측면에서 유

표 3-1 확정급여형과 확정기여형 제도의 장단점

		장 점	단 점
근로자	확정기여형	• 세제면에서 우대혜택이 존재 • 적립금의 운용성과에 따라서 연금의 수급금액이 증가할 수 있음 • 개인별로 연금의 적립금 현황을 명확하게 파악할 수 있음 • 통산(portability)이 용이하여 전직시 장애가 되지 않음	• 적립금의 운용리스크, 인플레이션리스크를 부담함 • 장래에 수령할 수 있는 수급금액을 확정하기 어려움 • 장수리스크를 관리해야 함
	확정급여형	• 기업에서 운용하는 연금자산의 운용성과에 관계없이 확정된 수급금액으로 수령할 수 있음 • 노후생활자금의 설계가 용이함	• 지급보장제도의 한계로 기업 파산시 수급금액이 예기치 않게 감소할 수 있음 • 전직시에 통산이 되지 않음
기업	확정기여형	• 세제면에서 우대혜택이 존재 • 근속연수가 짧은 중소기업의 입장에서는 유능한 인재의 중도채용에 유리함 • 퇴직급여의 후발채무가 발생하지 않기 때문에 연금자산의 운용부담에서 벗어날 수 있음.	• 근로자를 대상으로 하는 투자교육이 지속적으로 필요함 • 근로자별로 기록 관리가 필요함
	확정급여형	• 기업에서 운용하는 연금자산의 운용성과가 좋을 경우 납부부담금을 경감시킬 수 있음 • 장기근속자의 확보에 유리함	• 기업에서 운용하는 연금자산의 운용성과에 따라서 적립부족이 발생하는 경우에 후발채무가 발생하는 리스크가 존재함 • 퇴직급여를 부채로 처리하여야 하기 때문에 기업의 신용등급에 영향을 줄 수 있음

출처: 류동순, "확정기여형 퇴직연금과 금융기관의 신규사업기회," 월간금융, 2005. 9. p. 34 수정.

리하다. 이러한 장점은 퇴직일시금과 비교할 때 더욱 쉽게 관찰된다. 후불제도의 성격을 갖는 퇴직일시금은 퇴직시점에서 근로자가 수령할 퇴직금이 확정된다. 따라서 퇴직시점에서 기업의 경영악화로 급여가 삭감되거나 연봉제 및 성과급제도 등에 의해 급여가 감소되는 경우에는 퇴직금도 함께 감소되는 문제가 발생할 수 있다. 〈표 3-1〉은 확정급여형과 확정기여형의 일반적인 장단점을 비교한 것이다.

확정급여형과 확정기여형 제도가 전통적인 설계 형태이었지만 최근 동향을 보면 두 제도의 장점을 채택한 형태가 미국에서 특히 목격되고 있다. 이러한 퇴직연금제도 설계 형태를 하이브리형이라 하며, 여기에는 목표급부(target benefit), 현금잔고(cash balance)형 등의 다양한 형태가 있다.

이제 확정기여형과 하이브리드형의 종류와 특징에 대해 미국, 일본의 경우를 중심으로 소개하고자 한다.

제 2 장 확정기여형 퇴직연금제도

I. 한국의 확정기여형 제도

한국에 도입된 확정기여형제도는 제2편에서 자세히 언급한 바 있다. 사용자가 연간임금 총액의 1/12 이상의 금액을 노사가 퇴직연금규약에서 선정한 퇴직연금사업자의 계좌에 적립하면 근로자는 운용관리기관이 선정·제시하는 운용방법을 선택·지시하여 적립금을 투자하고 자산관리기관은 근로자의 지시에 따라 운용관리기관이 전달하는 운용방법에 투자하고 퇴직시 근로자에게 연금 또는 일시금을 지급하는 구조이다.

적립금은 사용자로부터 독립되어 근로자를 수익자(신탁) 또는 피보험자(보험)로 하여 적립되므로 기업이 도산하더라도 수급권이 100% 보장되며, 직장을 옮겨도 적립금을 계속하여 투자·관리할 수 있기 때문에 통산이 가능하다. 단 적립금의 투자결과에 따라 근로자 각각의 수급금액은 달라진다.

따라서 운용관리기관에 대하여 투자위험을 최소화하면서 일정수익을 보장하기 위하여 우리나라의 경우 원리금보장상품제시를 의무화하였으며, 주식 등 위험자산에 대한 투자제한을 설정하여 과도한 위험을 내포한 운용방법이 제시되지 않도록 하고, 운용방법별 특성과 적립금 운용방법 등을 근로자에게 교육하도록 하는 등 의무를 부과하고 있다. 확정기여형은 기업수명이 짧거나 경영이 불안정한 기업, 자체퇴직연금제도를 설계하기 어려운 중소기업, 연봉제를 실시하며 매년 퇴직금의 중간정산이 이루어지는 기업, 직장이동이 빈번한 근로자 등에게 적합하다.

II. 미국의 확정기여형 제도

1. 확정기여형 제도의 유형

미국의 퇴직연금제도는 기업이 임의로 설립하므로 프랑스 및 스웨덴처럼 전국적으로 통일된 협약연금제도와는 다르다. 모든 제도는 내국세법(Internal Revenue Code)의 401(a)항이 정하는 적격요건을 충족하는 세제적격연금으로써 설계된다. 또한 미국의 퇴직연금은 확정급여형과 확정기여형 제도로 대별되지만 1970년대 중반 이후 확정기여형 제도의 비중이 급격히 증가해 왔고, 반면 확정급여형은 급속히 감소하여 왔다. 예컨대 확정급여형 제도의 수는 1985년 112,200개에서 2005년 현재 29,700개로 감소하였고, 생산활동에 종사하는 가입 근로자의 수도 2천2백만 명에서 1천7백만 명으로 감소하였다. 이미 1993년에 확정기여형 제도는 제도수에서 90%, 가입원수에서 50%의 비중을 차지하고 있다.

(1) 이익분배제도(Profit-Sharing Plans)

이익분배제도란 사업주가 기업수익의 일부를 가입자에게 ① 현금(주식)으로 직접 지급하거나, ② 퇴직시까지 지급을 이연하거나, 또는 ③ 일부는 직접 현금으로 일부는 이연하는 소위 혼합(combined)하여 지급하는 제도를 말한다. 사업주가 갹출하는 갹출금이 내국세법 401(a)항에 해당하기 위해서는 두 번째 방식(퇴직까지 이연)이어야 한다. 갹출금 산정은 사전에 명확하게 정해질 필요가 없고 매년 갹출할 필요도 없다. 갹출금의 갹출방식은 ① 사업주가 자유재량으로 결정하는 자유재량방식, ② 사전에 규약에서 산정식을 정해 둔 사전산정방식, ③ 사전산정방식에 의한 최저갹출금과 자유재량방식에 의한 추가갹출금을 갹출하는 혼합방식 등이 있다. 갹출금은 전가입자의 총보수액 15%를 한도로 하며 전액 손금 산입된다. 기업수익과 관련지어 갹출하는 제도이므로 종업원의 동기유발을 높이는 데 유효한 제도이다.

(2) Money Purchase Plans

Money Purchase Plans란 사업주가 사전에 정해진 방식에 의해 매년 일정한 금액을 가입자 개인의 계정에 갹출하여 적립하는 제도를 말한다. 대부분 갹출액은 현재 급여의 일정비율로 결정이 된다. 경우에 따라 근로자도 기여하도록 하기도 하며, 이 경우 근로자의 갹출금은 세후소득으로 이루어진다. 갹출시에 거치연금을 구입하든가, 또는 퇴직시에 개인계정에 적립된 자금으로 연금을 일괄 구입한다. 갹출금은 전가입자 총보수액의 25%를 한도로 하며 전액 손금산입된다. 통상적인 이익배분제도와 달리 중도인출(in-service withdrawal)은 허용되지 않는다.

(3) 주식상여플랜(Stock Bonus Plans)

기업의 자사주식(in the form of employer securities)을 종업원에게 분배하는 제도이다. 기업의 업적이 종업원의 매년 자산가치에 직접 연결되는 성격을 지니고 있어 이익분배제도와 유사하다. 세법의 적용도 이윤분배제도와 401(a)항에 의거하여 동일하게 이루어진다. 만약 종업원에게 제공된 주식이 활발히 거래되지 않는 경우 가입자는 기업에게 공정가격으로 매도할 권리를 갖는다. 통상적으로 기업이 부담하는 갹출금은 급여의 일정비율로 결정하거나 또는 그 해 이익의 특정 비율로 하되 일정금액보다는 크게 하는 방식으로 결정한다. 종업원의 동기유발 향상효과가 있으며, 기업으로서도 기업매수방지책으로서의 장점이 있다.

(4) 종업원지주제도(Employee Stock Ownership Plans: ESOP)

세제상으로는 주식상여플랜 또는 주식상여플랜 및 Money Purchase Plan의 혼합방식으로 취급된다. 종업원지주제도는 사업주가 발행하는 주식(보통주와 우선주)에 투자하도록 되어 있다. 사업주는 제도에 갹출하는 주식의 시가(fair market value)에 해당하는 금액을 손금산입할 수 있다. 이 때 주식갹출에 대한 매매손익은 인식하지 않는다. 또한 종업원지주제도가 소유하는 급부는 모두 현금 또는 모든 주식으로 행해지는 경우와 일부현금, 일부주식의 제공으로 이루어지는 경우가 있다.

ESOP는 오래 전부터 존재했지만 특히 인기를 끌기 시작한 것은 1970년대부터이다. 지속적으로 이것이 관심을 끄는 것은 주로 부채조달을 위해 사용되는 레버리지(leveraged) ESOP 때문이다. Leveraged ESOP란 기업의 주식을 구입하기 위해 자금을 차입하는 ESOP를 말한다. 1984년 및 1986년의 세제개편으로 인해 다른 세제적격퇴직연금제도에 가능하지 않은 세제상의 이점을 레버리지 ESOP는 갖고 있다.

(5) 401(K)플랜

미국의 확정기여형 퇴직연금제도 중에서 가장 대표적인 제도가 401(k)플랜이다. 401(k)플랜은 내국세법 401(k)항에 근거, 기업단위로 일괄하여 세제적격요건을 취득하여 종업원별로 개인계좌를 가지며 계좌마다 갹출 · 운용 · 급부가 관리된다. 종업원의 갹출이 기준이 되며, 기업도 각 종업원의 갹출액에 따라 일정 비율을 추가하는 등의 형태로 갹출이 이루어진다. 종업원의 갹출한도에 대해서는 내국세법 415조에 정해져 있다. 종업원 1인마다 매년 3,000달러 또는 총보수의 25% 중 낮은 금액까지 과세가 이연된다. 기업의 갹출한도액은 내국세법 404조에 정해져 있다. 기업의 갹출한도액은 기업이 플랜의 가입자격자에 대해 지불한 급여총액에서 플랜가입자의 세전 갹출금 총액을 공제한 금액의 15% 상당액이다.

(6) 기타제도

① Keogh Plans

Keogh(HR-10) Plans은 자영업자 및 그 종업원 그리고 파트너(10% 이상의 소유권보유자)를 대상으로 1962년에 창설된 퇴직금제도이다. 당초 회사조직의 종업원에 대해서만 인정되던 퇴직급부제도에 대한 세제우대조치를 그 이외의 사람들에게도 가능하도록 설정되었다. 내국세법 제401조(c)항에 그 규정이 있다. 갹출금은 개인소득세 계산상 일정한도까지 공제할 수 있는데, 현재 이용률은 저조한 편이다.

② IRA(개인퇴직구좌)

1974년 ERISA에 의해 설립된 개인퇴직계정이다. 개인이 세제우대를 받으면서 퇴직자산을 저축하기 위한 제도로 뮤추얼펀드 및 예금상품 등에 투자가 이루어진다. 401(K)제도와 마찬가지로 IRA 갹출금에는 과세이연조치가 취해지며 그 해의 과세소득에서 제외된다. 처음에는 사업주가 제공하는 퇴직급부제도를 이용할 수 없는 사람들을 위해 세제우대조치에 의한 저축 장려를 도모할 목적으로 도입되었다. 그러나 1981년 이후 사업주가 실시하는 세제적격제도의 가입자도 이용할 수 있게 되었다. 현재는 가득소득(급여, 임금, 팁 등 인적 서비스에 대한 대가를 의미함. 부동산 임대수입, 이자 · 배당금수입, 투자수입 등은 비가득소득에 해당)이 있는 70.5세 이전의 사람이라면 누구라도 IRA를 개설할 수 있다.

2. 401(k)플랜[1)]

(1) 개 요

미국의 확정기여형 퇴직연금제도 중 가장 대표적인 것이 기업의 근로자를 위한 401k플랜이다. 401(k)플랜은 미국의 내국세법 401조 k항의 요건을 충족시키는 것을 말한다. 조문상의 정식 명칭은 Cash or Defferred Amangement (CODA: 현금 또는 거치선택제도)로 되어 있다. 즉 근로자가 급여 및 상여금을 지급받는 시점에서 수령할 것인가, 아니면 장래에 연금이나 일시금으로서 수령할 것인가를 선택하는 제도이다. 이는 1978년 처음 도입되었으나 1981년 레이건 대통령의 저축증강을 위한 정책으로 세제혜택이 주어지기 시작하면서 1982년부터 많은 기업들이 기존의 플랜을 401(k)로 전환하기 시작하면서 급격히 증가하기 시작하였다.

미국의 확정기여형 퇴직연금제도 중에서 잔고의 약 60% 이상을 점유하는 것이 401(k)플랜이다. 2004년 말 현재 401(k) 플랜의 투자자산금액은 약 2.1조 달러였으며, 이는 확정급여형의 1.8조 달러를 초과하는 것이다. 가입자 1인당 평균자산 잔고는 9만 1,042달러로서 이는 99년에 비해 36% 증가한 것이다.

근로자가 납부한 부담금의 금액에 대해서 수급시점까지 과세가 이연되기 때문에 연봉이 높은 현역시대의 높은 세율이 아니고 퇴직 후의 낮은 세율이 적용된다. 따라서 궁극적으로는 세제우대의 혜택을 받게 되는 것이며, 적립금의 운용에 의해서 발생하는 수익에 대해서도 동일한 원리로 과세가 이연된다는 점에서 근로자의 입장에서는 유리한 것이다. 따라서 재테크관련 책자들이 권하는 것 중의 하나가 401(k)에 가입하라는 것이다.

일반적으로 기업은 근로자가 납부할 수 있는 상한금액 범위 내에서 부담금을 추가적으로 매칭 납부한다. 이러한 추가납부는 임의이지만 과세의 혜택이 있

1) 이 부분은 류동순, "확정기여형 퇴직연금과 금융기관의 신규사업기회," 월간금융, 2005. 9. pp. 38-40을 주로 참고 · 인용하였음.

기 때문에 기업의 입장에서도 절세효과가 있다.

(2) 세부 특성

401(k)플랜은 3가지의 종류로 나누어질 수 있다. 첫째, 근로자가 납부하는 부담금에 추가해서 기업에서 장려의 성격으로 보조(matching contribution)해 주는 형태, 둘째 매년 기업수익과 연계하여 근로자에게 이익을 배분하여 주는 방식으로 부담금을 기업에서 납부해 주는 형태, 셋째 근로자만이 납부하는 형태이다. 그러나 근로자만이 납부하는 형태는 비차별적 요건(nondiscriminatory tests)과 같은 세제적격요건을 충족시키기 어렵기에 별로 사용되지 않는다.

① 가입대상자

401(k)플랜은 각 기업별로 임의로 도입할 수 있고, 가입자의 가입 여부도 각 근로자의 자유의사에 맡기지만, 1년 이상의 근속, 21세 이상의 전 근로자에게 가입자격을 주고 있다.

② 부담금의 납부

근로자는 급여 및 상여금에 대해서 과세하기 전에 최고 연간 10,500달러(2001년의 경우)까지 납부가 가능하고 그 이상의 납부는 할 수 없다.[2] 상한금액을 낮게 하는 이유는 상한금액을 최대한으로 이용할 수 있는 고수입의 근로자에게만 혜택을 받게 되는 문제점을 방지하기 위해서이다.

③ 연금의 수급권

근로자가 납부한 적립금에 대해서 연금의 수급권을 갖는 것은 당연하지만 기업에서 납부한 적립금에 대해서는 바로 수급권을 가질 수 있는 것이 아니다. 기업에 따라서 단계적으로 정해진 비율에 따라 근속연수가 5년이 되는 시점에서 100%의 수급권을 부여하거나, 근속연수 3년부터 20%, 이후 근속연수 1년마다 20%를 가산하여, 근속연수 7년 시점에서 100% 부여 등과 같은 방법으로 정해지는 것이 일반적이다.

④ 적립금 운용의 근로자책임

근로자는 확정기여형 퇴직연금의 운영관리업무를 수행하는 퇴직연금사업자

2) 2001년 제정된 경제성장 및 세금감면조정법(Economic Growth and Tax Relief Reconciliation Act)에 의해 이 한도는 2002년 11,000달러에서 점진적으로 증가하여 2006년에는 15,000달러가 되며, 2007년부터는 500달러 단위로 소비자물가에 연동해서 증가하게끔 되어 있다.

가 제시하는 복수의 금융상품 중 리스크 · 수익률의 교환관계를 고려하면서 자신에게 적합한 금융상품을 선택한다. 이러한 금융상품에 대해서 정기적으로 변경하는 것도 가능하다. 근로자의 적립금 운영은 자기책임으로 하는 것이 원칙으로 되어 있다.[3] 그러나 그 전제로서 근로자는 투자판단이 가능한 금융지식을 보유하고 있어야 하기 때문에 기업은 근로자에게 적립금을 운용하기 위한 금융상품의 선정에 관한 충분한 정보를 제공하여야 하는 것이 의무사항으로 되어 있고, 투자교육을 실시한다. 주된 추세는 근로자들에 대한 투자선택 옵션을 단순화하는 것이지만 반대로 투자대상을 확대하는 기업들도 최근 목격된다.[4]

⑤ 중도인출의 제한

401(k)플랜에서 연금의 수급은 59.5세(근속중이라도 가능)가 되어야 가능하고 원칙적으로 중도인출은 인정되지 않는다. 다만 사망 · 상해퇴직 · 퇴직연도의 연령도달 · 전직의 경우에는 중도인출이 가능하다. 이 밖에 다른 사유로 중도인출을 하는 경우에는 과세이연의 특전을 상실할 뿐만 아니라 범칙금도 부과된다.

⑥ 전직시의 처리

401k플랜은 각 근로자별로 계좌가 관리되고 있기 때문에 전직하는 경우에 새로운 직장으로 이관이 가능하다. 이것을 롤오버(Roll Over)라고 부르고 있다. 롤오버의 경우에는 과세이연의 특전이 유지되고 범칙금도 부과되지 않는다. 롤오버에는 두 가지의 방법이 있는데, 새로운 직장으로 직접 이관하는 방법과 일단 근무하였던 직장의 계좌를 해약하고 개인퇴직계좌(IRA)로 이관한 후에 60일 이내에 새로운 직장으로 다시 이관하는 방법이다.

---

3) 보다 정확히 말하면 401(k)플랜를 제공하는 기업은 404(c) 조항을 택하여야만 법적으로 투자리스크를 종업원에게 완전히 전가할 수 있다. 엔론은 그러하지 않았기 때문에 파산 이후 가입자들이 401(k)플랜과 관련하여 소송을 제기할 수 있었고, 부분적으로나마 피해보상을 받을 수 있었다.

4) 예컨대 2004년 말 현재 260억 달러의 401(k) 자산을 갖고 있는 IBM의 플랜은 미국에서 가장 큰 규모 중 하나인데 기존의 투자대상 이외에 2005년 1월 177개의 뮤추얼펀드를 추가시킨 바 있다. 월스트리트저널에 의하면 근로자들에게 제시하는 투자펀드 대상을 선정할 때 펀드사의 지배구조, 펀드에서 제시하는 상품의 다양성, 운용수수료 및 펀드의 투자성과 등을 감안하였다. 타임워너 또한 2005년 9월 3,000개 이상의 뮤추얼펀드에 가입할 수 있도록 뮤추얼펀드 투자대상을 추가하기도 하였다.

(3) 최근 이슈

엔론의 파산 이후 401(k)는 관심과 개혁의 대상으로 부각되었다. 왜냐하면 엔론 401(k)의 가입자들은 엔론의 파산으로 자신들의 퇴직저축의 거의 대부분을 상실하였기 때문이다. 구체적으로 엔론 연금제도에서 종업원은 그들의 납부금에 대응(matching)하여 엔론의 주식을 받았으며 대부분의 종업원들은 분산투자를 하지 못하였다. 종업원들은 자신의 부담금을 분산투자할 수 있었음에도 불구하고 워낙 엔론 주식의 성과가 이전에 좋았기에 그렇게 하지 않았던 것이다. 더 문제를 복잡하게 한 것은 엔론사가 401(k)플랜의 운용관리기관을 변경하는 과정에 있었고, 이에 따라 주식을 교체할 수 없는 소위 '정지기간'(blackout period)에 있었기에 엔론 근로자들은 엔론의 주가가 급강하하는 것을 바라만 보고 있어야만 했다. 이에 따라 부시정부는 2002년 초 다음과 같은 네 가지 개선책을 제시한 바 있다.

첫째, 근로자들이 보다 자유롭게 자신들의 퇴직 펀드를 분산투자하고 관리할 수 있도록 할 것.

둘째, 기업의 고위임원들도 정지기간 동안 일반 근로자들처럼 동일한 제약을 갖게 하고, 사용자는 이 기간 동안 수탁자의 책임을 완전히 부담할 것.

셋째, 근로자에게 투자 상황에 대해 분기별로 정보를 제공하고, 분산투자할 권리를 제공할 것.

넷째, 근로자가 보다 용이하게 투자자문을 받을 수 있도록 할 것.

엔론과 같은 극단적인 형태는 아니더라도 기업이 401(k)를 남용하는 경우가 적지 않은 것으로 나타나고 있으며, 이와 관련하여 미국의 경우 2001년 이후 근로자와 노동부가 제기한 소송이 12,800건에 달한다. 한편 400,000개의 401(k)플랜 중 테크놀로지 주식에 집중한 뮤추얼펀드와 자사주에 주로 투자한 플랜은 IT 거품이 꺼진 2000년과 2001년에 각각 약 450억 달러의 손실을 본 것으로 알려지고 있다.[5)]

---

5) Bloomberg 통신, Suing employer one way to redress a flawed 401(k) by John Wasik, 2005.11.15.

Ⅲ. 일본의 확정기여형 제도

1. 확정기여연금의 구조

일본에서 도입된 확정기여(갹출)형 제도는 기업이 부담금을 납부하는 기업형과 개인이 임의로 적립을 하는 개인형의 2종류가 있다. 기업형은 퇴직금을 연금화한 퇴직연금의 한 종류이며, 개인형은 노후를 위한 자조노력지원제도이다. 즉 기업형은 퇴직금이며, 개인형은 저축인 셈이다. 기업형은 모든 민간 기업에서 도입할 수 있으며, 기업의 갹출은 완전히 개인단위로 이루어지고 적립잔액도 개인별로 관리된다.

즉 기업형의 경우 기업이 자산관리기관에게 지급한 보험료를 기업재산과의 분리를 행하며 가입자 등의 운용지시에 의해 각 운영상품 제공기관에 배분하는 형태로 운용을 하는 구조를 띠고 있다.

표 3-2 일본의 확정갹출연금 특징

	기 업 형	개 인 형
실 시 자	사업주	국민연금기금연합회
가 입 자	기업에 근무하는 피보험자	자영업자, 샐러리맨 중 기업연금 등 대상자가 아닌 자
갹 출 자	사업주	가입자
자격확인 등	사업주	국민연금기금연합회
운용방법제시	금융기관 등의 운용관련 운영관리기관	
운용지도	개인별 관리자산에 대해 가입자가 자기책임으로 운용방법을 지도	
기록관리 등	기록관련 운영관리기관	
적립금의 관리 및 급부	신탁은행 등 자산관리기관	국민연금기금연합회 (유가증권등의 보관 등은 위탁)

자료: 山口 修, 確定醵出年金のすべて, 金融財政事情研究會, 2003.5., p. 111.

그림 3-1 기업형 갹출연금의 지배구조

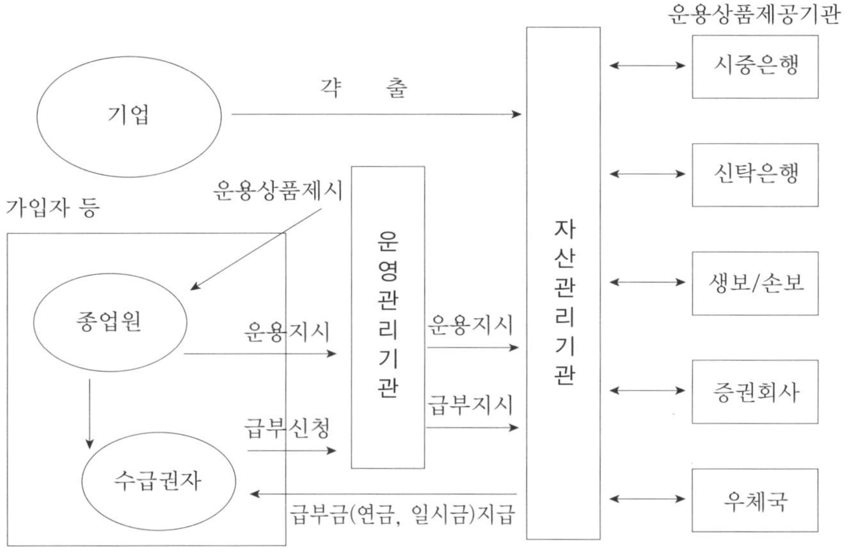

자료: 山口 修, 確定醵出年金のすべて, 金融財政事情研究會, 2003. 5., p. 233.

즉 자산관리기관은 기업형 연금의 운영에 있어서 기업이 갹출한 보험료를 받아 확정갹출연금의 자금으로써 기업의 재산과 분리하여 보전하고 운영관리기관의 지시에 기초하여 연금자산을 각 운용상품으로 배분하거나 수급권자에게 급부지급을 행하게 된다. 자산관리기관인 신탁은행, 생명보험사, 손해보험사, 농협협동조합연합회 중에서 보험료를 갹출한 사용자(기업)가 선임하게 된다.

이에 반해 개인형 연금의 경우 제1호가입자(자영업자)는 직접, 제2호가입자(기업연금 및 확정기여형 연금이 없는 사원)는 기업이 종업원 급여에서 원천징수하여 연합회에 보험료를 지급하고 가입자의 운용지시에 기초하여 각 운용상품에 배분하는 형태로 되어 있다. 이 경우 연합회 업무 중 가입신청의 수리사무, 필요사항 제출의 수리업무 및 적립금관리사무 등은 위탁 가능하도록 하고 있으며, 국민연금기금연합회는 개인형 연금의 운영에 관하여 기업형 연금에 있어서의 기업의 역할과 자산관리기관의 역할을 하게 된다.

기업의 노사합의에 근거하여 기업형 연금규약을 정하고 주무장관의 승인을 받는다. 이 규약은 사무소별 또는 부문별로 다르게 하는 것도 가능하며, 복수의

그림 3-2 개인형 갹출연금의 지배구조

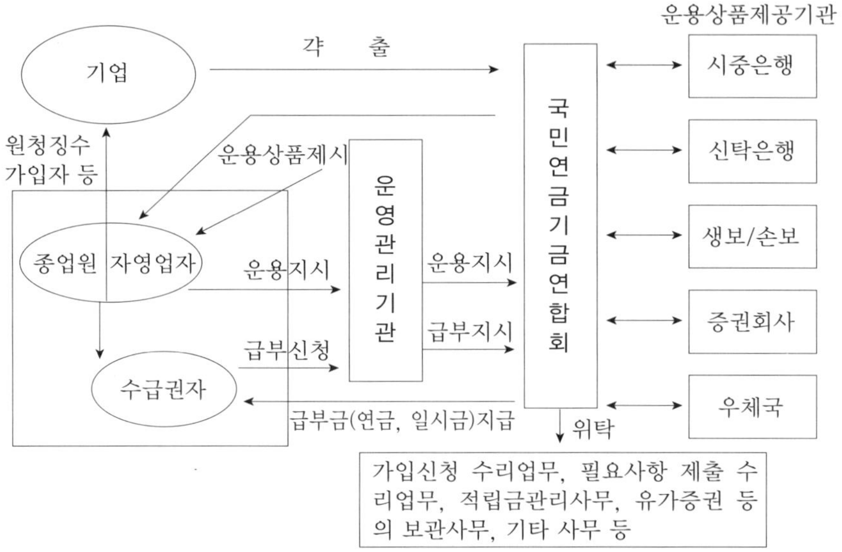

자료: 山口 修(2003), 確定醵出年金のすべて, 金融財政事情硏究會, 2003. 5., p. 234.

플랜도 가능하다. 또한 복수기업이 공동으로 규약을 정하는 것도 가능하다. 기업형 연금의 도입에 대해서는 신규종업원으로부터의 도입 등 일정자격을 정하는 것도 인정된다. 60세 미만의 급여생활자가 대상(공무원 제외)이 된다. 피용자연금(후생연금 등)의 피보험자는 원칙적으로 전원가입자가 되는데, 기업형 연금규약에서 일정한 자격을 정한 때에는 가입자의 범위를 한정할 수 있다. 일정한 자격으로 정할 수 있는 것은 다음의 ①에서 ④에 열거하는 자격이며, 그 이외의 것을 「일정한 자격」으로 정하는 것은 특정한 자를 부당하게 차별하는 것이 되므로 원칙적으로 인정되지 않는다.

① 일정한 직종

일정한 직종에 속하는 종업원만을 가입자로 할 수 있다. 여기에서 말하는 직종이란 연구직, 영업직, 사무직 등을 말한다. 노동협약 또는 취업규칙에 준하는 것으로 이러한 직종에 속하는 종업원에 관련된 급여와 퇴직금 등의 노동조건이 다른 직종에 속하는 종업원의 노동조건과는 별도로 규정된 것이어야 한다.

② 일정한 근속기간

일정한 근속기간 이상(또는 미만)의 종업원만을 가입자로 할 수 있다. 따라서 제도개시 후 신규로 채용한 종업원에 한하여 가입시키는 것도 가능하다.

③ 일정한 연령

「일정한 연령 미만」의 종업원만을 가입자로 할 수 있다. 일정한 연령으로 구분한 가입자 자격에 차이를 두는 것은 합리적이지 않기 때문에 기본적으로는 인정되지 않지만, 기업형 연금을 시작할 때 50세 이상의 종업원은 자기책임으로 운용하는 기간이 짧고 60세 이후에 정년퇴직해도 연금수급자격이 되지 못하는 불합리성이 생길 수 있어 50세 이상의 종업원을 가입자로 하지 않을 수 있다. 또한 견습기간중 또는 시험사용기간중인 종업원에 대해서는 가입자로 하지 않을 수 있다.

④ 희망하는 자

종업원 중 「가입자가 되기를 희망하는 자」만을 가입자로 할 수 있다. 상기한 ① 및 ②에 열거한 경우 가입자가 되지 않는 종업원에 대해서는 후생연금기금(가산부분), 확정급여(급부)기업연금, 적격퇴직연금 또는 퇴직수당제도(퇴직수당 중간정산제도 포함)가 적용되고, 상기한 ③ 및 ④에 열거한 경우, 가입자가 되지 않는 종업원에 대해서는 확정급부기업연금(④의 경우에 한함) 또는 퇴직수당제도(퇴직수당선불제도를 포함)를 적용할 필요가 있다. 또한 확정갹출연금에 대한 사업주부금의 갹출에 상당한 조치가 강구되어 가입자가 되지 않는 종업원이 부당하게 차별적인 취급을 하지 않도록 할 필요가 있다.

2. 급부형태

갹출금은 운용수익과 함께 연금자산으로 적립되어 원칙적으로 60세 도달 후에 가입자에 대한 급부로 지급된다. 그 급부형태는 노령급부금, 장해급부금, 사망일시금의 3종류가 있다. 노령급부금은 기본적으로 연금으로 지급된다. 연금으로 지급하는 방법은 5년 이상의 유기연금 또는 종신연금으로 지급하게 된다. 단 규약에 규정이 있는 경우에는 연금의 일부 또는 전부를 일시금으로 수급할 수 있다. 근속 3년 이상의 가입자에 대해서는 수급권을 100% 부여한다. 즉 근속 3년 이상의 가입자가 이직한 경우에는 퇴직사유에 관계없이 개인별 관리자산 전액의 수급권을 부여하고 이직한 기업의 기업형 연금 또는 개인형 연금으로 당해 자산을 이체한다. 노령급부금은 「노령(60세 도달)」을 지급사유로 하고 있기 때문에 실제로 퇴직한 경우에도 60세 도달 전의 경우에는 수급할 수 없다. 한편 가입기간에 따라 수급개시 가능연령이 마련되어 있어 늦어도 65세부터는 수급할 수 있게 하고 있고, 70세까지는 수급을 개시하여야 한다. 한편 장해급부금은 가입자가 고도장해가 된 경우에 수급할 수 있다. 이 장해급부금도 기본적으로는 연금이지만 규약에 규정이 있는 경우에는 일시금으로 수급도 가능하다. 사망일시금은 가입자가 사망한 경우에 지급되는 것이다.

3. 통산제도

이직한 경우 이직기업에 기업형 연금이 있으면 이직처의 기업형 연금으로, 없는 경우 또는 실직한 상태인 경우에는 국민연금기금연합회가 실시하는 개인형 연금에 해당하는 가입자의 연금자산을 옮기게 된다. 또한 개인형 연금가입의 경우도 이직처 기업에 기업형 연금제도가 있는 경우에는 이직처의 기업형 연금으로 해당 연금자산을 옮기게 된다. 문제가 되는 것은 퇴직해서 전업주부가 되는 경우 등 가입자였던 사람이 확정갹출연금의 가입자가 될 수 없는 상태가 된 경우이다. 이 경우에는 국민연금기금연합회가 관리하는 연결계정으로 불리는 특별계정에 연금자산을 옮기게 된다. 이 계정에는 운용지시가 가능하나 추가의 갹출은 할 수 없다. 이와 같이 확정갹출연금에 가입할 수 없는 상태가 된 사람의 갹출기간이 3년 이하인 경우에는 특별히 탈퇴일시금으로 수급도 가능하다. 기업형 가입자가 이직하거나 이직한 때의 처리는 다음과 같다. 이직처 기업의 퇴직연금과 기업형의 유무에 따라 가입의 가부가 결정된다. 퇴직연금도 기업형도 없는 때에는 개인형으로 가입하고 퇴직연금은 있으나 기업형이 없는 경우는 개인별 관리자산을 국민연금기금연합회에 이체해서 부금을 추가하지 않고 그 때까지의 적립금에 대한 운용지시만 행한다. 운용지시자란 부금의 갹출은 없으나 자산운용만을 행하는 사람이다. 기업형 가입자가 60세에 도달하여 기업형의 가입자격을 상실하면 부금갹출은 없으나 기업형 운용지시자로서 자산운용은 최고 69세까지 가능하다.

4. 운용상품의 선정

기업형 가입자는 연금규약에 지정된 복수의 운용방법(운용상품의 범위)에 근거하여 운용관련 운용관리기관이 제시한 운용상품 중에서 개별금융상품의 구입을 지정한다. 이것을 운용의 지시라고 한다. 확정갹출연금의 자산운용에는 다음 다섯 가지의 원칙이 있다. ① 운용의 지시(운용상품의 선택)는 가입자가 행한다. ② 연금규약에는 적어도 3종류 이상의 운용방법을 제시한다. ③ 운용상품의 한 가지는 반드시 원금확보상품을 포함한다. ④ 운용방법의 변경은 적어도 3개월에 한 번 할 수 있도록 연금규약에 작성한다. ⑤ 근무처의 자사주와 자사발생 사채는 3종류의 운용방법에는 포함하지 않는다.

확정갹출연금의 운용상품은 3개월에 한번 바꾸어 예치할 수 있고, 이직시에 적립금을 현금화하여 이체하기 때문에 환금성이 필수이며, 유가증권은 시가평가가 조건이다. 원금확보형 상품이란 운용수익이 낮아도 만기까지 보유하면 원금이 반드시 되돌아오는 금융상품으로 예금보험제도 등의 법률에서 보호되는 금융

표 3-3 확정갹출연금의 운용상품

<table>
<tr><th>종 류</th><th>구 분</th><th colspan="2">기 타</th></tr>
<tr><td>원금확보형</td><td>• 예·적금, 금융채, 금전신탁, 대부신탁(예금보험제도 등의 대상이 되는 것)
• 국채, 지방채, 정부보증채
• 이율보증형 적립생명보험(GIC), 적립상해보험(손보)
• 정기연금보험</td><td>1 이상</td><td rowspan="2">3 이상</td></tr>
<tr><td>일반적인 운용상품</td><td>• 투자신탁, 투자법인의 투자증권
• 공공법인채, 외국의 공공채
• 신탁상품(원금보전계약이 있는 금전신탁 이외의 신탁)
• 변액보험 등</td><td></td></tr>
<tr><td>개별유가증권</td><td>• SPC출자증권
• 개별사채, 개별주식
• 개별사채투신, 개별주 투신 등</td><td colspan="2">상품선정하는 경우는 상기한 ①, ②를 3 이상 선정</td></tr>
</table>

상품을 성령에서 개별로 지정하고 있다. 성령에서는 운용상품을 다음의 세 가지로 구분하고 있다. 제1호부터 제3호의 운용방법은 세 가지 이상의 운용상품과 별개로 운용방법을 리스크 정도에 따라 분류한 것이다. 사업주는 매년 제출하는 사업주 보고서에서 이 분류에 의한 운용방법의 선정 및 제시의 상황을 당국이 보고한다. 즉 확정갹출연금의 운용상품 대상은 <표 3-3>과 같다.

금융기관이 제공하는 운용상품은 시가평가가 가능하고 유동성이 풍부한 것 등의 요건을 만족하는 것으로 구체적으로는 예·적금, 유가증권(공·사채, 주식, 투자신탁), 신탁, 생명보험 · 손해보험 상품 등의 금융상품이다. 주식 등의 개별유가증권도 여기에 포함된다. 그러나 동산이나 부동산의 투자는 인정되지 않는다.

이와 같이 같은 종류의 금융상품, 예를 들면 운용방법이 다른 주식투신을 3가지 준비해도 연금규약의 승인기준에 적합하지 않고 반드시 상기 제1호 운용방법에 있는 보험상품을 포함한 예·적금과 국채 등의 원금확보형을 준비해야 한다. 사업주는 가입자 등을 위해 충실하게 업무를 수행할 의무를 지고 있기 때문에 운용상품의 선정에 있어서는 거래은행과 증권회사가 추천하는 운용상품을 그대로 채용하면 문제가 되는 수가 있다.

5. 운용지시 및 정보제공

운용관련 운영관리기관은 가입자 등에게 운용상품을 제시하고 운용상품에 관한 정보를 제공한다. 이 때 운용관련 운영관리기관은 자산운용에 관한 전문적인 지식에 근거하여 운용방법을 선정하는 것이 의무화되어 있다. 전문적 지식이란 자산운용의 전문가로서 필요한 주의를 기울여 오로지 가입자 등의 이익을 위해 운용상품을 선정하는 것을 말한다. 즉 운용관련 운영관리기관은 제시한 운용의 방법에 대하여 이익의 예측 및 손실의 가능성과 기타 가입자 등이 운용지시를 하기 위해 필요한 정보를 연금가입자 등에게 제공해야 한다.

운용방법의 구체적인 제시방법에 대해서는 다음과 같은 규정이 있다. ① 선정한 운용상품이 세 가지 이상의 리스크 · 수익률 특성이 다른 구분에 속할 것, ② 개별사채, 개별주식을 선정할 때에는 그와는 별도로 세 가지 이상을 선정할 것, ③ 운용상품을 제시할 때는 그 운용상품을 선정한 이율을 가입자 등에게 제시할 것이다. 운용방법은 예·적금의 이율 · 생명보험계약의 예정이율 · 채권의 수익률 등 운용수익률의 예측과 수익변동의 가능성이 상호간 유사하지 않는 세 가지 이상의 방법을 제시해야 한다.

가입자는 이와 같이 제시된 운용상품 중에서 운용상품을 선택하게 되는데 시장동향 등에 따라 운용상품을 변경하는 것이 가능하다. 이 운용상품의 변경은 3개월에 1회 이상 가능하게 할 필요가 있다. 가입자가 적절한 운용상품의 선택을 하기 위해서는 투자에 관한 충분한 지식이 필요하게 된다. 이를 위해 운영관리기관은 개별운용상품과 관련된 정보제공을 하게 되는데, 제시한 개별운용상품의 추천을 해서는 안 된다. 또한 기업형 연금을 실시하는 기업과 국민연금기금연합회는 스스로 또는 운용관리기관 등에 위탁하여 가입자에 대하여 연금자산의 운용 등에 관한 일반적인 정보를 제공하도록 되어 있다.

한편 가입자는 연금규약에서 정해진 운용관련 운영관리관이 제시한 운용방법(예·적금, 공사채, 투자신탁, 주식, 신탁, 보험상품 등)의 안에서 금융상품을 지정할 것을 운용지시한다. 운영관련 운영관리기관은 운용상품을 선택한 이유와 그 상품의 과거 10년간의 운용성적, 앞으로의 이익과 손실의 예측, 가입자가 부담하는 수수료 등의 운용방법의 내용을 가입자에게 설명한다. 운용지시를 행하기 위해 필요한 정보의 내용에 대해 성령 제20조에서 다음과 같이 정하고 있다.

① 운용방법의 내용으로 이익의 예측 및 손실의 가능성에 관한 사항(이익의 예측을 나타내는 것이 곤란한 경우에는 그 취지를 설명), 자금의 갹출단위와 갹출한도액, 이자 · 배당 등의 이익분배의 방법
② 과거 10년간(운용실적이 10년간 없을 때에는 당해 기간)의 이익 또는 손실실적
③ 개인별 관리자산의 지분계산방법
④ 운용방법으로 예금(예금보험제도 등이 대상인가의 정보와 그 보호내용), 금융채(예금보험제도 등의 대상인가의 정보와 그 보호내용), 금전신탁(대부신탁: 예금보험제도 등의 대상인가의 정보와 그 보호내용), 생명보험 · 손해보험계약(예금보험제도 등의 대상인가의 정보와 그 보호내용)
⑤ 금융상품의 판매등에 관한 법률 3조 1항에서 규정하는 중요사항
⑥ 기타 필요한 정보

가입자는 운용방법(금융상품) 중에서 몇 개라도 선택할 수 있고 각각의 운용방법에 충당하는 액수를 결정하여 기록관련 운영관리기관에 신청한다. 이것은 법정사항이기 때문에 연금규약에서 운용방법의 숫자를 제한할 수는 없다. 또 가

표 3-4 확정갹출형 퇴직연금과 타 퇴직연금과의 특징 비교

비고		후생연금기금		DB형		적격퇴직연금		DC형 (기업형)	중소기업퇴직금공제
		기본부분	가산부분	기금형	규약형		특례퇴직연금		
근거법 (보급시기)		후생연금보험법 (1966.10.1.~)		확정급부기업연금법 (2002.4.1.~)		법인세법 (1962.4.1.~)	조세특별조치법 (1993.4.1.~)	확정갹출기업연금법(2001.10.1.~)	중소기업퇴직금공제법(1959~)
제도주체		후생연금기금		기업연금기금 (법인)	후생연금적용 사업소의 사업주	기업 · 개인사업주 등		사업주	근로자퇴직금 공제기구
대상자·가입자격자	대상자	후생연금적용사업소의 피보험자	(左記중) 퇴직금지급대상이 되는 종업원 등	후생연금적용사업소의 피보험자		퇴직금지급대상이 되는 종업원 (상근임원은 불가, 사용인 겸 임원은 可)		후생연금적용사업소의 피보험자 (60세 미만)	원칙, 전종업원
	가입자 자격 (일부가입의 가부)	전원가입	전원가입원칙 (규약에 규정可)	전원가입원칙 (규약에 규정可)		전원가입원칙 (연령 · 근속기간 또는 이들의 조합에 의해 설정 可)	전원가입원칙 (대기기간 설정可)	전원가입원칙 (근속기간 등에 의해 설정可)	전원가입원칙 (근속기간 등에 의해 설정可)
	설립인수 요건	있음 (500명 이상)		있음 (300명 이상)	없음 (법령상 요건 없음)	없음 (법령상 요건 없음)	있음 (500명 미만)	없음 (법령상 요건 없음)	있음 (300명 이하)
급부내용 및 지급요건	노령 급부	• 60세도달이 지급사유 원칙 • 종신연금 • 가입 1개월 이상으로 수급자격 부여	• 60세도달, 퇴직이 지급사유원칙 • 연금은 종신을 기초로, 보증기간을 부여하는 경우 등도 가능(일시금화도 可) • 가입 20년 이상으로 수급자격 부여	• 60~65세 도달이 지급사유(適年에서 이행한 제도의 이행시점 수익자 등에 대해서는 특례조치 존재)원칙 • 가입 20년 이상은 반드시 수급자격 부여(適年에서 이행한 제도의 이행시점 수익자 등에 대해서는 적용하지 않음)		• 정년퇴직, 중도퇴직이 지급사유 • 연금은 종신 또는 정기(5년 이상, 特例適年은 종신을 기초로 하여 보증기간을 부여하는 경우 등도 可, 일시금화도 可) • 수급자격은 연금규정에 규정(중도탈퇴연금에 대해서는 단기근속, 저연령이 아닐 것. 특례연금은 가입기간 20년 이하(기타의 요건을 설정한 경우는 80% 요건존재)		• 60세 도달이 지급사유원칙 • 연금 또는 일시금 • 70세까지는 수급개시 필요 • 근속 3년 이상에서 반드시 수급권 부여	• 퇴직이 지급사유 • 일시금 또는 분할납(5년 또는 10년) • 가입 1년에서 수급권 부여

급부내용 및 지급요건	탈퇴 일시금	없음	• 노령급부지급사유 중 연령요건을 충족시키지 않고 퇴직 • 퇴직시에 지급 • 가입 3년 이상은 반드시 수급자격 부여	• 노령급부요건에 대한 연령요건에 미달한 퇴직(適年에서 이행한 제도의 이행시점 수익자 등에 대해서는 특례조치존재) • 퇴직시에 지급 • 가입 3년 이상은 반드시 수급자격 부여	임의 • 퇴직이 지급사유 • 일시금 • 퇴직시에 지급 • 수급자격은 연금규정으로 규정	• 가입 3년 이내의 이직 · 전직 등에 의해 제도가입불능 • 일시금 • 자격상실로부터 2년 이내에 지급	
	장해급부	없음 (厚年 본체에 존재)	임의 지급방법 등은 규약에 규정(연금 또는 일시금)	임의 지급방법 등은 규약에 규정 (연금 또는 일시금)	없음	• 70세까지의 임의 시기에 지급개시 • 지급방법, 수급자격은 규약에 규정 (일시금 가능)	없음
	유족급부	없음 (厚年 본체에 존재)	임의 지급방법 등은 규약에 규정(연금 또는 일시금)	임의 지급방법 등은 규약에 규정 (연금 또는 일시금)	임의 지급방법 등은 규약에 규정 (연금 또는 일시금)	일시금	일시금 또는 분할납
갹출금	부담	면제보험료는 노사 절반, 초과분은 사업주부담 주류	전액 사업주부담이 주류(일부 가입자부담도 가능)	전액 사업주부담 (일부 가입자부담도 可)	전액 사업주부담이 주류 (일부 가입자부담도 可)	전액 사업주부담	전액사업주부담
	갹출	매월		연1회 이상 정기적	연 1회 이상 정기적	매월	매월
	현물갹출	可		可	可	불가	불가
	임의탈퇴사업소의 갹출금 일괄징수	2002년 4월부터 법률상 규정		법률상 규정	없음		
자산운용		생보, 신탁, 투자일임, 자가운용		생보, 신탁, 투자일임, 생명공제, 자가운용 생보, 신탁, 생명공제, 투자일임	생보, 신탁, 생명공제, 투자일임	생보, 손보, 신탁, 투자신탁, 예·적금 등	財投(의무운용), 생보, 신탁, 투자일임 등

비고			후생연금기금		DB형		적격퇴직연금		DC형 (기업형)	중소기업퇴직금 공제
			기본부분	가산부분	기금형	규약형		특례퇴직연금		
수급권 보호	적립의무		규정존재		규정존재		규정 없음		–	–
	재정 검증	검증 1	적립금과 책임준비금 비교(계속기준) → 적립부족: 갹출금 계산(PSL대체)		적립금과 책임준비금 비교(계속기준) → 적립부족: 보험료 재계산		규정 없음		–	
		검증 2	적립금과 최저적립기준액 비교(비계속기준) → 적립부족의 경우: 회복계획(7년 이내로 회복 要)		적립금과 최저적립기준액 비교(비계속기준) → 적립부족의 경우: 회복계획(7년 이내로 회복 要)					
	재계산		5년마다 1번		적어도 5년마다 1번		적어도 5년마다 1번			
	결산시		4/1～3/31		임의(규약으로 규정)		계약마다 별개			
	행정결산 보고서		기금 스스로 매 사업연도 종료 후 6월 이내		사업자 등 스스로 매 사업연도 종료 후 4월 이내		행정보고 없음		행정보고 없음	–
	초과 적립금		유보(별도적립금)		유보		유보불가 (재정재계산시, RARE계약은 매 결산시에 반환)		–	–
	갹출정책		존재 (결산시점의 적립금＞적립상한액의 경우)		존재 (결산시점의 적립금＞적립상한액의 경우)		없음		–	–
	제도종료(해산)시 적립부족 해소의무		존재 (2002년 4월부터 최저적립기준액 원칙, 단 당분간 최저책임준비금으로 可)		존재 (최저적립기준액)		없음		–	–
	재정재계산시특례적조치		–		가입자수가 일정 이하의 기업연금에 대해, 재정재계산 등을 위한 간단한 기준을 설정		–			–

수탁자책임		규정존재 (이사의 의무 · 손해배상책임 · 금지행위, 수탁기관의 행위준칙 등)	규정존재 (사업주 등 기업연금의 관리 · 운용과 관련된 자(수탁기관 포함)의 책임, 행위준칙을 명확화)	규정 없음	규정존재 (사업주 · 운영관리기관 등에 충실의무 · 금지행위 등)	규정 없음
정보개시		규정존재 (가입원에 대한 주지의무, 재무상황 등의 개시의무 및 후생노동대신에 대한 보고의무 등)	규정존재 (종업원에 대한 규약주지의무, 재무상황 등의 개시의무 및 후생노동대신에 대한 보고의무 등)	명확한 규정 없음 (노동기준법상, 연금규정의 주지의무 존재)	규정존재 (사업주 · 운용관리기관 등에 정보제공의무존재)	규정존재 (종업원에 대한 가입통지 · 보험료납부상황개시의무 존재)
지급보증		후생연금기금연합회에 의한 지급보증사업존재	계속 검토	없음		
세제조치	갹출시	• 사업주: 전액손금 • 본인: 사회보험료공제	• 사업주: 전액손금 • 본인: 생명보험료공제	• 사업주: 전액손금 • 본인: 생명보험료공제	전액손금	전액손금
	운용시	대행급부상당분의 2.84배를 초과하는 적립금에 특별법인세를 과세 * 특별법인세는 2002년까지 과세정지	특별법인세를 과세	특별법인세를 과제(특례적격퇴직연금은 대행급부상당분의 1.84배를 초과하는 적립금에 과제)	특별법인세를 과제	비과세
	지급시	• 연금: 공적연금 등 공제 • 퇴직(탈퇴)일시금: 퇴직소득공제 적용 • 유족일시금 : 비과세	• 연금: 공적연금 등 공제적용 • 퇴직(탈퇴)일시금: 퇴직소득공제 적용 • 유족연금 · 일시금: 상속세 과세 • 장애연금 · 일시금: 비과세	• 연금: 공적연금 등 공제적용 • 퇴직(탈퇴)일시금: 퇴직소득공제 적용 • 퇴직연금 · 일시금: 상속세 과세	• 연금: 공적연금 등 공제연금 적용 • 퇴직일시금: 퇴직소득공제 적용 • 탈퇴일시금: 특별공제 적용 • 사망일시금: 상속세 과세	• 분할납: 공적연금 등 공제 적용 • 일시금: 퇴직소득공제 적용 • 유족연금/일시금: 상속세 과세

입자의 운용지시는 적어도 3개월에 1회 할 수 있게 하는 것이 연금규약의 인가요건이다. 운용지시의 횟수는 모든 가입자에게 균등하게 주어져 있으나, 운용의 지시 시기는 연금규약에서 지정할 수 없다. 유가증권의 운용은 단기적인 가격변동이 크고 지시시기를 특정일에 지정하면 시장변화에 맞춘 운용지시가 될 수 없기 때문이다. 운용방법의 변경절차는 가입자가 직접 기록관련 운용관리기관에 연락한다. 운용방법 중에 개별주식에 대한 투자가 있는데, 상장주식의 어떤 것이라도 투자할 수 있는 방법은 인정되지 않고 자사주 또는 모회사 주식에 대한 투자에 한정되어 있다.

가입자 등이 운용방법을 증권투자신탁에 지정한 경우, 추가구입하는 투신의 기준가격은 다음과 같이 된다. 투신의 구입은 자산관리기관이 행하며, 가입자는 운용방법을 지시할 뿐으로 지시한 시간에 따라 기준가액은 변화한다. 투자신탁협회는 주식투자신탁의 매입 및 해약청구신청의 접수시한에 대하여 자주적인 원칙을 정하고, 청구신청의 접수를 적어도 오후 3시까지 마감한 후 투자신탁 위탁업자에게 연락한다. 이 자주적 원칙이 확정갹출연금에 그대로 적용되는 것인가는 불명확하지만 오후 3시까지 지시된 매입 또는 해약의 신청은 그 날의 기준가액에 따라 처리된다. 또한 외국증권에 투자하는 투신은 신청일의 다음 영업일 기준가액으로 거래된다. 이와 같이 유가증권의 운용에는 운용의 지시일과 구입금액(시가)에 대하여 가입자는 구조를 잘 이해할 필요가 있다.

또한 증권투자신탁의 수수료는 판매수수료(판매회사), 신탁보수(신탁은행과 운용기관), 신탁재산유보금(투신을 구입 · 해약할 때에 기준가액에서 공제되는 자금, 수익자간의 공평성 시정과 단기해약의 방지를 위해 설정)으로 분해된다. 판매수수료가 높은 주식투신을 구입하면 구입액의 3% 가까운 수수료가 드는 경우도 있어 가입자는 운용상품의 선택에 있어서 수수료의 내용을 잘 파악할 필요가 있다. 일본에서 최근 설정된 확정갹출연금을 대상으로 한 주식투신은 판매수수료가 없는 것이 증가하고 있는데, 확정갹출연금은 장기간 보유되는 성질이 있어 판매수수료를 0으로 하여 신탁보수를 높게 하는 경우도 있어서 주의가 요망된다. 〈표 3-4〉는 일본의 확정갹출 연금제도를 다른 퇴직연금제도, 즉 확정급여 연금제도와 후생연금기금제도, 적격퇴직연금제도 등과 비교한 것이다.

제 3 장 하이브리드형 퇴직연금제도

I. 개 요

전통적인 확정급여형이나 확정기여형제도가 나름대로의 장단점이 있다 보니 경우에 따라 사용자 및 근로자가 필요로 하는 바를 제대로 충족시키지 못할 수 있게 된다. 하이브리드형 제도(Hybrid Retirement Plans)는 확정급여형과 확정기여형의 특성을 혼합한 것으로서 전통적인 DB형이나 DC형을 단독으로 또는 공동으로 이용하여 기업주의 목표를 탄력적으로 달성하기 어렵다고 판단할 경우 미국에서 주로 활용하여 왔다. 따라서 이하의 내용은 모두 미국의 경우에 해당하는 것이다.

미국에서는 다양한 유형의 하이브리드형 제도가 존재하지만 세법상 적격요건을 따질 경우 모든 하이브리드형 제도는 확정급여형 제도나 확정기여형 제도로 분류된다. 확정급여형으로 분류되는 하이브리드형 제도에는 현금잔고제도(cash balance plan), 연금지분제도(pension equity plan), 평생연금제도(life cycle pension plan) 등이 있다. 한편 확정기여형 제도로 분류되는 것으로는 목표급부제도(target benefit plan), 연령가중이익배분제도(age-weighted profit sharing plan), 다그룹배분제도(new comparability plan) 등이 있다.

II. 확정급여형 하이브리드제도

확정급여형 하이브리드제도의 스폰서는 일정한 급여수준을 약정하고, 연금제도자산에 대한 투자를 지시하며, 통상적으로 투자리스크를 부담하는 한편 수익도 향유한다.[6] 전통적인 확정급여형에 적용되는 것과 같은 ERISA 요건을 충족하여야 하며, 확정급여형으로 분류되는 만큼 PBGC에 대한 보험료도 지불해야 한다. 전통적인 확정급여형이 오직 연금의 형태로서만 퇴직급여를 제공하는 데 반해 하이브리형은 퇴직일시금도 선택할 수 있게 한다. 혼합성격을 지닌 만큼 확정기여형의 특성도 갖는다. 통산이 가능하다든가 퇴직일시금을 허용한다든가 하는 것이 그 예이다.

1. 현금잔고제도(cash balance plan)

현금잔고제도는 확정급여형으로 분류되는데, 왜냐하면 기업주가 지급하는 갹출금액은 특정한 공식에 의해 정해지고, 이 공식은 확정이자율을 사용하며, 퇴직자가 궁극적으로 지급받는 금액을 결정하기 때문이다. 이 제도는 외관상 확정기여형 같이 보이는데, 왜냐하면 가입자에게 정기적으로 가상의 구좌에 쌓이는 일시금 잔고를 나타내는 보고서가 송달되기 때문이다. 그러나 이 구좌는 어디까지나 커뮤니케이션을 위한 도구에 불과하다. 실제 자산의 운용은 기업이 지시하는 대로 이루어지고, 어떠한 개별구좌도 존재하지 않는다. 통상 기업이 부담하는 납부금은 매 고용연도의 급여에 의거하여 결정된다. 통산이 가능한 일시금과 조기수급으로 인해 근무연한이 적은 젊은 층의 근로자에게 어필하는 제도이다. 반면 근속기간이 많은 근로자는 전통적인 확정급여형보다 적게 받는 경향을 갖는다.

2. 연금지분제도(pension equity plan)

연금지분제도는 최종평균급여와 매년 가입자가 받게 되는 수급비율에 기초하여 연금급여가 결정이 된다. 전직이나 퇴직시, 그 동안 누적된 수급비율이 최종평균급여에 적용되어 퇴직일시금이 결정되며, 이는 통산이 가능하다. 예컨대

6) 그러나 제도설계에 따라 투자리스크와 그에 따른 수익을 부분적으로 또는 전부 가입자에게 전가할 수 있다. 가입자들이 투자에 대해 상당한 전문성을 가질 경우 투자리스크와 수익을 같이 공유하는 경우도 있다. 즉 변형된 제도 중에는 가입자들에게 계좌의 성장률을 주가지수에 연동하는 옵션을 제공함으로써 가입자에게 고수익·고위험을 가능케 하기도 한다.

가입자의 근무경력이 13년이 되었고 이에 따라 그 동안 매년 쌓인 수급비율이 총 60%이고, 퇴직하는 해의 최종평균급여가 10만 달러라면, 그는 10만 달러의 60%인 6만 달러를 일시금으로 받는다. 수급비율은 상대적으로 균일하지만 흔히 연령이나 근속연수에 비례하여 단계적으로 증가한다. 이는 근속연수가 많은 근로자나 중년에 고용되어 상대적으로 근로기간이 적게 남은 근로자에게 어필한다.

3. 평생연금제도(life cycle pension plan)

이는 때로 연금지분제도의 변형으로 간주되기도 하는데, 가입자에게 연금급부에 대해 알리기 위해 가상의 계좌잔고를 사용한다. 이는 매년 받는 수급비율을 합한 비율에 최종평균급여를 곱하여 퇴직일시금을 산출한다. 한편 이 제도는 퇴직보너스제도(retirement bonus plans)라고 불리기도 한다.

Ⅲ. 확정기여형 하이브리드제도

확정기여형 하이브리드제도는 확정기여형 플랜에 확정급여형의 성격을 가미한 것이다. 예컨대 제도가입자 중 특정 그룹에 보다 혜택이 많이 가게끔 한다든가 제도스폰서인 사용자의 분담금을 연금수리에 의거하여 산출하고 이를 확정한다든가 하는 것이 이에 해당한다.

1. 목표급부제도(target benefit plan)

이 제도는 근로자가 퇴직할 무렵 목표하는 소득대체율(최종급여의 특정 %로 표시)을 충족시키기 위해 기업이 납부해야 할 부담금을 연금수리에 의거하여 산출한다. 그러나 이 때 설정된 목표 소득대체율을 전통적인 확정급여형처럼 사용자가 보장하지는 않는다. 어디까지나 궁극적인 퇴직급여 수준은 투자성과에 의해 결정된다. 통상 가입자들은 투자에 대해 자신들이 지시할 권리를 갖고, 분담금은 나이 많은 가입자들에게 더 많이 지급되는 형태로 운영된다.

2. 연령가중이익배분제도(age-weighted profit sharing plan)

이는 전통적인 이익배분제도와 유사한 제도이나, 나이가 많은 근로자에게 보다 많은 부담금이 가도록 연령변수를 적용한 것이 차이점이다. 이 제도는 나이가 많은 간부층과 젊은 일반직원으로 구성된 소규모 기업에 적합하다. 한편 의도하지 않은 부작용도 직원의 구성 특성에 따라 발생할 수 있다. 만약 근속연수나 급여가 동일한 두 근로자가 있는데, 한명은 나이가 많고 다른 한명은 나이가 적을 경우 고연령 가입자에게 보다 많은 부담금이 가는 되는 방식이므로 이런 경우에는 불필요한 불만족과 오해를 살 수 있다.

3. 다그룹배분제도(new comparability plan)

이는 연령가중이익배분제도와 유사한 일련의 제도에 대해 사용되는 용어로서, 차이점은 선택된 그룹에 보다 많은 분담금이 가게 하도록 하는 것이며, 이 때 그룹의 선택은 업무성격, 소유지분, 연령, 근속연수 등에 의해 결정이 된다. 즉, 연령에 국한된 그룹의 설정이 아니라 자동차보험의 경우처럼 다양한 요인에 의해 그룹이 분할된다.

4. 플로어옵셋제도(floor-offset plan)

확정급여형 및 확정기여형 하이브리드제도를 혼합한 유형의 제도가 있는데 이는 플로어옵셋제도(floor-offset plan)로 불리운다. 이 형태에서는 퇴직시 확정기여형이 최소한(floor)의 퇴직급여를 지급하지 못하게 될 경우 확정급여형은 가입자들에게 최소한의 퇴직급여를 제공한다. 이 구조는 투자이익의 향유도 가능케 하면서 투자손실로 인해 피해를 보는 가입자들을 보호하는 역할을 한다. 이런 맥락에서는 변액보험과 유사하고 연금제도 가입자의 입장에서는 콜옵션을 보유한 것과 같다. 합리적인 최소급여 수준의 결정을 위해 다음 사항을 고려할 필요가 있다. 만약 최소급여 수준이 가입자가 볼 때 낮은 수준이라면 근로자들은 높은 투자리스크를 수반하는 투자행태를 보일 수 있다. 또 적정한 수준이 설정된 것으로 인식된다면 위험회피적인 가입자는 기꺼이 좀더 많은 투자위험을 부담할 동기를 갖게 된다. 행정처리부담 및 비용의 관점에서 이 제도를 운영하는 기업은 전통적인 확정급여형과 확정기여형에 요구되는 모든 관리와 주의의무를 행사하여야 한다. 예컨대 확정기여형처럼 PBGC에 보험료를 지불하여야 하고, 확정기여형에 필요한 것과 같이 기록관리 및 투자교육 등을 동시에 해야 한다. 이 제도는 젊은 근로자 층과 노년 근로자 층을 적절히 함께 만족시키고자 하는 기업에 적합하다.

제 4 편

퇴직연금시장의 전망과 과제

제1장 퇴직연금시장 전망 및 진출 전략

I. 퇴직연금시장의 규모 전망

퇴직연금시장의 규모를 예측하기 위해서는 퇴직금의 규모를 추정하는 것이 필요하다. 국내 퇴직금 규모는 전체 사업장을 기준으로 2005년에 115조 4,061억원, 2010년도에는 170조 3,559억원에 이를 것으로 추정된다. 5인 이상 사업장의 경우 2005년 75조 9,372억원, 2010년 112조 942억원에 이를 것으로 전망되며, 5인 미만 사업장의 경우는 2005년 39조 4,689억원, 2010년 58조 2,617억원에 이를 것으로 추정되고 있다. 다만, 5인 미만 사업장의 퇴직연금제 도입은 기업의 부담능력, 퇴직연금관련 세제 등에 따라 결정될 것이나, 제도도입 초기에는 퇴직금에서 퇴직연금제로 전환이 미미할 것으로 예상된다.

이에 따라 퇴직연금시장의 규모는 2010년에 67조 2,565억원에 이를 것으로 전망되고 있다. 특히 퇴직연금제도의 활성화 차원에서 기존 퇴직보험(신탁)에 대

표 4-1 퇴직금의 규모추정 (단위: 억원)

구 분	2002	2003	2005	2007	2010
5인이상	601,142	649,835	759,372	887,372	1,120,942
5인미만	312,448	337,756	394,689	461,218	582,617
전 체	913,590	987,591	1,154,061	1,348,590	1,703,559

주: 1) 기준년도는 2002년 6월말 기준.
2) 2000년~2003년 5인 이상 사업장의 임금총액 평균상승률(8.1%)을 적용.
출처: 류건식 · 박홍민 · 남효성, 「퇴직연금시장전망 및 과제」, 보험개발원 CEO리포트, 2003. 12.

표 4-2 퇴직연금시장 및 신규 연금시장의 규모 전망 (단위: 억원)

구 분	2005	2007	2010
퇴직연금시장 규모	455,623	532,423	672,565
퇴직보험(신탁)	163,251	163,251	163,251
신규 연금시장 규모	292,372	369,172	509,314

주: 1) 퇴직연금시장 규모는 상시 5인 이상의 근로자를 사용하는 사업장 대상임(퇴직금 누진제에 따른 승수와 중간정산실적을 감안하지 않음).
2) 2002년 6월 기준 퇴직금 규모 60조 1,142억원 중 퇴직급여추계액의 40%(퇴직연금 등과 같은 제도에 가입하지 않아도 손비처리가 인정되는 현행의 한도)를 제외한 나머지를 퇴직연금시장의 실질적인 규모로 간주하여 단순 추산함.
3) 퇴직보험(신탁)에서 퇴직연금으로의 계약이전 정도에 대한 추정은 제외함(고정값 적용).

출처: 류건식 · 박홍민 · 남효성, 「퇴직연금시장전망 및 과제」, 보험개발원 CEO 리포트, 2003. 12.

해서는 신규판매 금지가 예상되므로 신규로 창출되는 퇴직연금시장 규모는 2010년에 50조 9,314억원에 이를 것으로 추산된다. 한편 개인퇴직계좌(IRA)제도 도입으로 퇴직연금의 통산제도가 가능하여 정년퇴직시까지 퇴직금이 금융권 내에서 계속 적립될 것을 예상할 때 퇴직연금시장의 규모는 더욱 증대될 것으로 예상되고 있다.

II. 퇴직연금제도의 선호와 시사점

1. 일반 국민의 선호도

일반 국민 1200명(2004년 2월 현재)을 대상으로 퇴직연금제도의 선호도를 분석한 결과, 77.3%의 응답자가 DB형 퇴직연금제도를, 22.6%가 DC형 퇴직연금제도를 선호하는 것으로 나타나고 있다.

특히, 성별에 따른 퇴직연금제도의 선호도를 분석한 결과, 남녀 모두 DB형 퇴직연금제도의 선호도가 DC형 퇴직연금제도의 선호도보다 압도적으로 높은 것으로 나타나고 있다. 특히 남성의 DB형 퇴직연금제도 선호도는 75.2%, 여성의

그림 4-1 일반 국민 대상 퇴직연금제도 선호도

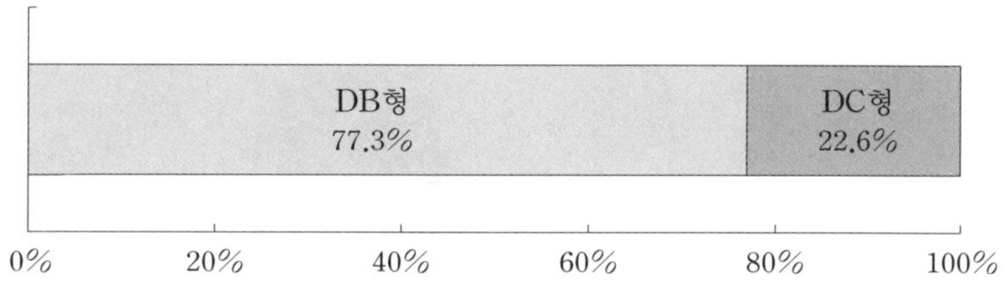

출처: 류건식 · 신문식 「퇴직연금시대의 도래와 보험회사의 진입전략」, 보험개발원 CEO리포트, 2004. 7.

표 4-3 성별 퇴직연금제도 선호도

성별(성)	응답자수(명)	DB형(%)	DC형(%)
남성	581	75.2	24.8
여성	619	79.2	20.5

DB형 퇴직연금제도 선호도는 79.2%로 여성이 남성보다 4% 이상 DB형 퇴직연금제도를 선호하고 있다.

월평균소득별 선호도를 분석한 결과, 300만원 이상의 고소득층으로 갈수록 DC형 퇴직연금제도의 선호도 수준이 점점 증대하고 있는 것으로 나타나, 고소득층이 저소득층에 비하여 위험선호 경향이 뚜렷한 것으로 조사되고 있다.

표 4-4 소득별 퇴직연금제도 선호도

소득(금액)	응답자수(명)	DB형(%)	DC형(%)
100만원 미만	65	81.5	18.5
100-150만원 미만	143	82.5	17.5
150-200만원 미만	215	75.3	24.7
200-300만원 미만	346	79.8	19.7
300-400만원 미만	264	73.5	26.5
400만원 이상	164	75.0	25.0
모름/무응답	3	33.3	66.7

그림 4-2 종업원의 퇴직연금제도 선호도(한미대비)

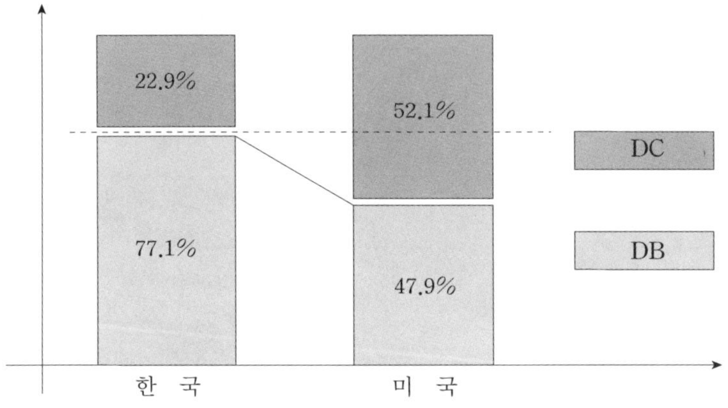

100만원 미만은 18.5%의 DC형 퇴직연금제도 선호도를, 100~150만원 미만은 17.5%의 퇴직연금제도 선호도를 보이고 있는 반면, 300만원 이상은 25%~26%의 DC형 퇴직연금제도 선호도를 보여 고소득층과 저소득층간 약 6% 이상의 선호도 차이를 보이고 있다.

2. 종업원의 선호도

퇴직연금의 실질적인 대상이 될 수 있는 종업원(424명 대상)에만 국한시켜 분석한 결과에서도 일반 국민 대상 조사결과와 유사하게 운용리스크 부담이 기업에

그림 4-3 종업원 대상 퇴직연금제도 선호도

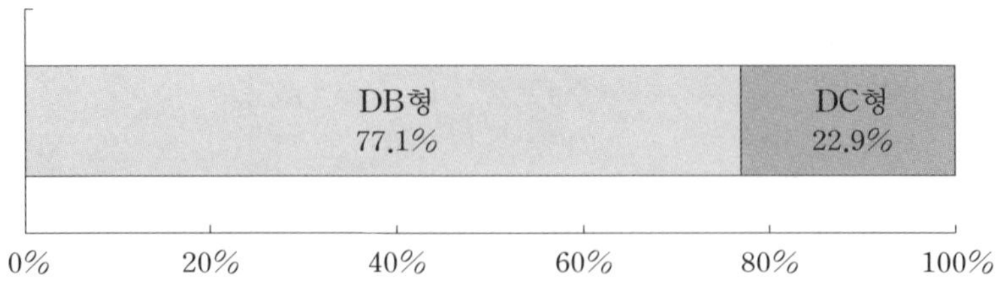

표 4-5 종업원 직업별 퇴직연금제도 선호도 분석

직업별	응답자수(명)	DB형(%)	DC형(%)
화이트칼라	222	74.3	25.7
블루칼라	202	80.2	19.8

있는 DB형 퇴직연금제도를 절대적으로 선호하고 있는 것으로 나타나고 있다.[1)]

직업별 퇴직연금제도 선호도 결과에서는 DB형을 선호하는 응답이 화이트칼라의 경우 74.3%, 블루칼라는 80.2%로 나타나 블루칼라 계층에서 보다 안전성 중시의 성향을 나타내고 있다.

이에 반해 퇴직연금제도에 대한 미국 종업원의 선호도를 조사한 결과(1997년 Current population survey), 미국 종업원의 과반수가 DC형 퇴직연금제도를 선호하는 것으로 나타나 우리나라와 달리 자기책임하에 투자위험을 감수하고자 하는 경향이 뚜렷하게 나타나고 있다. 즉, 종업원의 48%는 DB형을, 종업원의 52%는 DC형을 선호하는 것으로 나타났고, 연령이 21~24세인 종업원은 DB형 퇴직연금제도를 단지 27.9%만 선호하는 반면, DC형 퇴직연금제도는 DB형 선호도의 2배가 넘는 72.1%를 선호하고 있다. 반면에 45~54세, 55~64세, 65세 이상은 각

표 4-6 연령별 퇴직연금제도 선호도(미국)

연령(나이)	응답자수(천 명)	DB형(%)	DC형(%)
21-24	115.3	27.9	72.1
25-34	1,437.1	35.6	64.4
35-44	1,991.9	46.1	53.9
45-54	1,407.8	52.4	47.6
55-64	644.8	71.5	28.5
65~	41.4	93.6	6.4
합 계	5,638.3	47.9	52.1

출처: 류건식 · 신문식, 「퇴직연금시대의 도래와 보험회사의 진입전략」, 보험개발원 CEO 리포트, 2004. 7.

1) 류건식 · 신문식, 「퇴직연금시대의 도래와 보험회사의 진입전략」, 보험개발원 CEO 리포트, 2004. 7.

표 4-7 근속연수별 퇴직연금제도 선호도(미국)

근속기간(년)	응답자수(천 명)	DB형(%)	DC형(%)
~1	116.0	57.2	42.8
1~2	262.5	22.3	77.7
3~4	626.1	30.1	69.9
5~9	1,519.8	39.1	60.9
10~14	1,090.6	45.2	54.8
15~19	776.0	54.1	45.9
20~24	573.9	67.0	33.0
25~29	434.0	70.5	29.5
30~	207.2	83.8	16.2
무응답	32.2	45.7	54.3
합계	5,638.3	47.9	52.1

출처: 류건식 · 신문식, 「퇴직연금시대의 도래와 보험회사의 진입전략」, 보험개발원 CEO 리포트, 2004. 7.

각 52.4%, 71.5%, 93.6%의 DB형 퇴직연금제도 선호도를 보임으로써 고 연령층일수록 안전성 중시의 퇴직연금을 보다 중시하는 것으로 분석되고 있다.

특히 근속연수가 짧은 종업원일수록 DC형 퇴직연금제도를, 근속연수가 장기일수록 DB형 퇴직연금제도를 보다 선호하는 것으로 분석된다. 즉, 근속기간이 30년 이상인 경우 DB형 퇴직연금제도를 약 83.8%를 선호하는 반면, 근속기간이 1년에서 10년 미만인 경우에는 약 22%~39%의 응답자가 선호하는 것으로 나타나고 있다.

이처럼 미국은 주식시장의 정착, 신탁제도의 발달 등으로 안정적인 연금자산의 운용이 가능하고 성과중심의 기업문화정착 및 노동의 유연화 등으로 DC형 퇴직연금제도에 대한 선호도가 높게 나타나고 있다.

3. 금융기관에의 시사점 및 향후 과제

노후생활을 위한 경제적 준비정도가 낮은 근로자가 퇴직연금제도를 보다 선호한다는 점과 개인연금제도에 가입한 근로자가 퇴직연금제도를 선호한다는 점 등을 고려하여 퇴직연금시장의 진출계획을 수립할 필요성이 있다. 특히 직업 및 성별 등과 같은 인구통계학적 변수는 퇴직연금제도의 선호에 많은 영향을 준다는 점에서, 즉 전문직이며 남자일수록 퇴직연금제도를 보다 선호하는 경향이 존재하기 때문에 이들을 대상으로 한 체계적인 퇴직연금 마케팅전략이 요구된다. 즉 향후 금융기업은 통계적으로 유의한 것으로 나타난 ① 노후생활을 위한 경제적 준비정도, ② 개인연금의 가입 여부, 그리고 ③ 직업 및 성별 등과 같은 독립변수를 종합적으로 고려한 퇴직연금시장의 진출계획이 마련되고 시행되는 것이 바람직하다. 또한 DB형 퇴직연금시장에 대한 효율적 진출을 위해서는 노후생활을 위한 경제적 준비정도가 양호한 고연령층을 대상으로 마케팅전략이 필요하며, 또한 퇴직금 중간정산이 되지 않은 근로자를 대상으로 한 적극적인 진출계획이 요구된다. 특히 규제감독의 방향성 측면에서 안전성중시 규제감독을 지향하는 근로자와 여성 근로자 등이 DB형 퇴직연금제의 선호도에 영향을 미치기 때문에 이들을 대상으로 한 대응책마련이 요구된다. 이에 반해 DC형 퇴직연금시장의 진출을 위해서는 노후생활을 위한 경제적 준비정도가 다소 미흡한 저연령층을 대상으로 한 마케팅전략과 더불어 퇴직금 중간정산이 이루어진 근로자 및 남성 근로자 등에 초점에 맞춘 퇴직연금 진출계획이 매우 필요하다. 특히 보험회사의 경우 DB형 퇴직연금제를 기본으로 하면서 DC형 퇴직연금제를 적극 진출하는 전략이 필요할 것으로 보이며, 일괄서비스 중심의 차별화된 마케팅서비스 제공을 통해 퇴직연금시장에서의 선점이 이루어지도록 하는 것이 바람직한 것으로 나타나고 있다.

Ⅲ. 퇴직연금시장에의 진출전망 및 고려사항

1. 진출전망

(1) 퇴직연금시장의 진출전망

퇴직연금제도가 도입되면 수탁기관으로서 퇴직연금시장에 진출할 계획이 있느냐는 질문에 대하여 전체 보험회사 중 1개 보험회사를 제외한 모든 보험회사가 DB형 퇴직연금시장뿐만 아니라 DC형 퇴직연금시장에 진출할 계획인 것으로

표 4-8 보험회사의 퇴직연금제 선호시장

설문내용	수		비율(%)	
	보험	은행	보험	은행
DC형 퇴직연금시장에만 진출	1	0	4.55%	0
모든 퇴직연금시장에 진출	21	10	95.45%	100%

조사되었다. 또한 은행 역시 10개 은행 모두가 모든 퇴직연금시장에 진출할 계획을 가지고 있는 것으로 나타나 퇴직연금시장을 둘러싼 금융기업간 경쟁은 매우 치열할 것으로 예상된다. 또한 특징적인 것은 은행의 경우 비단 DC형 퇴직연금시장뿐만 아니라 DB형 퇴직연금시장에 대한 진출도 매우 적극적이라는 점이다. 따라서 보험회사는 DB형 퇴직연금이 퇴직보험과 상대적으로 유사하다는 점에서 수성의 입장에 서서 DB형 퇴직연금시장에 대해서는 강력한 유지전략이 필요할 것이며, 다른 한편 DC형 퇴직연금시장의 경우 새로운 성장 동력으로서 적극적인 유치 및 확대전략을 전개함이 바람직할 것으로 판단된다.

(2) 퇴직연금서비스의 진출전망

보험회사를 대상으로 퇴직연금과 관련된 사무관리업무, 자산관리업무 중 어느 업무에 초점을 맞추어 퇴직연금의 마케팅서비스를 제공할 것인가를 조사하였다. 이에 22개 보험회사 중 21개 보험회사가 사무관리업무 및 자산관리업무 모두에 마케팅서비스를 제공할 예정이라 응답하고 있다. 그러나 은행의 경우 10개 은행 모두가 모든 운용업무에 마케팅서비스를 제공할 예정이라 응답함으로써 보험회사에 비해 은행이 퇴직연금 마케팅서비스 제공에 보다 적극적인 것으로 나타

표 4-9 퇴직연금제 운용업무 진출계획

설문내용	수		비율(%)	
	보험	은행	보험	은행
사무관리업무에만 진출	1	0	4.55%	0
모든 운용업무에 진출	21	10	95.45%	100%

나고 있다. 은행이 이처럼 적극적인 이유는 DC형 퇴직연금시장 등과 같은 퇴직연금시장을 신규 성장시장으로 매우 강하게 인식하는 데 기인하고 있다 할 수 있다. 따라서 보험회사 입장에서 은행과 차별화된 퇴직연금 마케팅서비스를 어떻게 개발하여 제공할 것인가가 최대 현안과제로 부각될 것으로 예상된다.

2. 진출시 고려사항

퇴직연금시장에의 진출 계획은 사전적으로 ① 퇴직연금제도는 어떠한 특성, 즉 사업모형을 지니고 있는가? ② 퇴직연금시장을 둘러싼 경쟁구도는 어떻게 진행될 것인가? ③ 일반 국민(종업원)의 니드 및 성향은 어떻게 변화할 것인가? ④ 금융기관의 경쟁력 제고 차원에서 어떻게 퇴직연금리스크에 대응할 것인가? 등을 사전적으로 종합적으로 감안하여 이루어질 필요성이 있다. 아래에서는 퇴직연금시장 진출시 고려사항을 외부적 및 내부적 요인으로 구분하여 살펴보고자 한다.

(1) 외부적인 요인

① 종업원 선호도 및 선호요인

전술한 바와 같이 한국의 일반 국민은 압도적으로 DB형 퇴직연금제도를 선호하는 것으로 나타나 제도 도입시 DC형 퇴직연금시장보다 DB형 퇴직연금시장 중심으로 재편될 것으로 예상된다. 이는 일반국민이 DC형 퇴직연금제도보다 DB형 퇴직연금제도를 3배 이상 압도적으로 선호하고 있다는 점, 그리고 일반 국민은 자기책임하의 위험선호경향을 보이고 있지 않다는 점 등에서도 단적으로 알 수 있다.

따라서 금융기관은 성별, 연령별, 소득별 퇴직연금제도의 선호도를 종합적으로 고려하여 DB형 퇴직연금시장 진출방안이 수립되어야 할 것으로 보인다. 그럼에도 불구하고 장기적으로는 DC형 퇴직연금시장 진출에 보다 관심을 가질 필요성이 있다고 본다. 그 이유는 미국과 같은 신탁제도의 발달이 이루어지고 주식시장의 불안전성이 점점 해소되어 가는 경우 종업원의 DC형 퇴직연금제도 선호도는 증대될 것으로 예상되기 때문이다. 특히 저금리 환경이 지속됨에 따라 급속히 증가하고 있는 적립식 펀드 규모는 이를 암시한다. 즉, 금융시장의 여건 등에 따라 퇴직연금제도에 대한 종업원의 선호도 역시 변화한다는 점에서 금융기관은 향후 종업원의 니드 변화를 예의주시하면서 퇴직연금시장 진출계획을 수립하여야 한다.

② 퇴직연금시장의 경쟁구도

금융시장에서 새로운 성장동력을 확보하고 지속적인 성장기반을 구축하기 위해 퇴직연금시장에서 금융기관간 경쟁이 심화될 것으로 예상된다. 1차적 경쟁은 보험회사와 은행과의 경쟁, 2차적 경쟁은 보험회사간 또는 은행간의 경쟁, 3차적 경쟁은 근로자 및 사용자의 신뢰성을 바탕으로 한 고객신뢰 확보경쟁이 될 것으로 보인다. 특히 퇴직연금제도 초기에는 퇴직연금 상품의 선호도를 기반으로 하는 시장선점 경쟁, 회사규모 및 재무건전성 정도 등을 기반으로 하는 수탁기관 내 차별화 경쟁이 부각될 것이다. 다만 연금제도 정착기에는 특정분야의 전문성과 서비스 우위를 경쟁력으로 하는 고객 신뢰확보 경쟁이 심화될 것으로 예상된다.

이처럼 금융회사 입장에서 퇴직연금제도의 도입은 보다 확고한 성장기반을 구축할 수 있는 기회로 작용할 수 있는 반면, 금융기관의 경쟁 여하에 의해 퇴직연금시장을 잠식당할 수 있는 위기로 작용할 수도 있다. 따라서 금융기관은 퇴직연금제도의 도입에 따른 제반영향을 철저히 분석함으로써 새로운 고객확보를 위한 사전대책을 마련할 필요성이 있다.

이를 위해서는 퇴직연금시장에서 타금융기업보다 경쟁력을 강화하기 위해 개별 금융기관의 강점 및 기회는 최대한 활용하되, 약점 및 위협은 지속적으로 보완 · 개선하는 방향으로 진출계획이 강구되어야 할 것이다.

표 4-10 퇴직연금시장에서의 경쟁구도

구분	1차적 경쟁	2차적 경쟁	3차적 경쟁
형태	보험회사와 은행간 경쟁	보험회사간, 은행간 경쟁	상품 · 서비스질 경쟁
특징	퇴직연금시장 선점경쟁 (수탁기관간의 경쟁)	수탁기관 내 차별화경쟁 (동류기관간의 경쟁)	고객의 신뢰확보경쟁 (개별고객에 대한 경쟁)
변수	DB형, DC형 선호도	수탁기관의 규모 및 재무건전성	사업분야별 경쟁력

표 4-11 SWOT 분석(예: 보험회사)

강점(S)	약점(W)
-기업을 대상으로 퇴직보험을 판매하는 직급조직 존재 -기존기업에 대한 지속적 서비스제공 가능 -연금제도의 설계 등 운용관리 부문의 경쟁력 확보(연금상품개발 노하우 등) -교육컨설팅, 서비스전략 등과 같은 운용관리업무부문에서의 우위 -연금계리인력의 전문성 확보	-자산운용의 전문인력 부족 및 자산운용 능력의 미흡 -다양한 수익성 있는 상품을 제시하는데 한계 존재(투자상품제공에의 한계) -리스크관리능력 및 기법의 취약성존재 -은행자회사(투신운용사 등)에 의한 자산운용능력제고 -자산관리업무 노하우 상대적 취약
기회(O)	**위협(T)**
-전반적인 퇴직연금시장 규모의 확대 예상으로 단체연금시장의 활성화 기대 -확정급여형의 활성화를 통한 초기시장 선점 및 중장기적 주도권 유지가능 -자본시장의 불안정성, 신탁제도의 미비 등으로 근로자의 위험회피 성향 존재 -초고령화 추세로 인해 종신연금상품에 대한 선호도 점진적 증가	-DC형 연금시장 활성화시 시장지배력 감소 예상 -신탁업무의 취급 불가능시 자산관리기관으로서의 보험회사 역할 감소 -노동의 유연화, 중간정산제 도입 등으로 중소형사의 DC형 선호도 증대 -은행 등의 시장지배력 강화로 퇴직연금시장에서의 선점 가능성 존재

(2) 내부적인 요인

① 퇴직연금제의 사업모형 특성

퇴직연금의 사업모형을 상품설계, 마케팅, 자산운용, 연금급부 측면에서 볼 때, 확정급여형 연금제도, 확정기여형 연금제도 각각에 대한 사업모형이 상이하기 때문에 금융기관은 이를 고려한 진출계획 수립이 바람직하다고 본다.

즉 확정급여형 연금제도에서는 사망률, 퇴직률, 승급률 등을 감안하여 개별기업의 특성에 부합한 퇴직연금설계가 이루어지며, 특히 대기업 중심, 기업정보중심, 자산운용능력 중심의 마케팅전략이 요구된다고 할 수 있다. 특히 사용자(기업)가 자산운용의 최종책임을 부담하기 때문에 안전성 중심의 자산운용이 요구되며 책임준비금 적립의 적정성 등을 고려한 자산운용, 즉 ALM적 자산운용이 절실히 필요하다. 특히 종업원 니드에 부합한 다양한 연금상품 개발 및 연금 지급방식의 다양화 등으로 안정적 노후소득을 보장하는 것이 확정급여형 사업모형의 핵심이 될 것으로 예상된다.

이에 반해 확정기여형 연금제도에서는 종업원이 직접 투자운용상품을 선택, 운용제시를 한다는 점에서 수익성 중심의 투자포트폴리오별 상품설계가 중요하게 된다. 즉 금융기관은 투자교육, 기록관리, 운용관리 등과 같은 운영관리업무 중심의 마케팅전략 수립이 특히 요구된다.

특히 자산운용시에는 수탁자 책임에 위반되지 않도록 각종 법규를 충실히 준수하는 자세 견지가 확정급여형 연금보다 더욱 요구되기 때문에 이에 대한 관심이 필요하다. 또한 퇴직일시금을 받은 종업원의 가입이 적극 이루어지도록 벤처기업 및 중소기업 등을 대상으로 한 다양한 연금개발에 초점이 맞추어지는 것이 바람직하다.

② 퇴직연금제의 운용리스크대처능력

퇴직연금제도의 리스크는 종업원 및 기업 측면, 즉 위탁자 측면에서의 리스크와 수탁자 측면에서의 리스크 등으로 구분할 수 있다. 수탁자인 금융기관 관점에서 볼 때 퇴직연금제도를 운용함에 있어 직면하게 될 퇴직연금리스크로는 운용상품설정리스크, 언더라이팅리스크 등 크게 5가지 리스크로 분류할 수 있다. 특히 실제 보험회사를 대상으로 설문 조사한 결과, 보험회사가 중점을 두어야 할 중점리스크로는 ① 운용상품설정리스크(50.0%), ② 수탁자재설정리스크(31.3%), ③ 연금운용(장수)리스크(6.2%), ④ 언더라이팅리스크(12.5%) 순인 것으로 조사되고 있다. 이에 따라 금융기관은 향후 퇴직연금시장 진출시 이들 리스크의 관리 여부를 고려하여 진출계획을 수립할 필요성이 있다.

Ⅳ. 퇴직연금시장의 향후전망

미국이나 일본의 사례를 감안할 때 연금제도 도입 초기부터 DC형 퇴직연금으로 급속하게 이전되는 현상은 나타나지 않을 것으로 전망된다. 그 이유는 미국의 경우 1990년대 이후의 401(K)의 성장으로 DC형 퇴직연금비중이 급증하게 되었으며, 일본은 도입 초기라는 특성은 있으나, 아직까지는 DC형 퇴직연금 도입

실적이 미미하기 때문이다.

우리나라의 경우 선진국과 달리 법정퇴직금제도의 적용으로 DB형 퇴직연금에 대한 인식이 상대적으로 DC형 퇴직연금에 대한 인식보다 높다고 할 수 있다. 특히 국내 종업원의 위험회피성향으로 DB형 퇴직연금 선호도가 매우 높게 나타나고 있으며, 국내 금융시장의 불안정성과 신탁제도의 미발달 등으로 DC형 퇴직연금에 대한 수요는 낮을 것으로 예상된다.

그럼에도 불구하고 향후 종업원의 금융지식향상, 금융시장의 투명성 제고 및 자본시장의 호황, 수탁기관간의 수탁경쟁으로 차별화된 서비스경쟁이 이루어지는 경우 DC형 퇴직연금의 선호도가 증대할 가능성이 있다. 따라서 DC형 퇴직연금시장으로의 전환에 대비하여 사전적 대책마련이 절실히 요구되며, 또한 자사의 경쟁력 등을 고려한 종합적인 진입전략이 수립될 필요성이 있다. 이에 따라 특히 보험회사의 경우는 기존 퇴직보험자산을 타금융기업에 빼앗기지 않고 자사 DB형 퇴직연금으로의 전환을 유도하고, 성장기반으로서 DC형 퇴직연금을 유치하기 위한 장기적 차원에서의 진입전략 수립이 요구된다.

제 2 장 미·일 퇴직연금시장의 변화와 특징

I. 퇴직연금시장의 변화

1. 미 국

미국의 경우, 퇴직연금시장을 둘러싼 금융기업간 경쟁패턴은 보험사 → 은행신탁 → 투자자문사 및 특화형 운용기관 → 종합형 서비스제공기관의 형태로 진전되고 있다. 특히 401(k)플랜의 급성장에 힘입어 DC형 퇴직연금의 신장세가 두드러져, 자산대비 관점에서 1995년 이후는 DB형 퇴직연금을 추월하고 있다. 즉 1985년 대비 2002년 현재 연금자산은 DB형 퇴직연금이 199% 증가에 그친 반면, DC형 퇴직연금은 401(K)자산의 증가에 힘입어 481%나 증가추이를 보이고 있다.

표 4-12 형태별 연금자산의 변동추이 (단위: 10억 달러)

연도	1985	1990	1995	2000	2002
총연금자산 (%)	1226.3 (100.0)	1634.5 (100.0)	2923.4 (100.0)	4515.4 (100.0)	3657.7 (100.0)
DB형 (%)	795.4 (64.9)	899.9 (55.1)	1460.5 (49.9)	2004.0 (44.4)	1585.1 (43.3)
DC형 (%)	430.9 (35.1)	734.6 (44.9)	1462.9 (50.1)	2511.4 (55.6)	2072.6 (56.7)

출처: 류건식 · 신문식, 「퇴직연금시대의 도래와 보험회사의 진입전략」, 보험개발원 CEO 리포트, 2004. 7.

그림 4-4 500대 연금수신기관의 업종별 점유율(2000년 기준)

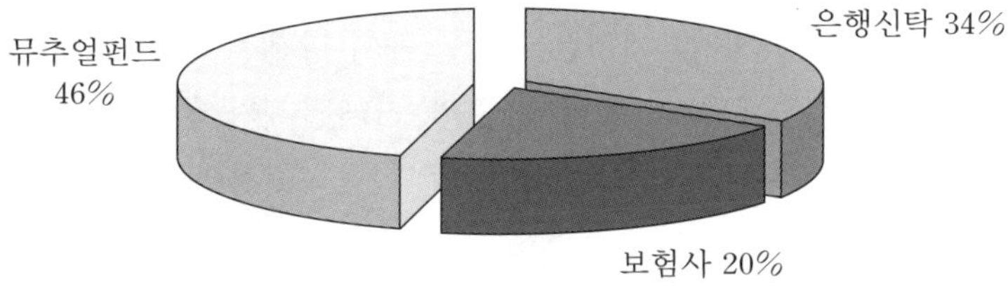

이는 퇴직연금시장에서의 보험회사 비중의 감소와 상대적으로 종합형 서비스 제공능력이 뛰어난 뮤추얼펀드사의 시장점유율을 통해서도 잘 알 수 있다.

2. 일 본

기존 퇴직연금제도하에서는 전반적으로 신탁은행이 시장을 주도하는 가운데 적격퇴직연금시장 및 중소기업시장에서 보험회사가 시장을 리드하는 형태를 띠고 있다. 먼저 후생연금기금의 경우 신탁은행이 계약건수 등 모든 영역에서 압도적인 시장점유율을 보이고 있는 가운데, 점유율 역시 지속적으로 상승하고 있다. 이에 반해 적격퇴직연금의 경우 보험사들은 계약건수 기준으로 절대적인 우위를 보이고 있으며, 자산잔고기준에서는 오히려 신탁은행이 우위를 보이고 있다.

2001년에 도입된 신퇴직연금제도[2]하에서 DB형 퇴직연금의 경우는 신탁은행이 시장을 주도하는 가운데, 보험회사는 중소기업시장에서 선전하고 있는데, 이처럼 보험회사가 중소기업시장에서 특히 선전하고 있는 주된 이유로는 특화된 서비스전략에 의한 시장선점이 용이하다는 점과 진출에 따른 비용부담이 낮다는 점 등을 들 수 있다.

특히 DB형의 경우 2003년 3월말 가입건수 15건 중에 은행가입건수가 12건(전체의 80%)인 반면, 보험회사는 3건(전체의 20%)에 지나지 않고 있으며, DC형

2) 후생연금기금을 채택하고 있는 기업은 대행부분을 중지하고 DB형 퇴직연금에 가입할 수 있으며, 적격퇴직연금 도입 기업은 2012년 3월까지 DB형 퇴직연금이나 DC형 퇴직연금으로 전환하는 것을 주요골격으로 한 퇴직연금제도.

의 경우 대형은행 3개 그룹과 독자노선을 걷고 있는 野村 DC, 日本생명, 損保저팬 등이 시장을 주도하고 있다. 대형은행 3개 그룹만의 DC형 시장점유율은 무려 40%에 이르고 있다. 이처럼 대형은행계 그룹이 강세를 보이고 있는 것은 수탁경쟁의 초기단계에서 대출을 비롯한 기존의 거래관계가 중요한 요소로 작용하고 있는 가운데, 그룹의 역량을 집중하는 전략이 주효했기 때문으로 판단된다.

II. 보험회사의 대응

1. 공 통 점

타금융기업에 비해 상대적으로 퇴직연금시장에서의 보험회사 비중이 점차 감소하는 추이를 보임에 따라 미국과 일본의 보험회사는 차별화된 대응을 적극적으로 모색하고 있다. 미·일 보험회사 모두 중소기업시장 위주의 차별화된 마케팅전략, 일괄형 서비스의 제공, 이자율보증계약형(GIC: Guaranteed Interest Contract) 상품중심의 상품개발, 정형화된 규약작성과 같은 신서비스 창출 등을 기본전략으로 추진하고 있다. 또한 미국의 MetLife 및 일본의 住友생명, 東京해상 등은 중소기업을 중심으로 일괄서비스를 제공하거나 중소기업의 401(k)에 특화하는 전략을 구사하는 등 특히 중소기업개척에 중점을 두고 있다. 이와 더불어 미·일 모두 상대적으로 타금융기업에 비해 강점이 있다고 보는 사무관리업무 분야에 특화하여 진출하는 경향이 뚜렷하게 나타나고 있다.

이는 퇴직연금시장의 핵심경쟁력이 운용성과 중심에서 서비스 질로 변화하고 있음을 보험회사가 인식하여 서비스의 차별화를 시도한 결과라 할 수 있다. 특히 투신역사가 일천한 일본에서 종업원의 투자교육을 타사와 차별화할 수 있는 포인트로 인식, 종업원교육 및 강사양성 등에 주력하고 있는 것으로 나타나고 있다.

2. 상 이 점

일본의 경우 기존 적격퇴직연금제도 등 DB형 퇴직연금 기존고객을 유지함으로써 DB형 퇴직연금시장을 확보하고자 노력하고 있으며, 또한 기록관리업무

표 4-13 퇴직연금시장에서의 보험회사 대응사례(미·일)

	미 국	일 본
공통점	- 중소기업시장 중심의 진출 가시화 - 차별화된 신서비스 창출 - 신상품을 통한 상품경쟁력 강화 - 일괄형 서비스 제공 - 사무관리 업무분야에 대한 차별화	
상이점	- 자산운용전문업체와의 전략적 제휴 - 자산운용자회사를 통해 다양한 투자상의 제공	- 기존 고객에 대한 유지 강화 - 고인프라시스템의 공동투자개발

등 고인프라비용사업에 대해서는 은행 등 타금융기업과의 전략적 제휴 등을 통해 위험인수리스크의 분산을 꾀하고 있다는 점이 특징적이다.

이에 반해 미국의 경우 자산운용 전문업체와의 전략적 제휴나 자산운용자회사를 통해 다양한 투자상품을 제공함으로써 자산관리업무의 경쟁력을 적극적으로 높이고 있다는 특징이 있다.

제 3 장 퇴직연금제도관련 향후 과제

I. 금융기관의 전략적 과제

1. 연금설계능력의 강화

연금설계능력을 활용하여, 기업구조에 적합한 최적의 연금제도와 근로자의 다양한 니드를 만족시킬 수 있는 개별 연금설계 컨설팅 서비스를 통하여 타금융기관과의 차별성을 강화하여야 할 것이다. 또한 퇴직연금제도에 대한 컨설팅뿐만 아니라, 기업복지제도 전반에 걸친 컨설팅 등 종합적인 서비스 제공을 통하여 기업과의 유대관계를 강화, 단체보험시장을 확대시켜 나가는 것이 바람직하다. 다만 연금운영 시스템 구축에는 상당한 비용과 시간이 소요되므로, 업계 공동개발을 통하여 비용 및 시간을 절약하는 것이 요구된다.

연금상품개발 전략적 측면으로는 먼저 ① 수익안정형 상품의 개발을 들 수 있다. 은행 등 타금융기관에서 취급하는 신탁상품은 원칙적으로 원금보장이 불가능하므로, 기업이나 근로자가 선호하는 확정금리형 상품의 개발을 강화하여 상품차별성을 강화시킬 필요성이 있다. 또한, 확정기여형의 경우에는 근로자에게 원금보장형 상품을 반드시 1개 이상 제시하도록 의무화하고 있으므로, GIC 상품을 개발하여 수익안정형 상품을 선호하는 근로자의 니드에 대응하는 것이 요구된다.

다만 장기적으로는 GIC형 상품의 예정이율리스크(저금리시대)를 고려하여 합성 GIC형 상품 등과 같은 대체형 상품을 적극 개발하거나 연금전문기관과의 전략적 제휴 등을 통해 운용상품설정과 관련된 리스크를 대처해 나아가는 것이 바람직하다.

또한 다양한 연금플랜의 설계가 필요해진다. 가계자금의 필요로 대부분의 근로자가 연금보다는 일시금을 선택하게 되므로, 개인별 라이프사이클에 부합하는 다양한 연금지급방식을 개발하여 연금전환을 적극 유도하여야 할 것이다.

2. 특화된 퇴직연금서비스의 창출

퇴직연금제도를 둘러싼 금융기관간의 경쟁은 매우 치열해질 것으로 예상된다. 그 중에서도 타금융기관과 차별화된 서비스의 개발은 미국 등 선진국의 사례에서 알 수 있듯이 활발히 이루어지고 있다. 예컨대 보험회사는 안정적인 이익기반 확보, 틈새 퇴직연금시장의 개척에 따른 신규시장창출 등으로 퇴직연금시장에서의 마케팅 경쟁력을 제고하는 것이 바람직하다. 특히 중소기업을 대상으로 한 서비스개발(정형화된 규약의 작성 등) 등은 언더라이팅 비용의 효율화로 이어져 가격 면에서 보험회사가 우위를 점할 수 있다는 점에서 보험회사는 다양한 부가서비스를 지속으로 개발하는 노력이 절실히 요구된다.

즉 ① 제도설계컨설팅, ② 운용방법 컨설팅, ③ 설립지원컨설팅, ④ 기록관리서비스, ⑤ 운용지도관리서비스, ⑥ 자산관리서비스, ⑦ 운용상품제공서비스, ⑧ 자산잔고 등 리포트서비스, ⑨ 퇴직처리서비스, ⑩ 연차보고작성서비스 등과 같은 제반 퇴직연금제도 운용관련 서비스 중에서 각 금융기관별 특성에 맞은 서비스를 발굴 · 개발할 필요성이 있으며, 또한 이와 같이 발굴된 서비스에서도 어느 부문을 보다 특화시킬 것인가를 사전에 체계적으로 검토하는 것이 바람직하다. 예컨대 보험사의 경우 확정급여형 퇴직연금제도에서는 ① 연금제도의 설계

표 4-14 중점 신규서비스의 창출분야

구 분	확정급여형 퇴직연금	확정기여형 퇴직연금
중점 신규서비스	- 연금제도 설계중심의 서비스개발 • 연금재정 적정성 검증 (책임준비금 확인 · 검증) - 연금부채중심의 리스크 관리체계구축 관련 서비스개발	- 자산관리업무 중심보다 사무관리업무 중심의 서비스개발 • 투자설명, 연금규약의 작성 등 - 연금운용의 성과측정에 관련된 서비스개발
	대기업 중심	중소기업 중심

중심의 서비스개발, ② 연금부채 중심의 리스크관리체계 구축관련 서비스 개발 등에 초점이 맞추어지고, 확정기여형 퇴직연금제도에서는 ① 자산관리업무 중심보다 사무관리업무 중심의 서비스개발, ② 연금운용의 성과 특정에 관련된 서비스 개발 등에 보다 초점을 맞출 필요성이 있다.

3. 연금운용 인프라구축 및 전문인력의 확충

(1) 연금운용의 인프라 구축

확정급여형 퇴직연금제도는 연금수리적 계산기초하에서 운용이 이루어지기 때문에 계산기초율의 변동을 고려한 연금보험료의 갹출 및 책임준비금의 산정 등이 연금부채구조측면에서 연금제도의 설계시스템구축이 요구될 뿐만 아니라, 특히 연금지급(연금부채)을 고려한 연금자산의 운용이 필수적으로 요구된다는 점에서 ALM시스템 등과 같은 연금자산운용시스템 구축비용이 많이 소요되기 마련이다. 반면에 확정기여형 퇴직연금제도하에서는 확정급여형 퇴직연금제도와 달리 기업 및 종업원이 갹출한 보험료의 운용성과를 각 종업원별로 상시적으로 체크·검증할 수 있도록 하기 위한 기록관리비용이 많이 소요되고 있다. 따라서 각 금융기관은 확정급여형 퇴직연금제도 또는 확정기여형 퇴직연금제도를 취급하는 경우에는 이와 같은 고인프라비용에 대한 리스크분산을 도모할 것인가 등에 대해서 체계적으로 검토할 필요성이 있다.

(2) 연금전문인력의 확충

DB형 퇴직연금의 경우 보험계리사 중심의 전문인력확충으로 ALM적 자산운용에 초점을 맞출 필요성이 있으며, DC형 퇴직연금의 경우는 투자펀드매니저 중심의 전문인력확충으로 AM적 자산운용에 보다 초점을 맞추는 것이 바람직하다.

그 이유는 DB형 퇴직연금에서는 연금재정의 안전성에 초점이 맞추어지는 반면, DC형 퇴직연금에서는 연금운용감시에 초점이 맞추어지기 때문이다. 또한 DB형 퇴직연금에서는 계리부서 중심의 확충이 보다 중요한 반면, DC형 퇴직연금에서는 투자부서 및 IT관련 부서 중심의 확충이 중요하다.

표 4-15 퇴직연금 특성별 연금전문인력체제

구 분	DB형 퇴직연금	DC형 퇴직연금
인력확충	부채관리 중심의 전문인력확충	자산관리 중심의 전문인력확충
인력성격	연금계리사의 양성에 초점	투자펀드매니저 양성에 초점
자산운용	ALM적 자산운용	AM적 자산운용
운용특징	내부적 감시기능(연금안정감시)	3자적 감시기능(연금운용감시)

4. 단계별 수탁자책임 준수규정 체계화

금융기업이 종업원의 이익에 충실하기 위한 전제조건은 근로자퇴직소득법안상에 있는 충실의무, 주의의무, 분산투자의무 등과 같은 수탁자책임(fiduciary responsibility)의무를 충실히 이행하는 것이다. 그 이유는 근로자퇴직급여보장법상의 수탁자책임을 충실히 수행하지 않는 경우, 소송리스크에 직접적으로 노출되기 때문이다.

따라서 근로자퇴직급여보장법상에 있는 수탁자책임규정에 대한 자산운용관계자의 철저한 준수의지가 무엇보다도 중요하며 보험회사 자산운용관계자의 법규준수를 자체적으로 감시할 수 있는 보험회사 별도의 정형화된 컴플라이언스(compliance) 체제를 구축할 필요성이 있다. 즉 금융기관의 컴플라이언스체제에

표 4-16 단계별 컴플라이언스체제

구 분		단계별 세부내용	범위 및 특징
단기	1단계 (체크단계)	법률상의 수탁자책임규정준수 체크 - 법규상의 법규준수에 한정	충실의무 및 주의의무 등에 한정
장기	2단계 (체크단계)	별도 수탁자책임모범규정 제정 - 수탁기관 대리인문제 등까지 포함	법률상의 규정+내부적 규정 (퇴직연금운용관련자 모두 포함)
	3단계 (검증단계)	법규준수검증 프로그램화 (상시 법규준수검증체제 확립)	

는 단순히 수탁자책임과 관련된 법규준수뿐만 아니라 수탁기관의 대리인 문제(agency problem)까지도 포괄되도록 하는 것이 바람직하다.

향후 금융기업의 컴플라이언스체제는 대략 단기에는 제1단계(체크단계), 장기에는 제2단계 및 제3단계(체크 · 검증단계)순으로 이루어지는 것이 바람직하다. 즉 제1단계에서는 법률상의 수탁자책임규정을 준수한다는 차원에서 법률상의 충실의무 및 주의의무 등에 한정하여 수탁자책임준수규정을 체계화하여 소송리스크 등이 발생하지 않도록 미연에 법률준수 여부를 체크하는 것이 바람직하다. 제2단계에서는 보험회사의 퇴직연금운용관련자까지 포함하고 수탁자책임범위도 수탁기관의 대리인 문제(보수율이 높은 액티브운용 등)까지 포괄하는 별도의 수탁자책임규정을 제정할 필요성이 있다. 그 이유는 수탁자책임의무문제가 비단 법률상의 규정에 한정하지 않고 직간접적으로 퇴직연금 운용 전부문과 관련되어 있기 때문이다.

5. 자산운용체계의 전문화

개별 금융기관은 퇴직연금시장 진출분야를 고려하여 이에 부합한 자체적인 연금자산운용계획을 체계적으로 수립할 필요성이 있다. 이를 보험회사 관점에서 볼 때 ① 대형 보험회사의 경우는 기본적으로 자산운용사의 설립 등을 통하여 적극적으로 연금자산의 수익률을 제고시키는 자산운용사 자회사방식(제1안)을 선택하는 것이 바람직하다. 다만 자산운용사 자회사방식에 한계가 존재하는 경우는 전문운용기관과의 전략적 제휴를 모색하는 전략적 제휴방식(제2안)도 신중히 검토할 필요성이 있다.

중소형 보험회사의 경우는 비용부담측면을 고려하여 자산운용사의 설립보다는 오히려 자산전문기관과의 전략적 제휴방식(제1안)을 통하여 자산관리업무에 진출하는 것이 기본적으로 바람직하다. 그러나 장기적인 연금자산운용을 효율화를 도모하기 위해서는 자산운용사 자회사방식(제2안)으로 전환하는 문제도 신중히 검토하는 것이 바람직하다.

보험회사는 단기적으로 운용수익률 증대 등과 같은 정량적인 평가에 초점을 맞추어 나아가되, 장기적으로는 보험회사의 강점이 존재하는 정성적인 평가에 중점을 두는 전략이 보다 요구된다는 점이다. 즉 장기적으로 운용성과중심보다

표 4-17 자산관리업무의 진출

구 분	대형 보험회사	중소형 보험회사	
		자산관리업무 진출시	자산관리업무 미진출시
제1안	자산운용사 자회사방식	전략적 제휴방식	재위탁방식
제2안	전 략 적 제휴방식	자산운용사자회사방식 (공동설립)	-

표 4-18 정성적 평가 특징 및 지표

구 분	정성적 평가
특 징	운용체제의 질(운용회사의 질+운용상품의 질)에 대한 평가
지 표	투자철학(Philosophy), 인재(People), 운용프로세스(Process) 포트폴리오구축(Portfolio)

는 운용체제의 질을 제고하는 데 초점을 맞추어 연금사업에 적합한 운용철학의 정립, 우수인재의 양성, 정형화된 의사결정 프로세스구축, 연금운용에 적합한 포트폴리오 구성방법의 모색 등을 추진해야 할 것이다.

6. 퇴직연금리스크의 관리

전술한 바와 같이 퇴직연금은 다양한 리스크를 수반하므로 이에 대비할 필요가 있다. 예컨대 보험회사의 경우, 확정급여형 및 확정기여형 퇴직연금제도 공히 운용상품설정리스크, 언더라이팅리스크, 연금운용리스크를 수반하기에 이에 중점을 두면서 아울러 확정급여형 퇴직연금제도중심으로 진출하는 보험회사는 수탁자재설정리스크관리에, 확정기여형 퇴직연금제도중심으로 진출하는 보험사는 소송리스크관리에 특히 초점을 맞추어져야 할 것이다.

또한 운용상품설정리스크의 관리수준을 보다 제고시키기 위해서는 확정금리형 대체상품개발 및 타금융권과의 전략적 상품제휴, 근로자라이프사이클에 부합한 연금상품지급 등을 전향적으로 검토하고 추진하여야 할 것이다. 또한 언더라이팅리스크관리에서는 진출기업 대상별 별도의 언더라이팅관리시스템을 설정하거나 경쟁력이 없는 사무관리업무부문은 과감히 재위탁 등에 특히 중점을 두면서 언더라이팅리스크관리수준을 제고시켜 나아가야 할 것이다. 그리고 수탁자재설정리스크부문에서는 단기적으로는 정량적 평가수준을 제고시킴으로써 수탁자재설정리스크를 헤지하는 것이 바람직하나, 장기적으로는 정성적 평가수준의 향상을 통해 수탁자재설정리스크가 관리되어야 할 것이다. 이와 더불어 제3자적 감시기능의 강화, 수탁자책임의무에 대한 교육강화 등을 통해 소송리스크가, 스코어링시스템 등에 의한 연금역선택방지, 연금상품개발전문성강화를 위한 선진전문기관과의 제휴추진 등을 통해 연금운용리스크가 철저하게 관리되고 통제되는 것이 필요하다.

II. 퇴직연금제도의 정책적 과제

1. 안정성중시 퇴직연금제 운용

우리나라 근로자의 77.7%가 안정성중시의 규제감독을 바라고 있기 때문에 연금제도초기의 퇴직연금제 운용은 수익성중시 퇴직연금 운용보다는 근로자의 수급권보호 등과 같은 안정성중시 운용에 보다 초점을 맞추는 것이 바람직하다. 즉 퇴직연금제의 안정성이 저해되지 않는 범위 내에서 수익성이 최대한 제고될 수 있는 방향으로 퇴직연금제의 운용정책이 이루어질 필요성이 있다. 이와 같은 관점에서 기업의 도산 등과 관련된 사후적 규제감독에 초점을 맞추어 적정한 안정성이 확보될 수 있도록 하는 것이 더욱 요구된다.

(1) 예금자보호법의 보완 · 정비

퇴직연금은 국민연금을 보완, 즉 국가의 기능을 보완하여 퇴직 후 노후생활을 보장함으로써 사회의 안정적 발전에 기여하는 사회안전망 상품이라고 할 수 있다. 이와 같은 성격을 가지는 퇴직연금에 대해 일률적으로 예금자보호법상 5,000만원 한도를 적용하는 데 많은 문제가 존재하고 있다. 따라서 건당 5,000만원이라는 한도를 일률적으로 적용할 것이 아니라 퇴직연금의 경우 그 특성을 고려하여 예치기간 및 예치금액을 고려하는 새로운 방식을 적용하는 것이 바람직하다. 퇴직연금은 법정퇴직금의 연금화가 대부분이라 할 수 있으므로 강제저축적 성격을 지니고 있어 임의저축적 성격을 지닌 일반예금과는 차별화할 필요가 있다. 더욱이 퇴직연금은 가입기간이 장기인 상품이므로 가입기간이 증대함에 따라 그 금액 역시 증가하여 대부분 5,000만원을 초과하게 된다. 따라서 퇴직연금에 대해서는 준강제적 저축이라는 점을 감안하여 5,000만원을 초과하더라도 금융기업 파산시 예금보험공사에서 전액을 보장할 필요가 있다.

(2) 단계적인 지급보증체제 확립

연금제도 도입 초기에는 우리 실정에 맞는 정형화된 최소책임준비금규제제도를 도입하는 것이 바람직하다. 다만 퇴직급여형 연금제도와 관련하여 장기적으로는 미국의 PBGC, 영국의 PPF(Pension Protection Fund) 등과 같은 별도의 퇴직연금 지급보증기구가 설립되어 운용될 필요성이 있을 것이다.

다만 지급보증제도는 일종의 보험제도이므로 가입자의 도덕적 해이(moral hazard)와 역선택(adverse selection)으로 인한 문제점을 수반할 수 있다. 도덕적 해이란 퇴직연금지급보증제도가 존재할 경우, 기업이 파산하더라도 퇴직연금급부의 보장이 이루어진다는 것을 알기에, 고용주는 충분한 대응 자산이 없음에도 불구하고 퇴직연금급부의 수준을 대폭 인상시킨다거나, 기업주의 기여율을 낮추거나 또는 리스크가 높은 투자전략을 추구하는 것과 같은 행동을 취할 동기를 갖는 것을 의미한다.

역선택(adverse selection)의 문제란 일반 보험에서 리스크에 상응하는 보험료를 부과하지 못할 때 발생하는 것과 동일한 것을 말한다. 즉 보험료율을 책정할 때 기업의 파산리스크, 연금플랜의 적립수준, 투자정책 등이 적절히 반영되지 못한다면, 결국 우량한 기업은 자신의 리스크에 비해 높은 보험료를 부담함으로써 부실기업을 보조하는 문제가 생기게 된다. 이러한 상호보조(cross subsidization)의 현상이 심해지면 부실기업은 계속 잔류하고, 우량기업은 확정급여형에서 확정기여형 제도로 바꾸든가 해서 지급보증제도에서 이탈하고자 하게 된다. 이렇게 되면 잔류하고 있는 우량기업의 부담이 더욱 높아지게 되므로 이들도 빠져나가게 되는 악순환이 발생하게 되어, 최종적으로 남게 되는 건전 기업이 모든

표 4-19 해외 각국의 지급보증제도의 운용 현황

국 가 (운영주체)	가입대상	지급보장 형태 및 금액(최대)	보 험 료	재정상태
미국 (PBGC, 국영)	DB 근로자 (4.4천만 명)	Take-over,[1] 연 $44,386 (65세)	- 고정보험료(1인당 $19)+ 변동보험료 (미적립 연금부채 $1,000 당 $9) (복수기업주플랜: 1인당 $2.60)	2001년 $77억 잉여금 발생 이후, 2003년 $112억 자본잠식
캐나다 (PBGF, 국영)	DB 근로자 (약 1백만 명)	Cash-out, 연 C$12,000 (인플레이션 미연동)	- 가입자 수 및 미적립 금액 기준(미국과 동일)	2004.3월 현재 C$1.7억 자본잠식
영국 (PPF, 국영)	DB 근로자 (약 1천만 명)	Take-over, 연 £25,000	- 고정요율+리스크비례 요율 (리스크비례요율은 전체 요율의 최소 50%)	연 3억 적립 필요
일본 (후생연금기금연합회, 민영)	후생연금기금의 후생연금(국민연금) 대행부분 (약 1.2천만 명)	Take-over, 대행부분의 급부현가의 30% +이를 초과하는 부분의 50%	- 인수비례부분: 가입원수에 비례 - 수익비례부분: 지급보증한도액의 0.119% - 적립부족비례부분: 미적립채무액의 0.352%	300억엔 상당의 준비금 적립
스웨덴 (Pensions garanti, 민영)	DB 사무직 근로자 (약 2십만 명)	Buy-out[2], 연금액 전액	- 연금부채액에 비례 (0.3%) - 연금부채의 펀드 투자시 0.1% 할인	2003년 말 현재, $170억 상당의 적립금 유지
독일 (PSVaG, 민영)	DB 근로자 (약 8백만 명)	Buy-out, 연 28,900유로	- 연금부채+과거경험 base - 전년도 추정손실 반영	매년 보험료 재조정으로 건전성 유지
스위스 (BVG, 국영)	DB, DC 근로자 (약 3백만 명)	Buy-out, 100% 정부의 최저급부 보장, 사회보장소득의 1.5배 한도	- 연금부채에 비례 - 0.4%×(연금부채+지급연금의 10배)+추가보험료(법정최소 급부액의 0.06%)	1990년대 초 $2.2억 상당 적립금이 2003년, $14백만까지 소진

주 1. Take-over란 지급보장기구가 해당 연금제도의 자산 및 부채를 인수하여 수급권자들에게 연금을 직접 지급하는 방식임.
2. Buy-out은 지급보장기구가 보험사로부터 종신연금을 구입하여, 수급권자들이 연금급부를 지급받도록 하는 방식임.

출처: 이순재 · 김재현 · 이봉주 · 김헌수, "확정급여형 퇴직연금제도의 사후적 수급권 보장 방안," 사회보장학회지, 2005.

파산기업의 부실 적립분을 부담해야 하는 시장실패가 나타나게 된다.

이러한 문제들은 지급보증제도 운용시 기업의 부담을 더욱 증가시키는 역할을 하게 된다. 이런 맥락에서 연금지급보증제도의 필요성은 충분히 있는 사항이지만 설립시기 및 방법 등은 기업의 부담능력과 경제여건의 변화 등을 종합적으로 감안하고 해외의 경험을 참작하여 중장기적인 관점에서 검토되어야 할 것이다.

(3) 수탁자책임규정의 명확화

설문조사에 의하면 근로자의 대부분이 퇴직연금제의 운용기관(수탁기관) 등에 대해 책임과 의무를 보다 명확히 할 필요성이 있다고 응답함으로써 향후 퇴직연금제의 운용은 수탁자책임규정을 보다 명확하게 하는 방향으로 이루어지는 것이 바람직하다. 특히 확정기여형(DC형) 퇴직연금제의 경우 근로자가 모두 운용책임을 부담하기 때문에, 기업 및 수탁기관 등 연금운용과 관련된 이해관계자의 수탁자책임을 보다 명확히 하고 이를 위반시 엄격한 제재조치를 취하는 것이 보다 요구된다.

(4) 최소한의 투자운용규제 견지

안정적인 연금자산운용측면에서 우리나라 근로자들은 법령상에 원금보장형 상품의 구체화 제시 등이 필요한 것으로 생각하고 있다. 연금제도의 도입 초기에는 고위험 · 고수익상품 중심의 운용보다는 저위험 · 저수익상품 중심의 투자운용이 필요하다. 이는 퇴직연금제도의 안정적 운영을 위하여 최소한의 투자규제를 유지하는 것이 바람직하다는 것을 의미한다. 즉 ① 법규상 최소한의 투자한도를 제시하는 최소분산투자가 바람직하며, ② 원칙적으로 사용자자산에 투자를 금지 또는 규제하는 자기투자규제가 요구되고, ③ 연기금운용의 가이드라인 역할을 하는 총량규제 등을 시행할 필요성이 있다.

2. 퇴직연금제의 역할강화

(1) 퇴직연금 역할중심의 공적연금개혁

우리나라 근로자의 경우 기초보장과 소득비례보장으로 공적연금의 이원화를 적극적으로 바라고 있을 뿐만 아니라 현행 법정퇴직금제보다 퇴직연금제도를 보다 선호하고 있는 것으로 나타나고 있다. 이는 현행 공적연금제도의 개혁을 퇴직연금제도의 도입과 연계하고 이루어질 필요성이 있다는 점을 의미한다고 할 수 있다. 즉 퇴직연금제도의 기능과 역할이 제고될 수 있는 방향으로 설계 · 운용됨으로써 공적연금제도의 개혁이 가능하도록 하는 것이 바람직하다. 이를 위해서는 퇴직연금제도가 공사연금체계의 개편방향과 상호연계되어 종합적으로 설계되고, 이를 통해 퇴직연금제도의 제기능과 역할이 제고될 수 있는 방향으로 퇴직연금제도로의 전환유도가 절실히 요구된다고 할 수 있다. 이와 같은 측면에서 과거 미적립채무의 상각문제, 일정한 시점에서의 법정퇴직금 폐지문제 등을 종합적으로 검토할 필요성이 있다.

(2) 퇴직연금세제의 적정성확보

우리나라 근로자들은 퇴직일시금보다 퇴직연금을 더 선호하고 있다는 점에서 퇴직연금제도의 조기정착이 이루어지기 위해서는 무엇보다도 연금세제의 적정성이 확보되는 방향으로 퇴직연금제도의 설계가 필요한 것으로 나타나고 있다. 즉 근로자가 퇴직일시금과 퇴직연금을 선호하는 데 주된 고려요소가 퇴직연금의 세제혜택여부가 될 수밖에 없다는 점에서 연금세제의 적정성 확보가 충족되는 방향으로 퇴직연금제도의 설계가 이루어지는 것이 바람직하다. 이 경우 퇴직연금세제의 적정성 여부는 정부의 재정부담능력하에서 사용자 측면에서의 세제혜택과 근로자 측면에서의 세제혜택 등으로 구분하여 결정할 필요성이 있다. 왜냐하면 근로자에게만 세제상의 혜택이 부여되고 사용자에게는 세제상의 혜택이 부여되지 않는 경우, 사용자 측면에서 퇴직연금제도로의 전환유인효과가 존재하지 않기 때문이다. 결국 연금세제의 적정성 검증은 퇴직연금제도 설계시 가장 중요하게 고려되어야 할 사항이라 할 수 있으며, 이 경우 ① 퇴직일시금과 퇴직연금과의 세제상 형평성문제, ② 근로자와 사용자간의 세제상 형평성문제 등을 종합적으로 검토하여 퇴직연금제도로의 전환효과가 극대화될 수 있는 방향으로 퇴직연금제도가 설계되는 것이 바람직하다.

(3) 퇴직급부안정성의 확보

퇴직연금제도는 급부안정성이 확보되는 방향으로 설계되는 것이 절대적으로 필요하다. 이는 우리나라 근로자의 대부분이 연금급부의 안정성이 존재하는 확정급여형(DB형) 퇴직연금제를 선호하고 있다는 점에서도 단적으로 알 수 있다. 급부의 안정성차원에서 볼 때 ① 확정급여형(DB형) 퇴직연금제의 경우는 수탁기관의 도산시, 모기업의 도산시 각각에 대한 지급보장장치 마련이 요구되는 반면, ② 확정기여형(DC형) 퇴직연금제의 경우는 수탁자책임규정의 명확화와 더불어 제3자 감시기능의 강화, 주식투자에의 한도설정 등이 마련되어야 할 것이다.

(4) 퇴직상품설계의 탄력화

퇴직연금제도의 설계는 근로자의 상품선택의 폭을 보다 확대시키는 방향으로 이루어져야 할 것이다. 우리나라의 근로자의 경우 10년만기 연금상품, 종신연금 순으로 연금상품의 선호도가 높은 것으로 나타나, 향후 다양한 연금상품의 개발과 설계가 이루어지도록 탄력적인 퇴직연금상품의 계산기초율이 절실히 요구되고 있다. 일본의 경우도 퇴직연금상품의 계산기초율변경 등을 통하여 보험회사들이 상품설계를 탄력적으로 이루어지도록 제도적 장치를 마련하고 있다.

실제 근로자들은 10년만기 연금상품에도 높은 선호도를 보이고 있기 때문에 10년만기 연금상품, 15년만기 연금상품 등의 상품개발이 활발히 이루어지는 방향으로 퇴직연금제도의 설계가 이루어지도록 할 필요성이 있다.

제 5 편

해외 퇴직연금제도의 개편 동향

제1장 해외 퇴직연금제도의 체계와 역할

I. 공사연금과의 역할분담 체계

퇴직연금의 가입방식 및 공적연금과의 관계는 국가별로 상이하다. 예컨대 미국과 경우와 같이 노후소득보장에서 공적연금의 역할이 상대적으로 적을 경우 퇴직연금이 주도적인 역할을 하도록 법·제도가 정비되어 있다. 영국은 기초보장과 소득비례부분을 퇴직연금으로 적용 제외(contract-out)하는 방향으로 유도하고 있다. 한편 프랑스, 헝가리, 스위스, 스웨덴, 네덜란드, 핀란드 등에서는 퇴직연금이 공적연금의 기능을 일부 대행 또는 대체하고 있으며, 이 경우 퇴직연금제도가 법적으로 강제화되어 있다. 스웨덴이나 독일처럼 공적연금의 역할이 클 경우 퇴직연금은 보조적인 역할을 하고 있다.

일본 역시 공적연금의 재정위기를 해결하기 위해 2001년 10월, 민영연금인 퇴직연금제의 활성화(신퇴직연금제 도입 등)에 초점을 맞추어 연금개혁을 전격적으로 단행하였다. 실제 일본은 국민연금의 재정악화로 인한 재정위기를 타파하기 위하여 후생연금세대의 급부액을 월 23.8만엔에서 월 20만엔으로 인하해서 소득대체율을 59%에서 50%로 인하하는 내용의 연금개혁법이 가결됨에 따라, 노후소득보장 차원에서 DC형 퇴직연금제 등과 같은 신퇴직연금제도를 도입, 퇴직연금제도를 보다 확고하게 할 필요가 있었다.

이처럼 대부분의 선진국에서는 공적연금과 사적연금인 퇴직연금이 노후소득보장을 위한 역할분담을 하고 있으며 퇴직연금이 임의제도로 운영되고 있는 국가의 경우도 실질적인 노후소득보장역할이나 제도참여율에 있어서 법정제도와 다름이 없는 기능을 하고 있는 국가가 대부분이다.[1] 대부분의 선진 국가들이

1) 방하남·신기철·김인재, 「기업연금제도도입방안연구(Ⅱ)」, 한국노동연구원, 2002, pp. 44-49.

표 5-1 OECD국가의 공사연금 역할분담 체계 (민간부문 근로소득자 기준)

국가명	연금 지급 GDP	공적연금				기업연금	
		소득대체율		소득 상한액	구성	가입률	가입방식
		실제	산식				
호주	2.6	30	41	n.a.	• 기초연금(일반재정) • 소득비례연금을 확정갹출형 기업연금으로 완전대체	92	강제
캐나다	5.2	33	52	Yes	• 기초연금(조세방식) • 소득비례연금(노사 각 3.5%)	48	임의
오스트리아	8.8	40	80	Yes	• 기초연금(조세방식) • 소득비례연금(노 10.25%, 사 12.55%)	11	임의
덴마크	6.8	40	56	n.a.	• 기초연금(조세방식) • 소득비례연금(노 1/3, 사 2/3)+1% 개인구좌+단체협약 기업연금	80	단체협약
핀란드	11.5	65	60	n.a.	• 기초연금(보험료+정부보조) • 소득비례연금을 확정급부형 기업연금이 완전대체(노 4.7%, 사 10.34%~24.35%), 자영업자 21%	100	단체협약
프랑스	10.6	56	65	n.a.	• 기초연금(보험료+정부보조) • 소득비례연금+법정 명목확정갹출형 기업연금	100	강제
독일	11.1	46	55	Yes	• 기초연금 없음(사회부조) • 소득비례연금(노사 각 9.75%)	42	임의
이탈리아	13.3	49	80	No	• 기초연금(조세방식) • 소득비례연금(노 8.9%, 사 23.9%)	5	임의
일본	6.6	54	52	Yes	• 기초연금(보험료+정부보조) • 소득비례연금(노사 각 8.675%), 적용제외 가능	50	임의
네덜란드	6.0	39	46	Yes	• 기초연금(보험료+정부보조) • 소득비례연금(단체협약에 따라 기업연금이 완전 대체)	83	단체협약
스페인	10.0	34	100	Yes	• 기초연금(조세방식) • 소득비례연금(노 4.7%, 사 23.6%)	15	임의
스웨덴	9.4	n.a.	74	No	• 개혁전: 기초연금(「보험료+정부보조」), 개혁후: 사회부조 • 소득비례연금(사 13%, 노 1%, 신규 노사 각 9.25%), 이중 2.5% DC형 개인구좌	90	단체협약
스위스	6.7	n.a.	49	Yes	• 기초연금(조세방식) • 소득비례연금(정부 운영: 노사 각 4.9%), 법정기업연금(연령, 소득 등에 따라 노사 각 7%~18%)	90	강제
영국	4.5	23	50	Yes	• 기초연금(조세방식) • 소득비례연금(노사 각 소득수준에 따라 2%~10%), 적용제외 가능	50	임의
미국	4.1	30	56	Yes	• 기초연금(조세방식) • 소득비례연금(노사 각 6.2%)	46	임의

주: 1) 공적연금 실제소득대체율은 평균연금지급액/평균소득액.
2) 산식상의 소득대체율은 현재 적용되는 연금제도에 20세에 참여해서 해당 제도의 적격퇴직연령까지 지속적으로 근속한 후 퇴직한 경우의 가상소득대체율임.
3) 공적연금 소득상한액은 보험료 산출시 적용되는 최고 소득기준의 적용 여부임.
4) 이탈리아는 구제도, 호주 및 스웨덴은 신제도 기준임. 표에서 보험료+정부보조는 연금재정의 부족분을 정부 일반재정에서 지원해 주는 경우를 말함.
5) 기업연금이 공적연금을 법정, 또는 단체협약으로 대체할 경우에는 공적연금 구성항목에 포함.

자료: Bertelsmann Foundation, “International Reform Monitor: Social Policy Labour Market Policy and Industrial Relations,” Today’s Survey, April 2002 및 Andre Laboul, “Private Pension Systems: Regulatory Policies,” OECD.

공·사연금에 의한 노후소득대체율을 60~70%대로 설정하고 있으며 퇴직연금은 공적연금인 국민연금을 보충하거나 부분으로 대체하고 있고 호주의 경우처럼 완전대체하고 있는 경우도 있다. 그러나 최근 선진국의 연금개혁과정에서는 퇴직연금의 역할이 더욱 중요하게 부각되고 있는데, 이는 공적연금의 장기재정추계에 따라 미래세대의 부담가중과 건전성의 문제가 심각하게 제기되었기 때문이다.[2)]

II. 사적연금의 비중[3)]

GDP대비 사적연금의 비중은 국가별로 적지 않은 차이를 보인다. 영국, 일본, 이탈리아를 보면 GDP대비 사적연금의 비중이 85%, 21%, 4%로서 뚜렷한 차이를 보이고 있다.

우리나라의 사적연금은 자산규모가 매우 작으며 특히 고령화 취약도가 낮은 것으로 평가된 호주, 영국, 미국 등에 비해 크게 밑도는 수준인 것으로 나타나고 있다. 특히 선진 12개국 중 영국과 이탈리아는 인구규모나 국토면적 면에서 우리나라와 가장 비슷하며, 일본은 문화적으로 서구선진국에 비해 우리나라와 가깝기 때문에 이들 나라의 고령화 취약도와 사적연금의 상황은 큰 시사점을 주고 있다.

2) OECD staff, Survey of Investment Regulation of Pension Funds in OECD Countries, April 2001 참조.

3) 이 부분은 민세진 · 고은성, 「고령화취약성지수에 근거한 고령화정책방향」, 금융리포트 제11호, 삼성금융연구소, 2004. 6을 재인용하였음.

표 5-2 선진국의 사적연금 비중 비교

국 가	사적연금(%) 2001년 GDP대비 사적연금 총자산비율, OECD
호 주	62%
영 국	85%
미 국	75%
캐나다	48%
스웨덴	3%
일 본	21%
독 일	3%
네덜란드	113%
벨기에	6%
프랑스	0%
이탈리아	4%
스페인	2%

영국, 일본, 이탈리아는 각각 고령화 취약성 실태상 각각 상, 중, 하에 해당하며 영국과 일본은 매우 절제된 공적연금제도를 가지고 있다는 공통점을 지니고 있다.

고령층이 청장년층에 비해 부유한 선진국의 경우, 사적연금이 발달하고 공적연금에 대한 의존도가 상대적으로 낮다. 이는 공적연금에 대한 소득의존도가 낮은 국가에서 사적연금을 활용하여 고령층의 경제적 안정을 뒷받침하고 있음을 시사한다(〈그림 5-1〉 참조).

그림 5-1 사적연금규모와 고령층의 부유수준

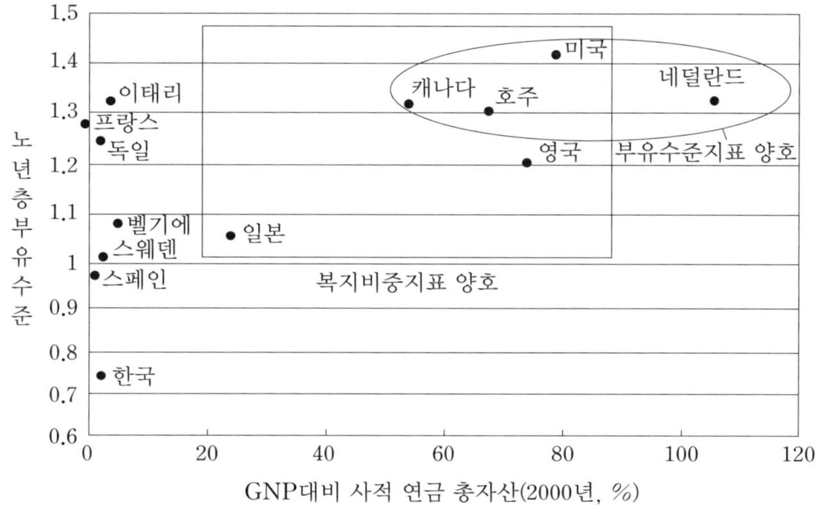

주: 1) 고령층의 부유수준은 청장년층 1인당 고령층 세후소득비율.
2) 복지비중지표가 양호한 것은 공적연금에의 의존도가 낮음을 의미함.

제 2 장 연금개혁 내용 및 특징

I. 주요국의 사적연금 개혁

1. 일　　본

(1) 퇴직연금제도 개요

일본의 퇴직급여제도는 기업내부적립을 통해 근로자 퇴직시에 지급하는 퇴직일시금제도를 중심으로 발전해 왔다. 그러나 퇴직급부 적립금이 손금으로 인정되지 않는 문제점을 해결하기 위하여 1962년에 법인세법에 근거한 적격퇴직연금이 실시되었고, 1966년에 후생연금보험법에 의한 후생연금기금이 도입되었다. 후생연금기금 및 적격퇴직연금은 모두 확정급여제도이다. 이와 같은 후생연금기금 및 적격퇴직연금에도 대부분의 경우 일시금을 선택할 수 있다. 이러한 퇴직연금제도는 도입 이후 고도성장을 배경으로 크게 성장하여 왔으며, 2001년 말 현재 가입자 수는 약 2천 1백만 명, 연금자산은 약 80조엔(2000년 말 현재 후생연금기금이 55조엔, 적격 퇴직연금이 22조엔)에 이르고 있다.

적격퇴직연금이란 종업원의 퇴직연금급부에 관하여 사업주가 신탁은행, 생명보험회사 또는 농업협동조합연합회와 체결한 연금신탁계약, 연금보험계약 또는 연금공제계약에 근거해서 지급되는 연금 가운데, 법인세법의 요건을 충족하여 국세청장의 승인을 받은 제도를 말한다. 적격퇴직연금은 종업원의 수급권 확보를 목적으로 하며, 보험료는 전액 손금처리가 허용된다. 종업원은 계약상 보험료 갹출자는 아니지만, 보험료의 일부를 부담하는 것은 인정된다.

1965년 소득에 비례하는 공적연금인 후생연금의 급부가 1만엔 수준으로 인상되면서 부담이 증가하게 된 기업들은 퇴직금과 후생연금의 중복 해소를 요구하게 되었다. 이에 따라 1966년에 후생연금기금이 도입되어 공적연금 중에서 노령후생연금의 운용을 대행함으로써 퇴직금과 공적연금의 조정역할을 수행하게 되었는데, 이에 따라 후생연금기금은 조정연금이라고 불린다.

후생연금기금은 원칙적으로 종신연금으로, 적격퇴직연금이 유기(有期)연금(종신연금이나 일시금도 가능)인 것과는 차이가 있다. 또 후생연금기금은 가입인원수가 단독설립 500명 이상, 연합설립 800명 이상, 종합설립 3,000명 이상이라는 제한이 있으나, 적격퇴직연금의 경우는 15명 이상(연금신탁계약의 경우 100명 이상)이다. 따라서 소규모사업장의 경우 지역 또는 업종별로 단체를 구성해서 후생연금기금을 설립하였다. 후생연금기금의 세법상 취급은 국가공무원을 대상으로 하는 국가공무원 공제조합의 장기급부에 대응하는 수준까지는 공적연금으로 취급되고, 이를 초과하는 부분은 사적연금인 적격퇴직연금과 같이 취급된다.

후생연금기금은 공적연금 중에서 노령후생연금의 운용을 대행함에 따라 운용수익률이 예정이자율을 상회하던 버블기에는 기업에 대한 특혜로 작용하였다. 즉, 공적연금의 예정이자율은 낮게 설정되었으므로 공적연금의 보험료 운용으로 인한 초과수익을 부가부분의 연금증액으로 사용하고, 퇴직연금 상당부분을 그만큼 감액하거나 복지시설 등을 만들 수 있었다. 그 결과, 기업이 부담하는 소득비례연금인 후생연금과 퇴직연금에 해당하는 가산연금의 부금합계액을 줄일 수 있게 한 것이다. 이 노령후생연금과 부가부분에 퇴직연금을 가산한 형태가 후생연금기금이다. 그러나 최근에는 저금리에 따른 운용손실로 인한 적립부족이 문제가 되고 있어, 각 기업이 적립부족액을 채워서 대행부분을 반납하고 있다.

(2) 연금제도의 개편

퇴직일시금과 적격퇴직연금 및 후생연금기금으로 유지되어 왔던 기존 노후소득보장제도의 틀이 2001년 10월에 「확정갹출연금법」 및 2002년 4월에 「확정급부기업연금법」이 시행됨에 따라 새로운 체계로 전환되고 있다. 이후 적격퇴직연금은 10년 이내에 새로운 확정급부연금으로 이행하도록 되어 있으며, 후생연금기금 역시 대행반납을 통해 퇴직금 부분만을 남기고 대행부분을 국가에 반납하고 있다. 그 결과, 일본 근로자의 노후소득보장제도는 퇴직일시금제도 및 새로운 형태로서의 퇴직금 선불제도와 퇴직연금으로서 확정급부연금(DB형)과 확정갹출연금

그림 5-2 사적연금의 개혁원인 및 특징(일본)

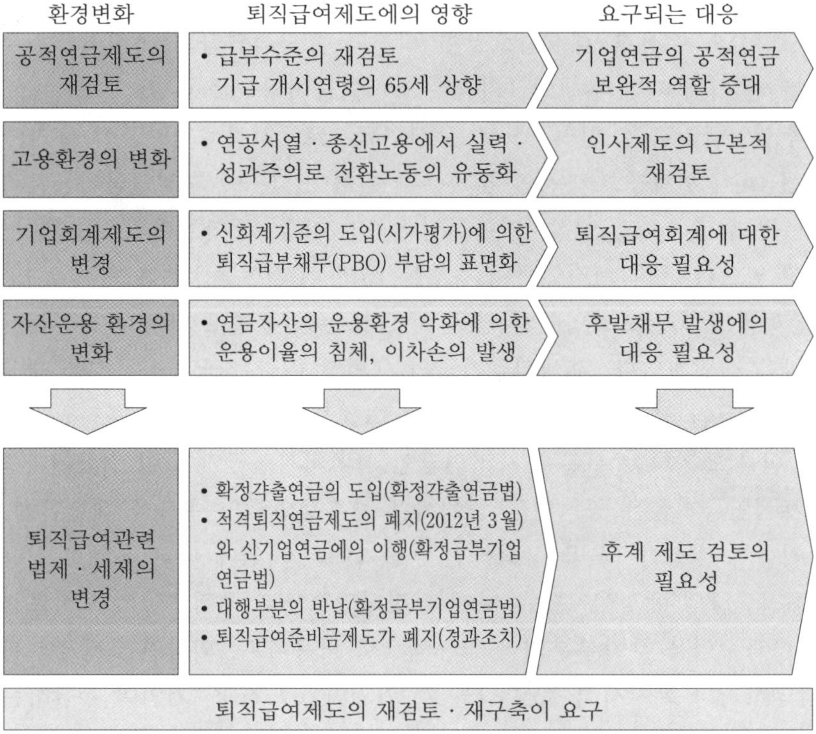

자료: 박홍민 외, 「해외출장자료」, 보험개발원, 2004. 9.

(DC형)으로 구성된다.

이와 같은 사적연금제도의 개혁은 ① 공적연금제도의 재검토, ② 연공서열 · 종신고용에서 실력 · 성과주의로의 고용환경변화, ③ 기업회계제도의 변화, ④ 자산운용환경의 변화 등에 기인한 바 크다.

즉 국민연금의 재정악화로 인한 재정위기를 타파하기 위하여 일본은 후생연금 모델세대의 급부액을 월 23.8만엔에서 월 20만엔으로 인하해서 소득대체율을 59%에서 50%로 인하하는 내용의 연금개혁법이 가결됨에 따라, 노후소득보장차원에서 신퇴직연금제도를 도입, 퇴직연금제도를 보다 확고하게 할 필요가 있었다고 할 수 있다. 이와 더불어 2000년 4월 1일 이후 개시하는 사업연도부터는 국제회계기준에 따른 퇴직급부회계기준이 도입, 기업이 지급되는 퇴직금과 퇴직연금제도에서 지급하는 퇴직연금을 동일하게 간주해서 그 내용을 재무제표에 기재하게 됨으로써 감추어진 부채가 표면화하게 되었다는 점이다. 2000년 당시의 기업의 퇴직급여충당금 현황을 살펴보면 적립률이 64%로 파악되고 있는데, 이와 같은 적립부족액은 기업의 이익을 압박하는 상황이 되었다고 할 수 있다. 이러한 상황에서 기업은 확정갹출연금에 주목을 하게 되었고, 기업은 운용에 대한 책임을 지지 않는 대신, 종업원이 운용의 책임과 성과를 가지게 되는 연금이 선택안으로 필요하게 됨으로써 확정갹출연금의 도입이 가시화되었다고 할 수 있다.

2. 미 국

(1) 퇴직연금제도의 개요

미국에서 퇴직연금제도가 도입된 것은 1875년 American Express Company의 퇴직연금이 효시라 할 수 있다. 그 후 두 번째 퇴직연금제도가 1880년 볼티모어 · 오하이오 철도회사에 의해서 수립되었다. 이후 반세기 동안 400여개의 연금플랜들이 도입되었다. 초기의 이런 퇴직연금제도는 주로, 철도, 은행, 공공시설분야 산업에서 도입되었다. 제조업 분야에서의 퇴직연금제도는 그 도입이 상대적으로 서서히 진행되었는데, 그 이유는 대다수 제조기업들이 설립된 지 얼마 안 되어서 아직 퇴직금 문제가 중요하게 대두되지 않았기 때문이다.

민영퇴직연금제도는 1935년 사회보장법(The Social Security Act of 1935)에 의해서 도입된 공적 퇴직연금인 Social Security를 보완하는 임의적 성격을 가진다. Social Security 제도는 처음에는 한정된 직종의 중산층만을 대상으로 했으나 점차 그 대상이 확대되어 현재는 소득을 가진 대부분의 미국인들에게 적용되고 있다. 그러나 공적 퇴직연금인 Social Security는 노인인구비율의 지속적인 증가로 재정문제가 심각해지면서 개혁의 대상이 되어 왔다. 재선된 부시 대통령은 2005년 연두 연설에서 현재의 Social Security제도의 재정적 심각성을 강조하면서 현 제도를 개인퇴직구좌 (Individual Retirement Account)로 점진적으로 전향하는 개혁안을 제시하였다.

민영퇴직연금제도는 초기에는 DB형이 많았으나 1980년대 말 이후 DC형이 주류를 이루고 있다. 미국에서는 1974년 제도종료보험(Plan Termination Insurance)의 도입 및 수탁자책임의 명확화 등 수급권보호를 목적으로 한 종업원 퇴직소득보장법(ERISA)이 제정되어 기업연금이 순조롭게 보급 · 확대되어 왔다. DC형의 경우 지급불능상태라는 것이 없지만, DB형은 기업주가 연금지급에 대한 책임을 지기 때문에 기업주의 약속 불이행 등에 따른 연금지급 불능상태를 막기 위해서 1974년부터 연급지급보증공사(Pension Benefits Guaranty Corporation: PBGC)가 지급보증제도를 운용하고 있다.

(2) 퇴직연금제도의 개편

ERISA의 제정과 함께 발족한 PBGC의 재정은 거액의 적립 부족에 의한 퇴직연금의 해산에 의해 악화되어 왔다. 이에 1987년 통합예산균형법(OBRA:

표 5-3 미국의 수급권보호 강화 차원의 연금개편 추이

구 분	세 부 내 용
70년대 (ERISA)	- 최소적립기준 금액설정(＝정상비용＋미적립 과거근무채무상각액) - 전체적립금의 최저한도액 규정 - 이상의 두 가지 규정의 준수 여부를 판단하기 위한 적립기준계정 설정 - 적립부족발생시 기업은 부족적립금누적액의 5%에 해당하는 징벌세를 물어야 하며, 기업이 이를 이행하지 않을 경우 세율은 100%로 상승
80년대 (OBRA)	- 공제한도(deductible limit)가 미적립현재부채보다 많아야 한다고 규정 - 분기별 최저적립요건 충족요구 - 최소적립요건규정에 사용된 여러 상각기간의 단축 - 그러나 OBRA87은 세법상 적립한도액을 PBO에서 ABO로 변경함으로써 연금기금의 적립수준을 저하시키는 요인으로 작용하였음
90년대 (RPA)	- 부족적립금 축소를 위한 갹출금(Deficit Reduction Contribution: DRC) 계산시 사용된 공식 및 부가적립비용에서 3가지 주요한 변화를 가함. - 필요적립 현재부채규모 상향조정(35%→60%), 60% 이하일 경우 신규 미적립부채계산시 30% 적용 - 당해 신규발생급부에 대한 예상 현재부채의 증가액을 DRC항목에 포함 - 모든 상각비용을 추가적립비용계산시 DRC에 상쇄

자료: 류건식 · 이태열, 「퇴직연금 규제감독체계에 관한 연구」, 보험개발원 보험연구소, 2004. 7, pp. 56-57.

Omnibus Reconciliation Act)을 제정하여 기금적립에 대한 제도제공자들의 자유재량범위를 축소하기 위하여 최소적립요건을 강화하였다.

그럼에도 불구하고 80년대 말과 90년대 PBGC의 장기적인 건전성이 위협을 받게 되자 1994년에 퇴직연금의 적립요건 강화 이외에 보험료 적정화 및 PBGC에 의한 퇴직연금재정의 관여 등 수급권보호 강화를 기초로 한 퇴직보호법(RPA: Retirement Protection Act)을 제정하여 최소적립원칙을 대폭 변경하였다.[4] 그러나 이와 같은 확정급여형(DB형) 퇴직연금제도에 대한 과도한 규제조치는 사용주의 비용부담이 상대적으로 덜 드는 확정갹출형(DC형) 퇴직연금제도로의 이전을 촉진시키는 결과를 야기하기도 하였다.

3. 영 국

(1) 퇴직연금제도 개요

영국은 일차적으로 국가보험(National Insurance) 가입이 의무화되어 있다. 그 다음 단계로 사적 퇴직연금에 가입하던지 아니면 SERPS(State Earnings Related Pension Scheme)이라는 공적연금에 가입하는 것을 선택하도록 되어있다. 만일 개인이 고용주가 제공하는 사적 퇴직연금에 가입하면 정부가 운영하는 SERP에 적용제외(contract-out)가 된다.

기업이 제공하는 연금플랜이 적용제외(contract-out) 퇴직연금이 되기 위해서는 법적으로 정해진 요건(양적, 질적, 재무건전성 요건)을 갖추어야 하며 국세청으로부터 승인받아야 한다. 개인이 사적 퇴직연금에 가입하지 않으면 자동적으로 SERPS에 적용포함(contact-in)된다. 적용포함에 해당되는 개인은 국가보험(National Insurance) 보험료를 상대적으로 많이 내고 정부로부터 부가적인 퇴직급여를 보장받게 된다. 따라서 영국에서는 법적으로 의무화된 사적 퇴직연금(기업연금)은 없으며 적절한 사적 퇴직연금을 유지하고 있는 근로자들은 SERPS의 일부 또는 전부를 포기할 수 있다.

영국의 퇴직연금 유래는 중세의 동업조합(Collecting Society)과 근세의 우애조합(Friendly Society) 등에서 고령자에게 퇴직연금을 일찍부터 지급한 것까지

4) 류건식 · 이태열, 「퇴직연금 규제감독체계에 관한 연구」, 보험개발원 보험연구소, 2004. 7, pp. 56-57.

거슬러 올라갈 수 있다. 1680년대에 일부 공무원에게 퇴직연금을 지급하였고, 1834년 은급법(恩給法)에 의해 모든 국가공무원에게 노령연금을 지급하기 시작하였다. 민간에서도 19세기 후반 2개 철도회사에서 신탁기금의 형태로 퇴직연금을 처음 도입하였다. 1916년 재정법(Finance Act)에 의거하여 퇴직연금에 관련된 생명보험계약에 대해 세제상 보험료 공제제도가 도입되었다.

그러나 퇴직연금제도가 본격적으로 발전한 것은 2차 대전 이후부터이다. 1946년 국가보험법(National Insurance Act of 1946)이 1959년 개정되어 적용제외제도가 도입되면서, 많은 기업이 자주적이고 탄력적으로 그리고 낮은 비용으로 제도를 운용할 수 있다는 장점 때문에 퇴직연금을 도입하게 되었다.

(2) 퇴직연금제도의 개편

영국에서는 종래부터 적용제외제도만을 관할하는 직역연금위원회가 존재하고 있었으나 독립적인 퇴직연금감독청(OPRA: Occupational Pension Regulatory Authority)이 창설되면서 연금감독을 독립적으로 수행해 오고 있다. OPRA는 판례법에 의거한 법이 준수되지 않는 경우 연금수탁자의 의무불이행을 저지하고 연금수급권의 보호를 보다 확실하게 할 목적으로 설립되었다. 이에 따라 연금수탁자의 의무이행뿐만 아니라 최저적립기준의 충족에서부터 각종 정보공시규정의 준수에 이르는 세세한 내용까지 감독하는 권한을 가지고 있다. 직역연금의 운용이 부적절하다고 선임계리사의 보고를 받는 경우 당해 연금에 대한 조사권한이 부여되며, 그 결과에 따라서는 연금수탁자의 업무정지, 해임도 가능하다.

OPRA는 포괄적인 감독기관이기 때문에 관할관청간의 이해대립도 회피할 수 있다. 구체적으로는 징세기관인 직역연금사무국(PSO: Pension Scheme Office)은 연금자산의 과잉적립억제를 목적으로 하며, OPB는 연금수급권의 담보가 되는 연금자산의 충분한 적립을 요구한다는 점에서 차이가 있다. 더욱이 연금수탁자의 의무위반행위는 복수의 분산된 관할관청에 의해 적용제외 및 세제적격의 취소행위로 이르게 되고 이는 결국 가입종업원의 불이익으로 이어질 수 있기 때문에, OPRA는 연금수탁자의 의무위반에 대한 개별적인 벌칙규정을 정하고 특히 상한의 벌칙을 부과하는 권한도 부여되어 있다.

최근 개정된 연금법(Pension Bill)이 통과되면서 영국은 2005년 4월부터 PPF(Pension Protection Fund)라는 연금지급보증기구를 통해서 제도적으로 수급권을 강화하고 있다. 영국 정부가 PPF를 도입하려는 이유는 약 65,000명의 근로자가 기업 파산[5]으로 연금 급부의 상당 부분을 잃게 되었고, Equitable Life와 같은 보험사의 부적절한 연금판매 등 연금 스캔들에 의한 정치적 압력이 존재하는 등의 문제로 연금제도에 대한 신뢰를 회복시켜야 했기 때문이다.

II. 사적연금 개혁의 특징과 동향

1. 사적연금 개혁의 특징

선진국의 사적연금 개혁의 특징을 공적연금과의 역할과 관련성 등과 같은 측면에서 볼 때 대략 다음과 같은 특징이 존재한다.[6]

첫째, 미국, 영국 등에서는 OECD의 다른 나라에 비해 국민연금의 기능이 다소 적고 퇴직연금은 국민연금제도의 보완제도로서 사업주의 재량에 따라서 가입하고 있다는 점이다. 미국, 영국, 독일, 이탈리아 등에서는 퇴직연금이 국민연금의 보완역할을 하므로 임의가입하고 있으며, 특히 미국은 사회안전망차원의 최소한의 국민연금제도를 운영하고, 세제혜택을 부여하여 자발적인 퇴직연금 및 개인연금의 가입을 장려하고 있는 실정이다. 특히 퇴직연금 가입은 기업주의 자발적 사항으로 유능한 직원을 채용하기 위한 인센티브제도의 기능이 강조되고 있다. 영국, 일본도 사회안전망 차원의 최소한의 국민연금제도를 운영하고, 퇴직연금 및 개인연금은 임의가입하되, 일정 요건을 갖춘 퇴직연금 가입시 국민연금 가입을 면제하는 제도(적용제외)를 실시하고 있으며, 영국은 개인연금도 인정하고 있다.

둘째, 프랑스, 네덜란드, 덴마크, 핀란드 등 일부 북유럽 국가에서는 퇴직연금이 국민연금의 소득비례부분을 대체(부분대체)하고 있는데, 이들 나라들의 특징

5) 여기에는 선박회사 Maersk와 영국에서 두 번째 큰 철강회사 ASW가 포함된다.

6) 이에 대해서는 신기철,「기업연금도입이 금융시장에 미칠 영향」, 증권예탁지, 2003. 4, pp. 1-40 및 Bertelsmann Foundation, "International Reform Monitor: Social Policy Labour Market Policy and Industrial Relations," Today's Survey, April 2002 및 Andre Laboul, "Private Pension Systems: Regulatory Policies," OECD 등을 참조.

은 동 연기금들이 대부분 산업별로 설치된 기금에 의해 운영된다는 점이다. 프랑스는 국민연금제도를 이원화하여 전 국민에게 공통적으로 적용되는 기초연금은 정부에서 운영하고, 소득에 따라 연금액이 달라지는 소득비례연금은 법정퇴직연금으로 각 산업별로 관리하고 있다.

셋째, 퇴직연금은 노후소득보장체계에서 차지하는 역할에 따라 가입을 강제하기도 하는데, 오스트레일리아, 칠레, 홍콩 등에서는 국민연금의 역할을 퇴직연금 또는 개인연금으로 완전대체하기 때문에 법으로 가입을 강제하고 있다는 점이다. 특이한 것은 이 나라 모두 연금개혁차원에서 퇴직연금이 도입되었으며 확정기여형으로만 운용되고 있다.

2. 사적연금 개혁의 동향

연금제도 개혁의 동향을 살펴보면, 대체로 인구의 고령화, 경제상황의 변화, 「작은 정부」의 요구 등으로 인해, 갹출과 급부의 관계를 보다 강화하는 방향으로의 전환 및 갹출형의 도입, 적립 방식의 중시, 운영의 민영화 등이 도모되고 있다는 점이다.[7] 이는 무엇보다도 세대간의 부담 불균형의 시정을 도모하고 종래 공적 부문이 행하여 왔던 기능의 일부를 시장의 경쟁원리가 유효하게 작용하는 민간부문에 이전함에 따라 효율성을 도모한다고 하는 공통적 특징을 지니고 있다.

또한 영미의 퇴직연금 개혁처럼 퇴직연금이 충분이 그 역할을 다하도록 수급권보호를 강화하기 위한 제도개선이 행하여지고 있다는 점이다. 그럼에도 불구하고 1976년도에 ERISA가 제정된 것을 시작으로 거의 30개에 달하는 새로운 법규(즉 국세청과 노동부에서 헤아릴 수 없이 많은 규제/지침/절차/통첩 등)가 규정되어 퇴직연금제도 발전에 저해 요인으로 영향을 미치게 되고 있다는 점이 특징적이다.[8] 따라서 적정한 퇴직연금제에 대한 규제감독이 퇴직연금제의 발전적 차원에서 최대의 현안과제로 부각되고 있다.

---

7) 吉原健二, 「21世紀の企業年金」, 東洋經濟新報社, 平成9年 9月, pp. 243-244.

8) 1983년에 175,000개에 달했던 DB Plan 數가, 1998년에는 56,000개로 줄어들게 되었다.

제 6 편

퇴직연금수리 및 재정

제1장 퇴직연금수리의 원리

I. 연금수리의 기초

퇴직연금제도가 적절히 운영되기 위해서는 장래에 필요한 퇴직금(일시금 및 연금)을 적절히 예측하여 이에 필요한 보험료를 사전적으로 계속 지급해야 한다. 퇴직금의 지급발생 상황은 종업원의 연령별 구성과 지급요건 및 과거의 퇴직자 상황에 의해 어느 정도 예측할 수 있다. 퇴직연금제도의 경우 퇴직금 지급, 즉 급부(지출)는 보험료(수입)에 의해 조달되기 때문에 보험료는 급부에 필요한 충분한 금액이 되어야 한다. 즉 전체적으로 장래를 포함한 「급부」와 「보험료」의 수지를 균등(수지상등의 원칙)시킬 필요가 있는 것이다.

연금수리의 목적은 이와 같이 장기간에 걸쳐 연금재정의 수지를 균형시키기 위해 필요한 보험료 조달계획을 세우는 것이다. 즉 퇴직연금제도의 운용범위나 급부조건 및 피보험자 집단의 실적에 의해 산정된 기본적인 수치(기초율)에 기초한 확률론을 응용해 수학적으로 장기간의 재정계획을 수립하여 보험료를 계산하는 것이 연금수리이다.

1. 대수의 법칙

대수의 법칙(Law of Large Numbers)은 표본을 충분히 크게 하면 할수록 그 사건이 발생할 경험적 빈도는 선험적 확률에 무한하게 접근한다고 하는 확률법칙을 말한다. 연금수리의 분야에서는 가입자, 수급자 등 연금제도 구성원에 대해 탈퇴 등의 사건이 발생할 실제 비율은 구성원의 수가 많을수록 실제의 발생확률에 접근한다고 하는 가정에 의해 이루어진다. 그러나 실제의 발생빈도는 그 발생

확률에서 크게 벗어나는 경우가 적어진다는 것을 의미할 뿐, 결코 그 발생확률과 일치하는 것을 의미하는 것은 아니다.

L이 재직자 수, W가 퇴직자 수라 할 때 재직자(표본수) L이 증가하면 할수록 W/L(예정탈퇴율)는 실제탈퇴율(W')에 점점 접근(근사치)하게 된다. 이를 식으로 나타내면 다음과 같다.

$$\lim_{L\to\infty}\frac{W}{L}\fallingdotseq W'$$

(W/L: 예정탈퇴율, W': 실제탈퇴율)

따라서 탈퇴율을 산정하는 경우 과거의 실적자료를 사용해 장래의 탈퇴율을 추정하는 데, 표본수가 충분히 크면 산정된 탈퇴율의 신뢰도는 그만큼 높아진다. 동일하게 대상이 되는 연금제도의 가입자 수가 적으면 탈퇴율의 신뢰도가 충분히 높다고 하더라도 대수의 법칙이 적용될 여지는 적게 된다.

2. 수지상등의 원칙

수지상등의 원칙(Principles of Equivalence)은 보험집단의 수지와 지출 등(연금과 일시금 등 모든 지출)이 일치하도록, 즉 확률적으로 퇴직연금제도의 재정상 과부족이 발생하지 않도록 하는 보험료 산정시의 기본원칙으로서 연금재정을 조달하는 데 있어 매우 중요한 개념이다. 퇴직연금재정을 조달하는 입장에서 보면,

연금 · 일시금 지급 ———→ 지출

보험료 납입 ———→ 수입

(이들 이외에도 연금제도를 유지 · 운영하기 위한 사무경비지출, 이자수입 등이 있다)

이 되는데 이것을 상등시키기 위한 계산절차는 〈그림 6-1〉과 같다.

위와 같은 계산절차에 따라 보험료를 구할 수 있지만 실제로 보험료를 구하기 위해서는 제도가입 자격자, 급부의 내용, 기타수입, 지출을 구성하는 요소 시점, 실제의 계산방법 등을 명확하게 하여야 한다. 이 원칙을 적용하는 데 있어 수입과 지출이 일치하는 대상 및 기간설정에 따라 〈표 6-1〉과 같이 구분된다.

그림 6-1 보험료산출과정

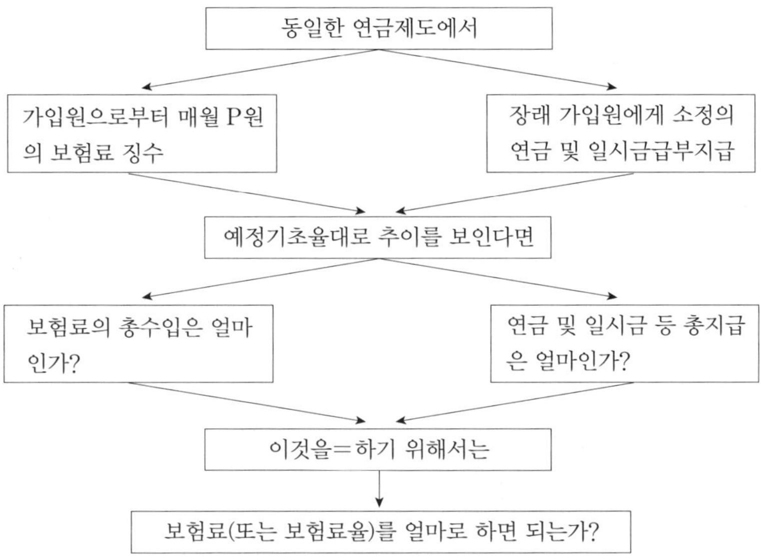

자료: 일본생명보험상호회사, 전게서, p.65

일반적으로 생명보험에서는 연령 등의 어떤 일정조건을 충족시키는 개인에 대해 일정기간 또는 유한기간의 수지가 상등하도록 계획하지만, 퇴직연금제도에서는 기업의 유한성을 고려하여 수지가 상등하도록 계획된다. 또 국민연금은 어떤 일정조건을 충족하는 국민에 대해 무한기간의 수지가 상등하도록 적용된다. 더욱이 기업집단, 국민집단의 경우에는 현재의 가입자 이외에도 장래에 예상되는 신규가입자도 포함하여 고려하여야 한다. 이들의 대상 및 기간의 조합방법에 따라 각종 재정방식이 유도된다.

표 6-1 수지상등의 원칙 적용 대상과 기간

	생명보험	퇴직연금	국민연금
대　　상	개　　인	기업집단	국　　민
기　　간	일정 기간	유한 기간	무한기간

3. 정상상태와 극한방정식

수지상등의 원칙을 적용하는 대상이 기업 또는 국민과 같은 집단의 경우 그 구성원은 시간이 경과함에 따라 변동하여 전체상황도 변화하게 된다. 이러한 집단의 연금제도 가입자인 경우 그 제도의 가입자 및 수급자 구성의 특성과 본질을 파악하면 재정운용상의 유용한 정보를 획득할 수 있다. 이 정보를 얻기 위해 연금제도에서 퇴직 · 사망 및 신규가입자 등의 상황이 매년 동일한 경우를 전제로 하면 결과적으로 가입자와 수급자의 연령구성이 변동하지 않는 상태에 이르게 된다.

또한 퇴직자의 연령구성도 일정하게 되는데, 이와 같은 상태를 정상(定常)상태라 부른다. 연금제도가 정상상태가 되면 매년 급부총액과 보험료총액이 일정하게 되는데 연금자산의 운용수익률이 예정이자율과 같아지면 연금자산총액도 변동하지 않는 일정한 값이 된다. 이와 같은 상태를 극한(極限)상태라 부른다. 현실에 있어서는 이와 같은 극한상태에 도달하는 경우는 거의 없지만 연금제도의 재정방식을 거시적 입장에서 연구하는 데 대단히 유용한 개념이 된다.

수지상등의 원칙에 의해 성립하는 아래 식을 극한방정식(極限方程式)이라 한다.

$$\sum_{t=0}^{\infty} Bv^t = \sum_{t=0}^{\infty} Pv^t + F$$

$$\therefore\ B = P + d \cdot F$$

B: 연금급부액, P: 연금보험료액, F: 기금잔고(연금자산액)

d: 할인율, v: 현가

이 극한방정식은 매년의 급부는 매년 보험료와 기금운용수입으로 상등임을 나타내고 있다. 특히 위의 식에서

$P = B$이면 $F = 0$

$P = 0$이면 $F = d^{-1}B = \ddot{a}_{\infty}B$

즉, 완전부과방식의 경우($P = B$)에는 연금기금이 불필요한 것임을 의미($F = 0$)한다. 또 발족시에 일시적립을 행하고 이후의 보험료 납입을 행하지 않는 즉시적립방식의 경우($P = 0$)에는 기금잔고가 급부금액의 영구연금현가(永久年金現價)에 해당됨을 나타내고 있다.

II. 퇴직연금의 계산기초율

퇴직연금의 수리계산에서는 장래 수십 년간에 걸친 장기간의 재정을 예상하여야 한다. 보험료율은 장래의 연금급부 예상액과 보험료수입 예측액이 같아지도록 결정되므로 장래의 급부 및 수입의 예상계획을 수립하여야 한다. 예상계획을 수립하기 위해서는 그 기초가 되는 전제조건이 충족되어야 하는데, 이를 계산기초율(計算基礎率)이라 한다. 퇴직연금의 계산기초율에는 향후 연금제도의 운용에 따라 획득될 이자수입 예측의 기초가 되는 예정이자율, 종업원의 사망 및 퇴직의 확률인 예정사망률과 예정탈퇴율, 급여상승의 예측률로서의 예정승급률 등 여러 가지 기초율이 있다.

장래 재정의 건전성을 확보하기 위해서는 기초율은 다소 보수적으로 정할 필요가 있는데 이 보수성에 대한 사고방식의 차이 등에 따라 수탁기관별로 차이가 발생하게 된다. 그러나 퇴직연금에 있어서는 어떠한 기초율을 사용하더라도 결국 연금비용을 결정하는 것은 실제의 연금(일시금)급부액이다. 따라서 수탁기관에 따른 차이는 실제로 실질운용수익률, 즉 운용능력의 차이로 좌우된다.

간혹 약간의 위험한 기초율을 설정함으로써 저렴한 보험료로 출발하더라도 결과적으로는 적립금 수준이 낮아져 기대 이하의 이자밖에 얻을 수 없으므로 재계산(再計算)시 보험료가 상승하게 되는바, 결국 계산기초율에 의해 산정하지 않으면 안 되는 이유가 바로 여기에 있다. 가입자 300명 이상의 퇴직연금제도에서는 통상 다음의 4가지 종류가 일반적으로 이용되고 있다.

1. 예정이자율

갹출된 보험료는 수탁기관에 의해 대출금이나 유가증권 등에 투자되어 수익을 발생함으로써 급부재원이 되는데, 예정이자율은 이 수익을 예측하고 계산하는 데 사용된다. 즉 사전에 미리 예측되는 수익분을 할인하여 보험료를 계산하는 것이다. 퇴직연금제도는 반영구적으로 계속되기 때문에 안정성을 확보하기 위해 장기적인 전망에 기초하여 실제보다 낮게 설정되는 경우가 대부분이다. 또한 이자율의 책정은 수탁기관에서 임의로 선택할 수 없도록 법령으로 결정되는 경우가 많다.

2. 예정탈퇴율

퇴직연금제도 가입원 전원이 연금수급권을 얻어 퇴직하는 것은 아니므로 연금수급권을 취득하지 못하고 퇴직하는 자의 적립금은 잉여가 된다. 따라서 보험료 계산에 있어서는 중도탈퇴자를 예측하여 보험료를 할인하고 있다. 다만, 탈퇴율을 사용하여 보험료를 계산함에 있어서 중도탈퇴자에게 급부를 지급하지 않는 제도와 중도탈퇴자에게도 적립금 전액을 지급하는 제도에서는 탈퇴율 사용의 의미가 없으므로 원칙적으로 사용하지 않는다.

탈퇴율은 업종, 직종 및 성별에 따라 차이가 있으며 경제상황 및 기업의 경기에 따라 크게 변동한다. 그러므로 각 기업의 실적에 따라 그 기업의 독자적인 탈퇴율을 사용하게 된다. 기업의 탈퇴율 산정에 있어서 일반적으로는 과거 3년간의 실적을 이용하지만 급격한 변동이 있는 연도를 제외하고 과거 4년간의 실적을 사용하는 경우도 있다.

탈퇴율은 연령과 근속연수를 기준으로 하여 계산하는 경우도 있으나 퇴직연금에서는 통상 연령별로 작성한다. 비용계산에 있어서 탈퇴율은 예정이자율과 같은 역할을 수행하는데 통상 탈퇴율이 높으면 높을수록 보험료는 낮게 산정된다. 연금재정의 건전성을 확보하기 위해서는 실적치에 일정한 안전율(일본적격연금의 경우 80%까지)을 곱하여 탈퇴율을 산정할 수 있다. 그러나 급부설계에 따라서는 할증하는 편이 안전한 경우도 있는데, 그 경우에는 할증률(일본의 경우 120%까지)을 곱하여 산정하기도 한다. 퇴직연금의 경우 탈퇴율은 사망률과 마찬가지

그림 6-2 예정탈퇴율이 보험료에 미치는 영향

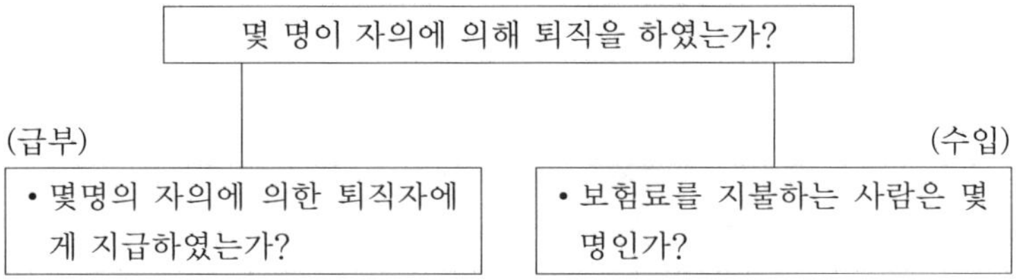

로 연령별로 작성함이 원칙이다. 더구나 각 기업의 과거실적이 그대로 산정기초가 되므로 인원규모가 적고 연령별 분포가 편중되지 않은 기업이 아니라면 적정한 탈퇴율은 있을 수 없다.

3. 예정사망률

예정사망률은 재직중인 가입자 및 퇴직 후의 연금수급자가 연령별로 매년 어떠한 비율로 사망해 가는가를 예상한 것이다. 재직중인 가입자의 사망률은 탈퇴율과 함께 연금수급연령까지 잔존할 가입자를 추정하기 위해 사용되며 연금수급자의 사망률은 생존할 조건으로 하는 생명연금 예를 들면 종신연금, 보증기간부 종신연금 또는 정기생명연금의 경우에 사용된다.

그림 6-3 예정사망률이 보험료에 미치는 영향

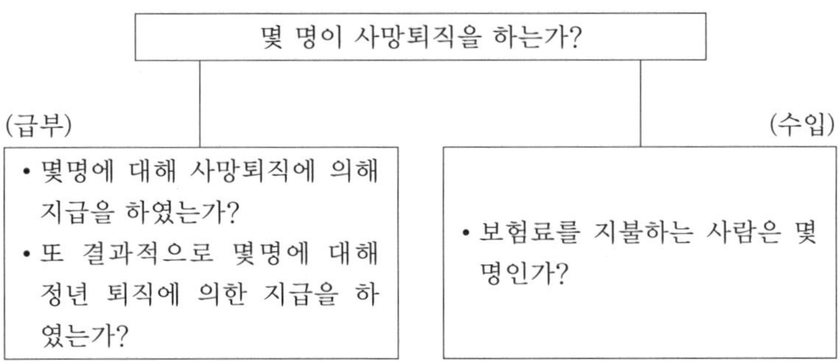

4. 예정승급률

가입자의 급여가 각 연령마다 1년당 얼마만큼 승급하는가의 비율을 예정승급률이라 부르는데 주로 연령별로 산출된다. 실제 계산에 있어서 사용되는 승급률은 산정시점에 있어서 재직종업원의 연령별 평균급여를 기초로 각 연령마다 승급률을 산출하고 이것에 보정을 가한 것을 사용하도록 되어 있다. 따라서 기업의 실적에 의거한 연령별 정기승급만을 고려하여 정태적으로 받아들인 것이며 과거의 베이스 업(base-up) 실적을 고려한 동태적 승급률은 인정되지 않는다. 예컨대 종업원 300명 미만인 단체의 경우 승급률 산정은 행해지지 않는데, 이는 기업의 실태를 기준으로 산정토록 되어 있는 관계로 소수단체는 샘플의 수가 적어 적정한 승급률을 사용할 수 없기 때문이다.

급여는 통상 연령 혹은 근속연수와 더불어 상승한다. 한편 급부액의 결정은 퇴직시 급여에 일정률을 곱하면 되므로 퇴직시의 급여가 어느 정도 되는가를 추정해야 한다. 또 기업의 실적을 반영한 예정승급률을 사용하는 경우는 당해 기업의 실적에 부합한 비용을 추정하는 것이 중요하다. 일반적으로 승급률이 높으면 보험료는 높게 되고 승급률이 낮으면 보험료도 낮게 된다.

그림 6-4 예정승급률이 보험료에 미치는 영향

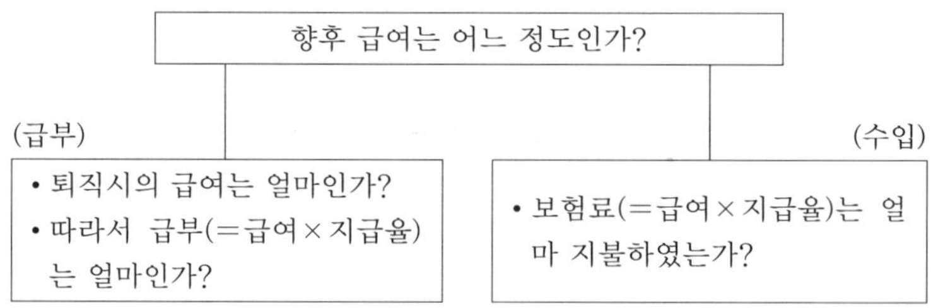

5. 예정탈퇴율 및 승급률 산출과정

예정탈퇴율과 예정승급률은 기업의 실태에 따라 그 기업의 독자적인 기초율을 산정하도록 되어 있다. 예정탈퇴율과 예정승급률의 기본이 되는 데이터는 가

그림 6-5 보험료율의 산출과정

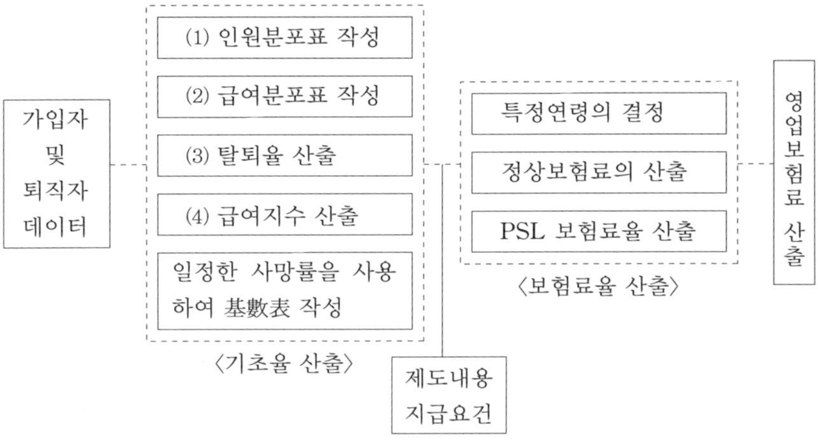

입원 명부와 퇴직자 명부(적어도 과거 3년분)이며, 이들로부터 인원분포표(급여비례방식인 경우는 급여분포표 포함)를 작성하고 이를 기초로 탈퇴율과 승급률(또는 급여지수: 연령별로 지수화하여 표시한 급여지수)을 구한다. 그 이후는 〈그림 6-5〉와 같은 과정으로 보험료율을 결정한다.

(1) 인원분포표 작성

① 가입자 각각에 대하여 계산기준일 시점에서의 만 연령과 만 근속연수(가입연수)를 계산하고, 연령별 및 근속연수별(가입연수별)로 집계하여 출력한다.

② 가입자격 또는 수급자격이 없는 자 및 정년을 초과한 자는 제외한다. 다만 제도변경 · 시산 등에서 기가입자 중 정년 초과자가 포함되어 있는 경우 인원분포표에는 기입하지만 보험료계산 명세서상의 가입자 수에는 원칙적으로 제외된다.

③ 인원분포표에는 남녀별(남녀의 정년이 다른 경우), 결합별(결합체 계약의 경우), 직종별(직종이 복수인 경우), Pool(전직종, 전결합, 남녀의 합계) 등 네 가지 종류가 있는데 필요에 따라 작성한다.

(2) 급여분포표의 작성(급여비례방식의 경우만)

① 인원분포표와 마찬가지로 연령별 및 근속연수별(가입연수별)로 집계하여

출력한다.

② 인원분포표와 마찬가지로 남녀별, 결합별, 직종별, Pool 등 네 가지 종류가 있으며 필요에 따라 작성한다.

(3) 탈퇴율의 산출

① 탈퇴율 계산기준일로부터 과거 3년간의 각 연도 초의 가입자(유가입자격자만) 연령별 분포를 작성한다. 또한 퇴직자에 대해서도 퇴직연도마다 연령별 분포를 작성한다. 예를 들어 퇴직자명부가 2002.6.1～2005. 5월 말인 경우 2005년 6월 1일이 퇴직률계산 기준일이 된다. 이 퇴직률계산 기준일은 계산기준일 이전 6개월 이내이어야 하며, 가능한 한 계산기준일에 가까울수록 좋다. 또한 퇴직자는 퇴직연도의 연초 및 그 이전 연도의 연초에는 가입자로서 인원수에 포함된다.

② 연령마다 3년간의 가입자수, 퇴직자수를 최저가입연령으로부터 5세 구간으로 집계하고 각 5세 구간에서의 퇴직자수 합계를 가입자수 합계로 나누어, 그 값을 각 5세 구간에 대응하는 조탈퇴율(粗脫退率)로 한다.

표 6-2 조탈퇴율의 산출

연 령	3년간 총가입자수	3년간 퇴직자수	5세 구간별 가입자수	5세 구분별 퇴직자 합계	조탈퇴율
15	7	1			0.07142
16	7	0			0.07142
17	6	1	42	3	0.07142
18	11	1			0.07142
19	11	0			0.07142
20	12	0			0.12765
21	15	0			0.12765
22	20	0	94	12	0.12765
23	25	5			0.12765
24	22	6			0.12765
25	22	1	.	.	.
.	.	.	.	.	.
.	.	.	.	.	.

주: 최저가입연령은 15세임.

그림 6-6　사용탈퇴율의 산출

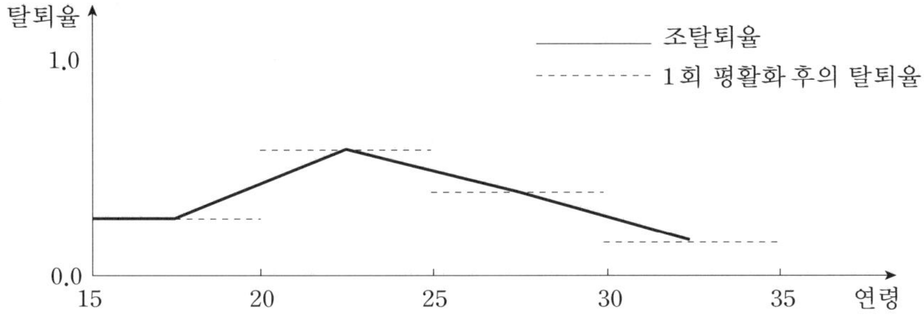

주: 전후 5세 구간의 평균예.
(0.09391+0.10515+0.11640+0.12765+0.11750)/5=0.11212

③ 이와 같이 산출한 조탈퇴율을 전후 5세 구간으로 평균화하여 평활화(Smoothing)를 행하며, 이렇게 산출한 탈퇴율을 재차 5세 구간으로 평균화하여 평활화를 행한다. 이 탈퇴율에 안전율(80~120%, 통상 80%)을 곱하여 사용탈퇴율로 한다. 이 때 〈그림 6-6〉과 같이 조탈퇴율은 5세 구간별로 계단형태가 되지만 이를 평활화하면 굴곡이 적어져 매끄로운 탈퇴율이 얻어진다.

(4) 급여지수의 산출(급여비례방식 경우만)

① 통상 입사시 연령이 15세부터 35세의 범주에 있는 가입자를 대상으로 회

그림 6-7　각 연령의 모델급여

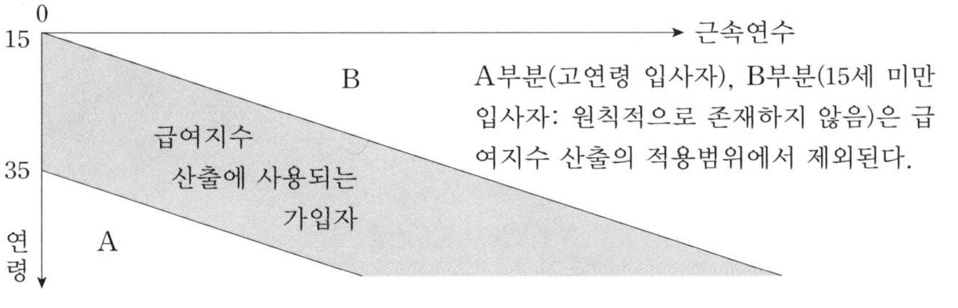

주: 전후 5세 구간의 평균예.
(0.09391+0.10515+0.11640+0.12765+0.11750)/5=0.11212

귀분석을 하여 각 연령의 모델급여를 구한다.

② 회귀분석이란 다음과 같은 것이다. 즉 X_i는 연령, Y_i는 급여로 하며 i는 상기 범위 내에 있는 가입자의 코드라 한다. ($i=1$, 2, 3, ……, n)에 따라 연령 X_i와 급여 Y_i의 점(X_i, Y_i)를 나타내면 〈그림 6-8〉과 같이 된다.

여기에서 직선 $Y=aX+b$를 임의로 취하여 $X=X_i$에 있어서의 Y와 Y_i와의 차, 즉 점(X_i, Y_i)와 직선상의 점(X_i, aX_i+b)의 차를 구한다.

$$Y_i-(aX_i+b) \cdots\cdots (가)$$

각 점 (X_i, Y_i)($i=1$, 2, ……, N)에 대하여 (가)를 구하고 (가)의 자승 합이 최소가 되는 a와 b를 정한다. 즉 N개(계산대상자의 인원수)의 점 사이의 "가능한 한 가장 중간"을 지나는 직선을 구하는 것이다. 이와 같이 하여 구한 직선 $Y=aX+b$가 모델급여직선이 되며 X에 15세부터 순차적으로 정년까지의 연령을 대입하여 각 연령의 모델급여를 구한다.

③ 급여지수의 산출(모델급여의 지수화)은 각 연령별 모델급여를 특정연령의 모델급여로 나누어 각 연령별 급여지수를 구한다. 예를 들면 $a=5,000$, $b=15,000$ (즉 이 직선은 $Y=5000X+15000$), 특정연령을 17세로 하면, 15세 모델급여=5000 ×15+15000=90000이 되며 이하 같은 방법으로 〈표 6-3〉과 같이 구할 수 있다.

그림 6-8 최소제곱법의 계산

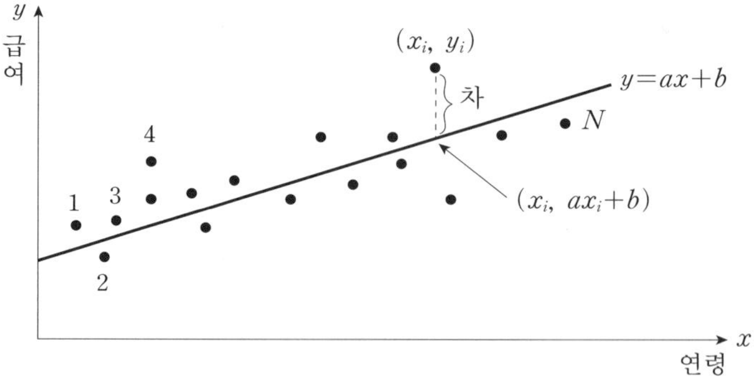

표 6-3 급여지수의 산출

연령(x)	모델급여	급여지수(bx)
15	90,000	0.90000
16	95,000	0.95000
17(특정연령)	100,000	1.00000
18	105,000	1.05000
19	110,000	1.10000
20	115,000	1.15000
(특정연령급여지수는 1로 가정)		

Ⅲ. 퇴직연금보험료의 산정

1. 산정 기초

퇴직연금수리에서는 급부와 보험료가 같아지도록 수지상등의 원칙에 기초하여 평균적인 보험료에 의한 사전적립방식(事前積立方式)을 채용하고 있다. 따라서 퇴직연금상품은 다음과 같은 관계를 가지게 된다.

장래에 필요한 퇴직금 급부액의 합계＝장래 납입하는 보험료의 합계

그러나 퇴직금은 장래에 지급되는 것이며 보험료도 장래에 납입된다. 더욱이 지급과 납입은 당연한 일이지만 그 시기를 달리하고 있다. 그러므로 어떤 계산 시점에 있어서의 장래의 지급과 장래의 납입 현가(present value)를 계산하여 등가시키게 된다. 이 현가의 계산은 예정이자율을 근거로 하여 이루어진다.

퇴직급부현가＝보험료수입현가

즉 퇴직연금은 납입된 보험료를 예정이자율로 운용하여 급부를 필요로 하는 퇴직이 발생하는 경우 급부금을 과부족 없이 지급할 수 있도록 계산된 상품이라 할 수 있다. 이 원칙 및 방침은 재정방식이 달라도 변하지 않는다.

2. 퇴직연금보험료의 종류

(1) 정상보험료

정상보험료(定常保險料)는 연금제도에 표준적인 연령으로 가입한 사람의 급부를 과부족 없이 조달하는 것이 가능하도록 계산된 보험료(율)을 말한다. 이 보험료는 특정연령자에 대해 모델급여(예: 특정연령의 월급여액=10,000원)를 부여하고 당해 기업의 실적에 기초하여 구한 탈퇴율, 승급률에 따라 가입시부터 특정연령시까지의 급여수입현가 및 정년, 사망, 중도 등 각각의 탈퇴급부현가를 계산하여 총급부현가=총수입현가가 되도록 계산한다. 총수입현가는 급여의 수입현가 또는 보험료 납입회수에 대한 일정비율이기 때문에 이 일정비율을 P^{NC}(Premium Normal Cost)라 하면,

$$\boxed{\text{총급부현가}} = \boxed{PNC} \times \boxed{\text{급여의 수입현가}} \quad \left(\begin{array}{l}\text{정액급부방식의 경우는 보}\\\text{험료불입회수현가}\end{array}\right)$$

$$\boxed{PNC} = \frac{\text{총급부현가}}{\text{급여의 수입현가}} = \frac{\text{특정연령자의 총급부현가(ⓐ+ⓑ)}}{\text{특정연령자 급여의 수입현가(ⓒ)}}$$

가 된다. 이 때 P^{NC}를 정상보험료라 부른다. 재정방식 중 가입연령방식의 경우 가입연령(또는 특정연령)으로부터 정년까지의 평준보험료가 이에 해당된다.

① 정년퇴직 급부현가의 산출

정년퇴직 급부현가는 다음과 같이 산출된다.

정년퇴직급부현가=정년퇴직 시점의 예상급부액×특정연령에서 정년까지의 도달률×현가율,

여기서,

정년퇴직 시점의 예상급부액=10,000원×(정년연령의 급여지수/특정연령자의 급여지수)×특정연령자의 예정근속연수 등에 기초한 연금지급률×연금현가

만약 지급이 일시금으로 이루어지는 경우라면, (특정연령자의 예정근속연수 등에 기초한 연금지급률×연금현가) 대신에 특정연령자의 예정근속연수 등에 기초한 일시금지급률이 된다.

② 사망퇴직 · 중도퇴직 급부현가의 산출

사망퇴직 · 중도퇴직의 급부현가
=x세의 예상급부액×예정사망률 · 예정탈퇴율×현가율

여기서,

x세(t년 경과 후의 연령)의 예상급부액=10,000원×(x세의 급여지수/특정연령자의 급여지수)×x세 시점의 예정근속연수 등에 기초한 사망 · 중도퇴직 각각의 연금지급률×연금현가

사망퇴직급부현가 및 중도퇴직급부현가는 특정연령에서부터 정년까지 매년 계산한다.

③ 급여의 수입현가(특정연령자가 정년까지 받는 급여의 수입현가)의 산출

x세 급부의 수입현가=x세 급여의 예상수입액 잔존율×현가율

여기서,

x세 급여의 예상수입액=10,000원×(x세의 급여지수/특정연령자의 급여지수)×12개월

이 급부의 수입현가에 대해서는 특정연령에서부터 정년까지 매년 계산한다.

(2) 과거근무채무(PSL) 보험료

정상보험료는 가입시부터 퇴직 또는 탈퇴까지 갹출하는 것인 데 반하여 PSL(Past Service Liability)보험료는 과거근무채무 등의 상각을 위한 보험료이다. 과거근무채무란 장래의 급부에 대한 장래의 정상보험료 수입으로 충당되지 않는 부족분을 의미하며 개념상으로 과거의 정상보험료의 미갹출분에 대한 원리금의 합계라 할 수 있다.

예를 들면 과거에 20세에 입사하여 제도발족에 의해 40세에 제도에 가입한 경우 예정되는 퇴직급부는 특정연령에서 제도에 가입한 사람과 마찬가지(예정근속연수가 동일하기 때문에)인데 지급보험료는 1/2 기간분밖에 되지 않는다. 즉 제도가입 전의 근속연수분만큼 보험료가 부족하게 되는 것이다. 이 부족분에 대하

여 특정연령에서부터 제도가입시까지 보험료를 계속 납입해 왔다고 가정하였을 때 쌓인 금액을 과거근무채무(PSL)라 부르며, 이것을 변제하기 위한 갹출금을 PSL 보험료라고 한다.

실무적으로는 제도발족시에 가입자가 되는 전종업원에 대하여 예정퇴직급부현가와 제도발족 후 정년까지의 퇴직급부산정을 위한 기초급누계액의 현가를 산출하여 다음과 같이 계산한다.

- 책임준비금＝전(全)가입자의 예정퇴직급부현가－전(全)가입자의 기초급부누계의 현가×정상보험요율
- 과거근무채무 총액＝책임준비금－연금자산
- PSL 보험료율＝(과거근무채무 총액×상각비율×연간보험료 납입회수)/제도발족시의 전가입자의 기초급 누계
- PSL 보험료액＝매납입기일의 전(全)가입자의 기초급 누계×PSL 보험료율

정상보험료와 과거근무채무 보험료를 그림으로 나타내면 〈그림 6-9〉와 같다.

그림 6-9 정상보험료와 과거근무채무보험료

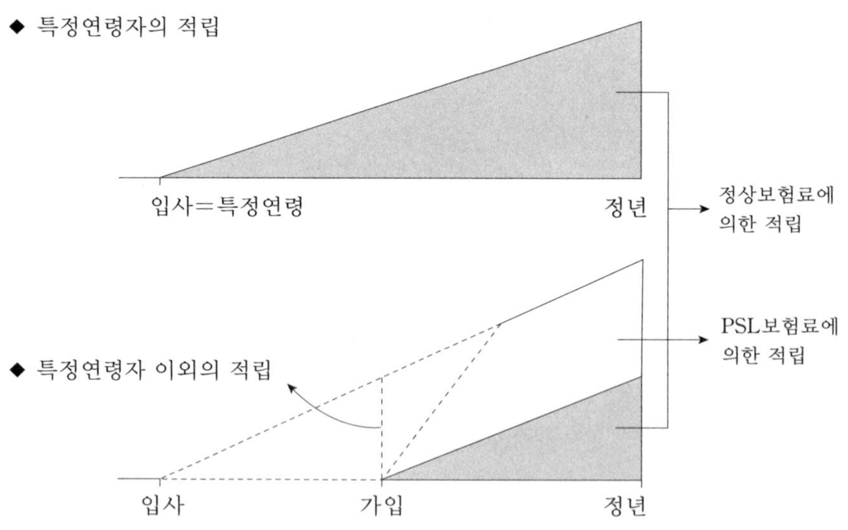

(3) 부가보험료

연금제도를 유지하기 위해 수탁기관(생명보험회사 등)에서 징수하는 사무보험료를 말한다. 일반적으로 순보험료(보험료의 소계)의 2~10%에 해당된다.

3. 산출과정

보험료는 산출과정을 그림으로 표시하여 설명하면 크게 3단계로 나눌 수 있다.

① 사망률 및 탈퇴율을 사용하여 사망퇴직자수(C 부분)와 중도퇴직자수(B 부분) 및 정년잔존자수(A 부분)를 구한다.

② 각각에 대응하는 예상급부액 및 예상급여의 수입액을 구한다.

③ 그것을 현가로 계산하여 구한다.

그림 6-10 보험료의 산출과정

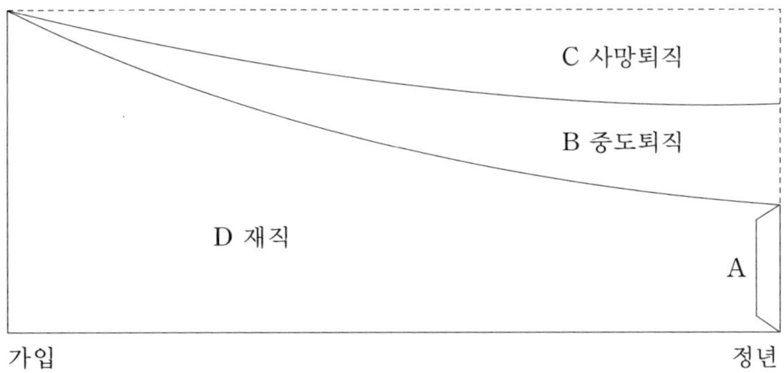

제 2 장 퇴직연금재정의 구조

I. 원 리

1. 연금현가

10년 후 100만원을 만들기 위해서는 현재 어느 정도의 금액(A)을 가지고 있어야 하는가? 10년만기 국채의 수익률이 연 5%를 보이고 있다 할 때, 이를 적용하여 다음과 같이 계산할 수 있다.

$$A(1+0.05)^{10}=1,000,000$$
$$A=\frac{1,000,000}{(1+0.05)^{10}}$$
$$A=613,913(\text{원})$$

현재 여유자금 61만원을 10년간 연 5%로 운용하면 100만원이 된다는 얘기는 10년 후 100만원의 현재가치(present value)가 61만원이라는 이야기와 동일하다.[1)]

$$B=A\times(1+i)^{r}$$
$$A=\frac{B}{(1+i)^{r}}$$

이를 연금제도에 적용하면 10년 후의 연금지급액 100만원의 현재가치는 61만원에 해당된다. 여기에서 연금급부액 100만원을 종가(終價)라 하고, 61만원을 급부현가(present value of benefit)라고 한다. 이 관계를 그림으로 나타내면 〈그

1) 편의상 천단위 이하는 절사.

그림 6-11 급부현가의 개념

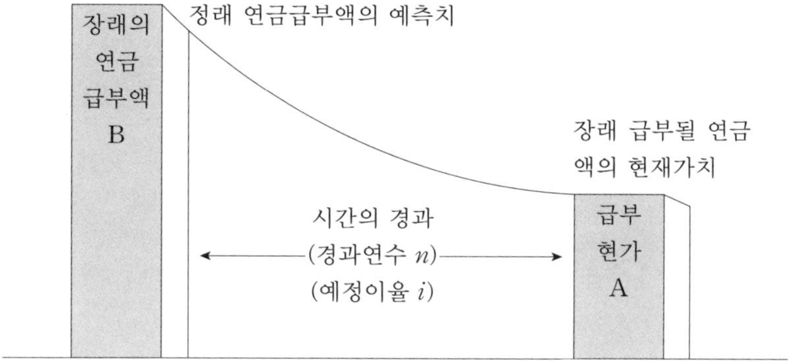

림 6-11〉과 같다.

2. 급부현가

연금재정의 구조는 대략적으로 말하면 장래급부의 현재가치인 급부현가를 장래수입의 현재가치인 수입현가와 여유자산의 합계액으로 조달하는 구조로 되어 있다. 따라서 우선 급부현가와 수입현가를 정확하게 계산할 필요가 있다.

확정급부형 연금에서는 장래의 수급자격을 취득한 사람에 대해 연금규약에 따라 퇴직시의 월급여액×급부비율 등 소정의 산식에 의한 연금액을 소정의 기간에 걸쳐 지급하는 것이 사전에 약속되어 있다. 그러므로 급부현가를 산출하기 위해서는 먼저 장래의 연금급부액을 정확하게 예측하여야 한다. 장래의 급부액을 산출하기 위해서는 장래의 인원 및 필요한 연금급부액을 예측하여야 하는데, 예측수단으로는 전장에서 설명한 예정탈퇴율, 예정사망률, 예정승급률 등의 계산기초율이 사용된다. 각각의 급부액을 각각의 기간에 대해 예정이자율로 할인하여 계산하고 그 결과를 합계함으로써 장래 연금급부금 총액의 현재가치를 산출할 수 있다. n년 후의 급부액을 B_n, 예정이자율을 i라고 하면 급부현가 A는 다음과 같이 나타낼 수 있다.

$$A=\sum_{t=1}^{n}\frac{B_t}{(1+i)^t}$$

3. 수입현가

장래의 급부금액을 현재가치로 할인 계산하여 급부현가를 구한 것과 마찬가지로 장래 수입액을 할인하여 계산함으로써 수입현가를 구할 수 있다. 장래의 수입은 그 시점에서의 급여액에 갹출율을 곱하여 산출되므로 수입현가와 장래급여액의 현재가치인 급여현가 및 갹출률 사이에는 다음과 같은 관계가 있다고 할 수 있다.

기금수입＝급여액×갹출률
즉, 수입현가＝급여현가×갹출률

급여현가를 산출하기 위해서는 급부현가를 산출한 것과 같은 방법이 사용된다. 이 경우에도 예정탈퇴율, 예정사망률, 예정승급률 등의 기초율이 사용되며, 장래의 인원수가 예측되고, 급여액이 산출된다. 장래의 각각의 시점에서의 급여액을 각각 할인계산하여 총합계하면 장래 급여총액의 현재가치, 즉 급여현가를 산출할 수 있다.

II. 구 조

1. 기본구조

연금재정의 기본은 현시점에서 연금적립금으로 보유하고 있는 자산금액과 장래 기금으로 유입이 예상되는 금액의 합계에 의해 장래에 예상되는 연금급부금을 조달하는 구조로 운영된다는 점이다. 이를 산식으로 표현하면,

현재의 보유자산＋장래의 기금수입＝장래의 연금급부

라는 관계가 성립한다.

여기에서 중요한 것은 「장래」와 「현재」의 두 시점간의 차이이다. 물론 장래와 현재사이의 연결고리는 이자율이다. 먼저 현재의 자산은 장래의 운용을 통하여 증식이 가능하다. 따라서 연금재정에서는 운용수익률을 사용하여 장래의 가

치를 할인함으로써 그 현재가치를 구하는 메커니즘을 채용하고 있다. 이 할인율이 예정이자율(actuarial discount rate, actuarial interest rate)이며, 연금재정에서 중심적인 역할을 수행하고 있다.

위의 식은 현재와 장래 사이의 「시간의 경과」를 무시하고 있으므로 엄밀히 말하면 등식으로서는 성립될 수 없는 것이라 할 수 있다. 장래의 기금수입액과 장래의 연금급부액은 예정이자율로 할인함으로써 각각 기금수입의 현재가치와 연금급부액의 현재가치로 치환하여 현재시점으로 통일하여 다음과 같이 표시할 수 있다.

보유자산의 현재가치＋장래 기금수입의 현재가치
　　＝장래 연금급부액의 현재가치

즉,

장래 연금급부액의 현재가치－장래 기금수입의 현재가치
　　＝보유자산의 현재가치

이상의 관계를 그림으로 나타내면 〈그림 6-12〉와 같다.

그림 6-12 연금재정의 기본구조

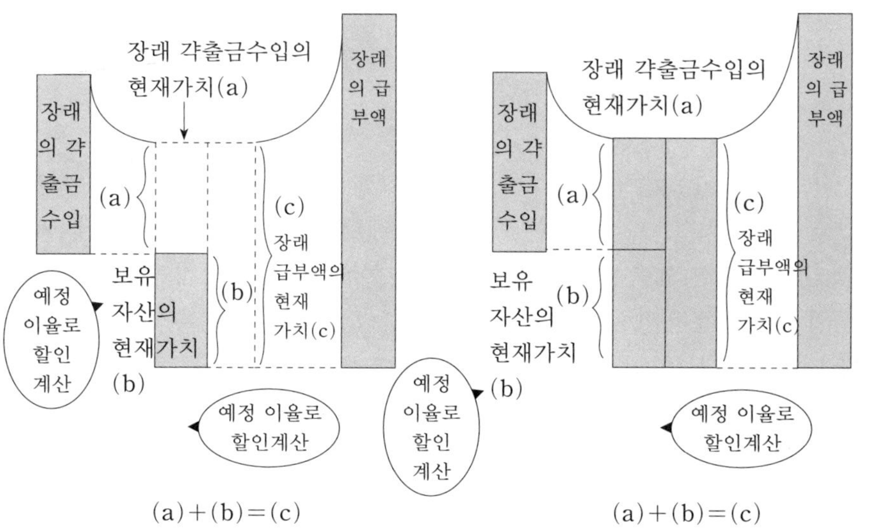

2. 이자율과 연금재정

예정이자율의 설정은 연금재정에 커다란 영향을 끼친다. 대표적인 실례로 거품경제 붕괴 이후 저금리 체제가 지속되어 온 일본을 들 수 있다. 일본의 경우 1990년대 중반까지 퇴직연금의 예정이자율로 연 5.5%를 사용하여 왔다. 시장이자율이 5.5%를 초과하는 환경에서는 상대적으로 낮은 수준의 이자율로 할인한 결과와 같으므로 장래 연금급부액의 현재가치와 장래 기금수입의 현재가치는 상대적으로 높게 산출된다. 즉 상대적으로 크게 인식되는 연금채무를 목표로 적립하므로 이 경우는 재정상 여유분이 많아지는 경향이 생기게 된다.

반대로 시장금리가 5.5%를 하회하는 저금리시대에는 상대적으로 높은 수준의 예정이자율로 계산하는 것과 같으므로 장래 연금급부액의 현재가치와 장래 기금수입의 현재가치는 상대적으로 낮게 산출될 것이다. 이 경우는 낮은 적립수준으로도 연금재정의 유지가 가능하므로 그만큼 재정상의 여유분이 적어지기 쉽다. 과거의 고금리시대에는 시장금리가 예정이자율을 상회한 부분만큼 결과적으로 예정이자율 이상의 초과수익(소위 이자율차익)을 올리게 됨으로써 연금재정에는 여유가 생기는 경우가 많았다. 버블 붕괴 이후 저금리시대의 도래로 사정이 바뀌어 운용수익률이 예정이자율을 하회하는 부분만큼 연금재정이 압박을 받게 되었다.

3. 예정이자율의 성격

지금까지 시장금리와 예정이자율의 상대적 관계를 단순화하여 예정이자율 수준을 언급하였다. 원래는 장래에 부담하게 되는 연금채무가 어떻게 해서 증가할 것인가에 대한 예측을 전제하여야 한다. 이를 위해 장기적인 자본시장의 수익률을 예상하고 운용전략에 기초하여 선택한 운용수익률을 예정이자율로 하는 방식이 기본적이다. 따라서 장기채권의 수익률을 적용하는 것이 타당성이 높다고 할 수 있다. 또한 앞으로의 연금급부액 증가정도는 장래의 임금에 비례하므로 예상되는 '임금상승률+α' 정도가 이치에 맞는 예정이자율 수준이라고 생각할 수 있다. 어느 것을 선택하더라도 예정이자율은 어디까지나 연금재정을 전망할 때의 전제조건이므로 어느 정도의 폭이 있다 하더라도 지장은 없다. 그러나 예정이

자율의 기능이 기금갹출률의 산정에 있다면 어느 정도의 폭을 가져도 문제는 없다고 할 수 있지만, 그 목적을 기업이 일정시점에서 부담하는 연금채무를 정확히 평가하는 데 두고자 한다면 장래 연금채무의 평균상환기간에 상당하는 기간의 채권수익률을 사용하는 것이 적정하다.

제 3 장 퇴직연금의 재정방식

I. 재정방식의 개념

1. 재정방식의 의의

사회보험뿐만 아니라 퇴직연금에 있어서도 가입자의 범위가 명확하게 정해져 있어 가입자 또는 기업은 가입자가 어느 일정 연령에 달할 때까지 보험료를 납입하고, 가입자가 연금을 수급하게 되는 상태가 되면 소정의 연금(확정연금, 종신연금, 유족연금 등)이 연금제도로부터 소정기간 지급된다. 연금제도는 개집단(開集團)에 해당되어 매년 신규가입자가 있는 한편, 신규연금수급자 및 연금지급 정지를 받은 자가 들어오고 나간다. 이와 같은 제도를 계속해 가기 위해 수입보험료와 지급연금과의 균형을 어떠한 방식으로 도모해 갈 것인가를 나타내는 것이 연금제도의 재정방식(財政方式)이다.

다만 연금제도를 고려할 때는 개인보험의 경우와 달리 가입자 개개인에 대해 엄격한 수지상등의 원칙 및 소정의 책임준비금 적립이 반드시 요구되는 것은 아니다. 또한 개개인에 따라 갹출되는 금액과 수취할 금액 사이에 적은 불균형이 발생하더라도 제도 전체로서의 균형이 이루어지면 되며, 약간의 불균형이 발생하더라도 제도는 영구적으로 계속되는 것이므로 그 보정을 장래의 부담으로 행하는 것이 가능하다.

2. 재정방식의 필요성

재정방식(또는 적립방식)을 이용하는 주된 이유로는 대략 다음과 같이 요약할 수 있다.

첫째, 체계적인 방법으로 축적된 자산에 의해 연금급부의 안전성을 증대시킨다는 점이다. 둘째, 매년 합리적으로 연금비용을 배분함으로써 상이한 세대에 속하는 종업원 및 주주간의 형평성을 도모할 수 있다는 점이다. 셋째, 통상 과거근무비용의 지불을 변화시킴으로써 갹출기간을 상당히 유연하게 할 수 있다는 점이다. 마지막으로 새로운 제도에 가입하는 경우에도 전근무기간에 걸쳐 적절하게 인식하는 것이 가능하다는 점 등을 들 수 있다. 더욱이 갹출금의 세금공제는 미국의 경우 관련법(ERISA, Employee Retirement Income Security Act) 등의 요건에 인정된 재정방식에 의하도록 하고 있기 때문에 실제적인 방법으로서 부과방식과 연금현가적립방식 등은 재정방식의 선택에서 제외시키고 있다. 한국의 경우는 특정연령방식으로만 하도록 규정되어 있다.

II. 재정방식의 분류

극한방정식에 있어서 연금급부액 B와 할인율 d는 완전히 독립적이다. 따라서 극한 상태에 있어서 각종 재정방식의 차이는 보험료수입액 P와 연금자산액(기금잔고) F의 상대적인 크기에 귀결된다. 즉 재정방식을 분류하는 기준으로서 Trowbridge의 분류방법[2)]을 이용하여 적립수준 F의 크기에 따라 〈그림 6-13〉과 같이 분류할 수 있다.

1. 제 I 류의 재정방식

극한방정식에서 F=0 일때 C=B의 관계가 성립한다. 즉 급부발생의 정도에 부합하는 보험료를 지불하는 방식이며, 이 방식을 일반적으로 부과방식(Pay-as-You-Go)이라 부른다.

---

2) 재정방식의 분류는 Charles L, Trowbridge의 논문인 Fundamentals of Pension Funding(Transactions Vol. Ⅵ, 1952)를 참조할 것.

그림 6-13 재정방식의 분류방식

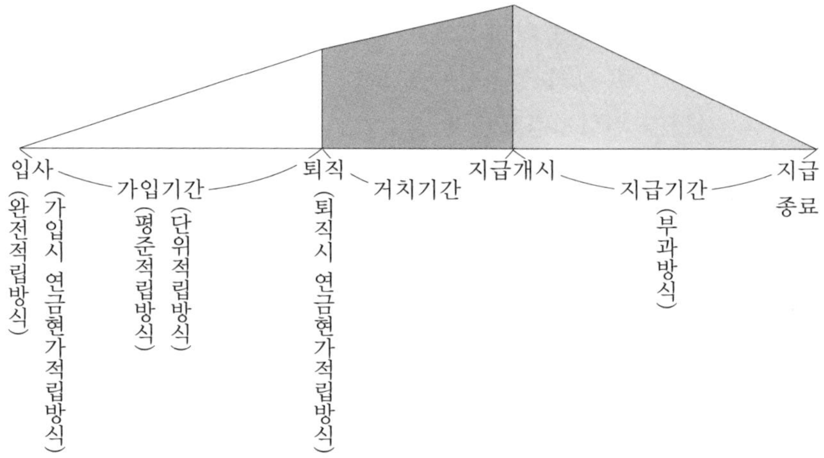

- 재정방식
  - 부과방식 ······ 제 I 류
  - 퇴직시 연금현가적립방식 ······ 제 II 류
  - 사전적립방식 ······ 제 III 류~제 VI 류
  - 기타 재정방식(개방형 종합보험료방식)
- 사전적립 방식
  - 단위적립방식(일시납적립방식) ······ 제 III 류
  - 평준적립방식 ······ 제 IV 류
    - 가입연령방식
    - 종합보험료방식
    - 도달연령방식
    - 개인평준보험료방식
  - 가입시적립방식 ······ 제 V 류
  - 완전적립방식 ······ 제 VI 류

2. 제 II 류의 재정방식

재직중에는 적립하지 않고 정년에 도달함과 동시에 장래의 연금급부현가를 일괄하여 갹출하는 재정방식이다. 이 방식은 적립수준에 있어 제 I 류와 재직중에 적립을 행하는 방식의 중간에 위치하며, 후자에 비해 장래보다 높은 보험료를 필요로 하게 된다. 이 경우는 극한방정식에 의한 연금자산이 적을수록, 즉 적립수준이 낮을수록 보험료수입 C가 크게 되기 때문에 성립한다.

3. 제 Ⅲ 류의 재정방식

재직중 탈퇴시에 부여되는 연금수급권을 재직연수에 대응하여 단위로 분할하고 한 단위를 각 연도에 할당한다고 하는 원리를 기초로 하여 성립하는 재정방식이다. 매 연도에 있어서 각 개인의 연금급부에 대한 표준보험료는 그 연도에 할당된 단위연금에 대한 일시납보험료와 일치한다. 이 방식은 재직중부터 적립하는 방식이므로 제 II 류의 재정방식에 비해 적립수준이 높다. 이 방식을 일반적으로 단위적립방식(單位積立方式) 또는 일시납적증방식(一時納積增方式)이라 부르고 있다.

4. 제 Ⅳ 류의 재정방식

입사시부터 퇴직시까지의 기간 동안 보험료 수준을 평준화하는 방식으로 이 방식에는 4종류의 재정방식이 있다. 이들 방식은 보험료를 평준화하므로 젊은 연령층의 보험료가 제 III 류의 재정방식에 비해 크기 때문에 제 III 류보다 적립수준이 높다. 여기에 속하는 재정방식에는 가입연령방식, 종합보험료방식, 도달연령방식, 개인평준보험료방식 등이 있다.

5. 제 Ⅴ 류의 재정방식

입사시부터 장래의 급부현가를 일괄하여 갹출하는 방식으로 제 IV 류의 재정방식보다 적립수준이 높다.

6. 제 Ⅵ 류의 재정방식

극한방정식에서 C=0일 때 성립하는데, 이자만으로 급부지급을 행할 수 있는 자산을 보험료로서 일괄하여 갹출하는 방식이기 때문에 적립수준이 가장 높다.

Ⅲ. 각 재정방식의 구조 및 특징

재정방식의 변경은 재계산시, 증액시, 새로운 예정탈퇴율을 사용할 때 이외에는 인정되지 않는다고 하는 제약이 가해져 있기 때문에 설계에 있어서는 각 방식의 상이함을 충분히 이해하고 장래의 증액변경 등도 고려하여 어느 방식을 채택할 것인가를 결정할 필요가 있다. 재정방식은 크게 나누어 전기납방식과 일시납적증방식, 혼합방식 등이 있다. 첫째, 전기납방식은 사전에 미리 정한 월연금액에 대해 전기간에 걸쳐 일정한 보험료를 납입하여 적립하는 방식이다. 둘째, 일시납적증방식은 매년 일정한 월연금액(또는 일정한 보험료에 대한 월연금액)을 적증하여 가는 방식이다.

연금제도를 발족할 때에는 이미 재직중인 종업원의 취급이 문제가 된다. 이러한 종업원에 대한 연금급부를 제도발족 전의 근무연수로 환산하여 결정할 때 과거근무기간에 따라 발생하는 채무평가액이 과거근무채무(PSL: Past Service Liabilities)이다. 이 과거근무채무의 발생유무에 따라 전기납방식과 일시납적증방식을 분류하면 다음 〈표 6-4〉와 같다.

셋째, 혼합방식은 퇴직시 급여의 일정비율을 월연금액으로 하는 설계에서 가입자 또는 가입전 연도의 급여에 대응하는 월연금액 부분을 전기납방식으로,

그림 6-14　전기납방식과 일시납적증방식

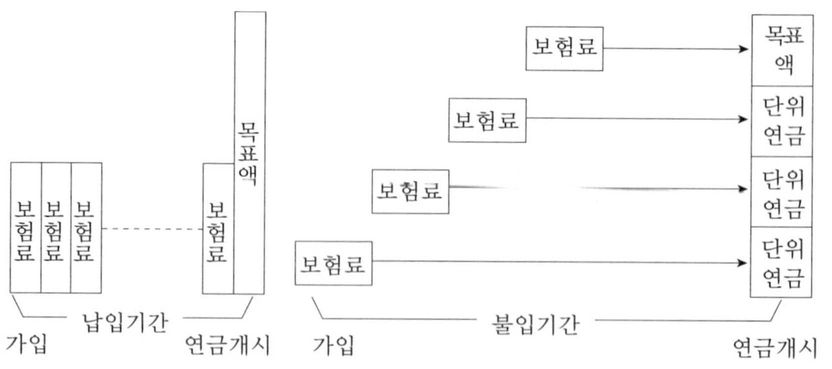

표 6-4 과거근무채무 발생 유무에 따른 분류

적립방식		과거근무채무(PSL) 발생 유무		
		제도발족시	추가가입시	증액시
전기납방식	개인평준방식	미발생	미발생	미발생
	도달연령방식	미발생	미발생	가입시 연령부터 증액시 연령까지
	가입연령방식(各歲)	가상가입시 연령부터 제도가입시 연령까지	미발생	가상가입시 연령부터 증액시 연령까지
일시납적증방식	가입연령방식(○○)	특정연령으로부터 제도발생시의 연령까지	특정연령으로부터 추가가입시의 연령까지	특정연령부터 증액시 연령까지
	일시납(가입시)	미발생	미발생	미발생
	일시납(가입납)	미발생	미발생	가입시 부터 증액시 까지
	일시납(가상가입시)	가상가입시부터 증액시까지	미발생	가상가입시 부터 증액시 까지

그 후의 승급분에 대응하는 부분을 일시납적증방식으로 계산하는 방식을 말한다. 가입시에는 장래 승급액을 알 수 없지만 정년시의 근속연수(즉 지급승률)는 알고 있기 때문에 정년퇴직시에는 정확한 목표월연금액에 도달할 수 있다.

1. 개인평준방식(전기납방식)

가입 및 증액시의 보험료 계산은 각 시점의 연령을 사용하기 때문에 과거근무채무는 전혀 발생하지 않는 것이 특징이다.

- 가입시: 가입시의 연령으로 보험료를 계산하면 퇴직시까지 전기간에 걸쳐 보험료는 같은 금액이 된다.
- 증액시: 증액분 급부의 보험료는 증액시 연령으로 계산하며 퇴직시까지

그림 6-15 개인평준방식(전기납방식)

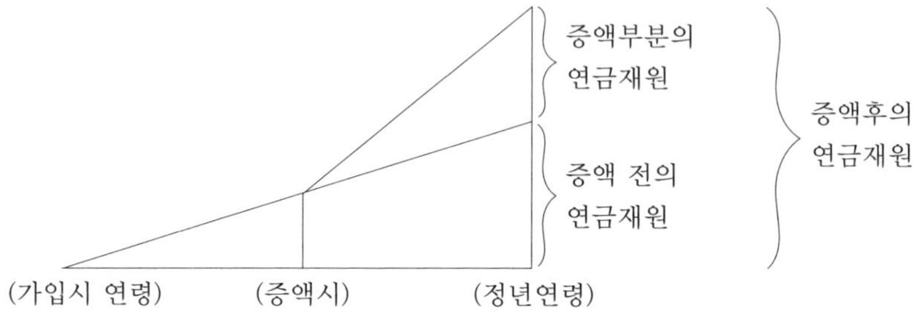

의 전기간에 걸쳐 평준보험료를 납입하므로 과거근무채무는 전혀 발생하지 않는다.

2. 도달연령방식(전기납방식)

도달연령방식은 보험료계산에 각 가입자의 가입시 연령을 사용하기 때문에 증액분 급부액에 대응하는 보험료도 가입시부터 정년까지의 기간에 걸쳐 적립하는 구조로, 실제의 적립(증액분 급부에 대응하는 보험료)은 증액시에만 이루어지기 때문에 가입시부터 증액시까지의 기간에 대응하는 적립부족액(과거근무채무)이 발생한다.

– 가입시: 개인평준식과 동일하다.

그림 6-16 도달연령방식(전기납방식)

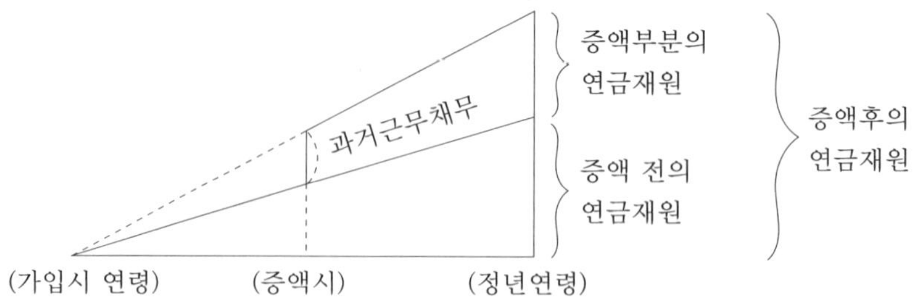

- 증액시: 변경 후 책임준비금과 연금자산과의 차액이 과거근무채무가 되지만 이 연금자산은 1회차 증액에 있어서는 변경 전 책임준비금과 일치한다.

3. 가입연령방식(○○세: 특정연령방식)

가입 및 증액 시 보험료계산은 특정연령을 사용하므로 가입과 증액시 모두 과거근무채무가 발생한다.

- 가입시: 보험료는 각 피보험자의 가입시 연령과는 무관하게 전원에 대해 특정연령으로 계산하며 가입시부터 퇴직시까지 전기간에 걸쳐 같은 금액이므로 특정연령부터 가입시까지의 보험료에 대응하는 부족분이 과거근무채무로 계상된다.
- 증액시: 증액분 급부의 보험료도 특정연령으로 계산한다. 변경 후의 책임준비금과 연금자산과의 차액이 과거근무채무가 되며 제도 발족시부터 매년 발생하는 추가가입의 과거근무채무와 함께 완전 대체되는 형태로 새로운 과거근무채무가 결정된다.

그림 6-17 가입연령방식(특정연령방식)

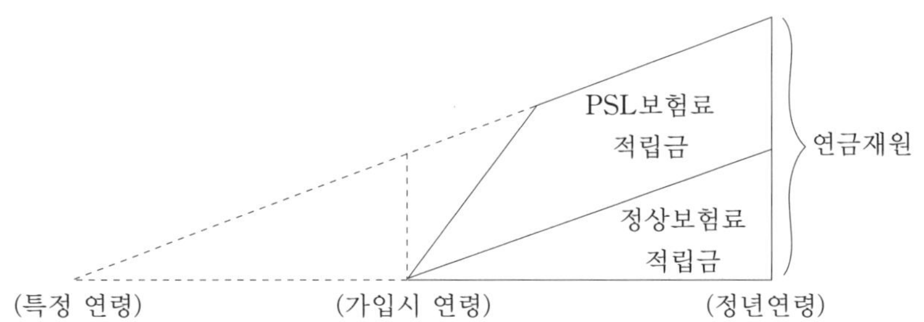

4. 일시납적증방식

이 방식은 월보험료를 급여의 몇 %로 하여 결정하는 것처럼 보험료액이 매

그림 6-18 일시납적증방식

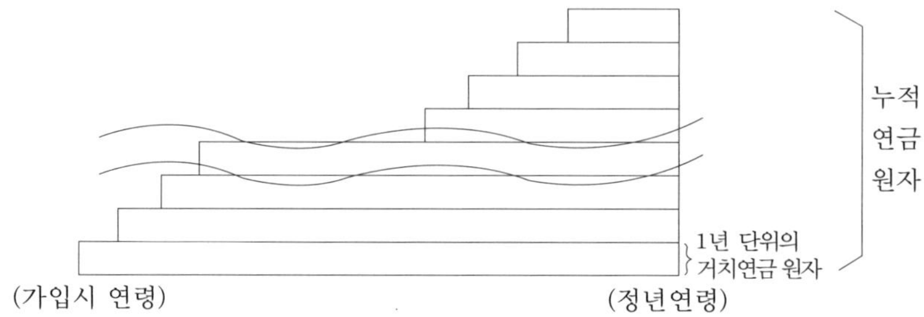

년 변동하는 제도에 이용되는 경우가 일반적이다. 전술한 전기납 방식이 가입자의 가입 전기간에 걸쳐 평균적으로 보험료를 적립하는 방식인 데 비해 일시납적증방식은 매년 일시납의 보험료로 일정한 단위연금을 구입하여 퇴직시까지 누적하여 가는 방식이므로 단위연금의 누적액이 정년시까지의 급부액이 되는 것이다.

5. 혼합방식

전기납방식의 월연금액 부분에 가입시 급여를 사용하는가, 전년도 급여를 사용하는가에 따라 〈그림 6-19〉와 같이 구분된다. 전년도(前年度) 급여를 사용하는 것이 보험료가 급격히 증가하지 않는다.

그림 6-19 혼합방식

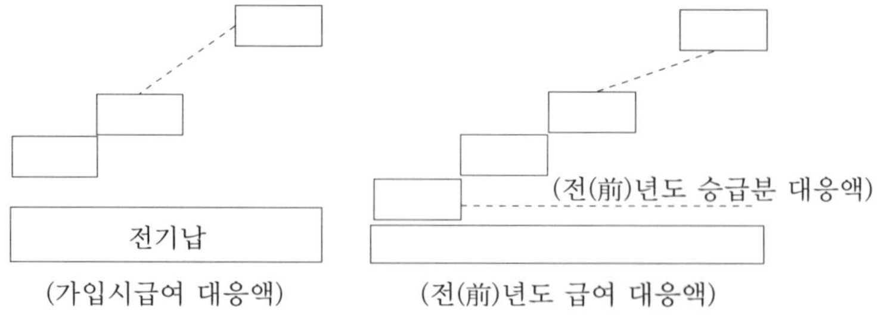

IV. 재정방식의 적용

1. 연금현가적립방식과 부과방식

연금의 재정방식을 적립금의 준비금 정도라는 관점에서 분류하면 부과방식과 적립방식이라는 완전히 대조적인 재정방식으로 구분할 수 있다. 연금현가적립방식(정년과 연금을 지급해야 할 사유로 퇴직자가 발생할 때마다 장래 수취해야 할 연금현가 상당액을 일시에 적립하는 방식)과 부과방식을 상호비교하기 위해 다음과 같은 제 조건을 설정하고자 한다.

설정조건

① 50세 10명
51세 4명
52세 3명
53세 2명
54세 1명
(총 20명으로 연금제도 발족)

② 신규가입자: 차년도 이후 매년 50세 4명

③ 정　　년: 55세

④ 정년연금만 지급, 연금연액(연초 지급) 100만원

⑤ 예정이자율: 5.5%

⑥ 사망 · 탈퇴: 0

연금개시 후, 연금현가적립방식에서는 연초납입연금현가는 4.50515이다. 1인에 대한 적립액은(단, 연금수급자는 차년도부터 발생하는 것이 됨) 1,000,000원×4.505150=4,050,150원이므로 1년째는 4,505,150원, 2년째는 2인이므로 9,010,300원이 된다. 부과방식에서는 1년 후부터 연금수급자가 발생한다. 따라서 2차년도

그림 6-20 연금현가적립방식과 부과방식

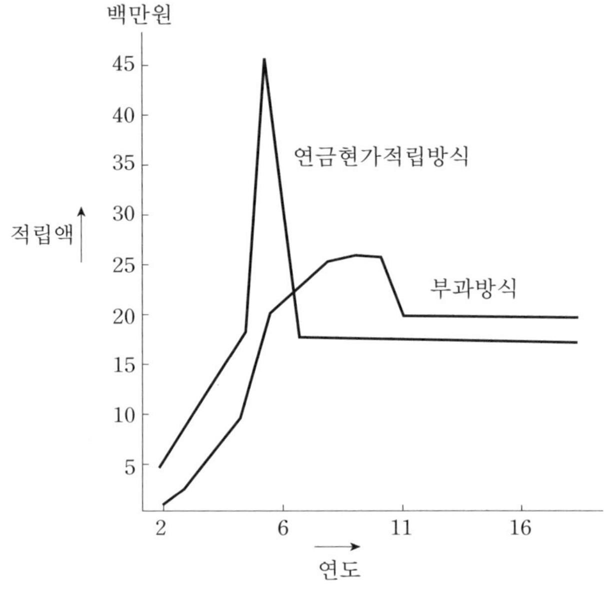

초에는 연금수급자가 1인이므로 연금액(적립액)은 100만원, 3차년도 초의 연금수급자는 모두 3명이므로 연금액은 300만원이 된다. 이후 연금수급자는 계속 증가하여 6차년도 초에는 가입자 20명 전원이 연금수급자가 되므로 2,000만원, 7차년도 초에는 최초의 1인이 나가고 4인이 들어와 23인(20−1+4)이 2,300만원이 연금액(적립액)이 된다. 이와 같은 방식으로 적립액을 연도순에 따라 계산하면 〈그림 6-20〉과 〈표 6-5〉와 같다.

연금현가적립방식의 경우 연금, 일시금 모두 연금현가 상당액을 적립하므로 동일하지만, 부과방식의 경우는 예를 들어 1차년도의 1인에 대해서 연금 상당액 4,505,150원×1=4,505,150원이 되어 이하 완전히 연금현가적립방식과 일치하게 된다.

표 6-5 현금현가적립방식 및 부과방식의 적립액

연도	연금개시인원	연금현가적립방식	연금지급인원	부과방식	가입인원	연금현가적립방식	부과방식
2	1명	4,505,150원	1명	1,000,000원	23명	19,876원	43,478원
3	2	9,010,300	3	3,000,000	25	360,412	120,000
4	3	13,515,450	6	6,000,000	26	519,825	230,769
5	4	18,020,600	10	10,000,000	26	693,100	384,615
6	10	45,051,500	20	20,000,000	20	2,252,575	1,000,000
7	4	18,020,600	23	23,000,000	20	901,030	1,150,000
8	4	18,020,600	25	25,000,000	20	901,030	1,250,000
9	4	18,020,600	26	26,000,000	20	901,030	1,300,000
10	4	18,020,600	26	26,000,000	20	901,030	1,300,000
11	4	18,020,600	20	20,000,000	20	901,030	1,000,000

(11년 이후 동일)

2. 대표적인 적립방식

이하에서는 대표적인 적립방식인 도달연령방식, 가입연령방식, 종합보험료 방식에 대해 설정한 조건을 토대로 설명하고자 한다.

설정조건

① 50세 10명, 51세 4명, 52세 3명, 53세 2명, 54세 1명
(총 20명으로 연금제도 발족)

② 신규가입자: 차년도 이후 매년 50세 4명

③ 정 년: 55세

④ 정년연금만 지급, 연금연액(연초 지급) 100만원, 5년간의 확정연금

⑤ 예정이자율: 퇴직연금보험에서 사용하는 예정이자율

⑥ 사망 · 탈퇴: 사용하지 않음

(1) 도달연령방식

각 가입연령에 따라 정년시까지 평균적으로 적립하는 방식으로써 계산기수를 사용하여 계산하고자 한다. 가입연령 50세의 경우 소요 보험료를 P라 하면,

수　입

50세의 인원 D_{50} …… $P \times D_{50}$

51세의 인원 D_{51} …… $P \times D_{51}$

⋮　　　⋮

54세의 인원 D_{54} …… $P \times D_{54}$

$P \times (D_{50} + D_{51} + \cdots\cdots + D_{54})$

$= P \times (N_{50} - N_{55})$

지　출

55세의 인원 D_{55}, 연금을 일시금으로 환산한 금액은 정확히 연금현가적립방식의 계산과 같이 1인당 4,505,150원이므로 전체로서는 $4{,}505{,}150 \times D_{55}$

수지상등의 원칙에 의해

$$P \times (N_{50} - N_{55}) = 4{,}505{,}150 \times D_{55}$$

가입시 1인당에 대해서는 D_{50}으로 양변을 나누어

$$P \times \frac{(N_{50} - N_{55})}{D_{50}} = 4{,}505{,}150 \times \frac{D_{55}}{D_{50}}$$

좌변은 분수, 우변은 각각 수입현가와 급부현가를 나타내므로 각각 $\ddot{a}$, A 로 나타내면 아래 식이 유도된다.

$$P \times \ddot{a} = A$$

$$P - \frac{A}{\ddot{a}}$$

연령	①	②	③	④	⑤	⑥
x	D_x	$N_x - N_{55}$	②/① $\ddot{a}_{x:\overline{55-x}\vert}$	D_{55}/① $A_{x:\overline{55-x}\vert}$	④/③ 보험료율	4,505,150원×⑤ P
50	5,960.5	26,451.9	4.437866	0.731734	0.164884	742,827원
51	5,609.4	20,491.4	3.653047	0.777534	0.212845	958,899원
52	5,274.8	14,881.9	2.821320	0.826856	0.293074	1,320,342원
53	4,955.6	9,607.0	1.938615	0.880115	0.453992	2,045,302원
54	4,651.4	4,651.4	1.000000	0.937675	0.937675	4,224,367원
55	4,361.5					

위의 표 ⑥란에서 산출된 각 연령의 보험료를 적용하여 전체의 보험료를 산출하면

연　　령	① 인　　원	② 1인당 보험료	③ ①×②
50세	10명	742,827	7,428,270원
51세	4명	958,899	3,835,596
52세	3명	1,320,342	3,961,026
53세	2명	2,045,302	4,090,604
54세	1명	4,224,367	4,224,367
계	20명		23,539,863

다음으로 제2년도 이후의 수치를 구하면 54세의 1명이 정년이 되고, 50세에 4명이 새로 가입하므로

$$
\begin{array}{rr}
 & +23,539,863 \\
 & -\ \ 4,224,367 \\
 & +\ \ 2,971,308 \\
\hline
742,827\times 4= & 22,286,804
\end{array}
$$

가 된다. 이하 동일한 계산과정을 거치면

연 도	총보험료	가입인원	1인당 보험료
1	23,539,863원	20	1,176,993원
2	22,286,804	23	968,991
3	21,167,508	25	846,700
4	20,177,790	26	776,069
5	19,313,502	26	742,827
6	14,856,540	20	742,827
7	14,856,540	20	742,827
8	14,856,540	20	742,827
9	14,856,540	20	742,827
10	14,856,540	20	742,827

(6년 이후 동일)

(2) 가입연령방식

도달연령방식에서는 고연령자의 보험료가 현저하게 높다. 따라서 보험료부담을 가능한 한 줄이기 위해 낮은 연령의 보험료를 전원에게 적용하고, 그것보다 높은 연령(예에서는 51세 이상)의 가입자 적립부족분을 전부 합계(이를 과거근무채무라 함)하여 매년 상각하는 방법이 가입연령방식이다. 제1년도의 경우 먼저 전원에 대하여 50세의 보험료를 적용하므로 14,856,540(=742,827×20)원이 된다. 다음에 51세 이상의 가입자에 대해 적립부족액을 계산하기 위해서는 예를 들면 51세일 때 장래급부에 필요한 급부현가는 $A_{51:\overline{4|}}$이고 이것에 대해 매년의 보험료에 있어 55세까지 4년간 수입이 예정되어 있으므로 그 수입의 현가는 보험료율×$\ddot{a}_{51:\overline{4|}}$가 된다. 따라서

$$A_{51:\overline{4|}} = \text{보험료율} \times \ddot{a}_{51:\overline{4|}}$$

가 소요적립률이 된다. 다른 연령에 대해서도 동일한 기준과 정차에 의해 작성하면 다음과 같다.

연령 (x)	①	②	③ 0.164884×②	④ ①−③ 적립금률	⑤ 4,505,150×④ 적 립 금
51	0.777534	3.653047	0.602329	0.175205	789,325원
52	0.826856	2.821320	0.465191	0.361665	1,629,355
53	0.880115	1.938615	0.319647	0.560468	2,524,992
54	0.937675	1.000000	0.164884	0.772791	3,481,539

⑤를 51세 이상 전원에 대하여 합계하면

연령	① 인원	② 적립금	③ ①×②
51	4	789,325원	3,157,300원
52	3	1,629,355	4,888,065
53	2	2,524,992	5,049,984
54	1	3,481,539	3,481,539
계			16,576,888(PSL)

10년 동안에 과거근무채무의 상각을 종료하는 것으로 하여 계산하면 매년 상각액은 10년간의 연금현가율로 나눈 것이 된다. 연금제도 발족시부터 상각을 시작하는 경우, 10년간의 연초연금현가율을 이용하면 되므로 16,576,888/7.952195=2,084,568원이 되고 제1년도의 보험료는 최초에 계산한 전원 50세인 경우의 보험료와 합계하여 14,856,540원+2,084,568원=16,941,108원이 되어 도달연령방식보다도 낮다.

과거근무채무의 상각기간은 연금제도에 따라 다양한데, 연 1/5, 1/10 또는 15년, 20년 상각하는 방법이 이용된다. 1/10이면 이 계산 예의 10년보다 상각기간이 장기간이다. 통상 전자를 정상보험료, 또는 표준비용(NC), 후자를 과거근무채무(PSL)보험료라 부른다.

연 도	NC	PSL 보험료	보험료 계	1인당 보험료
1	14,856,540원	2,084,568원	16,941,108원	847,055원
2	17,085,021	〃	19,169,589	833,460
3	18,570,675	〃	20,655,243	826,210
4	19,313,502	〃	21,298,070	823,003
5	19,313,502	〃	21,398,070	823,003
6	14,856,540	〃	〃	〃
7	〃	〃	〃	〃
8	〃	〃	〃	〃
9	〃	〃	〃	〃
10	〃	〃	〃	〃
11	〃	0	14,856,540	742,827

(3) 종합보험료방식

이 방식은 개개인의 가입연령에 의한 수지라는 개념은 존재하지 않고 전체로써 소정의 급부를 조달하는 데 1인당 얼마의 보험료가 필요한가를 결정하는 방식이다. 고려 순서에 따라 설정조건 등이 서로 상이하지만 우선 장래의 신규가입자가 없는 경우에 대해서만 살펴보고자 한다.

① 폐 쇄 형

필요한 1인당 보험료를 P원이라고 할 때,

〈수입의 현가〉

연 령	①	②	③
	인 원	수입현가율	P×①×②
50	10	4.437866	P×44.378660
51	4	3.653047	P×14.612188
52	3	2.821320	P× 8.463960
53	2	1.938615	P× 3.877230
54	1	1.000000	P× 1.000000
계			P×72.332038

〈급부의 현가〉

연 령	인 원 (①)	급부현가율 (②)	③ (=4,505,150×②) 1인당 급부현가	④ (=①×②) 급부현가 계
50세	10명	0.731734	3,296,571원	32,965,710원
51세	4명	0.777534	3,502,907	14,011,628
52세	3명	0.826856	3,725,110	11,175,330
53세	2명	0.880115	3,965,050	7,930,100
54세	1명	0.937675	4,224,367	4,224,367
계				70,307,135

이 때 수입의 현가=급부의 현가(P×72.332038=70,307,135원)로부터 P는 972,005원이 된다. 이 경우 신규가입자가 없으므로 5년이 경과하면 가입자는 0이 된다.

연 령	보험료 총액	1인당 보험료
1	19,440,100원	972,005원
2	18,468,095	〃
3	16,524,085	〃
4	13,608,070	〃
5	9,720,050	〃
6이후	0	0

② 개 방 형

설정조건과 같이 2년차 이후 매년 신규가입자 50세 4명이 있는 것으로 하여 신규가입자에 대한 수입현가와 급부현가를 계산해 보자.

수입현가 50세의 수입현가율은 1인에 대해 4.437866이므로 수입현가는 4인의 경우, P원×4×4.437866=P원×17.751464가 된다. 그런데 1년 후 가입분을 현재시점에서 고려할 때 1년분의 현가 v를 곱하고, 2년 후 가입분은 동일하게 v^2를 곱하여 이것들을 장래 영구히 가산$(v+v^2+v^3+\cdots)$하면 수입현가는 P원×332.753888(=P원×17.751464×18.181818)이 된다.

급부현가 동일하게 4명의 급부현가 3,296,571원×4에 현가율 18.181818을 곱하면 신규가입자의 급부현가는 239,750,616원이 된다. 계산 과정을 요약·정리하면

	급부현가	수입현가
현재가입자	70,307,135원	P원×72.332038
신규가입자	239,750.616	P×322.753888
계	310,057,751	P×395.089526

수입현가=급부현가로부터 보험료 P는 784,786원이 된다. 개방형 보험료는 폐쇄형 보험료보다 훨씬 저렴하지만 가입연령 50세인 경우의 보험료보다는 약간 높다.

연 령	보험료 총액	1인당 보험료
1	15,685,720	784,786
2	18,050,078	〃
3	19,619,650	〃
4	20,404,436	〃
5	20,404,436	〃
6	15,695,720	〃
7	〃	〃
8	〃	〃

그림 6-21 연도별 보험료의 추이

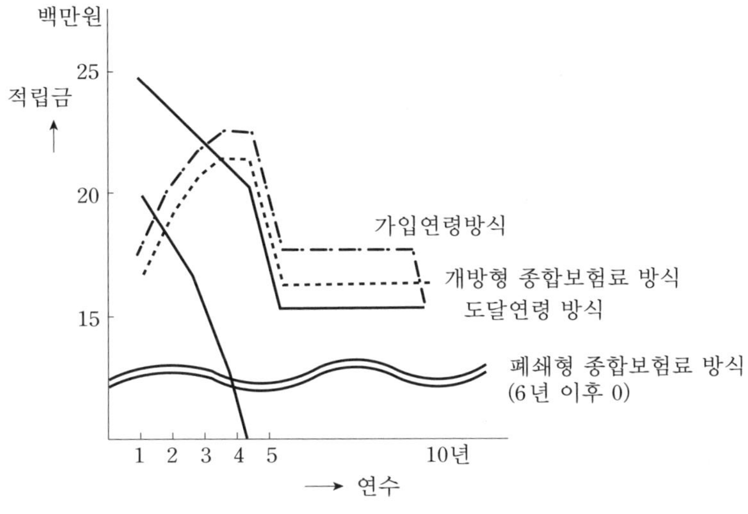

(4) 일시납적증방식

지금까지는 매년 평균적으로 적립하여 최종적으로 목표하는 연금에 도달하는 방식들을 고찰하여 보았지만, 여기에서 언급하는 방식은 일년 단위로 연금을 적증하는 방식이다.

설정조건

① 가입연령: 50세
② 연금개시: 55세
③ 연금연액: 100만원, 매년 20만원 연금을 적증
④ 연금개시: 5년확정(연초 지급)

설정조건하에서 우선 50세일 때의 보험료를 다음과 같은 수지상등의 원칙에 따라 계산하여 보자.

수입현가: 소요보험료를 P라 하면 50세인 사람의 수는 D_{50}명이므로 P원 $\times D_{50}$

지출현가: 연 20만원의 5년 확정연금현가는 200,000원×4.50515=901,030원 이며 연금수급자는 D_{55}명이므로

수지상등의 원칙에 따라 보험료 $P=901{,}030\times D_{55}/D_{50}$이 성립한다. 이하 동일하게 각 연령의 보험료를 구하여 정리하면 아래 표와 같다.

연 령 x	$\frac{D_{55}}{D_x}$	901,030원×①
50	0.731734	659,314원
51	0.777534	700,581
52	0.826856	745,022
53	0.880115	793,010
54	0.937675	844,873
계		3,742,800원

그림 6-22 일시납적증방식과 도달연령방식의 보험료수준 비교

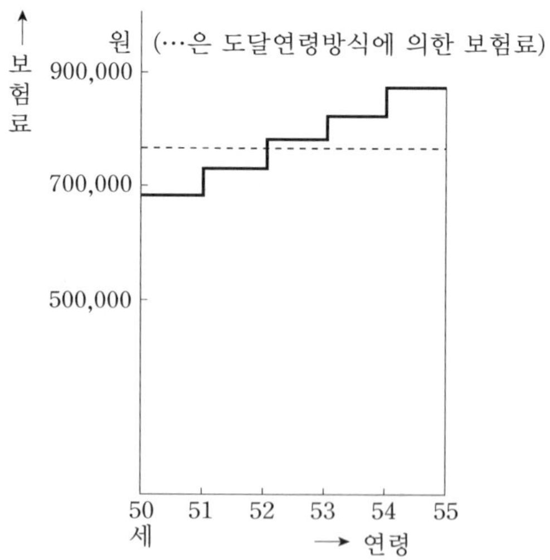

일시납적증방식을 도달연령방식과 비교하면 5년간의 합계는 3,714,135원(=742,827원×5)이 되어 〈그림 6-22〉와 같이 일시납적증방식의 보험료가 조금 높은데, 그 이유는 고령자의 보험료가 높기 때문이다.

V. 재정방식별 활용 및 적용사례

1. 재정방식 선택시 고려사항

기업특성에 맞는 적정한 재정방식을 선택하는 경우 기본적으로 고려되어야 할 사항은 대략 다음과 같다.

첫째, 기업이 재정방식을 선택하는 데 있어서 가장 우선적으로 고려하여야 할 사항은 ① 종업원의 수급권보장에 대한 법적·제도적 장치가 명문화되어 있는지 여부, ② 재정방식이 회사실정에 적합한가의 여부이다. 퇴직연금의 주체가 되는 기업이 만일 도산하게 된다면 기업의 자체능력으로는 종업원의 퇴직금을 완불할 수 없는 최악의 사태가 일어날 수 있다. 퇴직연금제도가 도입되어 퇴직연금기금이 사외에 적립된다 하더라도 연금재정상 미적립채무가 계상되어 있는 계약에서는 퇴직금의 보전이 충분하다고 할 수 없다. 퇴직연금제도의 목표가 종업원의 안정적인 노후소득보장에 있다면 종업원의 연금수급권이 법적으로 보장받아야 하는 것은 당연하다. 따라서 퇴직연금제도가 도입될 때에는 퇴직금 등의 보장을 위한 특별법을 제정할 필요가 있다. 그러나 이러한 법적·제도적 장치가 존재한다 하더라도 수급권보장에 적절한 재정방식의 채택 없이는 종업원은 수급권보장은 완전할 수 없다. 따라서 국가가 주체가 되는 공적연금과 달리 퇴직연금에서는 부과방식 또는 퇴직시 연금현가적립방식은 거의 채용하고 있지 않는 실정이다. 그 주된 이유는 퇴직연금이 영속성이 법적으로 보장되지 않는 반영속성제도라 할 수 있기 때문이다. 따라서 퇴직연금제도에서는 종업원의 수급권보장 차원에서 부과방식보다는 사전적립방식을 채택하고 있다.

둘째, 연금의 재정방식을 결정하는 데 있어 다음으로 고려하여야 할 사항은 연금의 급부수준과 기업의 비용부담능력이다. 퇴직연금의 목적은 종업원의 퇴직 후 노후생활을 보장하는 데 있다. 따라서 기업이 종업원에게 얼마만큼의 급부를 지급하고 또한 그에 부합한 실제적인 비용부담의 결정, 즉 재정방식 선택상의 문제가 존재한다. 퇴직연금에서는 각자의 급여 및 부담능력에 의한 갹출금의 차이가 연금급부에 커다란 영향을 미치게 되며, 공적연금처럼 인플레이션 등에 의한 실질급여액의 감소에 대해 재정적 보조가 없으므로 연금급부기간 등에 적합한 재정방식의 채택이 매우 중요하다.

셋째, 연금재정과 피보험자 집단의 크기 등을 종합적으로 고려할 필요가 있다. 연금재정의 입장에서 볼 때 PSL을 발생시키지 않는 재정방식을 채택하여 이용하는 것이 재정적인 안정을 기할 수도 있다. 특히 피보험자집단의 크기가 작은 소집단에 대해서는 PSL를 발생시키지 않는 재정방식이 유리하다. 이에 따라 일본의 경우 적격연금에서는 피보험자집단의 크기에 따라 상이한 재정방식을 채용하고 있다.

2. 재정방식별 활용사례

(1) 부과방식

부과방식은 보험료의 사전적립을 행하지 않고 적립금에 관련된 이식을 급부의 재원으로 완전히 기대하고 있지 않기 때문에 실제보험료는 재정방식 중 가장 크다고 할 수 있다. 일반적으로 부과방식은 퇴직연금에서는 ① 피보험자수가 충분히 크지 않기 때문에 급부가 변동하고, ② 퇴직시까지 급부액의 축적이 불가능하여 수급권의 보전기능이 없다는 이유로 퇴직연금의 재정방식으로 거의 채용되지 않는다. 그러나 공적연금처럼 피보험자집단이 충분히 크고 더욱이 그 운용이 정책적으로 강해질 때에는 반드시 사전적립방식으로 행하여질 필요성은 없다고 본다.

부과방식의 단점은 다음과 같다. 우선 기업의 입장에서 연금이나 퇴직일시금의 지급사유가 발생하였을 때마다 필요한 재원을 조달해야 하기 때문에 비용부담의 압박이 가중된다. 피보험자 입장에서는 사전적립방식이 아니므로 기업의 도산시에 수급권의 권리를 보장받을 없게 된다. 즉 연금수급중인 퇴직자에게는 연금의 지급이 중지되고 수급개시 전의 가입자는 장래 연금 수보험료의 전액을 기업이 부담하고 있는 경우에 경영 실적이 악화되어 제도의 존속이 불가능하게 된다.

부과방식의 장점은 ① 연금수지차가 거의 없어 연금의 실질가치유치대책이 불필요하며, ② 연금수리의 장기추계가 불필요하고, ③ 연금제도시행 초기에 보험료율이 낮아 우선 시행하기 용이하다는 점이다.

(2) 일시납적증방식

일시납적증방식은 국가에 따라 발생급부비용방식(accrued benefit cost method), 단위적증방식(unit credit method), 단위구입방식(unit purchase method), 갹출체증방식(step rate method), 일시납보험료방식(single premium method) 등으로 불리우고 있다. 일시납적증방식은 구입 완료된 연금액은 보증되는 데 반해 ① 종업원에 의해 최후의 연금액이 얼마가 되는가를 쉽게 판단할 수 없고, ② 또한 연금제도의 발족시점에서 퇴직연령에 가까운 고령의 종업원에 대해서는 적은 연금만을 기대할 수밖에 없다.

일시납적증방식의 경우는 보험료 갹출시마다 장래의 급부에 대한 수급권이 증가·확정되어 간다는 특징이 있다. 따라서 각 근무연도에 대응하는 정상보험료(normal cost)는 그 연도에 발생한 급부단위를 전액 지급하는 데 필요액이 되고, 종업원의 각 근무연도에 대응하는 급부단위는 급여의 일정비율이지만, 그의 정상보험료는 종업원의 연령이 높아짐에 따라 증가하게 된다. 그 이유는 종업원의 연령이 높아짐에 따라 통상 퇴직연령까지 생존하여 근무할 가능성이 높은 반면, 적립금을 투자하여 이식을 얻을 기간이 짧기 때문이다.

미국의 경우 보험형 연금제도 중 단체연금보험형에서는 적립방법으로서 이 방식을 채용하는 경우가 많고, 또한 일시납적증방식은 신탁형 연금제도나 예탁관리형의 보험형 연금제도에도 채용하고 있다. 일본 퇴직연금제도에서는 일반적으로 탈퇴율 불사용 계약에만 사용하는 것을 원칙으로 하고 있는 것이 특징이다. 따라서 일시납적증방식을 채택하는 데 있어서는 다음과 같은 점에 유의할 필요성이 있다.

① 일시납적증방식이 우리나라에 채택하기 위해서는 사전에 법적·제도적 장치, 예를 들면 퇴직연금세제의 제도화(PSL상각의 손비처리 등), 수급권보호를 위한 특별법 등이 보완되어야 할 것이다.

② 일시납적증방식은 도달연령방식 등보다 고령자의 보험료 부담이 높기 때문에 보험료갹출 문제 등을 고려하여야 한다.

③ 피보험자집단의 크기와 물가변동에 적절히 대응할 수 있는 재정방식을 채택해야 한다.

(3) 도달연령방식

도달연령방식은 일시납적증방식의 특징과 종합방식의 특징을 조합한 것으로, 일시납적증방식과 유사하게 급부를 과거근무채무에 기초한 부분과 장래근무에 기초한 2부분으로 구분하여 연금제도설립 전의 과거근무에 기초한 부분은 완전히 과거근무채무로 하지만 연금제도 설립 후의 과거근무에 기초한 비용은 종합방식과 유사한 방식에 따라 종업원의 장래근무기간에 지불하는 것으로 하여 결정한다. 정상보험료는 통상 급여의 일정비율로 하고 있다. 또 정상보험료는 기간이 경과함에 따라 체감하는 경향도 있지만 종합방식 또는 개인평준방식의 경우보다 연금제도 설립 후 초기의 비용이 높지 않다. 이 방식은 미국에서 신탁형 연금제도 및 예탁관리방식의 보험형 연금제도에서 사용되고 있고, 일본의 경우는 일시납적증방식처럼 탈퇴율 불사용 단체에서 채택하고 있다. 도달연령방식에서는 고령자의 종업원이 많은 경우에는 제도발족 후의 초기보험료가 기업의 부담능력을 초과하여 높게 될 우려가 있기 때문에 우리나라의 경우 비용부담의 평준화라는 관점에서 이 방식을 고려하여야 할 것이다.

(4) 가입연령방식

가입연령방식에서는 가입연령 x와 정년퇴직하여 연금이 개시되는 연령 r을 정하여 연금액을 예정하는 방법에 따라 매년의 보험료액 또는 급여에 대한 보험료율을 정해 둔다. 실제의 가입연령이나 급여에 있어 개인마다 차이가 있더라도 전원이 표준적인 과정을 거치는 것으로 하여 계산을 행하게 된다. 예를 들면 급여에 대한 보험료율이 정해져 있을 경우, 그것을 전원의 급여총액에 곱하여 그 해의 제도 전체의 보험료액을 정할 수 있다. 미국에서는 신탁형 연금제도와 예탁관리형 단체연금에서 가입연령방식을 채택하고 있다. 가입연령방식은 일본에서 가장 널리 보급되어 있는 재정방식인데, 이 경우 예정모델급여 또는 예정승급지수는 어디까지나 표준을 예정한 것이기 때문에 가입자 개개인에 따라서는 괴리가 있어 납입된 보험료도 실제 수급할 연금액도 표준과는 다르다. 즉, 개개인에 따라서 근사적으로 수지상등의 원칙이 성립하고 있는 것에 불과하다. 이 점이 개인보험의 경우와 기본적인 차이점이라 할 수 있다. 이것은 연금제도는 기업과 더불어 계속되고, 이처럼 괴리로부터 발생한 과부족은 후에 수정할 수 있다고 생각할 수 있기 때문이다.

가입연령방식은 ① 사전적립방식으로서 수급자의 권리가 타 재정방식보다도 보장된다는 점, ② 예정탈퇴율을 사용하는 단체에 사용가능하기 때문에 그 적용범위가 넓어 퇴직연금의 목적인 노후생활보장에 부합한다는 점, ③ 인플레에 대응하는 등의 이유로 연금액을 인상할 때에 비교적 대처가 용이하다는 점, ④ 젊은 가입자(특정연령)의 보험료율을 적용해서 보험료액을 산정하므로 고령자의 보험료갹출부담이 경감될 수 있다는 장점이 존재한다. 우리나라에서는 퇴직연금의 세제가 아직 제도화되어 있지 않지만 과거근무채무는 세법상 5년 또는 10년 분할을 허용하고 있고 손비처리되는 것이 일반적이라 할 수 있다. 이와 같이 과거근무채무의 상각에 손비처리를 인정하는 등 법적 · 제도적 장치가 마련될 때 가입연령방식은 보다 효과적이라 할 수 있다.

(5) 폐쇄형 종합보험료방식

가입자 개인마다 보험료를 계산하여 그 합을 연금제도 전체로 보험료로 하였지만, 개인에 착안하지 않고 제도 전체로서 필요한 보험료를 정하는 방법이 미국에서 행하여지고 있는데 이 방식을 폐쇄형 종합보험료방식이라고 한다. 이 방식의 특징은 인플레이션 등에 대응하여 연금액의 개정이 있다 하더라도 가입연령의 경우처럼 후발 과거근무채무를 발생시키는 일이 없이 필요액이 자연적으로 보험료에 추가된다는 점이다. 또한 재계산시에 계산기초를 변경하더라도 보험료에 급격한 변화를 주지 않고 수정할 수 있다. 단 종합보험료방식에서도 당해연도의 초에 있어서 제도가 보유하는 자산이 0이 되므로 고령자가 많은 기업 등에서는 초기의 보험료가 높기 때문에 가입연령방식의 과거근무채무를 채용하는 경우가 있다.

(6) 개방형 종합보험료방식

지금까지 설명한 재정방식에서는 책임준비금계산의 대상자는 제도의 현재가입중인자로 한정하고 있다. 그러나 사회보험처럼 계속하여 가입자가 들어오는 제도에서는 후속가입자의 가입 상황까지 상정하여 후속가입자를 포함한 전체에서 수지가 상등하는 재정방식이 채택되고 있는 경우가 있다.

이 방식이 개방형 종합보험료방식인데, 이 경우는 후속가입에 관한 가정이 계상상 중요한 요소가 된다. 또한 이 방식에서도 경우에 따라서는 제도설립시에 과거근무채무를 설정하여 그것을 몇 년간 상각하는 방법이 이용되고 있는데, 이 방식을 특히 개방기금방식이라 부르고 있다. 일본의 후생연금 및 후생연금기금의 대행부분에 대해서는 개방기금방식이 이용되고 있다.

3. 재정방식의 적용사례

재정방식의 선택에 있어서 미국은 보험계리사의 자주성을 인정하여 자율적으로 재정방식을 선택할 수 있다. 미국의 경우, 보험계리사 개개인의 자주성이 중시되어 합리성이 결여되었는가의 여부에 주안점을 두고 있다. 반면에 일본은 법규정에 의해 획일적으로 규정하고 있어, 보험계리사가 스스로 판단할 수 있는

표 6-6 각국의 EDP 및 RATE 계약 비교

구 분	EDP 계약			RATE 계약		
	일 본	미 국	한 국	일 본	미 국	한 국
피보험자수	200명 이상	200명 이상	300명 이상	10~200명 이하	200명 이하	300명 이하
기본율	예정이자율 예정사망률 예정탈퇴율 예정승급률	좌 동		예정이자율 예정사망률	좌 동	
적립방식	계리사가 자율적으로 선택	ERISA법이 규정한 6개 방법 중 계리사가 자율적으로 선택	특정연령방식	도달연령방식 개인평준방식 가입연령방식 특정연령방식 일시납적증방식	ERISA법이 규정한 6가지 방법 중 계리사가 자율적으로 선택	특정연령방식

주: EDP 계약과 RATE 계약은 가입자수를 기준으로 구분되며, EDP 계약에서는 탈퇴율이 사용되는 반면 RATE 계약에서는 사용되지 않음.

범위는 극히 협소하다. 국가의 제도대행을 일부 포함하는 후생연금기금뿐만 아니라 적격연금에 있어서도 이 사정은 크게 다르지 않다. 개별제도의 각각에 대해 그것에 적합한 재정방식을 채택하는 관점보다는 수리계산의 안전성, 환원하면 일정한 경험을 쌓은 보험계리사가 계산하면 동일한 결과가 얻어진다고 하는 경우가 더욱 중시되어 왔다고 생각할 수 있다. 미국 일본의 재정방식을 한국의 재정방식과 비교하여 요약하면 〈표 6-6〉과 같다. 우리나라는 EDP 계약 및 RATE 계약의 구분 없이 특정연령방식의 사용을 검토하고 있다. 특히 재정방식에 따른 과거근무채무의 상각방법 및 상각기간 등에 대해서는 현재 구체적인 규정이 없는 실정이다.

제 4 장　재정방식의 수리적 모형

I. 전통적 단위적증방식(Traditional Unit Credit Method)

장래급부준비금(Actuarial Liability)을 계산하는 데 있어서 가입시부터 평가시점까지의 근무기간을 통해 퇴직 후 받게 될 퇴직연금급부를 평가시점의 현재가치로 처리하는 방식이다.

$$AL_x = B_x \cdot \frac{D_r^{(\tau)}}{D_x^{(\tau)}} \cdot a_r^{(12)}$$

총장래급부준비금(Total Actuarial Liability)은 개별 종업원의 장래급부준비금(Actuarial Liability)을 합한 금액이다.

$$TAL_0 = \sum_x AL_x = \sum_x B_x \cdot \frac{D_r^{(\tau)}}{D_x^{(\tau)}} \cdot a_r^{(12)}$$

따라서 단위적증방식은 통상 퇴직연금급부를 근무기간에 비례하여 일정금액으로 지급하는 연금계약에 많이 사용된다. 즉 근무기간 1년마다 퇴직연금으로 퇴직 후 월 10만원을 지급한다고 하면, 35세에 가입하여 65세 퇴직을 할 경우 퇴직 후 지급될 연금액은 매년,

10만원$\times 30 \times 12 =$3,600만원이 된다.

총연금급부금액 중 x세의 1년간 동안에 증가하는 연금급부를 bx라 표시한다. 매년 동일한 연금을 받는다고 한다면

$bx = \dfrac{B_r}{r-e}$이 된다.

매 근속연수에 대해 월 10만원씩 지급되므로 bx=10만원×12=120만원으로 계산하거나, 식을 사용하여 3600만원/(65−35)=1,200원으로 계산이 된다. 매년 초에 계산되는 정상보험료(*Normal Cost*)는 당해연도에 증가하는 퇴직급부금에 대한 비용이기 때문에 아래와 같이 표시된다.

$$NCx = b_x \cdot \frac{D_r^{(\tau)}}{D_x^{(\tau)}} \cdot a_r^{(12)}$$

II. 장래급부 단위적증방식(Projected Unit Credit Method)

장래급부단위적증방식이란 전통적 단위적증방식에 급여상승률을 적용시킨 방법으로, 현재의 급여수준에서 급여상승률을 사용하여 장래의 급여를 추정한 뒤, 장래 총퇴직급부를 종업원의 전근무기간에 걸쳐 배분한다. x세 종업원의 현재 급여를 S_x라 하고, 매년 5%의 급여 인상과 퇴직급부가 근무기간 1년마다 최종급여의 2%를 지급한다고 가정하면, 퇴직시점의 적립금은

$$\begin{aligned} Br &= 0.02 \cdot S_{r-1} \cdot (r-e) \\ &= 0.02(s_{r-1}/s_x) S_x (r-e) \\ &= 0.02(1.05)^{r-1-x} S_x (r-e) \end{aligned}$$

일반적으로, 급여상승률을 사용할 때에는 단순히 급여상승률만을 사용하거나 또는, 연령별 급여상승률을 사용하는 것이 정상적이며, 이 두 방법을 혼합하여 사용하지는 않는다. 급부금의 증가가 근무기간과 비례하며, 매년 5%의 급여상승률을 가정할 경우, x세까지 기발생된 퇴직연금의 적립금은

$$\begin{aligned} Bx &= 0.02 \cdot S_{r-1} \cdot (x-e) \\ &= 0.02(s_{r-1}/s_x) S_x (x-e) \\ &= 0.02(1.05)^{r-1-x} S_x (x-e) \end{aligned}$$

Bx는 x세 시점까지의 기발생급부(Accrued Benefit)를 뜻하며, bx는 x세 1년 동안 근무로 인하여 증가된 급부금을 나타낸다.

$$bx=\frac{0.02(s_{r-1}/s_x)S_x(r-e)}{r-e}=0.02\cdot S_{r-1}$$

종업원 연령이 x세, 즉 $t=0$ 시점에서의 장래급부준비금과 정상보험료를 계산하면,

$$\begin{aligned} ALx&=0.02(s_{r-1}/s_x)S_x(x-e)\frac{D_r^{(\tau)}}{D_x^{(\tau)}}\cdot a_r^{(12)} \\ &=0.02(1.05)^{r-1-x}S_x(x-e)\frac{D_r^{(\tau)}}{D_x^{(\tau)}}\cdot a_r^{(12)} \end{aligned}$$

$$NCx=0.02(s_{r-1}/s_x)S_x\frac{D_r^{(\tau)}}{D_x^{(\tau)}}\cdot a_r^{(12)}$$

$$NCx=0.02(1.05)^{r-1-x}S_x\frac{D_r^{(\tau)}}{D_x^{(\tau)}}\cdot a_r^{(12)}$$

Ⅲ. 가입연령방식(Entry Age Normal Method)

모든 가입자가 특정연령에서 가입하는 것으로 간주하여 정상보험료를 일정하게 산출하는 방식을 특정가입연령방식이라 하고, 줄여서 특정연령방식이라 한다. 가입연령시점에서 장래의 총정상보험료의 현가는 총장래급부의 현가와 동일하다. 이를 수식으로 표시하면

$$NCe\cdot a_{e:\overline{r-e|}}^{(\tau)}=Br\cdot v^{r-e}\cdot{}_{r-e}pe^{(\tau)}\cdot a_r^{(12)}$$

$$\text{또는 } NC_e\cdot\left(\frac{N_e^{(\tau)}-N_r^{(\tau)}}{D_e^{(\tau)}}\right)=Br\cdot\frac{D_r^{(\tau)}}{D_e^{(\tau)}}\cdot a_r^{(12)}$$

퇴직 전 어느 시점에서의 현가를 구하기 위해서는 통상 예정이자율, 사망률 및 퇴직률을 이용하지만 때로는 예정이자율만을 이용하기도 한다. 퇴직률을 적용하지 않을 경우에는 단일사망률을 사용하게 되며, 이 때는 위의 식에서 (τ)부분을 생략할 수 있다. 또한, 중도사망률을 사용하지 않은 경우에는 $a_{e:\overline{r-e|}}^{(\tau)}$는 $a_{\overline{r-e|}}$로 대체되고, $_{r-e}p_e^{(\tau)}$는 그 값이 1이므로 생략한다. 장래급부준비금은 장래급부의 현가에서 장래의 정상보험료현가를 뺀 것과 동일하므로, 시산일에서 각각의 종업원에 대해 다음과 같이 계산한다. 그리고 전체의 장래급부준비금은 개개인의 장래급부준비금의 합과 같다.

$$
\begin{aligned}
ALo &= PVFB - PVFNC \\
&= Br \cdot \frac{D_r^{(\tau)}}{D_x^{(\tau)}} \cdot a_r^{(12)} - NC_e \left(\frac{N_x^{(\tau)} - N_r^{(\tau)}}{D_x^{(\tau)}} \right)
\end{aligned}
$$

그리고 장래급부준비금은 과거법으로도 표시될 수 있다.

$$
\begin{aligned}
AL_0 &= NC_e \cdot S_{e:\,\overline{x-e|}} \\
&= NC_e \cdot \left(\frac{N_e^{(\tau)} - N_x^{(\tau)}}{D_x^{(\tau)}} \right)
\end{aligned}
$$

Ⅳ. 도달연령방식(Individual Attained Age Normal Method)

도달연령방식(Individual Attained Age Normal)의 특징은 다음과 같다.

① $UAL_a = B_a \cdot \frac{D_r}{D_a} \cdot \ddot{a}_r^{(12)}$

② 다른 특별한 사항이 없으면, UAL_a 상각은 퇴직시의 기간 동안에 이루어진다.

③ 제도 시행시 정상보험료는 다음과 같이 구한다.

$NC_a^{IAAN} \cdot a_{a:\,\overline{r-a|}} = PVFB$

Ⅴ. 개인평준보험료방식(Individual Level Premium)

개인평준보험료 방식은 각자의 장래급부를 평준금액의 정상보험료로 재원을 조달하는 방법이다. 이 방법에서는 제도도입시 과거근무에 대한 가입자의 장래급부준비금은 없다. 정상보험료는 제도도입시부터 정년퇴직시까지 매년 납부하는 정액(또는 정률)의 금액으로 나타난다. 가입연령방식(EAN)과 비슷하나 차이점은 제도도입 이전에 과거근무기간이 있는 가입자에 대해서는 가입연령 e대신에 제도도입연령 a를 이용한다. 제도도입일 현재, 장래 정상보험료 현가가 장래 급부의 현가와 같게 함으로써,

$$NC_a \cdot \left(\frac{N_a - N_r}{D_a} \right) = B_r \cdot \frac{D_r}{D_a} \cdot a_r^{(12)}$$

정상보험료를 계산할 수 있다.

제 5 장 퇴직연금재정의 특성

I. 연금재정과 책임준비금

1. 연금재정의 형태

퇴직연금제도를 안정적으로 유지하고 운영하기 위해서는 확고한 재정구조를 구축할 필요가 있다. 먼저 장래의 연금급부 총액을 예정이자율로 할인하여 급부현가로 인식할 수 있다. 다음으로 장래 기금수입의 총액은 마찬가지로 현재가치로 치환함으로써 수입현가로서 파악할 수 있다. 이 급부현가 및 수입현가와 현시점의 연금적립금과의 사이에는 다음과 같은 관계가 성립한다.

급부현가＝수입현가＋연금적립금

결국 수입현가와 적립금의 합이 급부현가와 같아지면 연금재정은 만족스러운 것이 된다. 여기서 식을 바꾸면 「급부현가－수입현가＝연금적립금」이 되므로 다음과 같이 말할 수 있다.

① 「연금적립금＞급부현가－수입현가」라면 연금적립금은 순연금채무금액, 즉 급부현가에서 수입현가를 차감한 금액보다 크므로 적립상황은 만족스런 상태에 있다고 할 수 있다. 이와 같이 적립금이 연금채무를 상회하는 상태를 초과적립(over funding)이라고 한다.

② 「연금적립금＜급부현가－수입현가」의 상태에 있다면 연금적립금은 순연금채무에 해당하는 금액을 하회하고 있으므로 적립상황은 불충분하며 만족스럽지 못한 상황이라고 할 수 있다. 이 경우를 과소적립(under funding)이라고 부른다.

③ 「급부현가=수입현가+적립자산액」이므로 「수입현가=급부현가−적립자산액」이 성립하고, 여기에서 「수입현가=급여현가 갹출률」이므로 아래와 같은 갹출률 산정식을 도출할 수 있다.

$$\text{갹출률} = \frac{\text{급부현가} - \text{적립자산액}}{\text{급여현가}}$$

2. 준비금과 연금재정

연금재정을 유지하고 운영하기 위해 보유해야 하는 적립금의 현재가치, 즉 필요적립액은 적어도 급부현가로부터 수입현가를 차감한 값을 상회할 필요가 있다. 이 필요적립액을 책임준비금으로 부른다. 책임준비금은 연금재정을 유지하

그림 6-23 연금재정의 구조

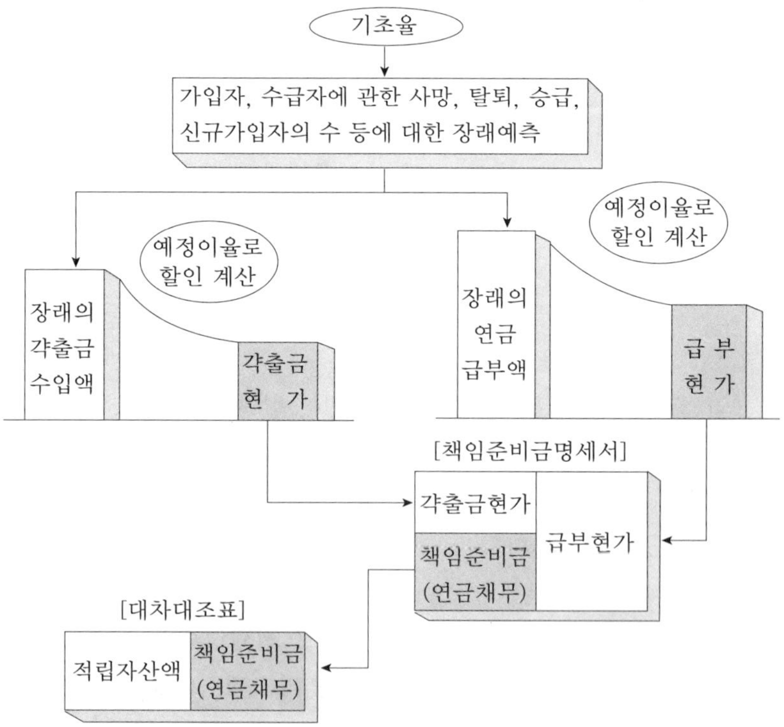

고 운영하는 데 있어 충족되어야 할 적립금의 가치이며, 그 본질적인 의미는 순 연금채무이다. 책임준비금은 문자 그대로 준비금으로 표현되고 있으므로 장래의 채무이행에 대비하는 수단인 일종의 자산계정과 같이 이해하는 경우가 있을 수 있는데 이 점에 대해서는 주의가 필요하다. 예를 들면 책임준비금이 감소하였다는 것은 준비금이 부족하다는 것이 아니라 연금채무가 감소한 것이므로 오히려 연금재정의 개선을 의미하고 있는 것이다.

일본에서는 연금채무(Actuarial Liability)의 개념으로서 책임준비금을 사용하고 있지만, 미국 퇴직연금제도에서는 기발생채무(Accrued Liability)가 유사한 개념으로서 일반적으로 사용되고 있다. 급부현가, 수입현가, 책임준비금 및 적립자산에 대한 각각의 관계를 흐름에 따라 정리하여 그림으로 나타내면 〈그림 6-23〉과 같다. 기초율을 근거로 장래의 연금급부액과 수입액을 예측하고, 예정이자율을 이용하여 할인함으로써 그 현재가치인 급부현가 및 기금의 현가가 도출된다. 급부현가와 기금현가의 차액으로서 구해지는 책임준비금의 성격이 연금채무라는 점은 쉽게 이해할 수 있다.

II. 연금재정과 과거근무채무

1. 과거근무채무의 개념

(1) 이론적 개념

과거근무채무(PSL)는 고령, 장기근속자일수록 고액이며 기업이 일시에 납입하기에는 큰 부담이 된다. 따라서 미국과 일본 등에서는 법의 규정에 의해 일정 기간에 걸쳐 분할상환하는 것이 인정되고 있으며 과거근무채무보험료는 매년 일정 상각비율까지 손금산입을 허용하고 있다. 퇴직연금의 보험료에 대해서는 세제상의 혜택이 부여되는 것이 일반적이다. 그러나 기업이 절세를 위해 무리하게 과거근무채무를 상각할 경우를 우려하여 상각비율의 상한을 규제하고 있다. 이와 같은 과거근무채무는 기업이 전액 부담하는 것이 일반적이므로 과거근무채무의 상각방법과 비율, 그리고 기간설정 등은 기업의 재무구조 상태뿐만 아니라 연금재정의 건전성확보 및 수급자의 권리보호 측면에서 고려되어야 할 중요한 문제들이다.

(2) 구조적 개념

특정연령방식에서는 보험료가 각 피보험자의 가입시 연령과는 무관하게 특정연령으로 계산되어 가입시부터 전기간에 걸쳐 같은 금액이다. 〈그림 6-24〉에서 보는 것처럼 특정연령부터 가입시 연령(연령차)까지의 보험료에 대응하는 부족분이 과거근무채무로 계상된다.

또한 증액시의 경우에 증액분 급부의 보험료도 가입시의 경우와 마찬가지로 특정연령으로 계산하기 때문에 변경 후의 책임준비금과 연금자산의 차액이 과거근무채무가 된다.

(3) 수리적 개념

연금수리적 개념에 의하여 과거근무채무의 정의에 관한 관계식을 나타내면 다음과 같다. 즉,

$$U \overset{def}{=} V + a - M$$

단,
U : 과거근무채무
V : 연금수급권 취득 전인 자의 장래법 책임준비금
a : 연금수급권 취득 후인 자의 장래법 책임준비금
M: 연금자산(보험료적립금)

그림 6-24 특정연령방식하에서의 과거근무채무

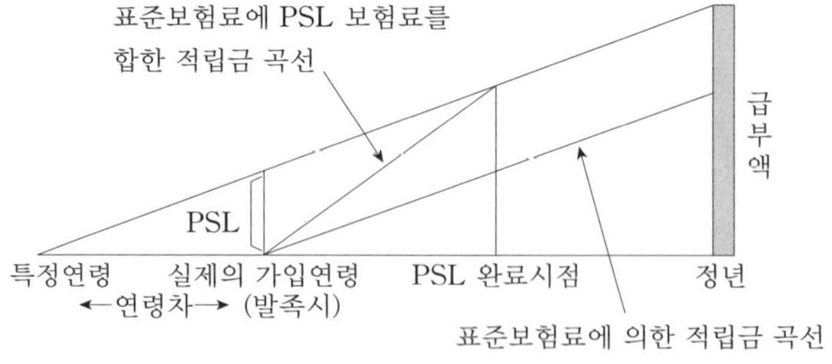

위의 식에서 연금자산은 장래의 연금급부에 대비하기 위해 보험수리적으로 산출된 순보험료의 축적, 즉 보험료적립금에 해당되므로 일반적인 적립금 개념과는 상이하다는 것을 알 수 있다. 이제 위의 식을 변형하면 다음과 같다.

$$U^{def} = V - (M - a)$$

연금수급권 취득자의 자산이 확보되어야 한다고 하면 그것은 $(M-a) \geq 0$이 되어야 하며, 또한 $(M-a)$는 연금수급권 취득 전인 자의 연금자산을 나타내므로 과거근무채무는 연금수급권 취득 전인 자의 측면에서 정의되었음을 알 수 있다.

2. 과거근무채무의 분류

(1) 초기과거근무채무

연금제도 발족시의 급부현가에서 장래 표준보험료 수입의 현가와 연금자산을 공제한 부분을 초기과거근무채무라고 부른다. 즉,

$${}_0U = {}_0S - P_{(N.C)} \cdot {}_0G - {}_0V^{RR} \quad \left(\begin{array}{ll} {}_0U & : \text{초기 과거근무채무} \\ {}_0S & : \text{발족시 급부현가} \\ P_{(N.C)} & : \text{표준보험료율} \\ {}_0G & : \text{급여현가} \\ V^{RR} & : \text{연금자산} \end{array} \right)$$

초기과거근무채무에 대해서는 표준보험료 이외의 재원을 설정하고 초기과거근무채무를 일정기간에 걸쳐 상각할 필요가 있다. 표준보험료는 산정시점 이후의 장래 근무기간에 관련된 비용이므로 과거근무채무는 본래적으로 발족 이전의 근무기간에 관련된 급부현가를 의미한다.

(2) 후발과거근무채무

① 제도발족 후의 과거근무채무와 후발(後發)과거근무채무

연금제도 발족 후에 있어서도 일반적으로 과거근무채무는 장래급부현가 가운데 현재 적립하고 있는 연금자산 및 장래의 표준보험료 수입으로 조달되지 않는 부분이 있으므로 과거근무채무를 다음과 같이 정의할 수 있다.

$${}_tU = {}_tS - P_{(N.C)} \cdot {}_tG - {}_tV^{RR} \quad \left(\begin{array}{ll} {}_tU & : t\text{시점의 과거근무채무} \\ {}_tS & : t\text{시점의 급부현가} \\ {}_tG & : t\text{시점의 급여현가} \\ V^{RR} & : t\text{시점의 연금자산} \end{array} \right.$$

만약 연금제도가 초기과거근무채무가 없는 상태로부터 발족하고 예정계산기초율대로 진행되면 장래급부는 표준보험료의 수입과 현재 적립되어 있는 연금자산 등으로 조달이 가능하여 책임준비금과 연금자산은 동일하게 된다. 또한 초기과거근무채무가 발생하고 있는 상태로부터 발족하고 예정대로 진행되면 이 과거근무채무는 초기과거근무채무의 미상각잔고와 일치하게 되며 예정대로 진행되지 않으면 양자의 차이가 발생하는데 이를 후발과거근무채무라고 부른다.

② 후발과거근무채무 발생의 제요인

가. 급부개선 급부를 개선하는 경우 일반적으로 책임준비금의 변동이 수반되는데 그 이유는 이론적으로 볼 때 장래의 급부가 변동될 때 필요한 적립금(책임준비금)도 변동하기 때문이다. 그러나 연금자산은 급부가 개선될 때에 변동하지 않고 다만 책임준비금과 연금자산의 차액인 과거근무채무가 변동하게 되는데, 이 변동부분이 바로 후발과거근무채무에 해당된다.

나. 추가가입 연금제도에 추가가입하는 경우에는 책임준비금과 연금자산에 차이가 있기 때문에 과거근무채무액의 변동이 발생한다.

다. 승 급 실제의 승급이 예정대로 진행되지 않는 경우에는 연금자산은 승급시에는 변동하지 않으나 책임준비금은 변동하므로 과거근무채무액에 변동이 생긴다.

라. 재계산시 연금제도 발족시에 정한 계산기초율을 재검토하고 필요하면 계산기초율을 수정하여 보험료를 정정하는 것을 재계산이라 한다. 이 재계산시에 있어서 연금자산은 거의 변동하지 않는 데 비하여 책임준비금은 변동하므로 과거근무채무에 변동이 발생한다.

마. 탈 퇴 실제 탈퇴가 예정대로 진행되지 않는 경우에는 책임준비금과 연금자산 모두 예정과의 차이가 발생한다. 따라서 보통은 그 차이도 예정과는 다른 추이를 나타내기 때문에 그 다른 부분만큼 과거근무채무가 변동하게 된다.

바. 이 율 연금자산의 실제이율이 예정이자율과 상이한 경우에는 연금자산은 예정과 차이가 발생하지만 책임준비금의 변동은 없으므로 양자의 차액인 과거근무채무가 변동하게 된다.

3. 과거근무채무의 상각

과거근무채무 등은 연금제도의 내용이나 기업주의 비용부담 등의 실정에 맞는 적립방법을 정하여 상각할 필요가 있다. 예를 들어 일본의 경우 법인세법에 규정된 과거근무채무의 상각을 위한 보험료계산에 사용되는 방법으로는 다음 세 가지 상각방법, 즉 정액상각방식, 급여비례상각방식, 정률상각방식 등이 있다.

① 정액상각방식

대략 일정액씩 보험료를 납입하여 상각하는 방식으로 (1년간의 상각액은 과거근무채무의 20% 이하) 탈퇴율불사용단체(일명 RATE단체)에서 사용하고 있다.

② 급여비례상각방식

기준급여에 대략 일정비율을 곱하여 산출한 보험료를 납입하여 상각하는 방식으로 (1년간의 상각액은 과거근무채무의 20% 이하) 승급률을 사용하고 있는 탈퇴율사용단체(EDP단체)에 적용되며 급여는 일반적으로 매년 상승하므로 상각액도 급여에 따라 상승한다.

③ 정률상각방식(미상각잔액 정률법 보험료방식)

과거근무채무 현재액에 일정한 비율을 곱한 보험료를 납입하여 상각해 가는 방식으로 (1년간의 상각액은 과거근무채무 현재액의 30% 이하, 단 과거근무채무 현재액이 표준보험료 이하이면 일시에 상각가능) 일괄관리방식에 적용시키고 있다. 이 방식은 과거근무채무 발생시의 상각액이 가장 높고 점차 감소하여 가므로 상각비율은 20%가 아닌 30% 이하로 하고 있다. 또한 이 방식은 거의 영구상각이 되므로 일시상각을 인정하고 있다.

Ⅲ. 책임준비금과 과거근무채무의 관계 및 산출

1. 책임준비금과 과거근무채무의 관계

연금제도가 발족하여 몇 년 경과한 시점에서 볼 때 납입된 보험료는 운용되어 연금자산으로 축적되므로 과거근무채무 자체도 다음 식에 의해 연금자산의 축적부분만큼 감소하게 된다. 즉,

과거근무채무＝총급부현가－표준보험료에 의한 총수입현가－연금자산

그런데 총급부현가에서 표준보험료에 의한 총수입현가를 차감한 금액이 책임준비금이 되므로 위의 식은 다음 식으로 변형할 수 있다.

과거근무채무＝책임준비금－연금자산

따라서 제도발족시 연금자산은 0이 되므로 과거근무채무와 책임준비금은 일치하게 된다. 이와 같은 과거근무채무와 책임준비금과의 관계를 그림으로 나타내면 〈그림 6-25〉와 같다.

그림 6-25 과거근무채무와 책임준비금과의 관계

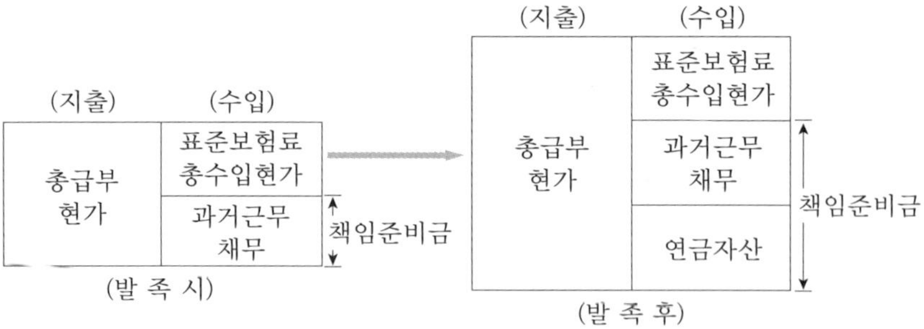

2. 책임준비금과 과거근무채무의 계산(가입연령방식 적용)

(1) 기호의 정의

급여지수 bx를 포함하기 위해 표기에 편리하도록 bx를 포함한 계산기수를 다음과 같이 정의한다.

$$D_x' = v^x L_x b_x$$
$$N_x' = \sum_{t=x}^{w} D_x'$$

단, L_x에는 사망률 외 탈퇴율도 포함되어 있는 것으로 간주한다.

(2) 정상보험료율 $\boldsymbol{P}^{NC}$의 산출

상기 기수를 사용하면 급여상승을 포함한 x세(급여 G_x) 사람의 향후 n년간 보험료의 현가는 급여에 대한 보험료율을 P_x로 하여

$$P_x \times \sum_{t=0}^{n-1} \left(\frac{\overline{D}_{x+t}}{D_x} \cdot \frac{b_{x+t}}{b_x} \cdot G_x \right)$$
$$= P_x \times \sum_{t=0}^{n-1} \left(\frac{D_{x+t}'}{D_x'} \cdot G_x \right)$$
$$= P_x \times \frac{N_{x+t}' - N_{x+n}'}{D_x'} \times G_x$$

로 간단하게 표시된다. 이 기호를 사용하면 특정연령 x_0세에 대한 수입현가는 퇴직연령을 y로 하여

$$P_{x_0} \times \frac{N_{x_0}' - N_y'}{D_{x_0}'} \times G_{x_0}$$

로 표시된다. 한편 x_0세의 급부현가는 연금액이 퇴직시의 급여$\left(G_{x_0} \cdot \frac{b_y}{b_{x_0}} \right)$에 비례하며, 동시에 지급률 $A(r)$은 근속연수 r에 의해 정해진다고 하면 연금재원을 F로 하여

$$F \cdot A(y - x_0) \cdot \frac{D_y}{D_{x_0}} \cdot \left(\frac{b_y}{b_{x_0}} \cdot G_{x_0} \right)$$

$$=A(y-x_0)\cdot F\cdot \frac{D'_y}{D'_{x_0}}\cdot G_{x_0}$$

로 표시된다. 이상으로부터 x_0세의 신규가입자에게 적용하여야 할 보험료율 $P_{x_0}(=P^{NC}$: Normal Cost라고 함)는

$$P^{NC}\frac{N'_{x_0}-N'_y}{D'_{x_0}}=A(y-x_0)\cdot F\cdot \frac{D'_y}{D'_{x_0}}$$

$$P^{NC}=\frac{A(y-x_0)\cdot F\cdot D'_y}{N'_{x_0}-N'_y}$$

로서 구해진다.

(3) 책임준비금의 산출

연령 x세, 근속 r년에 가입한 사람에 대해 가입시 급여에 대한 제 t년도의 책임준비금 비율인 책임준비금률(V율이라고 함)을 고려해 보자. 가입시의 연령 x세, 근속 r년인 사람의 급여를 $G_{x:r}$이라고 하면, 이 사람에 대한 t년도에 있어서의 장래의 수입현가는 모든 가입자에 보험료율 P^{NC}를 사용하는 전제로부터

$$P^{NC}\frac{N'_{x+t}-N'_y}{D'_{x+t}}\cdot G_{x:r}$$

로 된다. 한편 급부현가는 정상보험료율의 산출과 마찬가지로

$$A(r+y-x)\cdot F\cdot \frac{D'_y}{D'_{x+t}}\cdot G_{x:r}$$

로 구해지므로 결국 책임준비금은

$${}_tV_{x:r}=A(r+y-x)\cdot F\cdot \frac{D'_y}{D'_{x+t}}-P^{NC}\frac{N'_{x+t}-N'_y}{D'_{x+t}}$$

로 된다. 여기에서 P^{NC}는 $x=x_0$, $r=0$인 사람에 대해 수지상등이 되도록 정한 보험료율이기 때문에 일반적인 x, r에 대해서는 $t=0$인 경우도 ${}_0V_{x:r}$은 0이 되지 않는다. 가입자 전체에 대한 발족시($t=0$)의 책임준비금액은

$$V_0=\sum_{x:r}G_{x:r}\cdot {}_0V_{x:r}$$

이다. 각 x, r에 대한 ${}_0V_{x:r}$은 이율 i, 사망률 q_x, 탈퇴율 w_x, 급여지수 b_x, 연금플랜에 의해 정해진다.

(4) 과거근무채무의 산출

가입연령방식에서는 다음 두 가지 이유에 의해 장래 급부현가와 수입현가의 차액(=책임준비금)이 현실의 자산과 일치하지 않는다.

a. 제도 도입 이전의 근속연수에 대응하는 연금급부들도 제도도입 후의 수입보험료에서 조달되어야 한다는 점.
b. 특정연령 x_0보다 고령에서 가입하는 사람에게 수지상등을 위해서는 P^{NC}보다 높은 요율을 적용할 필요가 있는데, 그 경우에도 PSL(과거근무채무)로서 매년 상각하지 않으면 안 된다는 점.

특히 제도 도입시에서는

$$PSL_{t=0}=V_0-M_0$$
$$=V_0(M_t\text{: 연금자산, } M_0\text{: } 0)$$

적격연금의 세제에서는 이 PSL 상각방법이 규제되어 있다. 이 때문에 가입연령방식의 보험료율은 PSL 상각기간중에는 정상보험료율(P^{NC})와 PSL 상각분의 보험료율로 구성되며, 상각완료 후에는 P^{NC}만으로 구성된다.

PSL을 15년으로 상각한다고 하면 1년째의 상각액은 $V_0/\ddot{a}_{\overline{15|}}$로 된다. 상각의 과정을 그림으로 〈그림 6-26〉과 같다.

그림 6-26 과거근무채무의 상각과정

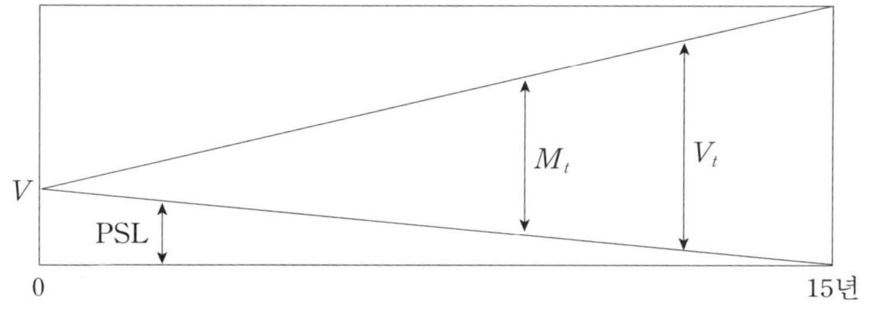

매년 균등하게 PSL을 상각하는 경우의 특별보험료율은

$$\frac{\text{PSL}}{12\cdot\text{가입자 전원의 월급여액}\cdot\text{상각기간에 대응하는 연금현가율}}$$

$$=V_0/\ddot{a}_{\overline{n|}}\times\frac{1}{12\times\sum_{x:r}G_{x:r}}(n\text{: 상각기간})$$

IV. 연금결산 및 재정재계산

1. 연금결산의 구조

연금결산과 관련된 구조를 설명하기 위해 일본의 경우를 예로 들고자 한다. 일본 후생연금기금, 적격퇴직연금 모두 회계연도는 1년이며, 연 1회 재정결산을 하여 적립상황을 검증하고 있다. 양자의 차이는 후생연금기금은 전기금이 3월을 결산월로 하는 데 비해 적격퇴직연금에서는 기업에 따라 다른 결산월을 채택하고 있다는 점이다.

일본 후생연금기금의 재무제표 구성은 〈그림 6-27〉과 같다. 먼저 급부현가, 수입현가의 명세가 밝혀지고 그 차액인 책임준비금의 금액이 구해지며, 결산일 현재의 책임준비금명세서가 작성된다. 다음으로 결산시점에서의 적립자산금액과 책임준비금이 비교되고 대차대조표로 정리되어 기금의 재정상태가 표시된다. 대차대조표는 연금채무에 대한 자산의 적립상황을 나타내므로 「적립자산 금액＞책임준비금」의 경우는 잉여금을, 「적립자산 금액＜책임준비금」의 경우는 부족금을 계상함으로써 결산을 하게 된다.

손익계산서에는 연간 갹출금수입과 운용수익이 수입으로서 이익(대변)에 계상되고, 급부지출과 책임준비금의 연간증가액(즉 연금순채무의 증가액)은 손실(차변)에 계상됨으로써 당해 회계연도의 연금경리의 손익상황이 표시된다. 손익계산 결과, 이익이 발생한 경우에는 당연도잉여금(이익)으로, 손실이 발생한 경우에는 부족금(손실)으로 처리된다. 당해연도의 잉여금은 다음 회계연도로 이월되어 별도적립금으로 처리되며 부족금이 다음 연도에 이월되는 경우에는 이월부족금으로 처리되게 된다.

그림 6-27 후생연금기금의 재무제표

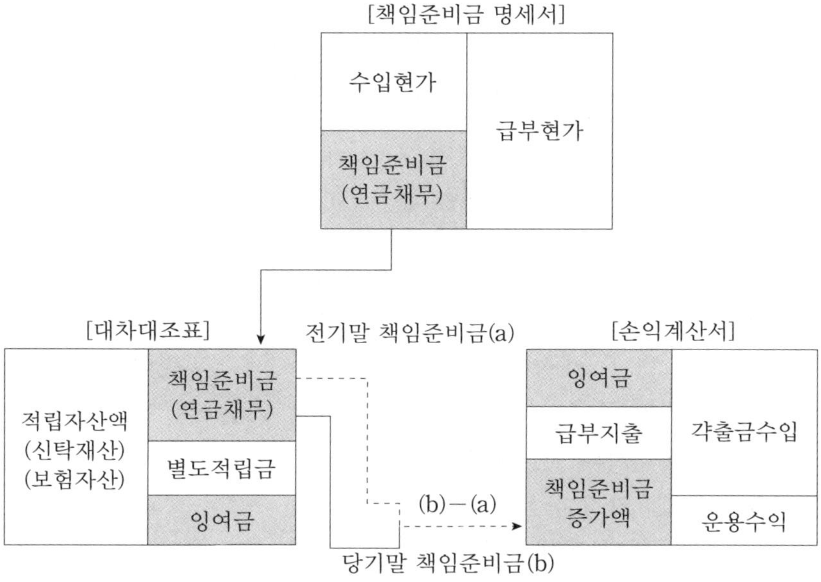

적격퇴직연금의 경우에는 대차대조표의 구성은 단순하여 부채(대변)에는 책임준비금이 계상되고, 자산(차변)에는 책임준비금과 적립자산액의 차액이 과거근무채무 등으로서 표시되고 있다. 또한 손익계산서는 연간 갹출금수입과 운용수익 등이 대변에 계상되고 급부지출과 책임준비금의 연간증가액(즉 연금순채무의 증가액), 기타 부분이 차변에 계상되는 경우는 후생연금기금과 마찬가지이지만, 손익결과는 과거근무채무의 증감에 대응되므로 잉여금, 부족금 등이 손익결과로 계상되는 것은 아니다. 최종적으로 과거근무채무 전액의 상각이 완료하고, 잔고가 0이 되는 시점에서 손익의 최종결과는 비로소 잉여금으로서 계상되는 것이다.

잉여금 · 부족금의 원인은 물론 운용수익의 대소(大小)에 의한 부분도 있지만, 실제로는 책임준비금의 증가분과 실제의 연금급부에 의해 발생된 현금흐름의 유출에 의한 영향이 적지 않다. 사망 및 탈퇴 등의 요소도 그 예측치와 실적치의 차이가 잉여금과 부족금의 원인이 되며 손익계산상 적지 않은 영향을 미치고 있다. 물론 예정이자율과 자산운용 실적치의 차이에 대해 따져 보는 것은 대단히 중요한 일이며, 그 귀추는 연금기금 운영의 시비를 물을 때 중요한 요소가 된다.

다만, 잉여 및 부족이라는 어감에 현혹되어 기업경영실적을 평가할 때와 같은 관점으로 보는 것은 문제가 된다. 어떤 연금기금에서도 사전에 일정한 기초율을 전제로 하여 운영되는 한 각각의 예상치와 실적치의 사이에는 반드시 차이가 발생하게 되므로 필연적으로 수지의 불균형이 발생한다.

2. 이원분석의 주요항목

재정결산에 의해 손익의 수지결과가 밝혀지면 다음으로 중요한 것은 그 내용을 분석함으로써 손익이 발생한 원인을 검증하는 것인데, 이 작업을 이원분석(利源分析)이라고 한다. 재정상 과부족이 발생한 경우 그 원인을 분석할 때 기초율에 타당한 수치가 채택되어 있는가, 가입자 및 수급자의 수, 연령구성 등 예상치인 기초율과 실적치의 괴리에 의해 발생한 것인가의 여부 등, 이원분석에 의해 상세히 검증할 필요가 있다.

또한 손익의 결과에 대해서는 차익(差益)에는 후하고 차손(差損)에는 신랄한 판단을 내리는 경우가 많지만, 일의 본질을 외면해서는 안 된다. 갹출률의 교체가 이루어지는 차기의 재정재계산 시점에서는 기초율 역시 교체의 대상이 되므로 중도결산시에 잉여금이 발생하였다고 해서 다음 재계산에 갹출률이 내려간다고 단정하지 않는 것도 함께 고려해 둘 필요가 있다.

이원분석의 주요항목을 열거하면 다음과 같다.

① 예정이자율: 실제의 운용이율이 예정이자율을 상회하면 「이자율차익」, 반대의 경우에는 「이자율차손」이 발생한다.

② 신규가입자: 일반적으로는 예정에 비하여 젊은 가입자가 다수 가입하면 차익이 생긴다.

③ 장래가입자: 일반적으로는 금년도 장래가입자의 전망이 전년도보다 증가하면 차익이 발생한다.

④ 승급지수: 정시승급은 포함되지만 base-up은 포함되지 않으므로 그 차이만큼은 차손의 원인이 된다.

⑤ 예정탈퇴율: 일반적으로는 탈퇴의 실적이 예정을 하회하면 차손이 발생한다.

3. 재정재계산

일반적으로 매년 한번의 재정계산이 이루어지지만, 통상 3년에 한번은 기초율의 변경에 의해 갹출률이 바뀌는데, 이 절차를 재정재계산(財政再計算)이라고 부른다. 과거 3년간에 발생한 기초율과 실적과의 차이는 이 시점에서 청산되고 새로이 게시된 기초율로 갹출률이 산출되게 된다. 재정재계산에서는 예정사망률, 승급지수, 예정탈퇴율 등의 기초율을 갱신하게 되는데 본래는 예정이자율도 대상이 된다.

과거 실적으로는 잉여금의 원인이 된 항목에서도 재계산시점에서 장래에 걸쳐 기초율을 수정하였기 때문에 갹출률이 상승하는 경우도 결코 적지 않다. 예를 들면 지금까지의 예정이자율이 5.5%, 운용실적이 6.0%인 경우, 지금까지는 이자율차익을 발생시키는 원인이 되었던 예정이자율을 재정재계산으로 5.0%로 인하하게 되면 그에 따라 갹출률의 대폭적인 인상이 필요하게 되는 경우도 있다. 결국 과거의 실적보다도 장래를 어떻게 예측하는가에 따라 갹출률은 크게 좌우되는 것이다. 재정재계산에 의해 갹출률이 상승하는 것에 대해서는 특히 부정적인 반응이 적지 않지만, 문제는 연금재정을 좌우하는 본래적인 요인에 대한 이해를 높이는 것이 중요하다. 확정급부형 연금이라는 점을 충분히 인식하고 냉정하게 판단하는 것이 바람직하다.

제 7 편

퇴직연금 자산운용

제1장 연금자산과 운용기초

I. 연금운용의 의사결정

1. 운용기본방침의 중요성

퇴직연금운용의 기초는 명확한 운용목적 및 목표를 설정하고 그 목적을 달성하기 위해 허용할 수 있는 리스크의 정도를 정하여 확고한 운용방침을 설정하는 것이다. 일반적으로 퇴직연금제도는 사전적립에 의한 갹출금수입과 운용수익에 의하여 장래의 연금급부를 마련하는 구조를 채택하고 있다. 연금재정은 기초율을 전제로 수지가 균형을 이루도록 설계되어 있으므로 결과적으로 반드시 과부족이 발생할 수 있다는 점을 사전에 인식해 둘 필요가 있다.

연금재정상 미적립채무가 발생하면 그 상각을 위해 추가갹출금이 필요하게 되는데 이 추가갹출금은 일반적으로 기업이 부담하게 된다. 따라서 운용방침의 책정에 있어서도 기업의 의향을 충분히 감안해야 한다. 퇴직연금제도가 성숙할 때까지는 많은 기간이 소요된다는 점을 고려하면 최종적으로 연금급부 총액 중 갹출금으로 마련되는 것은 극히 일부분이며 연금급부재원의 대부분은 운용수익에 의해 조달되게 된다. 연금자산 중 운용되는 개별 자산들은 자산종류별로 상이한 리스크 및 수익률을 가지고 있다. 따라서 높은 수익률을 거두기 위해서는 수익률에 상응하는 리스크를 허용할 필요가 있는데, 목표로 하는 기대수익을 달성하기 위한 유효한 기법은 복수의 자산에 분산투자함으로써 리스크 정도를 줄이는 것이다.

연금자산 운용방침에서 가장 중요한 첫번째 과제는 어떻게 자산배분(Asset Allocation)전략을 수립하느냐 하는 점이다. 자산배분의 전략 여부는 운용결과의 성패를 좌우하는 주요 원인으로 작용하게 된다.

다른 하나의 과제는 개별자산 수준에서 어떠한 운용전략과 운용스타일을 채용하는가 하는 점이다. 이 때 문제는 운용전략과 운용스타일에 부합한 운용기관을 어떻게 선택할 것인가 하는 점이다. 그 이유는 우수한 운용전략을 채용하고, 적절한 운용기관을 선택하고 운용상황의 관리에 만전을 기한다면 운용결과는 좋게 나타날 수 있기 때문이다.

2. 연금운용과 계획, 실행, 검증

어떠한 일을 하는 경우에도 계획(paln), 실행(do), 검증(review)이라는 단계를 거치게 된다. 연금자산의 운용에 있어 이 세 가지 과정은 매우 중요하다. 퇴직연금의 자산운용 목적은 장래의 연금급부를 지급하기 위해 연금자산을 적립하고, 가능한 한 최대한도의 운용수익을 시현하는 것이다. 따라서 자본시장의 본질을 충분히 인식하고 시장이 지닌 불확실성으로 인해 발생되는 제반 리스크를 감안하여 투자활동을 행할 필요성이 있다.

먼저 제1단계인 계획(plan)단계는 리스크의 허용도를 확인한 후 운용목표를 설정하고 운용기본방침이 수립되는 단계이다. 또한 구체적인 운용활동을 효과적으로 실천하기 위해 어떠한 운용전략을 채용해야 하는가를 기업(또는 기금) 스스

그림 7-1 연금자산운용의 Plan · Do · Review

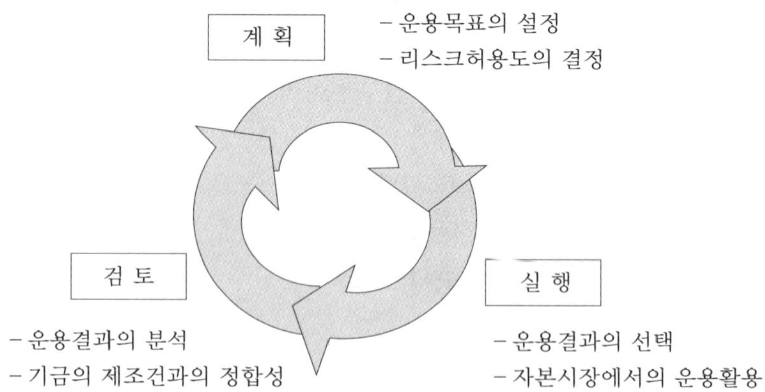

로가 결정하고 그 전략에 상응한 운용기관을 선택하는 것이 중요하다.

제2단계인 실행(do)단계는 구체적인 운용전략을 입안하여 운용기관을 선정하고 운용활동의 실천이 이루어지는 단계이다.

제3단계인 검증(review)단계는 운용활동의 결과와 정기적으로 당초 계획과 대비한 차이를 분석되고 평가하는 단계이다. 이는 단순히 결과의 좋고 나쁨을 평가하는 것이 아니라 향후의 운용활동을 위하여 참고가 되는 자료를 얻기 위함에 있다. 이를 통해 운용실적의 검토와 분석이 이루어지고 기금 운용목적의 달성도가 확인되면 또다시 다음단계인 제1단계로 돌아가게 된다. 이와 같은 세 가지의 단계는 항상 지속적으로 계속되는 것이 중요하다. 미국의 대표적인 연금컨설턴트사인 프랭크 럿셀사는 계획(plan) · 실행(do) · 검증(review)의 관계를 〈그림 7-1〉과 같이 제시하고 있다.

3. 연금자산운용의 의사결정체계화

기업(또는 기금)은 계획 · 실행 · 검증의 사이클에 입각하여 단계별로 연금운용의 의사결정을 체계화하는 것이 연금자산의 효율적 운용 측면에서 요구된다. 즉 ① 1단계는 운용수익률의 목표를 어떠한 수준에서 설정할 것인가 하는 객관적인 목표설정(objective setting)단계로, 이 단계에서는 기금 각각의 재정상태, 리스크 허용도에 대한 마인드 등 기업의 조건과 방침에 따라 결정되어야 한다. ② 2단계에서는 목표로 한 기대수익률과 허용하는 리스크의 정도에 상응한 자산배분전략(asset allocation decision)을 구축할 필요성이 있다. 최종적인 운용성과의 대부분은 자산배분전략에 상당히 의존한다고 할 수 있으므로 가장 중요하고 가장 어려운 의사결정의 하나이다. ③ 3단계에서는 자산배분비율을 결정한 다음 단계로 자산분류별로 선택되는 운용전략을 결정하는 것이 바람직하다. 즉 액티브 운용인가, 패시브 운용인가, 또는 액티브운용이라도 저가주투자인가, 성장주투자인가, 몇 가지 운용스타일로부터 무엇을 선택할 것인가, 각각의 운용스타일을 어떠한 비율로 조합시킬 것인가 하는 운용스타일의 조합(style diversification)단계이다. ④ 4단계에서는 각각의 자산분류, 운용스타일에 부합하도록 운용하거나 운용스타일에 적합하고 전문능력이 뛰어난 운용기관(투자매니저)을 선정할 필요성이 있다. ⑤ 5단계에서는 운용결과를 항상 파악하여 분석하고 검증함으로써

그림 7-2 연금자산운용의 결정과정

1단계	운용목표의 설정(objective setting)
2단계	자산배분의 전략책정(strategic allocation)
3단계	운용스타일 선택 · 조합(style diversification)
4단계	운용기관의 선택(manager selection)
5단계	운용결과의 검증(review of results)

운용방침대로 연금자산운용이 진행되고 있는가 여부를 충분히 검증하는 것이 바람직하다.

II. 연금운용기본방침의 의의

1. 운용방침과 실적관리

분기별, 각 결산연도말, 3년에 한번 등 각각 해당하는 시점에서 운용실적이 목표한 운용방침과 비교하여 적정한 것인가 여부를 충분히 체크해 보는 것이 매우 중요하다. 이 때 주요 체크포인트는 ① 운용자금의 자산믹스가 정책적 자산믹스와 비교하여 타당한 것인가, ② 액티브 및 패시브의 비율은 이대로 좋은가, ③ 운용기관에 지시하고 있는 운용전략은 적절하고도 명료한 것이며, 벤치마크는 적당한 것인가 등이다.

그러나 가장 중요한 것은 장기적인 관점에서 운용방침을 검토하여야 한다는 점이다. 운용실적의 검토시에도 현시점의 운용실적이 아니고 검토시점에서 1년간, 2년간, … 5년간 등 검토기간을 변경하여 각각 비교 · 분석할 필요성이 있다. 이와 관련 프랭크 럿셀사는 운용실적의 검토 · 평가에 대해 다음과 같은 점을 중요시하고 있다.

첫째, 기업의 방침에 기초하여 결과를 검증하여야 한다. 즉 운용기관의 실적만으로 설명할 것이 아니라 기업(또는 기금)스스로가 결정한 투자방침 자체가 어떠한 결과로 이어졌는가를 충분히 인식하는 것이 중요하다.

둘째, 운용실적은 허용한 리스크, 지출된 비용과 비교하여 평가되어야 한다. 리스크를 허용한 만큼의 가치 있는 운용성과를 실제로 거두어졌는가 등을 확인하여야 한다. 특히 액티브운용에서는 정말로 부가가치가 창출되었는가를 분석하는 것이 중요하다.

셋째, 계획을 입안한 당시로 소급하여 예상과 실적을 비교 · 분석하여야 한다. 과연 리스크를 인수하고 비용을 지불한 만큼의 운용성과는 거두고 있는가? 입안 당시의 시장예상은 올바르게 평가한 것인가? 운용기관은 예상하였던 성과를 거두고 있는가? 등을 분석해야 한다. 이와 같은 분석작업을 통해 투자관리에 필요한 통찰력이 생기는 것이다. 단순히 결과를 아는 것만으로는 불충분하다. 결과분석으로 얻어지는 것이야말로 의의가 있는 것이기 때문이다.

넷째, 계획의 수정이 요구된다. 이러한 분석 · 검토 · 음미의 과정을 거친 후 새로운 운용방침, 운용전략을 구축하는 절차가 필요하다. 여기서 중요한 점은 ① 대국적 관점을 잊지 말아야 한다는 점, ② 리스크에 적합한 부가가치를 추구하여야 한다는 점, ③ 정말로 행할 가치가 있는 것만을 실행해야 한다는 점, ④ 지엽적인 문제를 탈피하여 본질적인 문제를 보고 행동해야 한다는 점 등이다.

2. 운용철학과 운용의 일관성

자본시장을 상대로 자산을 운용할 때 항상 잊지 말아야 할 일이 두 가지 있다. 하나는 「확고한 운용철학이 갖추어져 있는가」이며, 다른 하나는 「일관성을 유지하고 있는가」이다. 즉 투자철학(Investment Philosophy)과 일관성(Consistency)은 퇴직연금운용에서 매우 강조되고 있다.

경제현상은 눈에 띄게 변화하는 경우가 거의 없다. 그러므로 권위 있는 경제학자라도 장래를 확실하게 예측하는 것은 불가능하다. 자본시장 역시 많은 불확실성이 존재한다. 이러한 자본시장의 본질을 오해하지 않도록 주의할 필요가 있다. 시장은 끊임없이 변하고 있으며 변동성이 높다. 따라서 펀드매니저가 누구라 할지라도 그들의 운용능력 사이에는 상당한 차이가 나타난다.

그러나 여기에서 주의해야 할 것은 눈에 보이는 것에 현혹되어 참된 운용능력을 잘못 파악하지 않는 것이다. 충분히 오랜 기간의 운용성적을 다루면 펀드매니저의 실력차이가 반영되지만 단기간의 경우에는 운용성적 차이의 대부분은 시장분위기의 변화가 야기한 운, 불운의 영향에 의한 것이라고 생각해야 할 것이다. 따라서 펀드매니저의 운용성적 순위가 다음 기간에는 앞과 완전히 뒤바뀌는 등 일상적인 변화가 빈번히 발생할 수 있다. 중요한 것은 진실로 문제가 없는 운용기관을 선정하는 것, 확고한 운용철학을 가지고 일관된 운용방침을 채용하고 있는 운용기관을 선정하는 것이다. 따라서 눈앞의 성과에 일희일비하며 빈번하게 운용방침을 변경하거나 성적이 나쁜 운용기관을 매번 탈락시키는 것은 격변하는 시장의 움직임을 뒤쫓아가는 것에 불과하다.

3. 스파게티 차트

단순히 운용기관의 실적수치만을 보고 운용능력을 판단하는 것이 얼마나 위험한 것인가에 대해서는 다음과 같은 흥미로운 데이터가 있다. 후생연금기금연합회에서는 전 후생연금기금을 대상으로 연금자산운용의 실태조사를 실시, 8개 신탁은행의 평균운용수익률의 순위를 구하여 각 은행별로 그 순위를 나열하였다.

그림 7-3 일본 신탁은행의 연도별 운용실적 랭킹

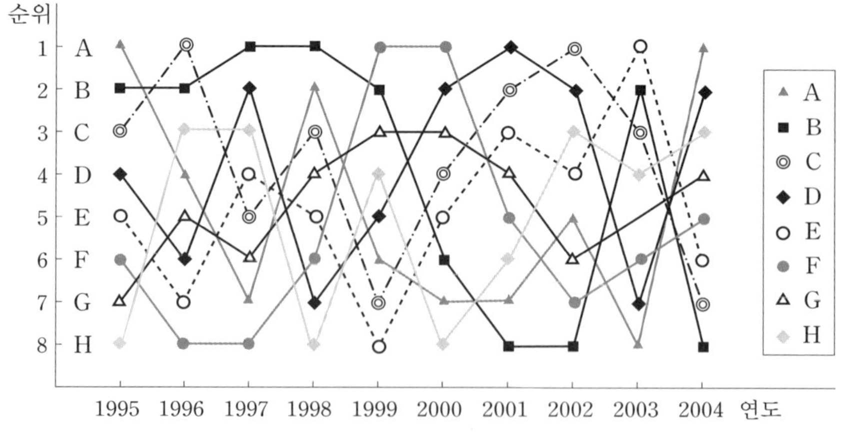

과거 10년간을 보면 예를 들어 1995년도 톱성적의 A은행(▲로 표시)의 경우 그 후의 순위는 4위, 7위, 2위, 6위, 7위, 7위, 5위, 8위, 1위로 순위가 마치 고양이의 눈처럼 상하로 움직이고 있다. 또한 마찬가지로 1995년도 최하위의 H은행(◆로 표시)의 경우도 그 후의 순위는 3위, 3위, 8위, 4위, 8위, 6위, 3위, 4위, 3위로 크게 변동하고 있다.

이와 같이 10년간 모두 A등급을 유지한 신탁은행은 하나도 없으며 A등급에 머무른 적이 있는 횟수는 C은행(◎으로 표시)에서도 7번, 최저의 F은행(●로 표시)에서는 2회이었다. 이 사실을 통해서 볼 때 운용기관의 평가는 장기간의 실적을 충분히 분석한 후에 판단하는 것이 얼마나 중요한가를 알 수 있다. 이 차트의 선이 마치 스파게티를 연상시키고 있다고 하여 미국에서는 스파게티 차트라고 부르고 있으며, 운용기관의 능력을 평가할 때 중요한 하나의 요소로 삼고 있다.

Ⅲ. 운용기본방침의 실제

1. 후생연금기금연합회의 운용기본방침

후생연금기금연합회는 「연금자산운용의 기본방침」을 작성하여 운용기관에 제시하고 있다. 이 연금자산운용의 기본방침을 채택하고 있는 후생연금기금이 현재 많아지고 있는데, 그 주요내용은 〈표 7-1〉과 같다.

후생연금기금연합회의 운용기본방침서는 다음의 두 가지 특징을 지니고 있다.

첫째는 개별자산별 벤치마크를 구체적으로 명시한 후 운용목표는 장기적으로 벤치마크를 상회하는 것으로 정의하고 있다는 점이다. 개별자산 수준에서도 운용과목별로 벤치마크를 상회하는 성과를 요구하고 있을 뿐만 아니라 운용기관별 자산 전체에 대해서도 복합벤치마크를 장기적으로 상회하는 성과를 요구하고 있다. 따라서 당연히 운용평가도 절대수준의 고저가 아니라 벤치마크와의 비교로 이루어지고 있다.

둘째는 후생연금기금연합회와 운용기관은 모임을 가지고 협의를 거듭해야 한다는 점을 수시로 강조하고 있다는 점이다. 그 중에서도 주목되는 것은 자산구성 및 그 운용방법 등에 대하여 후생연금기금연합회로부터 운용가이드라인이 제

표 7-1 연금자산운용의 기본방침

구 분	내 용
목 적	후생연금기금연합회(이하 연합회)의 연금자산의 운용목적은 (중략) 허용가능한 리스크하에서 장기적으로 최대한도의 종합수익(실현수익 및 미실현수익)을 시현하는 것에 있다.
기대수익률	연간수익률로서는 최저조건으로 장래의 건전한 연금제도를 유지할 만큼 수익률을 확보하여야 한다. 이 경우 개별자산에 대해서는 운용과목별로 시장수익률(이하 벤치마크)을 장기적으로 상회하는 성과를 올리도록 노력할 필요가 있다. 또한 운용기관의 자산 전체에 대해서는 적어도 운용과목별 벤치마크를 자산구성비에 따라 조합시킨 수익률(이하 복합벤치마크)을 장기적으로 상회하는 성과를 거두도록 노력하여야 한다.
자산구성	자산운용의 위탁에 관한 계약서(이하 계약서), 연금자산운용의 기본방침(이하 기본방침) 및 회합 등에서의 합의에 기초, 운용기관은 채권, 대출, 주식 및 외화증권 등의 운용대상에 의한 최적의 자산구성에 기초하여 운용하도록 한다. 연합회가 운용기관과의 협의중 자산구성비 및 그 운용방법 등에 관한 운용가이드라인을 제시한 경우 운용기관은 이에 따라야 한다.
운용상의 준수사항	생 략
운용상의 재량	
협 의	연합회는 수탁기관과 원칙적으로 분기별로 연금자산의 운용에 관하여 협의를 하며, 운용에 관한 당면한 중요사항에 대해서는 협의를 하여야 한다. 연합회는 협의내용을 감안한 후 운용에 대하여 지시를 내릴 수 있다.
공 시	생 략
운용성적의 평가	운용성적은 시가를 기준으로 분기별로 측정하고 그 평가는 벤치마크, 복합벤치마크 및 기타 운용기관의 운용성적과 비교하여 행한다.
자산배분의 변경	운용성적의 평가에 투자철학, 운용체제 등의 정성적 평가를 기미한 종합평가를 행하고 자산배분을 변경한다. 이 경우 평가기간은 일반적인 기준으로 3년에서 5년이다. 단, 단기의 운용성적에 현저한 문제가 있는 경우 등에는 즉각 자산배분을 변경할 수도 있다.

富士電機 후생연금기금의 운용기본방침

이 운용의 가이드라인은 운용기관에게 당기금의 연금자산운용과 관련된 전반적인 방침을 제시하는 것으로 한다.

1. 당기금에 의한 운용은 현재 및 장래의 연금급부를 위한 재원을 최대한 확보하는 것을 목적으로 한다.
2. 당기금의 운용가이드라인 및 규제의 범위 내에서 각 운용기관은 양식 있는 운용기관으로서 충분한 주의와 근면함을 가지고 투자수익의 극대화를 도모하도록 한다.
3. 정책포트폴리오
   ① 당기금은 위탁자금의 시가베이스의 정책포트폴리오를 결정하여 각 운용기관에 통지한다.
   ② 각 운용기관은 그 정책포트폴리오의 각 자산에 대해 일정한 허용범위 및 장부가 가이드라인 중에서 운용을 행하도록 한다.
   ③ 장부가 가이드라인을 준수하기 위해 허용범위를 초과하는 경우 및 현저하게 시장의 변동이 있을 것으로 예상되는 경우는 당기금에 신속하게 연락하여야 한다.
   ④ 각 포트폴리오는 원칙적으로 반년마다(3월, 9월) 정책포트폴리오로 돌아갈 수 있도록 재결산을 행하여야 한다.
   ⑤ 정책포트폴리오로부터의 허용범위 내의 괴리는 수익의 증가를 의도한 것으로 이해하여 운용평가에 반영된다. 그러나 리스크절감의 목적만으로 정책포트폴리오로부터 지속적으로 괴리가 존재하는 것은 피하는 것이 좋다.
4. 운용성과의 평가
   ① 당기금은 정책포트폴리오를 운용성과 평가의 기준으로 한다.
   ② 운용성과는 매분기별로 시가를 기준으로 한 수익으로 측정한다. 수탁자산 및 각 자산의 수익률은 시간가중수익률(簡便法)을 사용하여 매월 측정하도록 한다.
   ③ 운용성과의 평가는 그 운용기관의 수탁총자산 및 각자산의 수익률을 벤치마크, 유니버스 및 그 운용기관의 수익목표와 비교하여 이루어진다.
   ④ 각 자산의 그룹마다 벤치마크 인덱스를 설정하고 지정된 인덱스를 사용하도록 한다.

시되고 있는 경우 운용기관은 이에 따르도록 되어 있다는 점이다. 운용기본방침의 핵심인 자산배분은 최종적으로 후생연금기금연합회의 의사로 결정되어야 한다는 점이 명시되어 있다.

즉 후생연금기금연합회는 1993년부터 개별운용기관에 대하여 구체적인 투자비율을 지정한 자산믹스를 제시하기 시작하였으며, 운용기관의 판단으로 자산믹스를 변경할 수 있는 것은 제시된 범위 내로 한정되어 있다. 자산배분에 관한 의사결정은 기본적으로 기금 측의 책임분야이며 운용기관에 위탁되는 것은 주로 개별자산 수준의 의사결정에 관한 부분이라는 점이 명확하게 되었는데, 이것은 대단히 중요한 의의를 지니고 있다고 할 수 있다.

2. 후생연금기금의 실례

후생연금기금의 하나인 후지전기(富士電機)후생연금기금의 운용기본방침서에서는 후생연금기금 측으로부터 개별 운용기관별로, 주식 및 채권 등 각각의 자산구분별로 Policy Portfolio(시가구성비), 벤치마크인덱스, 장부가가이드라인(장부가구성비)을 구체적으로 제시하고 있다.

자산믹스의 관리는 시가만으로 가능하지만 운용제한이 장부가기준으로 부여되어 있기 때문에 장부가에 의한 가이드라인도 필요하게 된다. 특히 운용확대 부분에 대해서는 운용기관별 운용제한이 없으며, 이른바 「5·3·3·2」룰의 적용은 기금단위로 접수되므로 개별운용기관에 대해서는 후생연금기금측으로부터 장부가에 의한 투자비율을 지시할 필요가 있다.

즉, 지정된 시가구성비로부터의 괴리의 한도는 ±3% 범위 내로 한다는 것이 제시되어 있다. 또한 운용기관이 목표로 하는 수익률은 복합벤치마크를 2%(연율) 이상 상회하는 것으로 명시되어 있다.

여기에서 특징적인 것은 운용기관의 투자판단에 근거하여 일정한 범위 내에서 투자비율을 조정하여 부가가치를 추구할 수 있지만, 반년마다 정책포트폴리오로 되돌아와 재균형을 이루도록 제시하고 있다는 점이다. 운용기관은 시황이 향상될 것으로 예상되는 자산의 투자비율을 증가하고, 반대일 경우 투자비율을 줄이는 방법을 취하지만 운용의 양호함에 자신감을 가지고 심리적으로 더욱 계속하고자 하는 마음이 생기면 자칫 시황의 전환점을 망각하기 쉽다. 그와 같은 점을 예상하고 반년마다 출발점으로 되돌아오도록 함으로써 냉정한 투자행동을 유지하고 부가가치를 확보하도록 하고 있다.

3. 적격퇴직연금의 실례

적격퇴직연금을 운용하고 있는 일본 IBM사는 적격퇴직연금이 도입된 다음 해인 1977년 연금운용관리를 목적으로 사내에 연금기금위원회를 설치하였다. 연금기금위원회는 최고경영자를 위원장으로 구성하여 연 2회 정기적으로 개최되고 있다. 연금기금위원회의 주요기능은 운용기본방침의 책정, 운용목표의 설정, 운용기관의 선정, 운용성과의 평가, 운용위탁 비율의 변경, 연금수리 계산상의 건전성의 점검 등이다.

중심적 과제인 운용기본방침은 장래의 연금급부, 즉 부채사이드 조건의 예측에 기초하며, 자산사이드로부터는 허용가능한 리스크한도와 기대수익률의 판단을 기초로 책정되고 있다. 중장기 자산믹스는 목표자산믹스로서 각 운용기관에 대해 다음 〈표 7-2〉와 같은 형식으로 구체적으로 제시되고 있다.

자산믹스는 운용기관이 자산을 배분할 때 기준으로 해야 하는 것으로 운용기관은 제시된 목표자산믹스의 일정한 틀 내에서 자산배분비율을 변경함으로써 부가가치 확대를 기대할 수 있다.

표 7-2 일본 IBM사의 운용방침

구 분	목표(시가기준)		변경이유
	범위	자산믹스	
국내주식	25~30%	28%	변경 없음
전환사채	10~15	13	원금보증자산 중에서 보다 적극적으로 운용하기 위해 인상
국내채권	25~35	31	보다 적극운용을 지향하여 인하
외화증권(주식 67%, 채권 33%)	15~30	20	위험자산 내에서 유연한 운용을 위해 범위를 확대
대출금 등	5~10	8	대기자금으로서의 위치를 명확히하여 인하

〈표 7-2〉에서는 기업 측이 운용기관에 새로운 목표자산믹스를 제시함에 있어서 자산믹스 변경사유를 설명하고, 운용기관 측이 이해하기 쉽도록 배려하고 있다. 이러한 사실로부터 운용방침에 관해 연금기금과 운용기관이 커뮤니케이션을 중요시하고 있음을 알 수 있다. 일본 IBM사는 개별 운용기관별 운용성과를 자산별로 측정하고 전 운용기관의 실적과 비교하고 있다. 이 경우도 과거 1년간, 과거 3년간 등 복수의 기간을 채용하여 중장기적으로도 평가할 수 있도록 하고 있다.

운용기관의 실적평가는 부여된 목표자산믹스에 대해 허용된 괴리폭을 적절하게 활용한 부가가치의 창출 여부, 개별 자산별로 인덱스에 대한 초과수익의 달성 여부 등 두 가지 관점에서 각각 기여분석을 통하여 이루어지고 있다.

Ⅳ. 미국의 운용기본방침

1. CALPERS의 운용기본방침

미국 최대의 공무원연금인 캘리포니아 주정부연금기금(State of California, Public Employees' Retirement System: CALPERS)은 선진적인 자산운용으로도 잘 알려져 있다. 기본운용방침(Investment Policy and Strategy)에서는 간결하고도 명료하게 자산운용에 관한 기본적인 사상 및 방침을 제시하고 있다. 구체적으로는 운용의 목적과 목표, 운용의 이념, 자산믹스의 책정, 개별자산 수준에서의 운용전략과 운용목표 등에 관한 사항으로 그 핵심을 몇 가지 열거하면 다음과 같다.

① 허용가능한 리스크수준에서 최대한의 총수익률을 목적으로 한다. 개별자산의 투자수익은 각 시점마다 편차가 크다는 점을 감안, 많은 종류의 자산으로 분산투자하여 편차를 줄이는 것을 중시하고 있다.

② 연금기금으로서 준수해야 하는 것은 「충실」이므로 투자판단은 연금가입자의 수급권보호차원에서 이루어져야 한다.

③ 3년마다 적립상황을 감안하여 리스크허용도를 확인하도록 하고, 그 위에 주요자산에 대한 장래 수익률을 예상하여 적절한 리스크허용도에 적합한 효율적

자산믹스를 책정하도록 한다. 환경의 변화에도 대응할 수 있도록 자산믹스는 미리 적당한 변경폭을 가지도록 한다.

④ 국내주식 80%, 외국주식 50%는 패시브전략의 핵심으로 채용하여 인덱스운용을 행하며, 나머지는 액티브전략을 위한 매니저를 채용하여 높은 운용수익을 추구한다.

⑤ 국내채권은 자가운용으로 하고 액티브전략을 채용하여 최대의 장기적인 총수익률을 확보한다. 즉 국채, 사채이외의 채권, 부동산 등 광범위한 운용대상을 선택한다.

2. 운용방침서의 구체적 항목

CALPERS는 약 20페이지에 달하는 운용방침서(Investment Policy Handbook)를 발행하고 있다. 그 내용은 운용방침에 관한 구체적인 사항은 물론 기금의 조직적 성격, 연금사업의 목적, 운영의 이념 등도 포함된 광범위한 것이다.

내용상으로는 연금제도의 운영에 관한 이념적인 면이 중요시됨과 동시에 자산운용에 관한 실무적인 사항에 대해서도 매우 명쾌하고 구체적으로 서술되어 있다. 그 중에서 주목되는 사항으로는 다음과 같은 것을 들 수 있다.

① 기금의 권한과 의무

기금의 재산은 최소의 비용지출로 가입자 및 수급자의 연금급부를 최대한 만족시키는 것을 유일한 목적으로 하여 운영되어야 할 위임된 재산이다. 따라서 기금은 최소의 비용지출로 가입자 및 수급자에 대해 연금급부를 최대한 만족시키고, 사업주의 갹출금부담을 최저한으로 유지하는 것을 의무로서 이행하여야 한다. 또한 기금은 자기와 같은 정도의 능력과 숙련도를 가지는 제3자가 동일한 내용과 목적을 가진 제도의 운영을 충실히 수행함에 필요한 것과 같은 주의력을 기울이며, 능력을 경주하고, 충실하고 근면하게 의무를 수행하여야 한다.

이와 더불어 기금의 자산운용에 있어서 그렇게 하지 않는 것이 가장 충실한 대응이라는 명백한 환경이 아닌 한, 최소한의 리스크로 운용수익률을 극대화하기 위해 분산투자에 노력하여야 한다.

② 연금수리와 운용방침

연금재정의 조건, 특히 기금이 부담하는 연금채무의 규모와 미적립채무의 상각에 필요한 기간은 중요한 관점이므로 양자를 충분히 감안하여 그에 상응하는 운용방침을 수립하여 운용실적의 평가도 같은 관점에서 이루어진다. 재정방식은 대체로 가입연령방식을 채택하고 있다.

「연금채무=급부현가−수입현가」로 하고, 「미적립연금채무=연금채무−자산가치」로 인식하도록 한다. 「갹출률=표준갹출률+미적립상각갹출률」로 한다.

③ 운용목표와 운용방침

자본시장의 변동에 대처하기 위해 분산투자를 기본으로 한다. 이 기본방침을 준수하여야 하며, 동시에 현실적인 과제로서 환경변화에 대응한 자산배분의 수정도 이루어져야 한다. 실질수익률의 목표는 소비자물가지수(CPI)를 4% 이상 상회하는 것으로 하며, 예정이자율의 달성을 목표로 한다. 운용성과의 목표는 ① 주식의 자가운용(passive core)에서는 인덱스인 Wilshire2500과 같은 수준의 운용수익을 달성하는 것, ② 외부운용 주식에서는 개별운용기관마다 계약으로 정해진 운용스타일별 인덱스를 상회하는 성과를 달성하는 것, ③ 채권운용에서는 Salomon Brothers의 대형연금채무 인덱스를 1% 이상 상회하는 수익률을 달성하는 것, ④ 부동산투자에서는 실질적으로 5%의 수익률을 달성하는 것 등이다.

표 7-3 CALPERS의 자산배분전략

자 산	전략적 자산믹스	변경가능폭
현금 등	2%	1~4%
외국채권	4	3~5
국내채권	39	36~42
국내주식	28	23~33
외국주식	12	6~15
부동산	10	8~13
벤처 · LBO 등	2	0~2
기 타	3	0~3
	100%	

④ 자산배분(Asset Allocation)

자산배분은 운용전략상의 가장 중요한 항목이다. 장래의 급부채무를 예측하여 그 상태를 감안한 자산배분으로 어떠한 것이 적합한가를 확인하고, 효율적 프론티어상에 위치하는 복수의 자산믹스 중에서 허용가능한 리스크수준에 맞는 「전략적 자산믹스」의 선택이 이루어져야 한다.

시장환경의 변화에 대응하여 필요한 범위 내에서는 자산배분을 수정하고 부가가치를 한층 높일 수 있는 방법을 채택하여야 한다. 단, 그 경우의 변경은 사전에 설정한 범위 내로 한다. 전략적 자산배분은 2년마다 전면적으로 수정하며, 또한 전술적으로 허용된 자산믹스 폭의 변경은 1개월마다 행한다.

V. 후생연금보험법과 운용기본방침

1. 운용기본방침의 위상

일본 후생연금보험법 제136조의 규정에 의해 1996년 4월 이후 운용계약을 체결하는 기금은 후생성령에서 정하는 사항을 기재한 기본방침을 의무적으로 작성하여야 한다.

먼저 운용확대기금에 한정하지 않고 전체 기금이 운용기본방침을 가지도록 하고, 그 기본적 방식으로는 가급적 빠른 시일 내에 책정을 지도할 방침임을 명확히 한 후 기본방침을 책정해야 할 시기를 명시하고 있다. 또한 ① 운용확대를 실시한 기금은 법의 시행 후 조속히 실시할 것, ② 운용확대 인정기금 중 확대가 실시되지 않은 기금은 법 시행 후 6개월 이내에 실시할 것, ③ 종래방식의 운용을 계속할 기금은 작성의무는 없더라도 이 경우에도 시한을 법 시행 후 1년 이내에서 책정되어야 한다는 점 등을 명시하고 있다.

더욱이 기본방침 책정시의 기본적 사항으로서 ① 각 기금이 개별사정에 따라 스스로의 책임으로 책정해야 한다는 점, ② 책정에 있어 외부기관을 활용하는 경우에도 최종적으로는 기금의 책임으로 내용을 결정한다는 점, ③ 형식적으로 작성하면 충분한 것이 아니라 책정 후에도 단계적으로 개선에 노력해야 한다는 점, ④ 정확한 운용방침의 책정을 요구하여 운용기관과도 협의할 것, ⑤ 이사회 등 기관결정을 필요로 하지만 감독당국에 대한 신고는 필요하지 않다는 점 등의 5가지 항목이 기재되어 있다.

2. 기본방침의 구체적 내용

「운용에 관한 기본방침의 책정지침」에는 다음과 같은 연금자산운용의 기본방침이 제시되어 있다.

① 목적: 연금자산의 운용목적과 그 구체화를 위한 방침, 운용목표로서의 기대수익률 등이 포함

② 자산의 구성에 관한 사항: 운용기관에 제시해야 할 자산구성에 대한 방침, 즉 개별운용기관에 대한 지시는 별도의 가이드라인에 의해 정해질 것

③ 운용업무에 관한 정보의 보고, 공시내용 및 방법에 관한 사항: 운용보고의 빈도, 형식, 방법 등의 구체적 규정

④ 운용업무에서 준수해야 할 사항: 운용기관에 대한 준수사항, 금지사항의 규정

⑤ 기타 운용업무에 관한 필요사항: 운용성적의 평가 등 운용기본방침으로서 기재해야 할 기타 사항

이상의 다섯 가지 항목에 대하여 후생연금기금연합회의 운용기본방침서를 하나의 사례로 인용하여 구체적으로 제시하고 있다. 또한 ① 운용성적의 평가에 대해서는 시가기준의 수익률에 의할 것, ② 시장의 벤치마크를 기준으로 할 것, ③ 원칙적으로 3년 이상의 실적에 의할 것 등을 상세하게 요구하고 있다. 더욱이 자산배분의 변경에 있어 유의사항으로서 정량적 평가 이외에 투자철학, 운용체제 등의 정성적 평가를 더한 종합평가에 의하여야 한다는 점을 강조하고 있다.

제 2 장 연금운용과 자산배분

I. 리스크프리미엄과 연기금 운용

1. 리스크프리미엄

리스크와 수익률 사이에 상반관계가 있다는 것에 대하여 어떻게 이해해야 할 것인가? 이 해답으로서 잘 알려져 있는 것으로 리스크프리미엄이라는 개념이 있다. 먼저 단기금융시장의 금리는 다음과 같이 설명될 수 있다. 자금융통의 대가인 금리는 융통기간에 적합한 실질적인 금리 외에 그 기간의 인플레이션율을 더한 것과 같다고 하면

명목금리(단기금리)＝실질금리＋인플레이션율

로 정의할 수 있다. 다음으로 채권투자의 경우는 보유채권이 만기를 맞이하여 상환될 때까지 장기간 동안 유동성을 희생한다는 의미이므로 그 대가로서 유동성 프리미엄이 제공될 필요가 있다.

더욱이 주식투자의 경우에는 상당히 큰 불확실성, 즉 리스크를 안고 있다. 주식시장의 투자가가 궁극적으로 높은 수익률에 관여하는 것이 가능한 것은 리스크를 감내하는 것에 대한 대가, 즉 「리스크프리미엄」이 제공되기 때문이다. 게다가 이 리스크프리미엄은 심각한 리스크의 중압을 견딜 수 있을 만큼 충분한 것이 요구된다. 여기에서 중요한 것은 이 관계는 장기간을 전제로 비로소 언급할 수 있는 것이다. 단기간에서 보면 리스크프리미엄은 상당히 불안정하고, 실질금리도 대단히 높은 시기 및 그 중에는 마이너스의 시기도 있다는 것을 염두에 둘 필요가 있다. 과거의 실적치를 근거로 하여 이 사고방식에 따라 정리하면 다음과

같이 나타낼 수 있다.

단기금리＝인플레이션율＋실질금리
(6.5%) (4.9%) (1.6%)

채권수익률＝단기금리＋유동성프리미엄
(8.2%) (6.5%) (1.7%)
＝인플레이션율＋실질금리＋유동성프리미엄
(4.9%) (1.6%) (1.7%)

주식수익률＝단기금리＋리스크프리미엄
(12.4%) (6.5%) (5.9%)
＝인플레이션율＋실질금리＋리스크프리미엄
(4.9%) (1.6%) (5.9%)

2. 분산투자와 리스크

투자대상인 주식의 종목수를 결정하고, 선택된 종목수의 대소에 따라 어떠한 변화가 나타날 수 있는가에 대해서도 검증해 보도록 하자. 〈그림 7-4〉는 동경

그림 7-4 시장리스크와 비시장리스크

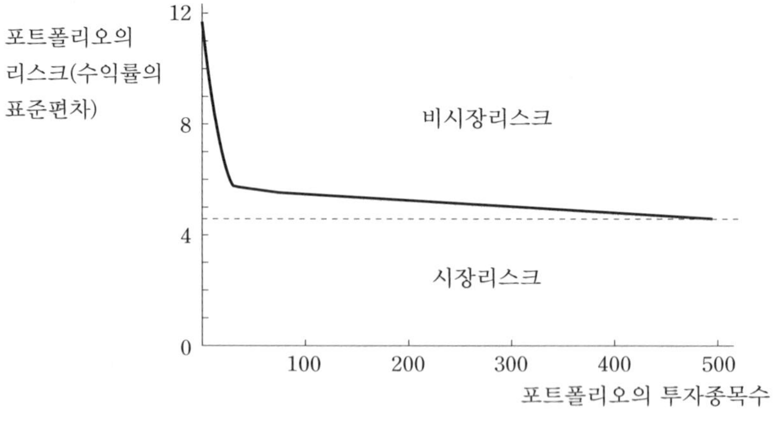

주: 계산기간: 1971~1990년, 월간수익률의 표준편차.

증권거래소 제1부 상장종목을 조사한 것이다.

먼저 무작위로 추출한 1종목으로 이루어진 100개의 포트폴리오를 작성하고, 20년간 240개월 사이의 월간수익률의 표준편차를 계산하였다. 다음으로 동일한 작업을 통하여 포트폴리오를 구성하는 종목의 수를 5종목, 10종목, 100종목, 200종목으로 늘려 최고 500종목까지 계산하여 그래프화한 것이다.

〈그림 7-4〉에서 보면 종목수가 100 전후에서 표준편차의 값이 급속히 작아진다는 것을 알 수 있다. 즉 포트폴리오에 투자된 종목수가 상대적으로 적은 경우에는 선택된 종목군과 반비례하여 수익률의 변동은 크며, 종목수가 많아짐에 따라 수익률변동은 적어지고, 종목수가 100을 초과하면서부터는 투자종목의 수를 증가시켜도 표준편차의 값은 거의 감소하지 않고, 최종적으로는 일정한 수준으로 수렴하고 있다.

〈그림 7-4〉에서 주식시장의 운용에 있어서는 종목수를 늘림으로써 리스크를 줄일 수는 있지만, 그것도 일정 수준에서 한계가 있음을 알 수 있다. 분산투자를 하더라도 배제할 수 없는 리스크는 시장자체가 가지고 있는 리스크라는 의미에서 시장리스크(systematic risk)라 한다. 반대로 종목수를 늘리면 결국 분산투자에 따라 줄일 수 있는 리스크를 비시장리스크(unsystematic risk)라 한다.

3. 자산분류에 따른 특징

투자수익률은 배당금, 이율 등의 배당소득(Income Gain)과 가치상승에 따른 자본소득(Capital Gain)의 두 종류로 구성된다. 일반적으로 시장가치의 변동 결과인 자본소득, 즉 가치상승에 의한 수익에 비해 배당금 및 이자율 등의 수입인 배당소득 쪽이 보다 확실성이 높기 때문에 운용방침을 책정함에 있어서는 이러한 요소에 대해서도 함께 검토하는 것이 중요하다.

또한 리스크의 정의를 수익률의 불확실성으로 볼 수 있지만 이 이외에도 예를 들면 사채를 발행한 회사가 도산함에 따라 원금상환이 불가능하게 된 경우의 리스크와 같이 자산 그 자체의 회수리스크도 존재한다. 따라서 신용리스크(credit risk)도 고려할 필요가 있다. 또한 발행형태가 특수하여 발행량도 적으며 투자가가 편중되어 있기 때문에 도중에 처분하고자 하더라도 매각상대를 찾기 힘든 채권 등에서는 시장에서의 유동성이 결여되어 있으므로 환금시 상당히 불리한 조건

표 7-4 자산분류별 특징

구 분	주 식	채 권	단기금리
원금회수의 안정성	−	−	++
유동성/환금성	+	0	++
현금흐름의 안정성	−	++	0
인플레율 공제 후의 수익성	++	−	−−

주: Frank Russel의 자료를 근거로 작성.

을 감수하게 된다. 따라서 증권의 성격을 충분히 파악한 후 선택할 필요가 있다.

운용방침을 책정할 때 이상과 같은 각 자산이 가지고 있는 핵심적인 문제를 잘 파악하는 것은 대단히 중요하다. 〈표 7-4〉는 이러한 관점에서 각 자산별 특징을 정리한 것이다.

4. 본질에 적합한 현명한 운용방침

연기금의 운용방침을 수립함에 있어서 중요한 이념으로서 다음을 들 수 있다.

① 높은 수익률은 리스크를 감내하는 대가로서 지급되는 것이라는 점이다. 누구든지 리스크를 회피하고 높은 수익률을 얻고자 바라고 있지만 이와 같은 것은 있을 수 없다는 점을 명심하여야 한다. 높은 수익률을 얻고자 한다면 높은 리스크를 감수하고 리스크프리미엄을 향수할 수 있도록 노력하여야 한다. 미국 등에서는 투자의 계율로서 「무소속은 없다」라는 말이 빈번하게 사용되고 있다. 무소속, 즉 「공짜로 밥을 먹는」 것이 그렇게 간단히 해결할 수 있는 것은 아니라는 점이다. 저위험고수익을 찾는 것은 무임승차를 요구하는 것과 같은 것으로 취급할 수 있다.

② 리스크는 투자기간을 기준으로 고려하여야 한다는 점이다. 자본시장의 실적치를 1년에서부터 10년까지의 운용기간을 통해 검증해 본 결과, 운용기간이 길면 도중에 심각한 변동이 있었다 하더라도 최종적으로는 끝까지 소유하는 경우가 많다. 따라서 자본시장의 특징을 잘 이해하고 장기적인 관점에서 일관된 운용전략을 수립하는 것이 무엇보다도 중요하다.

③ 분산투자의 장점을 고려하여야 한다는 점이다. 주식운용이란 원래 시장

의 리스크프리미엄을 찾아 투자하는 것이기 때문에 높은 운용수익을 구하기 위해서는 시장리스크에 확실하게 대처할 필요가 있다. 한편 비시장리스크는 분산투자에 의해 거의 소멸될 가능성이 있다.

선진국에서도 경험적으로는 비시장리스크를 적극적으로 취급함으로써 시장평균을 상회하는 수익률을 획득하는 것은 대단히 어렵다 한다. 따라서 비시장리스크에 도전하는 것과 분산투자에 의해 비시장리스크를 배제하는 것과의 득실을 충분히 고려하여 현명한 투자전략을 구축하는 것이 중요하다.

④ 각 자산별 특별한 성격을 고려하여야 한다는 점이다. 주식 · 채권 등 자산종류별로 각각의 성격에는 특징이 있다는 점도 운용방침의 책정시 고려해야 할 중요한 포인트이다. 예를 들면 채권운용에서 발행채 그 자체의 신용도에 대한 평가가 불충분하거나 시장에서의 환금성 등 판단착오가 원인이 되어 높은 수익률을 올리고자 한 것이 반대로 생각지도 않은 희생을 강요하는 경우도 있으므로 충분한 주의를 기울일 필요가 있다.

II. 분산투자이론의 기본적 관점

1. 마르코위츠의 분산투자이론

자본시장의 특징으로서 위험과 수익에는 상반관계가 있다. 높은 수익에 도전하기 위해서는 높은 리스크를 부담하지 않을 수 없으며, 그것이 자산운용의 기본이다. 그러나 복수의 자산에 투자함으로써 동일한 위험의 정도에서도 수익을 높인다거나 동일한 수익을 구하면서도 위험의 정도를 적게 하는 것이 가능하다는 것도 알려져 있다. 이 이론은 1952년 미국의 마르코위츠(Harry Marcowitz) 박사에 의해 최초로 제창되었으며, 그 후 현대투자이론 발전의 선구적 업적으로 평가되고 있다. 마르코위츠는 1990년 동 투자이론에 관한 업적이 인정된 샤프(William Sharp), 밀러(Merton Miller)의 두 사람과 함께 노벨경제학상을 수상하였다.

2. 혹서와 주가와의 관계

증권의 수익률변동을 초래하는 요인을 여러 가지로 생각해 보면 복수의 증권이 어떤 변동요인에 감응하는 정도는 증권별로 다를 것으로 예상할 수 있다. 예를 들면 어떤 해의 여름이 예상 외로 대단히 더웠다고 하자. 따라서 에어컨의 판매가 활성화되고, 한편 혹서가 언제까지나 계속될 경우 소비자의 가을의류에 대한 관심은 낮아져 의류품의 매상은 예년에 비해 저조하다고 생각해 보자. 이 경우 에어컨 제조업자의 이익은 대폭 증가할 것으로 예상할 수 있지만, 다른 한편 의류품 제조업자의 경우는 매상이 저조하여 예상 외로 이익이 감소할 것으로 예상된다. 주식시장에서는 장래 이익의 변동을 전망하여 통상은 에어컨 제조업자의 주가가 상승하고, 의류품 제조업자의 주가가 내려갈 것으로 예상된다. 여기에서의 핵심은 주가변동을 불러일으킨 혹서가 개별 종목의 주가에 미치는 영향의 정도는 각각 증권별로 다를 것이라는 점이다. 주가를 움직이는 요인은 다양하고 개별종목도 각각 상이한 영향을 받아 주가는 변동한다. 금리저하 등과 같이 광범위한 범위의 기업에 동일한 방향의 영향을 미치는 변동요인도 있지만, 혹서와 같이 업종에 따라서는 플러스와 마이너스의 반대의 영향을 초래하는 변동요인도 있다.

3. 관건은 상관계수

어떤 사상이 원인이 되어 주가가 변동하더라도 그 영향을 받는 쪽은 동일하지 않으며 각각 감응도가 다르게 나타난다. 따라서 여기서 각 종목간 수익률의 「상관계수」를 구하게 되면 수치가 높은 것에서부터 낮은 것, 역상관의 관계를 나타내는 것 등 다양한 수치가 나타날 것으로 예상된다.

두 가지 종목으로 구성된 포트폴리오의 전체 수익률의 표준편차 값은 아래의 수식에 의해 산출되는데, 산식이 나타내는 바와 같이 각 증권의 수익률 사이의 상관계수가 1이 아닌 한, 종목을 조합한 포트폴리오의 표준편차의 값은 종목별 표준편차의 평균치를 하회한다. 따라서 복수종목으로 포트폴리오를 구축함으로써 동일한 수익률에서도 리스크를 적게 하는 것이 가능하다. A, B증권의 투자비율을 각각 P_a, P_b라 하고, 표준편차의 값을 σ_a, σ_b라고 하자. A, B 양 증권의 수익률 상관계수를 r_{ab}로 하면 포트폴리오의 표준편차 σ_P는 다음과 같이 구해진다.

$$\sigma_P = \sqrt{P_a^2 \cdot \sigma_a^2 + P_b^2 \cdot \sigma_b^2 + 2 \cdot P_a \cdot P_b \cdot \sigma_a \cdot \sigma_b \cdot r_{ab}}$$

즉 〈표 7-5〉는 A, B 두 가지 증권을 예로 들어 이 관계를 그림으로 나타낸 것이다. 이 그림에서는 수익률 5%인 A증권과 수익률 20%인 B증권을 50:50의 비율로 투자한다고 하자. 따라서 포트폴리오의 수익률은 A, B 두 가지 증권의 평균치인 12.5%가 된다. A, B 두 증권의 수익률의 상관계수가 0.2라고 하자. 한편 표준편차의 값은 산식에 따라서 구한 결과 14.4%이며, 이는 A, B 두 증권의

표 7-5 분산투자의 이론

구 분	A 증권	B 증권	A증권, B증권의 투자비율을 1:1로 구성하는 포트폴리오
수 익 률	5%	20%	12.5%
표준편차	10	25	14.4
상관계수	1.0	0.2	

포트폴리오의 수익률 $= 0.05 \times 0.5 + 0.20 \times 0.5 = 0.125 \rightarrow 12.5\%$

표준편차 $= \sqrt{0.5^2 \times 0.1^2 + 0.5^2 \times 0.25^2 + 2 \times 0.5 \times 0.5 \times 0.1 \times 0.25 \times 0.2}$

$= \sqrt{0.020625} = 0.1436 \rightarrow 14.4$

그림 7-5 포트폴리오의 수익률과 리스크

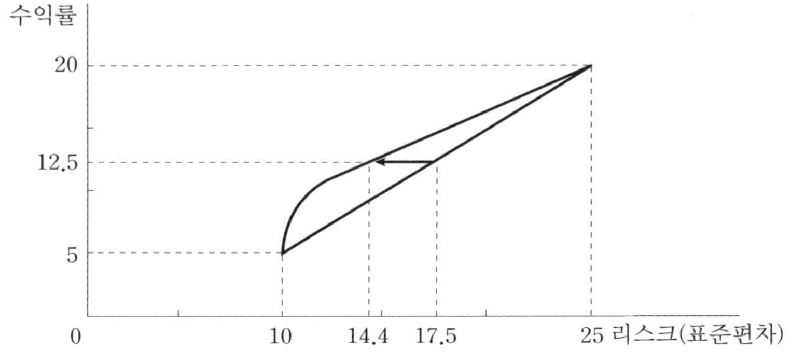

표준편차값인 10%, 25%의 평균치인 17.5%를 하회하고 있다.

그림이 나타내고 있는 것처럼 분산투자의 결과가 작용함으로써 17.5%와 14.4%의 차이인 3.1%에 상당하는 만큼 리스크가 줄어든다. 이 사실을 근거로 생각해 볼 때, 전체 투자비율에 의해 산출되는 수익률과 표준편차의 값을 결합하면 그림이 나타내는 것과 같이 상방향으로 볼록한 곡선이 생성된다.

4. 효율적 프론티어

두 가지 종목의 조합의 전체에 관한 평균수익률과 표준편차의 값을 구한 다음 그 점을 연결한 곡선은 각각의 투자비율에 있어서 가장 리스크가 적으면서도 수익률이 큰 조합군을 나타낸다. 즉 가장 효율적인 조합에 의해 묘사된 곡선이라는 점에서 「효율적 프론티어곡선」 또는 「有效프론티어曲線」(efficient frontier curve)이라고 부른다. 지금까지는 A, B 두 가지 증권에 관해서만 살펴보았지만, 다음으로 증권의 수를 하나더 추가하여 A, B, C 세가지 증권의 경우에 대하여 살펴보면 〈그림 7-6〉의 ①과 같이 된다. 먼저 A, B 두 증권으로 묘사되는 유효프론티어 곡선을 호 AB로 하면, 그 선상의 한 점 p(p는 호 AB 선상을 이동함)와 C 증권으로 구성되는 새로운 효율적 프론티어곡선(호 AC)이 A, B, C 세 가지 증권에 의해 최종적으로 구해지는 효율적 프론티어곡선이다.

마찬가지의 방식에 의해 4가지 이상의 조합에 대해서도 순차적으로 적용하

그림 7-6　다수증권의 분산투자와 유효프론티어

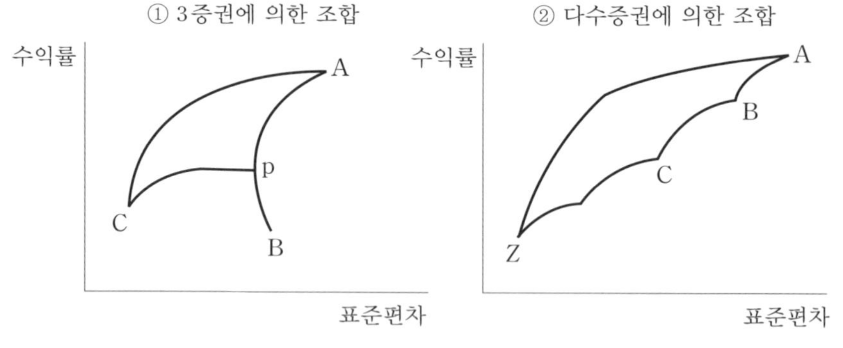

면 A, B, C ⋯ Z까지의 다수의 증권에 의한 효율적 프론티어곡선으로서 최종적으로는 〈그림 7-6〉의 ②에 표시된 호 AZ를 도출할 수 있다.

Ⅲ. 기대수익률의 책정방법

1. 기대수익률과 예정이율의 관계

퇴직연금은 장기적인 운용이 가능한 성격을 가지고 있으므로 리스크를 감내하는 대가로서 높은 수익률을 획득할 수 있다. 한편 자산운용의 목적, 목표를 정함에 있어서는 연금재정의 구조에 따른 부채 측의 성격을 기초로 검토할 필요가 있다. 연금자산은 장래 급부금액의 현재가치에 상당하는 급부현가와 장래 수입액의 현재가치에 상당하는 수입현가의 차액인 책임준비금을 기준으로 적립된다.

따라서 자산운용의 목표는 할인계산에 의해 장래의 가치를 현재가치로 치환할 때 사용된 예정이율 수준을 확보하는 것에 있다. 또 다른 하나의 핵심은 장래의 급부채무가 임금의 함수라는 점을 인식하는 것이다. 그러므로 예정이율의 선택기준은 장래 예상되는 임금의 상승률에 대비하여 어느 정도의 수준을 유지할 것인가에 있다.

즉 운용목표로서는 절대치인 예정이율을 상회하는 수준을 목적으로 함과 동시에 운용기간 동안의 임금상승률(그 기간의 인플레이션율에 거의 연동함)을 상회하는 수익을 달성한다라는 상대적인 수준의 양면성이 요구되는 것이다. 만약 임금상승률을 크게 상회하는 예정이율을 선택하면 갹출률은 낮아지지만 그 경우에는 높은 예정이율을 달성하기 위해 운용목표도 높게 설정되지 않으면 안 된다. 그 결과 높은 기대수익률을 예상한 운용방침을 채용하게 되므로 당연히 리스크도 크지 않을 수 없다는 점을 인식할 필요가 있다.

2. 기대수익률 예측의 의의

각 자산의 장래수익률을 사전에 파악하는 것은 대단히 어렵다. 그러나 장래예측을 잘 반영하고 있는 것 중의 하나가 과거의 실적치라고 할 수 있다. 원래 이

점에 관해서도 어느 정도의 확실성으로 과거 실적치의 사이클을 파악할 수 있다고 생각되지만, 그 유효성에 대해서는 의문시하는 의견도 적지 않다.

그 중에는 각 자산의 수익률에 영향을 미치는 기본적인 요인을 조사분석하고, 수학적인 처리에 의해 장래예측에 도전, 성과를 거두는 예도 있다. 그렇지만 장래예측은 어느 정도 정밀도를 높인다 하더라도 예측할 수 없는 일이 발생할 수 있으므로 거기에는 스스로 한계가 있다는 점을 염두에 둘 필요가 있다. 어느 쪽이든 단순히 과거의 실적을 연장하여 장래를 예측하는 것에는 무리가 있다고 하더라도 실제로는 장래를 예측하는 중요한 도구로서 과거의 실적치를 이용하는 것의 의의는 인정할 수 있을 것이다. 장래를 예측한다는 것은 어떠한 경우이든 곤란하고 어려운 작업이다. 그러므로 많은 연금기금이 어떻게 판단하고 있는가, 그 실태를 파악하는 것도 의의가 있을 것이다. 장래 예측에 대한 일반적인 합의사항을 알고 있음으로써 자기의 예측치를 검증할 수 있기 때문이다.

예를 들면 그리니치 어쏘시에이츠(Greenwich Associates)사에서는 퇴직연금,공무원연금기금 등이 채용하고 있는 각 자산별 기대수익률 등을 매년 조사하여 그 결과를 기금의 자산규모별로 분류, 정리하여 자료로서 고객에게 제공하고 있다. 자본시장의 장래예측은 어려운 작업이라 하더라도 각 자산의 상호수익, 위험의 변화를 주의깊게 관찰하여 항시 자산 사이의 잘못된 가격설정을 확인하면서 부가가치를 창출하는 예도 적지 않다. 이와 같이 자본시장의 본질을 충분히 분별한 후 냉정한 판단에 따라 투자전략을 구축한다면 그에 상응하는 성과의 향상도 기대할 수 있을 것이다.

IV. 자본시장의 장래예측

1. 주식시장의 수익률 예측

주식시장의 수익률 예측에는 여러 가지 기법들이 사용되고 있다. 그러나 어느 것이든 나름대로의 설명력은 가지고 있지만, 고도로 정확한 예측은 어렵다. 그러나 널리 이용되고 있는 방법 중에서 장기적인 주식의 수익률 구조를 기반으로 하여 주식시장의 장래 수익률을 예측하는 기법이 있다. 즉,

주식수익률＝인플레이션율＋실질금리＋리스크프리미엄

의 관계를 기초로 실질금리, 인플레이션율, 주식의 리스크프리미엄에 대하여 과거의 수치를 검증하고, 그것을 단서로 각 요소의 향후 수치를 예측하여 주식시장의 수익률을 예상하는 것이다. 이 방식은 블록빌딩(Block Building)방식이라 부른다. 또한 원래 주식회사의 구조는 기업이 주주자본을 모아 경영하고, 장래에 생기는 수익을 주주에게 환원하는 것이다. 따라서 주식의 시가총액은 장래 수익의 현재가치의 총액과 같을 것이라는 사고방식이 있다. 그 전형적인 것이 「배당할인모델」(devident discount model: DDM)로 불리는 것으로 주식평가의 기초이론으로서 널리 지지를 받고 있다. 그 외에 경제성장률, 금리수준, 환율 등 경제의 기본적 조건 및 금융시장의 동향, 또는 기업의 매출고, 영업이익 등 거시적 지표를 근거로 수리통계적인 접근에 의한 모델로 주식수익률을 예측하는 기법 등 다양한 기법이 개발되어 실무에 적용되고 있다.

2. 미국의 주식시장

미국에서는 주식시장의 본질이 고위험 고수익이며, 동시에 불확실성이 높다는 인식이 시장관계자 사이에 널리 보급되어, 그것을 전제로 투자판단을 해야 한다는 인식이 거의 정착되어 있다. 또한 효율적 시장가설이 널리 받아들여지고 있지만 완전히 효율적인 시장 등은 존재할 수 없으므로 예측능력에 승부를 띄움으로써 보다 부가가치가 높은 운용성과를 거둘 수 있다는 사고방식도 광범위한 지지를 받고 있다.

이 때문에 시장참가자가 주식시장을 어떻게 보고 있는가(이른바 시장의 합의)가 관심이 되고 있다. 증권회사 등 증권판매 측의 경제학자 및 전문가의 조사, 분석정보는 물론이고 기관투자가 등 증권구입 측의 경제학자 및 전문가들의 견해도 또한 주목되고 있다. 이와 같이 입장을 달리하는 많은 사람들이 관여하고, 공개적으로 정보가 제공되고 있으므로 증권시장에 대한 예측 및 판단에는 거의 편차가 존재하지 않는다. 이와 같은 니즈에 부응하여 많은 전문가에 의한 기업이익의 예측데이터가 수집 · 정리된 것이 공개되어 널리 이용되고 있다.

그 대표적인 것으로 IBES(Institutional Brokers Estimate System) 등을 들

수 있다.

3. 일본의 주식시장

일본의 주식시장은 미국과 달리 일본 고유의 현상이 많이 존재한다는 점이 지적되고 있다. 기업간 주식지분 비율이 높다는 점, 전통적으로 경영방침 및 기업업적에 관해 일반주주의 경영위임 성격이 약해 주주에 의한 경영검사기능이 약하다는 점, 미국의 회계제도와 비교하여 기업의 경영실태가 충분히 공시되고 있지 않다는 점, 유통시장이 성숙되어 있지 않기 때문에 주가형성이 시장의 소문에 좌우되기 싶다는 점 등이 특징으로 지적되고 있다.

시장에서는 기업업적에 부합하는 주가가 형성되어야 하는데, 기업 중에는 발행코스트가 저렴한 자금조달을 가장 중요시하여 주식의 가치는 등한시한 채 주가의 상승만을 기대하는 심리에서 결정되는 예도 적지 않다. 또한 투자가의 의식면에서도 주가를 냉정히 평가하여 투자하는 것보다도 생각에 주가가 오를 것이라고 판단하여 당장 투자를 결행하는 경우가 적지 않다. 이러한 사실로부터 일본의 주식시장은 효율적 시장과는 거의 거리가 멀다고 하지 않을 수 없다. 주가의 평가기준이 제각각이어서 커다란 줄기가 없는 상황에서 변화가 발생하기 때문에 주가변동은 더욱 커지게 된다. 이러한 요소가 거듭되어 주가버블을 형성하는 요인이 되거나 혹은 장기간 혹독한 조정기를 초래하게 된다. 따라서 일본 주식시장의 장래수익률을 예측하는 것은 특히 어려운 것이다.

4. 채권시장의 특징

채권수익률의 예측에서도 주식과 마찬가지로 장기적인 수익률 구조를 근거로 한 이른바 블록빌딩(Block Building)방식에 의한 접근방식이 채택되는 경우가 적지 않다. 즉 실질금리, 인플레이션율, 채권의 유동성프리미엄에 대한 과거의 수치를 검증하고, 그것을 바탕으로 각 요소에 대한 향후 예측을 반복하여 수익률 예상치를 도출하는 것이다. 그러나 실질금리가 급변하는 경제환경의 영향을 쉽게 받아 안정적이지 못하므로 그 장래를 예측하는 핵심기법이 없는 실정이다. 인플레이션율의 장래 역시 확신을 가지고 예측하는 것은 어렵다.

일본의 채권시장도 역시 주식시장과 마찬가지로 일본적인 특수성이 지적되고 있다. 예를 들면 회계기준을 원가법(취득원가주의)으로 하는 채권투자가의 비율이 높고, 투자판단을 장부가에 의존하기 때문에 채권시장의 가격메커니즘에 왜곡이 생기기 쉽다는 점, 거대한 시가총액을 점하고 있으면서 비상장인 채권의 비중이 높다는 점, 채권시장에서는 지표종목으로 일컬어지는 국채가 일부종목을 제외하면 유동성이 충분하지 않다는 점 등이 있다. 이러한 조건으로부터 일본의 채권시장은 원숙하다고 하기는 어렵고 주식시장과 마찬가지로 가격메커니즘이 충분히 기능하는 시장으로의 발전을 기대하고 있는 실정이다.

5. 채권시장과 수익률예측

채권시장을 예측할 때에는 먼저 확정금리부이면서 상환일이 확정되어 있다는 채권의 특징을 감안할 필요가 있다. 그러므로 현재부터 장래에 걸친 시간의 연속적인 경과를 축으로 하여 장래를 예측하는 접근방식이 유효한 수단으로 여겨지고 있다.

즉 현재의 금리수준을 출발점으로 하여 장래의 금리변동 폭을 표준으로 한 시뮬레이션을 행하고, 각각에 해당하는 채권수익률을 상정하여 실마리를 얻을

표 7-6 채권투자의 시뮬레이션

		(5년간 기대수익률)								
		2.5	3.0	3.5	4.0	4.5	5.0	5.5	6.0	6.5
		(5년 후의 금리)								
현재의 금리	2.5	3.6	3.1	2.5	1.9	1.4	0.8	0.3	−0.3	−0.8
	3.0	4.4	3.8	3.3	2.7	2.2	1.6	1.1	0.5	−0.1
	3.5	5.2	4.6	4.1	3.5	2.9	2.4	1.8	1.3	0.7
	4.0	5.9	5.4	4.8	4.3	3.7	3.2	2.6	2.1	1.5
	4.5	6.7	6.2	5.6	5.1	4.5	3.9	3.4	2.8	2.3
	5.0	7.5	6.9	6.4	5.8	5.3	4.7	4.2	3.6	3.1

주: 전제조건: 듀레이션 4.5년, 현상의 평균 쿠폰은 4.5%로 하고 향후 5년간 쿠폰수익은 현재의 금리수준(2.5% → 5.0%의 6단계)에 대응하여 각각 3.5, 3.75, 4.00, 4.25, 4.50, 4.75%로 전제를 두고 계산.

수 있다. 〈표 7-6〉은 그 한 예이다. 현재의 금리란에는 가장 최근의 금리수준이 표시되어 있다. 이 현재의 금리와 표 중앙의 5년 후의 금리를 교차시킨 상단의 5년간 기대수익률이 5년간 투자활동의 결과로서 기대되는 수익률을 나타내고 있다.

예를 들면 현재의 금리수준이 3.5%라고 하자. 현재의 금리 3.5%의 수준에서 5년 후의 금리수준이 4.6%로 상승한다고 가정하면, 5년간의 기대수익률은 3.0%가 된다는 것을 나타내고 있다. 이와 같은 시뮬레이션으로부터 현재의 금리수준이 3.5%의 상황에서 5년간 기대수익률 5.5%를 달성하기 위해서는 5년 후의 금리수준은 1.8%까지 내려가는 것이 전제로 되어 있다. 마찬가지로 현재의 금리수준을 3.5%로 하면 장래금리가 1%대까지 내려가면 5년간의 채권투자는 5% 정도의 수익률을 기대할 수 있지만, 반대로 금리수준이 5%대로 상승하게 되면 5년간의 운용수익은 2%정도에 그친다. 이렇게 보면 확정금리부 증권이라는 이미지를 가지면서도 채권수익률이 생각이상으로 변동하는 것도 납득할 수 있을 것이다.

6. 리스크와 상관계수의 예측

지금까지 주식, 채권 양 시장의 수익률 예측에 대하여 기술하였는데, 여기서는 그것과 깊은 관련이 있는 표준편차(리스크)와 각 자산별 기대수익률 사이의 상관계수의 예상에 대해 살펴보고자 한다. 이 두 가지도 모두 과거의 실적치를 시계열적으로 분석하면 시간의 차이에 따라 크게 차이가 나는 성질이 있으므로 단순히 과거의 평균치를 가지고 끝낼 수는 없는 것이다. 그러나 실무상에서는 장래 예측에 관한 핵심수단이 없어 과거의 데이터를 근거로 판단하는 것이 현실이다. 가능한 한 타당성이 높은 판단을 위해 과거 실적치의 분석기간을 가능한 한 길게 한다든가, 그 추이를 차트화하여 분석하고 안정감을 평가한다든가, 특수한 요인이 존재하면 배제하는 등의 노력이 필요하다. 실무적으로는 과거의 데이터를 몇 가지 시계열적 블록으로 나누어 실적치의 경향을 분석하고, 최종적인 예측치를 결정하는 방식 등이 사용되고 있다.

〈표 7-7〉은 리스크의 척도로서 표준편차 및 각 자산의 기대수익률 사이의 상관계수의 예측치를 결정하는 과정을 표시한 미국에서의 사례이다. 이와 같은 과정을 거쳐 과거의 트랜드를 확인하고, 비교 · 검토한 후 예측치로서 최종값이

표 7-7 표준편차와 상관계수의 과거 데이터의 정리와 장래예측의 예

[표준편차]

	1990년~2003년	1995년~2003년	2001년~2003년	예측치
재무성증권	0.9	0.5	0.3	0.5
소비자물가지수	1.1	0.8	1.0	1.0
S&P 500지수	15.4	15.7	10.5	15.0
리만 국채/사채	7.2	5.1	3.8	6.0
MSCI EAFE	18.7	19.9	17.1	18.0

[상관계수] (S&P 500주식=1.0)

	1990년~2003년	1995년~2003년	2001년~2003년	예측치
재무성증권	−0.07	0.06	0.18	0.00
소비자물가지수	−0.17	−0.18	−0.18	−0.20
S&P 500지수	1.00	1.00	1.00	1.00
리만 국채/사채	0.31	0.32	0.40	0.40
MSCI EAFE	0.45	0.42	0.39	0.50

결정된다. 여기서는 반드시 과거 실적치의 평균치에 영향을 받지 않고 오로지 판단에 위임되며, 각종 수치는 최종적으로 둥근 호모양을 만들게 된다.

V. 정책적 자산믹스의 구축

1. 정책적 자산믹스의 책정

운용의 기본방침으로 구축되어 있는 자산믹스의 운용기간(time horizon)은 일반적으로 5~10년이라는 장기적인 관점에서 책정되어 있는 경우가 많다. 이와 같이 장기간에 있어 기본이 되는 자산믹스의 경우를 전략적 자산배분(strategic asset allocation)이라 부른다. 또한 정책적 자산믹스(policy asset mix)라고 부르는 경우도 많다.

〈표 7-8〉은 정책적 자산믹스 구축의 전제조건인 기대수익률, 표준편차, 상관계수의 한 예를 나타낸 것이다. 여기서는 장래의 5년간에 대하여 각 자산별 수

표 7-8 정책적 자산믹스 책정의 전제조건

① 기대수익률 · 리스크 · 상관계수(운용기간: 5년)

구 분	기 대 수익률	표 준 편 차	상 관 계 수					
			주식	전환사채	채권	외국주식	외국채권	현금기타
주 식	7.75	19.1	1.0					
전환사채	5.75	13.0	0.8	1.0				
채 권	3.75	5.1	0.1	0.4	1.0			
외국주식	7.75	18.7	0.2	0.2	−0.2	1.0		
외국채권	3.75	14.0	0.0	0.0	−0.2	0.8	1.0	
현금기타	2.50	2.2	−0.1	0.0	0.3	0.3	0.2	1.0
CPI예측	1.00							

② 표준편차와 상관계수의 평가

표준편차		'85년~'04년				상관계수		'85년~'04년			
		'85-'89	'90-'94	'95-'99	'00-'04			'85-'89	'90-'94	'95-'99	'00-'04
주식	19.1	11.0	8.2	14.1	19.6	주식	1.0	1.0	1.0	1.0	1.0
전환사채	13.0	8.7	7.5	12.4	14.2	전환사채	0.8	0.9	0.3	1.0	0.7
채권	5.1	7.2	1.8	3.5	5.0	채권	0.1	−0.2	0.4	0.4	0.1
외국주식	18.7	25.3	8.1	22.0	10.1	외국주식	0.2	0.0	0.0	0.1	0.4
외국채권	14.0	15.6	15.6	14.4	6.0	외국채권	0.0	−0.1	−0.1	0.0	−0.7
현금기타	2.2	2.1	1.7	1.1	2.2	현금기타	−0.1	0.2	−0.6	−0.1	−0.6

치를 예상하고 있는데, 블록빌딩(block building) 기법에 따라 당면한 소비자물가지수를 1%로 상정하고, 각각의 리스크프리미엄을 감안하고 있다. 먼저 현금의 수익률과 소비자물가지수와의 차이에 상당하는 실질금리는 1.5%로 설정되어 있다. 현금의 수익률과 타자산 수익률과의 차액으로 정의되는 리스크프리미엄은 채권유동성프리미엄에서는 1.25%, 주식리스크프리미엄에서는 5.25%, 전환사채리스크프리미엄에서는 3.25%로 상정되어 있다. 또한 외화자산은 장기운용의 경우 외국환시장에서의 재정(裁定)이 작용한다는 것을 전제로 외화자산의 수익률은 동종의 국내자산과 동일한 수치가 채용되고 있다. 즉 외국주식과 국내주식, 외국채권과 국내채권의 수익률은 장기적으로 보면 같은 수준이라고 판단한 결과이다.

수익률이 국내자산과 같음에도 불구하고 리스크가 큰 외화자산을 선택하는 핵심적 이유는 양자의 상관관계가 적기 때문이다. 이 때문에 분산투자 효과가 크게 나타나며, 자산믹스 전체의 리스크를 줄이는 효과가 생긴다.

표준편차와 상관계수의 책정시에는 과거의 데이터를 근거로 기간별로 정도의 차이가 있는가를 평가하고, 그 안정도를 고려하여 최종적인 결정이 이루어진다. 여기서는 20년간을 통산한 실적치 그 자체가 채용되고 있는데, 그 타당성을 검증하기 위해 과거 5년간별로 구분한 4기간의 각 수치가 어떠한 경향을 가지고 있는가를 비교한 후 판단을 내린다.

2. 효율적 프론티어와 자산믹스 모델

이상의 데이터를 기초로 효율적 프론티어곡선을 그린 것이 〈그림 7-7〉이다. 여기서는 효율적 프론티어곡선에 가까이 위치하는 자산믹스 속에서 리스크와 수익률의 조합을 기초로 선택한 전형적인 투자비율이 자산믹스 모델로서 5개가 선택되어 있다.

이들 리스크와 수익률이 상이한 5가지 자산믹스 A, B, C, D, E를 상정하여 검토해 보자. 이 5가지의 자산믹스군의 내용은 〈표 7-9〉에 표시되어 있는데, A가 가장 저위험저수익으로 리스크와 수익률이 모두 가장 낮은 수치를 보이고 있다. 반대로 E는 고위험 고수익으로 리스크와 위험이 가장 높은 것으로 구성되어

그림 7-7 효율적 프론티어와 자산믹스 모델

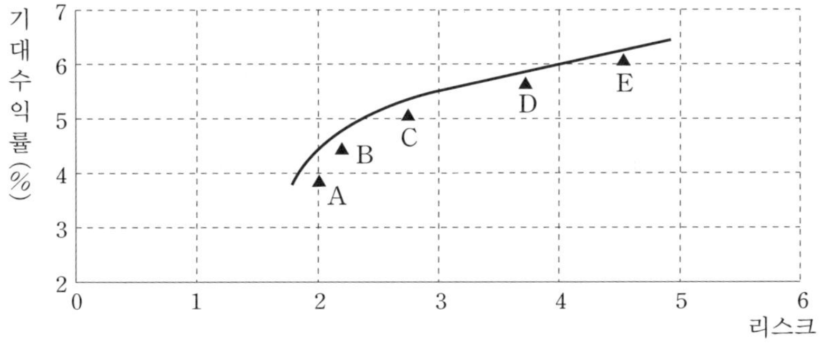

표 7-9 자산믹스 모델과 위험, 수익률

구 분	기대수익률	표준편차	투자비율(%)				
			A	B	C	D	E
주 식	7.75	19.1	10	15	20	30	30
전환사채	5.75	13.0	0	5	10	10	25
채 권	3.75	5.1	75	60	45	40	20
외국주식	7.75	18.7	0	5	10	10	15
외국채권	3.75	14.0	0	0	5	5	5
현금기타	2.50	2.2	15	15	10	5	5
			100	100	100	100	100
5년 통산	기대수익률(a)		4.0	4.5	5.0	5.8	6.0
	표준편차(b)		2.0	2.3	2.9	3.6	4.4
	1표준편차당 수익률 (a)÷(b)		2.0	2.0	1.7	1.6	1.4

(운용기간: 5년)

있다. B, C, D는 A와 E의 중간적인 성격의 자산믹스이다. 엄밀히 말하면 자산믹스 모델 A, B, C, D, E는 효율적 프론티어곡선상에 위치하는 것이 원리적으로는 이치에 합당하지만 여기서는 효율적 관점에서 나머지는 도외시하여 제로로 하였다. 그 결과 효율적 프론티어 곡선으로부터는 다소 거리가 있게 되었는데, 장기적인 운용기본방침으로서의 정책적 자산믹스의 관점에서 볼 때 큰 지장은 없다.

3. 자산믹스 모델의 리스크와 수익률

자산믹스 모델 A, B, C, D, E의 성격은 각각 상이한 리스크와 수익률을 가지고 있으며, 또한 상반관계에 있다. 이들 중에서 최종적인 정책적 자산믹스로서 어느 것을 선택하면 좋은가, 그것을 해결하기 위해서는 다음과 같은 핵심을 이해하는 것이 중요하다. 〈그림 7-8〉은 자산믹스 모델 A, B, C, D, E에 따라 운용기간을 5년간으로 할 때 통산(通算) 수익률이 어느 정도로 분포할 것인가, 그 상황을 확률적으로 예측하여 그림으로 나타낸 것이다. 수익률의 분포상황이 높은

그림 7-8 자산믹스 모델과 수익률 분포(운용기간 5년)

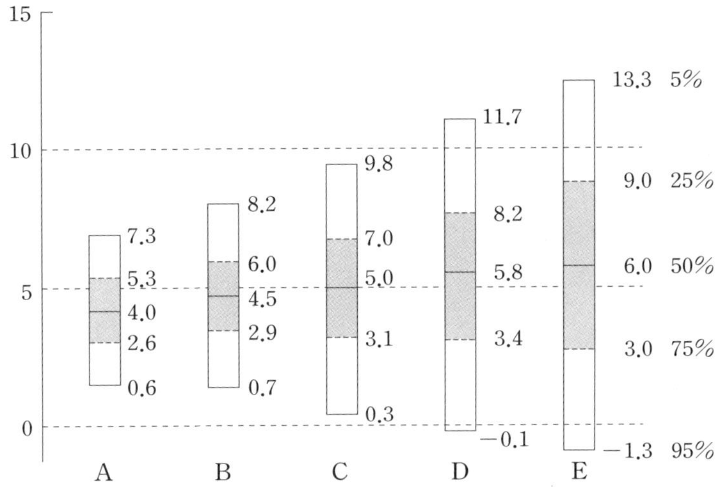

쪽에서부터 5, 25, 50, 75, 95%로 나타나고 있다. 여기서 주목되는 것은 자산믹스 모델 A, B, C, D, E가 각각 75%의 확률에서 달성가능한 수익률은 2.6%, 2.9%, 3.1%, 3.4%, 3.0%이며 그다지 커다란 차이는 없다.

한편 25%의 확률에서 달성가능한 수익률은 5.3%, 6.0%, 7.0%, 8.2%, 9.0%로 상당한 차이가 있다는 것을 알 수 있다. 이 때문에 5년간의 통산운용수익률로 보면 리스크가 적고 견실한 것처럼 보이는 A, B 등은 사실은 안정에 치우친 나머지 수익률이 너무 낮은 것에 불과하다고 볼 수 있다. 한편 리스크가 높고 위험성이 큰 것처럼 보이는 D, E는 수익률이 낮을 확률도 약간 높지만 평균적으로 볼 때에는 높은 수익률을 거둘 확률이 높다는 것을 알 수 있다. 이것은 어느 정도 장기간을 전제로 하면 분산투자효과가 높고, 리스크에 의한 영향이 적어진다는 것을 의미한다. 따라서 반드시 견실한 운용방침만이 효과적이라고는 할 수 없다는 것을 나타내고 있다.

4. 전술적 자산배분(tactical asset allocation)

정책적 자산믹스는 5~10년이라는 장기간을 전제로 하여 책정한 것이기 때문에 당면의 시장변동이 예상할 수 있다고 확신을 가지는 경우를 예외로 하면 기본적으로 계획을 크게 변경해서는 안 되는 것을 의미한다. 이는 주식, 채권 등 자산분류에서 보아도 장기간에 걸쳐 운용하면 효율적인 관계가 있다는 것을 염두에 두지 않으면 안 되기 때문이다. 단기적인 예측에 몰두하여 주식 및 채권의 비율을 변경하였다 하더라도 편차가 크다는 불리함이 존재하는 한편 수익률 쪽은 비율이 변동되지 않았던 때에 비하여 초과수익을 달성하는 것은 그렇게 간단한 것이 아니다. 더구나 생산적이지 않는 경우도 적지 않다고 할 수 있다.

그러나 한편으로 주식 및 채권시장 변동의 예측에 도전하여 자산믹스를 기동적으로 변경하고 부가가치를 높이고자 하는 운용방침이 지지되는 경우도 적지 않다. 이들 기법은 전술적 자산배분(Tactical Asset Allocation: TAA)이라고 부른다.

그 대표적인 기법은 주식의 이익률(기업이익을 주가로 나눈 것으로 PER의 역수)과 채권수익률과의 차이(yield gap이라고 부름)에 주목한 것으로 양자의 역사적인 위치관계를 분석하는 등의 방법으로 판단한다. 「주식은 고평가, 채권은 저평가」로 판단하면 주식의 투자비율은 내리고 채권의 투자비율은 올리며, 「주식은 저평가, 채권은 고평가」로 판단하면 그 반대의 조작을 행함으로써 운용수익을 높이는 방법이다. 이 외에도 자산분류별로 각 자산분류간의 고평가와 저평가를 평가하고 저평가된 자산의 투자비율을 높이고 고평가된 자산에 대한 투자비율을 내림으로써 자산믹스에 부가가치를 창출하는 전략도 채용되고 있다.

전술적 자산배분은 목적한 대로 높은 부가가치를 창출할 수 있지만 반대로 실패하면 마이너스의 부가가치, 즉 수익률의 손실을 가져올 수도 있다. 또한 시장은 그 당시의 외부환경의 변화에 따라 아무렇게나 과잉반응(시장의 노이즈라고 부름)함으로써 동일한 전략이 언제나 효과를 발휘할 수는 없으며 오히려 반대의 결과를 초래하는 경우도 적지 않다. 이 때문에 전술적 자산배분에 대해서는 찬반양론이 존재하고 있다.

VI. 자산배분의 실제

1. 퇴직연금의 자산믹스

퇴직연금의 실제운용에서는 어떠한 자산믹스가 채용되고 있는 것일까. 〈표 7-10〉은 일본의 8개 국내계 신탁은행의 자산믹스를 비교한 것이다. 일본의 경우 1995년의 연금신탁 자산믹스를 크게 분해하면 「국내주식+전환사채」에 29.2%, 국내채권에 38.3%, 외화자산이 16.4%, 현금 등이 16.1%의 구성으로 되어 있다. 〈표 7-7〉의 A에서부터 E의 예에 견주면 거의 C에 가까운 투자방침이라고 할 수 있으며, 그러한 의미에서 평균적인 리스크와 수익률을 전제로 한 것이라고 할

표 7-10 연금신탁의 자산믹스

① 연금신탁의 자산믹스(시가)

	1994년도 실적	1995년도 계획	94년도~95년도 증감	1994년도 실적 최대치	1994년도 실적 최소치	1995년도 계획 최대치	1995년도 계획 최소치
국내주식	19.3%	21.1%	1.8%	20.0%	17.6%	23.0%	20.0%
전환사채	8.2	8.1	−0.1	11.9	6.2	11.0	6.0
채 권	35.8	38.3	2.5	41.0	32.0	40.0	35.0
외국주식	9.0	9.4	0.4	12.0	4.9	12.0	6.0
외국채권	6.7	7.0	0.3	8.0	5.0	8.5	5.0
현금기타	21.0	16.1	−4.9	26.7	12.0	21.0	9.0
합 계	100.0	100.0	0				

주: 「年金情報」 1995년 5월 1일호에서 작성.

② 연금신탁의 기대수익률(1995년도)

국내주식	전환사채	채 권	외국주식	외국채권	현금기타
11.0 (9.0−14.0)	5.3 (3.6−7.0)	3.3 (2.0−5.0)	5.8 (1.7−9.0)	5.9 (2.1−7.5)	2.4 (1.7−4.1)

주: 「年金情報」 1995년 5월 1일호에서 작성. ( ) 내는 신탁은행간 최저치와 최대치를 표시.

수 있다.

1994년부터 1995년에 걸쳐서는 현금 등에서 약 5%를 채권, 주식, 외화자산으로 이동하고, 리스크자산의 비중을 확대하는 운용계획을 세우고 있다. 또한 신탁은행에 의한 투자비율의 차를 보면 국내주식과 국내채권에는 신탁은행 사이에 커다란 차이는 없다고 할 수 있지만 전환사채, 외국주식, 외국채권과 현금의 4가지 자산에는 각 은행의 투자판단에 커다란 차이가 있다. 또한 각 신탁은행이 책정한 기대수익률의 특징으로서는 주식의 리스크프리미엄 평균이 8.6%(11.0−2.4=8.6)로 상당히 높게 상정되어 있으며, 반대로 채권의 유동성프리미엄은 0.9%(3.3−2.4=0.9)로 상당히 낮다. 기타 외화자산에서는 주식보다도 채권수익률을 높게 예측하고 있는 점 등이 두드러진 특징이라고 할 수 있다.

2. 퇴직연금의 분산포트폴리오

그러면 미국 기업연금의 자산믹스 전략은 어떠한 것일까. 1991년부터 1994년까지 매년 실적치와 조사시점부터 3년 후인 1997년을 어떻게 예상하고 있는가를 조사한 것이 〈표 7-11〉이다. 1994년 실적에서는 크게 국내주식 49.5%, 채권 21.1%, 외화자산 9.5%, 기타 19.9로 되어 있다. 향후 방향감각으로서 눈에 띄는 것은 외국주식의 투자를 증가하고자 하는 생각이 강하다는 점이 주목된다.

표 7-11 미국 퇴직연금의 자산믹스

구 분	1991년 실 적	1992년 실 적	1993년 실 적	1994년 실 적	1997년 예 상	94~97년 증 감
국내주식	46.7%	47.2%	46.0%	49.5%	49.9%	0.4
채 권	27.2	26.4	26.4	21.1	20.3	−0.8
외국주식	5.9	6.5	7.6	7.9	10.6	2.7
외국채권	na	1.3	1.5	1.6	1.7	0.1
부동산	5.4	4.0	3.5	2.8	2.8	0
현금기타	14.8	14.6	15.0	17.1	14.7	−2.4
	100.0	100.0	100.0	100.0	100.0	

주: 현금기타에는 GIC(Guaranteed Investment Contract), 단기채권투자 등을 포함.
자료: Greenwich Associates, "Investment Management 1995"에서 작성.

미·일 양국의 운용방침을 보면 양자의 국내주식에 대한 투자비율은 약 50:20이라고 할 수 있는데, 특징적인 것은 주식운용에 대한 미국의 적극적 자세이다. 다른 하나는 일본에서는 10% 가까이 투자하고 있는 전환사채가 미국에서는 주요 자산으로 취급되고 있지 않다는 점이다. 전환사채를 주식으로서 감안하더라도 일본의 주식투자비율은 대략 25~30% 정도이기 때문에 미국 퇴직연금의 주식운용 비중은 대단히 높다고 할 수 있다. 미·일간에는 20:40의 비율에 가까운데 일본에서는 국내채권이 최대의 운용대상으로서 위치지워지고 있는 데 비하여 미국의 채권비율은 일본의 반 정도에 불과하다. 이상과 같이 일본에서의 〈채권 : 주, 주식 : 종〉의 운용전략에 대해 미국에서는 〈주식 : 주, 채권 : 종〉의 전략이 특징이라고 할 수 있다. 그 배경의 하나로서 일본에서의 운용제한의 존재를 들 수 있다. 또한 외화자산의 위치는 미: 일=10:15이므로 미국에서는 그다지 대중적이라고 할 수 없지만 일본에서는 외국채권 운용의 비율이 상당히 높다. 현금기타의 내역은 반드시 명확한 것은 아니지만 일본의 경우에는 일부 대출금운용이 있지만 그 대부분은 단기금융시장에서 문자 그대로 현금운용이다. 이에 비해 미국에서는 이른바 현금운용은 몇 %에 불과하고 부동산, 밴처캐피탈, LBO 등을 포함한 광범하면서도 개성적인 자산으로 운용대상이 확대되고 있다는 점이 특징적이다.

제 3 장 연금채무와 자산운용

I. 연금채무

1. 책임준비금과 기발생채무

(1) 재정방식과 책임준비금

책임준비금에는 몇 가지 산정방법이 있는데, 퇴직연금에서 사용되고 있는 것은 장래법이라는 방법에 의한 책임준비금이다. 장래법의 책임준비금은 장래 급부의 현재가치, 즉 급부현가에서 장래 갹출금 수입의 현재가치, 즉 갹출금수입현가를 차감하여 구해진다.

제도발족시에 이미 재직하고 있는 가입자의 급여액을 산정할 때 과거의 근무기간을 통산하는 경우가 있다. 이와 같이 과거의 근무기간을 통산하는 것에 의해 발생하는 채무는 과거근무채무라고 부른다. 후생연금기금의 가산부분과 적격퇴직연금에서는 책임준비금의 정의가 다르다. 후생연금기금의 책임준비금에서는 과거근무채무 금액이 제외되어 있지만, 적격퇴직연금의 책임준비금에는 포함되어 있다(〈그림 7-9〉 참조).

(2) 기발생채무

가입자가 장래 받을 급부액은 입사에서부터 퇴직할 때까지의 전근무기간을 기초로 하여 계산된다. 그러므로 근무기간이 경과하는 것에 비례하여 급부액이 조금씩 증가한다고 생각하면 현시점까지의 근무기간에 대응하는 급부액을 계산할 수 있다. 이것을 기발생급부라 한다. 이 기발생급부는 퇴직 후에 지급되는데,

그림 7-9 기금(가산부분) 및 적격퇴직연금의 책임준비금

① 기금(가산부분)의 책임준비금

<table>
<tr><td>표준갹출금 수입현가</td><td rowspan="3">급부현가</td></tr>
<tr><td>과거근무채무
(특별갹출금수입현가)</td></tr>
<tr><td>책임준비금
(자산)</td></tr>
</table>

② 적격퇴직연금의 책임준비금

<table>
<tr><td colspan="2">표준갹출금 수입현가</td><td rowspan="3">급부현가</td></tr>
<tr><td rowspan="2">책임준비금</td><td>과거근무채무</td></tr>
<tr><td>자산</td></tr>
</table>

그 장래급부를 현재가치로 환산한 것이 기발생채무이다.

(3) 책임준비금과 기발생채무의 비교

기발생채무는 현시점에서 발생하고 있는 급부비용을 장래 지급하기 위해 필요한 적립금을 나타내고 있다. 한편 책임준비금은 갹출금을 계속 지불하는 것을 전제로 하여 장래의 급부지급을 위하여 현시점에서 준비하여야 할 적립금을 나타낸다. 계산의 방식은 다르지만 기발생채무도 책임준비금도 현재 보유하여야 할 적립금액을 나타낸다. 다만 기발생채무는 향후 어떻게 갹출금 부담이 이루어지는가는 전제로 되고 있지 않다. 장래의 갹출계획에 의존하지 않은 채 연금채무가 확정된다. 한편 책임준비금은 갹출계획에 의존하기 때문에 어떤 재정방식을 채용하는가에 따라 금액에 차이가 생긴다. 일본에서는 기발생채무의 사고방식은 후생연금기금이 해산한 경우에 후생연금기금연합회에 이관되는 책임준비금(대행부분 상당)에 부분적으로 도입되고 있다.

그림 7-10 기발생급부와 기발생채무

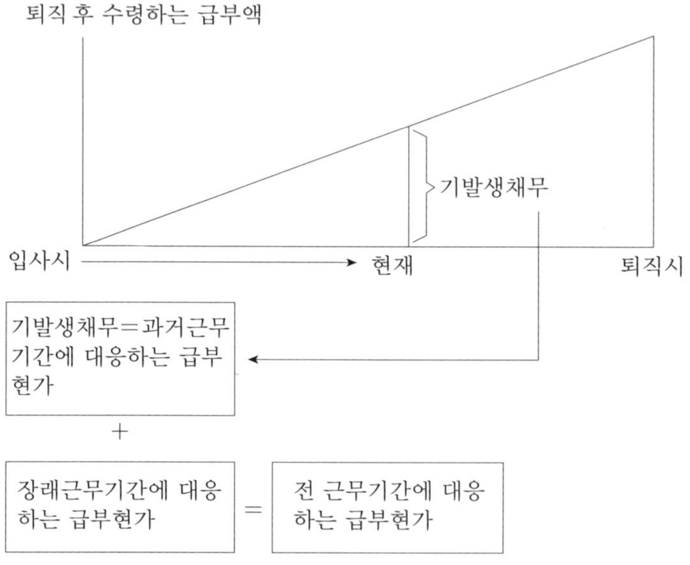

2. FAS87과 ALM

FAS87은 1985년 12월 미국의 재무회계기준심의회에서 제정된 퇴직연금에 관한 회계기준이다. 이 기준은 미국 내의 기업뿐만 아니라 외국기업의 미국현지법인 및 SEC에 신고 등록하고 있는 외국기업에도 적용된다.

(1) 세 가지 연금채무

FAS87에서는 3종류의 채무가 정해져 있다. 산정방법은 기발생채무에 준한 사고방식에 기초하고 있다.

① 누적급부채무(Accumulated Benefits Obligation: ABO)는 현재의 급여를 기초로 하여 전근무기간에 대응하는 장래급부의 현재가치를 산출하고, 그것을 기간배분하여 과거의 근무기간에 대응하는 부분을 구한 금액이다.

② 예측급부채무(Projected Benefits Obligation: PBO)는 장래의 임금상승을 예측한 퇴직시 급여를 기초로 하여 전근무기간에 대응하는 장래급부의 현재가치

그림 7-11 **ABO와 PBO**

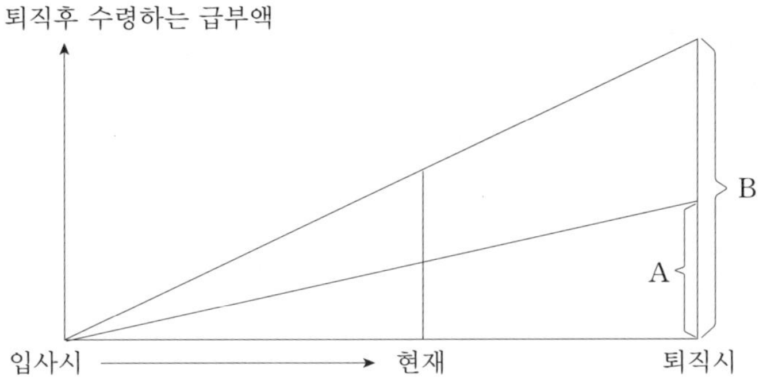

주: 1. A는 현재시점의 급여에 기초하여 계산한 급부액.
2. B는 임금상승의 예상을 반영하여 계산한 급부액.
3. 전근무연수를 n, 현재까지의 근무연수를 t라 하면
ABO=A×(현가율)×t/n.

를 산출하고, 그것을 기간배분하여 과거의 근무기간에 대응하는 부분을 구한 금액이다.

③ 확정급부채무(Vested Benefits Obligation: VBO)는 ABO 중 수급자격을 충족하고 있는 가입자에 한정된 급부채무이다.

향후의 임금상승을 반영하고 있는 PBO는 제도의 영속을 전제로 하는 경우의 연금채무이다. 한편 현시점의 급여를 기준으로 하는 ABO는 현시점에서 제도가 종료하여도 연금급부의 보전이 가능한 연금채무를 나타내고 있다.

(2) FAS87의 회계처리의 특징

① 발생주의에 의한 연금비용 산정

종래 미국의 기업회계에서는 갹출금을 연금비용으로서 처리하고 있었으나(현금주의), 이 방법에는 몇 가지 문제점이 있어 발생주의 회계처리로 이행하게 되었다. 여기에서 발생주의는 종업원의 근무기간이 경과함에 따라 연금비용이 발생한다고 간주, 연금채무를 종업원의 재직기간에 할당함으로써 연금비용을 계상하는 방법을 의미한다.

② 갹출금과 연금비용의 분리

FAS87에 의한 연금비용은 기업회계상의 처리에 적용되고, 실제의 갹출금은 종래의 연금수리방식으로 계산된다. 기업회계상의 비용으로서 인식하는 연금비용액과 실제로 현금으로 지출하는 갹출금비용이 분리되고 있다.

③ 할인율과 장기기대수익률의 사용

연금수리상에서는 단일한 예정이율을 사용하고 있지만, FAS기준에서는 연금채무를 평가하는 할인율과 자산의 장기기대수익률을 구별하여 사용하고 있다.

④ 연금부채의 계상

ABO가 연금자산을 상회하는 경우에는 그 차액을 연금부채(추가최소부채)로서 대차대조표의 부채에 계상함과 함께 동액을 무형자산으로서 자산에 계상한다. 단, 계상하는 무형자산의 금액은 미인식과거근무비용의 금액을 상한으로 하고, 초과하는 분은 자기자본의 감소로 한다. ABO가 연금자산을 하회하는 경우는 대차대조표에 계상하지 않는다.

II. 자산운용과 연금채무

연금기금의 재정운영은 갹출계획의 책정, 적립수준의 관리 등 연금채무에 관련된 부분(부채관리)뿐만 아니라 자산의 운용관리도 포함한다. 부채관리와 자산관리는 밀접하게 관련하고 있으며, 양자를 통합적으로 파악하는 관점이 필요하다.

1. 정책적 자산믹스와 연금채무

자산운용의 성과를 결정하는 가장 중요한 요소가 정책적 자산믹스(기본적인 장기자산배분)이다. 여기서는 전통적인 투자이론의 사고방식과 ALM(Asset Liability Management: 자산 부채의 종합관리)의 사고방식에 기초하여 연금채무가 정책적 자산믹스에 미치는 영향에 대해 설명하고자 한다.

(1) 전통적인 투자이론의 사고방식

주식, 채권, 단기자산 등의 각 운용자산은 각각 고유의 「리스크=수익」이라

그림 7-12 리스크와 수익률에 대한 전통적인 사고방식

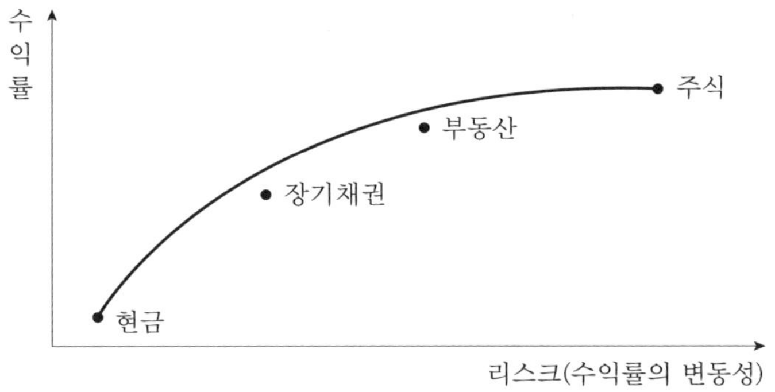

는 특성을 가지고 있다. 전통적인 투자이론에서는 일정한 리스크하에서 최대의 수익률이 얻어지는 자산의 조합을 유효(효율적)프론티어라는 곡선으로 나타내고 있다. 예를 들면 〈그림 7-12〉의 우상향하는 곡선은 4가지의 자산을 조합한 경우의 유효프론티어를 나타낸다. 이 곡선상의 점은 다양한 자산의 조합(Asset Mix)과 대응하고 있다.

유효프론티어상에서 보면 주식에 100% 투자한 경우가 가장 수익률이 높고 동시에 리스크가 가장 크다. 단기자산으로서 현금에 100% 투자한 경우는 수익률과 리스크가 가장 낮게 된다. 정책적 자산믹스를 결정하는 경우는 유효프론티어상에서부터 최적으로 생각되는 자산믹스를 하나 선택하게 된다.

(2) ALM관점에서의 리스크

전통적인 투자이론의 사고방식에서는 자산리스크만 문제이며, 부채사이드는 고려되고 있지 않다. 그러나 부채도 자산과 마찬가지로 다양한 리스크를 가진다. 연금채무의 리스크로 금리변동리스크와 인플레리스크가 중요하다. 확정급부형연금에서 연금채무는 금리의 하락(상승)에 따라 또는 인플레율의 상승(하락)에 따라 가치가 증대(감소)하는 특성을 가지고 있다.

ALM의 관점에서는 자산 및 부채를 별도로 취급하는 것이 아니라 자산과 부채의 차액인 잉여에 주목한다. 자산과 부채의 변동이 초래하는 자본(잉여)의 변동이 잉여의 리스크이다. 자본리스크를 관리함으로써 자산 및 부채의 리스크를

그림 7-13 잉여의 개념

<table>
<tr><td rowspan="2">자산
(적립금)</td><td>부채
(책임준비금)</td></tr>
<tr><td>잉여</td></tr>
</table>

동시에 관리할 수 있는 것이다.

(3) ALM 관점에서의 자산믹스

ALM관점에서 보면 연금채무의 영향에 의해 각 자산의 리스크특성이 변화한다. 성격이 명확한 두 가지 연금채무, 즉 ABO와 PBO를 통하여 고찰하고자 한다.

① ABO의 경우

ABO는 현재의 급여수준을 기초로 산정되는 연금채무이기 때문에 인플레의 영향을 받지 않는다. 단 금리에는 강하게 감응한다. 연금채무가 ABO인 경우의 리스크와 수익률의 관계를 나타낸 것이 〈그림 7-14〉이다. 가로축은 자본의 변동리스크를 나타내고 있다.

여기에서 특징적인 것은 장기채는 중위의 수익률이지만 리스크가 낮고, 현

그림 7-14 리스크와 수익률(ABO)

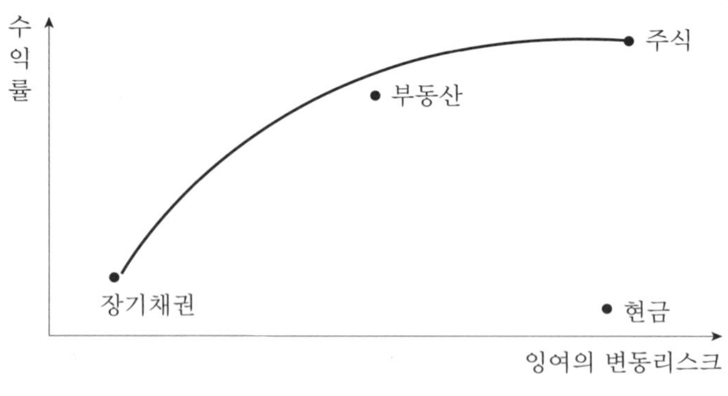

그림 7-15 리스크와 수익률(ABO → PBO)

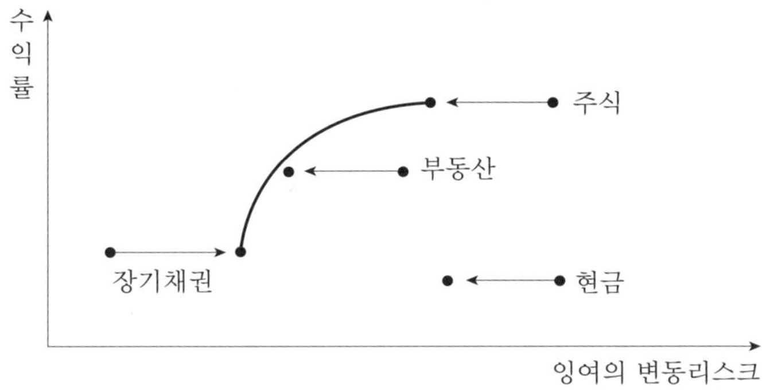

금은 리스크가 상당히 높으므로 수익률이 낮다는 점이다. 현금은 매력이 없고 장기채가 효과적이라는 것을 알 수 있다.

② PBO의 경우

〈그림 7-15〉는 연금채무를 ABO가 아니라 PBO로 본 경우로 각 자산의 리스크가 어떻게 변화하는가를 나타내고 있다. PBO는 장래의 임금상승을 예상하고 있기 때문에 인플레율이 상승하면 연금채무가 증대한다. 금리에도 인플레에도 강하게 감응하는 채무이다. PBO의 경우 주식, 부동산, 현금과 같은 다소 인플레 헷지기능을 가진 자산의 리스크는 상대적으로 감소하고 있다. 반대로 인플레에 약한 장기채의 리스크가 증가하고 있다.

이상에서 볼 수 있는 것처럼 연금채무를 어떻게 인식하는가에 따라 유효프론티어의 모양이 변하며, 상이한 자산믹스가 선택된다.

(4) 연금채무의 리스크 인식

확정급여형 퇴직연금제도에서 예정이율의 비탄력성(고정)으로 금리변동에 의해 연금채무의 가치가 변한다는 점이 잘 인식되고 있지 않다. 또한 예정승급률에서는 베이스업이 포함되어 있지 않기 때문에 인플레리스크가 재정운영상 무시되고 있다.

그러나 현실적으로는 ABO, PBO와 마찬가지로 금리리스크 및 인플레리스크에 노출되어 있다. 또한 개별기금의 연금채무는 급부산정방법 등의 제도내용 및 성숙도에 따라 금리감응도 및 인플레감응도 등의 리스크 특성이 크게 다르다. 그러한 것을 고려하지 않은 연금채무를 전제로 하여 작성한 정책적 자산믹스는 유효하게 기능할 수 없을 것이다. 채무특성의 올바른 인식이 리스크 관리에 있어서 중요하다.

2. 리스크허용도와 연금채무

(1) 리스크허용도의 의의

리스크허용도는 운용시 어느 정도의 리스크를 감수할 것인가를 제시하는 지표이며, 성숙도, 적립수준, 모기업의 갹출금 부담능력 등에 따라 결정된다. 각 자산의 리스크 및 수익률을 적절하게 예측하고, 연금채무의 리스크 특성을 올바로 반영시킨 유효프론티어를 작성한 후 그 중에서 최적인 자산믹스를 선택한다. 그 선택을 결정하게 되는 것이 연금기금 고유의 리스크허용도이다. 일반적으로 성숙도가 높으면 리스크허용도는 낮아진다.

(2) 성 숙 도

① 성숙도의 의미

연금기금의 설립 초기는 갹출금수입이 급부를 대폭 상회하기 때문에 적립금이 급속하게 적립된다. 시간이 경과함에 따라 연금수급자가 증가하여 급부지급이 커지게 되고, 점차 급부가 갹출금수입을 상회하게 된다. 이와 같은 연금제도의 특성을 정량적으로 다룬 것이 성숙도이다. 일반적으로 사용되는 성숙도의 지표로는 가입자수에 대한 수급자수의 비율 및 갹출금에 대한 급부의 비율 등이 있다.

② 리스크의 시간분산효과

설립 후 얼마 되지 않아 성숙도가 낮은 연금기금에서는 급부가 거의 없기 때문에 자금의 유입이 유출을 크게 상회한다. 이것을 운용사이드에서 보면 운용가능한 자금이 풍부하다는 점, 자금의 유출까지의 기간, 즉 운용기간이 장기간이라는 점을 의미한다. 한편 성숙도가 높은 기금은 운용기간이 상대적으로 짧다.

운용기간이 길면 자산운용의 리스크는 줄어든다(리스크의 시간분산효과). 이것은 운용기간이 긴 기금, 즉 성숙도가 낮은 기금일수록 감수하는 리스크가 적다는 것을 의미한다. 그 때문에 성숙도가 낮을수록 고위험의 운용이 가능하다고 일반

그림 7-16 기금의 성숙도

적으로 생각되고 있다.

③ 갹출금 부담능력과의 관계

성숙도가 낮은 기금의 경우 갹출금수입현가에 대한 적립금의 비율이 적다. 그 때문에 운용수익률이 낮아도 갹출률의 인상폭은 적어진다. 일반적인 운용악화를 장래의 비용부담으로 전가하여 만회하기 위한 시간적 여유가 주어져 있다고 생각할 수 있다.

이에 반해 성숙도가 높은 기금의 경우 적립금이 갹출금 수입현가에 비해 크며, 적립금의 운용악화는 갹출률의 대폭적인 인상을 초래하기 쉽다. 모기업의 갹출금 부담능력을 초월할 수 있는 리스크가 높은 것이다.

(3) 적립수준

별도적립금 및 자산의 미실현이익이 있으면 부족금이 발생하더라도 그것을 활용함으로써 갹출률 인상을 억제할 수 있다. 이와 같이 연금채무(책임준비금)를 상회하는 적립금이 있으면 다양한 리스크에 대한 완충재(緩衝財)로 작용한다. 다만 책임준비금에 부합하는 적립금을 보유하고 있는 경우에도 과거근무채무 및 자산의 미실현손실이 있어 실질적으로 적립부족인 경우에 리스크가 높은 운용을 행하면 부담능력 이상의 갹출금 상승을 초래할 가능성이 높아진다. 이와 같이 적립수준은 리스크허용도에 영향을 미치므로 목표적립수준을 설정하여 충분한 적립수준이 유지될 수 있으면 장기적으로 운용수익을 높이는 것이 가능하다.

(4) 기업의 갹출금 부담능력

기업이 어디까지 갹출금비용을 부담할 수 있는가 하는 것도 리스크허용도에 영향을 미친다. 기업의 갹출금 부담능력은 기업수익 및 인사 노무정책 등으로 결정된다. 연금의 갹출금비용을 어느 정도의 수준까지 지불할 수 있는가에 대해 기업 스스로가 판단하고, 그 위에서 갹출률의 상한이 설정되어야 한다. 현행의 갹출률과 이 갹출률 상한의 차이가 클수록 리스크허용도가 높아진다. 유의해야 하는 것은 갹출금의 지급은 장래에 걸쳐 장기간 계속하므로 현시점뿐만 아니라 장래의 갹출금 부담능력을 고려하지 않으면 안 된다는 점이다. 장래의 기업수익이 불투명하다고 생각하면 장래의 갹출금수입에만 의존하는 것이 아니라 현재의 적립수준을 높인다는 것이 중요하게 된다.

(5) 리스크허용도의 활용

리스크허용도를 고려하여 자산운용을 행할 때 각 수탁운용기관이 각각 독자적 방법으로 리스크허용도를 추정하고, 수탁부분만큼 적용한다는 방법은 기금전체의 리스크가 관리되지 않는다는 것을 의미한다. 연금기금 스스로가 리스크허용도를 결정하고, 그것에 기초한 정책적 자산믹스를 수탁운용기관에 제시해야 한다.

Ⅲ. 재정운영의 시뮬레이션

재정운영상의 탄력화조치가 현실의 재정운영에 어떠한 영향을 미치는가를 퇴직연금 Data를 토대로 시뮬레이션을 통해 분석하고자 한다.

1. 모델기금의 설명

시뮬레이션 분석에서 사용한 모델기금의 개요는 〈표 7-12〉와 같다.

(1) 재정방식

미국 및 일본 등에서 일반적으로 채택하고 있는 가입연령방식을 적용하는 것으로 한다.

표 7-12 모델기금의 개요

구 분	세 부 내 용
가입원수(평균연령 40세, 평균근속연수 15년)	1,000명
제도발족연도	1985년
시뮬레이션시작연도	1995년
지급개시연령	60세
수급자격기간	20년
지급승률	0.7%
연금액산정방식	최종급여비례방식
재정방식	가입연령방식
채무상각기간	20년
재계산간격	5년
예정이율	5.5%
예정승급률	연령과 함께 증가, 일차함수(베이스업 미포함)
예정사망률, 예정탈퇴율	후생연금 재정재계산에서 사용한 것
신규가입분포	임금센서스의 데이터에 의해 추정 96년 이후 탈퇴자수와 같은 수가 매년 가입

(2) 예정이율

예정이율은 장래의 급부 및 갹출금을 현재가치로 환산하기 위한 할인율이다. 예정이율은 5.5%로 설정하여 시뮬레이션으로 예정이율을 변경한 경우의 영향을 분석한다.

(3) 예정승급률

예정승급률은 급부 및 갹출금계산의 근거가 되는 장래급여의 추계를 위해 사용된다. 통상 예정승급률은 정기승급만을 반영하며, 베이스업은 고려하고 있지 않다. 시뮬레이션으로 베이스업율이 변화한 경우의 영향을 분석한다.

(4) 연금액 산정방법과 지급률

연금액은 퇴직시의 급여액에 가입기간과 지급률(0.7%)을 곱하여 얻어진 금액으로 한다(최종급여비례방식).

(5) 과거근무채무의 상각

이 모델기금은 1995년에 발족하여 현재까지 10년 경과하고 있다. 과거근무채무의 상각기간은 20년이며, 현시점에서는 아직 미상각분이 남아 있다.

2. 예정이율변경의 시뮬레이션

(1) 예정이율변경의 영향

예정이율 5.5%를 3.5%로 변경함으로써 갹출률 및 연금채무가 어떻게 변화하는가를 보자. 여기서는 예정승급률에 베이스업을 포함하고 있지 않는 것으로 가정한다.

① 표준갹출률

표준갹출률은 과거근무채무의 상각을 고려하지 않고 예정이율, 예정탈퇴율 등의 기초율을 전제로 계산한 갹출률이다. 제도발족시에 생긴 과거근무채무 및 그 후 발생한 후발채무의 상각은 표준갹출과는 별도로 특별갹출금으로 상각한다. 〈표 7-13〉에서 예정이율이 5.5%일 때의 표준갹출률은 2.54%이다. 예정이율

표 7-13 예정이율 변경의 영향 (단위: %, 백만원)

예정이율	5.50	4.50	3.50
표준갹출률	2.54	3.49	4.81
특별갹출률	3.47	4.93	6.50
책임준비금(A)	3,223	3,272	3,335
기발생채무(B)	4,036	4,734	5,624
차액(B-A)	813	1,462	2,289

을 내리면 표준갹출률은 상승하게 되는데 예정이율 3.5%인 때의 표준갹출률은 4.81%가 된다. 시뮬레이션 결과, 예정이율이 1% 하락함에 따라 표준갹출률이 약 37% 상승하고 있다. 예정이율 변경이 표준갹출률에 미치는 영향의 크기는 신규가입자 분포 및 수급자격기간 지급개시연령 등의 제도내용에 의존한다.

② 특별갹출률

이 모델기금에서는 시뮬레이션 개시시점에서 제도발족시의 과거근무채무의 미상각분이 있다. 〈표 7-13〉의 예정이율 5.5%에 있어서의 특별갹출률 3.47%는 과거근무채무를 상각하기 위한 것이다. 예정이율을 3.5%로 내리면 예정이율 5.5%를 전제로 적립된 금액에서는 부족이 생긴다. 그 부족분을 조정하기 위해 특별갹출금이 필요하게 된다.

③ 책임준비금과 기발생채무

〈표 7-13〉에서 예정이율이 5.5%인 경우 책임준비금과 기발생채무의 차액은 약 8억원이다. 기발생채무는 과거근무채무를 포함한 연금채무이며, 여기에서 책임준비금과 기발생채무의 차액은 과거근무채무의 금액을 나타내고 있다. 예정이율 3.5%인 경우 기발생채무와 책임준비금의 차액은 약 23억원에 달하는 것으로 나타나고 있다. 이 중에는 제도발족시의 과거근무채무 중의 미상각분 약 8억원과 이번의 예정이율 인하에 의한 후발채무 약 15억원이 포함된다. 이처럼 예정이율인하는 기금의 재정운영상 막대한 비용증대를 초래하기 때문에 안정성의 관점에서는 예정이율의 완만한 변경이 바람직하다. 그를 위해서는 예정이율이 중장기적으로 시장실세금리와 연결되도록 평활화(Smoothing)기법을 도입하게 된다.

(2) 장기 시뮬레이션의 실시

다음으로 모델기금을 사용하여 장기 시뮬레이션을 실시, 예정이율이 갹출비용 및 적립금에 어떠한 영향을 미치는가를 보도록 하자. 먼저 실제 운용수익률을 장기금리수준인 3.5%라고 가정한다. 이 때 운용수익률 3.5%를 전제로 예정이율 5.5%를 유지하는 경우(A)와 예정이율을 3.5%로 변경하는 경우(B)를 비교한다. 다만 예정승급률에 베이스업을 포함하지 않는다.

① 갹출률의 추이

표준갹출률과 특별갹출률을 합한 갹출률을 비교(〈그림 7-17〉)하면 5.5%를 유지한 A의 경우, 당초의 갹출률은 6.0%로 낮지만 그 후 매년 부족금이 발생하기 때문에 갹출률이 상승하고, 장래적으로는 10%를 초과하는 수준이 된다. 만약 예정이율대로 운용수익률이 실현되고 있다면 제도발족시 과거근무채무의 상각종료후는 갹출률은 2.5%로 안정추이하게 된다. 그러나 3.5%의 운용수익률이 계속되면 갹출금의 부담은 매우 가중된다는 것을 알 수 있다.

3.5%로 변경한 B의 경우는 예정이율 인하에 의해 표준갹출률이 상승하지만 동시에 부족금상각을 위한 특별갹출률도 상승한다. 따라서 당초 갹출률은 11.3%로 상당히 높다. 그러나 그 후 운용에 의한 부족금은 발생하지 않으므로 갹출률은 4.8%로 안정된다.

그림 7-17 갹출률의 추이(I)

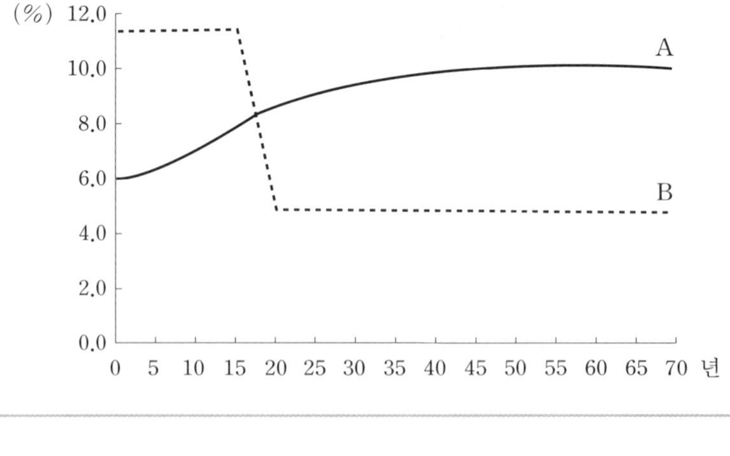

② 적립금과 운용수입의 추이

예정이율의 변경은 갹출률뿐만 아니라 적립금의 수준에도 커다란 영향을 미친다. 예정이율이 높으면 할인되는 연금채무의 가치가 작아지게 되므로 필요한 적립금이 적게 산정된다. 또한 이차손에 의한 부족금이 항상 발생하고 있다면 그만큼 적립부족이 된다. 그 결과 〈그림 7-18〉에서 보는 것처럼 장기적으로 A의 적립금은 B의 정도 수준으로 된다.

또한 적립금의 수준이 다르면 운용수익률이 동일하더라도 운용수입에 차이

그림 7-18 적립금의 추이(Ⅰ)

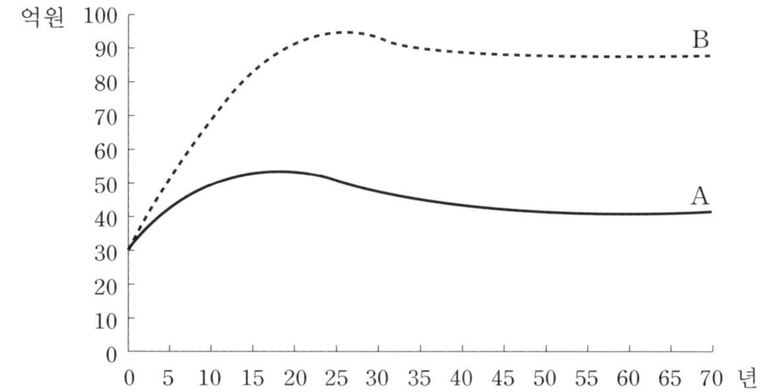

그림 7-19 운용수입의 추이

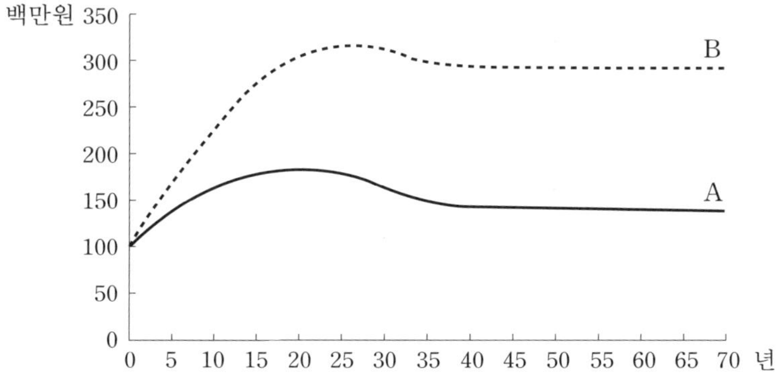

가 발생한다(〈그림 7-19〉).

(3) 30년간 누계의 비교

장기 시뮬레이션에 있어서 당초 30년간에 대해 갹출금, 운용수입, 급부의 누계액을 산출하면 다음 〈그림 7-20〉과 같다.

여기서는 「갹출금+운용수입=급부+적립금증가」가 성립한다. 〈그림 7-20〉에서 보면 B쪽이 A보다 30년간의 갹출금 총액에서는 16.7억원, 30년간의 운용수입에서는 27.1억원이 많다. 그 결과 총수입(갹출금과 운용수입의 합계)은 B쪽이 A를 43.8억원 상회하는 것이 된다. 한편 급부는 98억원으로 어느 경우든 같은 금액이므로 A와 B의 총수입의 차이는 적립금 증가액의 차로서 나타난다.

갹출금만을 보면 A가 부담이 낮지만, B가 43.8억원에 달하는 많은 적립금을 보유하고 있다. 이 적립금은 향후 급부지급을 위한 금액이며, 적립수준이 높으면 그만큼 장래 갹출금 부담의 경감에 이용할 수 있다. B가 총수입에서 점하는 운용수입의 비율이 높으므로 장기적으로는 갹출금부담이 줄어든다.

이상에서 살펴본 바와 같이 예정이율 수준은 갹출금뿐만 아니라 적립금 수

그림 7-20 갹출금 운용수입 급부의 30년간 누계

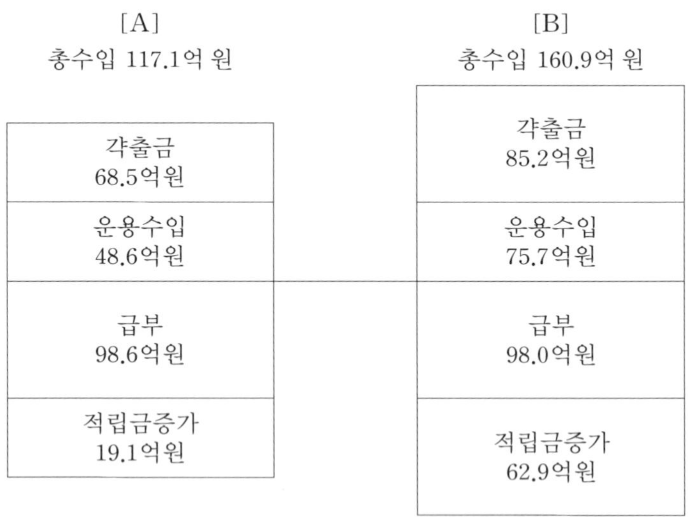

준 및 운용수입에 커다란 영향을 미친다. 재정운영의 목표를 결정하는 경우 갹출금의 안정성뿐만 아니라 건전성(적립수준의 유지), 효율성(운용수입의 증대)를 고려하지 않으면 안 된다. 단기적인 갹출금만을 문제로 하는 것이 아니라 종합적인 견지에서 예정이율 수준을 검토하여야 할 것이다.

3. 베이스업 비율 변경과 시뮬레이션

(1) 베이스업 비율 변경의 영향

예정승급률은 급부산정의 기초가 되는 장래 급여의 추계를 위해 사용된다. 예정승급률에는 본래 베이스업을 반영하여야 하지만 현실적으로는 정기승급만 고려되고 있다. 지금까지 예정승급률에 베이스업을 포함하고 있지 않다라는 전제하에서 향후 베이스업 비율을 포함하도록 한 경우 갹출률 및 연금채무가 어떻게 변화하는가를 보자. 이 때 예정이율은 5.5%로 가정한다.

① 표준갹출률

예정승급률에 포함되어 있는 베이스업 비율이 상승하면 표준갹출률은 상승한다. 베이스업을 포함하지 않는 경우(베이스업 비율 0.0%인 경우) 표준갹출률이 2.54%인 것에 대해 베이스업 비율이 3.0%인 경우 표준갹출률은 4.87%로 된다. 이 시뮬레이션 결과에서는 예정승급률에 포함되는 베이스업 비율이 1% 상승함으로써 표준갹출률이 23~25% 상승한다.

② 특별갹출률과 과거근무채무

예정승급률에 베이스업 비율 3%를 포함하면 베이스업 비율을 포함하지 않

표 7-14 베이스업을 포함한 경우의 영향 (단위: %, 백만원)

예정이율	0.0	1.0	2.0	3.5
표준갹출률	2.54	3.18	3.95	4.87
특별갹출률	3.47	4.19	4.95	5.75
책임준비금(A)	3,223	3,229	3,236	3,242
기발생채무(B)	4,036	4,306	4,615	4,970
차액(B－A)	813	1,077	1,379	1,728

고 계산된 지금까지의 적립금으로는 장래 급부에 필요한 금액을 충족할 수 없게 된다. 이 부족분은 표준갹출률과는 별도로 특별갹출금으로 상각하지 않으면 안 된다.

시뮬레이션 결과에서 보면 베이스업 비율 3%를 포함한 경우 책임준비금과 기발생채무의 차액은 약 17억원이 된다. 그 중 제도발족시의 과거근무채무 약 8억원을 제한 약 9억원이 베이스업 비율 인상에 의해 발생한 부족분이다.

(2) 장기시뮬레이션의 실시

예정승급률에 베이스업을 포함하지 않는 경우(C)와 베이스업 비율 3%를 포함한 경우(D)에 대해 장기시뮬레이션을 실시한다. 예정이율을 5.5%로 하고 실제의 운용수익률을 예정이율과 같은 5.5%, 예정에는 없는 실제의 베이스업 비율을 3.0%라고 가정한다. 갹출률(표준갹출률과 특별갹출률의 합계)과 적립금의 추이는 〈그림 7-21〉, 〈그림 7-22〉와 같다. 당초 갹출률은 베이스업 비율을 포함한 D가 C보다 4.6% 정도 높지만, 장래적으로는 C보다 4.9%로 낮은 수준에서 안정되고 있다. 또한 D가 적립수준이 높게 유지된다.

그림 7-21 갹출률의 추이(II)

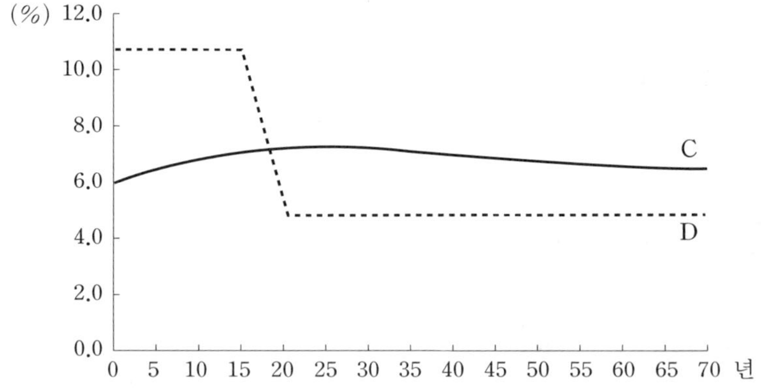

그림 7-22 적립금의 추이(II)

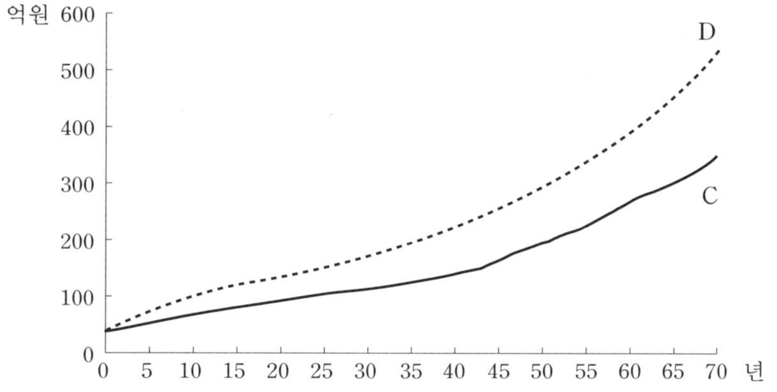

IV. 연금채무와 연금운용 전제조건

1. 재정운용의 탄력화

기업의 갹출금 부담능력이 업적저조에 의해 전반적으로 저하하는 경우 재정운영이 위기에 빠지는 기금이 출현할 수도 있으며, 운영에서 기금격차가 발생할 수도 있다.

기초율은 과거의 실적에 기초하여 작성되기 때문에 그 후의 실적과 괴리가 일어나기 쉽고, 적립의 과부족이 발생하기도 한다. 따라서 개별기금이 실정에 적합한 운영을 가능하게 하도록 재정방식, 기초율의 탄력적인 적용이 요구된다.

(1) 재정방식

경제, 인구구성의 구조적인 환경변화가 전망되는 현재 연금재정의 안정성, 건전성을 유지하기 위해 재정방식의 적절한 대응이 요구된다. 그 하나로 개방기금방식의 수정을 들 수 있다.

개방기금방식은 일본 후생연금기금의 기본부분 및 가산부분의 일부에 채용되고 있다. 개방기금방식은 장래 제도에 가입하는 자(장래가입자)가 일정수(一定

數) 계속적으로 가입하고, 가입원규모가 장기적으로 계속된다는 것을 전제로 갹출률을 산정하는 방식이다. 신규가입원이 안정적으로 전망되는 경우에는 문제는 발생하지 않지만, 낮은 출산율, 고용조정 등에 의해 신규채용에 커다란 변동이 예상되는 경우에는 연금재정은 불안정하게 된다.

(2) 예정이율

예정이율은 구조적 변화시에는 수정하여 일정 범위 내에서 자유롭게 선택할 수 있도록 하여야 한다. 예정이율은 장래의 급부액 및 갹출금수입을 현재가격으로 환산하거나 연금자산의 운용수익을 전망할 때에 사용된다. 예정이율은 실질적인 금리수준 및 인플레이션율 등의 동향을 감안하면서 장기의 기대수익률에 의해 설정될 필요가 있다. 따라서 경제에 구조적 변동이 예상되는 경우에는 연금재정의 건전성이라는 측면에서 예정이율은 탄력적으로 설정하여 수정하는 쪽이 바람직하다.

일례로 변경 방법은 과거 일정기간의 시장실세와 거시경제의 장기전망에서부터 예정이율의 상한과 하한의 폭을 설정하고, 하한의 이율은 비계속기준의 채무를 인식할 때 사용하는 무위험이율과 같은 것으로 할 필요가 있다. 이때 상한의 이율은 하한의 이율에 주식의 리스크프리미엄의 일정율을 곱하여 결정할 수 있다.

그림 7-23 예정이율 탄력화의 일례

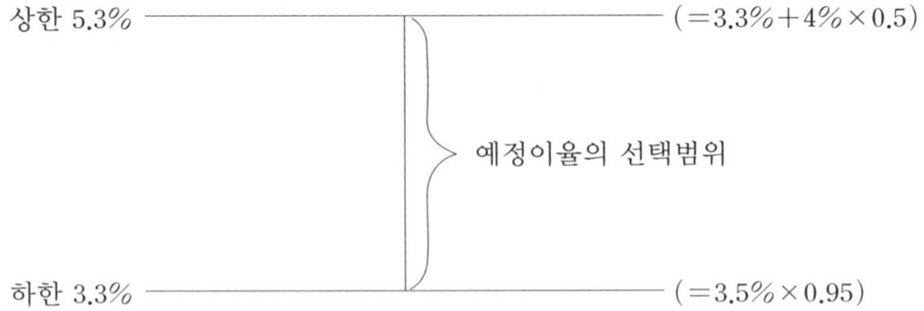

상한치: 하한치+주식 15년 이동평균수익률 예상최고주식배분비율.
하한치: 20년 국채수익률 안전율.

(3) 기타 기초율

① 예정승급률

예정승급률은 베이스업 비율을 미리 염두에 둔 승급지수에서 작성하여야 한다. 베이스업 비율은 기업별로 독자의 경영방침에 기초하여 장기적인 전망에 의해 설정하는 것으로 되는데 인플레율이 베이스가 된다. 예정이율은 장래의 승급을 할인하여 급부현가를 산정하고, 그 예정이율은 명목이자율이며 인플레율이 포함되어 있다. 베이스업을 포함하지 않는 승급률에서는 정합성이 떨어진다. 특히 연금급부가 최종급여에 비례하여 결정되는 방식의 경우 채무(장래의 급부액)가 과소평가되기 쉽다.

② 신규가입자수 및 탈퇴율

신규가입자수 및 탈퇴율은 기업별 인사 노무정책을 반영하면서 장기적인 동향을 전망하여 설정하는 것이 바람직하다. 이와 같이 변동예상을 염두에 둔 기초율의 채용은 모기업의 비용부담의 평준화로 연결된다.

2. 비계속기준의 설정

재정운영의 탄력화에 의한 규제완화는 운영관리책임을 엄격하게 묻게 된다. 궁극적인 관리의 책임은 수익자에 대해 약속한 금액의 급부가 지급가능하도록 재정을 건전하게 하는 데에 있다. 따라서 기금의 계속시 뿐만 아니라 비계속시(해산, 흡수 합병 등)의 지급에 필요한 급부채무의 기준을 설정하여 적립금이 그 기준을 달성하고 있는가 등을 항상 검증하면서 운영해야 할 것이다. 계속기준은 일반적으로 채용되고 있는 장래법의 책임준비금 수준과 관련있다. 기업이 필요하고도 충분한 연금비용을 갹출하는 능력을 계속적으로 가지고 있는 경우, 계속기준이 준수되고 있으면 되지만 현실적으로는 계속기준만으로는 충분하다고 할 수 없다.

대부분의 경우 과거근무채무는 존재하며, 후발채무의 발생에 의한 상각부족의 리스크가 항상 발생하게 된다. 또한 구조불황 및 현저한 업적악화에 빠지면 계속적인 갹출이 곤란하게 되며, 최악의 사태로는 해산까지 가정하여야 한다. 제도의 영속성은 보증되지 않는다. 가입자의 수급권보호를 위해서는 해산시에도 충분히 연금을 지급할 수 있는 적립수준을 설정하고, 그것을 목표로 적립을 도모해갈 필요가 있다. 이것이 연금적립의 비계속기준(非繼續基準)이다.

비계속기준의 적립수준은 과거의 가입기간에 관한 급부채무(급부현가 중 수급자와 가입자의 과거근무기간에 대응하는 부분)가 기준이 된다. 수급권보호의 관점에서 보면 비계속기준은 최저적립수준이 되는데, 목표적립수준으로서는 비계속기준에 일정률을 곱한 수준이 요구된다. 현시점에서 상각하는 채무가 아니더라도 이차손 및 평가손 등의 후발채무가 발생하는 리스크가 항상 발생하기 때문이다.

적립수준의 검증에서는 채무, 자산 모두 시가로 평가되어야 할 것이다. 왜냐하면 장부가평가로는 실제 지급하는 단계가 되어 적립금이 부족상황에 빠질 리스크가 있기 때문이다. 비계속기준에 있어서의 채무의 시가평가에는 무위험 장기채권 수익률 등과 같은 이율은 할인율로 사용할 필요가 있다. 이때의 할인율은 기업의 재량으로 결정하는 재정운영상의 예정이율 하한치가 된다.

제 4 장 연금운용과 연금ALM

I. 연금ALM의 개념

연금ALM의 역할은 연금기금의 관리자가 연금제도를 운용할 때 연금재정의 건전성유지와 장기적인 수익성이라는 상반관계(trade-off)에 있는 목표를 달성하기 위한 의사결정을 지원하는 데 있다. 연금재정의 건전성은 수급권보전의 확실성을 의미하며, 기금이 해산한 경우에 규정된 급부를 확실하게 지급할 수 있도록 하거나 기금이 계속하고 있는 때에는 연금채무(책임준비금)를 항상 상회하는 자산가치를 확보하도록 하는 것이다.

연금수리는 계산기초율로 불리우는 다양한 전제조건을 설정한 후 그 가정된 지표에 기초하여 계획적인 재원적립을 행하기 위한 갹출계획의 기본틀을 작성하고, 계획과 차이가 있는 경우에는 정기적인 수정을 행한다는 탄력적인 재정운영 시스템을 채용하고 있다. 예상대로 사태가 진전하지 않고 재정이 악화되는 방향으로 진행되는 경우가 리스크이다. 따라서 리스크는 각각의 계산요소의 처리방법에 의존하지만 통상 가정한 가입원 수급자의 사망, 중도퇴직, 급여개정, 운용수익 등의 예정치와 실적치의 괴리이다.

이들 리스크 중에서 가장 중요한 리스크는 운용수익 변동의 리스크이다. 이 리스크는 운용자산의 종류에 따라 상이하므로 자산조합(Asset Allocation)의 결정이 연금ALM의 주요한 목적이다. 그러나 연금ALM은 가입원 수급자의 인구통계적인 동태 및 급부설계의 개선, 적립계획의 변경과 같이 부채사이드도 포함한 제도운영 전체를 검토하는 데에도 활용되고 있다.

II. 연금재정 시뮬레이션의 역할

연금ALM을 고찰하기 전에 먼저 연금재정 운영의 기본적인 구조를 살펴보고자 한다. 연금제도가 공적연금제도이든 퇴직연금제도이든 다음과 같은 기본구조를 채택하고 있다.

① 가입자의 범위가 명확하게 규정되어 있다.

② 급부(연금 또는 일시금)의 재원은 국가, 기업 내지 가입원이 갹출한다.

③ 가입자가 급부를 지급받을 수 있는 조건은 지급사유, 연령, 근속연수 등 객관적 기준에 따라 결정되며 지급액의 계산방식 및 지급시기에 대해서도 규정되어 있다.

이와 같이 장래 지급될 급부를 위한 재원이 계획적으로 적립되게 되는데, 일반적으로 급부지급은 먼 장래의 일이기 때문에 갹출된 보험료(갹출금)는 급부를 크게 상회하여 상당기간 자금축적이 이루어지게 된다. 당초의 계획대로 이루어져 미적립채무의 상각이 완료하면 연금재정은 성숙화되어 다음과 같은 극한방정식이 성립된다.

(급부지급총액)＝(갹출금 수입총액)＋(운용수익)

급부를 보장하기 위한 갹출금수입총액과 운용수익의 비율은 적립계획의 방식에 따라 상이하다. 운용수익이 항상 0인 경우는 연금적립금이 없는 재정방식으로서 당연도의 연금급부액을 당연도의 갹출금으로 보장하는 방식, 즉 부과방식에 해당된다.

적립금이 있는 재정방식은 사전적립방식이다. 이 사전적립방식에는 수리상의 장래급부를 보장하기 위해 연금수리계산에 기초하여 적립하는 방식(완전적립방식)과 반드시 평준화시키지 않고 단계적으로 갹출금을 인상해 가는 방식(단계보험료방식)이 있다.

완전적립방식은 퇴직연금제도에서 일반적으로 채용되고 있다. 그 이유는 재원이 기업 내지 종업원에게서 조달되는 제도이기 때문에 연금수급권의 보호를 특히 중시할 필요가 있기 때문이다. 단계보험료 방식은 일본의 공적연금에서 채용되고 있는 방식이다.

연금재정의 장래추계를 보기 위해 자주 시도되는 기법이 장기재정 검증방법, 즉 시뮬레이션 기법이다. 시뮬레이션 기법에 의해 장래의 급부지급이 어떠한 추이를 보이며 갹출금부담이 어떻게 될 것인가를 확인할 수 있다. 연금재정은 가입자의 진입과 퇴출이 객관적인 조건에 따라 결정되고 있기 때문에 가입원구성, 탈퇴상황 등 인구통계적인 요소에 대해서는 과거의 실적 등을 참고로 하여 비교적 정밀도가 높은 예측이 가능하다.

다른 한편 급부지급액, 갹출금수입총액, 연금수리에 기초한 채무액, 연금자산의 잔고 등과 같은 금액베이스로 전환한 예상은 매우 어렵다. 많은 연금제도에서는 급부액 및 갹출액이 급여베이스로 결정되도록 급부설계를 하고 있다. 왜냐하면 급여수준은 임금인플레이션율에 슬라이드하여 변동되기 때문에 인플레이션율이라는 경제변수에 대한 가정을 행할 필요가 있기 때문이다.

또한 연금대차대조표를 볼 때 대변측에 있는 연금채무평가는 인플레율에 연동하여 변화한다. 차변측의 연금자산의 예상은 보다 어렵고, 장래의 운용수익이 어떻게 변화할 것인가에 대해 전망하지 않으면 안 되는데, 연금자산이 보유하고 있는 자산구성에 따라서도 예상투자수익률이 변할 수 있다. 따라서 주식과 같이 수익률의 변동성이 심한 투자대상에 대해 예상수치를 설정하는 것은 매우 어렵다.

결국 시뮬레이션의 목적은 어떠한 전제하에서 연금재정의 미래 모습을 명확히 함으로써 현재 채용되고 있는 재정계획이 과연 타당한가 여부를 검토하고 필요

표 7-15 연금수리상의 계산기초율설정

기초율	설 정 방 법
① 사망률	가입자 · 수급자 각각의 개별 사망확률을 연령별로 설정
② 탈퇴율	실적을 근거로 연령별로 설정
③ 이 율	투자수익률로서 일률적으로 5.5%를 적용
④ 승급 승격률	실적을 근거로 연령별로 설정(단 장래의 베이스업은 포함되어 있지 않음)
⑤ 신규가입률 (동 급여)	후생연금기금의 대행부분으로 사용(통상은 기금규모가 변화하지 않는다라는 전제하에 계산)

에 따라서 보다 양호한 재정계획으로 개선하기 위한 것이다. 검토대상은 재정계획에 사용되는 모든 전제이다. 연금수리상 계산기초율은 대략 〈표 7-15〉와 같이 설정된다.

Ⅲ. 결정론적 시뮬레이션과 확률론적 시뮬레이션

재정방식으로서 가입연령방식을 채택한 임의의 퇴직연금제도의 재정시뮬레이션을 〈표 7-16〉은 나타내고 있다.

이 제도는 예정이율 6%(이 중 인플레이션율은 3.5%)와 사망률 및 탈퇴율 등이 포함되어 있다. 과거근무채무는 30년 동안 상각되고, 그 시점에서 수리상의 채무

표 7-16 연금재정의 실례와 장래전망(가입연령방식)

연도	급여총액	표준비용	추가비용	합계비용	연금급부	자산잔고	수리채무	적립률	미적립채무
1	15,000	536	466	1,002	35	0	6,805	0.00%	6,805
2	16,566	591	466	1,057	73	1,025	7,745	13.23%	6,720
3	18,235	651	466	1,117	113	2,132	8,761	24.34%	6,629
4	20,010	714	466	1,180	157	3,328	9,859	33.76%	6,531
5	21,896	782	466	1,248	203	4,617	11,046	41.80%	6,429
6	23,896	853	466	1,319	252	6,008	12,329	48.73%	6,321
7	26,014	929	466	1,395	305	7,508	13,713	54.75%	6,205
8	28,246	1,008	466	1,474	362	9,123	15,206	60.00%	6,083
9	30,598	1,092	466	1,558	423	10,862	16,816	64.59%	5,954
10	33,072	1,181	466	1,647	488	12,732	18,548	68.64%	5,816
11	35,667	1,273	466	1,739	557	14,734	20,412	72.19%	5,678
16	50,340	1,797	466	2,263	989	27,146	31,948	84.97%	4,802
21	67,420	2,393	466	2,859	1,588	44,163	47,802	92.39%	3,639
31	102,983	3,587	0	3,587	3,657	94,406	94,406	100.00%	0

표 7-17 미상각액의 확대(운용수익률의 저하: 6% → 5.5%)

연도	급여 총액	표준 비용	추가 비용	합계 비용	연금 급부	자산 잔고	수리 채무	적립률	미적립 채무
1	15,000	536	466	1,002	35	0	6,805	0.00%	6,805
2	16,566	591	466	1,057	73	1,021	7,745	13.23%	6,724
3	18,235	651	466	1,117	113	2,117	8,761	24.17%	6,644
4	20,010	714	466	1,180	157	3,296	9,859	33.43%	6,563
5	21,896	782	466	1,248	203	4,561	11,046	41.30%	6,485
6	23,896	853	466	1,319	252	5,920	12,329	48.02%	6,409
7	26,014	929	466	1,395	305	7,379	13,713	53.81%	6,334
8	28,246	1,008	466	1,474	362	8,943	15,206	63.14%	6,263
9	30,598	1,092	466	1,558	423	10,618	16,816	66.92%	6,198
10	33,072	1,181	466	1,647	488	12,412	18,548	70.20%	6,136
11	35,667	1,273	466	1,739	557	14,330	20,412	70.20%	6,082
16	50,340	1,797	466	2,263	989	26,040	31,948	81.51%	5,907
21	67,420	2,393	466	2,859	1,588	41,739	47,802	87.32%	6,063
31	102,983	3,587	0	3,587	3,657	86,072	94,406	91.17%	8,334

와 연금자산잔고는 일치하게 된다. 이 일치하는 시점에서 비로소 완전적립상태가 된다.

만약 다른 조건이 동일하고 운용수익률이 〈표 7-17〉과 같이 5.5%가 되면 적립률(자산잔고 수리채무)은 30년 후에 91.17%로 미적립상태가 된다. 또한 인플레이션율이 〈표 7-18〉과 같이 4%로 증가되는 경우 적립율은 30년 후에 94.85%로 미적립상태가 된다.

실제로 완전적립의 퇴직연금제도에서는 통상 재계산이라는 절차가 있으며, 미적립채무는 후발채무로서 별도 상각되므로 갹출률의 인상이 이루어진다. 대체로 자산 적립 부족이 기업회계상의 장부외채무로 되어 리스크로 인식되는 경우는 적으므로 오히려 갹출률 인상을 리스크로 파악하는 경우가 많다. 이와 같이 재계산을 전제로 시뮬레이션을 실시하면 〈표 7-19〉, 〈표 7-20〉과 같다.

표 7-18 미상각액의 확대(인플레이션율의 상승: 3.5% → 4%)

연도	급여 총액	표준 비용	추가 비용	합계 비용	연금 급부	자산 잔고	수리 채무	적립률	미적립 채무
1	15,000	536	466	1,002	35	0	6,805	0.00%	6,805
2	16,646	594	466	1,060	73	1,026	7,782	13.18%	6,757
3	18,412	657	466	1,123	114	2,135	8,846	24.14%	6,710
4	20,301	725	466	1,191	159	3,337	10,003	33.36%	6,666
5	22,322	797	466	1,263	207	4,635	11,261	41.16%	6,626
6	24,479	874	466	1,340	208	6,039	12,630	47.82%	6,591
7	26,777	956	466	1,422	314	7,556	14,115	53.53%	6,560
8	29,215	1,043	466	1,509	374	9,193	15,728	58.45%	6,535
9	31,801	1,135	466	1,601	440	10,959	17,477	62.70%	6,518
10	34,538	1,233	466	1,699	510	12,861	19,370	66.40%	6,509
11	37,428	1,336	466	1,802	585	14,931	21,420	69.71%	6,489
16	54,114	1,932	466	2,398	1,063	27,929	34,343	81.32%	6,414
21	74,242	2,636	466	3,102	1,749	46,260	52,639	87.88%	6,379
31	119,002	4,145	0	4,145	4,226	103,470	109,091	94.85%	5,621

이와 같은 다양한 주관적 전제하에서 계산을 반복시행하면 장래의 재정추이를 어느 정도 알 수 있다. 그러나 자산수익률 및 인플레이션율이 장래 어떻게 추이할 것인가에 대한 적절한 예측을 하는 것은 매우 어려운 일이다. 이것은 낙관적 · 비관적 시나리오를 몇 가지 작성하는 것과 같은 방식을 채용하는 경우에서도 마찬가지이다.

따라서 확률론적 시뮬레이션의 기술이 등장한다. 확률론적 시뮬레이션의 기술적 기초는 몬테카를로법이라고 불리는 공학적인 기술이다. 이 몬테카를로(Monte Carlo)는 카지노로 유명한 모나코 왕국의 도시이름이다. 폰 노이만이 행한 원자폭탄의 비밀실험이 이 도시의 이름을 암호로 한 고사에서 유래하고 있다고 전해지고 있다. 몬테카를로법은 확률론적 사상에 대해 엄밀한 이론적 해석이 곤란한 복잡한 시스템 및 특성을 알 수 없는 알고리즘 등을 실제로 수많은 실험

표 7-19 후발채무의 단년도 상각에 의한 갹출금 상승(운용수익률의 저하) (수익률 6% → 5.5%, 매년 재계산시)

연도	급여 총액	표준 비용	추가 비용	합계 비용	연금 급부	자산 잔고	수리 채무	적립률	미적립 채무
1	15,000	536	466	1,002	35	0	6,805	0.00%	6,805
2	16,566	591	470	1,057	73	1,021	7,745	13.18%	6,724
3	18,235	651	476	1,117	113	2,122	8,761	24.22%	6,639
4	20,010	714	483	1,180	157	3,311	9,859	33.59%	6,548
5	21,896	782	488	1,248	203	4,595	11,046	41.60%	6,451
6	23,896	853	495	1,319	252	5,979	12,329	48.50%	6,350
7	26,014	929	500	1,395	305	7,471	13,713	54.48%	6,242
8	28,246	1,008	510	1,474	362	9,076	15,206	59.69%	6,160
9	30,598	1,092	520	1,558	423	10,805	16,816	64.26%	6,011
10	33,072	1,181	529	1,647	488	12,666	18,548	68.29%	5,882
11	35,667	1,273	538	1,739	557	14,664	20,412	71.84%	5,748
16	50,340	1,797	596	2,263	989	27,016	31,948	84.56%	4,932
21	67,420	2,393	678	2,859	1,588	43,951	47,802	91.94%	3,851
31	102,983	3,587	0	3,587	3,657	93,951	94,406	99.52%	455

을 통하여 그 성질을 파악하고자 하는 방법이다.

이 기술을 연금재정의 시뮬레이션에 응용한 것이 확률론적 시뮬레이션이다. 예를 들어 인플레이션율 3.5%가 변하여 4%라는 비관적 시나리오를 작성한 것처럼 수많은 시나리오를 작성하는 알고리즘을 만들어 내는 것이다. 이것은 인플레이션율뿐만 아니라 이율 및 사망률 기타 연금수리상의 전제조건의 모두에 적용하는 것이 가능하다. 그러나 가장 중요한 것은 인플레이션율과 투자수익률의 시나리오 생성기구를 어떻게 작성할 것인가 하는 점이다. 그 이유는 인구통계적인 예상은 신뢰성이 높지만 경제 · 금융환경적인 요소의 예상은 대단히 어렵기 때문이다. Harry Marcowitz가 제창한 간단한 평균 · 분산모델이 있으면 주식 · 채권만을 고려하여 2차원의 정규분포를 가진 난수(亂數)를 발생시킴에 따라 투자수익

표 7-20 후발채무의 단년도 상각에 의한 갹출금 상승(인플레율의 상승) (인플레 수정 3.5% → 4%. 매년 재계산시)

연도	급여총액	표준비용	추가비용	합계비용	연금급부	자산잔고	수리채무	적립률	미적립채무
1	15,000	536	466	1,002	35	0	6,805	0.00%	6,805
2	16,646	594	500	1,094	73	1,026	7,782	13.18%	6,757
3	18,412	657	511	114	114	8,846	8,846	24.55%	6,674
4	20,301	725	515	1,240	159	3,423	10,003	34.22%	6,580
5	22,322	797	520	1,317	207	4,778	11,261	42.43%	6,483
6	24,479	874	527	1,401	208	6,248	12,630	49.47%	6,382
7	26,777	956	535	1,491	314	7,842	14,115	55.56%	6,274
8	29,215	1,043	541	1,584	374	9,569	15,728	60.84%	6,158
9	31,801	1,135	552	1,687	440	11,437	17,477	65.44%	6,040
10	34,538	1,233	561	1,794	510	13,459	19,370	69.48%	5,911
11	37,428	1,336	547	1,883	585	15,661	21,420	73.12%	5,758
16	54,114	1,932	568	2,499	1,063	29,439	34,343	85.72%	4,904
21	74,242	2,636	565	3,200	1,749	48,901	52,639	92.90%	3,738
31	119,002	4,145	−86	4,059	4,226	109,177	109,091	100.08%	−86

률의 몬테카를로 시뮬레이션이 가능하다. 증권의 구성비율을 변경함으로써 두 가지 증권으로 이루어지는 포트폴리오 전체의 수익률도 변동한다.

이 리스크를 수익률의 표준편차라고 하면 포트폴리오의 기대수익률은 각각의 증권수익률의 가중평균이 되며, 리스크는 두 증권 리스크의 가중평균보다 적어질 것이다. 분산투자효과는 몬테카를로 시뮬레이션에 의해서 확인할 수 있다. 그러나 몬테카를로 시뮬레이션은 수학적으로 간단히 분석할 수 있는 대상이 아니라 복잡하게 뒤엉킨 현상을 분석하는 것이다.

오늘날의 문제를 「자산의 시가와 책임준비금의 차이 분포는 어떻게 될까」 하는 설문으로 바꾼 바로 그 순간에 수학적으로는 간단한 취급이 이미 불가능한 문제가 된다. 자산잔고 및 부채는 과거의 현금흐름 및 인플레이션율 등의 복수함

수이며, 그 영향의 정도는 실험하지 않으면 알 수 없기 때문이다. 따라서 확률론적 시뮬레이션에서는 가능한 한 인위성을 배제하고, 과거의 통계적 · 확률론적 구조를 유지하면서 시나리오를 생성하는 메커니즘을 구축하는 것이 하나의 핵심이 되고 있다.

이와 같은 모델은 마르코위츠의 모델 외에도 몇 가지 모델이 있다. 금융론학자인 Roger G. Ibbotson과 Rex A. Sinquefield 등이 제창한 모델(IS모델)도 여기에 해당된다. 이 모델은 〈그림 7-24〉에서 알 수 있는 것처럼 유명한 피셔효과(명목금리를 인플레율과 실질금리로 분해)를 다양한 자산별로까지 확장한 것이다. 예를 들면 주식의 수익률은 실질금리와 인플레이션율과 주식리스크프리미엄으로 분해한 것이다. 마르코위츠의 모델은 본질적으로 일기간모델로서 장기간에 사용할 만한 평균분산의 파라메터를 결정하는 데는 용이하지 않다. 따라서 IS모델은 보다 장기 시뮬레이션의 이용을 염두한 모델이라고 할 수 있다.

그 이외의 모델로 영국의 보험계리사인 A.D. Wilkie가 제창한 Wilkie모델

그림 7-24 Ibbotson, Sinquefield 모델의 개요

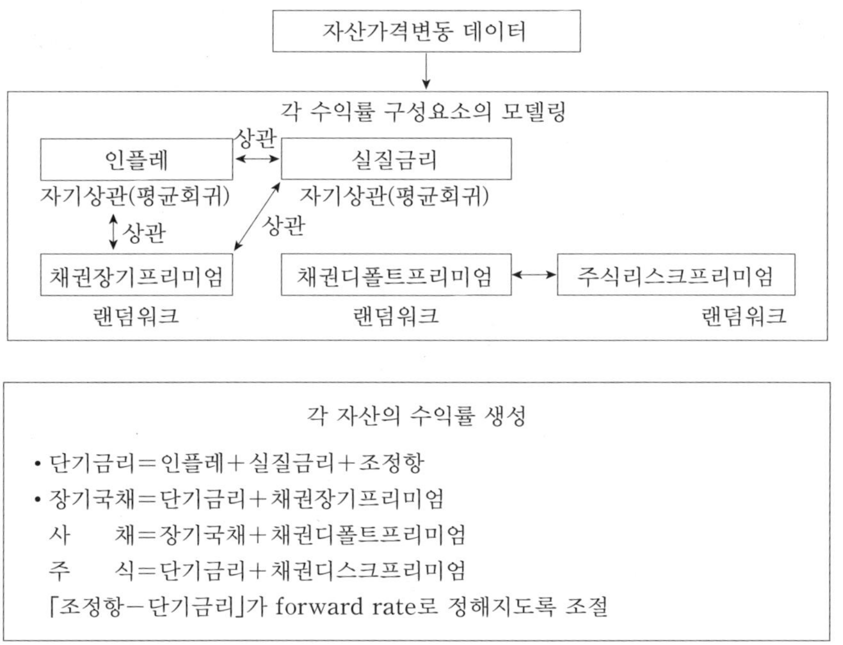

이 있다. 이 모델 역시 IS모델과 마찬가지로 변수간의 상호의존성을 가진 시계열 모델이다. IS모델과의 차이점은 Cascade Structure라 불리고 있는 것처럼 인플레이션율에서부터 출발하여 변수간의 관계가 신경계처럼 뒤엉켜 있는 등 보다 복잡한 구조를 가지고 있다.

어느 경우이든 시뮬레이션형 ALM을 실현하기 위해서는 신뢰성이 높은 금융증권시장모델의 구축이 필요하다. 인플레이션율, 단기금리, 장기금리, 채권수익률, 주식수익률 등의 시나리오가 최종생성물로서 산출될 수 있는 것이 필요하다. 그러나 통계적 모델은 계량경제학 모델과 마찬가지로 예측정밀도면에서 한계가 있기 마련이다.

그런데 금융증권시장의 모델구축이 이루어진 다음 단계는 시나리오에 따라 결정론적 시뮬레이션을 반복하여 시행하는 단계이다. 여기에서 연금재정 평가시스템의 문제가 발생한다. 특히 연금자산의 평가가 장부가로 이루어져 있으면 자산수익률을 베이스로 한 모델과는 정합적이지 않다는 점이 문제로 대두된다. 수익률이라는 개념은 자산가치의 증감에 기인하는 것이며 장부가에 의한 관리로는 파악할 수 없기 때문이다. 그렇다고 하여 장부가에 기인한 수익률을 모델화하는 것은 대단히 어렵다. 그 이유는 장부가에 기초한 수익률은 구입 · 매각이라는 인위적 행위에 의한 조작이 가능하며, 인위적 요소를 모델에 포함하는 것이 불가능

그림 7-25 **Wilkie모델의 개요**

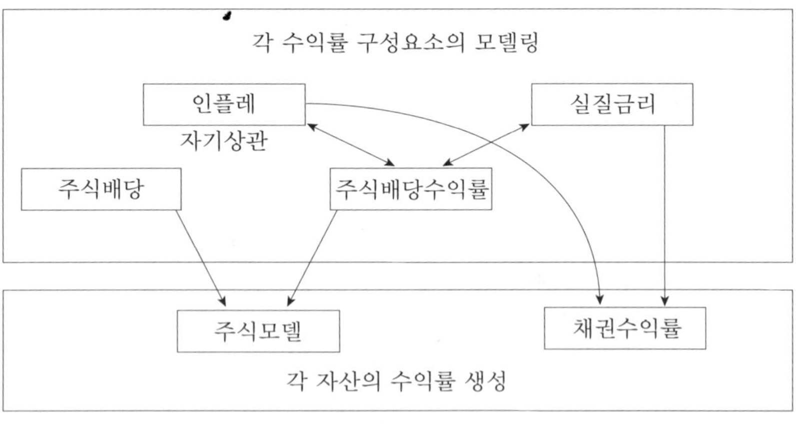

하기 때문이다. 따라서 ALM에서는 미실현 손익을 고려한 시가에 기초한 평가가 중요하다.

결국 퇴직연금에 일반적으로 사용되고 있는 ALM기법의 시뮬레이션형이라 할 수 있다. 이때 연금채무는 전제로 하는 기초율을 근거로 산정되는데, 그 핵심요소는 인플레이션율이다. 기초율 중에서도 인플레이션율 이외의 사망률, 승급률(정시승급), 탈퇴율 등은 과거의 실적치를 근거로 예측치를 책정하더라도 어느 정도까지는 유효하다고 생각되기 때문이다.

즉 연금채무는 임금의 함수이며, 그 규모는 인플레이션이 야기하는 기초율의 상승(Base-Up)에 의해 크게 좌우되는 것이므로 인플레이션율을 어떻게 예측하는가가 가장 중요한 포인트이다. 그러나 현실적으로는 장래의 인플레이션 시나리오를 높은 확률로 예측하는 것은 대단히 어려운 일이다. 따라서 차선의 방법으로서 고인플레이션, 중인플레이션, 저인플레이션 등 몇 가지 시나리오를 사용하여 다른 조건과 대조하면서 결정하는 방법을 생각할 수 있다.

다음으로 자산측에 있어서는 갹출금수입과 연금급부에 관한 현금흐름과 운용수익을 예측함으로써 장래의 자산규모를 가정하는 것이 가능하다. 이 경우 장래의 자산규모를 좌우하는 최대의 요소는 전제조건으로 사용한 가입자, 수급자의 수 등에 의한 영향보다 운용수익이다. 즉 어떠한 운용방침을 선택할 것인가가 핵심요소이며 어떠한 기대수익률과 리스크의 정도를 전제로 한 운용방침을 선택하는가에 관한 것이다.

그림 7-26 시뮬레이션형 연금ALM

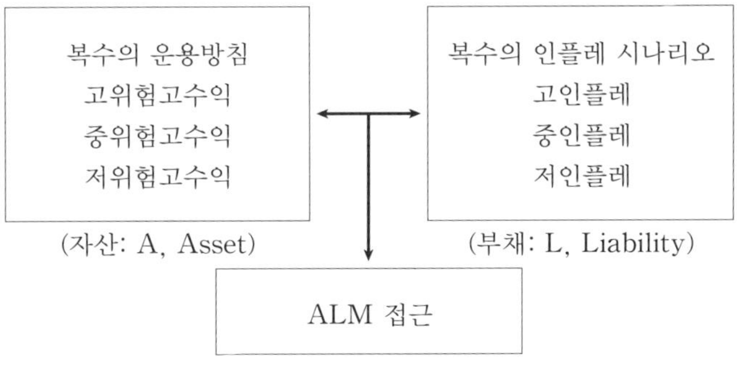

부채 측에서는 인플레이션 시나리오에 기초한 복수의 예측모델을, 자산측에서는 상이한 리스크, 수익률에 기초한 복수의 예측모델을 구축하고, 쌍방의 매칭을 통하여 최종적인 운용방침이 선택되는 것이다. 〈그림 7-26〉은 이 관계를 나타낸 것이며 이 접근방법이 시뮬레이션형 ALM이다.

Ⅳ. FAS87과 BS형 ALM

시뮬레이션형 ALM의 사고방식과는 다른 형태의 연금ALM으로서 대차대조표형 ALM을 제창하는 사람도 있다. 이것은 주로 미국의 연금기금 사이에서 널리 확대된 사고방식으로 미국재무회계심의회(FASB)가 1986년에 제출한 연금회계에 관한 기준서(FAS87호)의 요청에 따라 연금재정관리를 행한다는 사고에 기초한 것이다.

표 7-21 채권의 가치(현금흐름의 할인현가)

연 수	반년복리	원 금	할인율	현재가치
0.5	3.5		0.9756	3.41
1.0	3.5		0.9518	3.33
1.5	3.5		0.9286	3.25
2.0	3.5		0.9060	3.17
2.5	3.5		0.8839	3.09
3.0	3.5		0.8623	3.02
3.5	3.5		0.8413	2.94
4.0	3.5		0.8207	2.87
4.5	3.5		0.8007	2.80
5.0	3.5	100	0.7812	80.85
합 계				108.75

주: 1. 채권가격=coupon×원금의 현재가치합계(@ 5%).
2. 현가율(반년복리) 0.9756=1(1+0.05/2).

FAS87호와 대차대조표형 ALM과의 관계에서 흥미로운 것은 「채무의 시가평가」라는 사고방식이다. FAS87호의 연금채무평가도 연금수리에 기초한 계산으로 되어 있다. 재정방식으로는 단위적립(unit credit) 방식만 인정한다. 할인율은 측정시점의 무위험채권(통례는 미국재무성증권)의 기간별 수익률을 참고로 하여 결정한 이율을 사용한다. 따라서 보험계리사가 연금급부의 장래지급액을 할인하는 데에 사용하는 예정이율과 다르다. 이것이 「채무의 시가평가」의 내용이다.

이와 같은 사고방식은 무엇에 근거한 것일까. 이것은 「연금수급권」의 「경제적 가치」라는 것을 생각한 결과이다. 이것을 이해하기 위해서는 채권가격이 어떠한 원리로 결정되고 있는가를 살펴볼 필요성이 있다.

예를 들면 잔존기간 5년, 수익률 7%인 국채를 생각해 보자. 이 경우 반년마다 3.5원의 이자가 지급되며, 5년 후에는 원금 100원이 환급된다는 것이 채권현금흐름의 구조이다. 현재이율이 장단기 모두 5%인 상황(이율곡선이 수평)을 가정하면 채권가격은 반년마다 쿠폰과 5년 후의 상환원본을 각각의 장래의 발생시기로부터 현재까지의 기간만큼 할인한 현재가치의 합계액이 된다.

현금흐름과 금리(의 기간구조)로 채권가격이 결정된다는 의미이지만 장래 연금을 수취할 권리의 가치는 어떻게 평가해야 좋은 것일까. 예를 들면 다음과 같은 설문을 생각해 보자.

현재 60세인 사람이 65세부터 매년 100만원의 연금을 10년간 수취하는 경우 연금권의 현재가치는 어느 정도인가? 단 현금흐름의 할인율은 5.5%로 가정하며 60세부터 사망률은 각 연령마다 0.5%로 한다

이 경우 65세부터의 연금의 현재가치는

$$100\text{만원}\times\left(0.995\times\frac{1}{1.055}\right)^{5}\times\sum_{x=65}^{75}\left(0.995\times\frac{1}{1.055}\right)^{x-65}$$
$$=6{,}230{,}430\text{원}$$

이 된다. 그러나 만약 이 연금권(年金權)이 시장에서 매매되는 경우 어느 정도 평가하여야 하는가? 금리가 5%인 경우 (1/1.055)의 기울기는 (1/1.05)로 치환된다. 이 경우 연금의 현재가치는 5.5%인 경우에 비해 크게 평가되어 6,516,253원이 되며, 반대로 평가시점의 금리가 6%인 경우 5,959,715원이 된다. 따라서 시장금리에 연동하여 연금권의 가치가 변화하는 것을 나타내고 있다. 그러나 채권가격도 금리가 상승할 때에는 가격이 하락하고 금리가 저하할 때에는 가격이 상승한다. 따라서 채권가격도 연금권의 가격도 금리의 상승, 저하에 연동하여 같은 방향으로 움직이고 있음을 알 수 있다.

여기서는 간단하게 구성원이 연금수급권자뿐인 연금제도를 생각해 보자. 자산은 채권으로만 구성되어 있는 것으로 가정한다. 이 때 자산시가와 부채시가는 금리에 의해 결정되는 함수가 된다. 이 때 금리의 적은 변화, 예를 들면 0.1%의 변화에 따른 자산시가와 부채시가가 어떻게 변화하는가를 생각하자. 이른바 금리변화에 대한 일차미분(一次微分)을 계산한다. 이 때 일차미분은 자산, 부채 각각의 현금흐름구조와 금리의 기간구조에 따라 결정되는 양(듀레이션)이며, 시가의 증감률은 근사적으로「듀레이션 금리변화」로 표시된다.

이 때 자산의 시가 A와 부채의 시가 L의 차액을 잉여금 S라고 하자. 이 때 S=A−L의 변화, 즉 △S=△A−△L은 듀레이션을 이용하면 다음 식으로 표시된다. 금리수준이 r에서부터 r+△r로 변화하면 서플러스의 변화 △S는 아래 식과 같다.

$$\Delta S = \Delta A - \Delta L = -D_A \cdot A \cdot \Delta r + D_L \cdot L \cdot \Delta r$$
$$= -(D_A - D_L) \cdot A \cdot \Delta r - (A - L) \cdot D_L \cdot \Delta r$$

여기에서 자산의 듀레이션을 D_A, 부채의 듀레이션을 D_L로 나타낼 때 잉여금은 $D_A > D_L$이면 감소, $D_A < D_L$이면 증가의 방향으로 변화한다. 만약 $D_A = D_L$이면 잉여금은 금리변동과는 거의 무관하게 변동하는데, 이것을 면역(Immunization) 운용이라 부른다.

이와 같은 잉여금에 주목하는 사고방식의 기초는 무엇일까? 금리의 단기적인 변동에 맞추어 잉여금의 유지를 도모하는 것은 연금재정의 입장에서 어떠한 의미를 가지는 것일까? 금리는 장기적으로는 순환하는 것이라고 하면 단기적인 변동으로 취급하지 않고 보험계리사가 가정한 장기의 예상금리로 할인해 두면 좋은 것은 아닐까 하는 사고방식도 존재한다.

FAS87호에는 사업주의 관점으로부터 연금기금을「연금의 경제적 가치라는 것을 엄밀하게 파악, 이것을 사업주의 채무로서 평가한다」라는 것, 나아가「종업원의 수급권보호를 행하기 위해서는 항시 자산의 매각가능가격(공정시장가격)으로 연금채무의 시가가 파악되도록 하지 않으면 안 된다」 하는 사고방식이 포함되어 있다.

채무로서는 ABO, PBO 등이 사용된다. 누적급부채무인 ABO는 측정시점에 있어서 중도퇴직하였다고 생각한 경우 근무연수에 맞게 권리부여된 누적적인 연금권의 경제적 가치를 표시하고 있다. 그 때의 대상급여는 측정시점의 급여이다. 반면에 PBO는 대상급여를 장래의 퇴직시점까지 이연한 예측급부에 기초한 채무이다.

연금채무로서 ABO를 생각할 경우, 리스크가 없는 운용은 분명히 면역운용이 될 것이다. 즉 연금채무의 듀레이션에 적합한 채권을 시장에서 구입함으로써 자산의 시장가치가 연금채무를 상회하게 되면 언제 해산하더라도 실질적으로 수급권의 보호가 가능하다는 사고방식이다. 그런데 PBO에서는 장래의 급여상승, 즉 임금의 인플레이션을 예상하며, 면역운용에서는 장래 인플레율의 상승리스크에는 대항할 수 없다. 인플레에 대항할 수 있는 자산이 존재하는가의 여부에 대해서는 의견의 차이가 있으며, 주식 및 부동산이 장기적으로는 인플레헤지 자산

그림 7-27 ABO의 관점, PBO의 관점에 기초한 리스크와 수익(자산만 고려시)

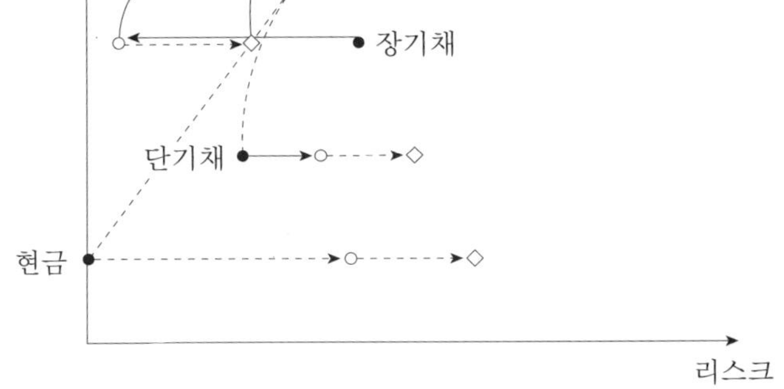

이라고 할 수 있다.

〈그림 7-27〉에서 보는 것처럼 리스크의 개념이 「수익률의 변동성 채무를 ABO로 한 경우의 잉여금 변동성 채무를 PBO로 한 경우의 잉여금 변동성」으로 변화함에 따라 현금, 단기채권, 장기채권, 주식, 부동산 등의 자산분류의 포지션이 변화해 가는 것을 알 수 있다. 첫 번째로 가장 리스크가 적은 자산은 현금이며, 두 번째는 면역화된 포트폴리오가 되며, 세 번째는 리스크가 적다고 생각된 장기채도 인플레에 대항할 수 없기 때문에 고리스크로 이동하며 주식은 저리스크로 이동하게 된다.

이 때 연금기금의 관리자는 어떠한 판단을 내리는 것일까. 하나는 현재 있는 잉여금을 중시하여, 가능한 한 감소시키지 않는다는 보수적인 입장이 존재할 수 있다. 성장기업에 해당하며 가까운 장래의 부담능력에 불안이 없으면 리스크허용도는 높아질 것이다. 만약 성숙도가 낮아지면 리스크를 취하여 장기적인 운용이익을 추구한다는 적극적인 입장도 있다. 비록 동일한 리스크 허용도라 하더라도 성숙도가 높아지면 장래의 인플레율에 따라 줄어들기보다도 금리변동리스크 쪽이 중요하게 되며, 면역화된 운용을 지향하게 된다. 이와 같이 고려해야 할 측면은 몇 가지 있으며, 이것은 개별기업의 사정에 따라 상이하다. 중요한 것은 연금기금의 관리자가 취할 수 있는 리스크의 범위를 충분히 고려하여 그 범위 내에서 운용 기타 기금운영방침을 명확히 정해 두는 것이다.

V. 자산 및 부채의 매칭

일정한 인플레이션 시나리오를 전제로 두게 되면 장래의 연금채무를 예상하는 것이 가능하다. 또한 마찬가지로 어떤 운용방침을 전제로 장래의 연금자산을 예상하는 것도 가능하다. 따라서 양자를 매칭시킴으로써 최적의 운용방침의 선택에 한발 더 다가갈 수 있는 것이다.

예를 들면 한편으로 중인플레이션을 전제로 한 채무 측의 장래예측을 두고, 자산 측은 복수의 투자방침 A, B, C, D, E를 전제로 한 경우에는 장래의 연금채무와 개별 투자방침을 채용한 때의 장래 자산액의 대비에 의해 시뮬레이션을 행하는 것이 가능하다.

투자방침 A, B, C, D, E는 순차적으로 저위험 · 저수익에서부터 고위험 · 고수익의 성격을 가지고 있다. 그 중에서도 자산믹스 D 혹은 E는 수익률이 높으므로 일정 기간이 경과한 후에는 책임준비금을 크게 상회하는 것을 예상할 수 있다. 결국 책임준비금에 대한 적립수준을 높이기 위해서는 고위험 · 고수익형의 자산믹스를 채용하는 것이 적당하다는 것을 알 수 있다.

이와 같은 과정을 거침으로써 채무사이드의 장래예측과 자산사이드의 장래예측을 매칭시키고, 당해 퇴직연금이 어떠한 투자방침을 채용해야 하는가 등 효과적인 판단을 내릴 수 있다.

또한 〈그림 7-28〉은 인플레이션 예측을 중간수준에 두고 투자방침도 다소 위험이 높은 D로 하였을 경우에 그 자산믹스의 위험 정도가 어느 정도 장래의 장해로 될 것인가를 이미지적으로 예시한 것이다. 이 경우 연금자산이 연금채무를 만족시킬 수 있는 정도를 확률분포로 제시하고 있다.

자산믹스 D는 최근 수년간에는 책임준비금을 하회할 확률이 적당하다고 할지라도 5년을 경과한 시점부터는 50%를 상회할 확률로 책임준비금을 충족하는 것이 예상된다. 기간을 10년간으로 하면 대략 75%에 가까운 확률로 조건을 충족시킬 수 있으며, 기간 15년에는 90%의 확률로 만족할 것으로 예상할 수 있다.

수익률의 크기와 확실도는 상반관계에 있기 때문에 연금기금의 리스크마인

그림 7-28　책임준비금과 운용방침의 검토

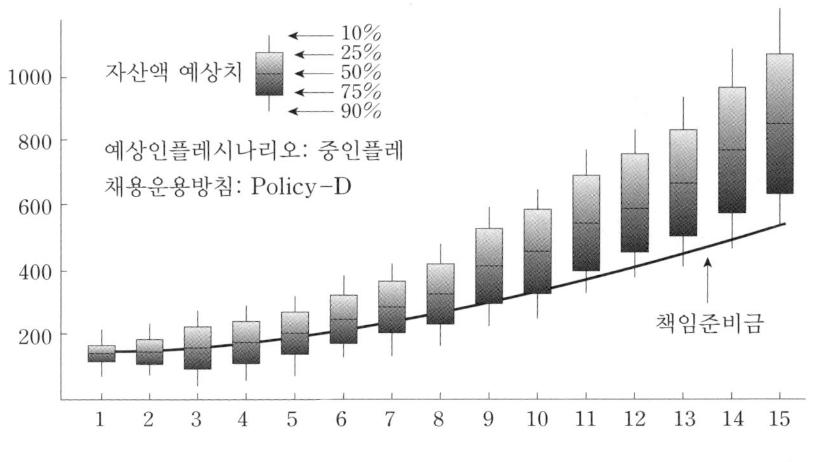

드에 따라 다음과 같은 선택이 필요하다. 높은 수익률에 도전하면 불확실성이 높아지기 때문에 경우에 따라서는 대규모 미적립이 발생하여 갹출금액이 상승할 수도 있다. 그것까지도 각오한다면 적극방침을 채용하든가, 그렇지 않으면 수익률의 크기는 이차적인 문제이고 확실도를 우선시켜 다소의 미적립은 참는다고 하는 견실방침을 채용하든가, 이 두 가지를 스스로 선택하는 것이다. 이 경우 운용기간이 단축되면 이 판단은 대단히 어려운 것이 되지만, 이 예가 제시하는 것처럼 기간이 길면 길수록 리스크에 의한 장해는 적어지므로 비교적 확신을 가진 판단이 가능할 것으로 보인다.

한편에서는 인플레이션 예상을 고·중·저로 변화시키고 다른 한편에서는 운용방침을 A·B·C·D·E로 변경한 경우의 조합 각각에 대하여 연금채무를 만족시킬 가능성을 확률적으로 판단하면서 시뮬레이션을 반복하여 최적해를 찾는 것이다. 이 경우 퇴직연금의 성숙도 정도도 확실히 중요한 요소이기는 하지만 무엇보다도 최종적으로는 연금제도 운영에 채무를 가진 모기업의 리스크마인드에 관한 것이라고 할 수 있다.

Ⅵ. 미국 ALM모델

〈그림 7-29〉는 연금ALM의 과정에 대하여 Wilshire Associates사가 정리한 것이다. Wilshire Associates사는 1972년 미국에서 최초로 ALM모델을 개발하고, 그 후 수많은 퇴직연금이 ALM기법을 채용하는 선구자로 말해지고 있다. ALM모델에 대하여 영향을 미치는 요소와 그것으로부터 나오는 결과가 표시되고, 나아가 기업의 리스크허용도에 의한 최종적인 의사결정 산물로서 전략적 자산믹스가 도출되는 과정이 제시되고 있다.

산출물(output)로서 「기업회계상의 예측」으로 표시되고 있는 부분은 미국의 기업회계가 FAS의 적용을 받고 있기 때문에 연금채무 및 연금비용에 관한 모습을 산출할 필요가 있다는 것을 의미하고 있다. 일본의 경우 연금채무는 책임준비금을 기준으로 하고 있으므로 ALM모델에 있어서도 자산액과 책임준비금과의 장래예측의 시뮬레이션이 일반적이지만 미국의 경우는 FAS의 적립수준이 목적이므로 ABO가 기준이 되어 연금비용의 예측이 이루어지고 있다는 점이 주목된

그림 7-29 ALM과 자산배분

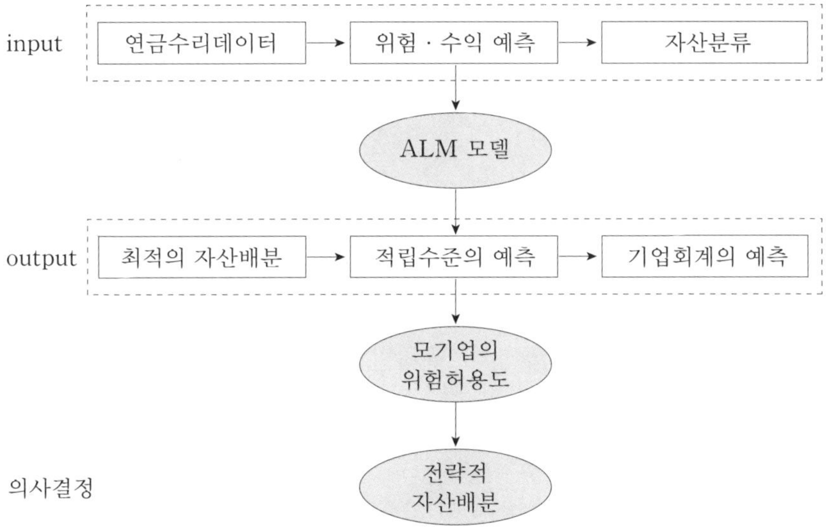

자료: Wilshire Associates Incorporated.

다. 또한 시간의 경과에 따라 전제조건이 변화하므로 일정한 시기에는 전제조건을 세밀히 변경할 필요가 있으며, 그 결과 ALM의 산출물이 갱신된다. 따라서 ALM의 접근방식에 기초하여 도입될 운용방침도 또한 정기적으로 세밀히 변경할 필요가 있다. Wilshire Associates사에 의하면 그 간격은 통상 2～3년이 타당하다고 보고 있다.

Ⅶ. FAS기준과 연금 ALM

FAS기준의 적용으로 PBO 내지 ABO가 연금채무(시가)로서 인식됨으로써 보유연금자산(시가)이 이 부채를 상회하는 금액인 「잉여금(Surplus)의 보전 및 증식」이 명확한 목표로서 위치지워지는 것이 가능하게 되었다. 종래의 자산배분은 의식되고 있는가의 여부와는 별도로 자산자체의 수익성과 변동성을 문제로 하여 투자가의 리스크허용도에 대응하는 「리스크=수익」의 최적 포지션을 구한다고 하는 사고방식을 취하고 있었던 것이 사실이다.

그러나 FAS87호의 회계기준 적용 이후 기업회계와의 결합을 의식하지 않으면 안 되게 되었고, 나아가 연금제도의 서플러스의 보전이 기업이익의 안정성에도 커다란 영향을 미치게 되므로 퇴직연금 재정운영의 목표가 「자산의 리스크=수익」이 아니라 「서플러스의 리스크=수익」으로 이행하게 된 것이다. 이것이 서플러스의 구조에 의한 자산배분의 사고방식이라 할 수 있다. 즉 무엇보다도 중요한 것은 서플러스의 구조에 의하면 부채와 동일한 변동성을 가지는 자산(구체적으로는 부채와 듀레이션이 같은 장기채)의 리스크가 가장 작게 평가되고, 종래는 무위험자산이었던 현금이 이제는 결코 무위험자산이 아니라는 점이다.

이제 서플러스를 정의해 보면 부채로서 PBO와 ABO 중 어느 것이든 후보로서 생각할 수 있다. 문제는 어떠한 부채를 취급하는가에 따라서 자산의 배분이 변화하게 된다는 점이다. 즉 ABO에서는 각 가입원의 연금급부액을 확정하고 있는데, 이 수급권의 보전에는 장기채(또는 그 포트폴리오)가 가장 적합한 자산이 된다. 그런데 PBO에서는 장래의 임금상승을 고려에 둔 연금수급권을 문제로 하고 있기 때문에 장래의 임금인플레율 리스크도 함께 고려하지 않으면 안 된다. 장기채가 확정된 채무에 매칭시키는 데 가장 적합한 자산일지는 몰라도 효과적인 인플레 헤지는 불가능하다. 이에 반해 주식에는 인플레 헤지기능이 있기 때문에 인플레 리스크를 염두에 두면 부채를 ABO로 한 때에 비해 리스크는 보다 작아지게 된다.

이상을 정리하면 임금의 인플레이션율까지 연금수급권의 보전대상으로서 생각하는가 아닌가 하는 수급권보전의 철학이 자산배분방침에 포함되는 것이다. 연금ALM은 이 같은 사항에만 국한된 것은 아니다. PBO 및 ABO의 부채에는 장래의 가입상황이 포함되어 있지 않지만 광의의 채무로서는 장래의 가입원상태도 고려해야 한다는 입장도 있다. 이 경우 불황에 의한 채용의 감소 및 정지 등도 리스크로서 파악되는 것이다.

더욱이 광의의 관점에서 보면 기업 전체의 ALM의 일부로서 연금채무를 파악하는 입장으로까지 확장된다. 왜냐하면 연금기금의 서플러스와 기업이익은 결코 무관계한 것은 아니기 때문이다. FAS87호에 의한 연금회계가 기업회계와 결합한 결과, 연금채무와 기업회계상의 기타 채무와는 구별이 되지 않고 기업의 채무(기업의 차입금, 채권발행, 주식발행) 전체를 헤지하는 기업전체의 자산배분과 그 일부인 연금기금의 자산배분을 동시에 고려하는 방향으로까지 이어진다. 이렇게 되는 경우 결국 ALM개념은 연금ALM이 아니라 기업경영ALM으로까지 개념이 확장되게 된다.

Ⅷ. 미국기업의 자산배분전략사례

1. 연금증대와 기업재무

미국에서는 1974년 ERISA 제정 이후 퇴직연금의 정비가 진전되어 그 자산규모가 크게 확대되었다. 특히 최근 연금자산의 증가가 두드러지고 있으며, 금융시장에서의 연금기금의 기관투자가로서의 영향력도 대단히 커지고 있다. 퇴직연금이 종업원 복지의 일환으로서 널리 확대되고 또한 대상이 되는 종업원의 비율 역시 증가하고 있다는 점을 고려하면 향후도 미국 퇴직연금의 자산규모는 확대기조를 계속 유지할 것으로 보인다. 이와 같이 퇴직연금자산이 증가함에 따라 스폰서인 기업의 재무에 미치는 잠재적 영향력도 커지고 있다.

연금자산은 기업과는 분리되어 운용 · 관리되며 자산의 운영도 기업과는 독립된 조직에 의해 이루어지고 있다. 연금자산의 운용은 연금가입자 · 수급자의 이익이 우선적으로 고려되어야 한다고 ERISA에 규정하고 있다. 그러나 기업은 연금기금의 스폰서로서의 갹출의무를 지고 있으며 연금급부에 필요한 재원을 사전에 갹출하여 적립하지 않으면 안 된다. 연금의 규모가 커지면 갹출금부담도 기업의 입장에서 무시할 수 없으므로 연금자산이 적절하게 운용되고 있는가의 여부는 모기업 재무의 입장에서도 커다란 문제로 되고 있다. 주주의 이익이 중시되는 미국에서는 연금코스트를 가능한 한 억제하여 주주가치를 극대화하는 것이 기업재무의 커다란 목표로서 자리잡고 있다. 따라서 연금기금도 연금급부의 확실성을 일차목표로 하면서도 모기업의 재무목표에 적합한 최선의 운용을 행하는 것이 필요하게 된다. 기업재무의 입장에서 연금운영에 있어서의 최대의 관심사는 연금코스트이다. 연금코스트를 최소화하고 동시에 그 안정화를 도모하는 것이 중요하게 되며 많은 기금에서 이를 연금관리의 최대 목표로 하고 있다.

연금코스트를 기업이 통제하기 쉬운 방법의 하나로서 확정갹출 플랜의 설립이 있다. 확정갹출 플랜의 자산액은 퇴직연금자산 전체의 40% 정도로 확정급부 플랜에 비하면 적지만 미국 등에서 설립되고 있는 기금은 대부분이 확정갹출형이며 자산액의 증가가 뚜렷해지고 있다. 확정갹출 플랜에서는 확정급부 플랜과 달리 갹출금이 급여 및 기업수익의 일정비율로 결정되고 있기 때문에 기업은 연금코스트의 통제 및 파악이 용이하게 된다. 연금급부액은 운용성과에 따라 증감하는데 운용리스크는 종업원이 부담하기 때문에 기업은 갹출 후의 운용리스크를 고려할 필요가 없어진다. 확정갹출 플랜의 연금코스트가 반드시 확정급부 플랜보다 적다고 단정할 수는 없지만 연금코스트가 예측가능하다는 점이 확정갹출 플랜의 커다란 장점이라고 할 수 있다. 또한 ERISA의 규제가 완화되고 있다는 점, PBGC에 대한 보험료 지급의무가 없다는 점, 연금수리계산이 필요하지 않다는 점 등도 기업의 입장에서 확정갹출 플랜을 매력적인 것으로 보고 있다. 그러나 확정갹출 플랜이 증가경향에 있다고 하지만 종래부터 미국의 대다수 대기업은 확정급부 플랜을 채용하고 있으며, 이들 기업의 입장에서 연금관리상의 최대 문제점은 확정급부 플랜의 연금코스트를 얼마나 작게 할 수 있는가 하는 점에 있다.

2. 확정급부 플랜의 연금코스트

확정급부 플랜의 연금코스트에는 두가지 코스트가 있다. 하나는 실제의 현금흐름을 수반하는 연금플랜에 대한 갹출금의 적립이며, 다른 하나는 회계상의 연금비용이다.

(1) 확정급부 플랜의 갹출룰

확정급부 플랜에서는 현재 및 장래의 급부가 갹출금의 적립과 그 운용수익으로 조달된다. ERISA에서는 장래의 급부를 조달하기에 충분한 자산을 확보하기 위해 최저필요갹출금이 정해져 있으며, 그 내용은 〈표 7-22〉와 같다. 표준갹출금(Normal Cost)이란 근무연수의 증가 및 임금의 상승에 따라 그 연도 내에 발생한 연금비용이다. 최저필요갹출금은 표준갹출금에 과거근무채무 및 제도변경 등에 수반한 미적립채무의 상각비용을 가산하고, 운용 및 제도변경 등으로 적립초과분이 발생한 경우에는 이를 공제한 금액이 된다.

표 7-22 최저갹출금의 규정개요(단독사업 플랜)

최저필요갹출금＝표준갹출금(Normal Cost)＋미적립채무상각－적립초과상각
표준 갹출금 미적립채무상각 ① 과거근무채무의 미적립분-30년 상각(74년 1월 1일 이후 설립의 경우) -40년 상각(그 이전 설립의 경우) ② 연금플랜의 제도변경에 따른 미적립채무의 상각비용-30년 상각 ③ 기초율 변경에 따른 미적립채무의 상각비용-10년 상각 ④ 기초율과 실제치의 차이에서 생기는 미적립채무의 상각비용-5년 상각

그러나 갹출금은 경비로서 손금산입하는 것이 인정되고 있기 때문에 이 금액에 제한이 설정되어 있다. 하나는 갹출최고한도액의 설정으로 표준갹출금과 미적립채무를 10년으로 정액상각한 경우의 상각비용의 합계가 손금산입의 한도로 되어 있다. 또한 동시에 과잉적립제한(Full Funding Limitation) 이라는 제한도 설정되어 과잉적립이 이루어지는 것을 제한하고 있다. 일정한 계산방식에 따라 산출된 연금채무를 자산이 초과하고 있다고(Full Funding 상태) 판단된 경우에는 갹출금의 손금산입은 인정되지 않는다. 예를 들어 기업이 연금기금에 손금으로서 갹출할 수 있는 금액은 최저필요갹출금과 갹출최고한도액 사이에서, 동시에 과잉적립제한에 달할 때까지의 금액이라고 할 수 있다.

세제상 완전적립의 상태에 있다고 판단되는 경우 기업은 기금에 갹출할 필요는 없다. 따라서 갹출금을 최소화하기 위해서는 완전적립 상태에 근접하는 것이 필요하다. 완전적립 상태를 장기간 지속하는 것이 가능하면 이 사이 기업은 전혀 갹출을 행하지 않아도 된다.

(2) 갹출률의 지속적인 하락

현재 많은 기금에서 자산이 부채를 상회하는 상태에 있다. 91년 9월말 현재 적립비율(부채에 대한 자산의 비율)이 100%를 충족하지 못하는 과소적립(underfunding) 상태의 기금은 15%에 불과하며, 대부분이 과잉적립(overfunding) 상태에 있다. 81년은 55%, 86년은 21%가 과소적립(underfunding)이었던 점과 비교하면 적립비율은 크게 개선되고 있다.

또한 완전적립한도액(Full Funding Limitation)에 도달하여 최근 수년 동안 갹출을 행하지 않는 기업도 많아지고 있다. 이 상태를 갹출의 휴일(Contribution Holiday)이라고 하는데, 어느 조사에 의하면 91년에는 전체적으로 46% 정도가 갹출휴지 상태에 있었다고 한다. 제조업은 갹출을 행하고 있는 기업이 2/3를 차지하고 있지만, 그 이외는 많은 업종에서 갹출휴지상태의 기금이 과반수를 점하고 있다.

또한 갹출금이 급여 임금에서 점하는 비율인 갹출률의 추이를 보면, 급여 임금은 일관되게 증가하고 있지만 갹출액은 80년대 초반부터 감소경향에 있어 갹출률은 80년 이후 계속 하락하고 있다. 확정갹출 플랜에 대한 갹출금도 포함하고 있는데 확정갹출 플랜에서는 갹출률이 일정한 경우가 많기 때문에 이 갹출률의 하락은 확정급부 플랜의 영향이라고 볼 수 있다. 90년대 들어서 금리하락에 의한 연금채무의 증가, 확정갹출 플랜의 증가 등으로부터 갹출금은 약간 상승경향을 나타내고 있지만 갹출률은 안정된 상황에 있다. 이와 같이 현재 미국의 확정급부 플랜은 갹출금의 부담을 경감한다는 면에서는 커다란 성과를 거두고 있다고 할 수 있다.

(3) 회계상의 연금비용

미국기업의 확정급부형 연금에 관한 회계처리는 1985년 12월에 제정된 회계기준 FAS87에 따라 이루어진다. FAS87은 연금자산, 연금채무, 기업연금에 관한 비용의 공시의무를 확대함과 함께 이들 산출기준을 정하고 통일된 방식으로 연금기금이 모기업의 재무에 미치는 영향을 파악할 수 있도록 하였다.

공시항목 중에서 기업재무에 직접적으로 영향을 미치는 것은 연금비용(Pension Expense) 항목이다. FAS87이 계상을 요구하고 있는 연금비용은 실제로 기업이 갹출한 갹출금과는 무관하게 결정된다. 〈표 7-23〉은 연금비용의 계산방법을 나타내고 있는데 연금비용의 계산상 매년 운용수익이 공제되는 구조로 되어 있다. 그 때문에 운용성과를 향상시키면 연금비용을 삭감하고 당기이익을 개선하는 것이 가능하다.

기업의 입장에서 중요한 재무목표는 실제의 현금흐름을 수반하는 갹출금의 최소화라고 생각되지만 회계상의 연금비용도 당기이익에 대한 비중이 증대하고 있으며, 그 동향은 재무상의 중요한 문제가 될 가능성이 있다. 이에 따라 FAS87

표 7-23 FAS87에 의한 연금비용의 산정방법

연금비용＝①＋②－(③＋④)＋⑤＋⑥＋⑦
① 근무비용: 기중에 발생한 급부의 현가
② 이자비용: 전년도 말의 PBO에 대한 이자
③ 자산의 실수익: 실제의 운용수익
④ 이차손익: 자산의 기대수익률과 실수익과의 차액
⑤ 미인식과거근무채무의 상각비용
⑥ 미인식순손익의 상각비용: 연금수리상의 가정과 실제치와의 차액 이익손익은 여기에서 처리
⑦ FAS87 적용시의 미적립 PBO 상각비용

자료: 野村綜合研究所.

의 제정 이후 기업의 연금채무 및 자산운용에 대한 관심이 증대되게 되었다.

3. 확정급부형 플랜의 자산배분 전략

(1) 자산배분 전략의 결정요인

미국의 확정급부 플랜에서는 상당히 공격적인 자산배분 전략이 채용되고 있다. 여기에서는 일반적으로 자산배분 전략의 결정에 중요하다고 언급되고 있는 요인은 어떠한 것이 있는가를 살펴보고자 한다.

① 기금의 Demographics

기금의 Demographics란 퇴직자 및 취업자의 연령구성을 의미하며, 일반적으로 퇴직자와 취업자의 비율 및 퇴직자에 대한 연금채무액과 기금 전체의 연금채무액의 비율 등으로 측정한다. 퇴직자가 많은 경우 및 취업자의 평균연령이 높은 경우 기금의 성숙도는 높다. 성숙도가 자산배분 전략에 미치는 영향은 퇴직자가 증가함에 따라 연금지급에 따른 현금유출이 커지게 되고, 그 때문에 유동성이 필요하게 된다는 점이다. 따라서 성숙도가 높은 기금은 성숙도가 낮은 젊은 기금에 비해 운용리스크를 낮게 억제하여 유동성을 확보하는 운용을 해야 한다.

성숙도가 높은 기금에서는 부채를 ① 퇴직자, ② 퇴직이 5년 이내인 취업자, ③ 그 이외의 취업자 등의 세 가지로 분류하고 있다. ①은 금리리스크를 회피하기 위해 듀레이션 매칭의 채권운용을 하여 급부액을 확보하고, ③은 주식중심의

그림 7-30 Demographics와 주식투자비율의 분포

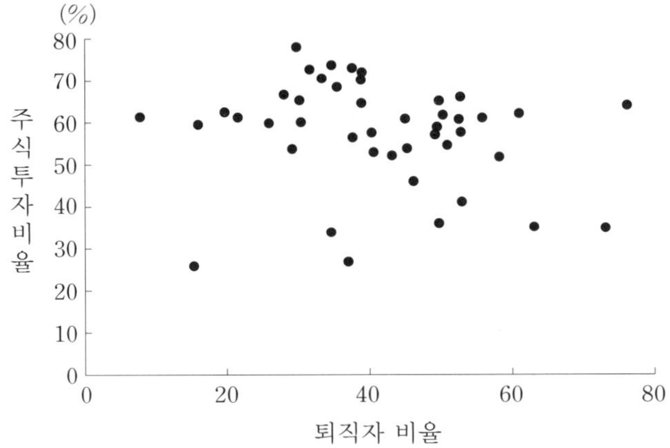

운용으로 리스크를 적극적으로 취하면서 높은 수익률을 목표로 하며, ②는 그 중간으로 채권 및 주식을 50% 정도씩 보유하여 리스크를 억제한 운용을 행하고 있는 예도 있다.

그러나 전반적으로는 성숙도가 높기 때문에 주식 등의 리스크자산을 감소시키는 것으로 한정되는 것은 아니다. 〈그림 7-30〉은 대형 퇴직연금에 있어서의 퇴직자비율과 주식투자비율과의 관계를 나타낸 것으로 양자 사이에 명확한 상관관계는 존재하지 않고 있다.

② 적립비율

적립비율이 100%를 초과한 초과적립(overfunding) 상태에 있는가, 아니면 그 이하의 과소적립(underfunding) 상태에 있는가는 운용에 있어서의 리스크 허용도에 영향을 미친다. 초과적립 상태이면 다시 리스크가 높은 자산에 투자하는 여유가 생기게 된다. 100% 가까이 근접하면 적립비율을 내리지 않도록 안전한 운용을 목적으로 하는 것으로 보인다.

그러나 실제의 적립비율과 자산배분 전략의 관계는 단순하지 않다. 〈그림 7-31〉은 적립비율과 주식투자비율의 관계를 대형 65개 기업의 기금에 대해 나타낸 것으로 양자 사이에는 명확한 상관관계는 존재하지 않고 있다.

그 이유로는 동일한 적립비율에서도 리스크에 대한 기금의 자세가 일률적이

그림 7-31 **적립비율과 자산배분전략**

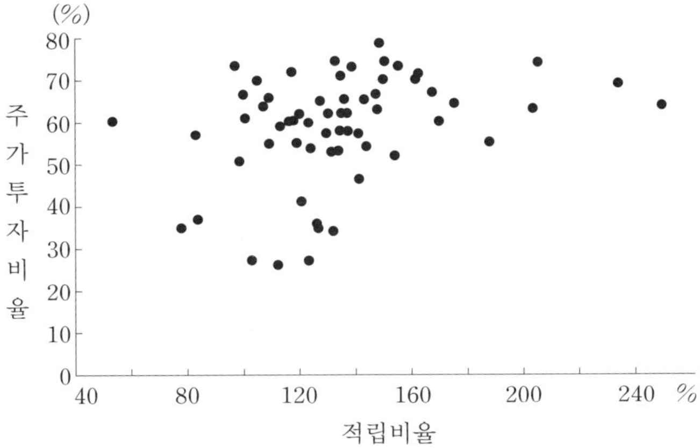

지 않다는 점을 들 수 있다. 초과적립 상태에서도 그것을 유지하기 위해 보수적인 운용을 취하는 기금도 있다. 또한 과소적립 상태에 있는 기금은 반대로 어느 정도의 리스크를 취하여 적립비율의 개선을 목표로 하는 경우도 있다. 이것은 자산배분 전략이 최종적으로는 기금의 리스크 선호도에 따라 결정되고 있는 부분이 크다는 점을 시사하고 있다.

③ 기업의 재무력 강화

기금의 적립과 자산재분 전략 사이에 명확한 관계가 보이지 않는 다른 하나의 커다란 이유는 기업의 재무력 강화가 자산배분전략에 대해 커다란 영향을 가지고 있다는 점이다. 많은 연금기금이 연금운용에 있어서의 모기업의 재무적 강화의 중요성을 지적하고 있다.

모기업의 재무적 건전성을 수량적으로 파악하는 것은 상당히 어려운 일이지만 하나의 지표로서 S&P 장기채권등급과 주식투자비율과의 관계를 대형 60개사에 대해 조사한 결과, 신용등급별 평균주식투자비율의 경우 AAA-65%, AA-60%, A-58%, BBB-56%, BB-46%로 신용등급이 높을수록 주식투자비율이 높은 경향을 보이고 있다. 모기업의 재무체질이 강하면 그만큼 주식에 적극적으로 투자하고 있음을 알 수 있다.

(2) 적극적 자산배분전략의 배경

개별 연금기금이 이상과 같은 요인을 충분히 고려하면서 연금채무의 특성에 부합하는 자산운용을 행하고 있다면 연금의 자산배분에는 큰 분산이 생기게 된다. 그런데 현실적으로는 각 기금의 자산배분에는 그다지 큰 차이가 보이지 않는 것이 실정이다.

주식의 투자비율에 대해 자산규모 상위 200개 기금에 포함되는 확정급부 플랜기금의 분포를 보면 〈그림 7-32〉와 같이 50%에서부터 75%까지 대부분이 고정되어 있으며, 80%의 기금이 주식비율 50% 이상이라는 공격적인 운용을 행하고 있다. 또한 1/4의 기금이 60～65%의 범위에 있다.

이와 같이 공격적인 자산배분이 지배적인 배경으로서는 다음과 같은 요인을 지적할 수 있다.

① 인플레이션에 대한 대응

연금채무에 영향을 미치는 경제요소로 가장 중요한 것은 인플레이션이다. 인플레이션은 종업원의 임금을 상승시키고, 가입원에 대한 연금채무를 증가시킨

그림 7-32 미국 퇴직연금의 주식투자비율 분포

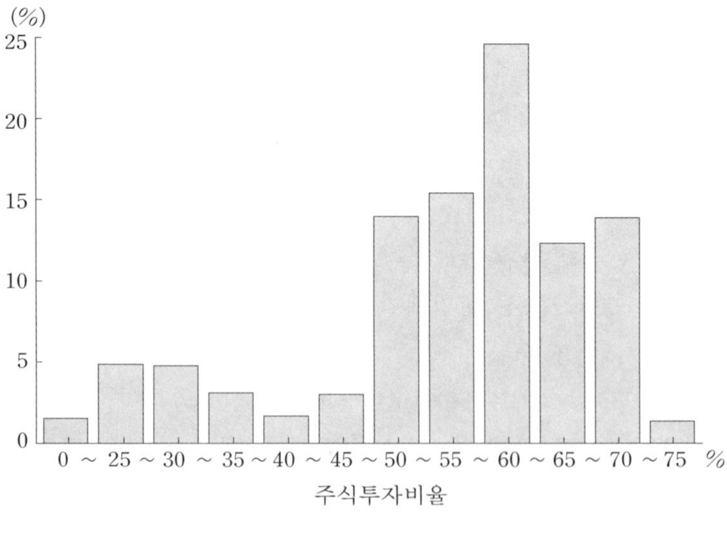

다. 또한 인플레이션율이 크게 상승한 경우 퇴직자에 대한 급부를 조정하고 있는 기금도 있다. 따라서 인플레이션은 연금채무를 증대시키는 것이 된다.

따라서 연금관리 최대 관심사는 인플레이션뿐이라고 말하고 있다. 주식비율을 높이고 있는 이유로서 인플레이션에 대한 헤지문제를 고려하고 있는 기금이 많다. 채권투자로 인플레이션에 도달하는 수익률을 올리는 것은 곤란하다는 것이 그 이유이다.

② 평준화 · 안정화 기술의 존재

연금재정계산 및 모기업의 회계처리에 있어서 연금재정 및 기업회계상의 연금코스트를 평준화 · 안정화시키기 위한 다양한 기술이 인정되고 있다.

먼저 연금수리계산의 측면을 보면 자산은 「공정한 시장가격을 고려에 둔 합리적인 연금수리계산방법」으로 평가하면 좋은데 약 70%의 기금이 몇 가지의 형태로 평준화된 시가를 사용하고 있다. 이것에 의해 운용성과의 단기적인 변동이 연금자산액에 미치는 영향이 완화되고 갹출률의 안정화가 도모되고 있다.

한편 확정급부 플랜의 모기업의 회계처리기준인 FAS87도 운용성과의 변동이 연금코스트에 미치는 영향을 완화하는 기본적인 틀을 설정하고 있다. 자산의 운용수익이 커지면 연금비용을 적게 하는 것이 가능한데 운용수익은 시장환경의 변화 및 운용의 좋고 나쁨에 따라 매년 크게 변동한다. 그 때문에 FAS87은 실제의 운용수익에서는 없는 사전에 설정되는 기대운용수익을 연금비용계산의 기초로 하고, 연금비용을 평준화하는 것을 인정하고 있다.

기대운용수익은 기금의 자산구성과 과거의 운용성과를 기준으로 기업이 자주적으로 설정하는 예측치이며, FAS87은 실제 운용수익과의 차액을 이차손익으로서 계상하여 기대운용수익을 평준화하는 것을 인정하고 있다. 그 결과 운용성과의 단기적인 변동이 연금비용에 미치는 영향을 완화하는 것이 가능하게 된다. 예를 들면 제너럴 모터스사의 연금비용의 추이를 보면 실제의 운용수익이 크게 변동하고 있음에도 불구하고 기대수익이 안정적으로 계상되어 있기 때문에 연금비용은 그다지 변동하지 않고 있다.

이 이차손익은 미인식순손익(〈표 7-24〉 참조)으로서 익년도 이후로 이월되고 사차손익 및 과거근무채무 등과 함께 상각의 대상이 된다. 그러나 미인식순손익은 매년 반드시 상각되는 것은 아니며 PBO 또는 연금자산 중 큰 쪽의 10%를 초과하는 경우에 한정하여 그 초과액을 종업원의 평균잔존근무연수에 걸쳐 정액상

표 7-24 General Mortors사의 연금비용의 추이

구 분	1988	1989	1990	1991	1992
근무비용 ①	616.6	661.2	713.6	772.4	859.9
이자비용 ②	3,190.3	3,331.6	3,389.4	3,906.4	4,089.9
운용수익 ③	56.1	▲6,443.9	2,117.1	▲7,393.3	▲2,770.9
이차손익 ④	▲3,420.2	3,025.6	▲6,153.9	3,565.3	▲1,320.9
상각비용 ⑤ ⑥ ⑦	74.9	87.0	93.2	390.3	403.9
연금비용	517.7	661.5	159.4	1,241.1	1,261.9
〈참고〉 기대운용수익 ③+④	▲3,364.1	▲3,418.3	▲4,036.8	▲3,828.0	▲4,091.8
자산의 기대수익률	10.0%	10.1%	11.0%	11.0%	11.0%
부채의 할인율	10.0%	9.5%	10.0%	9.3%	8.6%

주: 미국 내 연금만의 계수.
자료: 同社 연차보고서에서 野村綜合研究所 작성.

각하도록 하고 있다. 즉 미인식순손익이 10%의 범위 내에 머무르고 있는 한 손익으로서 계상할 필요가 없다. 이 방법은 10% Corridor Approach 방법으로 불리우며, 매년 연금비용을 평준화하는 데 중요한 역할을 수행하고 있다.

이와 같이 운용성과의 단기적인 변동이 갹출률 및 연금비용에 미치는 영향을 평준화하는 것이 인정되고 있다는 점은 공격적인 자산배분을 가능하게 하고 있는 요인으로서 중요하다.

또한 연금수리계산 및 FAS87은 자산에 대해서뿐만 아니라 연금채무의 평가에 대해서도 일정한 재량의 여지를 인정하고 있다. 즉 연금채무를 평가하는 경우에 안정적인 할인율을 사용하는 것이 인정되며 그 결과 할인율의 빈번한 변경에 따른 연금채무가 단기적으로 변동하는 것을 회피함으로써 갹출금 및 연금비용을 평준화시키는 것이 가능하게 하고 있다. 이러한 부채측의 평준화 · 안정화도 간접적으로 적극적인 자산배분을 가능하게 한다고 할 수 있다. 어느 기금에서는 평준화 · 안정화가 인정되고 있지 않다면 자산배분은 더욱 보수적으로 될 것이다.

③ 수평적 의사결정

주식 60%, 채권 40%라는 자산배분이 연금의 자산운용에서는 최적이라는 사고방식이 연금운용자 사이에서 정착하고 있으며, 반드시 부채특성을 충분히 고려하지 않고 자산배분을 결정하고 있다는 측면도 있다. 어느 정도 리스크를 감소시키면서 높은 수익률을 추구하기에는 이 정도의 자산배분이 적당하다고 말해지고 있으며 과학적으로 입증되고 있다기보다 일종의 「전통적 지혜(conventional wisdom)」로 불리고 있다.

미국의 경우 80년대 이후 주식시장이 견실한 성장을 지속하였기 때문에 이것에 가까운 자산배분으로 지금까지는 순조롭게 자산가치를 높였던 것도 사실이다. 그렇지만 특정한 자산배분이 널리 보급된 배경에는 운용성과의 평가를 위해 자산배분이 수평적으로 되기 쉽다는 사정도 있다.

제 8 편

퇴직연금 마케팅

제 1 장 퇴직연금 마케팅 의의
제 2 장 퇴직연금제 사업모형과 마케팅 특징
제 3 장 퇴직연금 서비스 및 수수료체제
제 4 장 퇴직연금 마케팅 사례 및 특징

제1장 퇴직연금 마케팅 의의

일반적으로 마케팅이란 기업이나 조직의 니즈를 충족시키기 위해 상품 및 서비스에 대한 아이디어, 가격설정, 프로모션 및 유통을 계획하고 실시하는 과정이라 할 수 있다. 다만, 이는 일반제조업 입장에서의 마케팅 정의라고 할 수 있으며, 보험이 갖는 서비스적인 성격으로 인하여 보험산업 측면에서의 마케팅은 소비자가 인식하고 있는 보험상품에 대한 니즈를 충족시키기 위하여 소비자에게 접근하여, 상호이해를 공유하여 계약(판매)에 이르기 위한 종합적인 활동이라고 정의할 수 있다. 그리고 소비자는 단순히 보험계약자, 피보험자만이 아닌 보험서비스의 제공과정에 관련되는 영업담당자, 손해조사담당자 그리고 피해자 등을 모두 포함하는 상당히 광범위한 개념이라고 할 수 있다. 그 이유는 보험업이 무형재 판매라는 일종의 서비스업이므로 수익자인 보험계약자, 피보험자의 니즈를 충족시키기 위해서는 서비스에 관련되는 보험회사내외 사람들의 상호이해가 필수적으로 동반되어야 하기 때문이다. 또한 종합적인 활동이란 상품, 가격, 판매촉진, 판매채널의 4P의 마케팅요인만이 아니라 조직구성원과의 커뮤니케이션과 서비스 프로세스의 관리 등을 포함한 활동으로 수요와 공급을 조정하는 기능을 가지고 있다.[1] 또한 이러한 활동은 보험계약의 체결전(판매)만이 아닌 보험계약의 만기(보험금의 지불 등에 의한 서비스 종료)에 이르기까지 전 기간에 걸친 제 활동을 의미한다.[2]

1) 보험산업에서의 인적인 판매채널의 중요성과 상품판매상의 프로세스 중요성을 고려할때 보험마케팅의 경우 기존의 4P(Product, Price, Promotion, Place)에 더하여 People, Process가 부가된 6P의 마케팅 믹스로 이루어진 제반 활동이다.

2) 이러한 의미에서 보험마케팅은 지연, 혈연, 학연 등에 의한 단순 연고판매와는 확실히 구분이 될 필요가 있다.

퇴직연금제도에서의 마케팅 개념은 수탁기관인 보험회사가 퇴직연금시장에서 선정하는 목표시장의 니즈 충족을 위하여 행하여지는 차별화된 상품 및 서비스를 포함한 여러 활동이라고 할 수 있다. 따라서 목표시장(대상기업)의 선점과 타금융기관과의 경쟁에서의 우위를 확보하기 위해서는 퇴직연금운용과 직·간접적으로 관련성이 있는 위탁자(수요자)와 수탁자(공급자)에 대한 니즈의 정확한 파

그림 8-1 마케팅 전략 수립의 분석 프레임

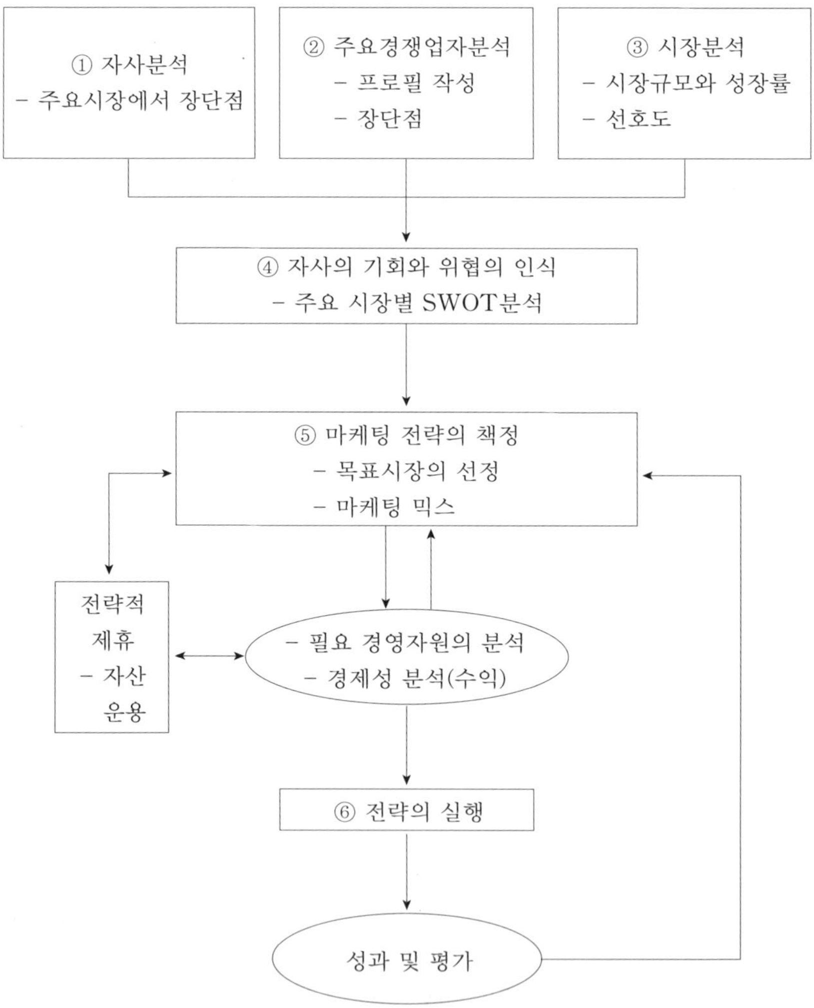

악과 자사의 경영자원에 대한 객관적인 평가를 통하여 목표시장이 선정되어야 한다. 또한 선택된 목표시장의 니즈 충족을 위하여 필요한 상품 및 서비스, 가격 설정 등의 제 활동이 이루어질 필요가 있다.

결과적으로 퇴직연금제도의 마케팅 전략도 〈그림 8-1〉에서 보는 바와 같이, ① 자사의 분석, ② 주요 경쟁업자의 분석, ③ 시장분석, ④ 자사의 시장 내 기회와 위협의 식별, ⑤ 마케팅 전략의 책정, ⑥ 전략의 실행, 성과와 평가의 단계를 거친다고 할 수 있다. 퇴직연금의 마케팅 대상은 크게 기업과 근로자로 분류 가능하지만, 퇴직연금형태의 결정이 기업보다는 오히려 근로자의 최종의사에 결정될 수밖에 없다는 점을 고려할 때 근로자를 주된 대상으로 이루어지는 것이 바람직하다.

제 2 장 퇴직연금제 사업모형과 마케팅 특징

퇴직연금의 사업모형은 근본적으로 퇴직보험의 사업모형과 다르다. 〈표 8-1〉에서 보는 바와 같이 상품설계, 마케팅 활동(컨설팅), 자산운용, 연금급부 측면에서 DB형 퇴직연금제 및 DC형 퇴직연금제는 각각 상이한 사업모형이 존재하기 때문에 퇴직연금제의 유형에 따른 상이한 마케팅 전략이 요구되고, 더욱이 기존의 퇴직보험과의 완전히 상이한 마케팅이 요구된다.

먼저 DB형 퇴직연금제의 사업모형에서는 사망률, 퇴직률, 승급률 등을 감안하여 개별 기업의 특성에 부합한 퇴직연금설계가 이루어지며, 특히 기업이 자산운용의 최종 책임을 부담하기 때문에 안정성 중심의 자산운용이 필요하다. 이 때문에 책임준비금 적립의 적정성 등을 고려한 자산운용, 즉 ALM적 자산운용이 절실히 요구된다. 특히 근로자 니즈에 부합한 다양한 연금상품의 개발 및 연금 지급방식의 다양화 등으로 안정적 노후소득을 보장하는 것이 확정급여형 사업모형의 핵심이 되고 있다.

이에 반해 DC형 퇴직연금제 사업모형에서는 근로자가 직접 투자운용상품을 선택 · 운용제시한다는 점에서 수익성 중심의 투자포트폴리오별 상품설계가 중요하다. 이러한 이유로 보험회사는 타 금융기관에 비해 경쟁력이 있는 투자교육, 기록관리, 운용관리 등과 같은 운영관리 업무 중심의 마케팅을 수립하고 실행하는 경향이 뚜렷하다. 결국 퇴직연금제가 퇴직보험과 달리 퇴직연금제의 유형에 따라 상이한 사업모형 구조를 가지고 있으며, 또한 퇴직연금제와 기존 퇴직보험의 사업모형 차이로 인하여 퇴직연금 마케팅 대상과 형태, 그리고 방법상에서도 차이가 존재하게 된다.

표 8-1 DB형 퇴직연금과 DC형 퇴직연금의 사업모형

구분	상품설계	마케팅(컨설팅)	자산운용	연금급부
DB형	-사망률, 퇴직률, 승급률, 임금상승률, 준비금부리이율 등 계산기초율적용 -재정방식설정 및 연금재계산 ※연금수리마인드가 상품설계의 대전제	-사용자중심 마케팅 -개별기업 정보분석 중심 마케팅 -자산운용능력 중심 마케팅 ※기업과 관계중요	-기업이 자산운용책임부담(기업 추가갹출부담 존재) -안전성 중시 자산운용 면에서 보험회사 유리 -책임준비금적정성을 고려한 자산운용 ※ALM적 자산운용 필수	-근로자 니즈에 부합한 다양한 연금상품 개발 -연금지급방식다양화 필요 ※5년 이상 정기 및 종신연금 개발 주력
	기업대상	기업대상	기업의 자산운용 책임	근로자 대상
DC형	-계산기초율 등 연금수리 미적용 -다양한 투자운용 상품 및 포트폴리오 제시	-중소형사 및 벤처기업 중심 마케팅 -투자교육, 기록관리 등 운용관리업무 선점을 위한 제활동	-자산운용관련자책임강화 • 위반시 소송빈발 -수익성 중시 자산운용 면에서 은행 유리 ※보험회사의자산운용사 설립검토 필요	-근로자의 연금전환 필요 ※향후세제혜택 여부에 따라 연금전환 정도 차이 존재
	근로자 대상	기업 및 근로자 대상	근로자의 자산운용 책임	근로자 대상

자료: 류건식 · 남효성 · 박홍민,「퇴직연금시장 전망과 보험회사 대응과제」, CEO Report, 2003.12.

기존 퇴직보험과 퇴직연금의 마케팅 특징을 정리하면 보면 ① 대상 측면에서 기존 퇴직보험이 기업중심의 특징을 지니고 있음에 비하여 퇴직연금은 근로자 및 기업 모두를 대상으로 이루어진다는 특징이 있으며, ② 제공되는 상품의 경우 기존 퇴직보험이 단일상품 중심이라면 퇴직연금제의 경우 DB형 퇴직연금, DC형 퇴직연금, 개인퇴직계좌(IRA) 등을 대상으로 하기 때문에 다원화된 상품

표 8-2 퇴직보험과 퇴직연금의 마케팅 특징

구 분	퇴직보험	퇴직연금
대 상	기업 중심	근로자/기업 중심
목 표	개별기업 중심	근로자 중심
상 품	단일상품 중심	다원화된 상품(DC, DB) 중심
형 태	거래 중심(단일성)	서비스 중심(거래의 빈도가 높음)
환 경	일 원 적	다 원 적

의 제공이 이루어진다는 특징이 있다. ③ 거래의 형태와 환경의 경우 기존의 퇴직보험이 기업환경의 변화만을 주요 고려대상으로 삼고 있다는 점에서 일원적인 환경하에서의 단일 거래를 중심으로 이루어진다면, 퇴직연금제의 경우 수탁기관간의 관계, 감독기관과의 관계, 근로자간의 관계, 사용자(기업)간의 관계 등을 종합적으로 고려할 필요성이 있다는 점에서 다원적인 마케팅 환경하에서 놓여 있으며, 서비스 중심의 빈번한 거래를 동반한다는 특징을 가지고 있다.

제 3 장 퇴직연금 서비스 및 수수료 체제

I. 퇴직연금 서비스 체제

1. 서비스 제공시기에 따른 서비스 체제

퇴직연금제도 중에서 특히 DC형 퇴직연금제와 관련된 서비스는 대략 〈표 8-3〉과 같이 서비스 제공시기를 기준으로 크게 연금제도 발족 전과 연금제도 발족 후의 서비스 형태 등으로 구분할 수 있다.

표 8-3 서비스 제공시기에 따른 퇴직연금 서비스 체제

서비스 제공시기	법령에 기초한 서비스	임의의 서비스
제도 발족 전 (또는 발족시)	규약작성, 신청 등으로 기업에게 의무 부과되고 있는 것의 지원 서비스	① 제도설계컨설팅 ② 운용방법컨설팅 ③ 설립지원컨설팅
제도 발족 후	④ 기록관리 서비스 ⑤ 운용지시관리 서비스(운용방법 변경) ⑥ 자산관리 서비스(급부금지급) ⑦ 운용상품제공 서비스 ⑧ 자산잔고 등 리포트 서비스 ⑨ 퇴직시 처리 서비스 ⑩ 연차보고 등 작성 서비스 (기업보고 부문)	① 제도설계컨설팅 (제도 변경시 등) ② 운용방법컨설팅 (계속적 교육 등 실시) ⑩ 연차보고 등 작성서비스 (사용자관련 보고를 대행 작성하는 부분)

자료: 류건식 · 김세환,「보험회사의 퇴직연금 리스관리전략」, 보험개발원 보험연구소, 2004.7.

먼저 연금제도의 발족전의 서비스 형태로는 임의의 서비스인 ① 제도설계 컨설팅, ② 운용방법컨설팅, ③ 설립지원 컨설팅 등과 법령에 기초한 서비스(①, ②,③ 중 규약작성, 신청 등으로 기업에게 의무 부과되고 있는 것의 서비스) 등이 존재한다. 다음으로 연금제도 발족 후의 서비스형태로는 임의 서비스인 ① 제도설계컨설팅(제도 변경시 등), ② 운용방법컨설팅(계속적 교육 등의 실시), ③ 연차보고 등 작성 서비스(기업관련 보고를 대행 작성하는 부분) 등과 법령에 기초한 서비스인 ① 기록관리 서비스, ② 운용지시관리 서비스(운용방법변경), ③ 자산관리 서비스(급부금지급 등), ④ 운용상품제공서비스, ⑤ 자산잔고 등 리포트 서비스, ⑥ 퇴직시 처리서비스, ⑦ 연차보고 작성서비스(기업 보고부문) 등으로 분류할 수 있다.

2. 서비스 제공방법에 따른 서비스 체제

서비스 제공방법에 따른 퇴직연금 서비스 형태로는 일괄서비스(bundle service) 형태와 개별서비스(unbundle service) 형태 등이 있다. 전자의 경우 DC형 퇴직연금제를 운영하기 위하여 필요한 여러 가지 서비스를 하나의 기관이 일괄하여 제공하는 형태를 말하며, 후자의 경우 복수의 기관이 제공하는 개별 서비스를 조합하여 완성된 서비스를 제공하는 형태이다. 예를 들어 일본생명의 경우 시장세분화에 근거하여 중견 및 대기업을 주된 대상으로 하는 주문(order made)형의 「개별형 제도(unbundle plan)」, 중소기업을 주된 대상으로 하는 패키지(package)형의 「일괄형 제도(bundle plan)」와 「개방형(open plan) 제도」 등 3유형의 플랜을 제공하고 있다.[3] DC형 퇴직연금제의 실시주체인 기업이 기능별로 우량한 서비스 전문기관을 선정하여 제공받는 서비스를 총괄하는 것이 가능하다면 비용이 저렴할 뿐만 아니라 고도의 전문적인 서비스를 제공하는 개별서비스 형태를 선택하는 것이 유리할 것이다.

그러나 자산의 규모가 소규모인 퇴직연금제도일 경우에는 개별서비스 방식으로 비용을 감소시키는 것은 곤란할 것이다. 그리고 간편성과 편리성을 중시하는 기업은 퇴직연금제의 운영·관리에 필요한 모든 서비스가 패키지화되어 있는 일괄서비스를 선택하게 될 것이다. 따라서 기업의 규모와 성향에 따라 선호하는 퇴직연금 서비스 방식이 상이하므로 보험회사가 DC형 퇴직연금 시장에 진출하

3) 신문식, 「일본 출장보고서」, 2004.6.

그림 8-2 **중견 및 대기업 대상의 개별형 제도 운영사례**

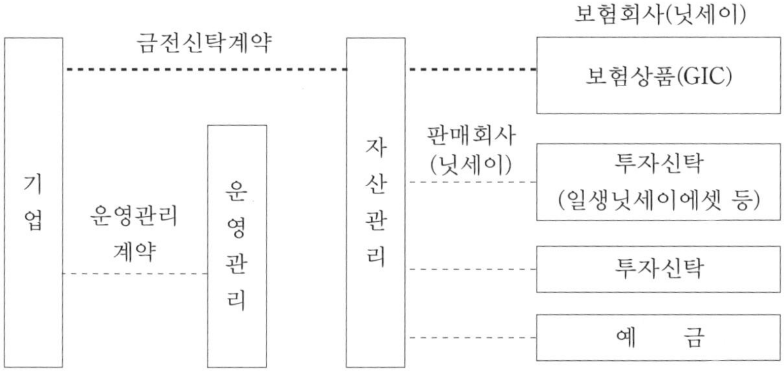

그림 8-3 **중소기업 대상의 일괄형 및 개방형 제도 운영사례**

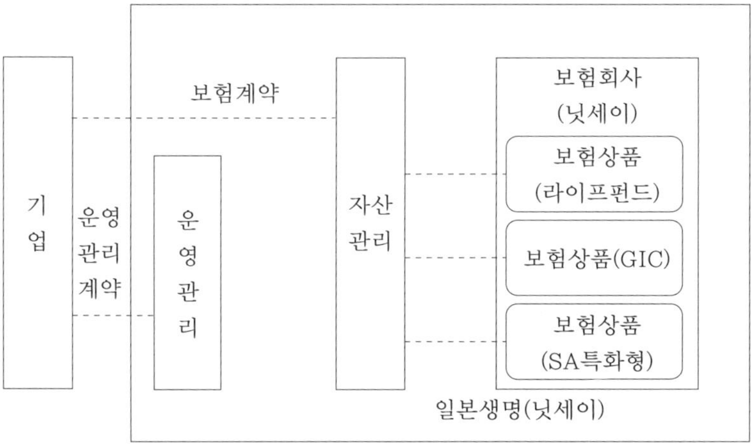

기 위해서는 먼저 목표시장을 선정한 후 목표시장에 적합한 진출 전략을 수립하여야 할 필요성이 있다.

II. 퇴직연금 서비스의 수수료 체제[4)]

1. 미 국

퇴직연금 서비스에 대한 수수료는 제공 서비스에 대응하여 몇 개의 범주로 분류가 가능하며, 징수기준도 각각 상이하다. 제공하는 서비스의 수수료 수준은 수탁기관 각사가 공표하고 있는 수수료 체계로부터 추측할 수 있지만, 기록관리(Record Keeping)부터 자산운용까지 포괄 서비스를 제공하고 있는 경우 미국 퇴직연금 서비스의 수수료 체계는 대략 다음과 같다.

(1) 제도도입 수수료

플랜이 신규로 설립되는 경우 또는 이미 설립플랜에 대해 수탁기관의 교체가 이루어진 경우 징수하게 된다. 통상 제도도입 수수료는 「1플랜당 정액+가입자격자 1인당 일정액」으로 이루어진다.

다만, 이미 설립된 플랜의 수탁기관을 교체하는 경우 기존 투자펀드가 새로운 수탁기관의 플랜에 이월되지 않은 경우가 대부분이므로 새로운 플랜의 투자펀드로 적립금을 이행하는 절차가 필요하며, 이에 따라 수탁기관의 교체에 대해 신규설립 경우보다 제도도입 수수료가 높게 설정되고 있는 경우가 존재한다.

(2) 사무관리 수수료

사무관리 수수료는 기록관리(Record Keeping), 신탁(Trust), 준법감시(Compliance), 대출(Loan)사무, 급부금지급이라는 사무관리 서비스의 대가로서 징수하는 수수료로서, 「1플랜당 정액+가입자격자 1인당 일정액」의 기준으로 매년 징수하는 것이 일반적이다. 대출(Loan)사무 수수료에 대해서는 독립시켜 1인당 일정액으로 징수하는 경우도 존재한다.

4) 第一生命 ニコーヨーク401(k)研究會 編著,「401(k)フランのすべて」, 金融財政事情研究會, 平成 11年 4月, pp. 110-116.

(3) 종업원 교육 및 기타 가입자에 대한 정보제공 수수료

종업원을 대상으로 실시되는 세미나 개최비용, 플랜 내용을 설명하는 비디오 및 빔 프로젝트, 정기적인 소식지(Newsletters)의 발신관련 비용, 콜센터(Call Center), 전환자동응답시스템의 사용료 등의 명목으로 징수되는 수수료이다. 포괄 서비스를 제공하는 수탁기관에서는 이들 수수료를 별도 징수하지 않고 도입시서비스, 사무관리 서비스의 일환으로 제공하는 사례가 많다. 이들 수수료를 징수하고 있는 경우에서도 그 징수기준은 다양하다.

(4) 자산운용 수수료

갹출금의 운용과 관련된 수수료이다. 징수기준은 투자펀드의 잔고에 대한 일정비율이다. 따라서 투자펀드의 운용이율은 이들 수수료를 공제한 후의 이율이며, 실질적으로 가입자가 부담하게 된다. 뮤추얼펀드에 투자한 경우에는 운용수수료(투자자문 수수료, 계좌유지 수수료) 이외에 판매 수수료 또는 12b-1 수수료(펀드 운용회사가 판매 대리점에게 지불하는 수수료)를 징수하는 경우가 있다. 이상이 일반적인 미국 퇴직연금 서비스 수수료의 징수체계이지만 수탁기관에 따라서는 운용펀드의 종류 및 수에 표준을 설정, 이를 초과하는 내용을 설정하는 경우에는 별도 수수료를 징수하는 등 다양한 수수료를 설정하는 경우도 존재한다. 또한 수수료율의 설정에 있어 사무관리 수수료율을 낮게 하는 대신에 자산운용 수수료를 높게 하기도 하고 또한 그 반대로 하기도 하는 등, 동일한 수수료 체계에 따라서도 요율설정의 방향이 상이한 경우도 존재한다. 참고로 〈표 8-4〉는 수수료율의 비중이 상이한 수탁기관을 나타낸 표인데, 이는 특정 수탁기관의 사례를 보여주는 것이 아니고 미국 노동성에 의한 수수료 조사에서 나타난 수수료 징수형태를 예시적으로 표시한 것이다. 〈표 8-5〉은 〈표 8-4〉의 수수료징수패턴에 가입자 100명, 자산 200만불의 플랜을 수탁한 경우의 수수료액 및 플랜자산에 대한 수수료비율을 나타낸 표이다.

이상 검토한 바와 같이 퇴직연금제와 관련된 3개 수탁기관 중에서 기록관리, 사무관련 수수료율이 가장 낮고, 자산운용 수수료율이 높은 수탁기관 C의 수수료가 가장 높게 나타나고 있음을 알 수 있어 퇴직연금제의 수익성 확보를 위한 하나의 시사점이 되고 있다. 또한 이는 일반적으로 수탁기관에 지불하는 수수료

표 8-4 수탁기관의 퇴직연금 수수료 체계

	수탁기관 A	수탁기관 B	수탁기관 C
기록관리/사무관련			
기본 수수료 가입자 1인당 급부금 지급 1건당 차별 테스트 Form 5000제출	8,500 25 0 0 0	2,000 28 0 500 350	1,500 33 35 0 0
대출(Loan) 관련			
대출 설정 수수료 대출 사무 수수료	35 25	20 95	75 0
신탁(Trust)	0	2,800	500
자산운용관련 (대 자산점유율)	0.42%	0.00%	0.92%
평균자산운용 수수료 기타 수수료	0.00%	0.80%	0.90%

자료: 第一生命 ニコーヨーク401(k)研究會 編著, 「401(k)フランのすべて」, 金融財政事情研究會, 平成 11年 4月, p.113 재인용)(원저: Pension and Welfare Benefits Administration Study of 401(k) Plan Fees and Expenses).

의 70~80%는 자산운용과 관련된 수수료라 할 수 있기 때문에 자산운용 수수료가 높은 수탁기관의 총수수료는 상대적으로 높게 되는 경향에 의한 것이다.

2. 일 본

수탁기관인 보험회사의 경우 주된 수익원천은 사무관리 업무 및 자산관리 업무의 수행에 따라 기업 및 근로자로부터 수취하게 되는 사무관리 및 자산관리 관련 수수료이다. 다만, 최근 사무 및 자산관리 기관간의 수수료 경쟁에 따라 수수료 수준이 전반적으로 인하되는 경향을 보이고 있는 반면, 경쟁의 심화에 따라 수탁기관이 기업 및 근로자에게 제공하는 수탁기관의 서비스 유형은 다양화되고 있어 거액의 인프라 구축비용(예: 기록관리비용 등의 고정비용)이 요구되고 있다는

표 8-5 수탁기관의 퇴직연금 수수료 산정

	수탁기관 A	수탁기관 B	수탁기관 C
기록관리/사무관련			
기본 수수료 가입자 1인당 급부금지급 1건당 차별 테스트 Form 5000제출	8,500 2,500(25×100명) 0 0 0	2,000 28,00(28×100명) 0 500 350	1,500 3,300(33×100명) 350(35×10명) 0 0
대출관련			
대출 설정 수수료[1)] 대출 사무 수수료[2)]	350(35×10건) 600(20×30건)	750(75×10건) 750(25×30건)	950(95×10건) 0
신탁(Trust)	0	2,800	500
자산운용관련	8,400	18,400	16,000
평균자산운용 수수료 기타 수수료	0	0	18,000
합 계	20,350	28,350	40,600
가입자 1인당 수수료	204	284	406
수수료 대 Asset 비율	1.02%	1.42%	2.03%

1) 대출 설정수수료는 신규로 10건 발생한다고 가정
2) 대출 사무수수료는 30건의 대출이 존재한다고 가정
자료: 第一生命ニコーヨーク401(k)研究會 編著,「前揭書」, 金融財政事情研究會, p. 114.

점에서 수익관리의 중요성이 더욱 요구되고 있다. 〈표 8-6〉은 일본의 DC형 퇴직연금 수수료 체계를 나타낸 표이며, 세부내역에 대한 구체적인 내용은 다음과 같다.

(1) 초기 수수료(도입 수수료)

퇴직연금제도 설정시 발생하는 업무와 관련된 초기수수료의 경우, 단체DC형 퇴직연금제도에서는 일반적으로 기업이 부담하지만 개인DC형 퇴직연금제에서는 국민연금기금연합회가 부담하게 된다. 이 경우 수수료 체계는 기존 후생연금기금 등의 수탁 수수료 체계와 거의 동일하게 일정액의 기본보험료와 가입자

표 8-6 일본의 DC형 퇴직연금 수수료 체계

<table>
<tr><th>대분류</th><th>소분류</th><th>세부내용</th><th>부담주체</th></tr>
<tr><td>초기
수수료</td><td>도입
수수료</td><td>기본 보험료 180,000엔
+가입자 1인당 2,000엔</td><td rowspan="4">기업(국민연금
기금연합회)</td></tr>
<tr><td rowspan="5">운영
수수료</td><td rowspan="2">사무관리
기관 관련
수수료</td><td>제도관리 수수료
기록관리 수수료
• 연간 수수료: 기본보험료 300,000엔
+가입자 1인당 3,500엔</td></tr>
<tr><td>종업원 설명회 개최 수수료
• 1회당 수수료 100,000엔</td></tr>
<tr><td rowspan="2">자산관리
기관 관련
수수료</td><td>자산관리 수수료
(자산관리기관에 대한 수수료)
• 비용은 제도관리비용에 포함</td></tr>
<tr><td>자산운용 수수료(운용기관에 대한 수수료)
• 비용은 운용펀드 종류에 따르지만 대략 자산잔고의 0.50-1.30%</td><td>개별 가입자</td></tr>
</table>

자료: 富士總合硏究所 企業年金コンサルティング室編, 「確定據出型年金導入」, 「日本法令」, 平成 12年 4月.

수에 비례한 금액을 합산한 금액으로 구성되어 있다.

(2) 운영 수수료

① 운영관리기관관련 수수료

제도관리 수수료, 기록관리 수수료는 제도운용에 필요한 수수료로서, 도입 수수료와 유사하게 단체DC형 퇴직연금제도에서는 기업이 그리고 개인DC형 퇴직연금제도에서는 국민연금기금연합회가 부담하고 있다.

구체적인 수수료 내역으로는 사무매뉴얼 및 서류 등의 작성, 가입자의 속성, 잔고 등의 관리, 자동음성응답시스템, 인터넷을 통한 정보조회, 가입자 잔고 보고서작성 등을 들 수 있다. 또한 수수료 체계는 도입 수수료와 동일하게 기본 수수료와 가입자 비례 금액을 합산하여 산출되고 있다. 그리고 종업원 설명회 개최 수수료는 전문가인 외부강사에 의한 설명회를 개최한 경우의 수수료이다.

② 자산관리기관관련 수수료

자산관리 수수료는 자산관리기관에 대한 수수료이다. 자산관리기관에 대한 수수료 체계에는 자산잔고비례방식 및 일정금액방식이 존재하는데 일본의 경우 일반적으로 자산잔고비례방식을 많이 적용하고 있다. 자산운용 수수료는 자산운용을 행하고 있는 운용기관에 대한 운용보수로써 운용수익 중에서 일정한 비율로 차감하기 때문에 개별 가입자가 수수료를 부담한다는 특징이 있다.

제4장 퇴직연금 마케팅 사례 및 특징

I. MetLife 생명[5)]

1. 전략의 대전환

MetLife는 경쟁력 측면에서 대형 자산운용사에 밀린 대기업 대상의 퇴직연금시장에서 완전히 철수하고 중소형회사를 집중 공략하는 방향으로 사업전략을 전환하였다. 이는 MetLife가 모든 시장을 커버하는 종합적인 시장참여자(Broad Player)로서의 역할을 포기하고 특정의 목표시장을 공략하는 틈새시장 참여자(Niche Player)로 전환하였음을 의미한다. MetLife는 중소기업 시장의 경우 설계사가 생명보험, 의료보험, 퇴직연금 등 종합적인 상품포트폴리오를 제공할 수 있는데다, 대기업에 비해 일괄형 서비스 제공이 용이하다는 점에 주목한 것이라 할 수 있다. 즉 중소기업은 기업연금제도의 운영비용에 대한 민감도가 매우 높기 때문에 보험회사의 일괄형 서비스가 유효할 것이라고 판단한 것이다. 한편 MetLife는 시장 및 고객 니즈 변화에 신속하게 대응하기 위해 퇴직연금마케팅 및 영업망의 개선, 고객서비스 향상 등을 목적으로 연구소를 설립하였는데, 이는 1990년대 DC형의 급성장에 신속하게 대응하지 못함으로써 퇴직연금시장에 대한 영향력이 급격히 축소된 실수를 반복하지 않기 위한 것이다.

---

5) 메트라이프생명은 삼성금융연구소,「퇴직연금내부자료」, 2003.11 및 「日經金融新聞」, 2002年 4月 22日字 및「日經金融新聞」, 2002年 10月 25日字 등을 참조하여 작성하였다.

2. 상품군의 다양화

MetLife는 Premier Program을 통해 108가지에 달하는 투자 상품의 판매와 이와 관련된 포트폴리오 설계서비스를 제공하고 있다. ① 증권, 자산운용사 등 관련자회사를 통한 각종 투자상품 판매, ② 전략적 제휴를 통하여 인지도와 투자수익이 높은 여타 금융기관의 뮤추얼펀드 등을 옵션으로 제공 등이다. 또한 보험회사가 제공하는 대표적인 기업연금대상 상품인 GIC 등 다양한 종류의 안정가치상품(Stable Value Products)들을 투자대상으로 제공하고 있다(〈그림 8-4〉 참조).

이와 함께 MetLife는 퇴직연금과 함께 개인연금보험, 최근 인기를 끌고 있는 자발적 복지상품(voluntary benefits)등을 제공함으로써 종업원의 종합복지 컨설팅에 많은 노력을 기울이고 있다.[6)]

그림 8-4 MetLife의 GIC 보험상품 구조 및 특징

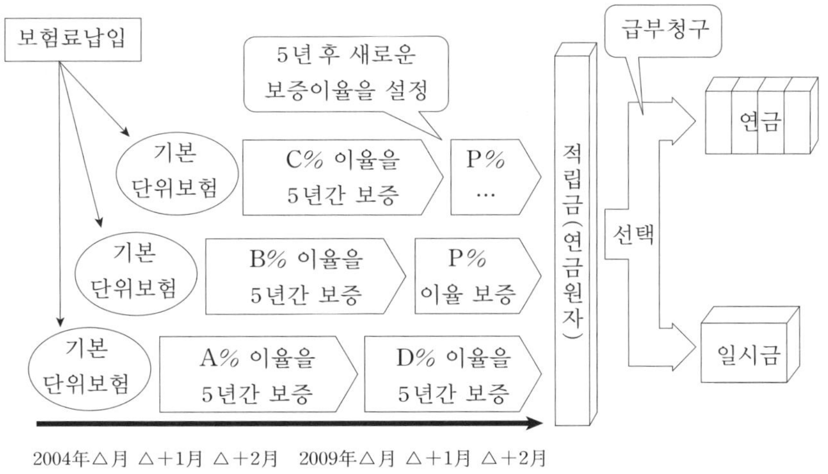

6) 자발적 복지란 종업원복지제도(기업연금 등)이외에 종업원이 자의에 의해 추가적으로 여타 상품을 구입하는 것을 의미한다.

3. IT인프라 구축

MetLife는 계좌접근의 편리성과 신속함을 원하는 고객 니즈에 대응하여 전화 및 인터넷을 활용한 서비스 제공에 많은 투자를 하고 있다. 최근의 조사에 의하면 401(k) 참가자의 2/3가 인터넷을 이용하여 계좌에 접근하고 있는 것으로 나타나고 있다.

MetLife는 퇴직연금 관련 콜센터와 온라인 관리시스템(MetLink)을 운영함으로써 업무처리, 고객응대 등의 효율성을 높이는 한편, 이를 통하여 관련 서비스에 대한 고객의 만족도를 높이는 이중적 효과를 노리고 있다. MetLife의 퇴직연금에 참여하는 종업원들은 자신의 가입상품조회를 비롯한 각종 정보를 손쉽게 조회 · 수정할 수 있다.

그림 8-5 MetLife의 퇴직연금 관련 IT인프라 체제서비스

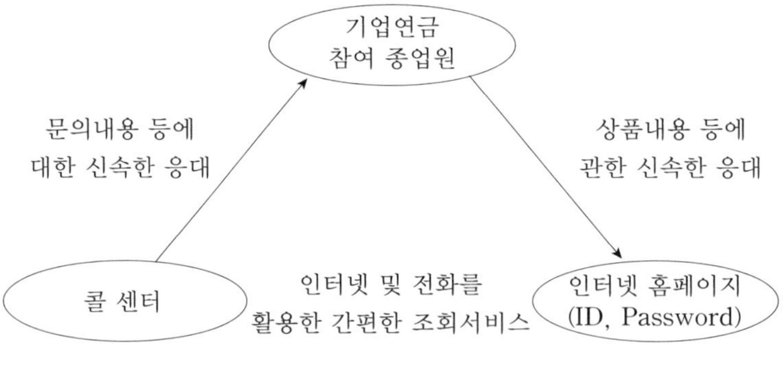

4. 투자자문 · 투자교육 등 부가서비스의 강화

MetLife는 최근 투자자문 전문기업인 ProManage사와의 제휴를 체결해 종업원에게 인터넷을 통해 투자선택에 대한 무료상담을 지원하고 있다(〈그림 8-6〉 참조).

ProManage는 「ProManage PROgram(TM)」을 통해 퇴직연금에 가입하는 초기단계에서부터 가입자의 자산투자선택에 대한 다양한 옵션을 제공하고,

그림 8-6 MetLife의 퇴직연금관련 투자자문 서비스

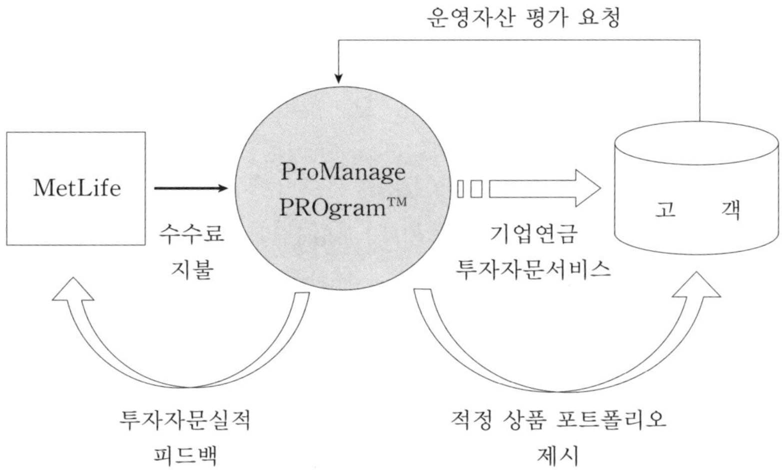

고객들의 니즈에 맞는 투자대안을 제시하고 있다. 또한 MetLife는 종업원들의 각 상품에 대한 이해, 장기투자 및 분산투자 등의 필요성에 대한 종업원 교육에도 많은 관심을 기울이고 있다(〈그림 8-7〉참조).

그림 8-7 MetLife의 퇴직연금관련 투자교육 서비스

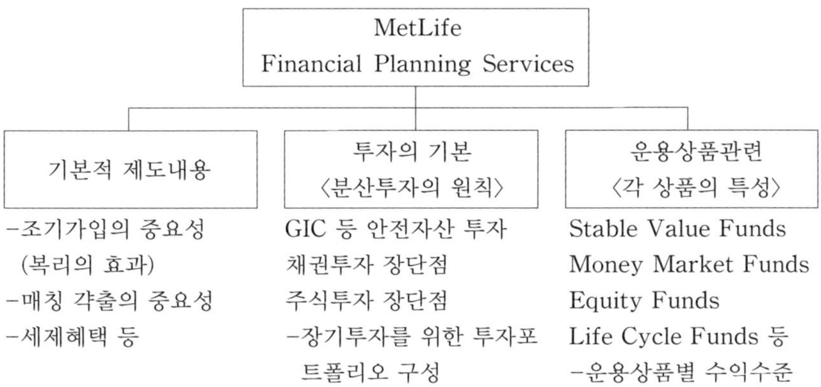

II. New York 생명[7)]

1. 마케팅 전략의 차별화 도모

뉴욕생명의 가장 큰 특징은 401(k)플랜수탁에 있어 자산운용부터 부수서비스까지의 포괄서비스를 제공함으로써 마케팅상의 차별화를 도모하고 있다는 점이다.

뉴욕생명은 401(K)플랜의 판매 포인트로서 ① 투자대상에 자사 상품만이 아니라 타사 펀드까지 광범위하게 포함함으로써 선택의 폭을 확대하고 있다는 점, ② 대형 생명보험 회사로서 수십 년에 걸쳐 퇴직관련 서비스를 제공하여 온 경험이 존재한다는 점, ③ 종업원 교육에 대한 충실한 서비스 제공 능력이 있다는 점, ④ 인터넷 등의 정보기술을 활용한 서비스를 제공할 수 있다는 점 등을 강조하고 있다. 또한 뉴욕생명은 「가입자 1인 1인의 퇴직까지 컨설팅을 제공한다」는 개별 가입자 중시의 마케팅 전략을 취하고 있다. 구체적으로 「401(K)플랜은 종업원이 투자의사결정을 행하는 제도이다」는 개념에서 출발하여 개인이 목표로 하는 저축액과 현실과의 갭(차이)을 좁히려는 방법에 관련한 컨설팅에 주력하고 있다.

이와 같이 뉴욕생명은 플랜을 단위로 하여 가입자 수 등에 대응하여 서비스의 수준을 결정하는 경쟁사의 일반적인 마케팅 경향에 대한 차별화를 확보하고자 하고 있다. 즉 고객 니즈를 현재화시키고 이에 대한 컨설팅을 통하여 판매를 행하는 생명보험 판매(프로세스 판매)를 통함으로써 배가된 노하우를 발생시켜, 가입자 1인 1인에 행한 서비스를 제공하는 전략을 취하고 있는 것이다. 특히 펀드선택에 관한 어드바이스를 제공하는 경우, 제3자기관의 평가시스템을 이용하여 객관성을 유지하고 유자격만이 대응토록 함으로써 수탁자책임의 명확화를 도모하고 있다.

---

7) 第一生命 ニコーヨーク401(k)研究會 編著,「401(k)フランのすべて」, 金融財政事情研究會, 平成 11年 4月, pp. 103-106.

2. 목표대상 기업별 판매채널의 다변화

판매채널로서는 주로 증권회사에 소속하는 약 6000명의 FA 및 약 1만명의 생명보험.영업조직을 활용하고 있다. 이 외에 생명보험회사 본체로부터 고객기업에 대한 보험, 연금 등 포괄적인 영업활동을 전개하는 부문이 401(K)플랜도 취급하고 있다. 마케팅 대상기업으로는 뉴욕생명의 주력채널이 보험에이전트라는 점에 따라 자연스럽게 종업원 500명 이하의 소기업이 중심이 되고 있다. 또한 중견기업에는 계열 증권회사의 FA채널이 영업을 하고 있으며, 대기업의 경우 본사에 의한 직접 판매가 주로 이루어지고 있다.

3. 신속한 부수 서비스의 제공

뉴욕생명은 기록관리 서비스에서 신탁 서비스까지 필요한 부수 서비스는 모두 자사의 그룹 내에서 포괄적으로 제공하고 있다. 가입자는 전화 자동응답장치(ARS)로 매일 24시간, 잔고 확인 및 펀드간의 자금이동 등을 할 수 있으며, 전화를 통한 대출의 설정, 퇴직플랜 책정 등의 서비스를 받고 있다. 이들 전화서비스는 모두 프리 · 다이얼로 이루어지고 있다. 더욱이 인터넷에서는 상기 전화 서비스에 부가하여 가입수속, 거래이력 확인, 펀드정보의 확인이 가능하다. 동사의 서비스기준은 가입수속은 7일 이내, 갹출금의 처리는 1일 이내, 정정수속은 24시간이내에 확인한 뒤 5일 이내에 해결이 가능하도록 하고 있으며, 보고서의 발간은 10일 이내, 지불처리는 5일 이내, 대출의 확인은 5일 이내, 프리 · 다이얼로 받은 전화는 20초 이내에 답하도록 하는 등 고수준의 서비스를 하고 있다.

Ⅲ. 日本생명

1. 서비스(수수료)의 체계

현재 일본생명의 서비스체계는 운용관리 기관으로서의 서비스체계와 자산관리 기관으로서의 서비스체계로 구분할 수 있다. 전자의 경우, ① 기록관리 업무

그림 8-8 서비스(수수료) 체계

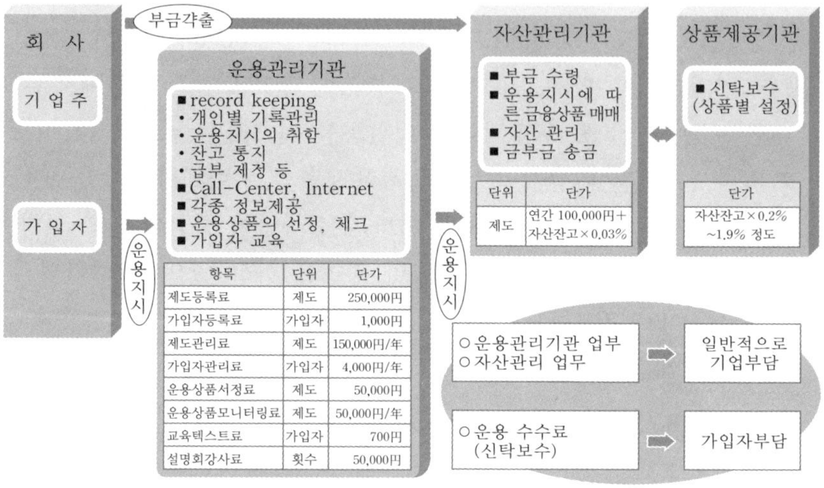

자료: 박홍민, 「해외출장보고서」, 보험개발원, 2004.9

(개인별 기록관리, 운용지시의 취합, 급부제정 등), ② 콜센터, 인터넷, ③ 각종정보제공, ④ 운용상품의 선정 및 체크, ⑤ 가입자 교육 등을 들 수 있으며, 후자의 자산관리 기관으로서의 서비스체계로는 ① 갹출금 수령, ② 운용지시에 따른 금융상품매매, ③ 자산관리, ④ 급부금 송금 등을 들 수 있다(〈그림 8-8〉참조).

(1) 제도 도입 전의 서비스 체계

일본생명의 퇴직연금 마케팅은 크게 제도 도입 전과 제도 도입 후로 구분할 수 있다. 먼저 제도 도입 전의 경우 〈그림 8-9〉, 〈그림 8-10〉을 통해 살펴보면 대략 다음과 같다.

제 1 단계인 현행 제도 검토 및 확정갹출연금 도입 형태의 검토단계에서는 퇴직금, 퇴직연금에 정통한 연금계리사 등이 제도전반의 컨설팅서비스를 제공한다. 구체적으로는 ① 퇴직금제도 재구축 방향성에 대하여 사내 검토, ② 확정갹출연금 도입 목적의 명확화, 도입 효과의 검증 등을 실시한다. 제 2 단계는 노사간의 사전교섭단계로 확정갹출연금제도 개요 등 사전교섭에 필요한 자료를 제공하며, 제 3 단계인 감독관청 신청단계에서는 규약안의 작성, 후생국과의 절충, 사

그림 8-9 퇴직연금의 마케팅(제도도입 전 Ⅰ)

단계		[작업항목]	[구체적 작업내용]		[일본생명 Support]-마케팅
검토·제도구축단계	1	현행제도 검토 확정 각출연금 도입형태의 검토	• 퇴직금제도 재구축 방향성에 대하여 사내 검토, 확정각출연금 도입목적의 명확화, 도입효과의 검증 등 실시 [사내 Project대응, 시뮬레이션에 의한 검증등]	1	• 퇴직금, 기업연금에 정통한 연금계리사 등이 제도 전반의 컨설팅을 실시
	2	노사간의 사전교섭	• 퇴직금제도 변경과 확정각출연금 도입에 대하여 노조(종업원) 측에 타진, 연구회 개최 등에 의해 노사교섭의 준비 [연구회의 개최, 자료 작성 등]	2	• 확정각출연금 제도 개요 등 노사 사전교섭에 필요한 자료를 제공
	3	감독관청에 사전신청	• 확정갹출연금의 제도설계에 목표가 정해진 시점에서 규약안을 작성하고 소관 후생국에 사전신고를 실시 [규약안의 작성, 후생국 대응 등]	3	• 규약안의 작성, 후생국과 절충, 사전신고를 담당
	4	운영상품의 검토, 결정	• 운영관리기관이 제시하는 상품라인업을 토대로 사내검토 실시(기업입장에서 착안사항, 종업원니즈, 연령구성 등 고려 [검토자료의 수집 등]	4	• 최적의 운영상품 라인업을 제시하고 상세설명, 운영수수료, 과거 실적 등의 각종 데이터를 제공

자료: 박홍민, 「해외출장보고서」, 보험개발원, 2004.9.

전신고를 담당하게 된다. 즉 확정갹출연금의 제도설계에 목표가 정해진 시점에서 규약안을 작성하고 소관 후생국에 사전신고를 실시하게 되는 것이다. 제4단계는 운용상품의 검토·결정단계로서 최적의 운영상품 라인업을 제시하고 상세하게 설명하며, 과거실적 등의 각종 데이터를 제공하는 서비스를 하게 된다(〈그림 8-9〉참조).

그림 8-10 퇴직연금의 마케팅(제도도입 전 II)

검토 · 제도구축단계

	[작업항목]	[구체적 작업내용]		[일본생명 Support]-마케팅
5	가입자 데이터의 제휴	• 가입자 관리에 필요한 데이터를 자사의 데이터베이스에서 축출하고 운영관리기관에 제공 [시스템 담당자의 데이터 가공작업 등]	5	작업순서 등 구체적인 것을 이해하기 쉽게 연계 데이터의 연계는 FD, CD-ROM, 장표를 사용(사무무료전화에 의해 Support)
6	노사교섭, 합의 (동의서 취득)	• 노동조합(종업원대표)와의 교섭, 종업원에 설명 등 실시 • 규약승인 신청에 필요한 동의서 등을 완성 [교섭 · 설명장 설정, 설명자료 작성 동의서 작성 등]	6	희망하면 노사교섭용 자료 제공과 제도내용 설명(설명자 파견)동의서 모델 제공
7	규약작성, 승인신청 서류 정비 규약승인 신청 실시	• 규약을 구체화하고 내용을 최종확인 • 규약승인신청에 필요한 서류를 준비하고 규약승인신청 [규약의 작성, 필요한 서류의 작성 등]	7	규약 작성 지원, 또한 퇴직금규정 등 변경 어드바이스 실시. 규약승인 신청에 필요한 서류 모델 제공하고 승인신청 대행
8	종업원 교육의 실시 운용지도서의 배포, 회수	• 종업원에게 확정갹출연금제도와 투자교육 실시 • 운영지도서 배포하고 부금투입비율 기입 등을 한 후 회수 [교육 프로그램 실시, 가입자설명회 개최 등]	8	전반적으로 종업원 교육을 담당. 운영상품의 선택시 가입자설명회에 추가하여 콜센터와 인터넷으로 Support

자료: 박홍민, 「해외출장보고서」, 보험개발원, 2004.9.

제 5 단계인 가입자 데이터의 제휴단계에서는 〈그림 8-10〉에서 보는 바와 같이 가입자 관리에 필요한 데이터를 자사의 데이터베이스에서 추출하고 운용관리기관에 제공(시스템 담당자의 데이터 가공작업 등)하게 되며, 제 6 단계인 노사교섭, 협의단계에서는 노동조합과의 교섭, 종업원에 설명 등을 실시하고 규약승인신청에 필요한 동의서 등을 완성하게 된다. 즉 교섭 · 설명장 설정, 설명자료 작성, 동의서 작성 등이 이루어진다.

제 7 단계는 규약작성, 승인신청서류정비 및 규약승인 신청 실시단계로 이 단계에서는 규약을 구체화하고 내용을 최종확인하게 된다. 특히 규약 승인신청에 필요한 서류를 준비하고 규약승인신청을 하는 단계이기도 하다. 마지막으로 제 8 단계인 종업원교육의 실시 및 운용지도서의 배포 · 회수단계에서는 종업원에게 확정갹출연금제도와 투자교육을 실시하게 된다. 또한 운영지도서를 배포하고 갹출금 투입비율 기입 등을 행한 후 회수하게 된다.

그림 8-11 퇴직연금의 마케팅(제도 도입 후)

		[작업항목]	[구체적 작업내용]		[일본생명 Support]-마케팅
제도 시행 후	1	부금 납입 (매월)	• 납입 안내에 따른 부금의 지불 -납입안내: 일월 10일경에 도착 -부금납입: 익월 27일	1	운영관리기관(NRK)가 매월 부금 계산 및 납입안내 발행(부금계산도 가능)
	2	급여갱신, 추가가입, 탈퇴, 급부신청, 속성변경 등 (발생시)	• 신규가입, 주소변경 등, 발생시에 수속 [장표, 신청서에 가입, 운영관리기관에 연계 등]	2	사무수속 메뉴얼의 제공. 사무담당자 전용 무료전화 설치 등 Support로 사무담당자의 매일의 사무 부하를 경감 주소변경 등은 WEB으로도 가능
	3	후생노동성 보고 (연 1회)	• 연 1회 가입자 수, 자산합계액 등에 관해 사업주에 의해 후생노동성 보고가 의무 [수치의 취합 등]	3	보고에 필요한 데이터를 지정된 홈에 날인하고 제공 (기업에서는 대표도장을 날인)

자료: 박홍민, 「해외출장보고서」, 보험개발원, 2004.9.

(2) 제도 도입 후의 서비스 체계

제도 도입 후의 서비스체계는 크게 3단계로 구분하여 살펴 볼 수 있다(〈그림 8-11〉 참조). 먼저 제1단계인 갹출금 납입단계에서는 운용관리 기관이 매월 갹출금 계산 및 납입안내를 하게 되며, 제2단계인 급여갱신, 추가가입, 탈퇴, 급부신청, 속성변경단계에서는 신규가입, 주소변경 등이 발생되는 경우 수속을 하게 된다, 즉 사무수속 매뉴얼의 제공, 사무담당자 전용 무료전화 설치 등과 같은 서비스를 하게 된다. 다음으로 제3단계에서는 보고에 필요한 데이터를 지정된 홈에 날인하고 제공하는 서비스를 담당하게 된다.

2. **일괄서비스 및 마케팅 조직 운용체계**

(1) 일괄서비스 수탁체계

일본생명의 수탁형태를 보면 〈그림 8-12〉에서 보는 바와 같이 타사가 제휴업무 등을 통하여 개별업무에 대하여 개별 수탁기관별 다원화된 서비스를 제공하고 있음에 비하여, 제도설계에서 가입자 교육, 콜센터에 이르기까지 전체적인

그림 8-12 일괄서비스 수탁체계(운용관리업무)

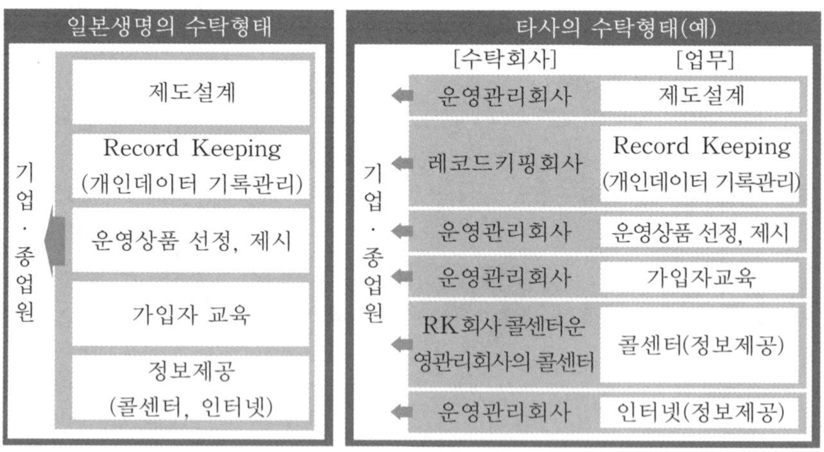

자료: 박홍민, 「해외출장보고서」, 보험개발원, 2004.9

운영관리 업무를 일원화하여 제공하는 체계로 되어 있다는 점이 특징적이다. 즉, 다른 금융기관이 〈그림 8-12〉에 나타내는 바와 같이 제도설계는 운영관리회사에게, 개인데이터의 기록관리는 기록관리(Record Keeping)회사에게, 운용상품 선정 및 제시는 운영관리 회사에게, 그리고 콜센터는 기록관리회사의 콜센터 또는 운영관리 회사의 콜센터에게, 인터넷(정보제공)은 운영관리회사에게 재 위탁하고 있음에 반하여, 일본생명의 경우 일괄서비스 수탁체계를 구축하고 제공함에 따라 ① 기업 및 종업원의 창구가 일원화되어 있어 질문, 조회에 대한 대응이 원활하며, ② 운영이 이해하기 쉽고 수탁기관으로서 책임체제가 명확하다는 등의 차별적인 장점이 존재한다.

(2) 독립적인 마케팅 조직 운용체계

일본생명은 복수의 관련회사에 업무를 분담하지 않고 사내에서 업무별 전문조직을 설치하여 상호 긴밀한 연계하에 기업에 대한 종합(Total)서비스를 지원하기 위한 독립적인 마케팅 조직을 운용하고 있다. 이를 요약 · 정리하면 〈그림 8-13〉과 같다. 〈그림 8-13〉에서 보는 바와 같이 일본생명의 퇴직연금관련 마케팅 조직은 퇴직연금수리실(컨설팅 담당), 401(k)연금부(종업원 교육 · 상품선정 담당), DC형 퇴직연금 Call Center(콜센터 담당), 401(k) 연금계약그룹: 기업보험 계약부(사무 Support 담당) 등의 운용체계로 이루어져 있다. ① 퇴직연금 수리실은 인원이 52명으로 재무 · 회계적 관점 그리고 인사 · 노무적 관점 등 다양한 각도에서 확정갹출연금도입에 관한 종합적인 어드바이스 및 안내를 실시하고 있다. ② 401(k) 연금부(연금개발추진그룹)에서는 비디오, 인터넷 등에 의한 다양한 교육의 개발과 가입자 설명회를 실시하며, 종업원들의 다양한 니즈에 대응하는 운용상품을 선정한다.

③ DC형 퇴직연금 Call Center에서는 자동응답에 의한 무료통화(Free Dial) 서비스를 제공하며, 전담의 파이낸셜 플래너(Financial Planner)가 전문적인 상담(자산운용상담, 라이프플랜 어드바이스, 세무 상담 등)에 응하고 있다. ④ 401(k) 연금계약그룹은 인원이 24명인데, 이 그룹에서는 풍부하게 축적된 사무경험과 노하우를 활용한 사무운영 지원을 하게 된다. 이처럼 일본생명은 독립적인 퇴직연금 부서를 설치 · 운영함으로써 개별기업 및 종업원에 적합한 종합(Total)서비스를 제공하고 있다.

그림 8-13 마케팅조직 운영체계

일본생명

퇴직보험 수리실	401k 연금부 401k 연금개발 추진 그룹	확정갹출연금 Call Center	401k 연금계약 그룹 (기업보험 계약부)
[컨설팅 담당] ▸재무 · 회계적 관점, 인사 · 노무적 관점 등 다양한 각도에서 확정 갹출연금 도입에 관하여 종합적인 어드바이스, 안내를 실시 -실장 -엑슈어리 20명 -연금수리인 18명) -제도설계 컨설팅 담당 32명 계 52명	[종업원교육 · 상품 선정담당] ▸텍스트 · 비디오 · 인터넷 등 다양한 교육의 개발과 가입자 설명회 실시를 담당 -부장 -교육 · 상품선정 담당자 中 • 증권 에널리스트 3명 • 미국일본생명에서의 401k 비즈니스 경험자 3명 계 21명	[콜센터 담당] ▸자동응답에 의한 무료다이얼 24시간 접수 제공 서비스 제공 ▸전문적인 상담(자산운용상담, 라이프플랜 어드바이스, 세무상담 등)에 전임의 파이낸셜 플랜너(직원)가 대응 -센터장 -전임 오퍼레터 中 • 파이낸셜 플래너 8명 • 사회보험 노무사 1명 계 14명	[사무 Support 담당] ▸확정급부연금의 사무담당자를 선발한 확정갹출연금 전담조직 ▸풍부하게 축적된 사무경험과 노하우를 활용한 사무운영 Support를 제공 -과장 -사무담당자 계 24명

자료: 박홍민, 「해외출장보고서」, 보험개발원, 2004.9.

3. 이원화된 마케팅 전략의 전개: 유지 및 유치전략

일본생명은 DB형 연금시장에서는 유지전략을, DC형 연금시장에서는 신규의 유치를 위하여 적극적으로 수탁경쟁에 뛰어드는 양면전략을 구사하고 있다. 다만, 이미 기존의 퇴직연금시장에서 상당한 M/S를 확보하고 있다는 점에서, 동사는 일차적으로 기존시장을 지키는 방어적인 전략에 무게중심을 두고 있다. 예를 들어 100인 이하의 적격연금에서는 일본생명이 자산의 100%를 수탁운용하고 있는 경우를 들 수 있다.

그러나 DB형 연금시장에 대해서는 중소기업을 중심으로 일괄 서비스제공을 통해 신규 유치하는 공격적인 전략을 구사하고 있다. 즉 중소기업에게는 콜센터의 기능 및 운용상품 제공, 투자교육 등 일괄적인 서비스를 제공하는 Bundle형 상품의 제공을 통하여 수탁하는 것이다. 이를 통하여 1개사에 대한 진실한 다양한 서비스의 제공은 일본생명이라는 차별화된 마케팅 우위성을 확보하고자 하고 있다.

4. 목표기업별 마케팅 전략의 차별화

영업전략 측면에서는 3단계 접근법을 통하여 체계적으로 시장을 공략하고 있다. ① 대기업은 법인영업부에서 단체연금을 담당하고 있는 300여 명의 직원이 협상하고, 중소기업은 전국 126개의 지사가 대응하며, ② 100명의 퇴직연금수리실 직원이 제도설계 컨설팅을 실시하고, ③ DB형 퇴직연금을 도입한 기업에는 401(k)연금부의 약 30명이 종업원 교육 및 운용상품 선정 등을 담당하고 있다.

현재는 본사와 퇴직연금 거래관계가 있는 기업을 중심으로 접근하고 있으며, 무리하게 도입을 유도하기보다는 중립적인 입장에서 기업 니즈에 적합한 제도 설계에 치중하고 있다.

5. 다양한 투자형 상품 제공

일본생명은 신용력이 결정적인 역할을 할 것으로 보고 운용상품 설정시 투신평가회사를 활용하여 일본생명그룹 이외의 상품도 제공하는 전략을 취하고 있다. 특히 객관성을 담보하기 위해 사외의 복수의 투신 평가회사 정보를 활용하여 리스트를 작성하고 그룹외의 펀드도 포함한 수십 종류의 상품을 제공하고 있다. 그룹의 상품은 닛세이 자산관리(Nissei Asset Management)의 투신 상품 13종류와 원금 보증형의 GIC이다.[8)]

8) 투신 13종류 중 일본주펀드는 우체국의 개인형에도 채용하고 있으며 GIC의 보증이율은

6. 투자교육의 강화

일본생명은 일본의 투자신탁 역사가 일천하고 현 단계가 기업간의 우열이 가려진 단계가 아니라는 점에 착안하여 투자관련 교육 및 서비스를 타사와 차별화할 수 있는 중요한 경쟁우위요소의 하나로 인식하고 가입자 교육 및 강사 양성에 주력하고 있다. 즉 ① 종업원들의 조회 및 거래, 상품설명을 1회 전화만으로 대응할 수 있는 DB형 퇴직연금 전용 콜센터 구축 동 센터는 타사와 달리 창구판매와 겸직하지 않고 있다.

② 종업원과의 직접적인 커뮤니케이션을 중시하여 설명회를 교육 프로그램 중심으로 운영하고 있다. 현재 기업에 파견하는 강사는 15명이나 추후 연금제도를 잘 이해하고 있는 강사를 스스로 양성하여 확대할 예정이며, 교육프로그램으로 미국의 401(K)에서 실제로 서비스를 제공한 노하우를 살리고 교육 자료도 작성하고 있다.

7. 긴밀한 비즈니스 관계 형성

일본생명은 DB형 퇴직연금사업에서의 긴밀한 관계구축을 목적으로 지방은행과의 연수회 및 각종 정보제공, 인력육성 등 지방은행과의 공동비지니스 전개에 적극적이다. 제휴관계는 주로 ① 운영관리 기관을 할 의도는 없지만 고객 대응상의 필요에 의하여 일본생명에 위탁하는 형태, ② 운영관리 업무를 하고 있지만 노하우가 부족하여 일본생명과 스태프를 공유하고자 하는 형태 등이 있다. 향후에도 지속적으로 공동비즈니스의 방향성과 방식을 공유할 수 있는 은행과는 구체적인 사업을 전개할 계획으로 있으며, 이미 일부 은행과는 고객용 세미나 및 고객 개척을 공동으로 실시하고 있다. 다만 제휴관계에 있는 은행과의 수수료 배분문제는 현재 검토중이다.

은행예금보다 높은 수준을 제시하고 있다.

Ⅳ. 三井住友해상

1. 조직 운영체계

퇴직연금제의 경우 운영관리기관, 자산관리기관, 상품제공기관의 3유형으로 구성되기 때문에 하나의 보험회사가 이들 업무를 모두 수행한다는 것은 현실적으로 어렵다. 동사의 경우 이와 같은 점을 고려하여 운영관리 및 상품제공기관으로서의 역할을 중심으로 운영하는 등 상호협력에 의한 네트워크(Network)를 구성하여 운영하고 있다.

조직 구성의 경우 퇴직연금을 담당하는 40여 명 전후의 금융사업부를 설치하여 기업의 사업주 및 종업원을 대상으로 운영관리기관의 알선, 운용상품의 제시 등을 중심으로 운영하고 있으며(〈그림 8-14〉 참조), 2002년 퇴직연금제도 도입 이후 동 사의 운영실적은 제도 도입의 초기인 관계 등으로 거래기업 300사 정도, 보험료 수입 50~60억엔, 1인당 가입금액 약 5000~6000엔 정도의 실적을 올리고 있다. 또한 비용 등과 같이 제도의 단독운영에 대한 어려움을 고려하여 그룹계열 금융사를 비롯한 다양한 기관과의 제휴를 통하여 지원 네트워크를 구축한 후, 운영관리기관으로서 다양한 서비스를 제공하고 있다.

2. 운영 현황

(1) 지원 네트워크

기업이 DC형 연금제를 안심하게 도입하고 운영할 수 있도록 제휴관계에 의한 네트워크를 형성하고 있다.

〈그림 8-15〉에서 보는 바와 같이 운영관리기관으로서의 미쓰이스미토모해상은 J-PEC이라는 전문회사를 공동 설립하여 제도 도입과 관련한 컨설팅, 운영관리업무, 가입자서비스, 기록관리 서비스 등을 제공하고 있으며, 특히 기록 관련업무의 경우 전문적인 기록관리(Record Keeping) 회사에게 재위탁함으로써 제도 운영상의 효율성을 꾀하고 있다.[9]

9) J-PEC은 제도 도입과 관련한 각종서비스의 제공을 위하여 미쓰이와 스미토모 금융그

그림 8-14 三井住友해상의 확정갹출연금의 운영체제

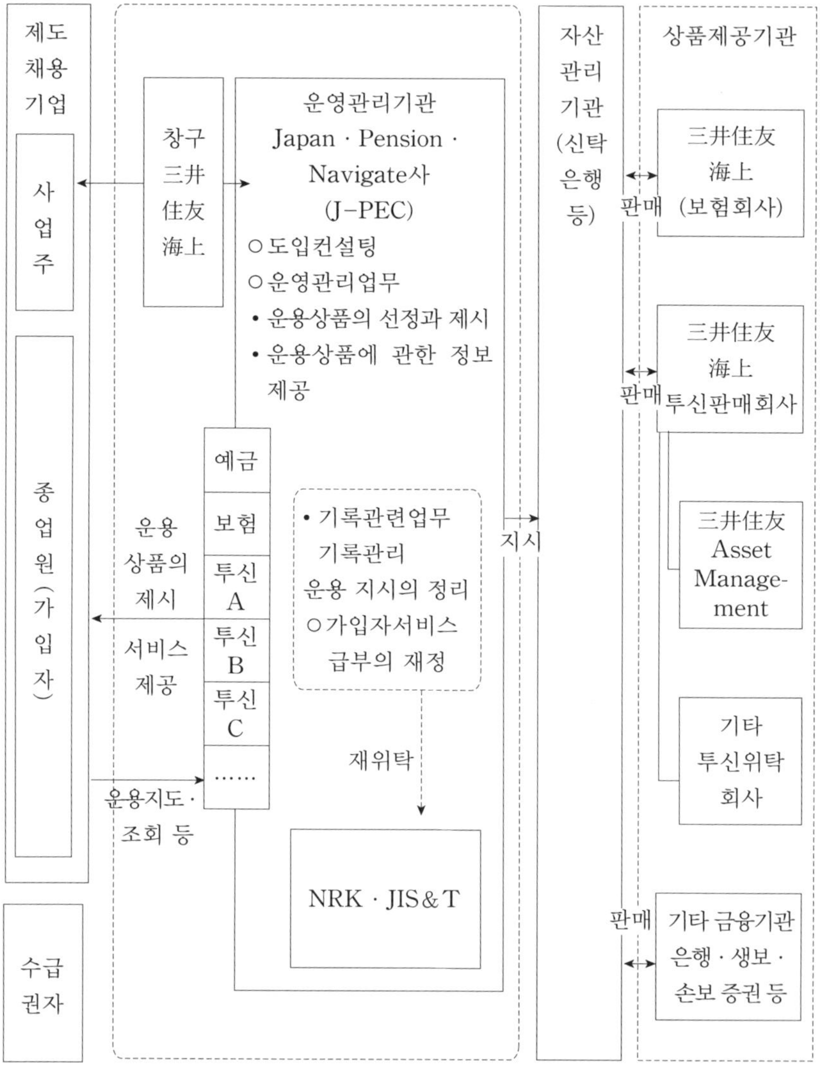

자료: 신문식, 전게서, 2004.6.

룹의 6개사(미쓰이스미토모해상, 미쓰이스미토모은행, 스미토모생명, 미쓰이생명, 스미토모신탁은행,미쓰이트러스트파이낸셜그룹)의 노하우를 결집하여 설립한 회사이다.

그림 8-15 지원네트워크 체제

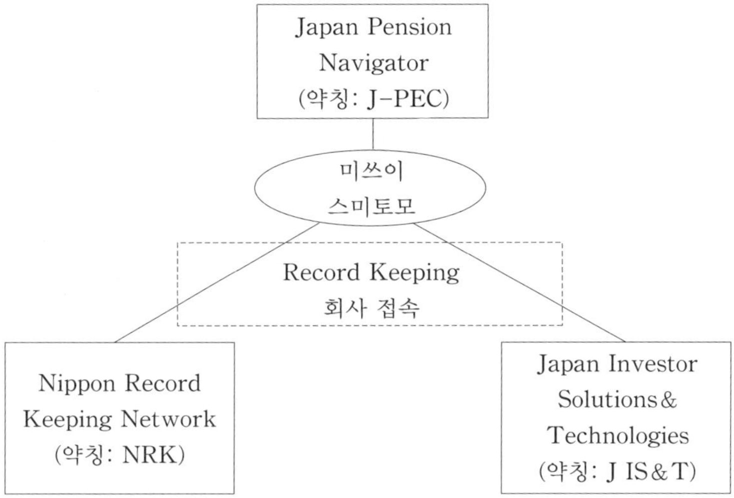

(2) 제공서비스의 주된 내용

① 제도 도입 컨설팅서비스

DC형 퇴직연금제의 도입을 고려하는 기업의 입장에서는 「현행제도의 문제점 파악」, 「도입의 장 · 단점 검증」, 「제도 내용의 검토 및 시산」 등을 비롯한 다양한 문제점을 해결할 필요가 있으며, 이러한 문제점의 해결을 위해서는 전문적인 노하우에 의한 지원이 필요하다. 이 때문에 미쓰이스미토모는 J-PEC을 공동으로 설립하여 퇴직금 · 연금제도의 컨설팅, 인사 · 복리후생제도의 컨설팅, 재무컨설팅, 퇴직급부채무(PBO)계산 등과 같은 각종 지원서비스를 제공하고 있다.

② 운영관리업무

J-PEC를 통하여 운용상품의 선정 · 제시, 운용상품에 관한 정보제공, 기록관련업무(기록관리, 운용지도의 정리, 급부의 재정)와 관련된 서비스를 제공하고 있다. 운영상품의 선정 · 제시의 경우 J-PEC을 통하여 운용상품에 관한 전문적인 식견을 가지고 있는 전임애널리스트에 의한 중립적인 입장에서의 운용상품의 평가를 실시하고 있으며, 운용상품에 관한 정보제공의 경우 J-PEC을 통하여 가입자가 운용에 관련된 정보를 언제든지 입수할 수 있도록 하고 있다. 그리고 기록

관련업무의 경우 전문적인 기록관리회사 2개사에 출자함으로써 기업의 다양한 니즈에 대응하고자 하고 있다.

③ 가입자 서비스

인터넷, 콜센터, 각종 교재, 세미나 개최 등을 이용하여 가입자에 대한 부가서비스를 제공하고 있다. 특히 인터넷을 이용하여 다음과 같은 각종 부가서비스를 제공하고 있다. ① 시뮬레이션 기능으로서 가입자의 생활설계를 지원하는 라이프시뮬레이션, 자금계획을 지원하는 머니시뮬레이션 등 시뮬레이션 기능을 제공(J-PEC)하고 있으며, ② 각종 절차상의 지원서비스로서 잔고조회, 자료청구 등과 관련한 절차상의 지원서비스를 제공(NRK · JIS&T)하고, ③ 관계 정보의 조회를 위하여 가입자 개인전용의 전문 화면을 제공(J-PEC)하고 있다.

또한 개인정보의 보호를 중시한 안전체제가 구축된 콜센터를 이용하여 상품설명, 운용지시 및 각종조회, 투자교육 등의 서비스를 제공하고 있으며(J-PEC, NRK, JIS&T), 기타 제도설명, 상품설명, 투자교육 등과 관련한 교재의 제공, 강사파견, 비디오 등을 이용한 각종 세미나, 간단한 시뮬레이션이 가능한 라이프 네비케이터(Life Navigator) 등의 서비스를 제공(미쓰이스미토모해상, J-PEC)하고 있다.

3. 운용상품의 주된 내용

(1) 손해보험상품(DC형 퇴직연금 적립상해보험)

DC형 퇴직연금적립상해보험은 DC형 퇴직연금제도의 전용상품으로서 적립상해보험을 베이스로 설계 · 개발된 상품인데, DC형 퇴직연금법상의 「원금(元本) 보증형」에 해당하는 운용상품이다. 동 상품의 특징으로는 다음과 같은 사항을 들 수 있다. ① 중도퇴직 또는 다른 운용상품으로의 이전을 이유로 보험기간중에 해약할지라도 원금은 보증되는 「원금보증형」 상품이라는 점, ② 매월 갹출시 적용되는 예정이율은 갹출시의 금리추이 등에 따라 결정되는 「금리민감도가 높은」 상품이라는 점, ③ 적용된 가입자이율은 보험기간중 보증되고 보험기간만료시의 만기환급금은 갹출시에 적용되는 가입자이율에 근거하여 계산되는 「이율보증형」 상품이라는 점, ④ 운용수익이 가입자이율보다 높을 경우 보험기간만료시의 만기환급금에 계약자배당금이 가산되는 「계약자배당」상품이라는 점, ⑤ 부상 등에 의한 사망의 경우 사고시점의 잔고에 10%를 증가한 금액을 보험금(사망일시금)으로 지불하는 「상해보험」상품이라는 점 등이다.

(2) 투자신탁 상품

투자신탁 상품의 경우 DC형 퇴직연금적립상해보험과는 달리 별도의 증권전문 영업사원에 의하여 상품설명 등을 수행하고 있다(〈표 8-7〉 참조).

동사는 타금융기관과의 경쟁을 위하여 차별적인 상품전략을 구축하고 전개하고 있는데, 동 사의 투자신탁상품에 관한 전략적인 특징은 다음과 같다. 먼저, 풍부한 상품 라인업을 구성하였다는 점이다. 이는 그룹의 미쓰이스미토모 자산관리(asset management)가 제공하는 상품을 중심으로 그룹 이외의 투신회사 상품을 채용함으로써 가입자의 희망에 맞춘 상품선택이 가능하도록 하고 있다는 특징이 있다. 또한 표준적인 상품 라인업 구성에 힘을 기울이고 있다는 점을 들 수 있다. 즉 평가기관으로부터 높은 평가를 받은 표준적인 상품을 라인업함으로써 가입자가 안심하고 선택할 수 있게 하였다.

표 8-7 미쓰이스미토모해상의 투자신탁상품 현황

상 품 명	제공회사
미쓰이스미토모 · 라이프뷰 · 일본주식펀드	미쓰이스미토모 애셋매니지먼트
미쓰이스미토모 · 라이프뷰 · 일본채권펀드	미쓰이스미토모 애셋매니지먼트
미쓰이스미토모 · 라이프뷰 · 밸런스펀드 30 · 50 · 70	미쓰이스미토모 애셋매니지먼트
DC · 다이와 · 스톡인덱스225	다이와증권투자신탁 위탁
다이와투신구락부일본채권인덱스	다이와증권투자신탁 위탁
다이와라이프스타일255075	다이와증권투자신탁 위탁

V. 선진마케팅사례의 특징 및 시사점

선진보험회사들은 타금융기관에 비해 상대적으로 퇴직연금시장에서의 보험회사 비중이 점차 감소하는 추이에 대응하기 위하여 차별화된 마케팅을 적극적으로 전개하고 있다. 미국과 일본의 보험회사 모두가 중소기업시장을 중심으로 차별화된 마케팅 전략을 전개하고 있는 것이다. 일괄형 서비스의 제공, GIC형 상품 중심의 상품개발, 정형화된 규약작성과 같은 새로운 서비스의 창출 등을 주된 내용으로 추진하고 있다. 예를 들어 MetLife 및 미쓰이스미토모해상 등은 중소기업을 중심으로 일괄서비스를 제공하거나 중소기업의 401(k)에 특화하는 전략을 전개하는 등 중소기업개척에 중점을 두고 있다. 또한 미국과 일본 모두 상대적으로 타금융기관에 비해 강점이 있다고 보는 사무관리 업무분야에 특화하여 진출하는 경향이 뚜렷하게 나타나고 있다.

이는 퇴직연금시장의 핵심경쟁력이 운용성과(Pay for Performance)에서 서비스의 질(Pay for Services)로 변화하고 있음을 보험회사가 인식하여 서비스의 차별화를 시도한 결과라 할 수 있다. 특히 투자신탁의 역사가 일천한 일본에서는 종업원의 투자교육을 타사와 차별화할 수 있는 경쟁우위요소의 하나로 인식하고 종업원 교육 및 강사양성 등에 주력하고 있다.

표 8-8 퇴직연금시장에서의 보험회사 대응사례

	미 국	일 본
공 통 점	-중소기업시장중심의 진출가시화 -차별화된 신서비스 창출 -신상품을 통한 상품경쟁력 강화 -일괄형 서비스 제공 -사무관리 업무 분야에 대한 차별화	
상 이 점	-자산운용 전문업체와의 전략적 제휴 -자산운용자회사를 통해 다양한 투자상품 제공	-기존 고객에 대한 유지 강화 -고 인프라시스템의 공동투자 개발

다만, 대응전략의 측면에서 일본의 경우 기존 적격퇴직연금제도 등 DB형 퇴직연금시장에서 기존고객을 유지시킴으로써 DB형 퇴직연금시장에서의 우위성을 지속적으로 확보하고자 노력하고 있으며, 기록관리 업무 등 고 인프라 비용사업에 대해서는 은행 등 타금융기관와의 전략적 제휴 등을 통해 위험인수리스크를 분산하고자 주력하고 있다는 점이 특징적이다. 반면 미국은 자산운용 전문업체와의 전략적 제휴나 자산운용 자회사를 통해 다양한 투자 상품을 제공함으로써 자산관리업무의 경쟁력을 적극적으로 높이고자 하는 점이 특징적이다.

이와 같이 선진보험회사들이 퇴직연금시장에서의 경쟁심화에 따라 명확한 목표시장의 설정과 타사와의 전략적 제휴 또는 자회사의 운용 등을 통하여 차별화된 마케팅 서비스 제공을 행함으로써 효율적인 운영과 경쟁력 확보에 주력하고 있다는 사실은 타금융기관에 비하여 자산운용능력 등에서 상대적인 열위를 보이고 있는 우리 나라 보험회사의 향후 전략의 책정 및 전개에 시사점을 주고 있다고 할 수 있다.

한편 선진 보험회사의 시사점으로는 다음을 들 수 있다. 첫번째, 선택과 집중에 의한 시장진입의 필요성을 들 수 있다. 퇴직연금과 관련된 업무는 그 범위가 넓을 뿐만 아니라 상당한 금액의 초기비용이 소요된다는 특성을 고려하여 보험회사는 DC형 퇴직연금시장의 경우 자산관리기관으로서의 역할보다는 운영관리기관으로서의 역할을 중심으로 마케팅을 전개하고 있다는 점이다. 따라서 현재 우리나라의 대부분 보험회사가 모든 업무분야에 대한 진출을 고려하고 있다는 점을 고려할 때 자사의 역량에 맞는 선별적인 진출 전략이 필요할 것으로 판단된다.

두 번째는 효율성 추구의 필요성을 들 수 있다. 제도 가입자 개개인에 대한 기록관리업무(Record Keeping)의 경우 취급할 자료(Data)의 방대한 양으로 인하여 규모의 경제가 작용함으로 단독적인 운영이 거의 불가능하다는 점이다. 이 때문에 일본의 경우 업종을 초월한 금융기관간의 출자를 통하여 공동의 전문 기록관리회사를 설립 · 운영하고 있다. 따라서 우리나라 보험회사의 경우도 상대적으로 운영 노하우가 축적되고 확립된 DB형의 연금이외에는 기록관리업무의 경우 외부 아웃소싱에 의하여 운영의 효율성을 높일 필요가 있을 것으로 판단된다.

세 번째는 상품차별화의 필요성이다. 퇴직연금시장은 보험회사의 입장에서는 새로운 수익원으로서의 신규시장 개척과 기존의 퇴직금시장의 유지라는 방어의 개념을 동시에 가지고 있다. 그러나 타금융권의 경우 기존 퇴직금시장에서의 별다른 역할을 수행하지 못하였다는 점에서 기존의 퇴직금시장과 유사한 성격의 DB형 퇴직연금시장보다는 DC형 퇴직연금시장에서의 적극적인 역할 확대를 꾀하고 있는 상태이다. 따라서 DC형 시장형성은 선진국보다는 빠른 속도로 진행될 가능성이 있으며, 경쟁도 예상보다 훨씬 치열해질 것으로 판단된다. 그러므로 DC형 퇴직연금시장에서의 보험회사 마케팅은 상품의 차별화가 전제되어야 할 것이며, 이를 위해서는 미쓰이스미토모해상 등과 같이 원금보증이라는 보험회사만의 특성을 반영한 상품개발이 필요할 것으로 판단된다.

마지막으로 시장세분화의 필요성을 들 수 있다. 개별기업마다의 퇴직연금제도에 대한 상이한 니즈를 고려하여 일본의 대형 보험회사는 규모별로 시장을 세분화하여 이에 적합한 제도의 도입을 제공하고 있었다. 따라서 규모별, 가입자 등의 다양한 니즈를 고려한 시장의 세분화와 상품개발력 제고에 힘써야 할 것이다.

제 9 편

퇴직연금 리스크

제1장 퇴직연금 리스크의 의의

아직까지 정형화된 퇴직연금제도의 리스크 정의 및 유형은 없는 실정인데, 이는 퇴직연금제도가 사용자, 근로자, 수탁기관 등 다양한 이해관계자들로 구성되어 있기 때문이다. 일반적으로 퇴직연금제도의 리스크라 하면 근로자 및 사용자측면에서의 리스크를 의미하고 있다.[1)]

그러나 퇴직연금제도의 리스크는 〈표 9-1〉에서 보는 것처럼 근로자 및 사용자 측면, 즉 위탁자 측면에서의 리스크[2)]와 은행 및 보험회사 측면, 즉 수탁자 측면에서의 리스크 등으로 구분할 수 있다.

표 9-1 위탁자 및 수탁자의 리스크 분류

	리스크의 인식	리스크의 분류
위탁자	근로자의 수급권 보호문제 발생과 기업주의 추가비용 부담문제 발생	갹출부족리스크 자산운용리스크 부채변동리스크 유동성리스크 등
	적절한 리스크관리 부족으로 인한 운용성과의 악화 등	
수탁자	운용상품설정이 비적절성, 과도한 퇴직연금시장진출, 수탁기관의 미설정, 소송문제 발생 등	운용상품설정리스크, 언더라이팅리스크, 소송(법률)리스크, 수탁자재설정리스크 등

1) 따라서 퇴직연금제도의 리스크를 일반적으로 근로자 및 사용자 측면에서의 리스크로 간주하여 주로 연기금운용상의 리스크에 초점을 맞추어 왔기 때문에 상대적으로 은행 및 보험회사 등과 같은 수탁자 측면에서의 리스크는 거의 취급되지 않았다고 할 수 있다.
2) 연금기금 운용상 리스크는 광의로는 근로자 및 기업 측면의 리스크라 할 수 있다.

제 2 장 퇴직연금 리스크의 유형

I. 위탁자 측면에서의 퇴직연금리스크

위탁자인 근로자 및 사용자 측면에서 본 퇴직연금리스크는 크게 연금재원이 부족하여 발생한 리스크(재원부족리스크)와 재원은 존재하지만 지급이 현실적으로 불가능한 리스크(지급불능리스크) 등으로 구분된다. 먼저 재원부족리스크에는 ① 갹출부족리스크, ② 자산운용리스크, ③ 부채변동리스크, ④ 자산 · 부채의 미스매칭리스크 등으로 구분되며, 지급불능리스크는 ① 유동성리스크, ② 경영리스크(opertional risk), ③ 법적 리스크(legal risk) 등으로 구분된다.[3)]

1. 재원부족리스크

먼저 재원부족리스크로는 갹출부족리스크를 들 수 있다. 갹출부족리스크는 본래 필요하게 되는 수준의 갹출료가 퇴직연금에 불입되지 않는 리스크를 의미한다. 갹출부족리스크는 사용자가 규약상의 갹출료를 지급하지 않는 경우뿐만 아니라 자주 설정된 갹출료의 수준이 부적절한 경우에도 발생하게 된다. 두 번째의 재원부족리스크로는 자산운용리스크를 들 수 있다. 자산운용리스크는 연금재정상 상정된 자산운용수익률과 괴리하여 발생된 리스크로, 투자이론에서는 플러스 방향, 마이너스 방향과 관련 없이 예정이율과의 차이를 리스크로 인식하지만 마이너스 방향의 리스크로 한정하여 생각하는 것이 일반적이다.[4)]

3) 이에 대한 자세한 내용은 「企業年金の資産運用」, 「日本法令」, 富士綜合研究所, 2002년 11월, pp.163-174 참조.

4) 이 리스크는 일반적으로 예정이율(부담금리)와 자산운용수익률의 차에 의해 발생하는 예정이율리스크(역마진 발생)가 이에 해당한다고 할 수 있다.

그림 9-1 위탁자의 퇴직연금 리스크

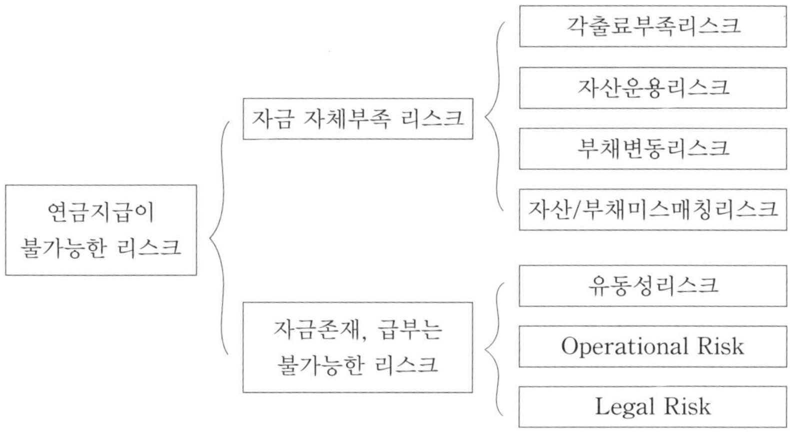

자료: 「企業年金の資產運用」, 「日本法令」, 富士綜合硏究所, 2002년 11월, p. 165.

세 번째의 재원부족리스크로는 부채변동리스크를 들 수 있다. 연금의 재정검증은 통상 부채와 자산의 갭(gap)을 통해 이루어지는데, 이 경우 부채액의 변동에 의해 리스크가 발생하게 된다. 연금부채는 연금수리계산에 따라 행하여지지만 이 수리계산은 기초율이라는 전제조건하에서 구하여진 일종의 가상치라 할 수 있다. 따라서 이 기초율과 실제율과의 괴리가 발생하면 부채액이 변동하게 되며, 재원의 과부족은 부채와 자산의 대소관계로 판단되므로, 기초율의 변동이 부채의 증가를 유발하는 결과가 되면, 재원부족이 초래되는 부채변동리스크가 발생하게 된다.

네 번째의 재원부족리스크로는 자산 · 부채의 미스매칭리스크를 들 수 있다. 이 자산 · 부채의 미스매칭리스크는 자산운용리스크와 부채변동리스크와의 복합요인에서 발생하는 리스크라 할 수 있다. 이 리스크는 연금ALM관리기법과 밀접하게 관련되어 있다.

2. 지급불능리스크

유동성리스크가 첫번째의 지급불능리스크라 할 수 있다. 유동성리스크는 운용자산의 유동성이 결여되어 급부재원에 상당하는 자산의 현금화가 원활하게 이루어지지 않는 경우 지급이 불가능하게 될 가능성이 존재함으로써 발생하게 된다.[5] 두 번째의 지급불능리스크로는 경영리스크(operational risk)를 들 수 있다. 이 리스크는 사무처리에 하자가 존재하여 지급하여야 할 연금이 지급되지 않는 리스크라 할 수 있다. 실무적으로는 대단히 중요한 리스크 중의 하나이다. 세 번째의 지급불능리스크로는 법적 리스크(legal risk)를 들 수 있다. 즉 채권자로서의 순위 문제, 또는 지급금지명령 등으로 연금자산이 존재하지만 법적인 요인으로 지급이 금지된 모든 경우를 포함하게 된다. 연금이 신탁자산 등으로 보호되고 있으면 이와 같은 사태를 염려할 필요는 없지만 퇴직급여충당금계정 등 연금자산의 범위가 특정할 수 없는 경우 수급자인 채권자로서의 독립적 지위가 반드시 보호되는 것은 아니기 때문에 법적 리스크가 발생될 가능성이 존재하게 된다.

II. 수탁자 측면에서의 퇴직연금리스크

1. 상품설정리스크

퇴직연금제도 중에서 특히 확정기여형 퇴직연금제도하에서는 종업원이 직접 운용상품을 선택하도록 되어 있는데, 이 경우 보험회사가 제시하는 원금보장형 상품은 안전성면에서 근로자가 많이 선택할 것으로 예상되지만, 금리하락시 리스크부담을 보험회사가 지게 되는 등 운용상품설정리스크가 노출되게 된다. 즉 상품설계와 관련된 보험회사의 가장 커다란 리스크는 기금을 수탁하기 위해 지나치게 무리한 기초율을 설정함으로써 발생하는 운용상품설정리스크라 할 수 있다. 실제 미국 등에서는 보험회사의 경우, 타금융기관 운용상품과의 경쟁력 강화와 상품차별성 강화차원에서 확정금리형 상품을 적극적 개발 · 추진하여 왔다. 그러나 저금리의 지속적인 추세와 더불어 자산운용수익률의 악화 등으로 GIC형 확정금리형 상품 증대는 보험회사에게 운용상품설정리스크(예정이율리스크)의 증대를 가져오는 결과를 초래하게 되었다. 이에 따라 미국 등 선진국에서는 이와

5) 예를 들어 부동산 등으로 연금재원을 운용하고 있는 경우 유동화를 즉시 행하기 어렵게 되는데, 이 경우 유동성리스크가 발생하게 된다.

같은 운용상품설정리스크를 효율적으로 대처하기 위해 ① 준거이율에 적합한 GIC형 상품개발, ② 금리시나리오모델 개발 등 금리 예측능력 향상, ③ 연금 지급방식의 다양성 부여, ④ 운용상품의 전략적 제휴 등과 같은 관리방안을 시행하고 있다.

2. 언더라이팅리스크

수탁기관인 보험회사가 퇴직연금시장에 진출하는 경우 가장 고려하여야 할 사항은 수익과 비용이라 할 수 있는데, 보험회사가 퇴직연금시장의 선점만을 고려하여 경쟁력이 없는 부문에 진출하는 경우[6] 많은 고정비용이 들 수 있는 반면, 수탁수수료(수익)는 경쟁으로 낮아지는 언더라이팅 리스크에 직면할 수 있다. 따라서 수탁기관인 보험회사 측면에서는 퇴직연금제도를 운영함으로써 발생하는 수입(수수료수입)과 지출(운용비용)을 종합적으로 고려하여 언더라이팅을 신중히 할 필요성이 존재한다고 할 수 있다. 그 이유는 자사의 자금력, 운용능력, 차별화된 서비스 등을 충분히 고려하지 않고 퇴직연금시장 선점차원에서 무리하게 퇴직연금을 수탁하는 경우 지출이 수입을 초과하는 언더라이팅리스크가 발생, 보험회사의 경영악화로 작용할 수 있기 때문이다. 이에 따라 미국 등 선진국에서는 자사에 특화된 분야에 진출하거나 고인프라비용에 대해서는 타금융기관과 전략적 제휴 등을 취하는 방법 등으로 언더라이팅리스크를 관리하고 있다.

3. 수탁자재설정리스크[7]

보험회사 등 수탁기관의 연금자산운용과 관련된 가장 커다란 리스크는 무엇보다도 제시한 목표수익률의 달성 여부라고 할 수 있다. 수탁기관이 연금자산을 운용할 때에는 일반적으로 수탁기관 임의로 연금자산의 포트폴리오를 구성하는 것은 아니다. 연금기금이 제시한 연금자산 운용가이드라인에 입각하여 일정한

6) 일본에서는 재무력, 전문인력, 특화된 서비스 등이 없는 대부분 중소형 보험회사의 경우, 최근 퇴직연금시장에서 퇴출되고 있는 실정이다.

7) 확정급여형(DB형) 퇴직연금제도에서 주된 리스크라 하면 일반적으로 수탁자재설정리스크를 의미한다.

범위 내에서 자율적으로 운용되는 것이 보통이며 경우에 따라서는 감독당국에 의한 규제를 받는 경우도 있다. 그렇다고 하여 수탁기관의 연금자산 운용을 둘러싼 리스크가 사라지는 것은 아니다. 연금기금 측이 제시한 가이드라인에 따라 운용하더라도 리스크는 상존하며, 감독당국에 의한 규제를 받는 경우에도 타수탁기관에 비해 투자수익률이 상대적으로 저조하면 수탁자산을 타수탁기관에 빼앗기거나 차후에 수탁기관으로 설정되지 못하는 리스크에 직면할 수 있다.

운용기관의 평가에 있어서는 주로 정량적인 평가에 의존하고 있지만 정성적인 평가도 매우 중요시되고 있다. 보통은 과거의 운용성과에 운용기관평가의 전부가 결정되는 것처럼 생각되고 있지만 사실은 과거의 수치만으로 판단하는 것은 매우 위험하다. 특히 최근의 운용성과가 우수할수록 유능한 운용기관으로 간주되는 경향이 있다. 그러나 운용기관의 능력차이라기보다는 시장의 랜덤워크에 의해 발생하는 운·불운에 좌우되는 경우가 더 많다고 할 수 있다. 따라서 수탁기관 재설정시 운용수익률 중심의 정량적 평가보다는 운용철학 등을 중심으로 하는 정성적 평가에 보다 초점을 맞추고 있기 때문에, 최근 외국 보험회사는 정량적 평가중심보다는 정성적 평가중심[8]으로 수탁자재설정리스크를 관리하고 있는 추세를 보이고 있다.

4. 소송(법률)리스크[9]

연금자산의 규제완화 추세에 따라 근로자의 대리인이라 할 수 있는 수탁기관의 수탁자책임의무가 매우 중요시되고 있다. 따라서 수탁기관이 수탁자책임 위반시 각종 감독제재조치와 더불어 종업원으로부터 법률적 소송까지 제기되고 있는 실정이기 때문에 수탁자인 보험회사 측면에서는 소송리스크가 중요한 리스크라 할 수 있다.

실제 연금운용의 자유화 추이에 따른 수탁자책임의 강화, 그리고 이와 관련된 수탁자책임 위반 소송사례가 미국 및 일본 등에서 빈발하고 있다. 이에 따라

---

8) 정성적평가는 포트폴리오구축(Portfolio), 운용프로세스(Process), 인재(Personnel), 투자철학(Philosophy) 등을 중시한다는 점에서 4P 평가라 한다.

9) 확정기여형(DC형) 퇴직연금제도에서 주된 리스크라 하면 일반적으로 소송리스크를 의미한다.

운용기관에게는 자산운용의 전문성, 고도의 기술 이외에 엄격한 책임도 요구받고 있다.[10] 수탁자 책임소송은 단지 ERISA법에 기초한 소송정도 차원을 넘어서 연금기금의 기관투자자로서 역할(의결권행사 여부 등) 등 파생적인 문제로 확산되고 있는 실정이다. 따라서 운용기관 스스로도 소송리스크(법률리스크)에 대응할 수 있도록 컴플라이언스체제가 그 어느 때보다 필요한 것으로 인식, 대응책 마련에 부심하고 있다. 이에 운용기관은 법률리스크에 대응할 수 있도록 컴플라이언스체제(법규준수체제) 확립, 종업원에 대한 정보제공 충실, 독자적인 수탁자책임 가이드라인 책정 등을 최대 현안과제로 인식하고 있는 실정이다.

5. 연금운용(역선택)리스크

퇴직연금제도의 운용은 필연적으로 근로자의 니드에 부합한 연금상품의 개발증대로 이어지기 마련이다. 그러나 자칫 역선택으로 인한 장수리스크가 증대할 수 있을 뿐만 아니라 연금상품의 개발은 연금상품중심의 상품개발 위주로 상품포트폴리오를 재편시킬 수 있어, 보험회사 측면에서는 연금상품증대에 따른 보험회사의 리스크 증대, 즉 연금운용리스크의 증대를 가져올 수 있다. 미국 HRS(Health and Retirement Survey) 등의 통계에 따르면 확정기여형 플랜으로부터 연금화되는 것은 8%에 지나지 않은 것으로 나타나고 있기 때문에, 종신연금이 원칙인 확정급여형에 대비하여 볼 때 확정기여형의 경우에는 상대적으로 연금운용에 따른 장수리스크가 존재한다고 할 수 있다. 이와 같은 장수리스크는 확정기여형 플랜의 역선택(adverse selection)현상으로 기인한 바 크다고 본다. 즉 개인은 일반적으로 자신이 장수할 것이라고 생각하면 연금에 가입하지만, 장수하지 않을 것으로 생각하면 연금보다는 일시금을 보다 선호하여 연금에 가입하지 않기 때문이다. 실제 역선택현상이 존재하면 연금의 가입자는 장수할 가능성이 높은 사람만으로 구성되어 보험회사는 보험료를 높게 하지 않으면 경영이 성립하지 않게 된다. 이 경우 보통사람에 대해서도 보험료를 높이는 결과를 초래하

10) 수탁자책임위반 소송사례로는 일본방적업후생연금기금소송(모기업이 연금기금이사 제소), 동경실업후생연금기금소송(연금이사가 운용기관제소), Board of Trustee & Callan(연금기금이사회 대 투자컨설턴트) 등을 들 수 있는데 90년대 들어 자산운용관련 소송이 급격하게 증가하고 있다.

여 결국 연금의 이용은 어렵게 될 것이다. 따라서 확정기여형 연금의 경우 영국처럼 제도적으로 적립금의 일정비율을 연금화하는 방안 마련, 즉 강제적인 연금시장(compulsory pension market)으로 전환하여 역선택문제를 완화하는 데에 주안점을 두고 있다.

제 3 장 퇴직연금 리스크 관리사례 및 특징

I. 상품설정리스크

확정기여형 퇴직연금시장에서 경쟁력을 확보할 수 있는 보험회사의 대표적인 상품은 이율보증계약(GIC: Guaranteed Interest Contract)이 될 것으로 전망된다. 이율보증계약은 가입자가 계약을 만기까지 보유하는 것을 조건으로 보험회사가 계약시 약속한 이율을 보증하는 보험상품이다.

그림 9-2 이율보증계약(GIC)의 상품구조

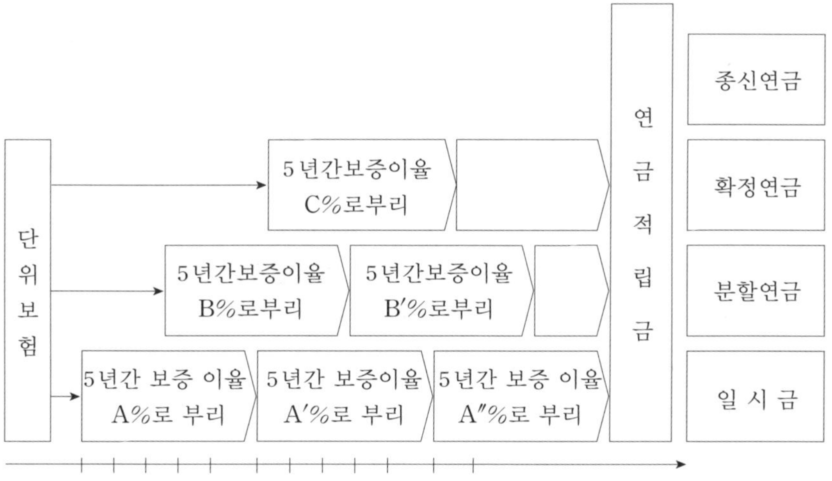

자료: 박홍민 · 이경희(2002), p. 141에서 재인용.

예적금이나 국공채 등과 같이 리스크가 낮은 안정형 상품으로서 주목을 받고 있는 상품으로, 미국에서는 mutual fund라고 불리우고 있는데 401(k)플랜에 있어서 매우 인기가 높으며, 일본의 보험회사들도 확정기여형 퇴직연금의 기본상품으로 이율보증계약을 판매하고 있다. 자산운용은 중장기국채를 중심으로 하며, 보증이율은 매일의 실세금리를 반영하여 결정되므로 계약시점이나 갱신시점에 시장금리가 상승하면 보증이율도 높아지게 된다. 그리고 보증이율은 일정기간 동안 보험회사에서 확실하게 보증하게 되는데, 보증이율의 적용기간은 5년, 10년이 일반적이다(〈그림 9-2〉 참조).[11] 이처럼 미국 등에서는 보험회사의 경우, 타금융기관 운용상품과의 경쟁력 강화와 상품차별성 강화차원에서 확정금리형 상품을 적극적 개발 · 추진하여 왔다. 그러나 저금리의 지속적인 추세와 더불어 자산운용수익률의 악화 등으로 GIC형 확정금리형 상품 증대는 보험회사에게 예정이율리스크의 증대를 가져오게 되었다. 이와 같은 예정이율리스크의 증대에 효율적으로 대처하기 위하기 위해서 미국 등 선진국에서는 대략 다음과 같은 리스크관리에 초점을 맞추고 있는 실정이다.

1. 준거이율에 적합한 GIC형 상품개발

확정금리형 상품개발시 사전에 충분한 시장금리 변동을 고려하여 개발을 추진함으로써 시장금리의 변동에 보다 탄력적으로 대응할 수 있도록 하였다는 점이다. 시스템적으로는 시뮬레이션 ALM기법 등과 같은 운용시스템을 적극 활용하여 보험회사의 예정이율리스크를 적절하게 관리하고자 노력하고 있다.[12] 이를 통해 준거이율을 산정하고 이 준거이율에 적합한 GIC형 상품을 개발하는 데 초점을 맞추고 있다고 할 수 있다. 즉 자사의 자산운용능력을 감안한 적정한 예정이율의 산정에 주안점을 두고 있다. 실제 미국의 경우 〈표 9-2〉에서 보는 바와 같이 GIC형 상품이 미국 401K플랜의 자산배분에서 전체의 11%를 차지하고 있는 것으로 나타나[13] GIC형 상품이 보험회사의 주요 퇴직연금운용상품이 되고

11) 박홍민 · 이경희, 「기업연금시장활성화와 보험회사 대응전략」, 보험개발원 보험연구소, 2002.3., pp.141-142.

12) Mark W. Riepe, Scott L,Lummer, *Pension Investment Handbook*, A Panel Publication Aspen Publishers, Inc., 1996.

13) 山口修,「確定醵出年金のすべて」, 金融財政事情研究會, 2003.5., p.244.

표 9-2 미국 401K플랜의 자산배분비율

구분	주식펀드	자사주	GIC	Balance Fund	채권펀드	MMF	기타
배분비율	50%	18%	11%	8%	6%	5%	2%

자료: 山口修, 「確定醵出年金のすべて」, 金融財政事情研究會, 2003. 5., p.244.

있음을 알 수 있다.[14)]

이러한 GIC형 상품이 최근에는 준거이율에 적합하도록 개발됨으로써 확정금리형 상품에서 발생하는 예정이율리스크를 최소화시키는 데에 주력하고 있다. 퇴직연금상품은 기업의 재무상황과 인사정책, 종업원의 보장니드 등에 적합하도록 세부내용을 결정하는 것이 중요하다. 특히 퇴직연금제도는 도입 후에도 기업의 사정에 따라 변경할 수 있으나, 제도변경시 종업원의 동의가 필요하는 등 상당한 진통을 겪게 되고 기업의 재정에도 상당한 부담을 가져올 수 있다. 따라서 미국 등에서는 제도설계의 목적 및 기업의 상황 등을 충분히 감안하여 퇴직급부수준, 지급대상, 지급기간 등을 장기적 안목에서 검토하고 있다.

2. 금리시나리오모델 개발 등 금리예측능력 향상

시장금리를 고려한 연금상품 개발계획을 수립함으로써 연금운용의 금리예측능력 향상을 도모하고 있다는 점이다. 즉 시장금리의 변동성에 기초한 연금상품 개발계획을 수립함으로써 시장금리에 보다 탄력적으로 대응하고자 연금운용시 금리예측능력 향상에 초점을 맞추고 있다. 확률론적 금리시나리오 생성에 의한 장래 금리의 변동추이를 보다 과학적으로 추정하기 위해 각종 금리시나리오모델 개발이 적극적으로 이루어지고 있다.

14) 일본은 원금보장형 상품으로 예·적금, 금융채, 금전신탁, 대부신탁, 국채, 지방채, 정보보증채, 이율보증형 적립생명보험(생보), 적립상해보험(손보), 정기연금보험(간보) 등으로 한정(시가평가나 환금성이 용이하지 않은 부동산은 미포함)하고 있다.

3. 연금지급방식의 다양성 부여

근로자의 라이프사이클에 부합한 다양한 연금상품 개발계획과 더불어 연금지급방식에 다양성을 부여하여 연금상품설정리스크를 최소화하는 데 주력하고 있다는 점이다. 연금 지급방식을 근로자별로 확정연금, 유기연금, 종신연금 등처럼 다양화함으로써 연금상품 유형에 따른 적정한 가격설정이 이루어지도록 유도하고 있다.

즉 연금 지급방식을 다양화함으로써 어느 특정 연금상품의 편중에 따른 운용상품설정리스크를 감소시키고 있으며, 연금지급방식에 대한 조합을 적절하게 하여 운용상품설정리스크를 분산시키는 데에 주력하고 있다.

4. GIC형 대체상품개발의 강화

확정금리형 대체상품으로 옵션형 변액보험 및 합성 GIC상품의 개발에 최근에는 보다 초점을 맞추어 운용상품설정리스크를 최소화하고자 노력하고 있다는 점이다. 즉 저금리로 인한 예정이율리스크가 증대함에 따라 옵션형 변액보험판매로 전환하여 예정이율리스크의 감소를 도모하고 있다. 생명보험사의 경우 1980년대 연금기금용 상품으로 대량판매된 이율보증계약이 문제가 되어 경영위기에 직면하기도 하였는데, 현재 확정기여형인 401(k)플랜에 적합한 상품으로 분리계정형 GIC상품 및 합성 GIC 등으로 변형되어 판매되고 있다.[15)]

전통적인 GIC상품이 시장금리의 변화에 탄력적으로 적응하기 어렵다는 점을 고려하여 판매의 비중을 점점 축소하는 반면, 시장금리에 보다 탄력적으로 대응할 수 있는 분리계정형 GIC상품이나 합성 GIC상품으로 대체함으로써 예정이율리스크의 노출에 최소화하고자 하고 있다.

5. 운용상품의 전략적 제휴

타금융기관과 운용상품의 전략적 제휴 등을 통하여, 즉 운용상품의 분산투자를 도모함으로써 잠재적인 운용상품설정리스크를 적정하게 관리감독하고자 하

15) 서병남, 「기업연금보험론(Ⅰ)」, 보험연수원, 1999.3., p.245.

고 있다는 점이다. 이와 같이 운용상품의 전략적 제휴에 의한 운용상품설정리스크 관리가 최근의 가장 보편적인 리스크관리대책이 되고 있음은 우리에게 시사하는 바 크다고 본다. 즉 선진 보험회사의 경우 보험회사가 제공하는 운용상품의 한계를 탈피하고자 은행 등 타금융기관과 운용상품에 대한 전략적 제휴를 실시함으로써 운용상품제공에 따른 보험회사의 리스크부담을 경감시키고 있으며, 운용상품의 경쟁력 강화를 도모하고 있다. 예를 들어 확정금리형 상품의 제공을 최소한도로 하면서, 타금융기관의 수익성상품을 조합함으로써 다양한 운용연금상품을 제공하는 동시에, 보험회사가 운용에 따른 리스크부담을 최소화시키는 효과를 주고 있다. 일본생명의 경우 객관성을 담보하기 위해 사외의 복수 투신평가회사의 정보를 활용하여 리스트업(list-up)하였으며, 그룹 이외의 펀드도 포함하여 수십 개의 운용상품이 제공되고 있다.

II. 언더라이팅리스크

보험회사 측면에서는 퇴직연금을 운영함으로써 발생하는 수입(수수료 수입)과 지출(운용비용)을 종합적으로 고려하여 언더라이팅을 할 필요성이 있다. 즉 자사의 자금력, 운용능력, 차별화된 서비스 등을 충분히 고려하지 않고 퇴직연금시장 선점차원에서 무리하게 퇴직연금을 수탁하는 경우 지출이 수입을 초과하는 언더라이팅리스크가 발생하여 보험회사의 경영악화로 작용할 수 있다. 이제 선진국의 언더라이팅리스크 관리실태를 살펴보면 다음과 같다.

1. 보험회사에 특화된 부가서비스부문 진출

住友생명은 중소기업중심 수속대행에 초점을 맞춘 부가서비스 창출에 진출함으로써 신이익원개발에 의해 언더라이팅리스크의 버퍼기능을 강화하고 있다. 住友생명은 2003년 1월부터 중소기업의 DC형 퇴직연금(일본판 401K)도입을 지원하기 위해 규약작성 등의 수속을 복수기업으로 일괄적으로 받아 처리하여 주는 서비스(신서비스는 100인 미만의 중소기업 대상)를 시작하고 있다. 중소기업에 따라서는 단독으로 도입하는 경우와 대비하여 비용을 20%~60% 절감하게 하고

그림 9-3 중소기업의 DC형 퇴직연금 구조

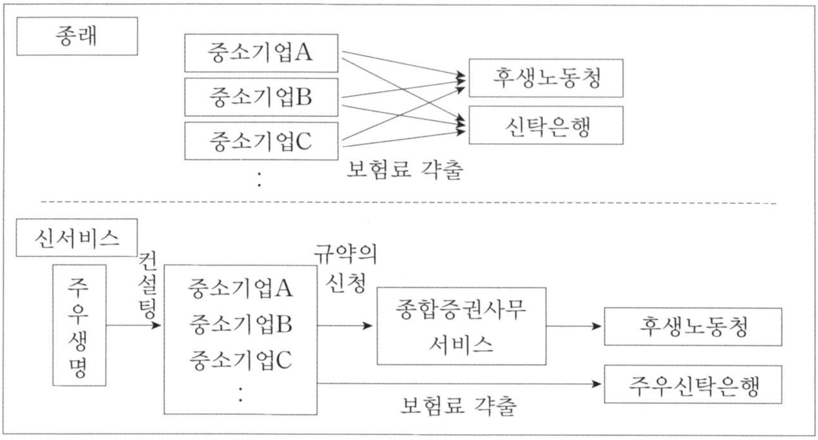

자료: 「日經金融新聞」, 2002년 10월 25일자, p. 3.

있다. 즉 규약의 공동화로 비용을 20%~60% 절감하는 효과를 가져오고 있다.

DC형 퇴직연금을 도입하는 기업은 가입자의 범위, 갹출액의 계산방법, 자산운용의 상품 등을 설명한 규약을 작성한 연후에 후생노동성에 신청하여 승인을 받도록 되어 있다. 가입자수가 적은 중소기업은 비용부담이 커서 도입을 단념하는 경우가 많다. 신서비스에서는 住友생명이 중소기업 공통의 규약을 작성하기 때문에 개별 기업은 개별적으로 규약을 작성할 필요가 없으며, 규약내용을 둘러싼 후생노동성과의 충돌도 住友생명과 三井생명이 공동출자하여 설립한 유가증권관리회사인 종합증권사무서비스가 일괄대행하고 있다.[16]

신서비스에서는 참가한 중소기업의 갹출금을 일체로 충족하기 위해, 신탁은행에 지불하는 수수료가 적게 된다. 住友생명의 신서비스에서는 住友신탁은행이 갹출금의 갹출처가 된다. 그 결과, 가입자 1인당 기업부담은 연 5천엔을 하회하게 된다. 중소기업이 단독으로 도입한 경우와 비교할 때 20%~60% 절감되게 된다. 다만 DC형 퇴직연금의 운용상품은 모든 중소기업이 공통적으로 住友생명의 보험상품 또는 동 그룹이 조성한 투자신탁에 한정하고 있다.

16) 「日經金融新聞」, 2002년 10월 25일자 참조.

그림 9-4 일본의 콜센터 개념도

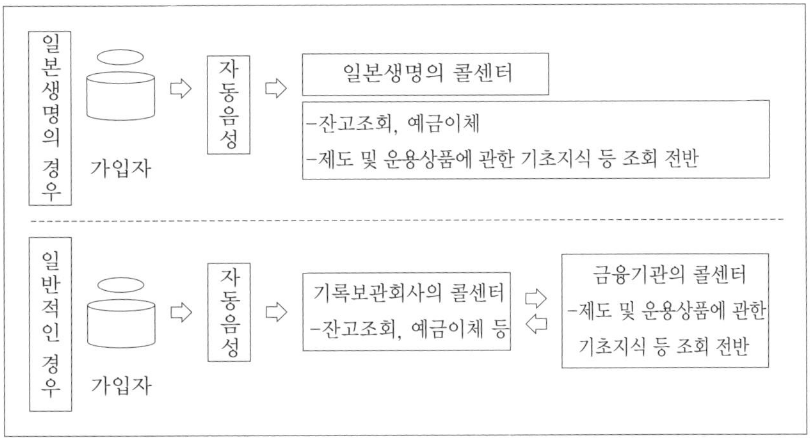

자료: 「日經金融新聞」, 2002년 4월 22일자, P. 11.

이에 반해 일본생명의 경우 일본생명그룹의 상품만을 대상으로 하지 않고 광범위하게 금융기관에 앙케이트조사를 실시한 연후에 종업원의 니드에 부합한 상품선택이 이루어지도록 하고 있다. 상품을 선정하는 스탭도 전사횡단적으로 상품위원회를 설치하는 것 이외에 외부의 투신평가기관 및 기관정보도 이용하고 있다. 특히 중소기업 성향의 간편한 상품을 개발하고 있으며, 대기업성향과는 달리 일본생명이 운용 또는 자산관리, 운용상품 등 전기능을 담당하는 바스켓상품을 제공하고 있다.

다음으로 종업원에 대한 정보제공체제의 경우 콜센터의 구축도 독자적인 기법을 사용하여 1대의 전화로 완결하고 있다.[17] 통상 기록관리회사와 각 금융기관이 각각 설치하여 잔고조회, 상품설명에 전화를 이용하고 있다. 일본생명에서는 기록관리회사로부터 직접 데이터를 받아, 자사에서 일괄적으로 대응할 수 있는 체제를 정비하였다. 이를 통해 종업원이 대기하지 않고 스트레스를 느끼지 않도록 하였다. 미국에서는 운영사무를 사업주가 모두 행하는 것도 가능하지만 코스트나 노하우면을 비교한 후에 전문적으로 이 업무를 취급한 금융기관이나 사무서비스회사 등에게 운영사무의 전부 또는 일부를 위탁하는 경우가 많으며, 또

17) 「日經金融新聞」, 2002년 4월 22일자 참조.

한 관리 · 운영서비스를 외부화하는 경우 종래는 다양한 분야에서 경쟁력이 있는 분야마다 위탁하는 경우가 많이 존재하고 있다. 따라서 미국의 경우 자사에 특화된 서비스를 발굴하여 퇴직연금시장에 적극 진출하는 경향이 뚜렷해지고 있다.

2. 예상수탁수수료를 고려한 수익예측 분석

수탁기관인 보험회사의 수익원천은 사무관리업무 및 자산관리업무를 수행함으로써 사용자 및 근로자 등으로부터 수취하게 되는 사무관리관련 수수료와 자산관리관련 수수료이다. 이들 수수료는 사무 및 자산관리기관간의 수수료 경쟁에 따라 수수료 수준이 전반적으로 인하되는 추세를 보이고 있는 추세이다.[18] 이에 반해 수탁기관이 기업 및 근로자에게 서비스를 제공하는 유형은 매우 다양하여 이들 서비스를 제공하기 위한 거액의 인프라 구축비용(예: 기록관리비용 등의 고정비용)이 요구되고 있다.[19] 따라서 보험회사는 수수료와 고정비용을 고려한 수익예측분석을 실시하여 진출 여부를 판단할 필요가 있는데, 최근 미국 및 일본 등에서는 예상 및 실제 수수료체계를 고려하여 손익분석을 시행하여 진출 여부를 결정하고 있다. 여기에서는 선진국의 예상 및 실제 수수료체계를 간단히 설명하고 최근 실제 수수료와 관련하여 어떠한 추이를 보이고 있는가를 언더라이팅 리스크 측면에서 살펴보고자 한다.

일본의 DC형 퇴직연금 수수료를 운용관련 업무, 기록관련 업무, 자산관리 업무로 구분하고 각 업무에 대한 초기비용 및 유지관리비용실태 등을 분석한 결과, ① 운용관련업무와 관련된 초기비용은 1인당 1,857엔(월평균), 유지관리비용은 1인당 188엔(월평균)인 것으로 조사되고 있다. 이를 종업원규모별로 비교하여 보면 초기비용에 대해서는 「100명~299명」에서 8,677엔(7사 평균)으로 가장 높게,

18) 미국의 401(k)의 경우 관리수수료가 상승하고 있는데, 실제 HR Investment & Consultant사의 조사에 따르면 종업원 100인 규모인 경우 적립금의 1.30%에서 1.37%로, 종업원 1000인 규모인 경우 1.12%에서 1.14%로 상승하고 있어, 경쟁의 격화에 따라 금후 수년에 401(k) 비즈니스를 행하는 금융기관의 대부분은 도태될 것으로 예상되고 있다. 다만 현재 생존하는 회사는 ① 인재, ② 자본력, ③ 저코스트 서비스 등을 제공하는 회사가 대부분이다.

19) 확정기여형연금의 수탁업무에 대해서는 생명보험사의 독자성을 발휘하기 어려워, 생명보험사는 금융업종의 영역에 관계없이 격렬한 시스템개발경쟁과 운용경쟁에 부딪치게 된다.

「1000명~4999명」에서 최저 748엔(8사 평균)으로 가장 낮게 나타나고 있다. 유지관리비용에 대해서는 「100명~299명」에서 최고 533엔(7사 평균), 「1,000명~4,999명」에서 최저인 236엔인 것으로 나타나고 있다.

② 기록관련업무와 관련된 초기비용은 1인당 1,813엔(월평균), 유지관리비용은 1인당 293엔(월평균)인 것으로 조사되고 있다. 이를 종업원규모별로 비교하여 보면 초기비용에 대해서는 「10명~99명」에서 3,694엔(15사 평균)으로 가장 높게, 「10,000명 이상」에서 최저 303엔(6사 평균)으로 가장 낮게 나타나고 있다. 유지관리비용에 대해서는 「10명~99명」에서 최고 827엔(15사 평균), 「500명~999명」에서 최저 246엔인 것으로 나타나고 있다.

③ 자산관리업무와 관련된 초기비용은 1인당 2,701엔(월평균), 유지관리비용은 1인당 108엔(월평균)인 것으로 조사되고 있다. 이를 종업원 규모별로 비교하여 보면 초기비용에 대해서는 「10명~99명」에서 5,254엔(14사 평균)으로 가장 높게, 「10명~99명」에서 최저 121엔(6사 평균)으로 가장 낮게 나타나고 있다. 유지관리비용에 대해서는 「10명~99명」에서 최고 297엔(7사 평균), 「1,000명~4,999명」에서 최저 49엔(9사 평균)인 것으로 나타나고 있다.

④ 투자교육과 관련된 비용의 경우 도입시점 1인당 비용은 평균치로 1,795엔, 계속교육에 요구되는 1인당 비용은 104엔(월평균)인 것으로 조사되고 있다. 이를 종업원규모별로 비교하여 보면 초기투자교육에 대해서는 「1,000명~4,999명」에서 2,455엔(11사 평균)으로 가장 높게, 「500명~999명」에서 최저 1,147엔(5사 평균)으로 가장 낮게 나타나고 있다.계속투자교육에 대해서는 「300명~499명」에서 최고 417엔(7사평균), 「10명~99명」에서 최저 71엔(22사 평균)인 것으로 나타나고 있다. 전반적인 특징을 볼 때, 종업원규모가 큰 기업일수록 1인당 수수료가 낮아지는 경향이 뚜렷이 나타나고 있다는 점이다.

이와 같은 예상 및 실제 수탁수수료 체계, 그리고 고인프라비용 등을 종합적으로 고려하여 확정기여형 퇴직연금시장에의 진출 여부를 신중히 고려하고 있는 실정이다. 특히 일본에서는 기록관리(record-keeping) 시스템개발은 거액의 자금이 필요해서 금융기관이 잇달아 공동사업화에 착수하고 있다. 예를 들면 미쯔비시 · 스미토모그룹(다이와증권, 닛코증권 등), 노무리증권 · 니혼코교은행그룹(상와은행, 토요신탁은행, 다이오은행, 도카이은행, 아사히은행 4사 등), 니혼생명그룹(연금시스템개발을 위해 신회사를 니혼 IBM, 히타치제작소와 공동으로 설립) 등이 이에 해

표 9-3 DC형 퇴직연금제도의 실제수수료 체계(예: 일본) (단위: 엔)

		운용관련 업무	기록관련 업무	자산관리업무	투자교육
초기 비용	평균	1,857	1,813	2,701	1,795
	최고	8,677 (100명~299명)	3,694 (10명~99명)	5,254 (10명~99명)	2,455 (1000명~4999명)
	최저	748 (1000명~4999명)	303 (10,000명 이상)	121 (10,000명 이상)	1,147 (500명~999명)
유지 관리 비용	평균	188	293	108	104
	최고	533 (100명~299명)	827 (10명~99명)	297 (10명~99명)	417 (300명~499명)
	최저	236 (1000명~4999명)	246 (500명~999명)	49 (1000명~4999명)	71 (10명~99명)

주: (　　)은 종업원 규모를 의미.

당된다고 할 수 있다.[20)]

3. 통합서비스체제 구축과 인프라비용 절감

미국의 경우 제도설계나 운용방법의 컨설팅을 비롯하여 가입자에 대한 설명 등에 의한 설립지원 등 제도발족시 서비스로부터 기록관리 · 운용지도관리 · 자산관리 · 운용상품 제공 등의 서비스를 보험회사가 제공하는 종합서비스체계(Bundled Service)가 주류를 이루고 있다.[21)] 이 배경에는 전문 수탁기관마다 위탁하는 패턴에서는 운영코스트가 높게 되는 것 이외에 다수기관이 관여함에 따라 조회에 시간이 걸린다는 점과 오류가 발생하기 쉬운 점 등의 문제가 존재하고 있지만 무엇보다도 ① 정보기술(IT)의 진전에 따라 다양한 서비스의 통합이 가능하게 된 점, ② 분산위탁한 경우에는 어느 기관에도 속하지 않은 일(업무)이 결국 사

20) 江澤雅彦, 「일본의 확정갹출형연금 도입전망과 그 영향」, 「생명보험」, 생명보험협회, 2001.5., pp. 35-36.

21) 통합서비스체계인 일원적관리(master trust)의 중심적인 업무는 자산관리 · 자금결제, 현금관리, 통일적인 Reporting 등이며, 증권대부, 성과측정, 리스크관리, 급부지급, 가입자관리 등 부가가치를 부여하는 업무(부가적 서비스)도 포함한다.

용자의 부담이 되고 있다는 점 등이 주요원인으로 작용하고 있다.

일본생명 등과 같은 보험회사는 중소기업을 대상으로 한 일괄서비스 제공과 100인 이하의 적격연금기업을 대상으로 수탁전략화를 추진함으로써 인프라고정 비용의 절감을 도모하고 있다.[22] 즉 중소기업에 대해 콜센터기능, 운용상품의 제공, 투자교육 등을 일괄하여 서비스하는 통합서비스체제(Bundled Service System)로 수탁하고 있다. 그 이유는 확정기여형 퇴직연금을 간단하게 도입하고 싶은 중소기업 입장에서도 여러 서비스를 각 수탁기관에 개별적으로 위탁하는 것보다 통합서비스체제를 통해 서비스를 일괄위탁하는 것이 수수료가 저렴하고 운용도 매우 간소하다는 장점이 존재하기 때문이다. 이와 같은 통합서비스체제를 통해 서비스를 일괄적으로 제공하는 수탁기관으로는 일본생명이 대표적이라 할 수 있다.

Ⅲ. 수탁기관재설정리스크

1. 정량적 평가측면

(1) 연금자산운용의 기본방침 설정

퇴직연금 운용은 초장기적 성격을 지니고 있으므로 계획(Plan), 실행(Do), 검증(Review)과 같은 3단계 운용에 기초하여 운용되고 있다. 이와 같은 3단계에 기초하여 연금기금은 운용기본방침을 설정하고 이에 따라 자산운용전략이 수립되고 있다. 즉 연금기금의 운용이 잘 이루어지고 있는 미일 등은 연금운용에 대한 노하우가 있는 수탁기관에서 연금기금에 대한 컨설팅차원에서 운용기본방침을 설정하고 있다. 이를 위해 자산, 자산 · 부채, 부채 각각의 관점에서 운용관리시스템 및 운용방침이 설정되고 이에 기초한 자산운용의 적정성 및 효율성을 평가하는 연금자산의 운용체계가 구축되어 있다.

---

22) 100인 이하의 적격퇴직연금제도에서 일본생명은 연금자산의 100%를 직접 운용수탁하는 경우가 많다.

(2) 리스크관리기법의 도입 및 개발

미국의 Wilshire Associate 및 Hewit Associates사 등은 자체적으로 연금 ALM기법을 개발하여 현재 사용하고 있으며, 특히 住友생명은 慶應대학과 공동으로 퇴직연금의 신평가기법을 개발하여, 가입자의 추이 및 예정이율의 인하 등 퇴직연금의 부채변화를 주식 및 채권의 구성에 반영하고 있다. 즉, 住友생명이 개발한 퇴직연금 ALM기법[23)]은 다기간최적화이론을 도입한 것으로 가입자 감소 등 부채의 현금흐름(현금수지)을 고려하고 있다. 이 다기간최적화이론을 사용하여 부채의 변화에 따라 주식 및 채권의 비율을 매년 수정하고 1년 후에 산출한 비율을 2년 후에 재산출할 수 있도록 하였다. 이와 같은 연금ALM기법은 가입자감소의 영향 등을 충분히 고려하고 있다는 점에서 종래의 ALM기법과 차별성이 있다.

이 연금ALM기법의 도입함으로써 예정이율 및 급부이율의 인하를 고려한 자산배분(asset allocation)이 가능하게 되었으며, 향후 증가가 예상되는 혼합형 연금을 도입하는 기업의 기대효과를 예측할 수 있게 되었다. 住友생명은 정밀한 연금 ALM컨설팅으로 퇴직연금의 수탁증대, 연금컨설팅사업의 강화 등을 이루

그림 9-5 연금 ALM기법에 의한 자산배분

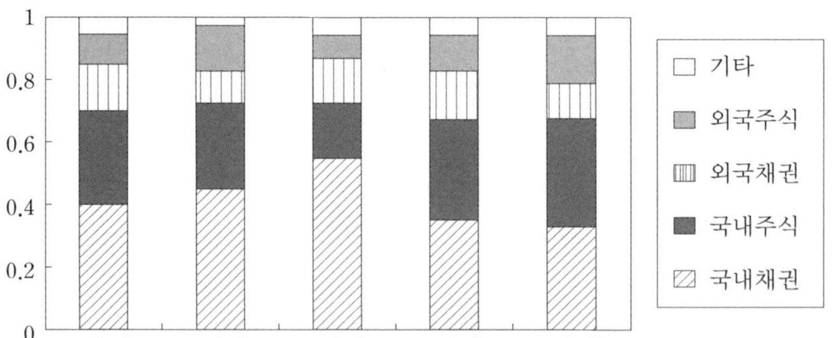

자료: 日經經濟新聞」, 2002년 7월 5일자, p. 3.

23) 「日經經濟新聞」, 2002년 7월 5일자, p. 3.

고 있을 뿐만 아니라 타 생명보험사와 달리 보다 철저한 연금운용상의 제반리스크관리에 만전을 기하고 있다.

(3) 연금재정의 적정성 검증능력의 배양

연금재정의 적정성을 검증할 수 있는 예측능력을 배양하기 위해서는 가입원의 탈퇴 및 사망률과 같은 인구통계학적인 변수뿐만 아니라 금리변동 및 임금상승과 같은 경제적 변수 등을 감안하여 장단기적인 연금재정의 추계가 이루어질 필요가 있다. 즉 연금재정의 적정성 검증능력의 배양을 통해 연금재정의 안정성 정도(연금기금의 적립률수준 등)를 상시적으로 파악할 수 있는 체제로의 전환이 요구된다.

우리나라와 보험시장 여건이 비슷한 일본의 경우 최근 시장금리의 저하, 고령화의 진전 등이 일본 퇴직연금의 재정안정성에 지대한 영향을 미치고 있다. 따라서 일본은 연금재계산이 존재하더라도 시장금리의 장기예측에 기초하여 퇴직연금의 기초율이 설정되고 있으며, 위험률은 고령화의 진전도를 감안하여 설정되고 있다. 즉 연금재정의 적정성 검증을 위한 예측능력의 배양이 이루어지고 있는 실정이다.

(4) 연금계리사 등 전문인력 양성

연금재정의 안정성 및 적정성을 체계적으로 검증할 수 있는 연금전문인의 양성이 필수적이다. 왜냐하면 퇴직연금은 연금설계에서 연금운용에 이르기까지 연금수리적으로 고도의 전문지식이 요구된다. 미국 등의 선진국에서 보는 바와 같이 예정이율의 적용 및 재정방식의 선택, 임금재계산 등에 있어서 연금계리사 등 연금전문인의 능력 여하에 따라 연금재정의 운용은 지대한 영향을 받는다.[24)] 특히 퇴직연금은 기업의 비용부담능력과 계약자보호와의 형평성을 고려하여 설계 운용되어야 하기 때문에 고도의 보험수리적 기술이 필요하다.

24) 우리나라 현행 근로자퇴직보장법안에서는 연금계리사 및 외부감사인의 역할에 대하여 침묵하고 있다. 따라서 연금제도의 장기적인 안정성을 확보하기 위해서는 연금계리업무와 회계감사업무를 담당하는 이들의 역할을 강조할 필요성이 있다.

(5) 부채(연금기금) 중시 리스크관리

종래의 자산위주의 리스크관리체계에서 부채중시의 리스크관리체계, 즉 연금기금의 잉여금관리를 중시하는 리스크관리체계로의 전환이 요구된다. 즉 수익률과 리스크간의 상관관계를 통해 자산의 배분전략을 수행하는 기존방식(자산위주의리스크관리)에서 탈피하여 연금기금의 잉여금리스크를 관리하는 부채중시의 리스크관리(자산 · 부채중심의 리스크관리)체계로 전환되고 있다.[25)]

(6) 연금회계기준제정에 의한 리스크관리

연금관련 제도 중에서도 특히 연금회계기준의 제정이 이루어져 연금회계기준 적용에 의한 리스크관리가 전개되어야 한다. 미국 등의 경우 연금회계의 제정이 비단 연금회계의 투명성과 연금공시 제고차원에서뿐만 아니라 종업원의 수급권보장과 기업재무적 관점의 리스크관리 측면에서 이루어지고 있다. 미국의 경우를 보더라도 자산 · 부채의 시가평가, 연금비용의 계상, 연금회계의 공시 등을 주요내용으로 하는 미국 연금회계제도 도입과 적용은 연금기금위주의 리스크관리에서 기업차원의 리스크관리로의 전환이 이루어지고 있다.

2. 정성적 평가측면

수탁기관을 평가하는 데 있어 가장 중요시하는 평가항목이 정량적 평가가 아닌 정성적 평가임을 감안하여 보험회사를 비롯한 타금융기관은 정성적 평가항목에 부합된 경영전략을 보다 철저하게 수립하고 있다. 특히 보험회사는 타금융기관과 비교할 때 경쟁력이 있다고 믿는 정성적 평가에 중점을 두고 수탁자 재설정리스크를 관리하고 있는 실정이다.

〈표 9-4〉에서 보는 바와 같이 정성적 평가는 자의성이 존재할 가능성이 존재하지만, 과거성과만으로 알 수 없는 중요한 정보를 발견할 수 있다는 점에서 종업원 및 기업은 정량적 평가보다 정성적 평가를 통해 수탁기관을 평가하고 있다. 이와 같은 수탁기관평가에 적절히 대응하기 위하여 보험회사는 정성적 평가

25) Frank J. Fabbozi, *Pension Fund Investment Management*, 大和銀行信託運用部譯, 「年金運用のリスク管理」, 金融財政事情研究會, 1993. pp. 41-50 참조.

항목과 관련된 자체적인 체크포인트 및 스코어링시스템을 설정, 운용하고 있다. 보험회사는 자체적으로 정성적 항목에 대한 평가를 시도하기 위해 대략 〈표 9-

표 9-4 정량적 평가와 정성적 평가의 장단점 비교

〈정성평가 장점〉	〈정성평가 단점〉
- 과거 성과만으로 알 수 없는 중요한 정보를 발견하는 것이 가능 - 운용내용을 보다 심도 있게 이해하고, 정확하게 현상을 인식가능	- 자의성이 존재할 가능성이 있으며, 일반적으로 매우 난해함. - 평가하는 데에 많은 비용이 소요
〈정량평가 장점〉	〈정량평가 단점〉
- 객관성이 높으며 알기 쉬움 - 비교하기 쉬우며 다수의 운용상품을 평가할 수 있음.	- 운용실적은 과거치에 지나지 않음 - 단기적 성과에는 운·불운의 영향도 존재 - 성과를 결정하는 요인은 항상 변화함

표 9-5 보험회사의 자체 정성적 체크포인트 항목(예)

4P	체크포인트
포트폴리오구축 Portfolio	- 투자철학, 운용프로세스와 정합적인 포트폴리오가 구축되어 있는가? - 의도한 리스크를 취하고 있는가? 의도하지 않은 리스크를 취하고 있지 않는가? - 포트폴리오의 리스크관리를 적절하게 행하고 있는가?
운용프로세스 Process	- 투자의사결정 프로세스는 확립되어 있는가? - 의사결정을 행하는 경우 필요한 스태프가 배치되어 있는가? - 의사결정이 보다 합리적이고 일관된 방법으로 행하여지고 있는가?
인재 People / Personnel	- 운용에 관련된 스태프의 전문성 · 자질은 충분히 갖추고 있는가? - 조직적 운용을 계속하여 행할 체제는 충분히 갖추고 있는가? - 개인의 능력을 충분히 발휘할 구조는 도입되고 있는가?
투자철학 Philosophy	- 투자철학은 납득할 수 있을 만큼 합리적인가? - 인재배치, 운용 프로세스와의 정성은 존재하는가? - 일관성이 존재하며 변경되지 않는가?

표 9-6 운용상품 평가 및 수탁기관 기반평가

운용상품 평가	- 펀드마다 또는 운용스타일마다 평가 -운용스태프, 리서치 프로세스를 평가	- 스태프 - 리서치 - 포트폴리오구축 - 트레이딩 - 리스크관리 - 운용의 일관성
수탁기관 기반평가	- 수탁기관마다 평가 - 경영상태 및 인사관리 등 - 수탁기관의 기본적 기능평가	- 회사업적과 향후의 경영방침 - 인사관리/인재의 정착 - 컴플라이언스/리스크관리체제 - 고객대응서비스(정보제공)

5〉와 같이 4P, 즉 포트폴리오 구축(Portfolio), 운용프로세스(Process), 인재(People / Personnel), 투자철학(Philosophy) 등에 입각하여 체크포인트를 설정 · 점검하고 있다.

수탁기관에 대한 정성적 평가는 〈표 9-6〉에서 보는 바와 같이 수탁기관기반평가와 운용상품평가로 대별되는데, 운용상품평가는 ① 펀드마다 또는 운용스타일마다 평가하며, ② 운용스탭, 리서치 프로세스를 평가하는 반면, 수탁기관기반평가는 ① 수탁기관마다 평가하며, ② 경영상태나 인사관리 등 수탁기관의 기본적 기능을 평가하게 된다.

보험회사는 운용상품평가에 대한 정성적 평가를 위해 ① 스탭, ② 리서치, ③ 포트폴리오 구축, ④ 트레이딩, ⑤ 리스크관리, ⑥ 운용의 일관성 등으로 세분화하여 정성적 평가체제를 내부적으로 구축하고, 이를 통해 수탁기관설정 리스크관리를 도모하고 있다. 정성적 평가의 합계는 리서치부터 운용의 일관성까지의 항목별 평가를 일정한 비율로 합계하여 산정하고 있다.

3. 종합적 평가측면: 수탁기관 선택 스코어링

정량적인 평가뿐만 아니라 정성적인 평가까지 고려한 종합적 평가시스템을 수탁기관인 보험회사가 자체적인 검증차원에서 자체개발하여 운용하고 있거나, 또는 종합평가기관에 위탁하여 보험회사의 수탁자재설정리스크의 정도가 어느

표 9-7 운용기관의 선택 스코어링

구 분	비중배분	점 수
인재/조직		
-경영실태 -운용담당자의 평균경험연수 -운용담당자의 정착률 -조직의 적극의욕 -인센티브		
운용철학/프로세스		
-명료한 운용철학 -조사부문에의 주력도 -증권매매의 결정근거 -위험관리/포트폴리오 구축능력 -조사능력/부가가치		
경영자원의 투입량		
-운용관리사무 -고객대응의 주력도 -포트폴리오관리/분석능력 -조사능력 -운용보고/컴퓨터능력		
증권매매능력		
-시장영향 경감책 -매매트레이드제의 충실도 -선진적/프로그램/패키지매매		
운용보수		
-운용스타일에 상응한 보수율 -성과보수제의 채용		
운용성과		
-유니버스대비 -운용스타일별 인덱스 대비 -기여분석 -평가기간대비 -금액가중/일관성		
총 득 점		

정도인지를 상시적으로 측정하기 위해 노력하고 있다. 이를 위해 미리 평가대상으로 해야 할 요소에 대한 일람표를 만들어 각각 적당하다고 생각되는 정도에서 비중을 배분하고 채점한 결과를 가중평균함으로써 상당히 객관성이 높은 평가를 시도하고 있다. 특히 평점한 사유에 대한 코멘트를 부기함으로써 보다 타당성이 높은 평가를 하기 위해 노력하고 있다.

〈표 9-7〉은 종합평가기관인 Whilshire Associates사의 평가 방식으로 수탁기관인 보험회사의 미팅 결과를 스코어링하여 종합평가할 때 사용되는 시트의 한 예이다. 여기에서도 정성적 평가에 관한 항목이 대부분을 점하고 정량적 평가에 관한 평가는 일부에 불과하다. 운용스타일을 특정하고 동시에 특화된 포트폴리오전략을 전제로 하여 운용기관의 능력을 평가하는 데 역점을 두고 있다.

또한 무엇을 기준으로 하여 증권매매를 결정하고 있는가 등 구체적인 기준을 확인한 후에 평가하는 점도 주목된다. 특히 연금기금이 수익률을 높인 후에는 포트폴리오조작에 필요한 매매코스트는 의외로 무시할 수 없는 비중을 점하고 있다. 그러므로 펀드매니저와는 별도로 증권매매에 관련하는 전임트레이더를 둠으로써 효율적으로 증권을 매매하고 운용효율의 향상에 노력하고 있는가 여부도 평가항목으로 되고 있다. 또한 운용보수율이 서비스의 가치에 비해 적정한가의 여부도 검토와 확인이 이루어지고 있다. 또한 최근 미국에서는 운용보수와 증권매매에 주목하여 코스트를 효율화하고 더 한층의 운용성과의 향상을 추구하는 방법이 새로운 착안점으로 주목되고 있다는 점이 특징적이다.

Ⅳ. 소송(법률)리스크

1. 독자적인 컴플라이언스체제의 확립

연금자산운용의 자유화에 따른 수탁자책임의 강화, 그리고 이와 관련된 수탁자책임위반 소송사례가 최근 미국 및 일본 등에서 빈발하고 있기 때문에 보험회사 등 운용기관에서는 자산운용의 전문성, 고도의 기법 이외에 엄격한 책임도 요구받고 있는 실정이다. 이에 따라 선진보험회사들은 법률(소송)리스크에 대응할 수 있도록 컴플라이언스체제를 구축하는 등 자가진단차원에서 사전적 대응책을 강구하고 있다.

특히 보험회사는 투자가이드라인을 준수하면서 개별 투자결정시에는 인수한 투자의 목표, 투자대상과 포트폴리오 전체에 비추어 그 투자가 적절하다는 것을 충분히 확인하고 검증하고 있다. 그 전제로서 투자방침, 투자철학 등에 대하여 고객과 충분히 의논하고 그 내용을 서면으로 교부하고 있다. 또한 운용의 성과평가에 관해서는 일본증권분석가협회의 성과평가기준(IPS)에 의거하여 이루어지고 있다. IPS는 수탁기관의 평가에 공통의 척도를 제공하는 것을 목적으로 하고 있으며, 수탁기관의 입장에서는 이와 같은 평가기준을 참고로 하여 자기의 운용을 높여가도록 유도하고 있다.

2. 고객에 대한 정보제공의 충실

고객에게 유용한 정보를 행함으로써, 그리고 공시를 충분히 행함으로써 고객 또는 잠재고객에 대하여 보험회사의 충실성, 신중성을 어필할 수 있도록 노력하고 있다. 고객에 대한 정보제공은 퇴직연금제도의 제반리스크 관련 사항, 운용상품과 관련된 설명 및 교육 등 퇴직연금제도 운용전반에 걸쳐 이루어지고 있다. 일본의 경우 수탁기관이 교부의무가 있는 서명에서 투명성이 높은 공시가 행하여지고 있으며, 수탁기관자체의 투자철학 등 고객인 종업원 및 기업에 대하여 충실한 자기공시가 이루어지는 방향으로 추진되고 있다. 이와 같이 고객인 기업 및 종업원에 대한 정보제공은 비교적 확정급여형 퇴직연금제도에 비해 제3자적 감시 · 감독기능이 보다 요구되는 확정기여형 퇴직연금제도에서 보다 충실히 제공되고 있다.

3. 서류의 관리 · 문서의 명확화

수탁기관이 위탁자에 대한 접근으로부터 선택, 계약에 이르는 과정에서 법령을 준수하면서 행동하였다는 것을 증명할 수 있는 서류의 작성과 위탁자에의 공시 · 설명이 보험회사를 중심으로 이루어지고 있다. 그 이유는 이들 서류가 1998년부터 일본 민사소송법에서 강력한 적법성의 증거서류로 인정되기 때문이다. 일본의 공립학교 공제연금기금의 소송에서 증거로 특정금전신탁계약증서 및 그 변경계약서, 후생연금기금사무의 안내서, 투자일임계약서, 특정금전신탁투자방침, 특정금전신탁계약에 관한 협정서 등이 채택됨으로써 보험회사의 퇴직연금 관련서류 관리와 문서의 명확화가 보다 철저하게 이루어지고 있는 추이를 보이고 있다.

이에 보험회사는 이들 서류에 대해 사후적인 논쟁이 일어나지 않도록 연금기금 및 보험회사 쌍방이 내용 등의 파악 및 확인을 충분히 행하는 데에 초점을 두고 있다.

결국 소송리스크에 보다 철저하게 관리하기 위해 보험회사는 ① 별도의 컴플라이언스체제 구축, ② 고객에 대한 정보제공의 충실, ③ 서류의 관리 · 문서의 명확화 이외에 ④ 수탁자책임의무 등에 대한 퇴직연금관련자의 교육, ⑤ 근로자를 위한 투자교육프로그램 개발, ⑥ 보험계리사의 역할강화에 의한 제3자적 감시기능 강화 등에 보다 관심을 기울이고 있다고 할 수 있다.

V. 연금운용리스크

퇴직연금제도의 운용은 필연적으로 근로자의 니드에 부합한 연금상품개발로 이어질 수 있으나, 자칫 역선택으로 인식한 장수리스크 등이 증대할 수 있을 뿐만 아니라 연금상품의 개발이 연금상품 중심의 상품개발위주로 기존의 상품포트폴리오가 재편됨에 따라 연금운용 리스크 관리가 요구되고 있다. 이에 외국 보험회사들은 대략 다음과 같은 방법 등을 통해 연금운용리스크에 대응하고 있다.

첫째, 연금상품의 증대에 따른 보험회사의 손익변화를 보다 탄력적으로 파악하기 위하여 별도의 손익예측시스템 구축이 이루어지고 있다는 점이다. 둘째, 스코어링시스템 등 연금역선택을 방지하기 위한 시스템 개발로 정보의 비대칭성 문제를 최소화하고자 노력하고 있다는 점이다. 셋째, 연금상품개발의 적정성을 측정하기 위한 시나리오별에 따른 예정기초율 적정성 검증이 이루어지고 있다는 점이다. 넷째, 퇴직연금제도 운용시, 근로자 니드에 부합한 연금상품개발 계획을 철저하게 수립하고 운용하고 있다는 점이다.

특히 특화된 연금상품개발의 전문성 등이 퇴직연금시장의 새로운 경쟁변수로 등장하기 때문에 핵심경쟁력이 있는 연금전문 설계기관과의 업무제휴를 적극적으로 도모하고 있다는 점 등을 들 수 있다.

제10편

퇴직연금 투자규제

제1장 퇴직연금 투자규제의 유형과 특징

I. 퇴직연금 투자규제

법적인 측면에서의 퇴직연금 자산운용체계는 크게 영·미로 대표되는 선관주의(Prudent Man Rule)와 비율규제(Legal List Rule)로 대별할 수 있다. 선관주의는 선량한 관리자의 주의 의무를 말하는데, 이는 수탁자가 자산운용을 함에 있어 신중한 개인이 유사한 상황과 위치에서 자신의 자산을 관리하는 경우처럼 주의를 행사하면서 이루어져야 한다는 개념이다.[1] 선관주의 방식에서는 투자결과가 아니라 투자 행위의 과정이 신의성실을 판단하는 핵심 기준이 되며, 이런 원칙은 분산투자가 신의성실의 핵심 지표라는 암묵적 · 명시적 판단에 의해 수행된다. 따라서 일반적으로 투자 가능 대상 자산의 범위에 대한 특별한 제한이 없으며 비율규제 역시 없는 경우가 많다.

반면 비율규제는 투자 가능한 자산, 자산 종류별 보유 한도 등을 법령상 사전적으로 정하고 이를 준수하면 수탁자가 책임을 다하는 것으로, 선관주의에 비해 엄격한 규제 방식이다. 비율규제는 자율운용의 여지를 많이 제공하는 네가티브방식(negative system)에서부터 세부적인 사항까지 규제 · 감독하는 포지티브방식(positive system)으로 대별할 수 있는데, 최근의 추이는 자유화 추세에 따라 네가티브방식으로 많이 변화하고 있다.

---

1) 김재현 · 이경희(2001), 생명보험산업의 자산운용규제 개선 방향에 관한 연구, 보험개발원 보험연구소, pp. 10-15 참조. 예컨대 미국 뉴욕주 보험법에서는 이를 다음과 같이 규정하고 있다: "Investments are made with that degree of care that an ordinary prudent individual in a like position would use under similar circumstances."(이봉주(2005), 「핵심보험경영론」, 경희대학교 출판국, 제6장 참조).

표 10-1 퇴직연금의 선관주의와 비율규제

선관주의	비율규제
연금자산의 운용에 있어서 사려깊은 사람의 행위를 기준으로 수탁자가 책임을 다하고 있는가 여부를 판단하는 방식	연금운용의 투자대상자산 및 운용비율을 구체적으로 한정 열거, 그것을 준수하면 수탁자가 책임을 다하는 방식
영미 퇴직연금기본법(ERISA, 연금법)	종래 일본

II. OECD의 퇴직연금 투자규제

1. OECD가이드라인에 입각한 규제감독권고

2003년 OECD는 5개 핵심원칙으로 구성된 퇴직연금원칙에 대한 OECD 권고안(OECD Recommendation on Core Principles of Occupational Pension)을 확정하였으며 일부 핵심원칙에 대해서는 별도의 가이드라인이 작성되고 있다.

첫째, 자산운용가이드라인 1은 선관주의의 원칙이다. 즉 OECD의 자산운용의 대원칙은 선관주의에 기초하고 있으며 이에 대한 구체적인 내용은 가이드라인 3에서 구체적으로 규정하고 있다. 둘째, OECD 가이드라인 2는 연기금 자산평가에 관한 원칙이다. OECD 가이드라인은 연기금 자산 평가에 대해 공개적이고 일관성 있는 법적 기준이 마련되어야 하고 그 기준은 시가 또는 공정가치로 해야 함을 규정하고 있다. 다른 기준을 사용할 경우에도 그 차이가 투명하게 나타나야 하고 평가기법도 투명하게 공개할 것을 권고하고 있다. 셋째, OECD 가이드라인 3은 선관주의기준에 관한 원칙이다. OECD 가이드라인은 선관주의가 이행되기 위해서 연기금의 자산관리가 전문성, 신의, 성실에 기초하여 이루어져야 함을 언급하고 이를 위한 적절한 절차를 마련해야 함을 규정하고 있다. 넷째, OECD 가이드라인 4는 포트폴리오의 제한에 관한 원칙이다. OECD 가이드라인은 자산운용의 안정성 도모 차원에서 포트폴리오의 제한을 허용하고 있으나 특정 자산의 투자를 장려하는 형태이거나 자산 운용자의 능력을 제약하는 목적으로 활용되어서는 안 된다는 규정을 포함하고 있다. 다섯째, OECD 가이드라인 5

표 10-2 OECD 자산운용가이드라인의 주요내용

원 칙	세 부 내 용
가이드라인 1 (선관주의)	자산관리는 선관주의 원칙에 근거해야 하며 자산의 분산, 만기 관리, 리스크 관리 등을 통해 안전성과 수익성을 확보해야 함.
가이드 라인 2 (연기금 자산평가)	① 연기금 평가에 대한 적절하고 공개적인 기준이 법적으로 마련되어야 함 ② 모든 자산은 시가 또는 일반적인 회계기준에 부합하는 공정가치로 평가되어야 하며 다른 방법이 사용되는 경우에도 시가 또는 공정가치로 평가된 자산 가치를 동시에 공표하는 것을 권고함 ③ 회계, 보고, 계리, 적립을 위해 자산 가치의 평가가 이루어지도록 법적으로 규정하여야 하며 이를 위한 자산 가치 평가는 일관성이 있어야 하며 그렇지 못할 경우 그 차이가 투명하게 나타나야 함. 다만 적절한 사유가 될 경우 계리와 적립을 위한 자산 평가는 평활화 기법이 적용될 수 있음 ④ 자산 평가에 사용되는 방법론은 연기금 운용기관, 자산 운용관 관련된 모든 경제주체, 연기금 가입 및 수급자에게 투명하게 공개되어야 함
가이드 라인 3 (선관주의 기준)	① 연기금의 자산관리는 충분한 주의와 신의성실에 기초하여 관리되어야 함. ② 연금 계약 또는 연기금의 운용 기관과 다른 관련 주체들은 주의, 전문적 기술, 신의, 적절한 성실 등과 같은 선관 주의가 적용되어야 함 ③ 연금 계약 또는 연기금의 운용 기관과 다른 관련 주체들은 연기금과 연금의 계약 및 수급자들에 충성의무를 짐 ④ 연기금의 운용기관은 자산 관리 절차를 효과적으로 실행하고 감시할 적절한 내부 통제 절차의 설치를 포함하는 자산 관리의 수행에 대한 엄격한 절차를 연금계약 및 연기금 자산 운용 기관은 법적으로 마련하여야 함
가이드 라인4 (포트폴리오 제한)	① 투자 자산에 따라 분산 투자, 만기 관리, 위험 관리의 원칙에 합치하거나 이를 촉진시키기 위해 일정한 상한선을 법적으로 부과할 수 있음. 비슷한 목적으로 허용 또는 추천 자산을 제시할 수 있으며 반대로 일부자산은 엄격히 제한 할 수도 있음. 그러나 하한선을 두는 포트폴리오의 제한은 원칙적으로 금지하며 예외적인 경우를 제외하고는 설정하지 않는 것이 바람직 ② 적절한 분산투자, 자산과 부채의 매칭 또는 다른 널리 인정되고 있는 위험 관리 기법의 활용을 저해하는 포트폴리오 제한은 자제되어야 함. 자산과 부채 만기의 매칭은 중요한 것이며 이에 대한 일반적인 원칙이 제도 차원에서 확립되어 있어야 함

원 칙	세 부 내 용
가이드 라인4 (포트폴리 오제한)	③ 자산별로 투자의 상한선이 설정되어 있는 경우에는 이 상한선 초과할 수 있는 연금자산 또는 조건에 대해서 명시하여야 함 ④ 연기금에 대해 지배적인 위치에 있는 경제 주체에 대한 자기투자는 금지되거나 허용될 경우 적절한 안전장치가 마련되어야 함 ⑤ 동일한 주체 및 그룹에 대한 투자는 연기금을 과도한 위험에 노출시키지 않는 선에서 이루어져야 함 ⑥ 통화 매칭과 관련한 경우나 투자 자본에 대한 규정이 국가나 지역으로 제한된 경우 그리고 지정 수탁기관의 신탁 자산으로 위탁되어 있는 경우를 제외하고는 연기금의 해외투자에 대한 금지는 부적절함 ⑦ 파생상품이나 유사한 상품의 활용에 대해서는 효용과 부적절한 활용에 따르는 위험의 양 측면을 충분히 고려한 법적 규제가 마련되어야 함 ⑧ 양적 포트폴리오 규제와 관련된 모든 법적 규제는 불필요하게 연기금 관리자의 능력을 제약하는 것은 아닌지 자산의 최적 분배를 방해하는 것은 아닌지 정기적으로 검토하여 필요한 범위에서 수정되어야 함
가이드 라인 5 (투자정책)	① 자산운용에 책임이 있는 주체는 전체 투자 정책을 공표하고 준수하여야 함. ② 투자정책은 분명한 연기금의 투자 목적과 이를 위해 적절한 분산 및 위험 관리를 감안한 선관주의, 연기금의 장기적인 의무와 단기적인 유동성 확보 그리고 포트폴리오 구성의 법적 제한 등을 이룰 수 있는 규칙을 수립하여야 함 ③ 투자 정책은 연기금의 전략적인 자산 분배 전략(주요 투자 대상에 대한 장기 자산분배), 연기금과 각각의 투자 항목을 위한 전체 운용 목표 그리고 분배 및 운용 목적을 파악할 수단에 대한 규정을 최소한만 설정하여야 함 ④ 투자 정책은 자산-부채 매칭과 리스크관리에 대한 내용을 반드시 포함하여야 함 ⑤ 연기금 관리자와 기타 책임 주체가 정기적으로 투자 정책의 효율성을 평가하고 변경할 필요가 있는지에 대한 기준과 과정이 설정되어져야 함 ⑥ 연금 계약자들이 투자의 선택권이 있는 경우에는 투자 포트폴리오에 대한 적절한 선택 대상을 제공하고 선택을 위한 충분한 정보를 제공하여야 함 ⑦ 투자정책의 실행 및 자산 운용절차에 관련되어 있는 책임소재를 명확히 하여야 함.

는 투자정책에 관한 원칙이다. 즉 OECD 가이드라인은 자산 운용의 안정성 및 투명성을 보장하기 위한 투자 정책의 수립 필요성을 언급하고 상황변화에 따른 정책 수정 및 운용상의 책임 소재에 대해서도 적절한 규정을 두어야 함을 지적하고 있다. 이와 같은 가이드라인에 입각하여 연금자산의 투자정책이 수행되도록 각국에 권고하고 있는 실정이다.

2. 퇴직연금 투자규제의 특징

OECD의 퇴직연금과 관련된 투자규제의 특징을 최소분산투자 규제, 자기투자규제, 총량규제, 의결권 지분제한규제로 나누어 살펴보면 다음과 같다.

(1) 최소분산투자규제

법규상 구체적으로 최소한의 투자한도(예: 부동산의 몇 %)를 제시하는 최소분산투자규제를 시행하는 국가가 16개국, 최소분산투자규제 자체가 없는 국가가 9개국인 것으로 나타났으며, 대부분의 대륙국가는 최소분산투자규제를 시행하는 경향이 뚜렷하다. 특히 영미 등은 분산투자 등에 대한 일반적인 의무(선언적 의무)를 부여하고 있다. 따라서 신중한 투자자의 원칙에 의해 자율규제를 하고 있는 국가는 영미 등을 포함 11개국인 것으로 나타나고 있는데 대체로 DB형에 대해서는 양적 규제, DC형에 대해서는 자율규제를 시행하고 있는 것으로 분석되고 있다(〈표 10-3〉 참조).

표 10-3 연금기금의 최소분산투자규제

구 분	해 당 국 가
법규상 규정	벨기에, 캐나다, 체코, 덴마크, 핀란드, 독일, 헝가리, 아이슬란드, 이탈리아, 멕시코, 노르웨이, 폴란드, 포르투갈, 스페인, 스위스, 터키(16개국)
일반적 규정	영국, 미국(2개국)
규정 없음	호주, 오스트리아, 일본, 룩셈부르크, 뉴질랜드, 네덜란드, 슬로바키아, 아일랜드, 스웨덴(9개국)

자료: OECD, *Survey of Investment Regulation of Pension Funds*, 2003.6.

(2) 자기투자규제

자기투자규제는 원칙적으로 충실의무(이익상반행위금지) 등의 수탁자책임에 충실하기 위해 사용자(기업주) 자산에 투자를 금지 또는 규제하는 행위로 일반적으로 자기투자규제를 시행하고 있다. 특히 체코 등 5개국은 원칙적으로 자기투자를 금지하고 있으며, 자기투자를 금지하고 있지는 않지만 일정한 투자한도(예: 기업주자산의 10% 이내)를 설정한 국가가 16개국에 이르고 있다. 자기투자규제가 없는 국가에서도 최근에는 자기투자규제의 필요성을 인식, 자기투자규제를 직간접적으로 강화하는 방향으로 이루어지고 있는데, 아일랜드의 경우는 자기투자규제의 한도가 존재하지 않았으나 기업주 자산이 5% 초과시에는 공시를 의무화하는 등 간접규제를 시행하고 있다. 자기투자규제는 종업원의 이익에 보다 초점을 맞춘 투자규제라는 점에서 연금기금의 운용에서 핵심 투자규제라 할 수 있다.

표 10-4 연금기금의 자기투자규제

구 분	해 당 국 가
자기 투자 원칙 금지	체코, 아이슬란드(단, 연기금가입자는 엄격한 규정하에 가능), 노르웨이(단, 기업주대출은 담보전제하에 20% 이내 가능), 폴란드, 터키 (5개국)
자기 투자 한도 설정	호주(기업주 자산 5% 이내), 오스트리아(10% 이내), 벨기에(15% 이내), 캐나다(10% 이내), 스페인(10% 이내), 이탈리아(20% 이내), 멕시코(5% 이내, 특별한 경우 10% 이내), 네덜란드(5% 이내), 포르투갈(20% 이내), 스위스(10% 이내), 영국(5% 이내), 미국(모든 DB형과 일부 DC형의 경우 10% 이내), 핀란드(25% 이내), 독일(5% 이내), 덴마크(8% 이내), 헝가리(10% 이내) (16개국)
자기 투자 규제 없음	아일랜드(제한 없음, 단 기업주자산투자 5% 초과시 공시의무), 일본, 룩셈부르크, 뉴질랜드, 슬로바키아, 스웨덴 (6개국)

자료: 〈표 10-3〉과 동일.

(3) 총량규제

연금기금 운용의 투자가이드라인 역할을 하는 총량규제를 시행하는 국가가 총 18개국으로 나타나 정도의 차이는 있지만 대부분의 국가의 경우 총량규제를

표 10-5 연금기금의 총량규제

구 분	해 당 국 가
규제 존재	오스트리아(35% 이상은 담보부채권, 국채 등에 투자), 벨기에(유동자산은 은행위원회에서 인정받은 금융기관에 한해 투자가능), 캐나다(해외투자 30% 이내), 체코(해외투자는 OECD국가에서 거래되는 증권에 한함), 덴마크(비상장위험 등 위험자산은 70%), 핀란드(유로 이외의 통화로 표시된 자산은 20%), 독일(70% 유동자산), 헝가리(해외투자 30% 초과금지), 포르투갈(20% 해외투자), 스페인(90% 자산은 공식적 거래시장에서 인정자산투자), 스위스(파생상품은 헤지용도로 제한, 30% 해외투자, 상품별 제한), 터키(국채는 30% 이상, 거래소 주식투자는 20% 이하), 노르웨이(연금지급시 사용하는 통화와 동일한 통화자산에 적어도 80% 투자), 폴란드(해외투자 5%), 아이슬랜드(정보보증채권, 담보대출 및 증권을 제외한 자산의 경우 50% 이상 편입금지), 이탈리아(1/3 이상의 자산을 연금지급통화와 동일한 통화표시자산에 투자), 미국(미국법원의 인정자산으로 제한) (18개국)
규제 없음	호주, 스웨덴, 영국, 네덜란드, 뉴질랜드, 아일랜드, 일본, 룩셈부르크, 슬로바키아(9개국)

자료: 〈표 10-3〉과 동일.

시행하는 것으로 나타나고 있다. 미국의 경우도 타국가처럼 엄격한 총량규제는 하지 않지만, 투자의 가이드라인으로 미국법원이 인정한 자산으로 투자제한함으로써 연기금운용 리스크를 최소화하고자 하고 있다. 총량규제를 하지 않는 국가로는 호주 등 9개국으로 이들 국가는 투자 가이드라인 자체를 설정하지 않음으로 해서 연금기금의 자율운용폭을 최대한 확대하고 있다. 이처럼 최소분산투자규제 및 총량규제는 효율적인 내부통제기능 존재 여부에 따라 좌우되고 있음을 알 수 있다.

(4) 의결권지분 제한규제

지분한도제한이 없는 국가로는 호주, 영국, 미국 등 14개국 등인 것으로 나타나 연금기금이 기관투자자로서의 역할(예: 의결권행사)을 담당하게 하는 국가가 증대하고 있다. 즉 연금기금이 투자한 기업의 경영감사에 기여하기 위해 의결권

표 10-6 연금기금의 의결권 지분제한규제

구 분	해 당 국 가
지분 한도 제한 없음	호주, 오스트리아, 벨기에, 아일랜드, 일본, 룩셈부르크, 네덜란드, 뉴질랜드, 노르웨이, 슬로바키아, 스웨덴, 스위스, 영국, 미국 (14개국)
지분 한도 제한 존재	캐나다(동일회사 의결권지분 30% 이내), 체코(20% 이내), 핀란드(5% 이내), 독일(5% 이내), 헝가리(10% 이내), 아이슬란드(15% 이내), 이탈리아(폐쇄형 투자펀드 25%이내), 멕시코(20% 이내), 폴란드(10% 이내), 포르투갈(의결권지분은 20% 이내), 스페인(5% 이내), 터키(5% 이내) (12개국)
의 결 권 행사금지	덴마크(1개국)

자료: 〈표 10-3〉과 동일.

지침을 제정하여 기업지배구조개선에 적극적으로 활동하는 경우가 증대하고 있다는 점이 특징적이다. 특히 미국 및 일본 등에서는 연금기금의 의결권행사위반을 수탁자책임위반으로 보아 소송사례가 빈발하는 등 기관투자자로서의 연금기금의 역할을 점점 요구하고 있다. 캐나다, 체코 등 12개국은 의결권지분한도를 제한하고 있으며, 덴마크 등은 의결권행사를 원천적으로 금지하고 있어 연금기금의 경영감시기능 역할(광의의 수탁자책임)에 일정한 제한을 두고 있다.

제 2 장 해외의 퇴직연금자산 운용변화

I. 퇴직연금운용의 전문 · 특화형 진전

미국의 경우 1950년대는 채권중심의 운용(주식비율이 채권을 상회하게 된 것은 1960년대)이 주류를 이루었다. 또한 운용형태를 보더라도 1970년대까지는 대형은행 신탁부문의 밸런스형 운용이거나 생명보험사의 일반계정에 의한 운용이 특징이다. 그러나 ERISA법 제정 이후부터 밸런스형 운용으로부터 전문 · 특화형 운용에로의 확산, Master Trust의 출현 영향에 의한 자산관리업무와 자산운용업무의 분리 등 독립 · 분화의 진전이 이루어지고 있다. 즉 운용효율의 향상을 위해 Boutique형의 운용(예: 미국대형주에 의해 특화한 운용) 등 운용기관의 전문 · 특화의 진전과 이것을 증대시키는 一元的 관리(Master Trust)[2]가 조류이다. 영국의 경우 연금기금의 운용은 채권 등에 비해 주식비율이 압도적으로 높고 밸런스형의 운용위탁이 많았다는 점 등이 특징적이다. 영국은 인플레율이 높은 국가(과거 20년 인플레율: 일본 2.2%, 미국 4.9%, 영국 6.2%)로 인플레 헤지를 효과적으로 행하기 위해서 채권보다도 주식중심의 운용이 적절하였다고 할 수 있다. 그러나 1995년 연금법(Pension Act)에 의해 최저적립기준이 도입되고 자산운용이 Prudent Man Rule로 전환됨으로써 ALM분석을 기초로 한 정책 Asset Mix를 책정하는 기금이 증가하였다. 이는 Balance형 운용에서 전문 · 특화형 운용기관을 부분적으로 채용하는 경우가 증가하게 되었음을 의미한다. 특히 1991년 언론재벌 맥스웰(Robert Maxwell)사건을 계기로 연금의 자산관리를 분리하여 행할 필요성이

2) Master Trust의 중심적인 업무는 자산관리 · 자금결제, 현금관리, 통일적인 Reporting 등이며 증권대부, 성과측정, 리스크관리, 급부지급, 가입자관리 등 부가가치를 부여하는 업무(부가적 서비스)도 행한다.

높아졌으며 1997년 금융서비스법에 의해 자산관리업무가 인가업무로 되고 더불어 분리관리의무 등도 규정되었다. 영국의 연금기금운용에서도 미국처럼 전문·분화의 경향이 강하게 나타나는 등 연금기금 운용상의 변화가 뚜렷해지고 있는 추세이다. 즉 자산관리와 자산운용의 분리가 급속히 진전되고 있다고 할 수 있다. 일본의 경우 연금기금운용은 지금까지 자산배분규제 등 다양한 행정규제에 의해 이루어졌으며 신탁은행·생명보험사의 밸런스형 운용이 주도적인 역할을 담당하여 온 면이 있다. 그러나 최근에는 운용규제의 완화 등에 따라 자산운용의 전문·분화는 필연적인 시대적 조류임을 인식, 자산규모가 큰 기금을 중심으로 특화형운용이 서서히 증가하는 추이를 보이고 있다.

II. 자율자산운용체계로의 전환

법적인 측면에서의 자산운용체계는 크게 영·미로 대표되는 Prudent Man Rule과 종래 일본의 Legal List Rule에서 접근할 수 있다. 〈표 10-7〉에서 처럼 Prudent Man Rule은 수탁자에게 재량권이 인정될 여지가 크고 유연한 기준이라 할 수 있다.

표 10-7 Prudent Man Rule과 Legal List Rule

Prudent Man Rule	Legal List Rule
연금자산의 운용에 있어서 사려깊은 사람의 행위를 기준으로 수탁자가 책임을 다하고 있는가 여부를 판단하는 방식	연금운용의 투자대상자산 및 운용비율을 구체적으로 한정 열거, 그것을 준수하면 수탁자가 책임을 다하는 방식
퇴직연금기본법(ERISA, 연금법)	5·3·3·2 규제 등(종래 일본)

제11편

퇴직연금 규제감독과 체계

제1장 퇴직연금 규제감독

I. 퇴직연금 규제감독의 의의

규제감독이 지향하는 궁극적인 목표는 결국 충실한 근로자의 수급권 보호, 안정적인 노후소득보장체계 확립, 퇴직연금제도의 역할강화 등에 있다 할 수 있다.

종래의 퇴직연금과 관련된 규제감독체계[1]는 연금보험료를 갹출하고(연금갹출), 갹출된 연금보험료를 운용하며(기금운용), 종업원에게 급부를 지급(급부지급)하는 일련의 연금운용과정과 연관되어 이루어지고 있다. 일례로 1974년에 제정된 미국종업원퇴직소득보장법(ERISA법)의 기본구조는 이와 같은 3대운용 과정에 기초하여 각종 연금관련제도를 제정 · 운용하고 있다. 그러나 최근에는 연기금규모의 확대에 따른 투자자의 보호필요성과 기금의 투명성이 요구 · 대두됨에

표 11-1 운용과정관련 미국 퇴직연금제도의 규제감독

구분	ERISA법			FAS규정
	연금갹출	기금운용	급부지급	연금공시
제도(예)	연금세제제도	수탁자책임제도	재무건전성제도	연금회계제도
관할청	내국세입청 (IRS)	연금복지 급부국 (PWBA)	연금급부 보증공사 (PBGC)	증권거래 위원회 (SEC)
보호대상	종업원수급권 보호중심			투자자 보호중심

1) 土浪 修, 「年金法制における運用機關の受託者責任と生命保険社」, 日生基礎研究所, 2002. 9, p. 80.

따라 연금공시와 관련된 규제감독이 더욱 중요시되고 있는데, 이는 1987년 기업연금회계제도 정비(FAS87 적용)로 주주 등 투자자의 이익보호에 중점을 두고 있다는 데에서 알 수 있다(〈표 11-1〉 참조).

결국 퇴직연금의 운용이 효율적으로 이루어지기 위해서는 무엇보다도 종업원 수급권이 충실히 이루어지고 기금운용의 투명성이 제고될 수 있도록 운용프로우상의 규제감독관련 사항을 지속적으로 보완 · 정비해 나가는 것이 필수적이다. 따라서 연금갹출, 기금운용, 급부지급, 연금공시 등과 직·간접적으로 관련된 규제감독사항을 국내특성에 부합되도록 검토가 필요하다.

표 11-2 연금운용 과정상의 규제감독체제

분 류	세부적인 관련 규제감독사항(예시)
연금갹출	- 제도의 인가, 적격요건, 제도 설계 등과 관련된 사항 - 계산기초율 설정 및 재정방식 선택, PSL상각과 관련된 사항 - 연금보험료 갹출(청산기준, 계속기준), 최소갹출 및 추가갹출의무, 연금세제 등과 관련된 사항 등
기금운용	- 연기금운용규제(양적 규제, 자율규제) 등과 관련 사항 - 지배구조(계약형, 기금형, 회사형)하에서의 수탁자 책임규정과 관련된 사항 - 연금기금의 운용과 관련된 감독규제사항 등
급부지급	- 기업도산, 수탁기관도산 등과 관련된 사항 - 지급보증제도(PBGC), 최소책임준비금규제 등과 같은 건전성관련 사항 - 청산 및 계약이전제도 등과 관련된 사항
연금공시	- 공시제도와 관련된 사항(재무제표공시 등) - 연금회계제도와 관련된 사항(연금회계관련 등)

II. 퇴직연금 수탁자책임규제

1. 퇴직연금 수탁자의 개념 및 범위

미국은 수탁자를 매우 포괄적으로 규정하고 있다. 기금운영에 관하여 재량권을 가지고 있는 자는 모두 수탁자이며, 수수료를 받고 어드바이스를 하는 경우도 수탁자 범주에 포함시키고 있다. 영국의 경우 수탁자 배상책임을 지는 수탁자 범주에는 직역연금을 위탁 관리하는 금융기관뿐만 아니라 금융기관에 고용되어 연금자산을 관리하는 펀드매니저도 포함하고 있으며, 일본의 경우는 자산운용을 의뢰한 수익자(연금가입자)의 이익을 보전하기 위하여 행동 및 조언을 하는 전문 능력을 지닌 자를 수탁자로 보고, 사용자, 운용 및 자산관리기관, 컨설턴트 등을 포함시키고 있다.

신탁이 발달하고 있는 영·미의 경우 신중한 관리자의 원칙(Prudent Man Rule)에 입각하여 수탁자의 배상책임규정을 성문법과 판례법을 통해 매우 엄격하게 적용하고 있다.

미국의 경우 1974년 이전에는 전적으로 판례법에 의존하고 있었으나 ERISA

표 11-3 수탁자의 범위 및 책임

	미 국	영 국	일 본	한 국
수탁자 범위	포괄적으로 규정 (지명 및 신탁수탁자, 투자매니저 등)		사용자, 기금, 운용 및 자산관리기관	사용자, 퇴직 연금사업자
책임(의무)	충실의무, 주의의무, 분산투자의무, 문서준수의무 등 4대 의무			
특 징	확정급여형보다 확정기여형 퇴직연금제 중심			

주: 1) 충실의무는 수탁자가 수익자 이익을 위해서만 행동하여야 하는 의무(이익거래행위 금지의무).
2) 주의의무(선관주의의무)는 자기의 자산을 운용하는 때에 사용하는 주의를 태만하지 않을 의무.
3) 분산투자의무는 리스크를 최소한으로 하도록 연금기금의 자산을 신중하게 분산투자할 의무.
4) 문서준수의무는 연금기금이 정한 문서 및 투자가이드라인을 준수하여야 할 의무임.

표 11-4 수탁자책임의 법제현황 비교

	미 국	영 국	일 본	한 국
법제	성문법	판례법, 성문법	성문법	성문법
근거	ERISA법	연금법(95년)	연금3법	근로자퇴직급여보장법
기준	수탁자책임규정 위반			

법의 제정으로 엄격한 성문법제를 채택하고 있으며, 영국은 여전히 판례법에 강하게 의존하고 있지만 1995년 연금법에 수탁자책임 규정이 설정되어 판례법과 병행하고 있다. 일본 역시 영·미식의 Prudent Man Rule에 입각한 수탁자책임 규정의 명문화가 2002년 기업연금법 제정을 통해 세부적으로 규정되기에 이르렀다. 즉 2000년 제정된 공적연금의 자주운용관련법, 2001년 6월에 제정된 확정급부기업연금법 및 확정갹출연금법(연금3법)은 연금제도 내부자 이외에 운용기관(신탁은행, 생명보험사, 투자자문회사)의 수탁자책임을 통일적으로 규정하고 있다.

이처럼 퇴직연금의 기금운용에 관여하는 자는 충실 및 주의의무 등 4대 의무를 엄격히 준수하도록 요구하고 있으며, 미국의 경우 노동부 연금복지 급부국(PWBA)이 관할하고 있다.

표 11-5 수탁자책임의 명확화 과정(예: 일본)

일 시	내 용
1989년 12월	개정 후생연금보험법 성립(1990년 4월 시행)
1996년 6월	후생연금기금연합회 · 수탁자책임연구회, 일본수탁자책임에 대하여 후생성 · 후생연금기금제도연구회, 보고
1997년 4월	후생성, 수탁자책임 가이드라인 제정
2000년 3월, 4월	자주운용관련법(2001년 4월 시행)을 포함한 공적연금제도개혁법 성립, 후생연금기금연합회, 「수탁자책임 Fact Book(운용기관편)」 발간
2001년 6월	확정급부기업연금법(2002년 4월 시행), 확정갹출연금법(2001년 10월 시행) 제정

자료: 土浪 修, 「年金法制における運用機關の受託者責任と生命保險社」, 日生基礎研究所, 2002. 9., p. 80.

2. 퇴직연금 수탁자책임의 규정

(1) 미 국

1974년에 제정된 미국의 ERISA법에 의하면 퇴직연금의 수탁자를 정의하고 그 수탁자의무(fiduciary duty)인 충실의무, 주의의무(선량한 관리자의 의무), 분산투자의무, 문서준수의무를 엄격히 규정하고 있다(〈표 11-6〉 참조).[2] 충실의무란

표 11-6 ERISA법상의 수탁자 책임규정

구 분	내 용
목 적	연금자산의 부적절한 관리에 대한 법적 책임 부과
대 상	• 지명수탁자: 연금제도 전반에 대한 운영의 책임 부여 • 신탁수탁자: 보험계약을 제외한 연금기금자산의 운용은 반드시 신탁계약이어야 하는데, 이 자산의 운용에 대하여 독점적 지배권과 책임 부여 • 투자매니저: 지명수탁자에 임명된 투자자문, 은행, 보험사에서 운용되는 기금자산에 대해 책임부여
기 준	• 가입자 및 수급자에 대한 급부와 관리비용 이외의 유용금지 • 같은 정도의 능력을 가진, 같은 정도의 문제에 정통하고 있는 수탁자가 동일한 특징과 목적을 가진 사업을 취급할 때 발생할 수 있는 주의, 기술, 신중함과 근면함을 가지고 행동할 것을 요구 • 기금과 이해관계자의 거래를 배제하며, 대규모손실을 피하기 위하여 리스크가 최소화될 수 있도록 분산투자를 요구
벌 칙	• 위반행위의 결과로서 전 손실에 대해 개인적 책임부과 • 부정한 방법에 의한 이익의 환원 • 금지거래에 대해서는 발생시부터 거래액에 대해 연 5%, 일정기간에 시정한 경우는 100%의 특별세 부과

주: ERISA법상의 수탁자의 범위
① 연금운영에 재량권한 또는 통제권을 행사하는 자.
② 연금자산에 대한 운용 및 처분에 관한 재량권한을 행사하는 자.
③ 연금자산운용 등에 관하여 보수를 받고 조언하는 자.
④ 외부전문기관(펀드매니저, 연금컨설팅 등) 자 등(연금의 운영에 관한 자산의 의사결정에 관하여 공동수탁자로서의 수탁자책임부담).

자료: 류건식, 「미국기업연금의 운영과 재정제도」, 「사회보장연구」 제13권, 1998, p. 142.

2) 류건식, 「미국기업연금의 운영과 재정제도」, 「사회보장연구 제13권」, 1998, p. 142.

수탁자가 수익자이익을 위해서만 행동하여야 하는 의무로 이에 기초하여, 수탁자의 이익상반행위를 금지[3]하고 있다. 선관주의의무(선량한 관리자의 의무)란 1830년 매사추세츠주 최고재판소의 판결에서 연유된 선량한 관리자의 의무(선관주의의무), 즉 「사려분별, 능력 있는 사람이 자기의 자산을 운용하는 때」에 사용하는 주의를 태만하지 않도록 하는 의무이다. 그리고 연금기금의 자산을 신중하게 분산투자하도록 한 분산투자의무(404조(a)(1)(c))와 연금기금이 정한 문서 및 투자가이드라인을 준수토록 한 문서준수의무 등을 규정하고 있으며, 이는 광의의 Prudent Man Rule이라고 할 수 있다.

따라서 명확하게 연금기금의 문서[4]로 되어 있는 것을 입수하고자 하지 않았거나 읽고 이해하고자 하지 않으면 수탁자책임위반에 해당된다. 이처럼 퇴직연금의 기금운용에 관여하는 자는 충실의무 및 선의의 주의의무에 의한 수탁자책임이 요구되며 노동성 연금복지급부국이 관할하게 된다. 특히 수탁자의 행위목적이 손해를 불러오거나 불성실하지 않더라도 수탁자가 기울이는 노력이 배타적 목적[5]을 위해서가 아니라면 수탁자책임위반이 되는 경우도 존재하고 있다.

(2) 일　　본

일본의 경우, 확정기여형은 사용자, 확정급여형은 사용자(규약형), 기금이사(기금형)에게 업무전반의 충실의무를 공통적으로 규정하고 있다(〈표 11-7〉 참조). 확정기여형 연금법에서는 사용자에게 연금운용방법 선정시 주의의무를 준수토록 규정하고 있다. 이 경우 의무를 지는 상대방의 경우 기금이사는 위임계약 상대방에 해당하는 기금, 사용자는 가입자 등이다.

확정갹출연금법에서는 수탁자책임의 공통규정인 충실의무를 운영관리기관 및 자산관리기관에게 부여하였다.

운영관리기관은 주무장관의 감독을 받으며 자산관리기관은 연금법에 기초한 감독은 없으며, 자산관리기관은 가입자 등에 대한 충실의무가 규정되어 있다. 특

3) 이익상반행위 금지의무는 연금기금자산을 수탁자 개인 계정에서 거래하는 행위를 금지하는 의무를 말한다.

4) 법률상 어떠한 것이 준수해야 하는 문서에 해당되는지가 분명치 않으나 판례에서는 신탁계약서 및 투자계약서 외에 게시문서 및 부속문서 등이 해당하는 것으로 본다.

5) 배타적 목적(Exclusive Purpose Rule)은 연금기금가입자 및 수익자의 이익만을 위하여 이익을 제공하거나 연금기금에 관한 합리적인 비용을 부담한다라는 목적이다.

표 11-7 연금제도 내부자에 대한 수탁자책임규정

법률 (대상)	후생연금보험법 (후생연금기금)	확정갹출 연금법 (기업형)	확정급부 기업연금법 (규약형)	확정급부 기업연금법 (기금형)
의무자	이사	사용자	사용자	이사
대상업무	적립금 관리운용	전반	전반	전반
일반적 의무	충실의무 (주무대신 처분 준수)	충실의무 (주무대신처분 준수) 운용방법 선정시 전문가의 주의의무		충실의무 (주무대신 처분 준수)
금지의무	政令 위임	구체적으로 규정	구체적으로 규정	구체적으로 규정
의무 상대방	기금	가입자 등	가입자 등	기금

자료: 土浪 修, 「前揭書」, 2002, p. 106.

표 11-8 운용기관 등에 대한 수탁자책임규정

법률 (대상)	확정갹출 연 금 법 (기 업 형)		확정 급부 기금연금법 (규 약 형)	확정 급부 기업연금법 (기 금 형)
규정방법	법정	법정	법정	법정
의무자	운용관리기관	자산관리기관 (신탁, 생보)	운용기관	운용기관 자가운용의 거래상대방
일반적 의 무	충실의무 (주무장관 처분 준수), 운용방법 선정시 전문가의 주의의무	충실의무	충실의무	충실의무
금지의무	구체적으로 규정	규정 없음	규정 없음	규정 없음
의 무 상대방	가입자 등			기금

자료: 土浪 修, 「前揭書」, 2002, p. 107.

표 11-9 가입자보호의무 및 금지행위

가입자의 보호규정	벌칙	행정처분	민사책임
가입자에 대한 충실의무(43조, 44조, 99조) 기업, 운영관리기관, 자산관리기관은 가입자에 대해 충실하게 그 업무를 수행하여야 한다		●	●
개인정보의 보호의무(43조, 99조) 기업이나 운영관리기관은 가입자에 관한 정보를 업무상 필요한 범위 내에서 보관 · 사용하여야 한다		●	●
전문적 식견에 기초한 운용상품의 선정(23조, 73조) 운영관리기관은 운용상품의 선정을 하게 될 때 전문적인 신견에 기초하여 행하여야 한다		●	●
자기 또는 제3자의 이익도모행위 금지(43조, 100조) 자기 또는 가입자 이외의 제3자의 이익을 도모하기 위하여 기업이 운영관리기관과 위탁계약을 체결하거나 운영관리기관이 특정한 운용상품을 제시하면 안 된다		●	●
이익보전이나 손실부담금지(100조)	●	●	●
고의로 사실의 미고지 또는 부실고지하는 행위금지(100조)	●	●	●

주: 행정처분은 기업, 운영관리기관, 자산관리기관 등에 대한 검사 및 업무개선명령 등을 의미

자료: 中島富三, 「確定醵出年金」, 國政情報센터 2002. 8. p. 54.

표 11-10 수탁자책임 위반시 제재조치

위반 사항	위반 요건	벌칙 내용
이익보전 손실부담의 금지위반 등	운영관리기관이 업무상 발생한 가입자 등의 손실을 일부라도 전가하거나 직접적 · 간접적으로 재산상 이익을 제공하여 가입자의 이익에 추가하는 행위 등	3년 이하의 징역 또는 300만엔 이하의 벌금 (118조)
계약시 사실 미고지의 금지위반 등	운영관리기관이 운영관리계약을 체결할 때, 또는 해약을 하지 못하도록 하기 위해, 계약상의 중요사항에 대해 고의로 사실을 고지하지 않거나 부실을 고지하는 행위 등	1년 이하의 징역 또는 100만엔이하의 벌금 또는 추징(119조)

보고 징수 위반 등	기업이 후생노동장관에 대해 기업형연금의 실시상황에 관하여 보고를 하지 않거나, 허위보고를 하는 경우, 임점검사를 행하는 공무원의 질문에 답하지 않거나 허위진술, 검사거부, 방해, 기피 등을 하는 경우	6개월 이하의 징역 또는 20만엔 이하의 벌금(120조)
운영개선 명령위반	주무장관은 운영관리기관의 업무에 있어, 가입자 등의 이익을 침해한 사실이 있다고 인정하는 경우는 업무의 운영개선을 할 수 있는데, 운영관리기관이 이 명령에 위반하는 경우 등	20만원 이하의 벌금(121조)
양벌규정	법인의 대표자나 근로자 등이 그 법인의 업무에 관하여 118조부터 121조까지의 위반행위를 한 경우에는 행위자를 처벌하는 것 이외에 그 법인에 대해서도 벌금형이 부과됨.	각조의 벌칙(위반행위자), 각조의 벌금(법인)(122조)
가입자에의 통지위반	가입자가 이·전직하여 개인별관리자산을 전환하는 경우, 운영관리기관이나 국민연금기금연합회가 그 가입자에게 전환된 취지를 통지하지 아니한 경우 등	20만엔 이하의 과태료 (123조)
가입자의 제출위반	기업이 기업형연금 가입자의 성명 · 주소 · 기타사항을 운영관리기관에 통지하지 아니한 경우(기업이 기록관련 업무 모두를 겸하는 경우 제외) 등	10만엔 이하의 과태료(124조)

자료: 中島富三, 「前揭書」, 2002, pp. 55-56.

히 확정기여연금의 운용관리기관 및 자산관리기관의 경우 의무 상대방은 가입자 등이며 확정급여형 운용기관의 경우 가입자 등(규약형), 기금(기금형)이 의무상대방이다.[6] 일본은 ERISA법 가입자보호사항 등을 기초로 기업, 운영관리기관, 자산관리기관 등에 대해 다양한 책무와 금지행위를 규정(〈표 11-9〉, 〈표 11-10〉 참조)하고 있다.

(3) 한　　국

우리나라 근로자퇴직급여보장법안에 의하면 수탁자책임으로 ① 사용자의 책임 ② 퇴직연금사업자 등의 책임 등으로 구분하고 있으며, 수탁자책임위반시 1,000만원 또는 500만원 이하의 과태료를 부과하도록 규정하고 있다.[7] 사용자는

6) 中島富三, 「確定醵出年金」, 國政情報센터 2002. 8., p. 54.

7) 사용자 및 퇴직연금사업자가 이 법의 책무를 위반한 경우는 1천만원(제19조 제1항, 제

표 11-11 근로자퇴직급여보장법 상의 수탁자책임관련 사항

구 분	수탁자책임관련 사항	관련근거
사용자	근로자 교육실시의무	제19조 (사용자의 책임)
	금지의무 • 근로자이익상반행위 금지 • 권리양도 및 담보제공 금지 • 퇴직연금제도 운영저해 금지	
퇴직연금 사 업 자	법령준수 및 충실의무	제20조 (퇴직연금사업자 등의 책임)
	자산관리계약체결 거부금지	
	가입자손실보전금지	
	특별이익제공금지	
	가입자정보제공금지 특정한 운용방법제시금지	
정 부	세제 등 지원방안 강구 의무	제21조 (정부의 책임)

부담금의 수준 및 납부시기 등 대통령령이 정하는 사항에 대하여 가입자에 교육을 시켜야 하는 가입자 교육의무(필요시 퇴직연금사업자에게 교육실시 위탁 가능)를 규정하고 있으며, 또한 가입자는 자기 또는 가입자 이외의 제3자의 이익을 도모할 목적으로 자산관리업무위탁계약을 체결하는 행위, ② 퇴직연금사업자와 체결한 계약에 의해서 발생된 권리를 양도하거나 담보에 제공하는 행위 등을 금지하도록 규정하고 있다.

운용기관(퇴직연금사업자)은 ① 선량한 관리자의 의무, ② 퇴직연금취급실적 제출의무, ③ 이익제공 사전약속금지의무 등을 준수하도록 하고 있다. 특히 사무관리업무를 수행하는 자는 업무범위 외 취득정보 사용금지의무, 특정운용방법 제시금지의무가 존재한다. 업무범위 외 취득정보 사용금지의무는 가입자의 성명·주소 등의 정보를 퇴직연금의 운영과 관련된 업무수행에 필요한 범위를 벗어나서 사용하는 행위를 금지하는 것이며, 특정운용방법 제시금지의무는 자기

20조 제2항 내지 제4항) 또는 5백만원 이하(제19조 제2항, 제20조 제1항·제5항)의 과태료 부과.

또는 가입자 이외 제3자의 이익을 도모할 목적으로 특정한 운용방법을 가입자에게 제시하지 않아야 하는 의무이다. 정부는 이 법의 근로자퇴직급여보장제도가 원활하게 운용될 수 있도록 세제 등 지원방안을 강구하기 위하여 노력하도록 하고 있다. 이와 같은 법령상의 수탁자책임관련 규제감독을 미국 등 선진국과 비교하여 볼 때, 사용자, 퇴직연금사업자, 정부 각각에 대한 책무범위를 보다 구체적으로 규정할 필요성이 있다.

3. 수탁자배상 책임보험 등 근로자 보호장치

(1) 미 국

수탁자책임의무 위반에 기인하여 파생한 모든 손해를 수탁자가 개인적으로 배상할 책임을 부과함과 동시에 수탁자가 획득한 이익을 전부 반환해야 하는 의무를 부과하고 있다. 또한 주의의무를 위반한 수탁자를 보호하거나 그 책임을 경감하는 수탁자간의 계약을 모두 무효로 규정하고 있다. 수탁자가 ERISA법의 규정을 위반시 노동부장관, 재무성과 연금급부보증공사(PBGC) 등 정책당국뿐만 아니라 근로자, 수급권을 가진 퇴직자, 보험금수취인 등도 소송을 제기할 수 있도록 하고 있다. 이는 개인의 경우 수탁자들의 의무위반행위에 대한 감시감독이 어렵다는 점을 감안하여 수탁자행위에 대해 보다 많은 정보와 분석능력이 있는 정부관계자들이 연금수급자를 보호하기 위함이라고 할 수 있다. 이에 미국에서는 보험계약자가 법적으로 책임 있는 사람이나 보험가입 대상자의 잘못된 행위로

표 11-12 수탁자배상 책임보험과 신원보증보험의 비교

	수탁자배상책임보험	신원보증보험
가입형태	임의	강제
가입대상자	지명수탁자, 신탁수탁자, 투자매니저	지명수탁자 (기금임원, 대의원, 감사등)
담보위험	수탁자 의무위반 - 경영상의 오류, 태만 - 사무착오 및 누락	부정행위에 의한 연금자산 손실분
보장한도	보험계약금액	연금자산의 10%

인해 보험계약자가 법적으로 지급해야 하는 손실에 대하여 보상하는 수탁자배상 책임보험(Fiduciary Liability Insurance)이 도입 · 운용되고 있다.

또한 ERISA법은 수탁자가 관리하는 연금총액의 10% 이상의 금액에 대하여 최소 1천불, 최대 50만불 한도로 신원보증보험(Fidelity Bond)에 의무적으로

표 11-13 수탁자배상 책임보험의 약관내용 및 특징약관

약관	피보험자 범위	담보손해(불법행위)	보상범위	면책위험
세부 내용	ERISA법상에 규정한 수탁자	-ERISA법에 명시된 수탁자의무 위반 -ERISA법 적용을 받지 않는 연금운영과 관련하여 ERISA법 이외의 다른 법령의 위반 -연금관리운용과 관련된 행정관리상 착오 및 오류 -수탁자자격으로 수행한 직무로 수탁자에게 제기된 배상청구	-손해배상금 및 소송비용을 보상한도로 보상 (단, 벌금, 피보험자의 고의에 의한 손해 등은 보상하지 않음)	-계약으로 가중된 배상책임 -기여금 미수 -수익자 지급액 -ERISA법에 따른 기금 미적립 -부정행위 또는 사기 -사적 이익의 취득 -의무보증보험 미가입 -기타 면책위험
약관	방어의무	보상한도액/자기부담금	구상권 포기	개별적용
세부 내용	보험자는 보험기간 중 피보험자에 제기된 배상청구나 소송에 대해 방어할 의무를 부담함	-하나의 불법행위에 기인한 일련의 손해배상청구가 여러 보험기간에 걸쳐 제기된 경우 1회의 배상청구로 간주하여 최초의 배상청구가 제기된 보험증권상의 보상 한도액을 적용함 -자기부담금 또한 이러한 모든 배상청구를 1회의 배상청구로 간주하여 1회만 적용함	-다른 전문 배상책임보험종목과 달리 수탁자 배상책임보험의 보험자는 피보험자에 대해 구상권을 가짐 -단 대부분 기업이 동 보험의 보험료를 연금자산이 아닌 기업비용으로 지급하기 때문에 보험자는 구상권을 행사하지 못하는 것이 일반적임.	-이 조항은 수탁자 배상책임보험증권에서의 담보가 각각의 피보험자에게 별개로 적용됨을 규정하고 있음

가입할 것을 요구하고 있다. 신원보증보험은 수탁자 배상책임보험과 달리 연금자산이 부정행위에 인한 손실(예: 횡령, 유용 등)을 막기 위한 제도이다. 신원보증보험의 경우 기금의 임원, 대의원, 감사 등 지명수탁자의 부정행위를 가입대상으로 하고 있으며, 보장한도는 기금자산의 10%이다. 수탁자배상책임보험은 다른 전문배상책임보험과 같이 수탁자배상 책임보험도 업계에서 통일하여 사용하는 표준약관은 제시된 바 없으며, Chubb, AIG 등 수탁자배상책임보험을 인수하는 주요 손해보험사가 자사의 약관을 개발 · 사용하고 있다. 수탁자배상책임보험에서의 피보험자는 ERISA법상에 규정한 수탁자를 의미하며, 〈표 11-13〉에서 보는 바와 같이 ① ERISA법상에 명시된 수탁자의무위반, ② 연금관리운용과 관련된 행정관리상의 착오 또는 오류, ③ 수탁자자격으로 수행한 직무 때문에 제기된 배상청구 등이 수탁자의 불법행위에 해당되며 담보손해의 대상이 된다.

또한 수탁자배상책임보험은 손해배상금 및 소송비용을 보상한도로 보상하지만, 벌금, 피보험자의 고의에 의한 손해 등은 보상하지 않는다.[8)]

(2) 일 본

일본의 경우 2001년 확정갹출형 퇴직연금제의 도입에 따라 손해보험사에서 수탁자 배상책임보험(예: 손보재팬 기업형 확정갹출연금 사업주배상책임보험)을 적극적으로 판매하고 있는데, 그 개념을 도식화하면 〈그림 11-1〉과 같다. 〈그림 11-1〉에서 보는 바와 같이 사업주는 근로자와 기업형 연금규약을 체결하고 이 규약에 의거하여 운영관리기관 및 자산관리기관과 각각 운영관리계약 및 자산관리계약을 체결하게 된다. 이 경우 근로자는 퇴직연금제도의 운영과 관련된 사용자(사업주)의 책임을 물어 ① 운영관리기관의 선임, ② 자산관리기관의 선임, ③ 투자교육에 관한 책임, ④ 사무수속의 오류 등과 관련하여 손해배상청구를 하게 된다.

이와 같은 관점에서 수탁자배상책임보험(기업형 확정갹출연금 사업주배상책임보험)은 기업형 확정갹출연금제도를 도입한 사업주(수탁자)가 근로자에 의해 손해배상청구를 받음으로 인해 향후 피해를 입게 될 손해를 보상하는 보험이라고 할 수 있다.

---

8) 이에 대한 자세한 내용은 전남득, "기업연금제도와 수탁자배상책임보험," 위험과 보험지, 2004년 봄호 등을 참조할 것.

그림 11-1 퇴직연금 수탁자배상책임 개념의 FLOW

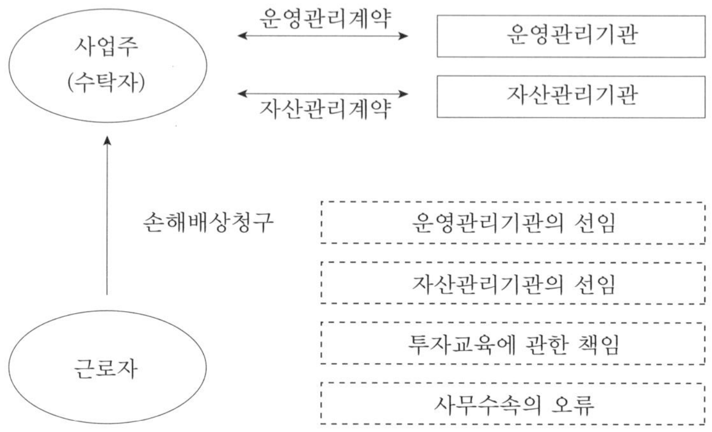

① 수탁자배상책임보험의 보상범위 및 담보손해

현재 일본의 손보재팬(Sonpo-Japan)에서 판매하고 있는 기업형 확정갹출연금 사업주배상책임보험의 내용을 중심으로 검토하면 다음과 같다. 지급되는 보상범위는 ① 손해배상금, ② 변호사비용 등 소송비용, ③ 구상권보전비용, ④ 손해방지비용이다. 또한 보험금의 지급대상이 되는 경우는 ① 사업주가 충분한 투자교육을 실시하지 않아 가입상품의 선택에 오류가 발생하고, 이로 인해 교육이 불충분하였다고 사업주에 대해 손해배상청구를 제기한 경우, ② 자산관리기관의 업무처리가 충실하지 못하는 등 엉망이었음에도 불구하고, 사업주가 적절한 개선을 위한 조치를 요구하지 않았고, 이로 인해 연금가입자의 피해가 확대되었다고 사업주에 대해 손해배상청구를 제기한 경우, ③ 운용관리기관이 선택한 상품이 수익률 변동이 격심한 상품으로 구성되어 운용에 실패(운용관리기관의 선정이 잘못되어)하여, 사업주에게 운영관리기관의 선정에 대한 잘못을 이유로 손해배상청구를 제기한 경우, ④ 가입자 리스트의 통지가 제대로 이루어지지 않아 적절한 운용기회를 상실하였다고 하여 사업주에 대해 손해배상청구를 제기한 경우 등으로 한정하고 있다.

② 수탁자배상책임보험의 면책대상

다만 다음과 같은 경우에는 보험금의 지급이 이루어지지 않는다. 즉 수탁자

배상책임보험의 면책대상으로 ① 고의, 범죄행위, 인식된 법령위반에 기인한 손해배상청구, ② 사업주 또는 제3자의 이익을 도모할 목적(사업주와 운용관리기관·자산관리기관이 긴밀한 자본관계, 거래관계, 인적 관계 등이 있는 경우, 이러한 관계를 근거로 수탁기관으로 선택되는 경우를 말함)으로 운용관리기관·자산관리기관을 선정함으로써 제기된 손해배상청구, ③ 사업주 또는 제3자의 이익을 도모할 목적으로 특정한 운용방법을 선정(가입자에게 특정한 금융상품에 대한 자산투자, 예탁변경 등을 장려하거나 조언한 경우)함으로써 제기된 손해배상청구, ④ 피보험자 또는 운용관리기관이 보증 또는 약정한 운용성과를 거두지 못함으로 인해 제기된 손해배상청구, ⑤ 사업주 보험료의 갹출(갹출되지 않은 경우 포함)에 기인한 손해배상청구 등을 규정하고 있다.

③ 보험조건 및 보험금산출시 필요사항

사업주는 보험가입시 〈표 11-14〉에서 보는 바와 같이 3가지 보상한도액 형태, 즉 ① 1사고·보험기간 중: 3억엔, ② 1사고·보험기간중: 1억엔, ③ 1사고·보험기간중: 5,000만엔 중에서 어느 1가지를 선택할 수 있도록 하고 있으며, 면책금액은 1사고(공통) 10만엔으로 설정하고 있다.

또한 보험금산출은 "지급보험금=손해액(법률상의 손해배상금)+변호사 비용 등의 소송비용+구상권 보전비용+손해방지비용－면책금액"의 산식에 의해 산출하고 있으며, 보험기간은 1년으로 되어 있다. 보험금 산출(견적)시 필요한 사항은 ① 가입자수, ② 확정갹출연금 대상이 되는 근로자비율, ③ 기업연금(후생연금기금 또는 적격연금)의 유무, ④ 확정갹출연금의 자산잔고, ⑤ 운영관리기관·자산

표 11-14 수탁자배상책임보험의 약관상 주요내용

구 분	약관상의 주요내용
보상한도액	① 1사고·보험기간 중: 3억엔, ② 1사고·보험기간중: 1억엔 ③ 1사고·보험기간중: 5,000만엔 중에서 택일
면책금액	1사고(공통): 10만엔
보험기간	1년
보험금산출방법	지급보험금=손해액(법률상의 손해배상금+변호사 비용 등의 소송비용+구상권 보전비용+손해방지비용－면책금액 (단, 보상한도액을 상한으로 함)

관리기관, ⑥ 투자교육의 실시상황 등으로 되어 있다.

Ⅲ. 퇴직연금 재무건전성 규제

1. 연금기금의 적립 규제와 지급보증체제

확정급여형 연금제도의 경우 수익자가 퇴직 후 약속된 연금급부를 지급받기 위해 적절한 적립 상태를 유지하는 것은 대단히 중요한 과제이다. 이를 위해 연금기금의 적립상태에 대한 규제와 감독이 절대적으로 요구된다. 그러나 모기업의 경영 악화 등의 이유로 연금제도가 과소적립되는 상태에 놓이게 되거나 종료되는 경우 연금제도 가입자에 대한 약속 이행을 위해 지급보증제도가 설립되게 된다. 아래에서는 이러한 사항에 대해 주요 국가 별로 간단히 살펴보고자 한다.

(1) 미 국

① 최소적립요건의 강화에 의한 지급보증확보

1974년 종업원의 연금수급권을 보증하기 위한 종업원퇴직소득보장법(ERISA)이 제정되면서 PBGC와 함께 처음으로 최소적립요건(MFR)이 도입되었다. 그러나 1980년대 들어 PBGC의 재정상태가 계속 악화되자 1987년 통합예산균형법(OBRA: Omnibus Reconcilation Act)을 제정하여 기금적립에 대한 제도제공자들의 자유재량범위를 축소하기 위하여 최소적립요건을 강화하였다. 그럼에도 불구하고 1980년대 말과 1990년대 초에 걸쳐 미적립부채가 자산을 초과하는 부분인 위험노출 상당액수가 증가하면서 PBGC의 장기적인 건전성이 위협받게 되자 1994년 퇴직보호법(RPA: Retirement Protection Act)을 제정하여 최소적립요건을 강화하였으며 이를 통한 지급보증의 확보를 도모하고 있다.

즉 ERISA는 제도종료보험의 창설 및 수탁자책임의 명확화 등 수급권보호를 목적으로 제정되었으나 거액의 적립부족 등으로 PBGC의 재정이 악화되자 1994년에 퇴직연금의 적립요건 강화, 제도종료보험의 보험료적정화, PBGC에 의한 퇴직연금재정의 관여 등 수급권보호강화를 내용으로 한 퇴직연금보호법이 제정되기에 이르렀다.[9)]

② PBGC에 의한 지급보증과 제도종료보험제도 도입

미국의 PBGC(Pension Benefit Guaranty Corporation)는 연금기금의 재정파탄에 따른 종업원의 지급보증상실에 대처하기 위해 ERISA제정과 함께 설립된 공사이다. 세제적격 확정급여형 퇴직연금을 운용하고 있는 기업은 강제적으로 PBGC에 가입하도록 되어 있다. PBGC는 그 임무를 수행함에 있어 설립부터 1980년대 중반까지 수많은 실패를 경험한 끝에 설립 당시의 사후적 지급보증중심에서 사전적 지급보증을 강화하기 위해 그 권한을 대폭 확대하여 오늘에 이르고 있다. 즉 지급보증이 기본적으로 중대한 임무임에는 틀림없지만 지급보증을 할 수 없는 사태에 연금기금이 처하는 것을 사전에 방지하기 위해 조기경보프로그램을 운영하고 있기도 하다. PBGC의 가장 기본적인 임무인 급부보증은 연금제도종료보험(Plan Termination Insurance)의 운영을 통해 이루어지고 있는데 여기에는 기금종결의 절차, 급부의 상한, 변액보험료율제도의 도입 등에 대해 엄격하게 규정하고 있다.

그러나 과거 철강산업에 이은 항공산업, 자동차산업의 부진으로 인해 델타항공, 델파이 등의 파산이 잇달아 발생하고, 동시에 지급보증제도의 존재로 인한 모럴해저드의 발생을 적절히 통제하지 못하며, 정치적 요인으로 인해 보험료를 적절히 인상하지 못하고 또 그나마 제대로 징수하지 못하는 등의 이유로 인해 PBGC는 거액의 적자 상태에 있다.[10] 2003년 말에 PBGC자산은 340억 달러이고, 부채는 452억 달러로서 장부상으로 112억 달러의 적자가 시현되었다. PBGC가 2021년에 자금이 고갈되는 상태를 막기 위해서는 현재 920억 달러의 공적자금이 투입되어야 한다는 추정도 나오고 있을 정도이다. PBGC의 적자는 결국 정부가 보증하는 것이고 그 규모가 엄청나기 때문에 1980년대 후반 미국의 금융위기를 촉발한 저축대부조합(S&L)에 이은 제2의 금융위기로 불리고 있을 정도로 심각성을 보이고 있다.[11]

---

9) 吉原健二, 「21世紀の企業年金」, 東洋經濟新報社, 平成9年 9月. pp. 243-244.

10) 미국의 타임지는 미국의 연금위기에 대해 자세히 다루면서, PBGC의 관할 대상인 연금제도의 총 적자 규모가 1994년에는 310억 달러였는데, 2005년 10월 현재 4,500억 달러~6,000억 달러에 이르는 것으로 보도하고 있다("The Broken Promise," Time, 2005. October 31. 참조).

11) 포브즈에 의하면 PBGC가 2021년에 자금이 고갈되는 상태를 막기 위해서는 2005년 현재 920억 달러의 공적자금이 투입되어야 한다는 추정도 나오고 있을 정도이다.

(2) 영 국

① 퇴직연금감독청(OPRA)의 설립과 수급권 강화

영국에서는 종래부터 적용제외제도만을 관할하는 직역연금위원회가 존재하고 있었으나 퇴직연금감독청(OPRA: OccupationalPension Regulatory Authority)이 창설되었다. OPRA는 포괄적인 감독기관을 설립함으로써 판례법에 기초한 법이 준수되지 않는 경우 연금수탁자의 의무불이행을 저지하고 연금수급권의 보호를 보다 확실하게 할 목적을 가지고 있다. 따라서 연금수탁자의 의무이행뿐만 아니라 최저적립기준(최저지불능력기준)의 충족부터 각종 정보공시규정의 준수에 이르는 세세한 내용까지 감시 · 감독하는 권한을 가지고 있다. 직역연금의 운용이 부적절하고 임명연금계리사의 보고를 받는 경우에서는 당해 직역연금에 대한 조사권한이 부여되며, 그 결과에 따라서는 연금수탁자의 업무정지 · 해임도 가능하게 된다. 또한 포괄적인 감독기관이기 때문에 관할관청간의 이해대립도 회피할 수 있다. 구체적으로는 징세기관인 직역연금사무국(PSO: Pension Scheme Office)은 연금자산의 과잉적립억제를 목적으로 하며, OPB는 연금수급권의 담보가 되는 연금자산의 충분한 적립을 요구한다는 점에서 차이가 있다. 더욱이 연금수탁자의 의무위반행위는 복수의 분산된 관할관청에 의해 적용제외 및 세제적격의 취소행위로 이르게 되고 이는 결국 가입종업원의 불이익으로 이어질 수 있기 때문에 OPRA는 연금수탁자의 의무위반에 대한 개별적인 벌칙규정을 정하고 특히 상한의 벌칙을 부과하는 권한도 부여되어 있다.

② 적립기금확보차원의 최저적립기준(MFR)적용

최저적립기준(MFR: Minimum Funding Requirement)은 연금기금의 재무건전성을 확보하기 위한 하나의 기준으로서 채용된 것으로, 연금급부채무에 적합한 연금자산보유를 의무화하는 것을 목적으로 하고 있다. 구체적으로 연금자산이 연금부채의 90%를 하회하는 경우에는 1년 이내에 그 기준을 달성하여야 하며, 100%까지 적립수준의 인상은 5년 이내로 한정하고 있다. 이와 더불어 3년마다 한번씩 의무적으로 연금수리평가를 받아야 하며, 적립수준이 100%를 하회하는 것으로 나타나면 연금기금을 운용하는 이사회는 신규 연금갹출계획서를 작성, 임명연금계리사의 증명을 첨부하여 제출할 의무가 있다. 연금기금의 재무건전성 검증프로세스는 ① 3년마다 정기적인 연금수리평가, ② 연금기금으로부터 지명된 임명연금계리사와 수탁자에 의해 간행되는 매년의 연차보고서, ③ 적립수준이 최저적립수준의 100%를 하회하는 경우의 중장기적인 회복조치 및 적립수준이 최저적립기준의 90%를 하회하는 경우의 긴급한 회복조치 등과 같이 3단계로 구성되고 있다. 특히 긴급한 회복조치에서는 즉시적인 현금보전이외에 은행에 의한 채무보증, 용도가 특정된 은행예금 내지 예비자산(cash reserve)보유 등의 방법도 인정되고 있다.

③ 연금보상제도(PCS)에 의한 지급보증

연금보상제도(PCS: Pension Compensation Scheme)는 주로 모기업의 도산에 의해 연금급부채무의 불이행상태가 발생하고 동시에 연금기금의 자산이 부정유용 및 사기행위에 의해 손해를 입고 있는 경우에 대해 일정한 상한금액까지 보전하는 것을 목적으로 한다. 보상액 · 보전액은 부정행위에 의한 상실자산액의 90%상당액, 또는 적립부족액의 90%상당액 중 적은 쪽이다. 나머지 10%는 제도종료 · 해산에 대한 자기책임액이며, 사전적으로는 위험분배에 의한 도덕적 해이 억제기능을 수행한다. 보전방법은 연금보상위원회가 가맹연금기금에 대하여 사후적으로 부과하는 것으로 운영한다. 이에 따라 모기업의 도산리스크 및 제도종료리스크를 대상으로 하는 지급보증사업과는 성격을 달리한다고 할 수 있다.

(3) 일 본

일본에는 퇴직연금에 대한 지급보증이 2005년 현재 없으며, 2000년 「확정급부기업연금법」이 제정될 때 부대결의로 계속 심의하기로 한 이후, 답보상태에 머무르고 있다. 따라서 퇴직연금은 개별 수탁기관의 지급보증 규칙을 따르고 있다. 즉, 적격퇴직연금제도의 경우 자산을 외부에 적립하고 있기 때문에 기업도산시 정리재산의 잔고범위 내에서 종업원 및 퇴직자의 수급권보전이 이루어지지만 재산의 범위 내에서 일부밖에 보증을 받을 수 없는 실정이다. 다만 후생 연금기금의 경우 지급보증제도가 존재한다.

후생연금기금이 해산하는 경우 그 대행부분은 후생연금보험법 제85조 2의 규정에 의해 책임준비금(최저책임준비금)을 후생연금기금연합회에 납부하고 후생연금기금연합회가 국가를 대신하여 기금의 가입원이었던 자에게 대행상당액을 지급하게 된다. 이 경우 지급개시연령은 기금규정에서 정한 지급개시연령이 아니라 후생연금의 지급개시연령이 되므로 급부액의 수준은 보증되지만 지급개시

표 11-15 지급보증제도의 운용형태비교

구 분	미 국	영 국	일 본
보증대상	모든기금의 해산	부정행위에 의한 해산	후생연금기금의+α
보증한도	최고한도 설정	Min{손실자산의 90%, 적립부족의 90%}	최저책임준비금의 30%
재원충당	제도종료보험의 보험료운용수익, 구상권행사한 자산	사후적으로전직역연금에 부과	전기금의 갹출

연령까지를 포함한 수급권의 완전한 보증은 이루어지지 않는다. 후생연금기금이 해산하는 경우 그 플러스 알파부분에 대해서는 후생연금기금연합회가 지급보증의 보험적 기능을 갖추고 있다. 기금의 갹출금 등을 재원으로 하여 연금급부를 보증하지만 그 보증액은 최저책임준비금의 30%로 매우 한정적인데, 이는 1989년 전기금이 참가한 임의의 공제사업으로서 창설되었으며 1996년 2월에 최초의 보증급부가 이루어지게 되었다. 그러나 최근에는 수급권보호관점에서 임의가입제도인 지급보증제도를 미국이나 영국처럼 보험사고에 입각한 강제가입성격인 공적지급보증제도로의 전환을 적극 검토하고 있다.

2. 연금재정검증체제

재무건전성의 확보를 위해 중요한 인프라적 측면이 연금계리사 등에 의한 재정 감시기능이다. 미국에서는 책임준비금적립의 적정성 검증차원에서 책임준비금 등 연금수리부분에 대해 국세청에 등록된 연금계리사의 확인을 요구하고 있다. 즉 퇴직연금의 운용실태를 매년, 국세청 및 노동부에 보고하도록 되어 있으며 이 보고서를 토대로 국세청 및 노동부에서 정해진 원칙에 의해 샘플을 추출하여 책임준비금의 적정성을 검토하도록 하고 있다. 이처럼 퇴직연금의 책임준비금 적정성은 기업의 인수·합병시에 중요한 검토항목이며, 통상 연금계리사에 의한 검증절차와 회계법인에 의한 회계처리의 적정성에 대해 검사를 받도록 하고 있다.

퇴직연금 책임준비금을 부적정하게 적립하였을 경우에 결산 감사의견이 부적정하게 나타나게 되며, 이는 회사의 주가에 직접적인 영향을 미치게 되기 때문에 이러한 회계제도에 의해서 간접적인 감독이 이루어지고 있다. 또한 미국은 퇴직연금의 재정검증을 위해 산하 연금지급보증공사(PBGC) 등에서 연금계리사 등을 고용하고 있다.

영국의 경우 연금계리사는 1995년 연금법 제48조에 의해 연금감시자로서 역할하도록 규정하고 있으며, 또한 개별 연금기금의 재정을 상시 체크하여 연금재정악화를 조기발견, 사전적 대응책을 마련하기 위해 연금계리사 등을 중심으로 한 독립적인 퇴직연금감독기구(OPRA)를 설치 · 운용하고 있다. 연금계리사 등으로 구성된 OPRA는 수탁자의 해임 및 업무정지, 운영이 부적절한 퇴직연금에 대해 해산 또는 개선 등의 명령을 내릴 수 있는 권한을 부여받고 있다. 즉 연금제도와 관련해서 연금계리사 등이 부과된 의무를 준수하지 않는 것이 OPRA의 역할수행에 영향을 미치게 되는 경우 즉시 서면보고토록 하고 있다. 일본 또한 후생연금기금 재정이 연금수리에 기초하여 운용하는 가를 검증하기 위하여 연금계리사제도가 운용되고 있으며 연금계리업무 등에 대해서는 연금계리사의 확인을 받도록 하거나 보험회사에 위탁하고 있다. 특히 기금이 후생대신에게 제출하는 연금수리에 관한 서류에는 적정한 연금수리에 기초하여 운용되고 있다는 것을 연금계리사가 서명 · 날인토록 하고 있다.

표 11-16 선진국의 연금계리사 제도 및 역할

구분	미 국	영 국	일 본
유형	연금계리사	연금계리사	연금계리사 (연금수리인)
역할	-연금재정건전성 검증 -회계감사에 의견 반영 -감독정책에 간접 관여 -연금투자컨설팅	-연금재정건전성 검증 -제3자 감독기능 역할 -회계감사에 의견 반영 -연금투자컨설팅	-연금재정건전성 검증 -후생연금기금재정추계 -회계감사 의견반영

3. 연금급부보증체계

(1) 제도의 종결

연금기금의 종결은 원칙적으로 기업이 자유롭게 행할 수 있는데, 이와 같이 기업 스스로가 원하여 행하는 종결이 자발적 종결이다. 다만 기업은 그 취지를 PBGC에 신청하여야 하며, 만약 기금이 적립부족에 빠져 있는 경우에는 필요조건을 충족하지 않는 한 종결은 인정되지 않는다. 자발적 종결의 절차를 요약 · 정리하면 〈그림 11-2〉와 같다. 자발적 종결에는 적립수준이 충분한 경우와 적립부족에 빠져 있는 경우 두 가지가 있다.

전자는 PBGC의 연금급부가 발생하지 않기 때문에 신청은 받아들여지지만, 기업이 주의하지 않으면 안 되는 것은 PBGC가 적립충분성을 판단하기 위해 기준으로 삼는 것은 추가갹출의무에서의 ABO라는 점이며, 더욱이 PBGC가 사용

그림 11-2 퇴직연금제도의 자발적 종결과 비자발적 종결

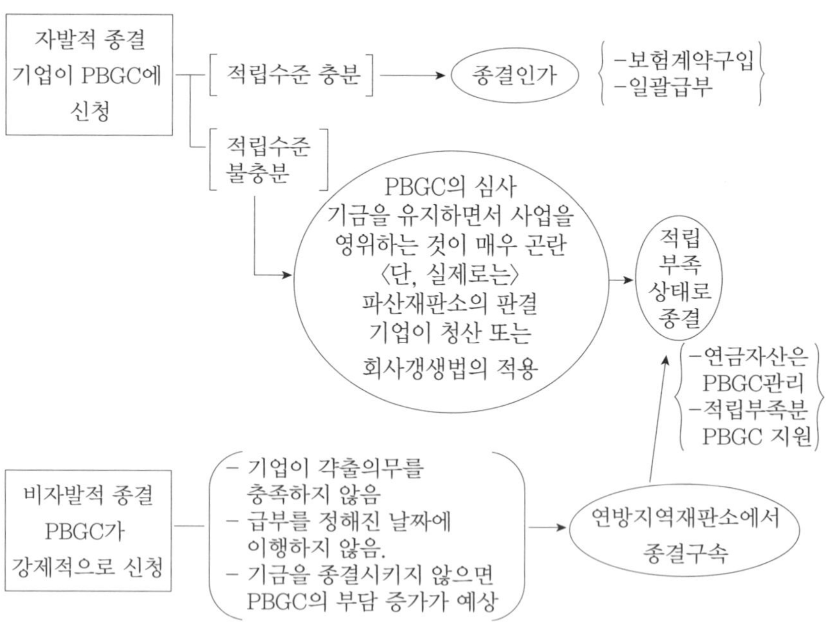

하는 할인율은 보수적 관점에서 일반적으로 기업이 기금운영에 사용하고 있는 수준보다도 낮게 설정되어 있다(즉 그만큼 ABO는 큰 금액이 된다)는 점이다.

문제는 기금이 적립부족인 경우이다. 이 경우는 기업이 신청을 인가받기 위해서는 기금의 계속이 기업전체에 중대한 부담을 주어 결국 도산에 이를 수 있다고 PBGC를 설득하거나 또는 파산재판소로부터 도산을 선언받는 절차가 요구된다. 즉 기금운영의 부담이 기업의 존속에 직접적인 영향을 미치지 않는다면 적립부족기금의 종결은 인정되지 않는다.

반면에 PBGC가 기업의 의지와 상관없이 강제적으로 기금을 종결시키는 경우도 있는데, 이를 비자발적 종결이라고 부른다. 이 경우는 기금을 그대로 존속시키더라도 기금에의 갹출이 부담이 되어 도산 등의 우려가 있으며, 더욱이 그때까지 기다린다하더라도 보증해야 하는 급부액이 커진다라고 PBGC가 판단한 경우이다. 결국 미국에서는 자발적 · 비자발적인 것에 상관없이 적립부족인 기금이 종결되는 것은 기업의 도산 또는 그것에 유사한 사정을 수반하는 경우로 한정하고 있다.

(2) 급부보증의 상한

기금이 자발적 · 비자발적인 것에 상관없이 적립부족에 빠진 채 종결되는 경우 종업원이 보증받는 연금은 원칙적으로 그 종업원이 그 시점에서 퇴직한 경우에 지급되는 금액과 같다. 그러나 상당히 고액의 연금급부가 약속되어 있는 경우 PBGC가 그 전액을 보증하는 것은 아니다. 즉 PBGC가 보증하는 연금급부액에는 상한이 있으며, 1996년에 종결한 기금의 경우 1인당 월 약 2,600달러(또는 연간 약 31,704달러)이다. 인계한 연금급부의 지급은 PBGC가 책임을 가지고 처리하지만 사무처리 등은 민간업자에게 아웃소싱한다. 최근에는 소비자서비스센터(customer service center)를 설립하여 무료로 전화상담을 받거나 인터넷상의 홈페이지를 통한 정보전달도 이루어져 수급자편익의 향상에 적극적으로 노력하고 있다.

(3) 보험료의 징수

PBGC의 급부보증재원이 되는 것은 다음 세 가지로 구성되어 있다. 첫째, 기금을 운영하고 있는 기업으로부터 징수하는 보험료 및 그 운용수익이다. 둘째,

PBGC가 급부의무를 인계한 기금이 그 당시까지 적립하고 있던 자산이다. 셋째, 종결한 기금을 주관하는 기업으로부터 접수한 자산 및 그 운용수익이다. 보험료에는 정액보험료와 함께 적립부족수준에 따라 변하는 보험료가 있다.

보험료는 ERISA 제정시인 1974년부터 1987년까지는 가입자 1인당 고정금액만을 징수하는 인두세방식이었으며, 그 수준도 10달러면 충분한 낮은 수준이었다. 그러다가 1988년에 정액부분은 약 2배인 16달러로 인상됨과 더불어 변동부분이 추가되었다. 보험료의 인상은 그후에도 이루어져 1996년 6월부터 1인당 보험료상한까지도 폐지되었다. 따라서 다액의 적립부족을 지닌 기금을 가진 기업의 보험료부담은 가중되었다. 정액부분의 인상배경에는 1980년대 중반에 연이은 기금파탄에 의한 PBGC재정의 악화를 더 이상 방치할 수 없다는 사실에 있으며, 변액부분의 도입은 단순히 보험료수입을 증가시키기 위한 것뿐만 아니라, 적립부족 기금에 의한 도덕적 해이(적립수준이 충분한 기금에의 편승)의 방지 및 적립부족에 대한 징벌적인 의미가 포함되어 있다고 할 수 있다.

4. 감시강화에 의한 파탄 방지

PBGC는 최근 기금의 운영동향을 감시하고 적립수준의 대폭적인 악화 및 파탄을 미연에 방지하기 위한 방향으로 업무중심을 전환하고 있다. 예를 들면 1990년대 들어 도입된 조기경보프로그램 등을 들 수 있다.

연금기금의 파산을 방지할 수 있는 사전적 대응방안의 모색이 무엇보다도 필요하기 때문에 미국의 경우 기금의 적립부족액이 지나치게 큰 기업을 추출하여 중점적으로 감시하고 필요한 시정책을 요구하는 조기경보프로그램을 1990년대에 도입하였다. 예를 들어 GM사에 의한 자회사주식의 갹출과 같은 경우에서처럼 자회사의 연금기금이 적립부족에 빠져 있는 경우 모회사가 그 자회사의 매각을 계획하고 있는가 등도 감시하게 된다. 이는 자회사 매각 후에 적립부족에 빠져있는 기금의 건전성확보에 대해 모회사와 매각 상대방의 어느 쪽이 최종책임을 지는 가가 애매하고 문제가 복잡하기 때문이다.

표 11-17 조기경보프로그램의 발동사례

기 업	배 경	PBGC의 움직임
New Valley Corp. 금 융 업	New Valley는 91년 11월 회사갱정법 신청, 사업재건 과정에서 자회사 Western Union 매각 희망, Western Union의 기금이 91년말 현재 16,000명의 가입자를 포함. 4억 달러의 적립부족 상태	PBGC는 자회사 매각 결과, 적립부족 기금에 대한 책임이 New Valley와 매수선 사이에서 불명확하게 될 것을 우려, 매각실시 전에 기금을 강제적으로 종결시켜 Western Union의 자산 접수에 나설 것을 통고 ↓ Western Union의 매수선 First Financial Management Corp.는 95년 동사가 기금을 인수하는 데 동의. 그 후 기금에 대해 1억 9,900만 달러의 갹출을 행함
Trans World Airlines (TWA) 항공운수업	TWA는 92년 1월 회사갱생법 신청. 동년 12월 현재 두 개의 기금에서 합계 10억 달러의 적립부족 상태	PBGC는 TWA 및 이전 소유자인 C. Icahn씨와 교섭 ↓ 93년 초에 합의에 도달. TWA는 3억달러의 담보부증권을 발행하여 기금에 갹출하기로 함. 이 증권의 이자지불과 Icahn씨의 소유기업의 자금으로 TWA의 갹출의무를 달성
Worldward & Lothrop Holdings 소 매 업	W&L은 94년 1월 회사갱생법 신청. 동사의 기금은 그 시점에 10,000명의 가입자를 포함, 3,000만 달러의 적립부족 상태	PBGC는 동사의 사업재건의 진행되고, 연금기금의 유지에 필요한 가입자수가 상실될 것을 우려하여 동사와 교섭 ↓ 사장겸 1대 주주인 A. Taubman씨와 95년 합의에 도달, 관계자 1개사가 김금에 계속 갹출하고, 다른 관계자가 그 갹출을 보증하기로 함, 적리부족 해소 후 W&L은 기금을 종결하고 가입자에게 일괄급부 또는 보험회사의 연금을 제공함
James River 종이제품 제조업	James River는 통신지부분에서 철수하고 Crown Vantage를 신회사로 설립하고자 계획. 신회사의 사원 8,000명이 가입하는 12개 기금은 합계 5,500만 달러의 적립부족 상태	PBGC는 신회사의 기금이 적립부족이라면 책임소재가 James River와 신회사 사이에서 불명확하게 될 것을 우려하여 James River와 교섭 ↓ 95년 James River가 12개의 기금 모두에 대해 스스로 스폰서를 계속하던가 신회사의 갹출부족분의 책임을 지는 방법 중 하나의 방법으로 대처하기로 합의

자료: PBGC Annual Report에서 작성.

제 2 장 퇴직연금 감독체계

이하에서는 OECD회원국을 중심으로 퇴직연금의 감독기관을 소개하고 그 특징을 고찰해 보고자 한다.

I. 퇴직연금 감독기관의 일반적 특징

OECD 주요 회원국의 퇴직연금 규제 감독기관의 특징은 전체 금융감독 체계에 대한 국가별 특징과 깊은 연관을 가지면서 크게 3가지 형태로 분류할 수 있다. 〈표 11-18〉에서 보는 바와 같이 ① 퇴직연금을 포함한 모든 금융산업을 통합된 감독기구가 감독하는 경우, ② 분리되어 있는 보험산업 감독기구가 퇴직연금까지 감독하는 경우, ③ 퇴직연금 부분을 별도로 분리하여 전문적인 연금 감독기관을 두는 경우 등으로 구분할 수 있다.

최근 호주(1998), 한국(1999), 아이슬랜드(1999), 헝가리(2000) 등의 국가들이 금융감독업무의 효율성을 제고할 목적으로 통합된 금융감독기구를 신설하고 있으며 이 경우에는 연금 등 모든 금융관련 업무가 통일된 감독기구의 규제를 받게 된다. 통합금융감독기구의 장점은 금융감독에 따른 비용부담을 줄일 수 있고 감독 당국에 대한 금융기관의 순응 그리고 신규 금융기관의 참여를 유도할 수 있다는 점이 특징적이다. 그러나 분리된 감독기구들도 적절한 정보 교환 및 협조를 통해 이러한 문제점을 충분히 극복할 수 있다는 주장도 있어 장단점을 명확히 구분하기는 어려울 것으로 판단된다. 퇴직연금의 경우 상품의 특수성과 복잡한 사회적 이해관계 때문에 분리된 감독기관이 필요하다는 견해가 많으며, 그 결과 일본, 스웨덴, 영국의 경우는 통일된 금융감독기구의 존재에도 불구하고 퇴직연금

표 11-18 퇴직연금 감독기구의 형태

통합금융감독기구	보험감독기구	독립 연금감독기구
호 주	벨 기 에	아일랜드
오스트리아	체 코	이탈리아
캐 나 다	핀 란 드	일 본*
덴 마 크	룩셈부르크	멕 시 코
독 일	네덜란드	슬로바키아
헝 가 리	뉴질랜드	스 웨 덴*
아이슬랜드	폴 란 드	스 위 스
한 국	포르투갈	영 국*
노르웨이	스 페 인	미 국
	터 키	

주: *의 의미는 금융감독기구는 통합되어 있으나 기업연금 감독은 분리되어 있는 경우를 의미함.

자료: OECD, Supervisory Structure for Private Pension Fund: Survey Analysis, 2003. 11.

에 대한 감독기구는 분리되어 있는 실정이다.[12)]

〈표 11-19〉는 퇴직연금감독기구가 별도 기관으로 분리되어 있는 경우이며 〈표 11-20〉은 퇴직연금감독기구가 다른 조직 내의 하부조직으로 포함되어 있는 경우를 나타내고 있는데, 양자간의 차이를 몇 가지 분야로 나누어 비교하면 다음과 같이 요약할 수 있다.[13)]

첫째, 연금 계약자 및 연기금 규모면에서 볼 때, 일반적으로 규모가 클수록 연금 감독기구가 독립되어 있는 경향이 나타나고 있다는 점이다. 영국과 일본 등이 여기에 해당된다. 다만 호주 및 독일[14)] 등은 충분한 규모에도 불구하고 연금 감독기능이 분리되지 않은 경우도 있어 연금의 규모나 계약자에 따른 차이는 뚜렷하지 않다고 할 수 있다.

12) 우리나라의 경우는 퇴직연금 제도가 계약형의 형태이므로 금융감독원 등에서 퇴직연금 수탁 및 운용 기관을 감독하는 형태로 퇴직연금이 감독되고 있다.

13) 비교는 앞서 설명한 바와 같이 퇴직연금의 주감독기관만을 대상으로 한 것임.

14) 독일의 퇴직연금의 경우 연기금 자체가 별도 계정으로 분리되지 않은 특수성이 독립된 연금 감독기구 설치의 장애요인일 수도 있을 것으로 판단됨.

표 11-19 별도의 연금감독기구 형태인 OECD국가

		영 국	이탈리아	스 웨 덴	아일랜드	일 본	멕 시 코
형태	기관명	OPRA	COVIP	FI	PENSION BOARD	PENSION BUREAU	CONSAR
	위원회 존 재	유	유	유	유	무	유
	인 원	260	60	–	34	30	170
지위 및 예산	법 적 독립성	독립	독립	독립	독립	외부 통제	독립
	관 할 부 처	수상	Ministry of Laour & Ministry of the economy	정부	Ministry of Social and Family Affair	Ministry of Health Labour and Welfare	Ministry of Finance
	예 산 출 처	정부예산 + 회원사	정부예산	정부예산 + 회원사	회원사	정부예산	정부예산 + 회원사
기관장	임 명 권 자	위원회	정부	정부	위원회와 관할부처	관할부처 장관	재무부
	임 기 보 장	없음	4년	6년	5년	없음	없음
사적 연금	연기금 의 수	103,588 (연금 계약)	534	–	99,987 (연금 계약)	1,807 (계약 포함)	11
	계약자 의 수 천명)	40,000	1,907	–	630	14,116	29,421
	연기금 규 모 (10억 유로)	1,050	27.7	–	44	692.6	40.8

자료: OECD, *Supervisory Structure for Private Pension Fund: Survey Analysis*, 2003. 11.

표 11-20 별도의 연금감독기구 형태인 OECD국가

		호 주	아이슬랜드	뉴질랜드	스 페 인	독 일	덴 마 크	캐 나 다
형태	기관명	APRA	FME	Government Actuary	DGFSP	BAFin	FSA	OSFI -PPPD
	위원회 존 재	유	유	무	무	유	유	무
	인 원	–	7	3	–	29	15	20
지위 및 예산	법 적 독립성	독립	독립	외부통제	외부통제	독립	독립	독립
	관 할 부 처	Common wealth Parliament & supervised industries	Minister of Commerce	Ministry of Economic Development	Ministry of Economy	Ministry of Finance	Ministry of Economic Affairs	Ministry of Finance
	예 산 출 처	회원사	회원사	정부예산 + 회원사	정부예산	회원사	회원사	회원사
기관장	임 명 권 자	연방 재무상	위원회	관할부처	관할부처	대통령	수상	총독
	임 기 보 장	5년	4년	없음	없음	없음	없음	7년
사적 연금	연기금 의 수	249,262 (계약 포함)	82	808	–	139	80	1,195 (연금 계약)
	계약자 의 수 천명)	24,800	228	701	–	3,416	720	557
	연기금 규 모 (10억 유로)	281,5	7.7	5.1	–	68.7	32.2	56.1

자료: OECD, *Supervisory Structure for Private Pension Fund: Survey Analysis*, 2003. 11.

둘째, 퇴직연금 감독 기능의 법적 독립성 여부와 위원회 존재 유무에 따라 특징이 존재한다는 점이다. 캐나다의 경우는 예외적이지만 일반적으로 퇴직연금 감독 기능의 법적 독립성이 유지되는 경우에는 별도의 위원회가 설치되어 있는 것으로 나타나고 있다. 그리고 별도의 퇴직연금감독기구를 가지고 있는 경우가 그렇지 않은 경우에 비해 퇴직연금 감독 기능이 법적으로 독립되어 있고 위원회가 설치되어 있는 경우가 많다는 점이 특징적이다.

셋째, 퇴직 연금감독기구의 관할 부서의 경우에는 상당한 차이가 나타나고 있다는 점이다. 별도의 연금감독기구가 존재하는 국가의 경우 재정이나 경제 전반을 다루는 경제부처보다는 노동, 복지 문제를 다루는 부처가 관할 부처인 경우가 많은 것으로 나타나고 있다. 영국의 경우에는 수상이 직접 관할 정부 기관의 역할을 하고 있다.

마지막으로는 예산의 출처를 논할 필요가 있다는 점이다. 정확한 이유는 파악하기 어려우나 별도로 존재하는 연금감독기관의 예산은 정부 예산에 의존하는 경우가 많은 반면, 통합금융기관에 소속되어 있는 경우에는 회원사로부터 갹출하는 경우가 많다. 이는 통합금융감독기구 자체가 회원사로부터의 회비 또는 감독수수료 형태로 운용되는 경우가 많기 때문이다.

II. 퇴직연금의 연금감독기관 및 주감독기관

퇴직연금이 운용되기 위해서는 자산관리 이외에도 갹출, 급부지급, 청산, 조세 등 다양한 문제와 결부된다. 따라서 퇴직연금의 감독과 관련된 모든 업무를 하나의 기관이 수행하는 것이 사실상 불가능하며 일부 업무에 대해서는 역할의 분담이 이루어지는 것이 사실이다.

〈표 11-21〉은 OECD 주요 국가의 퇴직연금과 관련된 모든 기관을 국가별로 설명한 표이다. 이들 기관은 퇴직연금에 대한 주감독기관과 협조하여 감독업무를 수행하는데 주로 금융감독원이나 관할 정부부처인 경우가 많으며 그 밖에도 세무당국이나 중앙은행이 개입하기도 한다.

표 11-21 OECD주요국의 연금감독기관 및 주감독기관 비교

	국 가 명	연금감독기관	주감독기관
비분리 연금 감독 기구	호 주	Australian Prudential Regulation Authority (APRA) Australian Securities and Investment Commission(ASIC) Australian Tax Office(ATO)	APRA
	아 이 슬 랜 드	Ministry of Finance(MF) Financial Supervisory Authority (FME) Internal Revenue Directorate (IRD)	FME
	뉴질랜드	Gov. Acturary at the Insurance and Superannuation Unit (ISU) of Minister of Economic Development	GA(ISU)
	스 페 인	General Directorate for Insurance and Private Pension Plans (DGSFP)	DGSFP
	독 일	Financial Supervisory Authority (BAFin) Financial Supervisory Authority(FSA)	BAFin
	덴 마 크	Office of the Superintendent of Finanacial Institutions (OSFI)	FSA
	캐 나 다	Canada Customs and Revenue Agency (CCRA) Provincials Pensions Supervisory Authorities	연방연금: OSFI 지방 연금은 별도의 기관 존재

자료: OECD, *Supervisory Structure for Private Pension Fund: Survey Analysis*, 2003. 11.

Ⅲ. 퇴직연금 프로우상의 연금감독업무

〈표 11-22〉는 퇴직연금의 프로우 상에서 어떠한 기구가 감독업무를 수행하는 가를 보여주고 있다. 〈표 11-22〉에서 음영으로 표시된 부분은 주감독기구가 담당하고 있는 분야이며 그 밖의 영역은 주감독기구가 아닌 다른 기구가 감독업

표 11-22 연금 프로우상의 연금감독업무

<table>
<tr><th></th><th></th><th>인가
등록</th><th>세금
적격
심사</th><th>지배
구조</th><th>갹출</th><th>계약
유지
통산</th><th>수급권</th><th>자산
운용</th><th>자산
위탁</th><th>계리
회계</th><th>관리/
마케팅
비용</th><th>공시</th><th>계약
이전</th></tr>
<tr><td rowspan="6">별도연금감독기관</td><td>영 국</td><td>OPRA</td><td>IR</td><td colspan="3">OPRA</td><td>Industr
-ial
Tribun
-als</td><td>OPRA</td><td>n/a</td><td>OPRA</td><td>FSA</td><td colspan="2">OPRA</td></tr>
<tr><td>이탈리아</td><td>COVIP
BI
ISVAP
CONS-
OB</td><td>자동
절차</td><td>COV-
IP</td><td>n/a</td><td colspan="3">COVIP</td><td>COV-
IP
BI</td><td>COVI-
P</td><td>COVIP
CONS
-OB</td><td>COV-
IP
CON-
OB</td><td>COV-
IP</td></tr>
<tr><td>스 웨 덴</td><td>FI</td><td>TA</td><td colspan="10">FI</td></tr>
<tr><td>아일랜드</td><td>PB</td><td>TA</td><td colspan="4"></td><td>n/a</td><td>n/a</td><td>PB</td><td>n/a</td><td colspan="2">PB</td></tr>
<tr><td>일 본</td><td colspan="7">MHLW</td><td>FSA</td><td colspan="4">MHLW</td></tr>
<tr><td>멕 시 코</td><td>CONS
-AR</td><td>MF</td><td>CON-
SAR</td><td colspan="3">IMSS</td><td colspan="6">CONSAR</td></tr>
<tr><td rowspan="7">비분리연금감독기관</td><td>호 주</td><td>APRA</td><td>ATO</td><td>ASIC
ATO</td><td colspan="3">ATO
APRA</td><td colspan="3">APRA</td><td colspan="2">ASIC</td><td>APRA</td></tr>
<tr><td>아이슬랜드</td><td>MF
FME</td><td>IRD</td><td>FME</td><td>IRD
FME</td><td colspan="8">FME</td></tr>
<tr><td>뉴질랜드</td><td>GA</td><td>n/a</td><td>n/a</td><td colspan="9">Trustees</td></tr>
<tr><td>스 페 인</td><td>DGSFP</td><td>TA</td><td colspan="10">DGSFP</td></tr>
<tr><td>독 일</td><td>BAFin</td><td>TA</td><td colspan="10">BAFin</td></tr>
<tr><td>덴 마 크</td><td>FSA</td><td>TA</td><td colspan="10">FSA</td></tr>
<tr><td>캐 나 다</td><td>OSFI</td><td>CCRA</td><td colspan="7">OSFI</td><td>Plan
Spon
-sor</td><td colspan="2">OSFI</td></tr>
</table>

주: TA는 Tax Authority

자료: OECD, *Supervisory Structure for Private Pension Fund: Survey Analysis*, 2003. 11.

무를 수행하고 있는 경우에 대한 것인데, 대부분의 연금운용 프로우에서 주감독기구가 지대한 역할을 하고 있는 것으로 나타나고 있다.

특히 호주 및 멕시코의 경우, 많은 분야에서 협조기관의 책임하에 퇴직연금의 감독이 이루어지고 있으며 이탈리아의 경우에도 여러 기관이 책임을 분할하고 있는 것으로 나타나고 있다. 이외에 일본의 경우는 노동후생성(MHLW)이 대부분의 영역에서 책임기관으로 나타나 있으나 주감독기관(Pension Bureau)이 노동후생성의 산하기관임을 고려할 때 사실상 대부분의 연금프로우상에서 주감독기관이 역할을 하고 있는 것으로 판단된다.[15)]

퇴직연금 관리의 프로우상에 나타나고 있는 특징을 비교하면 다음과 같다. 우선 주감독기관이 아닌 협력기관에 의해 업무가 이루어지는 분야는 세제적격심사가 대표적인 분야라고 할 수 있다. 대부분의 국가에서 해당 분야 감독 책임이 조세당국에 있는 것으로 조사되었다. 그 외에도 관리 및 마케팅 비용관련 감독이 영국, 호주, 캐나다 3개국에서 다른 기관의 책임하에 이루어지는 것으로 나타났다.

나머지 퇴직연금 감독 분야는 자산운용 분야를 비롯해서 대부분 주감독기관의 책임하에 이루어지고 있다. 단지 지배구조, 갹출, 계약유지 및 통산, 수급권, 자산위탁, 공시 등에서 1~2개국의 예외가 있을 뿐이다. 따라서 퇴직연금은 연금감독기관이 별도로 설립되어 있는 경우나 다른 기관에 포함되어 있는 경우를 가리지 않고 대부분의 국가에서 조세와 관리 · 마케팅 비용 부문에 대한 감독을 제외하고는 주로 주감독기관의 책임하에 감독 기능이 이루어지고 있는 것으로 나타났다.

15) 뉴질랜드의 경우는 주감독기구가 존재한다기보다는 정부의 보험계리사 조직과 수탁기관에 의해 감독이 이루어지는 것으로 판단되기 때문에 논의의 대상에서 제외하였다.

제12편

퇴직연금 지배구조

제1장 퇴직연금 지배구조 및 분류

I. 계 약 형

금융회사에 완전위탁하여 운용하는 계약형 지배구조하에서는 금융기관에 대한 기금운용감독으로 충분하다고 할 수 있다. 다만 계약형은 금융회사가 모든 절차를 관리하기 때문에 금융회사와 사용자와의 금전계약에 의해 계약이 좌우될 수 있다. 따라서 근로자와의 이익상충을 일의킬 소지가 있다. 특히 우리나라의 경우 보험회사, 투신사 등 제2금융권의 상당수가 대규모기업집단에 속하고 있기 때문에 감염효과(contagion effect)가 있을 가능성도 있다. 금융시장의 측면에서 보면 초기에는 계약형으로 주된 계약인수를 하는 금융회사가 전체기금을 운용하려는 경향이 있을 것이다. 이 경우 자산운용업을 전문으로 하는 투신사의 건전한 발전을 저해할 수 있다. 따라서 ① 금융기관에 대한 기금운용감독 중시, ② 사용자와 금융기관간 불공정한 계약(예: 금전계약) 방지, ③ 근로자와 이익상충이 없도록 사전에 정형화된 규약설정 등에 감독이 맞추어질 필요성이 있다.

II. 기 금 형

회사와는 별도로 독립된 연금기금을 신탁형태로 설치운용하는 기금형 지배구조에서는 개별연금기금에 대한 감독이 필요하다. 즉 기금형은 회사와 독립된 기금(연금기금)을 설치하여 정책결정은 노사동수의 위원회에서 하되, 기금운용 등은 외부기관에 위탁하는 형태로 미국, 영국 등 앵글로색슨국가에서 채택하고 있다. 대체로 기금형은 노사간의 신뢰를 기반으로 한다는 점에서 기금을 일괄 금융기관에 위탁하는 계약형보다 금융시장의 발전에 긍정적인 줄 것으로 예상된다. 기금형은 회사가 직접 운용하는 자가관리형과 금융기관 등 관련 전문가에 위탁하여 운용하는 형태로 분류되며 연금기금에서 직접, 또는 전문적인 펀드매니저를 고용하여 기금을 운용하기 때문에 금융시장의 발전에 기여할 수 있다.

Ⅲ. 회 사 형

산업별로 별도의 기금을 회사형태로 설립하여 운영하는 회사형 지배구조에서는 산업별 전체의 감독이 보다 중요하다. 회사형은 산업별로 공단을 설치하여 운용하는 형태로 퇴직연금이 국민연금의 대체역할을 하고 사회적 연대(social solidarity)가 공고한 네덜란드, 프랑스, 덴마크 등의 국가에서 채택하고 있다. 이 국가들은 산업별로 퇴직연금을 운용하기 때문에 특정회사가 도산되더라도 퇴직연금의 지급불능사태가 발생하지 않는다. 퇴직연금이 전 산업에 강제적으로 적용될 때 성격이 비슷한 산업끼리 회사형을 설치할 수 있으나, 우리나라와 같이 사회적 연대가 약한 경우에는 도입이 어려울 것으로 보인다.

제 2 장 영미의 퇴직연금 지배구조

I. 확정급여형 지배구조

사업주와 근로자의 단체협약에 의해 지명수탁자를 지명하고, 기금운용 및 관리는 보험형, 신탁형, 자문계약 또는 자가운용형이 존재한다. 〈그림 12-1〉에

그림 12-1 확정급여형 퇴직연금의 지배구조(영미)

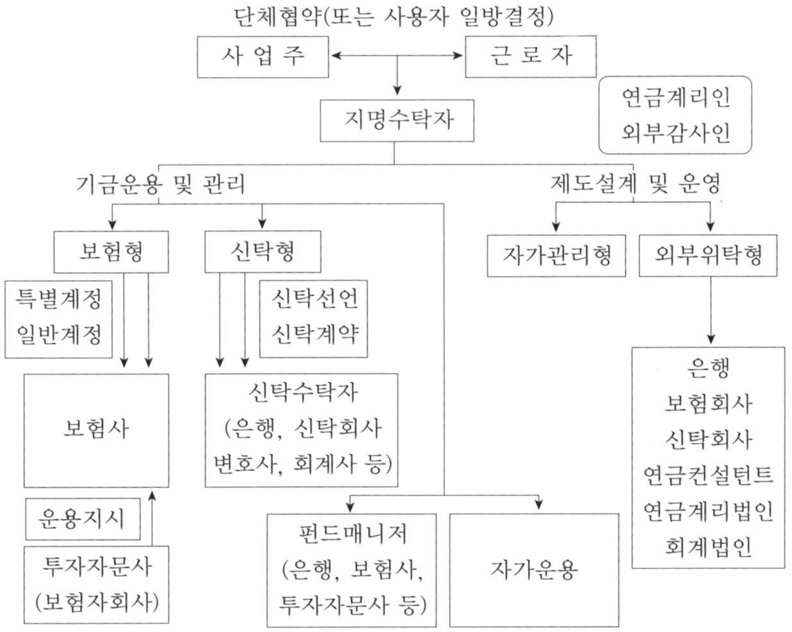

자료: 신기철, 기업연금도입이 금융시장에 미칠 영향, 증권예탁지, 2003. 4. p. 24.

서 보는 바와 같이 보험형은 보험회사에 기금을 위탁하는 것으로 일반계정 또는 특별계정을 이용하며, 신탁형은 신탁계약에 의해 신탁수탁자인 은행, 신탁회사, 변호사 등이 기금을 운용하게 된다.[1)]

특히 확정급여형은 미래의 연금지급액을 추정하여 필요한 책임준비금을 적립하는 제도로서 연금수리 및 회계처리에 대한 투명성 및 엄격한 감독이 매우 중요하기 때문에 연금계리사 및 외부감사인의 선임이 강제되고 있다. 영미식 확정급여형 퇴직연금 지배구조에는 퇴직연금과 관련된 다양한 전문가들이 제도설계 및 기금운용에 참여하게 된다는 점이 특징적이다. 즉 계약형과 달리 제도운용, 기금운영, 연금제도운영에 대한 컨설팅 및 외부감사 등이 별도로 전문화한 기관에 의해 수행하게 된다.

그림 12-2 확정기여형 퇴직연금의 지배구조(영미)

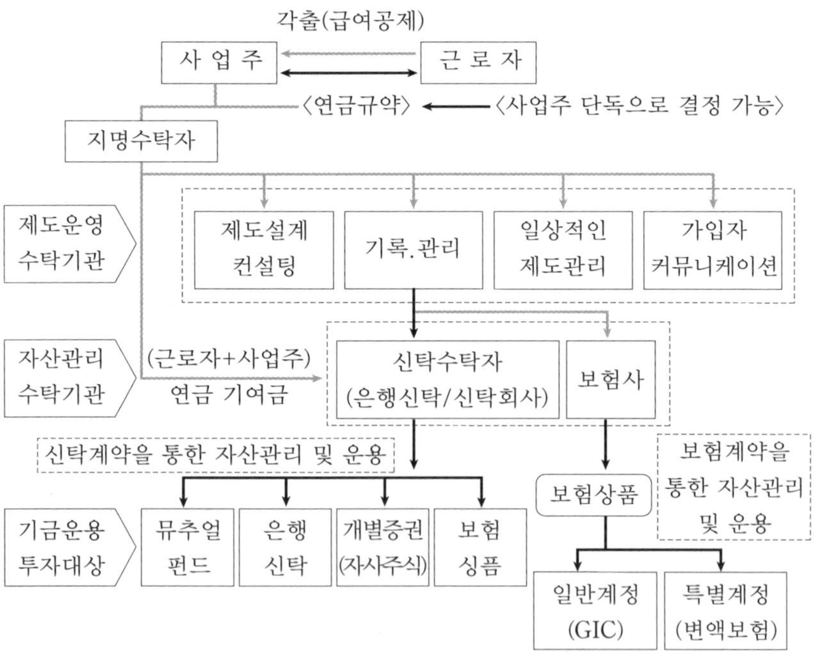

자료: 신기철(2003), p. 25.

1) 신기철, 기업연금도입이 금융시장에 미칠 영향, 증권예탁지, 2003. 4. p. 24.

II. 확정기여형 지배구조

확정기여형 지배구조하에서 제도운용수탁기관은 제도설계컨설팅, 기록 및 관리, 일상적인 제도관리, 가입자커뮤니케이션 등의 업무를 담당하게 되는데, 특히 연금제도 도입에 대한 노동조합과의 교섭 · 합의 및 퇴직연금규약의 작성 · 신고 등과 같이 제도 도입을 위한 업무가 필요하다. 자산관리수탁기관은 신탁수탁자와 보험사로 구분, 신탁계약을 통한 자산관리 및 운용, 보험계약을 통한 자산관리 및 운용을 하게 된다. 특히 신탁수탁자는 뮤추얼 펀드, 은행신탁 등과 계약하여 운용을 하며 보험회사는 일반계정과 특별계정으로 운용하게 된다.

제 3 장　일본의 퇴직연금 지배구조

I. 확정급여형 지배구조

사업주와 근로자 사이에 연금규약을 체결하여 자산관리운용기관을 선정하여 자산관리운용계약을 체결하게 된다. 자산관리운용기관의 업무는 운용업무와 관리업무로 나뉘며 신탁회사, 보험회사 및 농협 등이 자산관리운용기관의 업무를 하게 된다. 이때 보험회사가 아닌 경우 관리업무 중 연금계리업무는 위탁할 수 있도록 하고 있다.

그림 12-3　규약형 확정급여 퇴직연금의 지배구조

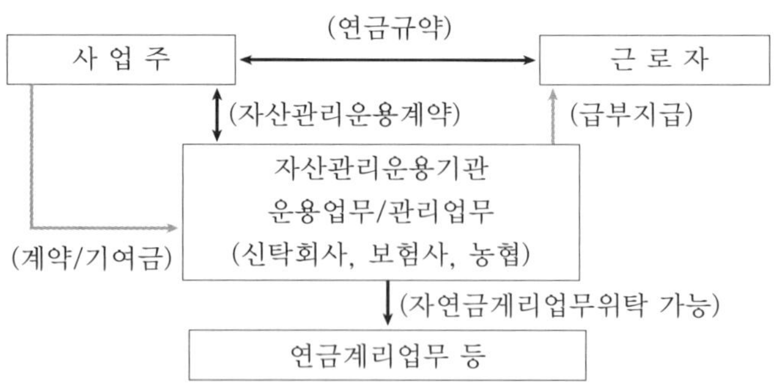

II. 확정기여형 지배구조

확정기여형 연금은 기업형 연금과 개인형 연금으로 구분되는데, 기업형 연

표 12-1 확정기여형 퇴직연금체계

	기 업 형	개 인 형
실 시 자	사 업 주	국민연금기금연합회
가 입 자	기업에 근무하는 피보험자	자영업자, 샐러리맨 중 퇴직연금 등 대상자가 아닌 자
갹 출 자	사 업 주	가 입 자
자격확인 등	사 업 주	국민연금기금연합회
운용방법제시	신금융기관 등의 운용관련 운영관리기관	
운용지도	개인별 관리자산에 대해 가입자가 자기책임으로 운용방법을 지도	
기록관리 등	기록관련 운영관리기관	
적립금의 관리 및 급부	신탁은행 등 자산관리기관	국민연금기금연합회 (유가증권 등의 보관 등은 위탁)

자료: 山口 修, 確定醵出年金のすべて, 金融財政事情研究會, 平成 2003. 5., p. 111.

금과 개인형 연금의 특징은 〈표 12-1〉에서 보는 것처럼 운용방법면 등에서 많은 차이가 존재한다.[2] 확정기여형 연금법에는 운영관리업무를 제도관리와 관련된 기록관리업무와 운용과 관련된 운용관련업무로 구분되어 있는데, 운영관리기관은 업무의 일부를 타 운영관리기관에 재위탁할 수 있으나 자기의 명의로 타인에게 운영관리업을 영위하는 명의 대여는 금지하도록 되어 있다.

기업형연금의 경우 기업이 자산관리기관에게 지급한 보험료를 기업재산과의 분리를 행하며 가입자 등의 운용지시에 의해 각 운영상품제공기관에 배분하는 형태로 운용을 하는 구조를 띠고 있다.

자산관리기관은 기업형연금의 운영에 있어서 기업이 갹출한 보험료를 받아 확정갹출연금의 자금으로써 기업의 재산과 분리하여 보전하고 운영관리기관의 지시에 기초하여 연금자산을 각 운용상품으로 배분하거나 수급권자에게 급부지급을 행하게 된다. 특히 자산관리기관인 신탁은행, 생명보험사, 손해보험사, 농협협동조합연합회 중에서 보험료를 갹출한 사용자(기업)이 선임하게 된다. 개인형연금의 경우 제 1 호가입자(자영업자)는 직접, 제 2 호가입자(퇴직연금 및 확정기여

2) 山口 修, 確定醵出年金のすべて, 金融財政事情研究會, 平成 2003. 5., p. 111.

그림 12-4 기업형 퇴직연금의 지배구조

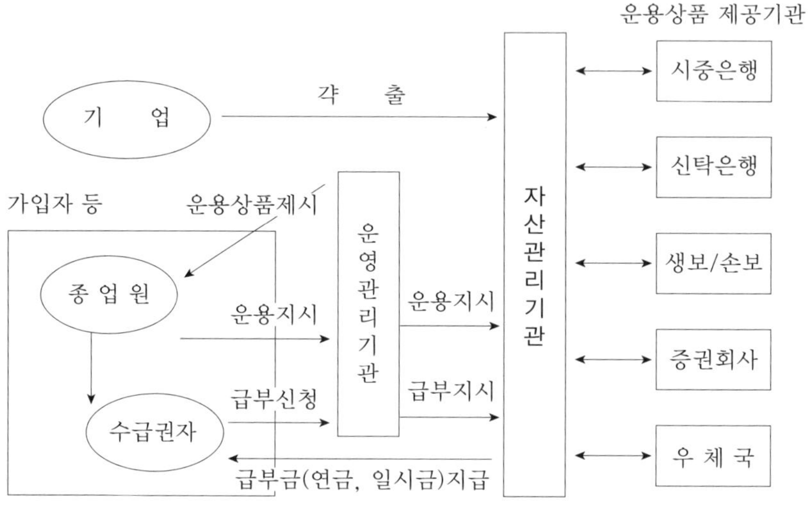

자료: 山口 修, 確定醵出年金のすべて, 金融財政事情硏究會, 平成 2003. 5., p. 233.

형 연금이 없는 사원)는 기업이 종업원급여에서 원천징수하여 연합회에 보험료를 지급하고 가입자의 운용지시에 기초하여 각 운용상품에 배분하는 형태로 되어 있다. 연합회업무중 가입신청의 수리사무, 필요사항제출의 수리업무 및 적립금 관리사무 등은 위탁가능하도록 하고 있다. 국민연금기금연합회는 개인형연금의 운영에 관하여 기업형연금에 있어서의 기업의 역할과 자산관리기관의 역할을 하는데, 자산관리기관은 개인형연금규약을 설정하여 가입자가 갹출한 보험료를 받아 운영관리기관으로부터의 운영지시를 받아 수급권자에게 급부지급을 행하는 기관을 말한다. 규약의 설정이나 보험료의 수입 이외의 연금자산의 운용지시 등에 관한 사무는 민간의 신탁은행에 위탁하게 된다.

그림 12-5 개인형 퇴직연금의 지배구조

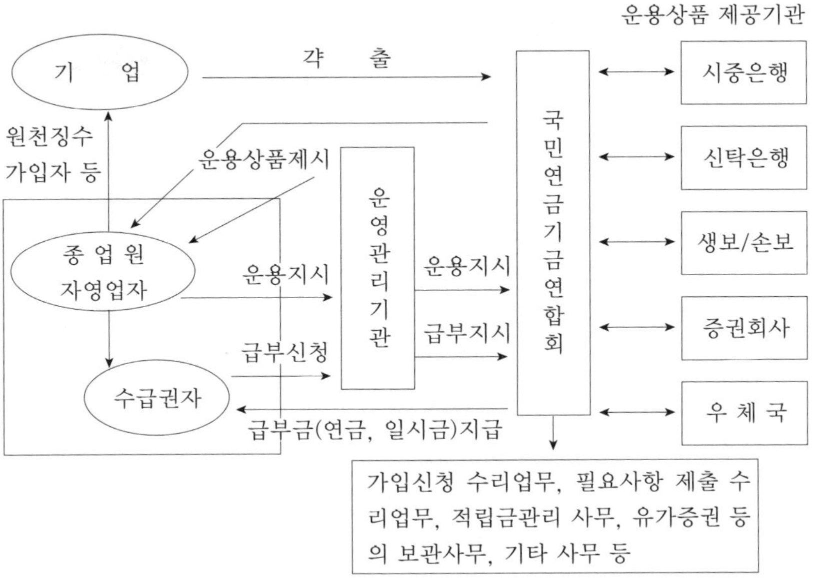

자료: 山口 修(2003), p. 234.

제 4 장 한국의 퇴직연금 지배구조

우리나라 퇴직연금제도의 운용체계는 확정급여형 및 확정기여형 퇴직연금제도의 운용체계이며 운용구조는 계약형 퇴직연금제도의 지배구조를 지향하고 있다. 계약형 퇴직연금제도 지배구조는 연금제도에 대한 관리 및 기금운용 등을 일괄하여 금융회사에 위탁하는 형태이다.

〈그림 12-6〉에서 보는 바와 같이 노사간의 단체협약 또는 관련법에 의하여 연금제도 설치에 관한 합의가 이루어지면 사용자와 금융회사와의 연금계약에 따라 금융회사에 연금제도에 대한 관리 및 기금운용을 일괄하여 위탁하게 된다.[3)]

계약형 퇴직연금제도 지배구조는 금융회사가 연금제도에 관한 제도설계(컨설팅), 연금관리 및 기금운용 등의 전 과정을 일괄하여 수탁하는 형태로 근로자의 숫자가 적은 중소기업에 적합한 형태라고 볼 수 있다. 우리나라의 경우는 미국이

그림 12-6 계약형 퇴직연금제도 지배구조

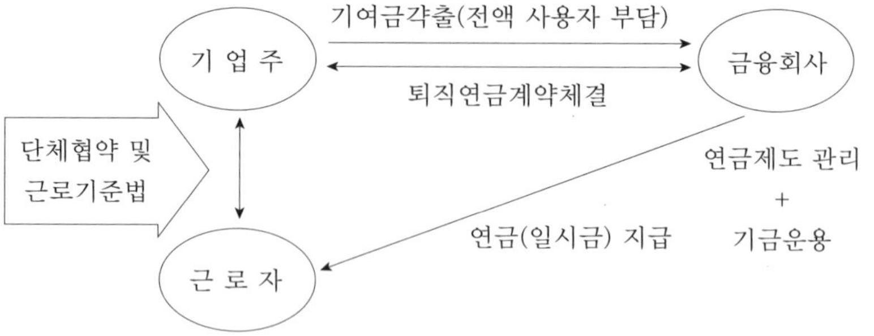

자료: 신기철, 「기업연금도입이 금융시장에 미칠 영향」, 「증권예탁지」, 2003. 4., p. 25.

3) 신기철, 「기업연금도입이 금융시장에 미칠 영향」, 「증권예탁지」, 2003. 4., p. 25.

나 영국과 같은 신탁개념이 익숙치 않기 때문에 제도 도입초기에는 대규모 기업도 이 형태를 취할 것으로 예상된다.[4)]

4) 취급하는 금융회사가 보험회사이면 보험형, 신탁회사이면 신탁형이 된다.

제 5 장 지배구조별 퇴직연금 규제감독

I. 지배구조별 규제감독

회사와는 별도로 독립된 퇴직연금기금을 신탁형태로 설치운용하는 기금형 지배구조에서는 개별연금기금에 대한 감독이 필요하며, 개별회사 감독금융회사에 완전위탁하여 운용하는 계약형 지배구조에서는 금융기관에 대한 기금운용감독으로 충분하다고 할 수 있다. 산업별로 별도의 기금을 회사형태로 설립하여 운영하는 회사형 지배구조에서는 산업별 전체의 감독이 보다 중요하다.

II. 연금유형별 규제감독

1. 확정기여형 규제감독

확정기여형 지배구조에서는 수탁자책임관련 규제 및 수탁자책임위반시 행정처분 등과 관련된 감독이 중요하다. 특히 감독자가 되는 정부의 입장에서 볼 때 DC형 제도의 경우 기금의 건전성과 관련된 규제 및 감독의 의무가 상대적으로 적은 제도라는 점에서 장점이 존재(반면 근로자에 대한 교육 및 정보공시가 중요)하게 된다. 즉 운용리스크를 종업원이 지게 되므로 급부의 지급과 관련된 규제감독은 상대적으로 낮을 수 있으나, 충실의무 및 주의의무 등 수탁자의무 위반시의 행정처분 및 벌칙 등은 보다 엄격해질 것이다. 특히 수탁자책임위반에 따른 소송사례의 발생이 불가피할 수도 있으며 운용기관 등의 에이전시 문제 최소화를 위한 감독당국의 역할도 점점 증대할 것이다. 확정기여형 규제감독이 사후적 규제감독적 성격을 가지고 있다면, 확정급여형 규제감독은 사전적 규제감독적 성격(계산기초율 및 책임준비금규제 등)을 띠고 있다.

2. 확정급여형 규제감독

확정급여형 지배구조에서는 사업주가 모든 운용리스크를 부담하기 때문에 연금재정의 건전성과 관련된 책임준비금규제, 연금수리 및 회계투명성과 관련된 감독 등에 초점이 맞추어지게 될 것이며, 정기적인 회계감사, 재정재계산, 책임준비금의 적정성 검증 등 엄격한 규제감독이 요구됨으로써 확정기여형에 비해 높은 사전적 규제감독이 요구된다고 할 수 있다. 특히 자산운용의 건전성을 통한 지급보장이 중요하므로 상대적으로 확정기여형에 비해 양적 규제에 초점이 맞추어질 수밖에 없을 것이다. 다만 확정급여형의 자산운용규제가 완화되는 경우에는 자연스럽게 수탁자책임규제 중심으로 전환이 불가피할 것으로 생각된다. 다음으로 자산운용과 관련하여 규제감독의 특성을 비교할 때 확정급여형은 양적 투자규제중심(건전성강화와 리스크관리차원), 확정기여형은 수탁자책임규제중심의 규제감독이 요구된다.

부　　록

[부록 1] 퇴직연금 마케팅 실증분석

[부록 2] 퇴직연금 리스크관리 실증분석

[부록 3] 근로자퇴직급여보장법, 시행령, 시행규칙

[부록 4] 퇴직연금감독규정

[부록 1] 퇴직연금 마케팅 실증분석

I. 설문조사 대상 및 내용

퇴직연금제의 도입이 이루어지는 경우 은행 및 보험회사는 퇴직연금시장의 선점차원에서 적극적으로 퇴직연금시장에 진출할 것으로 예상되고 있다. 따라서 향후 보험회사가 과연 어떠한 마케팅 전략을 가지고 효율적으로 퇴직연금시장에 진출하느냐가 향후 최대 현안과제로 부각될 것으로 보인다.

보험회사가 퇴직연금 마케팅 전략을 적정하게 수립 · 시행하기 위해서는 무엇보다도 퇴직연금의 수요자에 해당하는 위탁자(근로자 또는 기업)의 성향과 니즈를 마케팅차원에서 체계적으로 파악하여 볼 필요성이 있다. 그 이유는 퇴직연금 수요자의 니즈에 부합하지 않은 마케팅대책은 보험회사에게 많은 경영부담을 장기적으로 안겨 줄 수밖에 없기 때문이다. 또한 보험회사가 퇴직연금 마케팅 전략을 수립하기 위해서 퇴직연금제도의 공급자에 해당하는 수탁자(은행 및 보험회사)의 마케팅환경(대비실태 등) 등을 종합적으로 파악할 필요성이 있다. 결국 수요자뿐만 아니라 공급자에 대한 마케팅실태 분석이 동시에 이루어져야 실질적인 마케팅전략이 모색될 수 있을 것이다. 즉 수요자와 공급자의 상황을 상호교차 분석하여 이를 통해 마케팅전략의 방향성을 모색하는 것이 가장 현실에 부합한 마케팅전략이 될 것이다. 이에 따라 본 연구는 위탁자인 근로자, 수탁자인 보험회사 및 은행 등을 대상으로 설문조사 및 통계분석을 실시함으로써 향후 국내보험회사의 마케팅전략의 방향성을 모색해 보고자 하였다(〈표 I-1〉 참조).

① 위탁자에 대한 설문은 서울시, 광역시, 기타 도시(수원, 전주 등) 등의 특수직역 연금가입자를 제외한 근로자를 분석대상(395명)으로 하였는데, 그 이유는 특수직역 연금가입자의 경우 퇴직연금제의 대상이 되기 않기 때문이다. 분석대상의 선정은 전체 응답자 중에서 395명을 선정하는 무작위추출법(random sampling method)을 사용하여 이루어졌는데, 분석대상 선정시 표본의 신뢰성 제고 차

표 I-1 설문조사 대상

		내 용	기 타
설문 대상	위탁자	근로자 (특수직역연금가입자제외: 395명)	전국 근로자대상
	수탁자	보험회사(생·손보사 22개사 대상)	퇴직연금 책임자 대상
		은행(14개사 중 10개사 대상)	퇴직연금 책임자 대상
설문 형태	5점 척도방식 및 기입식 병행		-
설문 기간	위탁자 : 2004.7~2004.8 수탁자 : 2004.10.10~2004.10.30		설문지 배포 후 회수

원에서 미기입 설문지, 적합성이 부족한 설문지 등은 분석대상에서 제외시켰다.

설문조사의 방법은 직접 설문지를 작성하도록 하는 방식을 선택하였으며, 일부 근로자의 경우는 불가피하게 사전에 설문지 배포 후 회수하는 방식을 택하였다. 다만 설문지 응답이 부실하거나 부정확한 경우에는 전화인터뷰 등을 통해 내용을 보완하는 방식을 취하였다. 설문기간은 2004년 7월부터 2004년 8월 기간 중에 이루어졌으며, 설문형태는 5점 척도방식 등에 의해 이루어졌으며, 통계처리를 위해 연령별, 성별, 소득별 등에 대한 설문내용을 추가하였다.

② 수탁자인 보험회사의 경우, 손해보험회사 8개사, 생명보험회사 14개사가 대상이며 수탁자인 은행의 경우, 전국의 은행 14개사 중 10개사를 대상(불성실하게 응답한 4개사 제외)으로 하였는데, 응답대상은 퇴직연금의 책임자급 이상으로 하였다. 설문형태는 5점 척도방식과 기입식을 병행하였으며 사전에 설문지를 배포한 후 회수하는 방식을 선택하였다. 설문기간은 2004년 10월 10일부터 2004년 10월 30일 기간 중에 이루어졌다. 설문조사 내용은 〈표 I-2〉에서 보는 바와 같이 보험회사의 퇴직연금 마케팅과 직간접적으로 관련된 설문으로 이루어졌다.

먼저, 근로자 대상의 설문은 총 20문항으로 ① 퇴직연금규모전망 및 마케팅 서비스의 제공 필요성과 관련된 설문(현행 법정퇴직금제 문제점, 퇴직연금제 선호도, 퇴직연금제선호요인), ② DB형 퇴직연금제 또는 DC형 퇴직연금제 중심의 마케팅과 관련된 설문(DB형 퇴직연금제의 선호도 및 선호요인, DC형 퇴직연금제의 선호도 및 선호요인), ③ 은행 등과의 마케팅 경쟁정도 예측과 관련된 설문(은행, 보험회사, 투

표 I-2 설문조사의 목적 및 관련설문내용(요약)

	설문 목적	설문유형 및 내용
근로자 (20문항)	퇴직연금 규모전망, 서비스 제공 필요성 측면	퇴직연금제 선호도, 선호요인 등
	DB형 및 DC형 중심의 마케팅 측면	DB형 및 DC형 선호도, 선호요인 등
	마케팅경쟁 정도예측(은행 등) 측면	은행, 보험회사, 투신, 증권사간 선호도 등
	마케팅 서비스필요성 및 강화 측면	은행/보험회사간 경쟁력인식정도(3개 부문) 등
	마케팅 상품개발 방향 측면	연금 상품별, 속성별 근로자의 니즈 등
	퇴직연금시장의 방향성 예측 측면	퇴직연금감독규제(3개 부문)관련 니즈 등
보험사 은행 (7분류; 32문항)	마케팅 진출대상 측면	퇴직연금제 진출시장, 진출업무 등
	마케팅 서비스 제공 측면	사무관리업무서비스,자산관리업무서비스 등
	마케팅 목표대상기업 측면	규모별 목표대상기업, 업종별 목표대상기업 등
	마케팅 경쟁력 비교 측면	퇴직연금진출준비실태(7개 부문) 등
	마케팅 조직운용체계 측면	퇴직연금 운용조직체계 실태 및 계획 등

신, 증권사간의 선호도), ④ 마케팅서비스의 강화 필요성과 관련된 설문(은행/보험회사간 경쟁력 인식의 정도: 연금자산운용능력, 연금제도의 설계, 교육 및 컨설팅 등), ⑤ 마케팅 상품개발 방향과 관련된 설문(연금상품 유형별 근로자의 니즈), ⑥ 퇴직연금시장의 방향성예측과 관련된 설문(퇴직연금 감독규제 관련 니즈) 등으로 이루어져 있다.

다음으로 보험회사와 은행에 대한 설문은 공통문항으로 이루어졌는데 총 7분류, 32개 세부문항으로 구성되어 있다. 보험회사와 은행에 대한 설문은 ① 마케팅 진출대상과 관련된 설문(퇴직연금시장의 진출 여부, 진출시 취급서비스분야), ② 마케팅 서비스제공과 관련된 설문(사무관리업무서비스, 자산관리업무서비스), ③ 마케팅 목표대상기업과 관련된 설문(규모별 목표대상기업, 업종별 목표대상기업), ④ 마케팅 경쟁력비교와 관련된 설문(7개 부문에 대한 준비실태), ⑤ 마케팅 조직운용체계와 관련된 설문(퇴직연금 운용조직체계 실태 및 계획), 등으로 이루어져 있다(〈표 Ⅰ-2〉 참조).

Ⅱ. 분석방법 및 절차

본 연구의 분석은 수탁자 및 위탁자를 대상으로 마케팅관련 설문조사를 실시하여 ① 수탁자 설문조사결과 나타난 마케팅상의 시사점, ② 위탁자 설문조사결과 나타난 마케팅상의 시사점 등을 살펴본 연후에, ③ 수탁자 및 위탁자 대상 설문조사분석결과를 토대로 보험회사차원의 SWOT분석, 국내 보험회사의 퇴직연금마케팅전략을 제시하는 데 있다. 따라서 이를 위해 수탁자 및 위탁자를 대상으로 설문조사한 결과를 각각 〈표 Ⅰ-3〉에서 보는 바와 같이 기술적 분석, 통계적 분석 등으로 구분하여 분석을 시행하였다.

즉 〈표 Ⅰ-3〉에서 보는 바와 같이 근로자의 경우는 제1단계로 설문조사결과에 의해 빈도분석 등과 같은 기술적 분석을 실시하고, 제2단계로 교차분석(인구통계학적 변수의 퇴직연금 선호도 관계 등) 및 로짓분석(범주형 변수들간의 구체적인 상관관계 등)을 실시하는 단계로 이루어졌다. 다만 은행 및 보험회사의 경우는 제1단계로 근로자의 경우와 동일하게 기술적 분석을 실시한 후, Wilcoxon 순위검증에 의해 ① 은행과 보험회사간, ② 국내보험회사와 외국보험회사간, ③ 대형보험회사와 중소형 보험회사간, 마케팅 수준차이 등을 통계학적으로 검증하는 단계로 이루어졌다.

표 Ⅰ-3 분석방법 및 분석절차

	기술적 분석	통계적 분석	
		분석 Ⅰ	분석 Ⅱ
근로자	실시	교차분석	로짓분석
은행 · 보험회사	실시	Wilcoxon 순위검증	

Ⅲ. 분석 결과

1. 근로자의 설문조사 분석결과

(1) 기술적 분석결과

① 현행 퇴직금제도의 만족도

현행 법정퇴직금제도에 대해서 얼마나 만족하느냐를 5점 척도에 의해 조사하였다. 그 결과, 퇴직금의 수급내용(급부수준 및 수급권보장 등) 면에서 만족스럽지 않다(①+②)라는 비율이 전체근로자의 31.8%를 나타내고 있는 반면, 만족스럽다(④+⑤)라고 응답한 비율은 9.6%를 나타내고 있어 22.2% 차이만큼 법정퇴직금제도의 수급내용에 대해 부정적인 만족도를 보이고 있다. 퇴직금의 운용내용 면 역시 만족스럽지 않다(①+②)라고 응답한 비율이 30.4%, 만족스럽다(④+⑤)라고 응답한 비율이 5.6%인 것으로 나타나 부정적 만족도를 보이고 있다. 이와 같은 퇴직금제도의 수급 및 운용내용에 대한 부정적인 만족도는 현행 퇴직금제도 전반에 지대한 영향을 미치고 있다. 퇴직금제도가 전반적으로 불만족스럽다(①+②)라고 응답한 비율이 30.1%를 나타남으로써 현행 법정퇴직금제도의 문제점 및 개선 필요성이 존재함을 단적으로 보여주고 있다.

② 퇴직금제도의 선호도

퇴직연금제도의 선호도를 살펴보기 위하여 ① 현행 퇴직금제도와 비교하여

표 I-4 현행 법정퇴직금 제도에 대한 근로자 만족도

설문내용	불만족				만족
	①	②	③	④	⑤
퇴직금의 수급내용	13.5	18.3	58.7	9.0	0.6
퇴직금의 운용내용	9.3	21.1	64.0	5.6	0.0
전반적인 만족도	8.7	21.4	65.2	4.7	0.0

표 I-5 퇴직연금제 도입시 퇴직연금제 선호도

설문내용	아니다				그렇다
	①	②	③	④	⑤
현행 퇴직금보다 퇴직연금제를 보다 선호	10.9	9.8	36.4	23.1	19.7
퇴직일시금보다 퇴직연금을 보다 선호	17.9	8.8	33.1	21.1	19.2

퇴직연금제도를 보다 선호하는가, ② 퇴직일시금과 비교하여 퇴직연금을 보다 선호하는가의 질문을 하였다. 그 결과, 먼저 우리나라 근로자는 현행 퇴직금제도보다 퇴직연금제도를 월등히 선호하는 것으로 나타나고 있다. 이는 단적으로 선호하지 않는다(①+②)라는 비율은 20.7%인 반면, 선호한다(④+⑤)라는 비율은 42.8%인 점에서도 알 수 있다. 또한 퇴직일시금보다 퇴직연금을 노후소득보장차원에서 보다 선호하는 것으로 나타나 향후 퇴직연금세제에 대한 개편으로 연금세제의 확대가 이루어지는 경우 기대 이상의 선호도 증가가 이루어질 것으로 보인다.

③ DB형 및 DC형 퇴직연금제 선호도 및 선호요인

우리나라 근로자는 DC형 퇴직연금제보다 DB형 퇴직연금제를 보다 선호하고 있는 것으로 나타나고 있다. 조사결과 DB형 퇴직연금제의 선호도는 62.1%인 반면, DC형 퇴직연금제의 선호도는 37.9%로 나타나고 있다. 이와 같이 DB형 퇴직연금제의 선호도가 높게 나타나는 주요 원인으로는 신탁제도의 미발달, 금융시장의 불안전성, 금융지식의 부족 등에 기인한다고 할 수 있다.

구체적으로 DB형 퇴직연금제의 선호요인을 살펴보기 위하여 "DB형 퇴직연금제를 DC형 퇴직연금제보다 선호하는 이유가 무엇입니까"라고 질문하였다. 그

표 I-6 DB형 및 DC형 퇴직연금제에 대한 선호도

	DB형 퇴직연금제	DC형 퇴직연금제
퇴직연금제 유형별 선호도	62.1 (233명)	37.9 (142명)

표 I-7 근로자의 DB형 퇴직연금제 선호요인

	확정된 연금급여수급	운용의 안전성 (수탁기관)	투자운용처의 미비	근로자의 운용능력부족
DB형 퇴직연금 제선호요인	53.2 (124명)	24.5 (64명)	13.7 (32명)	5.6 (13명)

결과 DB형 퇴직연금제를 선호한 이유로는 확정된 연금급여수급이 가능(53.2%), 안정적 운용(24.5%), 적절한 투자운용자산의 미비(13.7%), 근로자의 운용능력부족(5.6%)인 것으로 조사되었다. 이를 통하여 안정적인 연금운용기반이 조성되지 않는 한, 우리나라 근로자는 확정된 연금급여수급여부를 DB형 퇴직연금제 선택의 주요 척도로 보고 있음을 알 수 있다.

DC형 퇴직연금제를 선호하는 근로자의 경우 자기책임하의 운용리스크 부담을 DC형 퇴직연금제의 가장 큰 메리트로 보고 있다. 또한 DB형 퇴직연금제보다 오히려 높은 수익률제고가 가능할 수 있다는 점, 그리고 이전 직장과의 통산제도가 원활하다는 점 등을 DC형 퇴직연금제도의 선호 요인으로 들고 있다. 특징적인 것은 현재 우리나라 금융시장의 안전성이 존재하기 때문에 DC형 퇴직연금제를 선호한다고 응답한 비율이 13.4%를 보임으로써 현행 우리나라 금융시장을 평가하고 판단하는 시각차가 크게 나타나고 있다는 점이다. 이와 같이 DC형 퇴직연금제를 선호하는 근로자들은 DB형 퇴직연금제를 선호하는 근로자들에 비해 리스크 선호 성향이 뚜렷하다고 할 수 있다.

④ 퇴직연금 수탁기관에 대한 선호도

"퇴직연금제를 운용할 수탁기관으로 어떤 금융기관을 선호하십니까"라는 질문에 대해 전체 근로자의 45.2%는 보험회사를 들고 있으며, 다음으로 39.3%가

표 I-8 근로자의 DC형 퇴직연금제 선호요인

	운용의 자기책임성	금융시장의 안전성	수익률제고의 가능	통산제도의 원활
DC형 퇴직연금 제선호요인	43.0 (61명)	13.4 (19명)	26.1 (37명)	17.6 (25명)

표 I-9 퇴직연금 수탁기관에 대한 근로자 선호도

	1순위	2순위	합계(복수응답)
보험회사	45.2	29.9	75.1
은행	39.3	38.2	78.5
투신/증권사	11.0	19.0	30.0
농·수·축협	4.5	12.9	17.4

은행을, 11.0%가 투신/증권사를 그리고 전체 근로자의 4.5%가 농·수·축협을 선호하는 것으로 나타나고 있다.

따라서 근로자들은 보험회사와 은행을 퇴직연금의 수탁기관으로 보다 선호하는 것으로 나타나 보험회사와 은행을 중심으로 한 수탁기관간 경쟁이 매우 치열해질 것으로 예상된다. 복수 응답한 결과에서는 보험회사의 선호도 75.1%임에 비하여, 은행의 선호도는 3.4% 높은 78.5%로 나타나 퇴직연금시장의 선점을 위한 특화된 서비스제공 및 운용능력의 배양 등이 향후 보험회사의 주요 현안과제로 대두될 것으로 보인다.

⑤ 보험회사와 은행간의 경쟁력인식

보험회사와 은행의 경쟁력 비교를 ① 연금의 자산운용능력, ② 연금의 제도설계능력, ③ 교육 및 서비스의 제공 측면에서 살펴보기 위해, 설문조사를 실시하였다. 그 결과, 보험회사는 연금의 제도설계능력, 교육 및 서비스의 제공 능력면에서 경쟁력을 지니고 있다고 평가하고 있으며, 반면 은행은 보험회사에 비해 특히 연금의 자산운용 능력면에서 경쟁력이 존재하고 있는 것으로 평가하고 있다. 즉 연금의 자산운용능력에 있어서는 보험회사의 전체 평균값이 3.15인 데 반하여 은행의 전체 평균값은 3.21로 나타나 근로자들은 은행이 보험회사보다 연금자산운용능력면에서 경쟁력이 우위에 있는 것으로 인식하고 있는 것으로 나타났다.

이에 반해 연금의 제도설계능력에서는 보험회사의 전체 평균값이 3.55로 은행의 전체 평균값 2.90보다 훨씬 높게 나타나고 있다. 또한 교육 및 서비스 제공에서도 보험회사의 전체 평균값이 3.32인 반면, 은행의 전체 평균값은 2.85인 것으로 나타나 교육 및 서비스제공에서도 보험회사의 경쟁력이 우위에 있는 것으로 근로자들은 인식하고 있다. 이는 하나의 시사점을 주고 있는데, 결국 연금의

표 I-10 근로자의 퇴직연금시장에서의 보험회사와 은행간 경쟁력 인식

설문내용	금융기관	평균값	경쟁력 없다				경쟁력 있다
			①	②	③	④	⑤
연금의 자산운용능력	보험회사	31.5	4.5	10.7	39.5	33.3	12.0
	은행	3.21	4.6	12.3	56.4	23.8	2.9
연금의 제도설계 능력	보험회사	3.55	3.5	7.8	35.6	36.9	16.2
	은행	2.90	4.6	20.5	56.6	17.0	1.3
교육 및 서비스 제공	보험회사	3.32	4.0	12.3	42.8	29.7	11.2
	은행	2.85	7.0	21.6	52.3	17.5	1.6

자산운용능력을 제외한 부문에서 보험회사의 경쟁력이 우위에 있는 것으로 근로자들은 보고 있다는 점에서, 향후 보험회사는 퇴직연금 리스크관리수준의 제고와 더불어 연금전문 운용인력의 확충, 연금수익률제고를 위한 시스템 개발, 연금자회사의 설립 등에 보다 많은 관심을 가짐으로써 경쟁력제고에 힘써야 할 것이라는 점이다.

⑥ 연금 상품 선택에 대한 선호도

퇴직연금제도가 도입되는 경우 우리나라 근로자들이 가장 선호하는 연금 상품으로는 연금수령기간이 10년만기인 상품과 종신연금상품인 것으로 조사되고 있다. 즉 10년만기 상품의 경우 34.0% 그리고 종신연금 상품의 경우 27.7%의 선호도를 보임으로써, 20년만기 상품의 16.5%, 15년만기 상품의 11.4%, 5년만기 상품의 10.4%보다 높은 선호도를 보이고 있다. 복수응답을 통해 선호도를 분석한 결과, 10년만기 상품의 선호도가 52.5%로 가장 높으며, 그 다음으로 종신연금 상품이 전체 근로자의 선호도 46.7%를 얻은 것으로 나타났다.

⑦ 퇴직연금 기대수급연령

근로자가 기대하는 퇴직연금의 수급연령시기로는 60세 미만이 가장 많은 것으로 나타나고 있다. 즉 60세 미만에 연금수급이 이루어지기를 바라는 근로자의 비율(①+②)은 46.2%인 것으로 나타나고 있으며, 63세 미만에서 연금수급이 이루어지기를 바라는 근로자의 비율(① + ② + ③)은 90% 이상인 것으로 나타나고 있다. 이러한 점에 비추어 근로자들은 공적연금제도의 보완제도로서 퇴직연금제

표 I-11 근로자가 바라는 퇴직연금 상품의 선호도

설문내용	선호상품(복수 응답: 순위순)		합 계
	1순위상품	2순위상품	
5년만기	10.4	6.4	16.8(5위)
10년만기	34.0	18.5	52.5(1위)
15년만기	11.4	28.2	39.6(4위)
20년만기	16.5	27.9	44.9(3위)
종신연금	27.7	19.0	46.7(2위)

도의 시행을 요구하는 것으로 생각된다.

⑧ 퇴직연금 감독정책에 대한 인식

퇴직연금 감독정책을 안정성중시 규제감독정책과 수익성 중시 규제감독정책으로 구분하여 조사하였다. 그 결과 근로자의 77.7%가 안정성 중시 규제감독을 선호하는 것으로 나타난 반면, 수익성 중시 감독정책이 바람직하다고 응답한 근로자는 전체 근로자의 22.3%에 해당하는 84명에 그치고 있다.

또한 "기업 및 수탁기관 등과 같은 연금운용과 관련된 이해관계자의 수탁자 책임을 보다 명확히 하고 이를 위반시 엄격한 제재조치를 취하는 것이 바람직하느냐"는 질문에 대해서는 전체 근로자의 4.5%만이 필요하지 않다고 응답함으로써 향후 보다 정형화된 수탁자책임규정의 마련과 명확화가 더욱 요구될 필요성이 있다.

특히 종업원의 안정적인 자산운용 차원에서 근로자들은 법령상에 원금보장형 상품의 구체적 제시 등이 필요한 것으로 생각하고 있다. 즉 원금보장형 상품의 구체화(명확화)가 요구되지 않는다고 응답한 근로자는 전체 근로자의 8.0%(①

표 I-12 퇴직연금(노령연금)의 기대 수령시기

	55세 이후	58세 이후	60세 이후	63세 이후	65세 이후
퇴직연금기대수령시기	34.5 (130명)	11.7 (44명)	45.4 (171명)	1.6 (6명)	6.9 (26명)

표 I-13 안정성 및 수익성 규제정책에 대한 근로자의 인식

	안정성 중시 규제감독	수익성 중시 규제감독
규제정책의 방향	77.7 (292명)	22.3 (84명)

표 I-14 수탁자책임의 명확화에 대한 근로자의 인식

	필요하지 않다				필요하다
기업, 수탁기관 등 운용관련 관계자의 수탁자책임의 명확화 및 제재조치의 구체화 필요	①	②	③	④	⑤
	0.5 (2명)	4.0 (15명)	26.1 (98명)	20.5 (77명)	48.9 (184명)

표 I-15 안정성중시의 운용상품제시에 대한 근로자의 인식

	필요하지 않다				필요하다
운용상품의 안전성확보 (원금보장형 상품의 구체화)	①	②	③	④	⑤
	2.7 (10명)	5.3 (20명)	34.8 (131명)	26.1 (98명)	31.1 (117명)

+②)에 지나지 않는 반면, 원금보장형 상품의 구체화가 요구된다고 응답한 근로자는 전체 근로자의 57.2%(④+⑤)로 나타나고 있다. 이에 따라 퇴직연금제도의 도입 초기에는 고위험 · 고수익상품 중심의 운용보다는 저위험 · 저수익상품 중심의 운용이 보다 필요할 것이다.

(2) 통계적 분석결과

① 퇴직연금제의 선호도 분석결과

퇴직연금제도의 선호도가 어떤 요인에서 비롯된 것인지 파악하기 위하여 아래와 같은 로짓모델을 이용하여 분석하였다.

$$\log_e \frac{\Pr(Y=1|X)}{\Pr(Y=0|X)} = \alpha + \beta_1 X_1 + \beta_2 X_2 + \beta_3 X_3 + \cdots + \beta_n X_n + \xi$$

분석을 위해 ① 퇴직연금 선호도를 기준으로, 평균 이상의 집단과 평균 이하의 집단으로 구분하여 종속 변수로 설정(즉, 평균 이상의 집단은 $Y=1$, 평균 이하의 집단일 경우 $Y=0$으로 지정)하였으며, ② 노후준비에 대한 관심, 노후생활을 위한 경제적 준비, 공적연금에 대한 만족도, 개인연금 가입 여부 등의 상황적 요인과 각종 인구 특성 요인들을 독립 변수(X_i)로 채택하였고, ③ 소득과 퇴직연금 선호도 사이에 곡선 관계(a curvilinear relationship)가 존재하는지를 검토하였다. 만약 진정으로 연금이 필요한 저소득층이 재정적인 문제로 인하여 퇴직연금을 비선호하고 또한 고소득자는 연금의 필요성을 느끼지 못하지만 소득 수준이 중간인 사람들이 가장 높은 선호도를 나타 낼 경우 소득과 퇴직연금 선호도 사이에 곡선 관계가 존재한다고 보았다.

분석의 결과는 〈표 I-16〉에 나타내는 바와 같이 전체 모델의 p값은 0.0008로 1%에서 통계적으로 유의한 것으로 나타나고 있다. 특히 노후준비에 대한 관심이 많을수록 퇴직연금을 보다 선호하는 것으로 나타나고 있다(양의 관계). 다만, 이는 통계적인 유의성은 존재하지 않았다. 또한 공적연금에 대한 만족도변수는 여타의 이론과 달리 양의 관계(공적연금에 대한 만족도가 낮을수록 퇴직연금의 선호도가 높다고 가정할 경우)를 보이지만 통계적으로 유의하지 않았다.

표 I-16 퇴직연금제 선호도 분석 결과

변수명	추정치	표준편차	x^2값	p-값
상수	−1.133	1.246	0.83	0.363
노후준비에 대한 관심	0.072	0.136	0.28	0.597
노후생활을 위한 경제적 준비	−0.442	0.138	10.3	0.001**
공적연금에 대한 만족도	0.172	0.153	1.27	0.259
개인연금 가입 여부	0.286	0.125	5.26	0.022**
직업(job1)	0.644	0.230	7.82	0.005**
성별(sex)	−1.012	0.320	10.0	0.002**
소득(income)	−0.676	0.378	3.20	0.074*
소득^2(income^2)	0.111	0.054	4.25	0.039**

주: **는 5%, *은 10%에서 유의함을 의미함.

① 노후생활을 위한 경제적 준비가 잘 되어 있을수록 퇴직 연금을 선호하지 않았다(음의 관계). 이는 통계적으로도 1% 내에서 유의하였다.

② 개인연금의 가입 여부에서 "가입하여 현재도 납입하고 있다" 및 "가입한 적은 없으나 앞으로 가입하겠다"를 1로 설정하고, "가입한 적은 있으나 중도에 해약했다" 및 "가입한 적도 없고, 앞으로 가입할 의사가 없다"를 0으로 설정하는 경우 양의 관계를 보이고 있으며, 통계적으로도 유의한 수준인 것으로 조사되고 있다. 이는 "연금에 친숙한 사람 또는 호의적인 사람이 퇴직연금을 선호한다"라고 해석할 수 있을 것이다.

③ 직업(job1) 변수를 재구성하여 전문직에 해당 할수록 4와 가깝게 그리고 비전문적인 직업일수록 1에 가깝게 재구성하는 경우, 전문직으로 갈수록 퇴직연금제를 보다 선호하는 것으로 분석되고 있다.

④ 성별의 경우 남자가 퇴직연금을 보다 선호하는 것으로 나타나고 있다.

⑤ 소득변수는 음의 관계를 나타냈고(10%에서 유의함), 소득의 자승일 경우 양의 관계로 유의한 결과를 나타내고 있어 퇴직연금의 선호도와 소득 관계에는 곡선 관계가 있음을 알 수 있다. 따라서 진정으로 연금이 필요한 저소득층이 재정적인 문제로 인하여 또한 고소득자는 연금의 필요성을 느끼지 못해 퇴직연금을 선호하지 않지만 소득 수준이 중간인 사람들이 가장 높은 선호도를 나타낸다고 해석할 수 있다.

② **DB형 및 DC형 선호도 분석결과**

종속변수가 퇴직연금 방식의 선호형태를 구분(즉, DB형 또는 DC형)하는 질적 변수(qualitative data)이므로 로짓 모델(logistic model)을 분석모델로 설정하여 DB형 및 DC형의 선호도를 분석하고자 하였다.

$$\log_e \frac{\Pr(Y=DB|X)}{\Pr(Y=DC|X)} = \alpha + \beta_1 X_1 + \beta_2 X_2 + \beta_3 X_3 + \cdots + \beta_n X_n + \xi$$

퇴직연금제 중에서 DB형 퇴직연금제를 선호하면 분자에, DC형 퇴직연금제를 선호하면 분모에 위치하도록 분석 모델식을 구성하였다. 여기에서 사용된 독립변수(X_i)는 노후생활을 위한 경제적 준비, 노후생활에 필요한 월 생활자금액 등의 상황적 요인과 각종 인구 특성 요인 등이다.

분석결과는 〈표 Ⅰ-17〉에 나타내는 바와 같으며, 전체 모델의 p값은 0.0002

표 I-17 DB형·DC형 퇴직연금제에 대한 선호도 분석 결과

변수명	추정치	표준편차	x^2값	p-값
상수	−1.783	1.216	2.15	0.143
노후생활을 위한 경제적 준비	0.029	0.138	2.75	0.097*
노후생활에 필요한 월 생활자금	−0.143	0.099	2.06	0.151
예상 경제적 정년	−0.133	0.094	2.02	0.155
개인연금 가입 여부	−0.221	0.307	0.52	0.472
근무직장	−0.233	0.264	0.78	0.378
퇴직금 중간정산 여부	0.493	0.263	3.53	0.060*
규제감독의 방향성	0.714	0.285	6.27	0.012**
성별(sex)	0.281	0.327	0.74	0.390
나이(age1)	0.459	0.182	6.35	0.012**
소득(income)	0.010	0.113	0.01	0.932

주: **는 5%, *은 10%에서 유의함을 의미함.

로 1%에서 통계적으로 유의하였다.

특히, ① 노후생활을 위한 경제적 준비가 잘 되어 있을수록 DB형 퇴직연금제를 선호하고 있었으며, 이는 유의수준 10% 내에서 통계적으로 유의하였다.

② 노후생활에 필요한 월 생활자금이 많을수록 DC형 퇴직연금제를 선호하였다. 다만, 이는 통계적 유의성은 존재하지 않았다.

③ 예상 경제적 정년이 높을수록 DC형 방식을 선호하였다. 다만, 이는 통계적 유의성은 존재하지 않았다.

④ 개인연금의 가입여부는 "가입하여 현재도 납입하고 있다" 및 "가입한 적은 없으나 앞으로 가입하겠다"를 1로, "가입한 적은 있으나 중도에 해약했다" 및 "가입한 적도 없고, 앞으로 가입할 의사가 없다"를 0으로 가정하는 경우, 통계적 결과는 음(즉, 연금에 친숙한 사람 혹은 호의적인 사람은 DC형 퇴직연금을 선호한다)으로 나타나고 있다. 다만, 통계적인 유의성은 존재하지 않는다.

먼저, 근무 직장의 경우, 근무 직장이 「공기업체 또는 대기업체」이면 1을 할당하고 「중소기업체」이면 2를 할당하는 경우, 중소기업일 경우 DC형 퇴직연금제를 선호하는 것으로 나타나고 있다. 다만, 통계적인 유의성은 존재하지 않고 있다.

다음으로 퇴직금 중간정산 여부의 경우 퇴직금을 정산하지 않았을 경우 DB형 퇴직연금제를 선호하고 있으며, 이는 유의수준 10%에서 통계적으로 유의하다.

규제감독 방향성의 경우, 안정성 규제감독을 선호하는 근로자는 DB형 퇴직연금제를 선호하고 있으며, 이는 5% 이내에서 통계적으로 유의하다. 그런데 만약 이 문항을 안정성 및 수익성에 대한 선호도 개념으로 보는 경우 시사하는 바가 크다고 할 수 있는데, 이는 안정성을 추구하는 근로자의 경우 DB형 퇴직연금제를 보다 선호하는 것으로 나타나고 있기 때문이다.

성별의 경우, 여자의 경우가 DB형 퇴직연금제를 보다 선호하고 있으며, 나이(age1)의 경우, 나이가 많을수록 DB형 방식을 선호하는 것으로 나타나고 있다. 특히 소득(income)이 높을수록 DC형 퇴직연금제를 보다 선호하는 것으로 나타나고 있다. 다만, 이는 통계적 유의성은 없었다.

③ 근로자의 수탁기관 경쟁력에 대한 인식 분석의 결과

보험회사와 은행간의 선호도를 비교 분석하기 위하여 변수를 연금자산의 운용능력, 연금제도의 설계능력, 교육 및 서비스제공능력 등으로 구분하였으며, 그 분석 결과는 〈표 I-18〉과 같다.

보험회사와 은행의 연금자산운용능력, 연금제도설계능력, 교육 및 서비스제공과 이들을 합한 총계에 대한 종속표본 비교 분석을 실시한 결과, 근로자들은 보험회사의 경쟁력이 은행보다 우수하다고 인식하고 있음을 알 수 있다. 즉 보험

표 I-18 DB형 · DC형 퇴직연금제에 대한 선호도 분석 결과

	평균값			종속표본의 차이 검증		
	보험회사	은행	차이	표준오차	t-값	p-값
연금자산의 운용능력(a)	3.145	3.205	−0.06	0.059	1.00	0.200
연금제도의 설계능력(b)	3.548	2.900	0.643	0.061	10.60	0.0001**
교육 및 서비스 제공(c)	3.318	2.852	0.457	0.060	7.58	0.0001**
총계((a)+(b)+(c))	10.12	8.941	1.192	0.158	8.80	0.0001**

주: **는 1%에서 통계적으로 유의함을 의미.

회사는 전체적으로 p값이 0.0001을 나타냄으로써 유의수준 1% 범위 내에서 은행보다 경쟁력이 우세한 것으로 나타내고 있다. 이를 세부적으로 보면 연금자산의 운용능력 이외에 연금제도의 설계능력, 그리고 교육 및 서비스제공 등에서 보험회사의 평균값은 각각 3.548, 3.318인 반면에 은행의 평균값은 각각 2.900, 2,852인 것으로 나타나 보험회사의 경쟁력이 우세하게 나타나고 있으며, 통계적으로도 연금제도의 설계능력 및 교육 · 서비스제공 모두 유의수준 1% 범위 내에서 통계적 유의성이 존재하고 있다.

④ 근로자 수탁기관 경쟁력 요인 분석결과

㉠ 빈도분석: 퇴직연금의 수탁기관(운용기관)으로서 보험회사와 은행에 대한 선호도가 어떤 요인에서 비롯된 것인지 파악하고 비교하고자 하였다. 이를 위하여 먼저 몇 가지 독립변수를 재조정하는 경우 〈표 Ⅰ-19〉의 보험회사 독립변수와 같이 분석대상 독립변수로 전환할 수 있다.

다음으로 수탁기관인 은행의 경우도 개별 은행 선호요인 변수를 재조정하여 은행 독립변수를 선정하였다. 보험회사와 동일한 절차 및 과정을 거쳐 선정된 분석대상 독립변수인 은행 독립변수는 〈표 Ⅰ-20〉과 같다.

㉡ 교차분석: 수탁기관으로서 보험회사의 ① 연금자산운용능력, ② 연금제도설계능력, ③ 교육 및 서비스제공, 그리고 ④ 위의 3개변수를 합한 변수(보험회사 독립변수)에 대하여 나이, 직업, 성별, 소득, 거주지를 나타내는 각 변수와의 독립성 검증(교차분석)의 결과는 〈표 Ⅰ-21〉과 같다. 여기에서 수탁기관으로서 보험회사의 능력은 5점 척도에 의해 조사되었는데 4 또는 5를 선택하였을 경우는 「우수」로, 3을 택하였을 경우는 「보통」으로, 그리고 1과 2를 선택하였을 경우는 「취약」으로 분류하였다. 또한 보험회사의 개별 독립변수인 3개 변수를 합한 독립변수가 10 이상일 경우는 「우수」, 9인 경우는 「보통」으로, 8 이하일 경우는 「취약」으로 분류하였다.

첫번째, 보험회사의 연금자산운용능력의 경우이다. 먼저 연금자산운용능력 선호도와 나이변수와의 교차분석 결과는 2(6)=9.62(p값=0.142)로, 통계적인 유의성이 존재하지 않아 보험회사의 연금자산운용능력 측면에서의 선호도는 나이와 관련성이 없음을 보여주고 있다. 다음으로 직업변수(블루칼라, 화이트칼라)의 경우 p값이 0.001로 유의성이 존재하여, 보험회사의 연금자산운용능력 선호도와 직업과의 연관성 존재를 알 수 있다. 이 외에도 보험회사의 연금자산운용능력 선

표 I-19 수탁기관으로서의 보험회사 선호도 빈도 분석

변수	5점 척도	빈도	누적백분율	누적빈도	백분율
연금자산운용능력 (v34-1)	1	17	4.53	17	4.53
	2	40	10.67	63	15.20
	3	148	39.47	205	54.67
	4	125	33.33	330	88.00
	5	45	12.00	375	100.00
연금제도설계능력 (v34-2)	1	14	3.48	13	3.48
	2	29	7.75	42	11.23
	3	133	35.56	175	46.79
	4	138	36.90	313	83.69
	5	61	16.31	374	100.00
교육 · 서비스제공 (v34-3)	1	15	4.01	15	4.01
	2	46	12.30	61	16.31
	3	160	42.78	221	59.09
	4	111	29.68	332	88.77
	5	42	11.23	374	100.00
보험회사 독립변수 (v34)	3	2	2.41	9	2.41
	5	9	2.41	18	4.81
	6	18	4.81	36	9.63
	7	9	2.41	45	12.03
	8	20	5.35	65	17.38
	9	103	27.54	168	44.92
	10	29	7.75	197	52.67
	11	44	11.76	241	64.44
	12	75	20.05	316	84.49
	13	12	3.21	328	87.70
	14	18	4.81	346	92.51
	15	28	7.49	374	100.00

분석대상 독립변수(v34)는 개별 독립변수 합(=v34-1+v34-2+v34-3)을 의미.

표 I-20 수탁기관으로서의 은행 선호도 빈도 분석

변수	5점 척도	빈도	누적백분율	누적빈도	백분율
연금자산운용능력 (v35-1)	1	17	4.55	17	4.55
	2	46	12.30	63	16.84
	3	211	56.42	274	73.26
	4	89	23.80	363	97.06
	5	11	2.94	374	100.00
연금제도설계능력 (v35-2)	1	17	4.58	17	4.58
	2	76	20.49	93	25.07
	3	210	56.60	303	81.67
	4	63	16.98	366	98.67
	5	5	1.35	371	100.00
교육 · 서비스제공 (v35-3)	1	26	7.01	26	7.01
	2	80	21.56	106	28.57
	3	194	52.29	300	80.86
	4	65	17.52	365	98.38
	5	6	1.62	371	100.00
은행 독립변수 (v35)	3	10	2.70	10	2.70
	4	1	0.27	11	2.96
	5	8	2.16	19	5.12
	6	40	10.78	59	15.90
	7	26	7.01	85	22.91
	8	26	7.01	111	29.92
	9	154	41.51	265	71.43
	10	38	10.24	303	81.67
	11	24	6.47	327	88.14
	12	35	9.43	362	97.57
	13	4	1.08	366	98.65
	14	1	0.27	367	98.92
	15	4	1.08	371	100.00

분석대상 독립변수는 개별 독립변수 합(=v35-1+v35-2+v35-3)을 의미.

표 I-21 보험회사 독립변수간의 교차분석 결과

	변수	x^2		p-값
		df	통계량	
연금자산운용능력 (v034-1)	나이	6	9.62	0.142
	직업	2	14.78	0.001**
	성별	2	5.36	0.068*
	소득	8	28.56	0.000**
	거주지	4	15.84	0.003**
연금제도설계능력 (v034-2)	나이	6	15.32	0.018**
	직업	2	21.71	0.000**
	성별	2	4.37	0.112
	소득	8	17.40	0.026**
	거주지	4	12.37	0.015**
교육 · 서비스제공 (v034-3)	나이	6	11.00	0.088*
	직업	2	11.96	0.003**
	성별	2	4.93	0.085*
	소득	8	25.54	0.001**
	거주지	4	8.60	0.072*
보험회사 독립변수 (v34)	나이	6	6.91	0.33
	직업	2	15.17	0.001**
	성별	2	2.79	0.248
	소득	8	17.03	0.03**
	거주지	4	9.62	0.047**

주: **는 5%, *은 10%에서 유의함을 의미함.

호도는 성별, 소득, 거주지 등의 변수와 밀접한 연관관계가 있음을 알 수 있다.

두 번째, 연금제도 설계능력의 경우이다. 이는 나이, 직업, 소득, 거주지 등의 변수에서 5% 수준에서 유의성을 나타내고 있어 이들 변수와 보험회사의 연금

표 I-22 변수와 선호도합계의 교차분석 결과(보험)

변수	분류	우수	보통	취약
나이	20대	45.90	34.43	19.67
	30대	57.79	23.62	18.59
	40대	50.00	26.42	23.58
	50대 이상	40.00	28.00	32.00
	계	52.69	26.34	20.97
직업	블루칼라	39.32	29.06	31.62
	화이트칼라	58.39	25.18	16.42
	계	52.69	26.34	20.97
성별	남자	55.35	25.46	19.19
	여자	46.67	28.33	25.00
	계	52.69	28.33	25.00
소득	200만원 이하	42.48	33.33	24.18
	200만원~300만원	53.68	28.42	17.89
	300만원~400만원	58.97	17.95	23.08
	400만원~600만원	71.11	13.33	15.56
	600만원 이상	60.00	25.00	15.00
	계	52.69	26.34	20.97
지역	기타도시	46.75	28.57	24.68
	광역시	69.01	16.90	14.08
	서울시	49.79	28.40	21.81
	계	52.69	26.34	20.97

제도 설계능력 선호도 사이에는 관련이 있음을 알 수 있다. 특히 교육 및 서비스 제공능력의 경우 5개 변수 모두 10% 유의수준에서 통계적으로 유의성이 존재하고 있다는 점이 특징적이다.

세 번째, 연금운용기관으로서의 보험회사에 대한 선호도를 전체 합계하였을

표 Ⅰ-23 은행 독립변수간의 교차분석 결과

	변수	x^2		p−값
		df	통계량	
연금자산운용능력 (v035−1)	나이	6	5.33	0.503
	직업	2	17.00	0.000**
	성별	2	0.16	0.924
	소득	8	7.62	0.472
	거주지	4	1.99	0.737
연금제도설계능력 (v035−2)	나이	6	5.14	0.526
	직업	2	4.49	0.106
	성별	2	1.65	0.438
	소득	8	16.88	0.031**
	거주지	4	0.89	0.925
교육 · 서비스제공 (v035−3)	나이	6	4.62	0.593
	직업	2	5.52	0.063*
	성별	2	1.58	0.454
	소득	8	11.92	0.155
	거주지	4	2.07	0.722
은행 독립변수 (v35)	나이	6	4.34	0.631
	직업	2	4.89	0.087*
	성별	2	1.74	0.418
	소득	8	14.96	0.060*
	거주지	4	1.39	0.844

경우 응답자의 직업과 소득 및 거주지가 통계적으로 유의한 변수인 것으로 분석되고 있다.

〈표 Ⅰ-21〉을 보다 자세하게 보기 위하여 각 변수와 선호도 합계의 교차분석 결과를 나타내면 다음 〈표 Ⅰ-22〉와 같다. 〈표 Ⅰ-22〉에서 보면 ① 나이변수의 경우 근로자 52.69%가 운용기관으로서의 보험회사에 만족하고 있고 20.97%가 취약하다고 생각하고 있으며, 나이별로 보면 30대에서 보험회사를 제일 많이 선호하고 있는 것으로 나타나고 있다. ② 운용기관으로서 보험회사에 대한 만족도와 직업간의 관계를 나타낸 것을 보면 대체로 화이트칼라의 직업군이 보험회사를 상대적으로 높게 평가하는 것으로 분석되고 있다. ③ 성별과의 관계에서는 여자보다 남자가 보험회사를 높게 평가하고 있는 것으로 조사되고 있으며, ④ 소득과의 관계에서는 거의 모든 계층에서 보험회사를 높게 평가하고 있는 것으로 분석되고 있다. 특히 광역시에 거주하고 있는 근로자의 69%가 보험회사를 매우 높게 평가하고 있는 것으로 조사되고 있다.

동일하게 수탁기관으로서 은행의 ① 연금자산운용능력, ② 연금제도설계능력, ③ 교육 및 서비스제공, 그리고 ④ 위의 3개변수를 합한 변수(은행 독립변수)에 대하여 나이, 직업, 성별, 소득, 거주지를 나타내는 각 변수와의 독립성 검증(교차분석)의 결과를 나타내면 〈표 I-23〉과 같다. 여기에서 수탁기관으로서 은행의 능력은 5점 척도에 의해 조사되었는데 4 또는 5를 선택하였을 경우는 「우수」로, 3을 택하였을 경우는 「보통」으로, 그리고 1과 2를 선택하였을 경우는 「취약」으로 분류하였다. 또한 은행의 개별 독립변수인 3개 변수를 합한 독립변수가 10 이상일 경우는 「우수」로, 9인 경우는 「보통」으로, 8 이하일 경우는 「취약」으로 분류하였다.

첫번째, 연금자산운용능력의 경우이다. 연금자산운용능력 선호도와 나이변수와의 교차분석결과, 2(6)=9.62(p-값=0.142)로 통계적인 유의성은 존재하지 않았다. 은행의 연금자산운용능력 측면에서의 선호도는 나이와 관련성이 없는 것으로 나타난 것이다. 다음으로 은행의 연금자산운용능력 선호도와 직업변수(블루칼라, 화이트칼라)의 경우 p값이 0.001로 유의하게 나타나, 은행의 연금자산운용능력 선호도는 직업과 매우 관련성이 존재하고 있음을 보여주고 있다. 은행의 연금자산운용능력 선호도는 직업, 변수에서만 10%에서 유의한 결과를 나타내고 있다.

두 번째, 연금제도 설계능력의 경우이다. 연금제도설계능력 선호도의 경우 소득변수가 5% 내에서 유의한 결과를 나타내고 있어 소득변수와 은행의 연금제도설계능력 선호도 사이에는 관련이 있는 것으로 나타나고 있다.

세 번째, 연금운용기관으로서의 근로자의 은행에 대한 선호도를 전체합계

표 I-24 변수와 선호도합계의 교차분석 결과(은행)

변수	분류	우수	보통	취약
나이	20대	31.15	44.26	24.59
	30대	28.14	37.19	34.67
	40대	25.47	39.62	34.91
	50대 이상	16.00	44.00	40.00
	계	27.11	39.39	33.50
직업	블루칼라	20.51	39.32	40.17
	화이트칼라	29.92	39.42	30.66
	계	27.11	39.39	33.50
성별	남자	27.68	37.27	40.17
	여자	25.83	44.17	30.66
	계	27.11	39.39	33.50
소득	200만원 이하	25.49	41.83	32.68
	200만원~300만원	32.63	41.05	26.32
	300만원~400만원	30.77	37.18	32.05
	400만원~600만원	26.67	31.11	42.22
	600만원 이상	10.00	35.00	60.00
	계	27.11	39.39	33.50
지역	기타도시	26.68	36.36	38.96
	광역시	26.76	39.44	33.80
	서울시	27.98	40.33	31.69
	계	27.11	39.39	33.50

주: 모든 변수는 개별독립변수(v35-1, v35-2, v35-3)를 합한 결과임.

(v035_1+v035_2+v035_3)하였을 경우 근로자의 직업과 소득변수에서 통계적으로 유의한 변수인 것으로 분석되고 있다. 〈표 I-23〉을 보다 자세하게 보기 위하여 각 변수와 선호도 합계의 교차분석 결과를 나타내면 다음 〈표 I-24〉와 같다.

〈표 I-24〉에서 보면 ① 나이변수의 경우 근로자 27.11%가 운용기관으로서

표 I-25 보험회사의 로짓분석 결과

종속변수	설명변수	회귀계수	통계량	p-값
연금자산운용능력 (v034_1)	상수	0.198	1.014	0.846
	나이	−0.417	0.195	0.033**
	직업	1.070	0.314	0.001**
	성별	−0.615	0.380	0.105
	소득	0.093	0.140	0.508
	거주지	0.167	0.190	0.378
연금제도설계능력 (v034_2)	상수	0.461	1.051	0.661
	나이	−0.0436	0.213	0.041**
	직업	1.313	0.322	0.000**
	성별	−0.440	0.392	0.262
	소득	0.067	0.151	0.657
	거주지	0.027	0.205	0.896
교육 · 서비스제공 (v034_3)	상수	0.014	1.032	0.989
	나이	−0.327	0.204	0.109
	직업	0.978	0.314	0.002**
	성별	−0.567	0.366	0.121
	소득	0.236	0.147	0.110
	거주지	−0.007	0.185	0.970
보험회사 독립변수 (v34)	상수	0.056	0.907	0.951
	나이	−0.316	0.186	0.090*
	직업	0.995	0.290	0.001**
	성별	−0.409	0.335	0.222
	소득	0.203	0.136	0.137
	거주지	0.005	0.175	0.977

주: **는 5%, *은 10%에서 통계적으로 유의함을 의미.

의 은행을 만족하고 있는 반면, 34.91%가 은행이 취약하다고 생각하고 있다. 나이별로는 50대에서 은행에 대한 불만족이 크게 나타나고 있다. ② 운용기관으로서 은행에 대한 만족도와 직업간의 관계의 경우, 대체로 화이트칼라의 직업군이 은행을 상대적으로 높게 평가하는 것으로 분석되고 있다. ③ 성별의 경우, 여자보다 남자가 은행을 높게 평가하고 있는 것으로 조사되고 있으며 ④ 소득과의 관계에서는 400만원~600만원, 600만원 이상 그룹에서 특히 은행에 대한 불만족이 큰 것으로 분석되고 있다. 지역별로는 모든 지역에서 은행에 대한 불만족의 비율이 만족 비율보다 훨씬 높게 나타나고 있다는 점이 특징적이다.

③ 로짓분석

범주형 변수들 사이의 구체적인 상관관계를 규명하기 위해 로짓분석모델을 이용하였으며, 운용기관으로서의 보험회사의 선호도를 기준으로 보통 이상의 집단과 보통 이하의 집단으로 구분하여 각각을 종속 변수로 설정하였다(보통이라고 답한 응답자는 분석대상에 제외). 즉 보통 이상의 집단은 $Y=1$, 보통 이하의 집단일 경우 $Y=0$으로 지정하였다. 여기에서 사용된 독립변수(X_i)는 각종 인구 특성 요인들을 채택하였으며, 그 결과는 〈표 Ⅰ-25〉와 같다.

$$\log_e \frac{\Pr(Y=1|X)}{\Pr(Y=0|X)} = \alpha + \beta_1 X_1 + \beta_2 X_2 + \beta_3 X_3 + \cdots + \beta_n X_n + \xi$$

먼저, 연금자산의 운용능력에 대한 결과는 다음과 같다. ① 나이가 적을수록 보험회사의 연금자산운용능력을 높게 평가하고 있으며, 이는 통계적으로도 5% 수준에서 유의하다. ② 직업별로는 화이트칼라군이 블루칼라군보다 보험회사의 연금자산운용 능력을 높이 평가하고 있으며, 이는 통계적으로도 유의하다. ③ 성별의 경우, 남성이 여성보다 보험회사의 연금자산운용능력을 더 높게 평가하고 있지만, 통계적인 유의성은 존재하지 않는다. ④ 거주지별로는 대도시로 갈수록 보험회사를 높게 평가하고 있지만, 통계적 유의성은 존재하지 않고 있다.

또한, 〈표 Ⅰ-25〉의 연금제도설계 측면 및 교육 및 서비스제공 측면에서의 보험회사 평가는 연금자산운용능력을 종속변수로 하였을 경우와 비슷한 결과(부호가 같음)를 나타내고 있다. 연금제도 설계를 종속변수로 하였을 경우 나이와 성별 변수가 통계적으로 유의한 것으로 나타나고 있는 반면, 교육 및 서비스제공을 종속변수로 하였을 경우는 직업만이 유의한 변수로 나타나고 있다.

그리고 〈표 Ⅰ-25〉에서 보는 바와 같이 모든 종속 변수를 합산하였을 경우

표 Ⅰ-26 은행의 로짓분석 결과

종속변수	설명변수	회귀계수	통계량	p-값
연금자산운용능력 (v035_1)	상수	−0.15	1.07	0.889
	나이	0.246	0.229	0.283
	직업	0.110	0.345	0.001**
	성별	−0.693	0.407	0.089*
	소득	−0.218	0.159	0.170
	거주지	0.199	0.197	0.312
연금제도설계능력 (v035_2)	상수	−0.323	1.092	0.767
	나이	−0.129	0.227	0.570
	직업	0.826	0.379	0.029**
	성별	−0.507	0.416	0.222
	소득	−0.382	0.160	0.017**
	거주지	0.084	0.200	0.674
교육 · 서비스제공 (v035_3)	상수	−0.248	1.076	0.818
	나이	−0.272	0.225	0.228
	직업	0.796	0.366	0.030**
	성별	−0.602	0.413	0.145
	소득	−0.359	0.159	0.024**
	거주지	0.202	0.202	0.317
은행 독립변수 (v35)	상수	−0.153	0.95	0.872
	나이	−0.196	0.192	0.309
	직업	0.696	0.313	0.026**
	성별	−0.400	0.35	0.253
	소득	−0.266	0.135	0.049**
	거주지	0.122	0.170	0.472

회귀계수의 부호는 전 모델을 통하여 일정하고 단지 나이와 직업변수가 통계적으로 유의하게 나타나고 있다. 한편, 운용기관으로서의 은행의 선호도를 기준으로 하여 보통이상의 집단과 보통이하의 집단으로 구분하여 각각 종속 변수로 설정하였다. 즉 보통 이상의 집단은 $Y=1$, 보통 이하의 집단일 경우 $Y=0$으로 지정하였다. 여기에서 사용된 독립변수(X_i)는 각종 인구 특성 요인들을 채택하였으며, 그 결과는 〈표 Ⅰ-26〉과 같다.

$$\log_e \frac{\Pr(Y=DB \mid X)}{\Pr(Y=DC \mid X)}=\alpha+\beta_1 X_1+\beta_2 X_2+\beta_3 X_3+\cdots+\beta_n X_n+\xi$$

보험회사와 은행의 로짓분석을 비교할 경우, 소득변수에 상이점이 존재함을 알 수 있다. 보험회사의 로짓 분석에서는 소득의 부호가 양(+)인 데 비해 은행의 경우 소득이 음(−)의 관계에 있다. 그러나 보험회사의 경우 통계적으로 유의하지 않은 반면 은행의 경우는 통계적으로 유의한 결과를 나타내고 있다. 즉 소득이 낮을수록 은행에 높은 점수를 주고 있음을 알 수 있다.

⑤ 근로자의 수탁기관 선호도 분석결과

보험회사와 은행 선호도를 교차 분석한 결과는 〈표 Ⅰ-27〉에 나타내는 바와 같으며, 금융기관(보험회사 및 은행)선호도와 나이간의 p값은 0.000으로 통계적 유의성이 존재한다. 나이는 금융기관의 선호에 영향을 미치는 것으로 조사되고 있다. 또한 성별, 소득, 거주지 등과 금융기관의 선호도 사이에는 통계적으로 유의한 것으로 분석되었다. 따라서 향후 퇴직연금시장의 진출과 마케팅전략을 수립 시에는 이와 같은 인구통계학적 변수를 충분히 감안할 필요성이 있는 것으로 판단된다.

한편, 보험회사와 은행 선호도 합계를 교차 분석한 결과는 〈표 Ⅰ-28〉에 나타내는 바와 같다.

① 나이변수의 경우, 30대가 62.42%로 보험회사를 선호하며, 40대가 56.47%로 보험회사를 선호하고 있는 것으로 나타나고 있는 반면, 20대 및 50대 이상은 각각 68.52%와 70.0%로 은행을 보다 선호하고 있다. ② 직업별로는 블루칼라 및 화이트칼라 모두 은행보다 보험회사를 선호하고 있으며, ③ 성별로는 남자가 보험회사를, 여자가 은행을 보다 선호하는 것으로 나타나고 있다. ④ 소득변수에서는 소득이 증가함에 따라 보험회사의 선호도도 증가하는 것으로 나타나

표 I-27 보험회사와 은행 선호도합계의 교차분석 결과

변수	분류	보험회사	은행
나이	20대	31.48	68.52
	30대	62.42	37.58
	40대	56.47	43.53
	50대 이상	30.00	70.00
	계	53.48	46.52
직업	블루칼라	53.57	46.43
	화이트칼라	53.45	46.55
	계	53.48	46.52
성별	남자	59.01	40.99
	여자	40.43	59.57
	계	53.48	46.52
소득	200만원 이하	36.67	63.33
	200만원~300만원	55.56	44.44
	300만원~400만원	61.29	38.71
	400만원~600만원	78.38	21.62
	600만원 이상	81.25	18.75
	계	53.48	46.52
지역	기타도시	50.00	50.00
	광역시	83.61	16.39
	서울시	45.18	54.82
	계	53.48	46.52

고 있다. 다만 200만원 이하의 소득자는 보험회사보다 은행을 보다 선호하고 있다는 점이 특징적이다. 이에 따라 보험회사는 향후 저소득 근로자보다는 오히려 고소득자를 대상으로 한 퇴직연금시장의 진출방안 수립이 체계적으로 이루어질 필요성이 있다.

표 Ⅰ-28 퇴직연금 상품의 선호도 교차분석 결과

	변수	x^2		p-값
		df	통계량	
퇴직연금 상품 (v036_1)	나이	12	25.89	0.011**
	직업	4	4.125	0.389
	성별	4	9.813	0.044**
	소득	16	46.47	0.000**
	거주지	8	12.67	0.124

⑥ 근로자의 퇴직연금상품에 대한 선호도 분석 결과

퇴직연금 상품과 인구통계학적인 변수인 나이, 직업, 성별, 소득, 거주지간의 선호도 분석을 시행한 결과는 〈표 Ⅰ-28〉에 나타낸 바와 같다. ① 나이의 경우, 퇴직연금상품 선호도에 통계적으로 유의하게 영향을 미치는 변수로 나타났다. ② 성별, 직업변수 등도 퇴직연금 상품 선호도에 영향을 미치는 변수로 분석되었다. 즉 퇴직연금 상품 선호도와 나이변수간에는 p값이 0.011, 퇴직연금 상품 선호도와 성별변수간에는 p값이 0.044, 퇴직연금 상품 선호도와 소득변수간에는 p값이 0.000인 것으로 나타나, 이들 인구통계학적 변수는 퇴직연금 상품의 선호도에 밀접한 영향을 미치는 독립변수인 것으로 분석되었다. 따라서 퇴직연금상품의 개발 및 판매시에는 이와 같은 인구통계학적 변수를 적극 고려할 필요성이 있는 것으로 생각된다.

한편, 보험회사와 은행 선호도 합계의 교차 분석한 결과는 〈표 Ⅰ-29〉에 나타내는 바와 같다. ① 나이변수에서는 30대 및 40대가 각각 30.73%와 34.00%로 종신연금을 가장 선호하는 것으로 나타나고 있다. 전체적으로도 종신연금의 선호도가 10년만기 상품(선호도 34.04%) 다음으로 높은 27.66%를 보이고 있다. 따라서 보험회사는 향후 종신연금중심의 퇴직연금 상품개발이 주효할 것으로 보인다. 전체적으로는 10년 이상의 장기 퇴직연금상품을 근로자가 선호하는 것으로 나타나고 있어, 향후 이와 같은 근로자의 성향을 반영한 퇴직연금상품의 개발 방향성이 모색될 필요성이 있다고 판단되, 이러한 관점에서 보험회사가 은행보다 다소 유리하다고 할 수 있을 것이다. ② 직업변수에서는 블루칼라의 34.95%가

표 I-29 보험회사와 은행 선호도합계의 교차분석 결과

변수	분류	5년만기	10년만기	15년만기	20년만기	종신
나이	20대	21.67	38.33	15.00	10.00	15.00
	30대	8.33	34.38	11.46	15.10	30.73
	40대	8.00	28.00	10.00	20.00	34.00
	50대 이상	8.33	45.83	8.33	29.17	8.33
	계	10.37	34.04	11.44	16.49	27.66
직업	블루칼라	11.65	34.95	9.71	21.36	22.33
	화이트칼라	9.89	33.70	12.09	14.65	29.67
	계	10.37	34.04	11.44	16.49	27.66
성별	남자	7.66	35.63	10.73	18.77	27.20
	여자	16.52	30.43	13.04	11.30	28.70
	계	10.37	34.04	11.44	16.49	27.66
소득	200만원 이하	14.19	39.86	13.51	12.84	19.59
	200만원~300만원	13.04	33.70	9.78	17.39	26.09
	300만원~400만원	6.67	32.00	10.67	24.00	26.67
	400만원~600만원	2.27	25.00	9.09	4.55	59.09
	600만원 이상	2.15	15.50	11.76	41.18	29.41
	계	10.37	34.04	11.44	16.49	27.66
지역	기타도시	14.08	36.63	9.86	11.27	28.17
	광역시	5.88	27.94	5.88	20.59	39.71
	서울시	10.55	35.02	13.50	16.88	24.05
	계	10.37	34.03	11.44	16.49	27.66

10년만기 상품을 선호하고, 블루칼라의 22.33%가 종신상품을 선호하고 있는 반면, 5년만기 상품의 경우 블루칼라의 11.65%만이 선호하는 것으로 나타나고 있다. 화이트칼라의 경우도 장기성 퇴직연금상품의 선호도가 단기성 퇴직연금상품의 선호도보다 높은 것으로 나타나고 있어, 보험회사는 장기성상품중심의 다양

한 연금 상품개발에 보다 많은 관심을 가져야 할 것으로 판단된다.

③ 성별변수에서는 여자보다 남자가 10년 이상의 퇴직연금상품에 대한 선호가 높은 것으로 나타나고 있는데, 이는 남자가 여자보다 노후생활준비에 대한 관심도가 크기 때문에 나타난 현상이라 판단된다. ④ 소득변수의 경우 저소득층이 비교적 단기성의 퇴직연금상품을 선호하고 있음에 반하여, 고소득층의 경우 단기성 퇴직연금상품보다는 오히려 장기성 퇴직연금상품을 선호하는 경향이 뚜렷하다는 점이 특징적이다. ⑤ 지역변수에서는 광역시에는 장기성 퇴직연금상품을 선호하고, 서울시 및 기타도시 등은 상대적으로 단기성 퇴직연금상품을 선호하는 것으로 나타나고 있다.

⑦ 근로자의 퇴직연금규제에 대한 선호도 분석결과

퇴직연금 규제감독정책과 독립변수간의 교차 분석를 실시한 결과는 〈표 I-30〉에 나타내는 바와 같다. 먼저, 나이변수는 퇴직연금 규제감독정책 선호도에 통계적으로 유의하게 영향을 미치는 것으로 분석되고 있다. 또한 성별 및 거주지 변수와 퇴직연금의 규제감독정책에 대한 선호도간에는 통계적 유의성이 존재하는 것으로 분석되고 있다.

그런데 안정성 중시의 규제감독의 경우, 건전성 규제감독과 수급권보호의 구축을 통하여 근로자의 안정적인 노후보장이 이루어지도록 하는데 규제감독의 초점을 맞추고 있는 데 반하여, 수익성중시의 규제감독의 경우는 과감한 연금자산운용규제의 완화 그리고 주식 등에 대한 투자 확대를 통한 수익률을 최대한 제고시키는 등에 초점을 맞춘 규제감독이다. 따라서 안정성 중시 규제감독과 수익

표 I-30 안정성 및 수익성 규제정책 선호도 교차분석 결과

	변수	x^2		p-값
		df	통계량	
안정성 vs 수익성 규제정책 (v030)	나이	3	7.30	0.063
	직업	1	0.312	0.577
	성별	1	0.984	0.321
	소득	4	1.786	0.775
	거주지	2	2.557	0.279

성 중시 규제감독정책은 서로 상반된 개념이라 할 수 있다. 안정성 중시의 규제감독을 지향하는 근로자는 수익성 중시의 규제감독을 지향하는 근로자에 비해 은행보다는 보험회사를 선호할 가능성이 크다고 할 수 있는데, 안정성 및 수익성 규제정책에 대한 선호도 교차분석 결과는 〈표 I-31〉에 나타내는 바와 같다. ①

표 I-31 안정성 및 수익성 규제정책 선호도 교차분석 결과

변수	분류	수익성 중시	안정성 중시
나이	20대	20.00	80.00
	30대	27.60	72.40
	40대	14.00	86.00
	50대 이상	20.83	79.17
	계	22.34	77.66
직업	블루칼라	20.39	79.61
	화이트칼라	23.08	76.92
	계	22.34	77.66
성별	남자	23.75	76.25
	여자	19.13	80.87
	계	22.34	77.66
소득	200만원 이하	22.97	77.03
	200만원~300만원	19.57	80.43
	300만원~400만원	20.00	80.00
	400만원~600만원	27.27	72.73
	600만원 이상	29.41	70.59
	계	22.34	77.66
지역	기타도시	22.54	77.46
	광역시	29.41	70.59
	서울시	20.25	79.75
	계	22.34	77.66

전체적으로 나이 변수에서는 77.66%가 안정성 중시 규제감독정책을 지향하고 있으며, 단지 22.34%만이 수익성 중시 규제감독정책을 지향하고 있는 것으로 나타나고 있다. 이는 특히 40대에서 가장 높은 86.00%의 선호도를 보이고 있으며, 30대가 가장 낮은 72.40%의 선호도를 보이고 있다. ② 직업 변수에서는 블루칼라(79.61%)가 화이트칼라(76.92%)보다 안정성 중시의 규제감독정책을 선호하는 것으로 나타나고 있어, 보험회사는 블루칼라에 보다 초점을 맞춘 수탁이 이루어질 필요성이 있음을 알 수 있다. ③ 성별로는 여자가 남자보다 안정성 중시의 규제감독을 선호하는 것으로 나타나고 있으나, 그 차이는 매우 미미하다. ④ 소득 변수에서는 특히 200만원 300만원 사이의 근로자가 안정성 중시의 규제감독을 선호(80.83%)하고, 300만원 400만원 사이의 근로자도 높은 선호도(80.00%)를 보이고 있는 반면, 상대적으로 600만원 이상의 근로자, 400만원 600만원 사이의 근로자, 그리고 200만원 이하의 근로자의 경우는 70.59%, 72.73%, 77.03%의 다소 낮은 선호도를 보이고 있다. ⑤ 지역별로는 서울시, 기타도시, 광역시 순으로 안정성 중시 규제감독 정책을 선호하는 것으로 나타나고 있다.

2. 수탁기관에 대한 분석결과: 보험회사 및 은행

(1) 기술적 분석결과

① 퇴직연금시장에 대한 선호 분석 결과

퇴직연금제도가 도입되면 수탁기관으로서 퇴직연금시장에 진출할 계획이 있느냐는 질문에 대하여 전체 보험회사 중 1개 보험회사를 제외한 모든 보험회사가 DB형 퇴직연금시장뿐만 아니라 DC형 퇴직연금시장에 진출할 계획인 것으로 조사되었다. 또한 은행 역시 10개 은행 모두가 모든 퇴직연금시장에 진출할 계획을 가지고 있는 것으로 나타나 퇴직연금시장을 둘러싼 금융기관간 경쟁은 매우 치열할 것으로 예상된다. 또한 특징적인 것은 은행의 경우 비단 DC형 퇴직연금시장뿐만 아니라 DB형 퇴직연금시장에 대한 진출도 매우 적극적이라는 점이다. 따라서 보험회사는 DB형 퇴직연금이 퇴직보험과 상대적으로 유사하다는 점에서 수성의 입장에 서서 DB형 퇴직연금시장에 대해서는 강력한 유지전략이 필요할 것이며, 다른 한편 DC형 퇴직연금시장의 경우 새로운 성장 동력으로서 적극적인 유치 및 확대전략을 전개함이 바람직할 것으로 판단된다.

표 I-32 보험회사의 퇴직연금제 선호시장

설문내용	수		비율(%)	
	보험	은행	보험	은행
DC형 퇴직연금시장에만 진출	1	0	4.55%	0
모든 퇴직연금시장에 진출	21	10	95.45%	100%

② 퇴직연금제 운용업무 분석결과

보험회사를 대상으로 퇴직연금과 관련된 사무관리업무, 자산관리업무 중 어느 업무에 초점을 맞추어 퇴직연금의 마케팅서비스를 제공할 것인가를 조사하였다. 이에 22개 보험회사 중 21개 보험회사가 사무관리업무 및 자산관리업무 모두에 마케팅 서비스를 제공할 예정이라 응답하고 있다. 그러나 은행의 경우 10개 은행 모두가 모든 운용업무에 마케팅 서비스를 제공할 예정이라 응답함으로써 보험회사에 비해 은행이 퇴직연금마케팅 서비스 제공에 보다 적극적인 것으로 나타나고 있다. 은행이 이처럼 적극적인 이유는 DC형 퇴직연금시장 등과 같은 퇴직연금시장을 신규 성장시장으로 매우 강하게 인식하는 데 기인한 바 크다고 할 수 있다. 따라서 보험회사입장에서 은행과 차별화된 퇴직연금 마케팅서비스를 어떻게 개발하여 제공할 것인가가 최대 현안과제로 부각될 것으로 예상된다.

③ 퇴직연금 서비스진출계획 실태 분석결과

㉠ 운영관리업무분야: 운영관리업무를 편의상 ① 제도설계, ② 기록관리, ③ 운용상품선정 · 제시 · 체크, ③ 가입자교육, ④ 각종정보제공 등으로 구분하여 진출계획 여부를 5점 척도로 질문하였다. 분석결과는 〈표 I-34〉에 나타내는 바와 같다. 보험회사의 경우 제도설계, 운용상품선정 · 제시 · 체크, 가입자교

표 I-33 퇴직연금제 운용업무 진출계획

설문내용	수		비율(%)	
	보험	은행	보험	은행
사무관리업무에만 진출	1	0	4.55%	0
모든 운용업무에 진출	21	10	95.45%	100%

표 I-34 운영관리업무부문의 서비스진출계획

		평균값		진출계획 낮음 ←→ 진출계획 높음				
		보험	은행	①	②	③	④	⑤
운영관리업무	제도설계	4.32	4.23	0.00 (11.11)	0.00 (0.00)	27.27 (0.00)	13.64 (33.33)	59.09 (55.56)
	Record Keeping (기록관리)	3.32	4.33	4.55 (0.00)	18.18 (0.00)	40.91 (22.22)	13.64 (22.22)	22.73 (55.56)
	운용상품 선정, 제시, 체크	4.27	4.00	0.00 (11.11)	9.09 (11.11)	13.64 (0.00)	18.18 (22.22)	59.09 (55.56)
	가입자교육 (투자교육)	3.91	4.44	0.00 (11.11)	9.09 (0.00)	31.82 (0.00)	18.18 (33.33)	40.91 (55.56)
	각종 정보제공 (콜센터, 인터넷)	3.77	4.44	0.00 (0.00)	9.09 (0.00)	31.82 (11.11)	32.82 (33.33)	27.27 (55.56)
	전 체	3.92	4.29	0.00 (0.00)	9.09 (11.11)	36.36 (11.11)	31.82 (22.22)	22.73 (55.56)

주: ( )은 은행의 분석결과를 의미.

육 순으로 진출계획이 높게 나타나고 있으며, 은행의 경우 가입자교육(투자교육) 및 각종 정보제공(콜센터, 인터넷), 기록관리업무 순으로 진출계획이 높았다. 또한 보험회사는 각종 정보제공 및 기록관리 등과 같은 서비스에는 진출할 계획이 상대적으로 낮은 것은 반면, 은행은 상대적으로 운용상품의 선정 · 제시 · 체크, 제도설계 등과 같은 서비스에는 진출할 계획이 상대적으로 낮았다.

그런데 특징적인 것은 운용관리업무의 전체 평균값의 경우, 은행의 전체 평균값이 4.29인 데 반하여, 보험회사의 전체 평균값은 3.92로 나타나 은행과 보험회사간의 차이가 크게 나타나고 있다는 점이다. 이는 은행이 보험회사보다 일괄서비스체제로의 전환을 적극적으로 추진하고 있는 것으로 해석할 수 있다. 또 하나 제도설계 및 운용상품선정 · 제시 · 체크 등에서는 보험회사가 은행보다 평균값이 높은 것으로 나타나 보험회사가 이들 분야에 보다 많은 차별성이 존재하고 마케팅서비스 제공능력도 우위에 있음을 보여주고 있다고 할 수 있다. 결론적으로 은행 및 보험회사 모두 운용관리업무에의 진출과 서비스제공에 매우 적극적

표 I-35 자산관리업무부문의 서비스진출계획

		평균값		진출계획 낮음 |←→| 진출계획 높음				
		보험	은행	①	②	③	④	⑤
자산관리업무	갹출금 수령	3.91	4.33	4.55 (11.11)	4.55 (0.00)	22.73 (0.00)	31.82 (22.22)	36.36 (66.67)
	운용지시에 따른 금융상품매매	3.95	4.33	0.00 (11.11)	18.18 (0.00)	13.64 (0.00)	22.73 (22.22)	45.45 (66.67)
	자산관리	3.95	4.33	0.00 (11.11)	13.64 (0.00)	22.73 (0.00)	18.18 (22.22)	45.45 (66.67)
	급부금 송금	4.09	4.33	0.00 (11.11)	4.55 (0.00)	22.73 (0.00)	31.82 (22.22)	40.91 (66.67)
	전 체	3.98	4.33	4.55 (11.11)	13.64 (0.00)	18.18 (0.00)	27.27 (22.22)	36.36 (66.67)

주: ( )은 은행의 분석결과를 의미.

이라는 점에서 운용관리업무의 서비스경쟁이 가시화될 것으로 전망될 것으로 보이며, 개별서비스체제보다는 일괄서비스체제가 새로운 퇴직연금 마케팅 서비스체제로 자리매김할 것으로 예상된다.

ⓛ 자산관리업무부문: 운영관리업무처럼 자산관리업무를 ① 갹출금수령, ② 운용지시에 따른 금융상품매매, ③ 자산관리, ④ 급부금송금 등으로 구분하여 자산관리업무부문에 대한 진출계획 여부를 분석하였다 그 결과는 〈표 I-35〉에서 보는 바와 같이 보험업계의 전체 평균값이 3.98로 나타나, 자산관리업무분야에 대한 서비스진출계획이 적극적으로 이루어지고 있음을 알 수 있다. 또한 은행의 경우도 자산관리업무의 전체 평균값이 보험회사보다 높은 4.33으로 나타나고 있는데, 이는 자산관리 노하우가 존재하는 은행의 특성상 당연한 결과라고 할 수 있다. 따라서 보험회사는 자산관리업무 능력 제고를 통한 경쟁력 확보전략이 체계적으로 이루어질 필요성이 있음을 보여주고 있다.

④ 목표 대상기업 및 대상업종 분석결과

㉠ 규모별 목표대상기업: 보험회사가 진출하고자 하는 목표 대상기업을 규모별로 분석한 결과, 상시근로자 100인미만의 기업을 대상으로 수탁하고자

표 I-36 규모별 목표 대상기업

구 분	수		비율(%)	
	보험	은행	보험	은행
상시근로자 100인 미만	0	1	0.00%	11.11%
상시근로자 300인 미만	4	2	18.18%	22.22%
상시근로자 500인 미만	4	1	18.18%	11.11%
상시근로자 500～1000인 미만	6	1	27.27%	11.11%
상시근로자 1000인 이상	8	4	36.36%	44.44%

하는 보험회사는 1개 보험회사도 존재하지 않는 것으로 나타나고 있다. 상시근로자 300인 미만의 기업 및 상시근로자 500인 미만의 기업을 대상으로 수탁의사를 보이고 있는 보험회사가 각각 4개 보험회사에 그치고 있다. 이에 따라 대체로 국내 보험회사는 상시근로자 500인 이상의 기업을 주요 수탁대상으로 삼고 있는 것으로 분석되고 있다.

〈표 I-36〉에서 보는 바와 같이 상시근로자 500～1000인 미만의 기업을 수탁대상으로 삼고 있는 보험회사는 6개 보험회사로 전체 보험회사의 27.27%를 점하고 있으며, 상시근로자 1000 이상의 기업을 수탁대상으로 삼고 있는 보험회사는 8개 보험회사로 전체 보험회사의 36.36%라는 높은 비중을 점하고 있다. 이와 같이 상시근로자 1000인 이상의 대기업을 선정한 주요 이유로는 기존의 퇴직보험 판매망을 활용하여 특히 DB형 퇴직연금시장의 진출에 참여하려는 경향이 뚜렷하기 때문인 것으로 판단된다.

은행의 경우, 2개 은행이 상시근로자 300인 미만 기업을 수탁대상으로 삼고 있었다. 반면에 상시근로자 1000인 이상 기업을 수탁대상으로 삼고 있는 은행은 전체의 44.44%나 되는 것으로 나타나 1,000인 이상 기업을 중심으로 보험회사와의 수탁경쟁이 매우 치열해질 것으로 예상된다.

㉡ 업종별 목표대상기업: 보험회사가 선호하는 업종별 목표 대상기업은 〈표 I-37〉에 나타내는 바와 같다.

보험회사의 경우 제조업(평균값 3.91), 서비스업(평균값 3.68), 전기 · 가스 · 수도사업(평균값 3.64) 등에 보다 초점을 맞춘 마케팅 의사가 강한 반면, 상대적으로

표 I-37 업종별 목표 대상기업

업 종	평균값		매우 낮음 ←→ 매우 높음				
	보험	은행	①	②	③	④	⑤
제조업(음식료품,섬유,목재,고무,자동차 등)	3.91	4.10	4.55 (10.00)	13.64 (10.00)	9.09 (0.00)	31.82 (20.00)	40.91 (60.00)
금융업(은행, 증권, 보험, 투신 등)	3.14	3.50	18.18 (20.00)	9.09 (20.00)	36.36 (0.00)	13.64 (10.00)	22.73 (50.00)
서비스업(호텔,관광, 여행, 부동산업 등)	3.68	4.50	4.55 (0.00)	9.09 (0.00)	27.27 (10.00)	31.82 (30.00)	27.27 (60.00)
건설업(건물, 도로, 토목 등)	3.50	4.50	9.09 (0.00)	18.18 (10.00)	18.18 (0.00)	22.73 (20.00)	31.82 (70.00)
운수업 · 창고 · 통신업(철도,항공,통신등)	3.59	4.10	9.09 (0.00)	9.09 (20.00)	27.27 (10.00)	22.73 (10.00)	31.82 (60.00)
전기/가스/수도사업(전기, 가스, 수도 등)	3.64	4.20	4.55 (10.00)	13.64 (0.00)	27.27 (10.00)	22.73 (20.00)	31.82 (60.00)
사무(연구직종포함)(연구직, 컨설팅 등)	3.45	4.30	4.55 (0.00)	22.73 (0.00)	22.73 (30.00)	22.73 (10.00)	27.27 (60.00)

주: ( )은 은행의 분석결과를 의미.

금융업(평균값 3.14), 사무 · 연구직(평균값 3.64), 건설업(평균값 3.50) 등에는 진출할 의사가 낮은 것으로 분석되고 있다.

보험회사의 경우 제조업을 목표시장으로 선정하여 퇴직연금 마케팅서비스를 제공할 것으로 예상되지만, 금융업은 보험회사의 특성상 주요 목표시장으로 삼고 있지 않다는 점이 특징적이다. 따라서 제조업, 서비스업, 전기 · 가스 · 수도사업 등과 같은 업종은 향후 보험회사의 주요 목표시장으로 부각할 가능성이 매우 강한 반면, 금융업, 사무 · 연구직, 건설업, 운수 · 창고 · 통신업 등은 상황이 변하지 않는 한 보험회사의 진출가능성이 낮을 것으로 예상되어 퇴직연금시장의 양극화가 가시화될 가능성도 존재한다고 볼 수 있다.

이에 반해 은행의 경우는 모든 업종에서 보험회사보다 평균값이 높은 것으로 나타나는 등 전 업종을 대상으로 적극적으로 수탁하려는 의사가 경향이 뚜렷하다. 다만, 상대적으로 보험회사처럼 금융업의 평균값이 가장 낮은 3.50을 보임으로써 금융업에 대한 진출 의사는 상대적으로 낮은 것으로 나타나고 있다. 또한 제조업(평균값) 및 운수업 · 창고 · 통신업(평균값 4.10) 등보다는 오히려 서비스업(평균값 4.50), 건설업(평균값 4.50) 등에 보다 초점을 맞추어 퇴직연금시장을 진출할 것으로 예상된다. 전반적으로 은행의 평균값이 보험회사의 평균값보다 높게 나타나고 있는 것은 기업 대상의 대출거래 등에서 상대적으로 보험회사보다 유리한 위치에 있기 때문에 나타나는 현상이 아닌가 생각된다.

⑤ 퇴직연금 진출준비실태 분석결과

보험회사의 경쟁력 여부를 살펴본다는 차원에서 퇴직연금 진출 준비 실태를 분석하였으며, 결과는 〈표 Ⅰ-38〉에 나타내는 바와 같다. 모든 분야가 평균값 3.00 이하인 2.00 수준을 보이고 있어 퇴직연금 진출준비가 미흡한 것으로 나타

표 Ⅰ-38 퇴직연금 진출준비 상황(경쟁력 측면)

	평균값		아주 낮음 ←→ 아주 높음				
	보험	은행	①	②	③	④	⑤
영업조직형성 측면(퇴직연금판매조직능력 등)	2.45	3.00	13.64 (22.22)	50.00 (11.11)	22.73 (22.22)	4.55 (33.33)	9.09 (11.11)
부가서비스능력 측면(차별화된 서비스 등)	2.27	3.67	18.18 (11.11)	45.45 (0.00)	27.27 (33.33)	9.09 (22.22)	0.00 (33.33)
상품개발능력 측면(연금상품설계능력 등)	2.86	3.11	13.64 (11.11)	18.18 (11.11)	40.91 (44.44)	22.73 (22.22)	4.55 (11.11)
교육/컨설팅능력 측면(종업원 투자교육 등)	2.45	3.11	18.18 (22.22)	40.91 (0.00)	22.73 (33.33)	13.64 (33.33)	4.55 (11.11)
자산운용능력 측면(운용수익률제고능력 등)	2.77	3.44	9.09 (11.11)	31.82 (0.00)	36.36 (44.44)	18.18 (22.22)	4.55 (22.22)
운용상품제공능력 측면(투자상품제시 등)	2.73	3.67	9.09 (11.11)	36.36 (0.00)	31.82 (33.33)	18.18 (22.22)	4.55 (33.33)
리스크대비능력 측면(퇴직연금리스크관리 등)	2.73	3.89	9.09 (11.11)	31.82 (0.00)	36.36 (22.22)	22.73 (22.22)	0.00 (44.44)

주: (　　)은 은행의 분석결과를 의미.

나고 있다.

① 영업조직형성 측면은 평균값이 2.45로 전체보험회사의 63.64%(①+②)가 상대적으로 준비상태(경쟁력)가 미흡하였다. ② 부가서비스능력 측면의 경우, 2.27로 가장 낮은 평균값을 보이고 있는 것으로 나타나고 있는데, 전체 보험회사의 63.63%가 상대적으로 준비상태(경쟁력)가 미흡한 것으로 분석되고 있다. 이에 반해 ③ 상품개발능력 측면은 평균값이 2.86인 것으로 나타나고 있으며, 자산운용능력 측면은 평균값이 2.77인 것으로 나타나 다른 분야보다 퇴직연금 진출준비 상황이 상대적으로 양호한 것으로 보인다.

한편, 은행의 경우는 대부분의 평균값이 3.00～4.00 이내인 것으로 나타나 보험회사 보다 상대적으로 경쟁력 면에서 준비가 잘 이루어지고 있는 것으로 나타나고 있다.

① 영업조직형성 측면(평균값 3.00), 상품개발능력 측면(평균값 3.11), 교육/컨설팅능력 측면(평균값 3.11) 등은 준비상태가 상대적으로 미약한 것으로 나타나고 있으며, ② 부가서비스능력 측면(평균값 3.67), 운용상품제공능력 측면(평균값 3.67), 리스크대비능력 측면(평균값 3.89), 자산운용능력측면(평균값 3.44) 등은 준비상태가 상대적으로 잘 이루어지고 있는 것으로 분석되고 있다. 따라서 보험회사의 경우 일반적으로 경쟁력이 존재한다고 생각되는 분야, 즉 부가서비스능력측면, 교육/컨설팅능력 측면, 영업조직형성 측면 등에서의 준비상태가 오히려 취약한 것으로 나타나고 있다는 점에서 향후 이에 대한 적절한 대비책이 강구될 필요성이 있다고 본다. 즉 보험회사의 강점이라고 할 수 있는 분야에 대한 경쟁력 강화 노력이 상대적으로 미흡하다는 점에서 보다 체계적인 대응전략이 마련될 필요성이 있다고 생각된다. 또한 보험회사의 경쟁력 제고를 위해서는 은행의 준비상태와 비교해 차이가 나는 부문을 보완해 가면서 보험회사의 장점이 존재하는 부문, 즉 부가서비스능력 및 교육컨설팅능력 측면 등을 강화시키는 방향으로 경영전략 수립이 필요하다고 본다.

⑥ 퇴직연금 운용조직체계 분석결과

퇴직연금 운용에 필수적이라 할 수 있는 운용조직체계를 〈표 Ⅰ-39〉에서 보는 바와 같이 ① 퇴직연금수리 부문, ② 퇴직연금개발 부문, ③ 콜센터(Call Center) 부문으로 구분하여 운용조직 각각에 대한 독립적인 운용여부를 설문하였다. 그 결과 보험회사의 경우 콜센터 부문의 운용에 대해 전반적으로 부정적인

표 I-39 **퇴직연금 운용조직체계**

	평균값		계획 낮음 ←→ 계획 높음				
	보험	은행	①	②	③	④	⑤
퇴직연금수리 부문	3.18	2.78	9.09 (22.22)	13.64 (33.33)	45.45 (11.11)	13.64 (11.11)	18.18 (22.22)
퇴직연금개발 부문	3.32	3.56	9.09 (11.11)	13.64 (11.11)	31.82 (22.22)	27.27 (22.22)	18.18 (33.33)
Call Center 부문	2.68	3.56	18.18 (11.11)	27.27 (11.11)	31.82 (22.22)	13.64 (22.22)	9.09 (33.33)
연금계약 부문	3.09	3.56	13.64 (11.11)	27.27 (11.11)	13.64 (22.22)	27.27 (22.22)	18.18 (33.33)

주: 1) 퇴직연금수리 부문: 재무,회계적 관점,인사, 노무 등에 대한 종합적인 어드바이스, 안내담당.
2) 퇴직연금개발 부문: 다양한 교육 개발과 가입자설명회실시, 종업원에 대한 운용상품선정.
3) 콜센터 부문: 자동응답에 대한 무료다이알 서비스제공,전문적인 상담.
4) 연금계약 부문: 풍부하게 축적된 사무경험과 노하우를 활용한 사무운용지원.

견해를 보이고 있는 반면, 상대적으로 퇴직연금개발 부문 등에 대해서는 어느 정도 독립적인 운용의사가 있음을 볼 수 있다. 즉 퇴직연금수리 부문은 평균값이 3.18, 퇴직연금개발 부문은 평균값이 3.32, 연금계약 부문은 평균값이 3.09인 것으로 나타나고 있으며, 독립적인 설립운용에 긍정적으로 답한 보험회사(설문지에서 ④+⑤에 해당하는 비율)의 비율이 각각 31.82%, 45.45%, 45.45%를 점하고 있는 것으로 나타났다. 이는 부정적으로 답한 보험회사의 비율(설문지에서 ①+②에 해당하는 비율)보다 다소 높기는 하지만 아직까지 독립적인 운용조직체계의 구축에 대해서는 미온적인 자세를 견지하고 있는 것으로 보인다.

이에 반해 은행의 경우 퇴직연금수리 부문에 대해서는 전반적으로 부정적인 견해를 보이고 있지만, 퇴직연금개발 부문, 콜센터 부문, 연금계약 부문 등에 대해서는 상대적으로 독립적으로 운용할 의사가 있음을 보여주고 있다.

은행과 보험회사를 비교할 때 가장 특징적인 것은 퇴직연금수리 부문을 제외한 모든 부문에서 은행이 보험회사보다 독립인 운영에 대해 보다 적극적이라는 점이다. 이는 은행이 보험회사보다 퇴직연금시장의 진출을 위한 독자적인 조직운용체제의 구축 필요성을 높게 인지하는 것으로 해석될 수 있다. 이와 같은 관점에서 볼 때 보험회사는 향후 은행의 조직운용체제를 면밀히 검토하면서 경쟁력 강화 차원에서 퇴직연금의 운용조직을 체계화할 필요성이 있다.

(2) 통계적 분석결과

① 보험회사와 은행간의 분석결과

국내보험회사와 은행간의 통계적 차이를 퇴직연금 마케팅차원에서 검증하기 위하여 Wilcoxon 순위검증 등과 같은 통계분석을 실시하였으며, 그 결과는 다음과 같이 요약 · 정리할 수 있다.

첫째, 〈표 I-40〉에서 보는 바와 같이 보험회사와 은행간에 운영관리업무에서는 통계적 유의성이 존재하고 있지 않지만, 자산관리업무부문의 서비스진출 계획 면에서는 보험회사와 은행간 통계적 유의성이 뚜렷하게 존재한다는 점이다.

① 운영관리업무부문 중에서 기록관리부문과 각종 정보제공(콜센터, 인터넷)

표 I-40 운영 및 자산관리업무분야의 서비스진출계획

변 수		평균값		Wilcoxon 순위검증	
		보험회사	은행	통계량(Z)	p-값
운용관리업무	제도설계	4.32	4.22	0.025	0.490
	Record Keeping(기록관리)	3.32	4.33	2.182	0.015**
	운용상품 선정, 제시, 체크	4.27	4.00	−0.293	0.385
	가입자교육(투자교육)	3.91	4.44	1.230	0.109
	각종 정보제공(콜센터, 인터넷)	3.77	4.44	1.761	0.039**
	전 체	3.92	4.29	1.199	0.115
자산관리업무	갹출금 수령	3.91	4.33	1.392	0.082*
	운용지시에 따른 금융상품매매	3.95	4.33	1.016	0.155
	자산관리	3.95	4.33	1.016	0.144
	급부금 송금	4.09	4.33	1.151	0.125
	전 체	3.98	4.33	1.357	0.087*

부문에서 보험회사와 은행간의 통계적 유의성이 존재하는 것으로 나타나, 보험회사의 경우 향후 이를 부문에 대한 마케팅서비스 차별화전략이 보다 요구되고 있음을 보여주고 있다. 운영관리업무부문 전체적으로 볼 때 통계적 유의성은 존재하지 않아 보험회사와 은행간의 서비스진출 계획상의 수준차이는 존재하지 않는 것으로 분석되고 있다.

② 제도설계 및 운용상품선정 · 제시 · 체크 부문을 제외한 전 부문에서 은행의 서비스진출이 가시화될 것으로 예상됨에 따라 이 부문에 대한 차별화된 서비스가 가능하도록 보다 많은 노력이 이루어질 필요성이 있다. 특징적인 것은 자산관리업무부문에서 은행과 보험회사와의 차이가 통계적으로 유의할 만큼 뚜렷하게 나타나고 있다는 점에서 향후 자산관리업무부문에 대한 서비스강화대책이 필요할 것이다.

둘째, 업종별 목표대상기업을 보험회사와 은행간에 비교분석한 결과는 〈표 I-41〉에 나타내는 바와 같다. 특히 서비스업과 건설업, 전기 · 가스 · 수도사업, 그리고 사무 · 연구직종에서 통계적으로 유의한 것으로 분석되고 있다. 이는 은행이 서비스업 등과 같은 업종에 특화하여 목표시장을 설정하고 있다는 점에서

표 I-41 운영 및 자산관리업무분야의 서비스진출계획

변 수	평균값		Wilcoxon 순위검증	
	보험회사	은행	통계량(Z)	p-값
제조업(음식료품, 섬유, 목재, 고무, 자동차 등)	3.91	4.10	0.718	0.236
금융업(은행, 증권, 보험, 투신 등)	3.14	3.50	0.690	0.245
서비스업(호텔, 관광, 여행, 부동산업 등)	3.68	4.50	2.007	0.022**
건설업(건물, 도로, 토목 등)	3.50	4.50	2.056	0.020**
운수업 · 창고 · 통신업(철도, 항공, 통신 등)	3.59	4.10	1.105	0.135
전기 · 가스 · 수도 사업 (전기, 가스, 수도 등)	3.64	4.20	1.405	0.080*
사무(연구직종 포함)(연구직, 컨설팅 등)	3.45	4.30	1.799	0.036**

보험회사는 이들 업종에 진출하는 경우 사전에 체계적인 대응전략이 필요할 것으로 보인다.

특히 금융업을 제외한 전 업종에서 은행의 진출이 가시화될 것으로 예상됨에 따라 은행간의 수탁경쟁은 매우 치열할 것으로 예상된다. 따라서 보험회사는 지금부터라도 보험회사에 적합한 목표대상기업을 선정하여, 이들 목표 대상기업의 특성에 부합한 차별화된 서비스전략을 구축하여야 할 것으로 판단된다. 즉 보험업계가 목표 대상기업으로 선정한 제조업, 서비스업, 전기 · 가스 · 수도사업 등에 대해서는 이들 업종에 부합한 서비스가 무엇인가를 사전에 점검 · 검토하고, 이를 실행에 옮기는 적극적인 자세의 전환이 그 어느 때보다도 요구되고 있다.

셋째, 퇴직연금 진출준비상황을 분석한 결과는 〈표 Ⅰ-42〉에 나타내는 바와 같다. 보험회사와 은행간 다양한 부가서비스 제공능력, 교육 및 컨설팅 능력, 자산운용수익률 제공능력, 운용상품 제공능력, 리스크관리 능력 등에서 통계적 유의성이 뚜렷하게 존재하고 있다. 이 때문에 퇴직연금시장 진출에 대한 경쟁력 비교측면에서 보험회사가 은행보다 상대적으로 준비상태가 미흡한 수준이라 할 수 있다.

표 Ⅰ-42 퇴직연금 진출준비 상황(경쟁력 측면)

변 수	평균값		Wilcoxon 순위검증	
	보험회사	은행	통계량(Z)	p-값
퇴직연금 판매조직력 능력 (영업조직)	2.45	3.00	1.109	0.134
다양한 부가서비스 제공 능력 (연금서비스)	2.27	3.67	2.767	0.003**
연금상품 설계능력(상품개발)	2.86	3.11	0.525	0.300
교육 및 컨설팅 능력(영업인력교육)	2.45	3.11	1.388	0.083*
자산운용수익률 제고 능력 (자산운용)	2.77	3.44	1.563	0.059*
운용상품제공 능력(상품제시)	2.73	3.67	1.998	0.023**
리스크관리 능력(위험관리)	2.73	3.89	2.445	0.007**

① 전반적으로 보험회사와 은행간에는 퇴직연금 판매조직 능력 및 연금상품 설계 능력 면에서는 수준차이가 존재하지 않지만, 연금자산의 운용과 관련된 부문, 즉 자산운용수익률 제고능력, 운용상품 제공능력, 리스크관리능력 면에서는 은행이 보험회사에 비해 보다 철저하게 준비가 되어 있는 것으로 분석되고 있다. ② 보험회사의 경우 대체로 DC형 퇴직연금제와 관련된 부문은 준비상태가 열악한 수준인 반면, 상대적으로 DB형 퇴직연금제와 관련된 부문은 준비상태가 양호하다는 점에서 향후 DC형 퇴직연금시장을 선점하기 위한 종합적인 대응책마련이 강구될 필요성이 있다

넷째, 퇴직연금 운용조직체계를 분석한 결과는 〈표 I-43〉에 나타내는 바와 같다.

① 보험회사의 경우 퇴직연금수리 부문의 평균값이 3.18인 데 반하여, 은행의 평균값은 보험회사 보다 낮은 2.78인 것으로 나타나 보험회사가 은행보다 퇴직연금수리 부문에 대한 독립적인 조직운용필요성이 크게 존재하고 있음을 알 수 있다.

② 보험회사의 경우 퇴직연금개발 부문, 콜센터 부문, 연금계약 부문의 평균값이 각각 3.32, 2.68. 3.09인 데 반하여, 은행의 경우는 이들 모든 부문에서 3.56의 평균값을 나타내고 있다. 따라서 이들 부문의 경우 보험회사보다 은행이 보다 독립적인 조직운용의 필요성이 존재하는 것으로 나타나고 있다. ③ 통계적으로는 콜센터 부문에서 보험회사와 은행간의 인식차이가 뚜렷하게 나타나고 있는데, 이는 은행이 보다 DC형 퇴직연금시장의 진출을 강력히 바라기 때문에 나타난 현상으로 이해될 수 있다.

표 I-43 퇴직연금 운용조직체계

변 수	평균값		Wilcoxon 순위검증	
	보험회사	은행	통계량(Z)	p-값
퇴직연금수리 부문	3.18	2.78	−0.877	0.190
퇴직연금개발 부문	3.32	3.56	0.537	0.296
Call Center 부문	2.68	3.56	1.628	0.052*
연금계약 부문	3.09	3.56	0.846	0.199

② 대형사와 중소형사간의 분석결과

대형사와 중소형사간의 통계적 차이를 퇴직연금 마케팅차원에서 검증하기 위하여 Wilcoxon 순위검증 등과 같은 통계분석을 실시하였으며, 그 결과는 다음과 같이 요약 · 정리할 수 있다.

첫째, 〈표 I-44〉에서 보는 바와 같이 운영관리업무 및 자산관리업무분야의 서비스진출 계획 면에서는 대형사와 중소형사간에 통계적 유의성이 뚜렷이 존재한다는 점이다.

① 운영관리업무에서는 기록관리부문과 가입자교육부문에서 대형사와 중소형사간 통계적 유의성이 존재하는 것으로 나타나고 있지만, 제도설계 및 운용상품선정 · 제시 · 체크부문, 각종 정보제공(콜센터, 인터넷) 부문 등에서는 통계적 유의성이 존재하지 않는 것으로 나타나고 있다. 이는 기록관리부문과 가입자교육 부문 등에 대한 중소형사의 서비스진출 계획이 대형사의 서비스진출 계획에 미치지 못하고 있다는 점으로 이해될 수도 있지만, 어느 면에서는 중소형사의 경쟁력 강화차원에서 이들 분야를 제외한 부문, 즉 제도설계 부문, 운용상품선정 ·

표 I-44 운영 및 자산관리업무분야의 서비스진출계획

변 수		평균값		Wilcoxon 순위검증	
		대형사	중소형사	통계량(Z)	p-값
운용관리업무	제도설계	4.29	4.09	0.396	0.346
	Record Keeping(기록관리)	4.14	2.64	2.767	0.003**
	운용상품 선정, 제시, 체크	4.29	4.00	0.537	0.296
	가입자교육(투자교육)	4.43	3.36	2.034	0.021**
	각종 정보제공(콜센터, 인터넷)	4.00	3.45	0.993	0.160
	전 체	4.23	3.51	1.734	0.041**
자산관리업무	갹출금 수령	4.14	3.73	1.335	0.091*
	운용지시에 따른 금융상품매매	4.43	3.64	1.532	0.063*
	자산관리	4.43	3.45	1.844	0.033**
	급부금 송금	4.43	3.91	1.641	0.050**
	전 체	4.36	3.68	1.589	0.056*

제시 · 체크 부문, 그리고 각종 정보제공 부문에 보다 핵심역량을 투자하여, 차별화된 서비스를 제공하려는 의도로도 생각할 수 있다.

② 자산관리업무 역시 대형사와 중소형사간의 통계적 유의성이 존재하고 있다. 평균값으로 볼 때에도 대형사는 평균값 4.36인 데 반해 중소형사는 평균값이 3.68인 것으로 나타나 대형사가 중소형사보다 자산관리업무를 둘러싼 서비스 제공에 매우 적극적인 것으로 분석되고 있다. 결국 운영관리업무 및 자산관리업무 모두를 종합하여 보면 대형사의 경우 일괄서비스체제로의 전환가능성이 매우 큰 것으로 나타나고 있는 반면, 중소형사의 경우 일괄서비스체제로의 전환 이외에 개별서비스체제로의 전환에도 매우 관심이 존재하고 있는 것으로 분석되고 있다.

둘째, 업종별 목표 대상기업을 분석한 결과는 〈표 Ⅰ-45〉에 나타내는 바와 같다. 대형사와 중소형사간에는 통계적 유의성 차이가 존재하지 않아, 대형사 및 중소형사 모두 유사한 목표대상 기업을 삼고 있는 것으로 나타나고 있다는 점이다. 즉 보험업계가 지향하는 공통된 목표대상기업은 제조업, 서비스업, 전기 · 가스 · 수도사업 등인 것으로 나타나고 있는 반면, 상대적으로 금융업, 사무 · 연구직 등에의 진출은 소극적인 것으로 나타나고 있다.

표 Ⅰ-45 업종별 목표 대상기업

변 수	평균값		Wilcoxon 순위검증	
	대형사	중소형사	통계량(Z)	p-값
제조업(음식료품, 섬유, 목재, 고무, 자동차 등)	4.00	4.09	0.242	0.404
금융업(은행, 증권, 보험, 투신 등)	3.14	3.09	0.000	0.500
서비스업(호텔, 관광, 여행, 부동산업 등)	4.00	3.55	0.943	0.173
건설업(건물, 도로, 토목 등)	3.86	3.64	0.236	0.407
운수업 · 창고 · 통신업(철도, 항공, 통신 등)	3.57	3.82	−0.378	0.353
전기 · 가스 · 수도 사업 (전기, 가스, 수도 등)	3.71	3.82	−0.095	0.462
사무(연구직종 포함)(연구직, 컨설팅 등)	3.57	3.36	0.281	0.389

① 대형사는 금융업, 서비스업, 건설업, 사무 · 연구직 등에서 중소형사보다 평균값이 상대적으로 높다. ② 중소형사는 제조업, 운수 · 창고 · 통신업, 전기 · 가스 · 수도사업 등에서 대형사보다 평균값이 상대적으로 높다. 결국 대형사와 중소형사간에 업종별 목표 대상기업의 통계적 차이는 존재하지 않지만, 지향하는 정도의 차이는 어느 정도 존재하는 것으로 보인다.

셋째, 퇴직연금 진출준비상황을 분석한 결과는 〈표 Ⅰ-46〉에 나타내는 바와 같다. 업종별 목표 대상기업의 분석 결과와 마찬가지로 대형사와 중소형사간에는 통계적 유의성은 존재하지 않다. 다만, 다음과 같은 분석상의 특징이 존재한다. ① 전반적으로 대형사 및 중소형사의 진출준비실태(경쟁력정도)는 미흡한 수준이라 할 수 있는데, 이는 대형사의 평균값은 2.29(최소) 3.29(최대) 수준이며, 중소형사의 평균값 역시 2.18(최소) 2.64(최대) 수준에 불과하다는 점에서 알 수 있다. ② 상대적으로 보험회사의 강점이라 할 수 있는 부가서비스 제공능력의 평균값이 대형사는 2.29, 중소형사는 2.18으로 나타남으로써 보험회사의 강점분야에 대한 경쟁력 강화제고 노력(진출준비 노력)이 보다 요구되고 있다는 점이다.

표 Ⅰ-46 퇴직연금시장 진출 준비상황(경쟁력 측면)

변 수	평균값		Wilcoxon 순위검증	
	대형사	중소형사	통계량(Z)	p-값
퇴직연금 판매조직력 능력 (영업조직)	3.00	2.18	0.798	0.212
다양한 부가서비스제공능력 (연금서비스)	2.29	2.18	−0.150	0.440
연금상품 설계능력 (상품개발)	3.14	2.64	0.956	0.170
교육 및 컨설팅 능력 (영업인력교육)	3.00	2.18	1.230	0.109
자산운용수익률 제고능력 (자산운용)	3.14	2.64	1.091	0.138
운용상품 제공능력(상품제시)	3.00	2.64	0.906	0.183
리스크관리능력(위험관리)	3.29	2.64	1.431	0.076*

표 I-47 퇴직연금 운용조직체계

변 수	평균값		Wilcoxon 순위검증	
	대형사	중소형사	통계량(Z)	p-값
퇴직연금수리 부문	3.71	2.73	1.625	0.052*
퇴직연금개발 부문	3.71	2.91	1.305	0.096*
Call Center 부문	2.57	2.45	−0.282	0.389
연금계약 부문	3.71	2.64	1.438	0.075*

③ 중소형사의 경우, 퇴직연금 판매조직능력, 다양한 부가서비스제공능력, 교육 및 컨설팅 능력 등에서 경쟁력 노력이 미흡한 반면, 대형사는 상대적으로 다양한 부가서비스 제공능력, 교육 및 컨설팅 능력, 퇴직연금 판매조직능력 등에서 경쟁력 노력이 미흡한 수준이다. 따라서 중소형사뿐만 아니라 대형사 모두 자사의 특성에 부합한 체계화된 경쟁력 강화노력이 보다 요구되고 있다고 판단된다.

넷째, 퇴직연금 운용조직체계를 분석한 결과는 〈표 I-47〉에 나타내는 바와 같다.

① 대형사의 경우 퇴직연금수리 부문, 퇴직연금개발 부문, 콜센터 부문, 연금계약 부문의 평균값은 각각 3.71, 3.71, 2.57, 3.71이었으며, 이는 중소형사의 평균값 2.73, 2.91, 2.45, 2.64보다 높은 것으로 분석되고 있다. 즉 대형사가 전반적으로 중소형사보다 퇴직연금 운용조직체계의 구축에 적극적임을 알 수 있다. ② 통계적 검증결과, 콜센터 부문을 제외한 모든 부문에서 통계적 유의성이 검증되고 있는 것으로 나타나, 대형사와 중소형사간의 차이가 뚜렷이 존재하고 있음을 알 수 있다. ③ 특징적인 것은 콜센터 부문 등과 관련된 독립된 조직구성에 대해 중소형사뿐만 아니라 대형사 역시 매우 소극적인 자세를 견지하고 있다는 점이다.

③ 국내사와 외국사간의 분석결과

국내사와 외국사간의 퇴직연금 마케팅의 수준차이 등을 분석하기 위해 대형사와 중소형사와 동일한 분석방법, 즉 Wilcoxon 순위검증 등을 실시하였다. 그 결과를 토대로 제반특징을 살펴보면 다음과 같다.

첫째, 〈표 I-48〉에서 보는 바와 같이 운영관리업무 분야의 서비스 진출 계

표 I-48 운영 및 자산관리업무분야의 서비스진출계획

변 수		평균값		Wilcoxon 순위검증	
		국내사	외국사	통계량(Z)	p-값
운용관리업무	제도설계	4.17	5.00	1.695	0.045**
	Record Keeping(기록관리)	3.22	3.75	0.624	0.266
	운용상품 선정, 제시, 체크	4.11	5.00	1.680	0.046**
	가입자교육(투자교육)	3.78	4.50	1.215	0.112
	각종 정보제공(콜센터, 인터넷)	3.67	4.25	1.023	0.153
	전 체	3.79	4.50	1.589	0.056*
자산관리업무	갹출금 수령	3.89	4.00	0.045	0.045**
	운용지시에 따른 금융상품매매	3.94	4.00	0.090	0.464
	자산관리	3.83	4.50	1.084	0.139
	급부금 송금	4.11	4.00	−0.135	0.446
	전 체	3.94	4.13	0.132	0.447

획 면에서는 국내사와 외국사간에 각각 p값이 0.056으로 통계적 유의성이 뚜렷이 존재하였으나, 자산관리업무 분야의 서비스 진출계획 면에서는 통계적 유의성이 존재하지 않았다.

① 운영관리업무에서는 제도설계, 운용상품선정 · 제시 · 체크 부문에서 국내사와 외국사간의 통계적 유의성이 존재하는 것으로 나타나고 있다. 그러나 기록관리 및 가입자교육 부문, 그리고 각종 정보제공 부문 등에서는 통계적 유의성이 존재하지 않는 것으로 나타남으로써 대형사와 중소형사간의 분석결과와 상이하게 결과를 보이고 있다. ② 자산관리업무(전체)에서는 국내사의 평균값이 3.94, 외국사의 평균값이 4.13을 보이고 있지만 통계적 유의성은 존재하지 않고 있다. 즉 국내사와 외국사간의 자산관리업무 서비스진출계획 정도는 거의 유사한 트렌드를 보이고 있는 것으로 분석되고 있다. 운영관리업무뿐만 아니라 자산관리업무까지 포함한 전체 서비스분야를 볼 때 거의 전 분야에서 외국사의 평균값이 높은 것으로 나타나, 국내사보다 외국사의 경우가 일괄서비스체제를 매우 강하게 지향하고 있는 것으로 판단된다.

표 I-49 업종별 목표 대상기업

변 수	평균값		Wilcoxon 순위검증	
	국내사	외국사	통계량(Z)	p-값
제조업(음식료품, 섬유, 목재, 고무, 자동차 등)	4.06	3.25	−0.988	0.162
금융업(은행, 증권, 보험, 투신 등)	3.11	3.25	0.220	0.413
서비스업(호텔, 관광, 여행, 부동산업 등)	3.72	3.50	0.000	0.500
건설업(건물, 도로, 토목 등)	3.72	2.50	−1.576	0.058*
운수업 · 창고 · 통신업(철도, 항공, 통신 등)	3.72	3.00	−0.924	0.178
전기 · 가스 · 수도 사업 (전기, 가스, 수도 등)	3.78	3.00	−0.968	0.166
사무(연구직종 포함)(연구직, 컨설팅 등)	3.44	3.50	0.175	0.431

둘째, 업종별 목표대상기업을 분석한 결과는 〈표 I-49〉에 나타내는 바와 같다.

국내사와 외국사간에 특히 건설업에서 통계적 유의성 차이가 존재하고 있는 것으로 나타나고 있는 반면, 여타 업종에서의 통계적 유의성은 존재하지 않는 것으로 나타나고 있다. 그러나 내용 면에서는 대략 다음과 같은 특징이 존재한다.

① 국내사는 제조업, 서비스업, 건설업, 운수 · 창고 · 통신업, 전기 · 가스 · 수도사업 등에서 외국사보다 평균값이 높았다. ② 외국사는 금융업, 사무 · 연구직종 등에서 국내사보다 평균값이 높은 것으로 조사되고 있다. ③ 특징적인 것은 외국사는 건설업(평균값 2.50), 운수 · 창고 · 통신업(평균값 3.00), 그리고 전기 · 가스 · 수도사업(평균값 3.00) 등의 평균값이 3.00 이하로 나타나 이들 업종에 대한 진출에 매우 소극적인 자세를 견지하고 있다는 점이다. ④ 전체적으로 볼 때 외국사보다 국내사의 평균값이 거의 모든 업종에서 상대적으로 낮게 나타나고 있는데, 이는 외국사가 국내업종에 대한 인식 및 현황파악이 상대적으로 어려워 매우 신중한 자세를 취하고 있기 때문인 것으로 생각된다.

셋째, 〈표 I-50〉에서 보는 바와 같이 국내사와 외국사간에는 리스크관리능

표 Ⅰ-50 퇴직연금 진출준비 상황(경쟁력 측면)

변 수	평균값		Wilcoxon 순위검증	
	국내사	외국사	통계량(Z)	p-값
퇴직연금 판매조직력 능력 (영업조직)	2.50	2.25	−0.046	0.482
다양한 부가서비스제공능력 (연금서비스)	2.22	2.50	0.771	0.220
연금상품 설계능력 (상품개발)	2.83	3.00	0.490	0.312
교육 및 컨설팅 능력 (영업인력교육)	2.50	2.25	−0.445	0.328
자산운용수익률 제고능력 (자산운용)	2.83	2.50	−0.312	0.378
운용상품 제공능력(상품제시)	2.78	2.50	−0.356	0.361
리스크관리능력(위험관리)	2.89	2.00	−1.652	0.049**

력 측면에서 수준차이가 통계분석결과 나타나고 있다. 이는 아마도 외국사의 경우는 리스크관리가 주로 본사에서 이루어지기 때문에 국내사와 외국사간에 수준차이가 존재하는 것으로 생각된다. 국내사와 외국사간에 리스크관리 능력측면 이외에 모든 부문에서 통계적 유의성은 존재하지 않았다.

① 국내사는 외국사에 비해 퇴직연금 판매조직 능력, 교육 및 컨설팅 능력, 자산운용수익률제고 능력, 운용상품 제공능력, 리스크 관리능력 면에서 다소 앞서고 있다. ② 외국사는 국내사에 비해 다양한 부가서비스제공능력, 연금상품 설계 능력 면에서 우위에 있는 것으로 조사되고 있다. 다만, 국내사 및 외국사 모두 평균값이 3.00 이하인 것으로 나타나 전반적인 퇴직연금시장에 대한 진출준비 상황은 미흡한 수준이라 할 수 있다. 따라서 향후 어떻게 이들 부문에 대한 경쟁력을 제고시켜 나아가느냐가 보험회사의 현안과제가 될 것으로 보인다.

넷째, 퇴직연금 운용조직체계를 분석한 결과는 〈표 Ⅰ-51〉에 나타내는 바와 같다.

① 국내사의 경우 퇴직연금수리 부문, 퇴직연금개발 부문, 콜센터 부문, 연

표 I-51 **퇴직연금 운용조직체계**

변 수	평균값		Wilcoxon 순위검증	
	대형사	중소형사	통계량(Z)	p−값
퇴직연금수리 부문	3.11	3.50	0.764	0.222
퇴직연금개발 부문	3.22	3.75	0.790	0.215
Call Center 부문	2.50	3.50	1.712	0.044**
연금계약 부문	3.06	3.25	0.175	0.431

금계약 부문의 평균값이 각각 3.11, 3.22, 2.50, 3.06인 것으로 나타나, 외국사의 평균값 3.50, 3.75, 3.50, 3.25보다 낮았다. 즉 외국사가 전반적으로 국내사보다 퇴직연금 운용조직체계의 독자적인 구축에 매우 적극적임을 알 수 있다. ② 통계적 검증결과, 콜센터 부문에서 국내사와 외국사간의 차이가 통계적으로 유의한 것으로 나타나 상대적으로 외국사는 콜센터 부문의 독자적 운용에 적극적인 자세를 견지하고 있음을 알 수 있다.

IV. 퇴직연금 마케팅상의 시사점

근로자를 대상으로 한 설문조사를 토대로 분석한 결과를 퇴직연금 마케팅 측면에서 보험회사에 주는 의의와 시사점을 살펴보면 다음과 같다.

첫째, 현행 퇴직금제도에 대한 근로자의 전반적 만족도(④+⑤)가 4.7%에 그치고 현행 퇴직금제도보다 퇴직연금제도를 22.1% 이상(퇴직연금제 비선호와 선호와의 차이) 선호하는 것으로 나타나고 있다는 점이다. 이 때문에 정부의 퇴직연금 세제 혜택이 구체화되는 경우 퇴직연금시장의 규모는 보다 확대될 것으로 보인다. 이와 같은 퇴직연금시장의 규모 확대는 퇴직연금제도를 둘러싼 마케팅 서비스의 증대로 이어질 것으로 예상되기 때문에 향후 보험회사를 비롯한 금융기관 간 마케팅 서비스 경쟁은 치열해질 것으로 보인다. 따라서 보험회사 차원의 특화된 마케팅 서비스전략 수립과 제공이 그 어느 때보다도 절실히 요구된다고 할 수 있다.

표 I-52 마케팅전략상의 의의 및 시사점(근로자 대상)

	분석 내용	마케팅상의 의의 및 시점
퇴직연금제 선호도 및 선호요인 측면	-현행퇴직금제불만족증대 -퇴직연금제선호경향 뚜렷 -남자, 개인연금가입자일수록 퇴직연금제 선호	-퇴직연금시장의 확대예상과 퇴직연금 마케팅서비스의 제공 필요성 증대 -노후생활을 위한 경제적 준비정도, 개인연금의 가입 여부, 직업 등과 같은 독립변수를 종합적으로 고려한 퇴직연금시장의 진출계획 마련
DB형 및 DC형 선호도 및 선호요인 측면	-DB형 62.1%선호 -고소득자, 안정성중시근로자 등은 DB형선호	-초기에는 DB형중심 마케팅, 중장기에는 DC형 중심 마케팅 필요 -여성, 중간정산미시행근로자 등을 대상으로 DB형 마케팅전략 구사
수탁기관의 선호도 측면	-보험회사(45.1%) 은행(39.3%)	-은행 선호도 증대로 은행간 마케팅 경쟁치열 예상
수탁기관의 경쟁력 인식 측면	-연금자산운용능력(은행우위) -연금제도설계, 교육 · 컨설팅(보험회사 우위)	-자산관리업무중심마케팅서비스제공에 초점을 맞출 필요성존재 -기본적으로 연금제도설계,교육 · 컨설팅 차별화 절실
연금상품 선택 선호도 측면	-10년 이상 장기성퇴직 연금선호(종신연금 27.7%, 10년만기 34.0%)	-보험회사의 상품개발노하우개발과 보험사장점을 감안한 연금상품개발로 마케팅서비스 제공
퇴직연금감독정책 인식 측면	-안정성중시 감독선호(77.7%) -수탁자책임명확화(69.4%) -원금보장상품 구체화	-단기적으로 DC형중심의 시장재편 가능성 희박 -근로자의 규제감독정책인식변화를 감안한 마케팅전략 긴요

퇴직연금제의 선호요인 분석결과에서도 나타나 있듯이, 노후생활을 위한 경제적 준비정도가 낮은 근로자가 퇴직연금제도를 보다 선호한다는 점과 개인연금제도에 가입한 근로자가 퇴직연금제도를 선호한다는 점 등을 고려하여 보험회사는 퇴직연금시장의 진출계획을 수립할 필요성이 존재한다는 점이다. 특히 직업 및 성별 등과 같은 인구통계학적 변수는 퇴직연금제도의 선호에 많은 영향을 준다고 할 수 있는데, 예를 들어 전문직이며, 남자일수록 퇴직연금제도를 보다 선호하는 경향이 존재하고 있다는 점에서 이들을 대상으로 한 체계적인 퇴직연금

마케팅전략이 요구된다. 결과적으로 향후 보험회사는 통계적으로 유의한 것으로 나타난 ① 노후생활을 위한 경제적 준비 정도, ② 개인연금의 가입 여부, 그리고 ③ 직업 및 성별 등과 같은 독립변수를 종합적으로 고려한 퇴직연금시장의 진출계획이 마련되고 시행되어야 할 것이다.

둘째, 근로자를 대상으로 퇴직연금제 유형, 즉 DB형 퇴직연금제와 DC형 퇴직연금제 선호도 및 선호요인을 분석한 결과, 근로자의 62.1%가 DB형 퇴직연금제를 선호하는 것으로 나타나고 있다. 따라서 연금제도 도입의 초기에는 DB형 퇴직연금제 중심으로 퇴직연금시장이 형성될 것으로 보인다. 이에 따라 연금제도 도입초기에는 DB형 퇴직연금제 중심의 마케팅전략이 주효할 것으로 판단된다. 다만, 운용의 자기책임성, 수익률 제고 측면에서 근로자입장에서의 장점이 존재하는 DC형 퇴직연금제의 선호도 역시 증가하는 추세에 있다는 점을 간과하여서는 안 될 것이다. 따라서 보험회사는 DB형 퇴직연금 마케팅서비스를 기본으로 하면서도 신시장창출 측면에서 DC형 퇴직연금 마케팅 서비스를 준비하는 양면 전략이 필요할 것으로 생각된다.

특히 DB형 퇴직연금제 및 DC형 퇴직연금제 선호요인 분석결과에서 알 수 있는 바와 같이, 보험회사가 DB형 퇴직연금시장 및 DC형 퇴직연금시장에 진출할 경우에는 각각의 퇴직연금시장에 영향을 미치는 제반 변수를 고려하여 진출계획을 수립하는 것이 필요하다. 즉 예를 들어 DB형 퇴직연금시장에 대한 효율적 진출을 위해서는 노후생활을 위한 경제적 준비정도가 양호한 고연령층(40대 이상)을 대상으로 마케팅전략이 필요하며, 또한 퇴직금 중간정산이 되지 않은 근로자를 대상으로 한 적극적인 진출계획이 요구된다는 점이다.

이에 반해 DC형 퇴직연금시장의 진출을 위해서는 노후생활을 위한 경제적 준비 정도가 다소 미흡한 저연령층을 대상으로 하는 마케팅전략과 더불어 퇴직금 중간정산이 이루어진 근로자 및 남성근로자 등에 초점에 맞춘 퇴직연금 진출계획이 필요하다고 본다.

셋째, 근로자가 생각하는 수탁기관 선호도 1위는 보험회사(45.2%), 2위는 은행(39.3%)인 것으로 나타나고 있어 향후 수탁기관간 경쟁은 보험회사와 은행간의 경쟁이 될 것이라는 점이다. 다만, 은행의 거래대출 및 주거래은행제도 등을 활용하여 적극적인 수탁경쟁을 전개할 경우 예상과는 다른 결과를 보일 수도 있다. 따라서 보험회사는 보험회사만이 가지는 장점, 영업력 및 상품개발능력 등을 토대로 목표시장에 대한 마케팅전략을 집중 구사할 필요성이 존재한다.

넷째, 마케팅 전략을 수립함에 있어 가장 중요한 것은 보험회사와 은행의 서비스능력을 근로자가 과연 어떻게 평가하느냐에 있다고 할 수 있다. 따라서 이와 같은 관점에서 수탁기관의 경쟁력인식을 분석하였는데, 그 결과, 은행은 연금자산 운용능력 면에서 보험회사보다 우수한 것으로 근로자가 인식하는 반면, 연금제도 설계 및 교육 · 컨설팅능력은 은행보다 보험회사가 우수한 것으로 인식하고 있었다. 따라서 보험회사의 강점인 연금제도설계 및 교육 · 컨설팅 등을 중심으로 마케팅서비스의 경쟁력을 한층 강화하면서, 보험회사의 약점이라 할 수 있는 연금자산운용능력을 보완하여 근로자에게 차별화된 자산관리업무 서비스를 제공하는 것이 필요할 것이다. 또한 이와 같은 마케팅전략은 세부적으로 인구통계학적인 변수, 즉, 나이, 성, 소득 등을 고려하여 이루어져야 할 것이다.

다섯째, 근로자의 65.5%가 58세 이후부터 퇴직연금을 받기를 원하고 또한 89.6%가 10년 이상의 장기성 퇴직연금을 선호하는 것으로 나타났다. 따라서 장기성 연금상품 개발에 노하우가 있는 보험회사에 다소 유리한 환경이 조성될 수 있을 것으로 보인다. 즉 전체 근로자의 27.7%가 종신형 연금형태를 선호한다는 점에서는 생명보험회사에게, 전체 근로자의 34.0%가 10년만기 연금형태를 선호한다는 점에서는 손해보험회사에게도 유리한 측면이 존재할 수 있다는 점이다. 다만 은행의 경우도 종신형 연금형태를 제외한 연금을 개발 · 판매하게 된다는 점에서 종신형 연금형태를 제외한 상품개발에서 은행 등과의 치열한 경쟁이 이루어질 것으로 보인다. 이와 같은 관점에서 보험회사는 10년만기 연금상품 등을 중심으로 다양하고 차별화된 연금상품 개발이 이루어져야 할 것이다. 즉 연금상품 개발능력의 제고를 통한 퇴직연금 마케팅전략이 가장 중요할 것으로 생각된다.

또한 퇴직연금 규제감독정책에 대한 근로자의 인식에서 볼 때 전체 근로자의 77.7%가 안정성 중시 감독을, 전체 근로자의 69.4%가 수탁자책임의 명확화를, 전체 근로자의 57.2%가 원금보장형 상품의 구체화를 요구하고 있다는 점에서 단기적으로 DC형 퇴직연금시장 중심의 시장개편은 어려울 것으로 보인다. 즉 보험회사에의 수탁가능성이 높다고 할 수 있기 때문에 보험회사는 향후 퇴직연금 감독정책에 대한 근로자의 인식변화를 충분히 감안하여 마케팅전략을 수립하는 것이 바람직하다고 본다.

다음으로 보험회사 및 은행을 대상으로 한 설문조사를 토대로 분석한 결과

표 I-53 마케팅전략상의 의의 및 시사점(보험회사 및 은행대상)

		분석 결과	마케팅상의 의의 및 시점
마케팅 진출대상 측면		-은행100% 퇴직연금시장 진출 및 퇴직연금 업무취급 -퇴직연금시장을 신규 성장산업으로 은행 및 보험회사 모두 인식	-은행이 보험회사(95%)보다 퇴직연금시장의 진출에 보다 적극적 -차별화된 퇴직연금 마케팅서비스가 향후 주요 현안과제로 부각
설문	퇴직연금제 진출시장 퇴직연금제 진출업무		
마케팅 서비스제공 측면		-보험회사는 제도설계, 운용상품선정제시 등의 서비스분야에서 우위 -은행은 기록관리, 가입자교육, 각종 정보제공 등의 서비스분야에서 우위 -자산관리업무서비스제공에 은행이 보다 적극적	-전반적으로 개별서비스보다는 일괄서비스체제 지향 -일괄서비스체제를 지향하되, 특화된 분야에서는 개별서비스체제지향이 바람직 -특히 사무관리업무 분야에서 은행간의 경쟁 치열예상
설문	사무관리 업무서비스 자산관리 업무서비스		
마케팅 목표대상기업 측면		-보험회사, 은행 모두 1,000인 이상 대상기업을 목표기업 선정(은행 44%) -금융업을 제외한 전업종에 적극적 진출희망(은행/보험회사)	-대기업을 중심으로 한 수탁경쟁치열예상 -제조업, 서비스업 등과 같은 업종에 부합한 마케팅 전략 긴요
설문	규모별 목표대상기업 업종별 목표대상기업		
마케팅 경쟁력실태 측면		-전반적으로 은행이 보험사보다 준비상태가 철저 -보험회사평균값은 2.27～2.77 수준, 은행의 평균값은 3.00～3.89 수준	-보험회사의 강점이 존재하는 판매조직, 부가서비스, 교육·컨설팅 등의 분야에서 오히려 준비 미흡 -은행과 준비차이가 많은 분야를 보완하여 가는 전략 긴요
설문	퇴직연금 진출준비실태		
마케팅 조직운용체계 측면		-은행은 퇴직연금수리 부문, 보험회사는 콜센터 부문에 대한 독립운용에 미온적	-독립적인 마케팅조직운용체계구축으로 기업 및 근로자를 대상으로 한 포탈서비스 제공 바람직
설문	퇴직연금 운용조직체계		

를 퇴직연금 마케팅 측면에서 살펴보면 대략 다음 〈표 I-53〉와 같다.

먼저 마케팅 진출대상 측면에서 퇴직연금제 진출시장, 그리고 퇴직연금제 진출업무 등과 관련된 설문조사를 실시한 결과, 은행의 경우 10개 은행 모두가 퇴직연금시장에 진출하고 또한 모든 마케팅서비스업무를 취급할 것으로 예상됨으로써 보험회사는 특히 DC형 퇴직연금시장에 초점을 맞춘 마케팅전략 수립이 현안과제로 부각할 것으로 전망된다. 둘째 마케팅서비스제공 측면에서 볼 때 보험회사는 제도설계 및 운용상품선정제시 · 체크분야에서 은행보다 진출경향이 뚜렷한 반면, 은행은 기록관리업무, 가입자교육, 각종 정보제공 등의 서비스분야에서 보험회사보다 진출경향이 뚜렷한 것으로 나타나고 있다는 점이다. 따라서 보험회사는 점진적으로 일괄서비스체제를 지향하되, 특화된 분야에서는 개별서비스체제를 지향이 바람직하고 특히 사무관리업무 서비스에서의 마케팅경쟁력 강화가 보다 요구되고 있다.

셋째, 마케팅 목표대상 기업 측면에서 볼 때 은행 및 보험회사 모두 상시근로자 1000인 이상의 기업을 목표대상 기업으로 선정하고 있으며, 금융업을 제외한 전업종에 특히 은행이 보다 적극적으로 참여할 의사를 보이고 있음에 따라 보험회사는 이들 업종에 대한 차별화된 마케팅전략을 구사할 필요성이 있다. 특히 제조업, 서비스업 등과 같은 업종에 부합한 마케팅이 필요할 것으로 보인다.

넷째, 마케팅 경쟁력 측면에서 보험회사 및 은행을 대상으로 7개 분야에 걸친 준비실태를 분석한 결과, 대체로 보험회사보다 은행의 준비실태가 잘 이루어지고 있는 것으로 나타나고 있다는 점이 특징적이다. 이는 단적으로 보험회사의 평균값이 3.00 이하인 2.27~2.77 수준인 반면, 은행의 평균값은 3.00 3.89 수준이라는 점에서도 단적으로 알 수 있다. 또한 보험회사의 경우 보험회사의 강점이라 할 수 있는 부가서비스 분야, 교육 및 컨설팅 분야 등에서의 준비실태가 은행보다 오히려 미흡한 것으로 나타남으로써 이들 분야에 대한 마케팅 경쟁력 강화방안이 모색될 필요성이 있다고 본다. 이와 더불어 마케팅조직 운용체계 측면에서 퇴직연금 운용조직체계에 관련된 설문조사를 실시한 결과, 은행은 상대적으로 퇴직연금수리 부문, 보험회사는 콜센터 부문의 독립적인 마케팅 운용조직체계 구축에 미온적인 것으로 나타나고 있다. 퇴직연금 운용조직체계는 기업 및 근로자에게 포탈서비스를 제공한다는 점에서 보험회사는 점진적으로 독립적인 마케팅조직 운용체계의 구축에도 보다 많은 관심을 가져야 할 것이다.

<설문지 1> 퇴직연금마케팅 관련 설문서

※ 각 설문에 대해 다음과 같이 해당번호에 ✓ 또는(　)안에 번호를 기입하여 주시기 바랍니다.

다음은 퇴직연금시장의 진출과 관련된 일반적인 사항입니다.

1. 귀사는 확정급여형(DC형), 확정기여형(DB형) 중 어느 퇴직연금시장에 진출하려 하십니까? (　　)
   ① 확정급여형(DB형) 퇴직연금시장에만 진출
   ② 확정기여형(DC형) 퇴직연금시장에만 진출
   ③ 확정급여형(DB형) 및 확정기여형(DC형) 퇴직연금시장 모두진출

2. 귀사는 퇴직연금과 관련한 사무관리업무, 자산관리업무 중 어느 업무에 진출할 계획이 있으십니까? (　　)
   ① 사무관리업무에만 진출
   ② 자산관리업무에만 진출
   ③ 사무관리 및 자산관리 업무 모두에 진출

3. 퇴직연금의 업무와 관련하여 구체적으로 귀사가 진출하고자 하는 업무는 무엇입니까? (복수응답 가능). 해당부문에 ✓ 하여 주시기 바랍니다.

		진출계획 낮음 |←→| 진출계획 높음				
		①	②	③	④	⑤
운용관리업무	1. 제도설계					
	2. Record Keeping(기록관리)					
	3. 운용상품 선정, 제시, 체크					
	4. 가입자교육(투자교육)					
	5. 각종 정보제공(콜센터, 인터넷)					
	6. 상기업무 등에 대한 일괄서비스 체제					

자산관리업무	1. 갹출금 수령					
	2. 운용지시에 따른 금융상품 매매					
	3. 자산관리					
	4. 급부금 송금					
	5. 상기업무에 대한 일괄 서비스체제					

다음은 귀사의 주된 목표시장에 관한 사항입니다.

4. 귀사가 주된 대상으로 하려고 하는 기업의 규모는 어느 정도입니까? ( )

   ① 상시근로자 100인 미만 ② 상시근로자 300인 미만

   ③ 상시근로자 500인 미만 ④ 상시근로자 500～1000인 미만

   ⑤ 상시근로자 1000명 이상

5. 귀사의 업종별(업종별 분류) 진출계획은 어떠합니까? 해당부문에 ✔하여 주시기 바랍니다.

업 종	매우 낮음 |←→| 매우 높음				
	①	②	③	④	⑤
1. 제조업(음식료품, 섬유, 목재, 고무, 광물, 자동차등)					
2. 금융업(은행, 증권, 보험, 투신 등)					
3. 서비스업(호텔, 관광, 여행, 부동산업 등)					
4. 건설업(건물, 도로, 토목 등)					
5. 운수업/창고/통신업(철도, 항공, 교통, 통신 등)					
6. 전기/가스/수도사업(전기, 가스, 수도 등)					
7. 사무(연구직종 포함)(연구직, 컨설팅 등)					

다음은 현재 귀사의 퇴직연금시장 진출에 따른 준비사항에 관한 설문입니다.

6. 퇴직연금업무와 관련한 귀사의 준비는 어느 정도입니까? 해당부문에 ✓ 하여 주시기 바랍니다.

업 종	아주 낮음 ⟷ 아주 높음				
	①	②	③	④	⑤
1. 퇴직연금 판매조직력 능력(영업조직)					
2. 다양한 부가서비스제공능력(연금서비스)					
3. 연금상품 설계능력(상품개발)					
4. 교육 및 컨설팅 능력(영업인력교육)					
5. 자산운용수익률제고능력(자산운용)					
6. 운용상품 제공능력(상품제시)					
7. 리스크관리능력(위험관리)					

7. 귀사는 퇴직연금과 관련하여 다음과 같은 독자적 운용조직체계를 별도로 갖출 계획은 어느 정도 가지고 있습니까? 해당부문에 ✓ 하여 주시기 바랍니다. (독자운용체제란 여러 관련회사에서 업무를 분담하지 않고 사내에서 각 업무의 전문조직을 설치하고, 상호 긴밀한 연계를 통하여 기업에 종합적인 서비스를 지원하는 체제를 말함)

	계획 낮음 ⟷ 계획 높음				
	①	②	③	④	⑤
퇴직연금수리 부문					
퇴직연금개발 부문					
Call Center 부문					
연금계약부문					

주: 퇴직연금수리 부문(재무, 회계적 관점, 인사, 노무 등에 대한 종합적인 어드바이스, 안내담당), 퇴직연금개발 부문(다양한 교육의 개발과 가입자설명회 실시, 종업원에 대한 운용상품 선정), Call Center 부문(자동응답에 대한 무료다이얼 서비스 제공, 전문적인 상담), 연금계약 부문(풍부하게 축적된 사무경험과 노하우를 활용한 사무운용 지원)

8. 마지막으로 귀사가 어느 금융기관에 해당되십니까? (　　)

① 은행, ② 생명보험, ③ 손해보험, ④ 기타

[부록 2] 퇴직연금 리스크관리 실증분석

I. 설문조사대상 및 설문조사내용

1. 설문조사대상

현재 우리나라는 법정퇴직금제도하에서 퇴직보험과 퇴직일시금신탁제도를 운용하고 있으나 늦어도 2005년 2월에는 3층 보장체제 강화차원에서 선진국과 같이 퇴직연금제도를 전면적으로 도입할 예정으로 있다. 따라서 보험회사를 비롯한 각 금융기관간에는 퇴직연금제도를 둘러싼 수탁경쟁이 치열해질 것으로 전망된다. 이에 시장선점 차원에서 퇴직연금시장의 진출전략 수립도 중요시되지만 수탁경쟁 치열에 따른 수탁기관의 리스크관리가 더욱 중요시될 것으로 보인다. 특히 대표적인 수탁기관이라 할 수 있는 보험회사는 확정급여형 및 확정기여형 퇴직연금시장에 따른 제반리스크를 적절하게 인식하고 이를 사전에 대처할 필요성이 있다. 그 이유는 퇴직연금제도와 현재 운영중인 퇴직보험과 비교하여 볼 때 리스크의 부담주체, 운용상품 제시 주체 등에서 많은 차이점이 존재하기 때문이다. 이와 같은 관점에서 현재 보험회사가 어떻게 퇴직연금제도의 운영과 관련된 리스크를 인식하고 있으며, 수탁기관, 즉 보험회사 측면에서 어떠한 리스크관리 대응책을 강구하고 있는 가를 종합적으로 분석해 봄으로써 보험회사가 퇴직연금 시장에서 확고한 위치와 역할을 제고하는 것이 바람직하다고 본다. 이와 같은 상황인식하에서 보험회사의 퇴직보험 및 퇴직연금 담당자를 대상으로 설문조사를 실시하였는데, 조사대상기업으로는 생명보험사 12개사(외국 생명보험사 일부 포함), 손해보험사 10개사 등 총 22개 보험회사를 선정하였다(〈표 Ⅱ-1〉 참조).

설문조사 대상에서 제외된 보험회사는 퇴직연금시장에의 진출계획 자체가 없다고 응답한 보험회사, 퇴직보험 및 퇴직연금담당자가 없다고 응답한 보험회사, 설문지 작성에 응하지 않은 보험회사 등이며, 특히 손해보험사에서 외국 손

표 Ⅱ-1 설문조사 대상 및 기간

비 고	설문조사 대상			특 징
조사대상	보험회사 (22개사)	생명보험	12개사 (외국생보사포함)	퇴직보험 또는 퇴직연금담당자
		손해보험	10개사 (외국손보사비포함)	
조사기간	2004. 2. 16~2. 28			-

해보험사가 미포함된 이유는 외국 생명보험사에 비해 상대적으로 퇴직연금시장에 대한 관심이 미미하였거나 지점형태 등으로 운영되어 퇴직연금시장 진출 여부를 결정할 수 없었다는 점을 감안하였기 때문이다. 설문조사는 2004년 2월 16일부터 2월 28일 기간중에 이루어졌으며, 설문조사방법은 사전에 설문지를 이메일을 통보한 후 직접 보험회사에 방문하여 회수하는 방법을 선택하였다. 설문지 응답이 부실하거나 부정확한 경우에는 추가적으로 전화인터뷰를 통해 내용을 보완하였다.

2. 설문조사내용

퇴직연금 리스크의 인식 및 대응실태를 분석하기 위해 설문조사내용을 ① 퇴직연금시장 진출계획관련 항목, ② 퇴직연금 리스크인식관련 항목, ③ 퇴직연금리스크대응관련 항목 등으로 세분류하였다.

먼저 퇴직연금시장 진출계획관련 항목은 진출 여부 및 선호도, 확정급여형 연금시장 및 확정기여형 연금시장 진출과 관련된 항목 등으로 이루어졌으며 문항수는 전체문항의 18.6%에 해당하는 8개 문항으로 구성되었다. 퇴직연금 리스크인식 관련항목은 퇴직연금제도의 리스크와 퇴직보험의 리스크를 어떻게 상이하게 인식하는 지를 묻는 항목으로 구성되어 있는데, 문항수는 전체문항의 9.3%에 해당하는 4개 문항으로 이루어져 있다. 다음으로 퇴직연금리스크대응관련 항목은 운용상품설정리스크, 언더라이팅리스크, 수탁자재설정리스크, 소송(법률)리스크, 연금운용리스크 등과 관련된 항목으로 이루어졌으며, 전체문항의 72.1%에

표 Ⅱ-2 설문문항의 항목별 분류

구　분	세 분 류	문 항 수	비율(%)
퇴직연금시장 진출계획관련 항목	진출여부 및 선호도 등	3	18.6
	확정급여형 연금시장	1	
	확정기여형 연금시장	4	
퇴직연금 리스크인식관련 항목		4	9.3
퇴직연금리스크 대응관련 항목	운용상품설정 리스크	6	72.1
	언더라이팅 리스크	8	
	수탁자재설정 리스크	7(12)	
	소송(법률) 리스크	5	
	연금운용 리스크	5	
	전　체	43(12)	100.0

해당하는 31개 문항으로 구성되었다.

설문문항은 대부분 5점척도 방식으로 구성되었으며, 5점척도에서 매우 긍정적으로 응답한 경우 5점, 매우 부정적으로 응답한 경우는 1점 등으로 점수화하는 방법으로 설문문항에 대한 평균값이 산정되었다. 설문문항은 정형화된 문항설정이 어렵다는 점을 감안하여 일반적으로 통용되는 문항을 설정하였기 때문에 다소 연구자의 주관성이 개입될 여지가 있다고 본다.[1] 설문의 프로세스는 ① 보험회사가 퇴직연금시장에 과연 진출할 의향이 있는가, 있다면 어떠한 퇴직연금시장에 진출한 의향이 있는가를 살펴본 후에, ② 종래의 리스크관리와 퇴직연금제도상의 리스크관리를 어떻게 인식하고 있는가, ③ 그리고 퇴직연금 수탁자인 보험회사가 직면하는 제반리스크를 어떻게 대응하고 있으며 관리를 하고 있는가 등에 주안점을 두었기 때문에 전반적으로 보험회사의 인식 및 대응실태를 용이하게 분석할 수 있다고 본다. 분석은 설문조사결과를 토대로 한 설문조사분석과

1) 설문조사에 응답한 사람이 누구냐에 따라 설문조사의 결과가 상이할 수 있지만, 본 연구에서는 가급적 퇴직연금제도와 직접적으로 관련성이 있는 책임자급을 대상으로 설문조사를 시행함으로써 설문조사 선정에서 나차나는 보험회사간의 주관적 차별성을 최소화하고자 하였다.

더불어 보험회사를 그룹별—생명보험사그룹과 손해보험사그룹, 대형보험회사그룹과 중소형보험회사그룹[2]—로 구분하여 각 그룹간에 통계적으로 차이가 존재하는지 여부 등을 분석한 통계처리분석으로 이루어졌다.

II. 설문조사 분석결과

1. 퇴직연금시장 진출계획 설문결과

(1) 퇴직연금시장 진출 여부

퇴직연금제도가 도입되면 수탁기관으로서 퇴직연금시장에 진출할 계획이 있느냐는 질문에 대하여 생명보험사는 모든 생명보험사가 진출할 계획이 있는 것으로 나타나고 있으며, 손해보험사는 중소형 손해보험사 2개사를 제외한 8개 손해보험사가 진출할 계획이 있는 것으로 나타나고 있다. 따라서 퇴직연금시장에 진출할 계획이 있다고 응답한 보험회사는 전체의 90.9%에 해당하는 20개사인 반면 퇴직연금시장에 진출할 계획이 없다고 응답한 보험회사는 전체의 9.1%에 해당하는 2개사에 지나지 않았다.

따라서 국내 보험회사의 90% 이상은 향후 퇴직연금제도가 도입되는 경우

표 II-3 퇴직연금제도 도입시의 진출(수탁) 여부

구 분	생명보험		손해보험		전 체		비 율
	대 형	중소형	대 형	중소형	대 형	중소형	
진출할 계획이 있다	4	8	5	3	9	11	90.9%
진출할 계획이 없다	0	0	0	2	0	2	9.1%

2) 대형사와 중소형사간의 리스크 수준 차이를 살펴보기 위해 생명보험사의 경우 자산규모 수준이 확연히 구분되는 상위 4개사를 대형사로 의제하였다. 본 연구에서 대형생명보험사는 자산기준 상위 4개사를, 대형손해보험사는 자산기준 상위 5개사를 기준으로 하였기 때문에 대형보험회사그룹은 총 9개사이다.

새로운 시장의 선점차원에서 적극적으로 퇴직연금시장 진출계획을 수립하고 있는 것으로 나타나 향후 보험회사를 비롯한 타금융기관은 퇴직연금시장에서의 수탁경쟁이 예상보다 치열해질 것으로 예상된다.

(2) 퇴직연금제도 선호 여부

퇴직연금시장에 진출한 계획이 있는 경우 확정급여형(DB형) 퇴직연금제도, 확정기여형(DC형) 퇴직연금제도 중 어느 퇴직연금제도를 보다 선호하느냐는 질문에 보험회사의 특성상 80%가 확정급여형 퇴직연금제도를 선호하는 것으로 나타난 반면, 확정기여형(DC형) 퇴직연금제도를 선호하는 보험회사는 전체 보험회사의 20.0%인 4개사인 것으로 나타나 확정급여형 퇴직연금제도의 도입에 많은 관심이 있는 것으로 조사되었다.

그룹별로 보면 대형 생명보험사그룹 모두는 확정급여형 퇴직연금제도를 선호하고 있는 데 반하여 중소형 생명보험사그룹은 8개사 중 6개사가 확정급여형 퇴직연금제도를 선호하고 있음을 알 수 있다. 손해보험사의 경우 대형 손해보험사 및 중소형 손해보험사 모두 1개사를 제외한 손해보험사가 확정급여형 퇴직연금제도를 보다 선호하고 있는 것으로 나타나고 있다.

표 Ⅱ-4 확정급여형 및 확정기여형 선호도

구 분	생명보험		손해보험		전 체		비 율
	대 형	중소형	대 형	중소형	대 형	중소형	
DB형 퇴직연금제	4	6	4	2	8	8	80.0%
DC형 퇴직연금제	0	2	1	1	1	2	20.0%

(3) DB형 퇴직연금시장 진출대비

보험회사가 퇴직연금시장 진출을 위해 사전에 어떻게 준비를 하고 있는가를 파악한다는 차원에서 확정급여형(DB형) 퇴직연금시장에 대한 진출을 위해 어느 정도 준비가 되어 있는가 질문한 결과(〈표 Ⅱ-5〉 참조), 준비가 되어 있다라고 응답한 보험회사수는 예상 외로 적은 10개 보험회사, 즉 전체 보험회사의 50.0%인 것으로 조사되었다.

표 Ⅱ-5 DB형 퇴직연금시장 진출을 위한 대비

구 분	생명보험		손해보험		전 체		비 율
	대 형	중소형	대 형	중소형	대 형	중소형	
준비가 되어 있다	3	3	4	0	7	3	50.0%
준비가 부족하다	1	5	1	3	2	8	50.0%

특징적인 것은 중소형 생명보험사그룹은 8개 생명보험사 중 5개 생명보험사가, 중소형 손해보험사그룹은 3개 손해보험사 중 3개사 모두가 준비가 부족하다고 응답한 반면, 대형 생명보험사그룹은 4개 생명보험사 중 1개 생명보험사만, 대형 손해보험사그룹은 5개 손해보험사 중 1개 손해보험사만 준비가 부족하다고 응답함으로써 상대적으로 중소형 보험회사의 준비정도가 매우 미흡한 것으로 분석되고 있다. 이와 같이 중소형 보험회사의 확정급여형 퇴직연금제도 준비부족은 퇴직연금제도의 운영에 따른 많은 비용부담(퇴직연금제도의 규모경제이론 적용) 등의 원인에 기인하고 있다.

(4) DC형 퇴직연금시장 진출

① DC형 퇴직연금시장에의 진출계획 여부

확정기여형(DC형) 퇴직연금시장에 진출할 계획이 있느냐는 질문에 대해서 전체 보험회사의 85.0%에 해당하는 17개 보험회사가 진출할 계획을 가지고 있는 것으로 조사되었다(〈표 Ⅱ-6〉 참조). 반면에 진출한 계획이 없다고 응답한 보험회사는 전체 보험회사의 15.0%에 해당하는 3개 보험회사인 것으로 조사된 확정기여형 퇴직연금시장의 진출에 대해서도 매우 적극적인 것으로 보인다.

표 Ⅱ-6 DB형 퇴직연금시장 진출을 위한 대비

구 분	생명보험		손해보험		전 체		비 율
	대 형	중소형	대 형	중소형	대 형	중소형	
있다	4	7	5	1	9	8	85.0%
없다	0	1	0	2	0	3	15.0%

진출계획이 없는 보험회사를 세부적으로 살펴보면 1개 중소형 생명보험사, 2개 중소형손해보험사로 모두 중소형 보험회사가 진출계획이 없는 것으로 나타나고 있으며, 특징적인 것은 생명보험사보다 손해보험사가 훨씬 더 진출계획이 없는 것으로 나타나고 있다. 이는 상대적으로 생명보험사보다는 손해보험사가, 대형 손해보험사보다는 중소형 손해보험사가 보다 확정기여형 퇴직연금시장에 대한 노하우 부족과 더불어 진출에 따른 강한 부담감을 가지고 있기 때문이 아닌가 생각된다.

② DC형 퇴직연금시장진출을 위한 준비 여부

만약 확정기여형 퇴직연금시장에 진출할 계획이 있다면 진출을 위해 어느 정도 준비를 하고 있느냐 하는 질문에 대해서는 전체 보험회사의 70.6%인 12개 보험회사가 준비가 어느 정도 되어 있다라고 응답함으로써 확정급여형 퇴직연금시장의 진출준비 50.0%보다 약 20.0% 높은 준비수준을 보이고 있다. 이는 수탁기관 입장에서 확정기여형 퇴직연금시장 진출이 상대적으로 확정급여형 진출보다 용이하기 때문에 나타난 결과가 아닌가 생각된다.

또 하나 특징적인 것은 대형 보험회사 9개사 중 4개 보험회사만이 준비가 되어 있다고 응답한 반면, 중소형 보험회사는 8개사 모두가 준비가 되어 있다고 응답하고 있다는 점이다. 이는 대형 보험회사는 확정급여형 퇴직연금시장 위주의 진출계획을 세우고 있는 반면, 중소형 보험회사는 상품설계시스템 비용이 많이 소요되는 확정급여형 퇴직연금시장 진출보다는 특화된 서비스 진출이 가능한 확정기여형 퇴직연금시장 위주의 진출계획을 수립하고 준비하고 있는 결과로 여겨진다.

표 Ⅱ-7 DC형 퇴직연금시장 진출의 준비 여부

구 분	생명보험		손해보험		전 체		비 율
	대 형	중소형	대 형	중소형	대 형	중소형	
준비가 되어 있다	3	7	1	1	4	8	70.6%
준비가 부족하다	1	0	4	0	5	0	29.4%

표 Ⅱ-8 DC형 퇴직연금시장에의 진출부문

구 분	생명보험		손해보험		전 체		비 율
	대 형	중소형	대 형	중소형	대 형	중소형	
모든 부문	4	5	5	1	9	6	88.2%
사무관리업무 부문	0	0	0	0	0	0	0.0%
자산관리업무 부문	0	2	0	0	0	2	11.8%

③ DC형 퇴직연금시장에의 진출부문

확정기여형 진출계획이 있는 17개 보험회사를 대상으로 확정기여형(DC형) 퇴직연금시장 진출시 어느 부문에 진출할 예정이냐는 질문에 대하여 17개 보험회사중 2개사인 11.8%만 자산관리업무 부문만 특화하여 진출한다고 응답한 반면, 전체 보험회사의 88.2%인 15개 보험회사가 전부문에 진출할 예정이라고 응답함으로써 보험회사의 확정기여형 퇴직연금시장진출은 퇴직연금시장의 선점차원에서 자사의 노하우를 고려하지 않는 무계획적 진출이 주류를 이룰 것으로 예상된다. 이러한 경향은 중소형 보험회사의 경우보다는 대형 보험회사에서 보다 뚜렷히 나타날 것으로 보인다.

④ DC형 퇴직연금시장 미진출이유

확정기여형(DC형) 퇴직연금시장에 진출하지 않는다면 그 이유는 무엇이라고 생각하느냐는 질문에 대하여 3개 보험회사 중 2개 보험회사가 자산운용능력의 취약, 1개 보험회사가 확정기여형 노하우 부족 등을 확정기여형(DC형) 퇴직연금시장 미진출사유라고 응답하였다. 단지 3개 보험회사의 확정기여형 퇴직연금시장 미진출 이유이지만 확정기여형 퇴직연금시장 진출을 계획하고 있는 보험회사의 입장을 단적으로 나타내는 것이라고도 할 수 있다. 즉 은행 등 타금융기관과 대비하여 볼 때 상대적으로 자산운용능력의 취약은 운용수익률의 제고에 마이너스 역할을 함으로써 시장경쟁력 상실로 이어질 수 있음을 인지하고 있다고 할 수 있다.

특히 확정기여형 퇴직연금시장에 대한 진출 노하우가 전무한 상태에서 보험회사는 확정급여형 퇴직연금시장의 진출과는 달리 진출에 대한 불안감이 증폭되는 것은 당연한지도 모른다. 결국 자산운용능력의 향상과 더불어 선진국의 확정

표 Ⅱ-9 DC형 퇴직연금시장 미진출 이유

구 분	생명보험		손해보험		전 체	
	1순위	2순위	1순위	2순위	1순위	2순위
자산운용능력의 취약	0	0	2	0	2	1
수탁자책임의 과중	0	0	0	0	0	1
고정비부담 가중	0	0	0	0	0	0
확정기여형 노하우 부족	0	0	1	1	1	1
DC형연금 시장협소 예상	0	0	0	0	0	0
일괄 부과서비스 제공 부족	0	0	0	0	0	0
기 타	0	0	0	0	0	0

기여형 퇴직연금 운용사례 등을 벤치마킹함으로써 지금부터라도 확정기여형 퇴직연금시장 진출전략을 체계적으로 수립할 필요성이 있다고 본다.

⑤ 은행 등과의 경쟁력 취약 분야

은행 등과 비교하는 경우 보험회사가 과연 어느 부문이 경쟁력이 취약한가를 살펴보기 위하여 보험회사를 대상으로, 퇴직연금시장에 진출하는 경우 은행 등 타금융권과 비교하여 상대적으로 경쟁력이 부족한 것이 무엇이라고 생각하느냐 질문한 결과, 응답한 내용을 토대로 요약 · 정리하면 〈표 Ⅱ-10〉과 같다.

분석결과, 〈표 Ⅱ-10〉에서 보는 바와 같이 은행과 비교시 상대적으로 취약한 1순위 부문에서는 ① 기업과의 거래관계(63.6%), ② 운용상품제공의 다양성(18.2%), ③ 자산운용능력부족(13.6%), ④ 근로자 및 기업인지도(4.5%) 순인 것으로, 취약한 2순위 부문에서는 ① 자산운용능력부족(36.4%), ② 부가서비스의 다양성부족(27.3%), ③ 근로자 및 기업인지도(18.2%), ④ 운용상품제공의 다양성(13.6%), ⑤ 기업과의 거래관계(4.5%) 순인 것으로 나타나고 있다. 보험회사입장에서는 기업과의 대출관계 및 주거래은행제도 활용에 의한 은행의 퇴직연금시장 진출을 가장 위협적인 요인으로 보고 있으며, 또한 근로자에게 다양한 운용상품을 제시할 수 없는 능력, 자산운용능력 부족 등을 보험회사의 약점으로 지적하고 있다. 따라서 기업과의 거래관계를 활성화시킬 수 있는 방안의 마련과 더불어 운용상품의 다양화를 위한 타금융기관과의 전략적 제휴, 그리고 전문인력의 양성

표 Ⅱ-10 은행 등과 대비시 상대적으로 경쟁력이 취약한 분야

구 분	생명보험		손해보험		전체(%)	
	1순위	2순위	1순위	2순위	1순위	2순위
기업과의 거래관계	6	1	8	0	63.6	4.5
자산운용 능력 부족	2	3	1	5	13.6	36.4
부가서비스다양성 부족	0	4	0	2	0.0	27.3
수탁수수료의 경쟁력 부족	0	0	0	0	0.0	0.0
근로자 및 기업 인지도	1	2	0	2	4.5	18.2
운용상품제공의 다양성	3	2	1	1	18.2	13.6
기 타	0	0	0	0	0.0	0.0

등에 의한 자산운용능력의 향상제고가 최대현안과제가 될 것으로 보인다.

2. 퇴직연금 리스크인식 설문결과

(1) 퇴직보험과의 리스크정도 여부

퇴직연금제도의 운용리스크와 퇴직보험의 운용리스크를 비교하여 볼 때 보험회사(수탁자)의 입장에서 어느 운용리스크가 보다 크다고 생각하느냐는 질문에 대해 전체 보험회사의 70.0%인 14개 보험회사는 퇴직연금제도의 운용리스크가 퇴직보험의 운용리스크보다 크다고 응답하고 있다. 이에 반해 퇴직연금제도의 운용리스크가 퇴직보험의 운용리스크보다 크지 않다고 응답한 보험회사는 전체 보험회사의 30.0%인 6개 보험회사인 것으로 나타나고 있다. 설문조사 결과, 대체로 보험회사는 퇴직연금제도의 운용리스크가 퇴직연금의 운용리스크보다 크다고 인식하는 것으로 나타나고 있는데, 이와 같은 인식은 생명보험사보다는 손해보험사에서 두드러지게 나타나고 있다.

즉, 〈표 Ⅱ-11〉에서 보는 바와 같이 대형 손해보험사그룹은 5개 손해보험사 중 80%인 4개사가, 중소형 손해보험사그룹은 3개 손해보험사 중 100% 손해보험사가 퇴직연금제도의 운용리스크가 퇴직보험의 운용리스크보다 크다고 인식하고 있는 반면, 대형생명보험사그룹은 4개 생명보험사 중 50%인 2개사, 중소형

표 Ⅱ-11　퇴직보험과 퇴직연금에 대한 리스크 인식정도

구　분	생명보험		손해보험		전　체		비 율
	대 형	중소형	대 형	중소형	대 형	중소형	
퇴직연금이 퇴직보험보다 리스크가 크다	2	5	4	3	6	8	70.0%
퇴직연금이 퇴직보험보다 리스크가 크지 않다	2	3	1	0	3	3	30.3%

생명보험사그룹은 8개 생명보험사 중 62.5%인 5개사가 퇴직연금제도의 운용리스크가 퇴직보험의 운용리스크보다 큰 것으로 인식함으로써 인식의 정도는 손해보험사가 생명보험사보다 훨씬 큰 것으로 조사되었다.

(2) 퇴직연금제도의 운용리스크 인식 여부

확정급여형 퇴직연금제도, 확정기여형 퇴직연금제도 중 어느 퇴직연금제도를 운용할 때 리스크부담이 크다고 생각하느냐는 질문에 대해서 전체 보험회사 중 65.0%에 해당하는 13개 보험회사가 DC형 퇴직연금제도가 보다 리스크 부담이 크다고 응답한 반면, 전체 보험회사 중 35.0%에 해당하는 7개만은 확정급여형 퇴직연금제도가 확정기여형 퇴직연금제도보다 리스크 부담이 크다고 응답하였다. 이는 수탁기관인 보험회사의 수탁자책임이 확정급여형 퇴직연금제도 운용시보다 확정기여형 퇴직연금제도 운용시에 보다 증대되기 때문인 것으로 생각된다. 이러한 인식은 대형보험회사 및 중소형보험회사 모두 확정기여형 퇴직연금

표 Ⅱ-12　DB형 및 DC형의 운용리스크 인식정도 비교

구　분	생명보험		손해보험		전　체		비 율
	대 형	중소형	대 형	중소형	대 형	중소형	
DB형이 리스크부담이 크다	2	3	1	1	3	4	35.0%
DC형이 리스크부담이 크다	2	5	4	2	6	7	65.0%

제도 리스크부담이 확정급여형 퇴직연금제도 리스크 부담과 대비, 거의 2배 수준에 달한다고 보고 있는 데에서도 알 수 있다.

(3) 퇴직연금제도의 운용리스크 대비 정도

퇴직연금제도 도입에 대비하여 얼마나 리스크관리에 대비를 하고 있느냐는 질문에 어느 정도 대비하고 있다고 응답한 보험회사는 전체보험회사의 45.0%에 해당하는 9개사, 대비하고 있지 않다고 응답한 보험회사는 전체보험회사의 55.0%에 해당하는 11개사인 것으로 나타나 과반수 이상의 보험회사가 퇴직연금제도의 운용리스크에 거의 대비하지 않고 있는 것으로 조사되었다. 전체적으로 보면 대형보험회사가 중소형보험회사보다 운용리스크에 철저히 대비하고 있는 것으로 나타나고 있다. 반면에 중소형 손해보험사그룹에 속하는 3개사 손해보험사 모두는 전혀 운용리스크에 대비하고 있지 않은 것으로 나타나 향후 손해보험사 위주의 운용리스크관리가 필요하다고 본다.

표 Ⅱ-13 퇴직연금제도의 운용리스크 대비 정도

구 분	생명보험		손해보험		전 체		비 율
	대 형	중소형	대 형	중소형	대 형	중소형	
운용리스크에 대비하고 있다	2	3	1	1	3	4	35.0%
운용리스크에 대비하고 있지 않다	2	5	4	2	6	7	65.0%

(4) 보험회사 리스크 중 중점리스크 여부

보험회사가 직면하게 될 리스크 중에서 귀사의 입장에서 볼 때 어떠한 리스크에 보다 중점을 두어야 한다고 생각하느냐는 질문을 한 결과, 〈표 Ⅱ-14〉에서 보는 바와 같이 중점리스크(1순위 기준)로는 ① 운용상품설정리스크(50.0%), ② 수탁자재설정리스크(25.0%), ③ 연금운용(장수)리스크(15.0%), ④ 언더라이팅리스크(10.0%) 순인 것으로 조사되었다.

따라서 보험회사는 향후 운용상품 설정리스크나 수탁자재설정리스크 등에

표 Ⅱ-14 보험리스크중 특히 중점을 두어야 하는 리스크

구 분	생명보험		손해보험		전체 비율(%)	
	1순위	2순위	1순위	2순위	1순위	2순위
운용상품설정리스크	6	3	4	4	50.0	35.0
언더라이팅리스크	1	4	1	1	10.0	25.0
수탁자재설정리스크	3	4	2	3	25.0	35.0
소송(법률)리스크	0	0	0	0	0.0	0.0
연금운용(장수)리스크	2	1	1	0	15.0	5.0
기 타	0	0	0	0	0.0	0.0

리스크관리의 초점을 맞출 필요성이 있다고 본다. 다만 〈표 Ⅱ-14〉에서 특징적인 것은 소송(법률)리스크를 보험회사의 중점리스크로 모든 보험회사가 전혀 인식하고 있다는 사실이다. 이는 보험회사가 확정기여형 퇴직연금제도보다 주로 확정급여형 퇴직연금제도에 초점을 맞추고 있으며, 소송(법률)리스크에 대한 인식 또한 매우 부족하기 때문에 나타난 결과라 할 수 있다.

3. 퇴직연금 리스크대응 설문결과

(1) 운용상품설정리스크

운용상품설정리스크에 대한 보험회사의 대응실태를 살펴보기 위하여 5점척도방식에 의해 설문조사한 결과를 토대로 분석한 결과를 요약·정리하면 〈표 Ⅱ-15〉와 같다. 〈표 Ⅱ-15〉에서 보면 변수 I-6(확정금리형 대체상품개발 및 타금융권과의 전략적 제휴 여부)의 평균값이 2.86인 것으로 나타나 6개의 변수 중 가장 낮은 평균값을 보이고 있는 반면, 변수 I-5(근로자제시상품의 예정이율 적정성 분석)은 가장 높은 평균값인 3.73을 나타내고 있다. 전체문항의 평균값은 3.22로 나타나 전반적으로 운용상품설정 리스크에 대해 적극적인 대응과 관리방안이 이루어지지 못하고 있는 것을 알 수 있다.

특징적인 것인 보험회사 그룹별로 볼 때, 중소형 손해보험사그룹의 전체문항 평균값이 타그룹의 평균값에 비해 가장 낮은 2.27의 평균값을 보여 중소형 손

표 Ⅱ-15 운용상품설정 리스크 대응 설문조사 분석결과

변 수	평균값	생명보험		손해보험	
		대 형	중소형	대 형	중소형
GIC 등 확정금리형 상품에 대한 개발 여부(Ⅰ-2)	3.23	5.00	3.25	2.60	2.40
시장금리를 감안한 확정금리형 상품 개발추진 여부(Ⅰ-2)	3.41	4.25	3.13	4.40	2.20
시장금리예측 및 연금상품개발계획 수립(Ⅰ-3)	3.14	4.25	2.63	4.20	2.00
근로자라이프사이클에 부합한 연금상품지급(Ⅰ-4)	2.95	4.25	2.63	3.40	2.00
근로자제시상품의 예정이율 적정성 분석(Ⅰ-5)	3.73	4.50	3.50	4.20	3.00
확정금리형 대체상품개발 및 타금융권과의 전략적 제휴 여부(Ⅰ-6)	2.86	3.75	2.63	3.40	2.00
전체 문항 평균	3.22	4.33	2.96	3.70	2.27

해보험사그룹의 운용상품설정리스크 대응이 매우 미흡한 수준인 것으로 분석되고 있다. 또한 중소형생명보험사그룹의 평균값도 중소형손해보험사그룹의 평균값 2.27 다음으로 낮은 평균값 2.96인 것으로 나타나 전체문항 평균값에도 미치지 못하고 있음을 알 수 있다. 따라서 중소형 보험회사의 운용상품설정리스크 대응 및 관리방안 마련이 시급한 것으로 보인다.

세부적으로 보면 변수 Ⅰ-1의 경우 대형 생명보험사그룹은 상품의 경쟁력강화와 안정적인 수익기반 확보차원에서 GIC 등의 상품개발에 매우 적극적으로 준비하고 있는 데 반해, 손해보험사(대형손해보험사그룹 및 중소형손해보험사그룹)는 대체로 퇴직연금제도 운용상품개발에 대한 준비부족이 심각한 것으로 조사되고 있으며, 특히 생명보험사와 손해보험사간의 차이가 많이 존재하고 있는 것으로 생각된다.

변수 Ⅰ-2에서는 생명보험사와 손해보험사간의 차이보다는 오히려 대형보험회사그룹과 중소형보험회사그룹과의 차이가 확연하게 나타나고 있어 대형 보

험회사그룹은 시장금리를 감안한 확정금리형 상품개발 추진에 보다 적극적인 것으로 생각된다. 변수 Ⅰ-2의 분석결과와 변수 Ⅰ-3에 대한 분석결과는 거의 유사하게 중소형 보험회사그룹의 평균값이 대형보험회사그룹의 평균값에 비해 많은 차이가 존재하고 있다. 분석결과, 특징적인 것은 변수 Ⅰ-6(확정금리형 대체상품개발 및 타금융권과의 전략적 제휴여부)의 평균값이 전체항목 평균값에 비해 매우 낮을 뿐만 아니라 대형 생명보험사의 평균값도 3.75로 나타나, 전반적으로 전보험회사는 확정금리형 대체상품 개발 및 타금융권과의 전략적 제휴 등을 통해 운용상품설정리스크 대응 및 관리에는 소극적 자세를 견지하고 있다.

(2) 언더라이팅 리스크

보험회사가 특히 확정기여형 퇴직연금시장에 진출하는 경우 중요시되는 리스크는 언더라이팅 리스크관리라 할 수 있다. 이와 같은 관점에서 보험회사의 언더라이팅 리스크 대응 및 관리실태에 대한 설문지를 작성, 5점척도로 설문조사한 결과를 토대로 평균값을 산정하면 〈표 Ⅱ-16〉과 같다. 언더라이팅 리스크 대응 관련 설문문항수(변수)는 총 8개문항으로 이루어져 있다. 분석결과를 요약·정리하면 대략 다음과 같다.

첫째, 전체문항의 평균값은 3.09인 것으로 나타나 운용상품리스크 대응(평균값 3.22)보다 언더라이팅리스크 대응이 상대적으로 이루어지지 않는 것으로 나타나고 있으며, 중소형 생명보험사그룹을 제외하고 그룹별 전체문항 평균값도 운용상품설정리스크의 그룹별 전체문항 평균값이 비해 전반적으로 낮게 나타나고 있다. 즉 운용상품설정리스크에서는 대형생명보험사그룹, 대형손해보험사그룹, 중소형손해보험사그룹의 전체문항평균값이 각각 4.33, 3.70, 2.27인 데 반해, 언더라이팅 리스크에서는 각각 3.81, 3.40, 2.25인 것으로 조사되어 운용상품설정리스크에 비해 상대적으로 언더라이팅리스크의 대응이 미흡한 수준인 것으로 분석된다. 이는 비용측면을 고려하지 않고 양적인 성장만을 지향하고 있다는 점 및 확정기여형 퇴직연금제도의 진출에 대한 구체적인 리스크인식이 부족하다는 점 등에 기인하는 바 크다.

둘째, 변수별로 보면 변수 Ⅱ-1(타금융권에 비해 강점이 있는 특화된 부가서비스에 진출할 계획)의 평균값은 3.45인 데 반해 중소형생명보험사그룹과 중소형손해보험사그룹의 평균값은 각각 2.88, 3.00인 것으로 조사되어 변수 Ⅱ-1의 전사평

표 Ⅱ-16 언더라이팅 리스크 대응 설문조사 분석결과

변 수	평균값	생명보험		손해보험	
		대 형	중소형	대 형	중소형
타금융권에 비해 강점이 있는 특화된 부가서비스에 진출할 계획(Ⅱ-1)	3.45	4.25	2.88	4.20	3.00
퇴직연금의 예상수탁수수료를 감안하여 수익예측분석실시(Ⅱ-2)	3.73	4.50	3.75	4.20	2.60
진출기업대상 별도의 언더라이팅관리시스템설정(Ⅱ-3)	2.36	3.25	2.13	2.20	2.20
통합서비스체제구축으로 인프라비용을 점진적으로 경감(Ⅱ-4)	3.27	4.25	3.13	3.60	2.40
기록관리비용 등 고정비용이 많이 드는 경우 공동개발 및 위탁(Ⅱ-5)	3.32	3.50	3.88	3.40	2.20
법인조직에 대한 체계적인 교육시스템 구축(Ⅱ-6)	2.77	4.50	2.38	3.00	1.80
기업정보분석을 바탕으로 목표시장에 접근, 비용효휼화도모(Ⅱ-7)	3.36	4.00	3.50	4.00	2.00
경쟁력이 없는 사무관리업무부문은 과감히 재위탁(Ⅱ-8)	2.45	2.25	2.88	2.60	1.80
전체 문항 평균	3.09	3.81	3.06	3.40	2.25

균값에 미치지 못하고 있는 것으로 나타나고 있다. 즉 중소형보험회사의 대응이 대형보험회사의 대응보다 매우 취약한 것으로 조사되고 있다. 변수 Ⅱ-2(퇴직연금의 예탁수탁수수료를 감안하여 수익예측분석 실시)에서도 대체로 대형보험회사와 중소형보험회사간의 차이가 뚜렷하게 나타나고 있음을 알 수 있다. 변수 Ⅱ-3(진출기업대상 별도의 언더라이팅 관리시스템 설정)의 평균값은 각 변수의 전사평균값에 비해 가장 낮은 2.36을 나타냄으로써 대부분의 보험회가가 진출할 기업을 대상으로 한 별도의 언더라이팅리스크 관리시스템을 설정하고 있지 않는 것으로 분석되고 있다. 즉 기업별에 따른 언더라이팅 계획수립이 마련되지 못하고 있음을 알 수 있다. 특징적인 것은 변수 Ⅱ-5(기록관리비용 등 고정비용이 많이 드는 경우 공동

개발 및 위탁)에서 중소형 생명보험사그룹의 평균값은 3.88인 데 반해 대형생명보험사그룹의 평균값은 3.50인 것으로 나타나고 있다는 점이다. 이는 대형생명보험사그룹의 경우 지급여력(solvency margin)이 풍부한 데 반하여, 중소형생명보험사그룹의 경우 지급여력 부족으로 공동개발을 보다 선호하고 있는 데에 오는 차이라 할 수 있다. 변수 Ⅱ-6(법인조직에 대한 체계적인 교육시스템구축)의 전사평균값이 2.77은 변수 Ⅱ-3, 변수 Ⅱ-8 다음으로 낮은 평균값으로 보이고 있으며 특히 중소형 손해보험사그룹은 1.80으로 법인조직에 대한 체계적인 교육시스템구축이 되지 않아 효율적인 언더라이팅체제 및 준비가 마련되지 않고 있음을 알 수 있다. 변수 Ⅱ-8(경쟁력이 없는 사무관리업무부문은 과감히 재위탁)의 전사평균값은 2.45이며, 대형생명보험사그룹, 중소형생명보험사그룹, 대형손해보험사그룹, 중소형손해보험사그룹의 평균값은 각각 2.25, 2.88, 2.60, 1.80인 것으로 조사되고 있다. 따라서 대형 생명보험사그룹은 중소형 생명보험사그룹에 비해 경쟁력이 없는 사무관리업무 부문까지 수탁하려는 경향이 높아 언더라이팅리스크에 보다 많이 노출되어 있음을 알 수 있다.

셋째, 분석결과 전반적으로 대형생명보험사그룹, 대형손해보험사그룹, 중소형생명보험사그룹, 중소형손해보험사그룹 순으로 언더라이팅리스크에 대한 대응이 이루어지고 있는 것으로 나타나고 있으며, 중소형보험회사보다는 대형보험회사가, 손해보험사보다는 생명보험사가 언더라이팅리스크에 보다 철저하게 대응하고 있는 것으로 생각된다.

(3) 수탁자재설정리스크

수탁기관인 보험회사는 거의 매년 사용주와 계약을 체결하게 되는데, 이 경우 사용자는 수탁기관의 운용수익률성과 등을 고려하여 현 수탁기관에게 재위탁할 것인가를 일정한 틀에 의해 평가하게 된다. 즉 수탁기관을 평가하여 문제가 있다고 하면 수탁기관으로서 재설정되지 않을 수 있는 수탁자재설정리스크가 존재하기 마련이다.

평가는 대체로 운용수익률 성과를 중심으로 한 정량적인 평가 및 포트폴리오의 구축, 운용프로세스, 인재, 투자철학 등을 평가하는 정성적인 평가 등으로 이루어지는데 최근에는 정량적인 평가보다는 정성적인 평가에 보다 초점을 맞추고 추세에 있다. 이와 같은 관점에서 보험회사는 과연 어느 정도 수탁자재설정리스크에 노출되고 있으며 이에 대해 대응하고 있는 가를 보기 위해 설문조사한 결과를 요약 · 정리하면 〈표 Ⅱ-17〉과 같다.

분석 결과, 첫째 정량적 평가항목 평균값은 전 보험회사가 2.27, 대형생명보험사그룹이 3.15, 중소형생명보험사그룹이 2.18, 대형손해보험사그룹이 2.68, 중소형손해보험사그룹이 1.44의 평균값을 나타내고 있어 정량적 평가에 대한 대응준비가 매우 미흡한 것으로 조사되었다. 특징적인 것은 전그룹이 정량적 평가항목 평균값이 대체로 3.00 이하라는 점과 중소형 손해보험사그룹의 경우는 평균값이 1.44로 거의 정량적 평가를 제고하기 위한 준비가 되어 있지 않다는 점 등을 들 수 있다.

둘째, 정성적 평가항목은 총 12개 항목(12개 변수)로 이루어졌으며, 각 세부항목(포트폴리오구축, 운용프로세스, 인재, 투자철학)마다 다시 3개 변수로 구성되었다. 정성적 평가항목 평균값을 보면 전 보험회사가 2.97, 대형생명보험사그룹이 3.88, 중소형생명보험사그룹이 2.61, 대형손해보험사그룹이 3.27, 중소형손해보험사그룹이 2.47의 평균값을 나타내고 있어 상대적으로 정량적 평가의 대응에 비해 정성적 평가의 대응이 다소 잘 이루어지고 있는 것으로 생각된다. 이는 보험회사의 특성상(설계사교육 등에서의 우위) 정성적 평가의 대응이 정량적 평가의 대응보다 용이라기 때문인지도 모른다. 정성적 평가항목중 변수 3-6-1(투자철학, 운용프로세스와 정합적인 포트폴리오 구축)의 평균값이 2.55로 가장 낮은 평균값을 보이고 있으며, 변수 3-7-2(의사결정을 행하기 위한 필요한 스탭 배치)의 평균값이 3.36으로 가장 높은 평균값으로 보이고 있어 보험회사의 경우 상대적으로 운용프로세스와 정합적인 포트폴리오 구축은 이루어지지 않은 것으로 생각된다. 정성적인 평가항목에 대한 평균값을 보면 포트폴리오 구축 및 운용프로세스보다 인재 양성 및 투자철학부문이 미흡한 것으로 나타나고 있어 이에 대한 대응책 마련이 요구된다.

셋째, 정량적인 평가항목 및 정성적인 평가항목 모두를 고려한 전체항목을 가중평균한 결과, 전사 평균값은 2.76, 대형생명보험사그룹이 3.66, 중소형생명보험사그룹이 2.46, 대형손해보험사그룹이 3.09, 중소형손해보험사그룹이 2.19인 것으로 나타나 대형보험회사와 중소형보험회사간의 수탁자재설정리스크 대응차이가 뚜렷하게 나타나고 있음을 알 수 있다.

표 Ⅱ-17 수탁자 재설정리스크 대응 설문조사 분석결과

변 수		평균값	생명보험		손해보험	
			대 형	중소형	대 형	중소형
연기금자산운용인력의 확충을 적극적으로 추진(Ⅲ-1)		2.23	3.25	2.25	2.20	1.40
퇴직연금제도 운영과 관련된 전문인력(Ⅲ-2)		1.14	1.50	1.00	1.20	1.00
책임준비금적정성을 고려한 자산운용기법(연금ALM기법)구축(Ⅲ-3)		2.45	3.00	2.25	3.60	1.20
별도의 자산운용계획과 자산운용기본전략 수립(Ⅲ-4)		2.50	4.00	2.13	3.00	1.40
별도의 자산운용사 기설립 또는 설립 및 전략적제휴를 계획(Ⅲ-5)		3.05	4.00	2.88	3.40	2.20
정량적 평가항목 평균		2.27	3.15	2.18	2.68	1.44
포트폴리오구축 (Ⅲ-6)	Ⅲ-6-1	2.55	4.00	2.25	2.60	1.89
	Ⅲ-6-2	3.00	3.50	3.00	2.80	2.80
	Ⅲ-6-3	3.09	3.75	2.88	3.20	2.80
운용프로세스 (Ⅲ-7)	Ⅲ-7-1	3.27	4.00	2.75	3.80	3.00
	Ⅲ-7-2	3.36	4.50	2.75	3.60	3.20
	Ⅲ-7-3	3.14	4.00	2.50	3.80	2.80
인 재 (Ⅲ-8)	Ⅲ-8-1	3.09	4.25	2.63	3.20	2.80
	Ⅲ-8-2	2.86	3.75	2.50	3.20	2.40
	Ⅲ-8-3	2.68	3.50	2.38	3.00	2.20
투자철학 (Ⅲ-9)	Ⅲ-9-1	2.91	4.00	2.50	3.40	2.20
	Ⅲ-9-2	2.91	3.75	2.63	3.40	2.20
	Ⅲ-9-3	2.77	3.50	2.63	3.20	2.00
정성적 평가항목 평균		2.97	3.88	2.61	3.27	2.47
전체 항목 가중평균		2.76	3.66	2.46	3.09	2.19

(4) 소송(법률)리스크

퇴직연금제도의 운영시 보험회사가 직면하게 될 가장 현실적인 리스크는 소송(법률)리스크라 말할 수 있을 정도이기 때문에 보험회사는 소송리스크에 대한 보다 철저한 사전적 대비를 할 필요성이 있다. 〈표 Ⅱ-18〉은 소송리스크에 대한 보험회사 대응실태 등을 요약·정리한 표이다. 〈표 Ⅱ-18〉에서 보는 바와 같이 전체문항(전체변수)의 평균값은 여타리스크의 평균값 보다 가장 적은 2.25의 평균값을 보이고 있어 향후 철저한 소송리스크의 대응책 마련이 요구되고 있다.

변수 Ⅱ-1(평균값 2.00), 변수 Ⅱ-5(평균값 2.18), 변수 Ⅱ-2(평균값 2.23), 변수 Ⅱ-3(평균값 2.32), 변수 Ⅱ-4(2.50) 순으로 평균값이 낮은 것으로 분석됨에 따라 수탁자책임을 위한 별도의 컴플라이언스 체제 구축이 가장 미흡한 것으로 나타나고 있다. 모든 변수의 평균값이 3.00 미만인 것으로 분석되어 보험회사는 퇴직연금제도 운용에 따른 소송(법률)리스크는 거의 고려하지 않는 것으로 나타나고 있다. 먼저 소송리스크 대응 설문조사결과에서 나타난 주요 특징을 살펴보면 대략 다음과 같다.

표 Ⅱ-18 소송(법률) 리스크 대응 설문조사분석결과

변수	평균값	생명보험		손해보험	
		대형	중소형	대형	중소형
별도의 컴플라이언스체제 구축 (Ⅳ-1)	2.00	3.00	2.13	1.60	1.40
보험회사 수탁자책임에 관한 교육추진 (Ⅳ-2)	2.23	3.75	2.00	2.40	1.20
근로자를 위한 투자교육프로그램(설명의무 등)개발 추진(Ⅳ-3)	2.32	4.00	2.25	2.20	1.20
수탁자책임에 대한 임원 및 CEO의 인식 여부(Ⅳ-4)	2.50	4.00	2.38	2.20	1.80
보험계리사 교육 등 제3자적 감시기능의 강화(Ⅳ-5)	2.18	3.75	1.88	2.40	1.20
전체문항 평균	2.25	3.70	2.13	2.16	1.36

첫째, 대형생명보험사그룹은 대체로 소송(법률)리스크에 대한 인식과 대응이 어느 정도 잘 이루어지고 있는 반면(전체문항 평균값 3.70), 중소형 손해보험사그룹은 전체문항의 평균값이 1.36으로 소송리스크에 대한 인식이 전무한 실정이라는 점이다.

둘째, 타 리스크대응 결과와 유사하게 소송리스크에서도 대형보험회사와 중소형보험회사와의 리스크대응 차이가 존재하고 있으며, 대체로 생명보험사가 손해보험사보다 리스크대응이 잘 이루어지고 있다는 점이다.

셋째, 전체적으로 볼 때 모든 항목에서 소송리스크에 대한 대응책이 마련되어 있지 않는 것으로 나타나고 있으며(평균값 2.0 내외), 특히 중소형 손해보험사그룹의 경우는 평균값이 1.36으로 나타나 향후 철저한 소송리스크 대응 및 관리가 요구되고 있다는 점이다.

넷째, 보험회사 경영의 기본이 되는 변수 Ⅳ-5(보험계리사 교육 등 제3자적 감시기능 강화)에서 대형생명보험사그룹을 제외한 전 그룹이 보험계리사 교육 및 양성에 의한 소송리스크 관리에 소홀히 하고 있다는 점이다.

소송리스크는 여타 리스크와 달리 연금규제의 완화추세와 맞물려 점점 증대해 가는 추세를 보이고 있을 뿐만 아니라 그 영역도 수탁기관의 기관투자자 역할로까지 확대되고 있다는 점에서 수탁기관인 보험회사는 향후 수탁자책임의무 위반사례 등이 발생하지 않도록 사전에 철저한 대응 및 관리가 이루어질 필요성이 있다.

(5) 연금운용(장수)리스크

연금운용(장수)리스크에 대한 보험회사 대응실태 등을 살펴보기 위해 설문조사내용을 토대로 분석한 결과는 〈표 Ⅱ-19〉와 같다. 〈표 Ⅱ-19〉에서 보면 변수 Ⅴ-1, 변수 Ⅴ-2, 변수 Ⅴ-3, 변수 Ⅴ-4, 변수 Ⅴ-5 각각의 전사 평균값은 2.64, 1.68, 2.45, 2.95, 2.32 인 것으로 나타나고 있어 변수 Ⅴ-2의 평균값이 가장 낮은 평균값을, 변수 Ⅴ-4의 평균값이 가장 높은 평균값을 나타내고 있다. 즉 스코어링시스템 등 연금역선택방지를 위한 시스템구축이 가장 미흡한 것으로 나타난 반면, 근로자의 속성에 부합한 연금상품개발은 연금운용의 리스크관리 측면에서 상대적으로 잘 이루어지고 있는 것으로 나타나고 있다.

또한 전체문항에 대한 평균값은 2.41, 전체문항에 대한 대형생명보험사그룹,

표 Ⅱ-19 연금운용 리스크 대응 설문조사분석결과

변 수	평균값	생명보험		손해보험	
		대 형	중소형	대 형	중소형
연금상품에 대한 별도의 손익예측시스템 구축시도 (Ⅴ-1)	2.64	4.00	2.88	2.60	1.20
스코어링시스템 등 연금역선택방지를 위한 시스템 구축(Ⅴ-2)	1.68	2.25	1.63	2.00	1.00
연금상품개발의 적정성 측정(시나리오별에 따른 예정이율 검증)(Ⅴ-3)	2.45	3.25	2.63	2.40	1.60
근로자의 속성에 부합한 연금상품 개발(Ⅴ-4)	2.95	4.50	2.88	3.40	1.40
연금상품개발전문성 강화를 위한 선진전문기관과의 제휴추진(Ⅴ-5)	2.32	3.75	2.50	2.00	1.20
전체문항 평균	2.41	3.55	2.50	2.48	1.28

중소형생명보험사그룹, 대형손해보험사그룹, 중소형손해보험사그룹의 평균값은 각각 3.55, 2.50, 2.48, 1.28로 분석되고 있다. 따라서 연금운용리스크의 대응은 ① 전체적으로 미흡한 실정이고, ② 중소형손해보험사그룹이 여타 그룹보다 연금운용리스크 수준이 낮으며, ③ 대형생명보험사그룹의 경우 평균값에 훨씬 초과하는 연금운용리스크 수준을 시현하고 있는 것으로 분석되고 있다.

Ⅲ. 통계분석결과

1. 운용상품설정리스크

운용상품설정 리스크와 관련된 6개문항을 5점 척도로 응답하도록 하여 통계분석한 결과를 요약 · 정리하면 〈표 Ⅱ-20〉과 같다.

각 변수를 Kruskal-Wallis 분석[3]에 의해 생명보험사/손해보험사(독립변수)

3) 비모수적 방법에 의해 둘 이상의 모평균이 서로 차이가 존재하는가를 검증하는 분석방

표 Ⅱ-20 운용상품설정 리스크 대응 통계 분석결과

변 수	생명/손해		대형/중소형	
	$x^2(1)$	p-값	$x^2(1)$	p-값
GIC 등 확정금리형 상품에 대한 개발 여부(Ⅰ-1)	3.960	0.047**	1.867	0.172
시장금리를 감안한 확정금리형 상품 개발추진 여부(Ⅰ-2)	0.030	0.862	7.962	0.005**
시장금리예측 및 연금상품개발계획 수립(Ⅰ-3)	0.056	0.813	9.663	0.002**
근로자라이프사이클에 부합한 연금상품 지급(Ⅰ-4)	0.332	0.565	7.348	0.007**
근로자제시상품의 예정이율 적정성 분석(Ⅰ-5)	0.060	0.807	4.975	0.026**
확정금리형 대체상품 개발 및 타금융권과의 전략적 제휴 여부(Ⅰ-6)	0.332	0.565	4.101	0.043**
전 체	1.262	0.261	10.107	0.002**

주: **와 *는 5%와 10%에서 각각 유의함을 나타냄.

간, 대형보험회사/중소형보험회사(독립변수)간에 차이가 존재하는가를 살펴본 결과, 변수 Ⅰ-1은 생명보험사와 손해보험사간 유의수준 5%에서 통계적으로 유의한 것으로 나타나고 있다.[4] 이에 반해 변수 Ⅰ-2부터 변수 Ⅰ-6까지 생명보험사와 손해보험사간의 뚜렷한 차이가 없는 것으로 분석되고 있다. 그러나 대형보험회사/중소형보험회사간에는 변수 Ⅰ-1을 제외한 모든 변수, 즉 변수 Ⅰ-2, 변수 Ⅰ-3, 변수 Ⅰ-4, 변수 Ⅰ-5, 변수 Ⅰ-6 등 5변수에서 통계적인 차이가 존재하는 것으로 나타나고 있으며, 전체적으로 볼 때에도 대형보험회사/중소형보험회사간에 통계적 차이가 존재하는 것으로 나타나고 있다.

결국 운용상품설정리스크의 경우 생명보험사/손해보험사간에는 대체로 뚜

법임.

4) 통계분석은 각 문항에 대해 생명보험사그룹/손해보험사그룹, 대형보험회사그룹/중소형보험회사 그룹별로 리스크관리수준 차이가 있는지를 살펴보는 분석방법을 선택하였다.

렷한 차이가 없지만, 대형보험회사/중소형보험회사간에는 뚜렷한 차이가 존재하는 것으로 나타나고 있다. 이는 대형보험회사의 운용상품설정리스크관리 대응수준이 중소형보험회사에 비해 상대적으로 높은 수준임을 의미한다. 따라서 향후 중소형 보험회사는 운용상품설정리스크에 대한 체계적인 대비책 마련이 절실히 요구된다.

2. 언더라이팅리스크

언더라이팅 리스크대응에 대한 통계분석결과(〈표 Ⅱ-21〉 참조)의 특징을 요약·정리하면 대략 다음과 같다. 첫째, 전체적으로 볼 때 운용상품설정리스크의 통계분석결과와 유사하게 생명보험사/손해보험사간에는 언더라이팅 리스크관리의 차이가 통계적으로 존재하지 않고 있다는 점이다. 둘째, 전체적으로 볼 때 대형보험회사/중소형보험회사간에는 유의수준 5%하에서 통계적 유의성이 존재하고 있다는 점이다.

셋째, 변수별로 볼 때 변수 Ⅱ-3(진출기업대상 별도의 언더라이팅관리시스템설정), 변수 Ⅱ-5(기록관리비용 등 고정비용이 많이 드는 경우 공동개발 및 위탁), 변수 Ⅱ-8(경쟁력이 없는 사무관리업무부문은 과감히 재위탁) 등 3개 변수에서는 생명보험사/손해보험사간뿐만 아니라 대형보험회사/중소형보험회사간에서도 통계적 차이가 존재하지 않고 있다는 점이다. 이와 같은 점에서 볼 때, 중소형 보험회사는 언더라이팅리스크에 대한 철저한 대응을 하기 위해 무엇보다도 ① 타금융권에 비해 강점이 있는 특화된 부가서비스 진출계획 수립, ② 퇴직연금의 예상수탁수수료를 감안하여 수익예측분석 실시, ③ 통합서비스체제 구축으로 인프라비용을 점진적으로 경감, ④ 법인조직에 대한 체계적인 교육시스템 구축 등이 장기적으로 요구된다.

3. 수탁자 재설정 리스크

수탁자재설정리스크에 대해 Kruskal-Wallis 분석으로 생명보험사/손해보험사(독립변수)간, 대형보험회사/중소형보험회사(독립변수)간에 차이가 존재하는가를 살펴본 결과는 〈표 Ⅱ-21〉과 같다. 여기에서는 ① 전반적인 검증결과, ②

표 Ⅱ-21 언더라이팅 리스크 대응 통계분석결과

변 수	생명/손해		대형/중소형	
	$x^2(1)$	p-값	$x^2(1)$	p-값
타금융권에 비해 강점이 있는 특화된 부가서비스에 진출할 계획(Ⅱ-1)	0.645	0.422	7.997	0.005**
퇴직연금의 예상수탁수수료를 감안하여 수익예측분석 실시(Ⅱ-2)	1.077	0.299	3.580	0.059*
진출기업대상 별도의 언더라이팅관리시스템 설정(Ⅱ-3)	0.711	0.399	1.296	0.255
통합서비스체제구축으로 인프라비용을 점진적으로 경감(Ⅱ-4)	0.980	0.322	4.160	0.041**
기록관리비용 등 고정비용이 많이 드는 경우 공동개발 및 위탁(Ⅱ-5)	2.367	0.124	0.097	0.755
법인조직에 대한 체계적인 교육시스템 구축(Ⅱ-6)	1.105	0.293	6.459	0.011**
기업정보분석을 바탕으로 목표시장에 접근, 비용효휼화 도모(Ⅱ-7)	1.160	0.282	7.434	0.006**
경쟁력이 없는 사무관리업무 부문은 과감히 재위탁(Ⅱ-8)	1.227	0.268	0.011	0.916
전 체	2.215	0.137	6.825	0.009**

주: **와 *는 5%와 10%에서 각각 유의함을 나타냄.

정량적 검증결과, ③ 정성적 검증결과 등으로 구분하여 살펴보기로 한다.

첫째, 정량적 검증결과와 정성적 검증결과를 종합한 전체적차원에서의 검증결과를 보면 생명보험사/손해보험사간에는 리스크관리 수준 차이가 존재하고 있지 않지만, 대형보험회사/중소형보험회사간에는 리스크관리수준 차이가 존재함으로써 특히 중소형보험회사의 리스크관리수준 제고가 요구되고 있다는 점이다.

둘째, 정량적 검증결과, 전체적으로 대형보험회사/중소형보험회사간에는 뚜렷한 통계적 차이가 존재하지만 생명보험사/손해보험사간에는 리스크관리 수준면에서 차이가 존재하지 않고 있다는 점이다. 다만 변수 Ⅲ-1(연기금자산운용인력의 확충을 적극적으로 추진)의 경우는 유의수준 10%하에서 생명보험사/손해보험사

표 Ⅱ-22 수탁자 재설정리스크 대응 통계분석결과

변 수		생명/손해		대형/중소형	
		$x^2(1)$	p-값	$x^2(1)$	p-값
연기금자산운용인력의 확충을 적극적으로 추진 (Ⅲ-1)		3.46	0.063*	2.803	0.094*
퇴직연금제도 운영과 관련된 전문인력(Ⅲ-2)		0.124	0.725	4.444	0.35
책임준비금적정성을 고려한 자산운용기법(연금ALM기법)구축(Ⅲ-3)		0.042	0.837	6.580	0.010**
별도의 자산운용계획과 자산운용기본전략 수립(Ⅲ-4)		1.041	0.308	7.589	0.006**
운용수익률제고를 위한 별도의 자산운용사설립 및 전략적 제휴(Ⅲ-5)		0.019	0.891	2.246	0.134
정량적 평가		0.151	0.698	5.809	0.016**
포트폴리오구축 (Ⅲ-6)	Ⅲ-6-1	1.679	0.195	5.193	0.023**
	Ⅲ-6-2	1.294	0.255	0.000	1.000
	Ⅲ-6-3	0.118	0.731	0.821	0.365
운용프로세스 (Ⅲ-7)	Ⅲ-7-1	0.225	0.635	3.307	0.069*
	Ⅲ-7-2	0.005	0.946	3.184	0.074*
	Ⅲ-7-3	0.374	0.541	5.635	0.018**
인 재 (Ⅲ-8)	Ⅲ-8-1	0.165	0.685	3.295	0.069*
	Ⅲ-8-2	0.041	0.839	2.605	0.107
	Ⅲ-8-3	0.074	0.786	3.705	0.054*
투자철학 (Ⅲ-9)	Ⅲ-9-1	0.168	0.682	6.184	0.013**
	Ⅲ-9-2	0.259	0.611	4.843	0.028**
	Ⅲ-9-3	0.379	0.538	4.033	0.045**
정성적 평가		0.245	0.620	4.160	0.041**
전 체		0.009	0.923	4.638	0.031**

주: **와 *는 5%와 10%에서 각각 유의함을 나타냄.

간, 대형보험회사/중소형보험회사간 모두 수준 차이가 존재하고 있으며 변수 Ⅲ-2 (퇴직연금제도 운영과 관련된 전문인력) 및 변수 Ⅲ-5(운용수익률 제고를 위한 별도의 자산운용사 설립 및 전략적 제휴) 등에서는 생명보험사/손해보험사간, 대형보험회사/중소형보험회사간 모두 수준차이가 존재하지 않는 것으로 나타나고 있다.

셋째, 정성적 검증결과, 전체적으로 정량적 검증결과와 같이 생명보험사/손해보험사간에는 통계적 차이가 존재하지 않지만, 대형보험회사/중소형보험회사간에는 통계적 차이가 존재하는 것으로 분석되고 있다. 그럼에도 불구하고 항목별로 볼 때 대형보험회사/중소형보험회사간 통계적 차이가 존재하지 않는 변수로는 변수 Ⅲ-6-2(의도된 리스크를 취하고 있으며 의도되지 않은 리스크는 취하고 있지 않다), 변수 Ⅲ-6-3(포트폴리오에 의한 리스크관리를 적절히 행하고 있다), 변수 Ⅲ-8-2(조직적 운용을 계속하여 수행할 체제가 충분히 갖추어져 있다) 등 3개 변수인 것으로 나타나고 있다.

4. 소송(법률)리스크

소송(법률)리스크에 대한 통계분석결과(<표 Ⅱ-22> 참조), ① 전체적으로 생명보험사/손해보험사간, 대형보험회사/중소형보험회사 간 모두 10% 유의수준하에서 통계적 수준차이가 존재하는 것으로 분석되고 있다는 점이 특징적이다.

② 변수 Ⅳ-1(별도의 컴플라이언스체제 구축)은 생명보험사/손해보험사간, 변수 Ⅳ-2(보험회사 수탁자책임에 관한 교육추진)는 대형보험회사/중소형보험회사간, 변수 Ⅳ-3(근로자를 위한 투자교육프로그램 개발추진)은 대형보험회사/중소형보험회사간, 변수 Ⅳ-5(보험계리사교육 등 제3자적 감시기능의 강화)는 대형보험회사/중소형보험회사간에서만 리스크관리수준 차이가 존재하고 있다는 점이다. ③ 생명보험사/손해보험사간, 그리고 대형보험회사/중소형보험회사간 모두 통계적 차이가 존재하지 않는 경우는 변수 Ⅳ-4(수탁자책임에 대한 임원 및 CEO의 인식 여부)만 해당되는 것으로 분석되고 있다는 점이다. 변수 Ⅳ-4의 경우는 보험업계 전체가 거의 동일한 리스크관리수준(실질적으로는 모든 보험회사가 낮은 리스크관리수준 시현)을 보이고 있음에 따라 소송(법률)리스크 관리차원에서 보험업계의 공동적인 노력이 요구된다.

표 Ⅱ-23 소송(법률) 리스크 대응 통계분석결과

변 수	생명/손해		대형/중소형	
	$x^2(1)$	p-값	$x^2(1)$	p-값
별도의 컴플라이언스체제 구축(Ⅳ-1)	4.698	0.030**	1.054	0.305
보험회사 수탁자책임에 관한 교육추진(Ⅳ-2)	0.958	0.328	5.797	0.016**
근로자를 위한 투자교육프로그램(설명의무 등)개발 추진(Ⅳ-3)	2.680	0.102	3.364	0.067*
수탁자책임에 대한 임원 및 CEO의 인식여부(Ⅳ-4)	2.226	0.136	2.283	0.131
보험계리사 교육 등 제3자적 감시기능의 강화(Ⅳ-5)	1.587	0.208	6.154	0.013**
전 체	2.783	0.095*	3.710	0.054*

주: **와 *는 5%와 10%에서 각각 유의함을 나타냄.

5. 연금운용리스크

연금운용리스크에 대해 Kruskal-Wallis 분석으로 생명보험사/손해보험사(독립변수)간, 대형보험회사/중소형보험회사(독립변수)간에 차이가 존재하는가를 살펴본 결과는 <표 Ⅱ-24>와 같다.

검증결과, 전체적으로 생명보험사/손해보험사간, 그리고 대형보험회사/중소형보험회사간 모두 통계적 유의수준 5%하에서 통계적 차이가 뚜렷하게 나타나고 있는 것으로 분석되고 있다. 세부적으로 보면 변수 Ⅴ-1(연금상품에 대한 별도의 손익예측시스템구축시도) 및 변수 Ⅴ-5(연금상품개발전문성 강화를 위한 선진전문기관과의 제휴추진)는 생명보험사/손해보험사간, 대형보험회사/중소형보험회사간 모두에서 연금운용리스크 관리수준 차이가 존재하고 있으며, 변수 Ⅴ-2(스코어링시스템 등 연금 역선택 방지를 위한 시스템 구축) 및 변수 Ⅴ-4(근로자의 속성에 부합한 연금상품 개발)는 대형보험회사/중소형보험회사간에서만 연금운용리스크 관리수준 차이가 존재하고 있다. 이에 반해 변수 Ⅴ-3은 대형보험회사/중소형보험회사간이 아닌 생명보험사/손해보험사간에 통계적 차이가 존재하여 여타변수와 차이

표 Ⅱ-24 연금운용 리스크 대응 통계분석결과

변 수	생명/손해		대형/중소형	
	$x^2(1)$	p-값	$x^2(1)$	p-값
연금상품에 대한 별도의 손익예측시스템 구축 시도 (Ⅴ-1)	6.088	0.014**	3.048	0.081*
스코어링시스템 등 연금역선택방지를 위한 시스템 구축(Ⅴ-2)	0.945	0.331	4.786	0.029**
연금상품개발의 적정성측정(시나리오별에 따른 예정이율 검증)(Ⅴ-3)	3.189	0.074*	1.239	0.266
근로자의 속성에 부합한 연금상품 개발(Ⅴ-4)	2.632	0.105	5.907	0.015**
연금상품개발전문성 강화를 위한 선진전문기관과의 제휴 추진(Ⅴ-5)	5.565	0.018**	2.762	0.097
전 체	5.529	0.019**	4.753	0.029**

주: **와 *는 5%와 10%에서 각각 유의함을 나타냄.

가 존재한다.

Ⅳ. 퇴직연금 리스크관리상의 시사점

퇴직연금 리스크인식 및 대응에 관한 설문조사 분석결과를 요약·정리하고 시사점을 살펴보면 다음과 같다.

첫째, 보험회사는 수탁기관으로 퇴직연금시장에 90% 이상 진출할 계획을 가지고 있으며, 80% 이상이 확정급여형 퇴직연금제도를 선호하고 있는 것으로 나타나고 있지만, 확정급여형 퇴직연금시장 진출을 위해 50%인 10개 보험회사만이, 확정기여형 퇴직연금제도 진출을 위해 약 70%인 12개 보험회사만이 대비하고 있는 것으로 분석됨으로써 체계적인 대비책마련이 시급한 것으로 보인다는 점이다.

둘째, 특히 17개 보험회사가 확정기여형 퇴직연금시장에의 진출계획이 있으며, 이들 보험회사 중 88.2%인 15개사가 확정기여형 퇴직연금의 전사업부문에 진출할 계획이 있어 국내 보험회사의 경우 확정기여형 퇴직연금시장 진출에 매우 적극적인 것으로 분석되고 있다는 점이다. 이는 확정기여형 퇴직연금시장 진출에 따른 리스크관리의 필요성이 요구되고 있음을 의미한다.

셋째, 국내 보험회사의 경우 확정기여형 퇴직연금시장 미진출사유로는 자산운용능력의 취약 및 확정기여형 퇴직연금운용의 노하우 부족 등을 들고 있으며 은행과의 경쟁력 취약분야로 63.6%가 기업의 지배력 부족, 18.2%가 다양한 운용상품 제공한계, 13.6%가 자산운용능력 등을 제시하고 있어 보험회사 입장에서는 기업과의 대출관계 및 주거래은행제도 활용에 의한 은행의 퇴직연금시장 진출 등을 가장 위협적인 요인으로 보고 있다는 점이 특징적이다.

넷째, 퇴직연금 리스크인식 분석결과, 70% 이상의 보험회사가 퇴직연금이 퇴직보험보다 리스크가 크다고 인식하고 있으며, 65.0%인 13개 보험회사가 확정기여형이 확정급여형보다 리스크가 크다고 인식함에도 불구하고 단지 45%만 퇴직연금제도의 운용리스크에 대비하고 있는 것으로 나타나고 있다는 점이다. 따라서 현시점에서 볼 때 보험업계의 리스크 인식을 높지만 리스크의 대응은 매우 미흡한 것으로 분석된다.

다섯째, 보험회사는 운용설정리스크, 수탁자재설정리스크, 연금운용리스크, 언더라이팅리스크 순으로 리스크의 중요성을 인식함으로써 운용설정리스크를 가장 중요한 리스크로 본 반면, 소송(법률)리스크에 대해서는 거의 중요하지 않은 리스크로 보아, 소송(법률)리스크에 대한 인식자체가 매우 부족하다는 점을 알 수 있다.

여섯째, 퇴직연금 리스크대응 분석결과, ① 운용상품설정리스크의 경우, 전체변수의 평균값이 3.22로 나타나 대체로 적극적인 리스크대응이 이루어지지 않고 있으며 특히 중소형손해보험사그룹의 평균값이 2.27로 여타 그룹보다 리스크 대응이 미흡하다는 점, ② 언더라이팅리스크의 경우, 전반적으로 중소형보험회사보다는 대형보험회사가, 손해보험회사보다는 생명보험사가 언더라이팅리스크에 보다 철저하게 대응하고 있다는 점, ③ 수탁자재설정리스크의 경우, 상대적으로 정성적 평가에의 대응이 정량적 평가에의 대응보다 잘 이루어지고 있으며 대형보험회사와 중소형보험회사간의 차이가 뚜렷히 나타나고 있다는 점, ④ 소송리스크의 경우 여타 리스크의 평균값보다 가장 적은 2.25의 평균값을 보이고 있어 향후 철저한 소송리스크의 대응책이 요구되고 있다는 점, ⑤ 연금운용리스크의 경우, 전체적으로 미흡한 실정이고 중소형손해보험사그룹이 여타그룹보다 연금운용리스크 수준이 낮으며 대형생명보험사그룹의 경우 평균값에 훨씬 초과하는 연금운용리스크수준을 시현하고 있다는 점 등이 특징으로 지적되고 있다. 이와 같은 관점에서 볼 때 대체로 보험업계의 경우 수탁기관이 직면한 리스크에 대해 적절한 대응 및 관리가 이루어지지 않고 있다.

마지막으로 통계분석에 의해 리스크대응 분석결과, ① 운용상품설정리스크의 경우, 생명보험사/손해보험사간에는 뚜렷한 통계적 차이가 없지만 대형보험회사/중소형보험회사 간에는 유의수준 5%하에서 차이가 존재하는 것으로 나타나고 있어 대형보험회사의 운용상품설정리스크관리 대응수준이 중소형보험회사에 비해 상대적으로 높은 수준이라는 점, ② 언더라이팅리스크의 경우 전체적으로 볼 때 대형보험회사/중소형보험회사간에 통계적 유의성이 존재하고 있다는 점, ③ 수탁자재설정리스크의 경우 정량적 검증결과와 정성적 검증결과를 종합한 전체적 차원에서의 검증결과를 보면 생명보험사/손해보험사간에는 리스크관리 수준 차이가 존재하지 않지만, 대형보험회사/중소형보험회사간에는 리스크관리 수준 차이가 존재함으로써 특히 중소형보험회사의 리스크관리 수준제고가 요구된다는 점, ④ 소송리스크의 경우 전체적으로 생명보험사/손해보험사 간, 대형보험회사/중소형보험회사 간 모두 10% 유의수준하에서 통계적 수준차이가 존재하는 것으로 나타나고 있다는 점, ⑤ 연금운용리스크의 경우 생명보험사/손해보험사 간, 그리고 대형보험회사/중소형보험회사간 모두 통계적 유의수준 5%하에서 통계적 차이가 뚜렷하게 나타나고 있다는 점 등이 특징적이다.

지금까지 수탁기관인 보험회사의 리스크 인식 및 대응실태 등을 퇴직연금제도 관점에서 살펴 보고자, 보험회사가 직면한 리스크를 운용상품설정리스크, 언더라이팅리스크, 수탁자재설정리스크, 소송리스크, 연금운용리스크 등으로 구분하여 설문조사분석 및 통계분석 등을 실시하였다. 분석결과, 보험회사의 경우 퇴직연금시장 진출에 적극적이고 퇴직연금리스크관리의 중요성 또한 강하게 인식하고 있음에도 불구하고 대체로 운용상품설정리스크 등 일부 리스크를 제외한 여타리스크의 대응은 매우 미흡한 수준이다. 보험회사 중에서는 대형 생명보험사중심으로 리스크관리가 이루어지고 있을 정도이어서 향후 철저한 리스크 관리방안 마련이 절실히 요구되고 있다.

<설문지 2> 퇴직연금 리스크 인식 및 대응실태에 관한 설문서

퇴직연금시장 진출계획 관련 설문

1. 귀사의 경우 퇴직연금제도가 도입되면 수탁기관으로서 퇴직연금시장에 진출할 계획이 있으십니까? (　　)
   ① 적극적으로 진출할 계획이 있다.
   ② 어느 정도 진출할 계획이 있다.
   ③ 잘모르겠다.
   ④ 진출한 계획이 거의 없다.
   ⑤ 진출할 계획이 전혀 없다.

2. 퇴직연금시장에 진출할 계획이 있으신 경우(①, ②) 확정급여형(DB형), 확정기여형(DC형) 중 어느 퇴직연금제도를 보다 선호하십니까? (　　)
   ① 확정급여형 퇴직연금제도
   ② 확정기여형 퇴직연금제도

3. 확정급여형(DB형) 퇴직연금시장에 대한 진출을 위해 어느 정도 준비가 되어 있습니까? (　　)
   ① 매우 잘 준비가 되어 있다.
   ② 어느 정도 준비가 되어 있다.
   ③ 잘모르겠다.
   ④ 다소 준비가 부족하다.
   ⑤ 매우 준비가 부족하다.

4. 확정기여형(DC형) 퇴직연금시장에 대해 진출계획이 있습니까? (　　)
   ① 당연히 있다.
   ② 다소 있다.
   ③ 잘 모르겠다.
   ④ 거의 계획이 없다.

⑤ 전혀 생각이 없다.

4-1) 만약 확정기여형 퇴직연금시장에 진출한 계획이 있다면(①, ②) 이를 위해 어느 정도 준비를 하고 계십니까? (　　)

① 매우 잘 준비가 되어 있다.
② 어느 정도 준비가 되어 있다.
③ 잘모르겠다.
④ 다소 준비가 부족하다.
⑤ 매우 준비가 부족하다.

4-2) 확정기여형 퇴직연금시장에 진출하는 경우 어느 부문에 진출할 예정입니까? (　　)

① 사무관리업무 및 자산관리업무 모두에 진출
② 사무관리업무에만 진출
③ 자산관리업무에만 진출

4-3) 확정기여형 퇴직연금시장에 진출하지 않는 다면 그 이유는 무엇이라고 생각하십니까? 우선순위로 표시하여 주십시오.

1순위: (　　), 2순위: (　　)

① 자산운용능력의 취약
② 수탁자책임의 과중
③ 고정비부담가중(인프라비용)
④ 확정기여형 운용노하우 부족
⑤ 확정기여형 퇴직연금시장협소 예상
⑥ 일괄 부가서비스 제공부족
⑦ 기타: (　　)

5. 귀사가 퇴직연금시장에 진출하는 경우 은행 등 타금융권과 비교하여 상대적으로 경쟁력이 부족한 것은 무엇이라고 생각하십니까? 우선순위로 표시하여 주십시오.

1순위: (　　), 2순위: (　　)

① 기업과의 거래관계(시장지배력)취약

② 자산운용능력(자산전문인력)취약

③ 부가서비스의 다양성(투자 및 교육컨설팅) 부족

④ 수탁수수료 체제경쟁

⑤ 근로자 및 기업의 인지도 부족

⑥ 운용상품제시의 다양성 부족

⑦ 기타: (　　)

퇴직연금제도 리스크인식 관련 설문

1. 퇴직연금제도의 운용리스크와 퇴직보험의 운용리스크를 비교하여 볼 때 귀사(수탁자)의 입장에서는 어느 쪽이 보다 크다고 생각하십니까? (　　)

   ① 퇴직연금제도의 운용리스크가 훨씬 크다.

   ② 퇴직연금제도의 운용리스크가 다소 크다.

   ③ 동일하다.

   ④ 퇴직보험의 운용리스크가 다소 크다.

   ⑤ 퇴직보험의 운용리스크가 훨씬 크다.

2. 귀사의 입장에서 확정급여형 퇴직연금제도, 확정기여형 퇴직연금제도 중 어느 퇴직연금제도를 운용할 때 보다 리스크부담이 크다고 생각하십니까? (　　)

   ① 확정급여형 퇴직연금제도

   ② 확정기여형 퇴직연금제도

3. 퇴직연금제도의 도입에 대비하여 귀사는 얼마나 리스크관리 대비를 하고 있습니까? (　　)

   ① 퇴직연금제도의 운용리스크에 철저히 대비하고 있다.

   ② 퇴직연금제도의 운용리스크에 어느정도 대비하고 있다.

   ③ 전혀 대비하고 있지 않다.

4. 다음은 보험회사가 직면하게 될 리스크입니다. 귀사의 입장에서 볼 때 어떠한

리스크에 보다 중점을 두어야 한다고 생각하십니까?
우선순위로 표시하여 주십시오.
1순위: (　　), 2순위: (　　)

① 운용상품설정리스크(GIC상품제공에 기인)
② 언더라이팅 리스크(낮은 수수료에 많은 부과서비스제공에 기인)
③ 수탁자 재설정리스크(낮은 운용수익률 등으로 수탁자 재설정곤란)
④ 소송(법률)리스크(충실의무 등 수탁자 책임위반시 근로자의 소송제기)
⑤ 연금운용(장수)리스크(역선택 및 연금상품증가 등으로 기인)
⑦ 기타: (　　)

퇴직연금 리스크대응 관련 설문

※괄호가 있는 모든 질문에 대해 다음의 오점척도의 기준에 맞추어 답을 해 주십시오.

아니다　　　　　　　　그렇다
① ② ③ ④ ⑤

Ⅰ. 운용상품설정 리스크 측면에서 귀사의 리스크대응 관련 사항입니다.

확정기여형 퇴직연금제도하에서는 근로자가 직접 운용상품을 선택하도록 되어 있습니다. 이 경우 보험회사가 제시하는 원금보장형 상품은 안전성 면에서 근로자가 많이 선택할 것으로 예상되지만, 금리하락시 리스크부담을 보험회사가 질 수 있어 타금융권과 차별화된 다양한 연금상품개발이 보다 요구됩니다. 귀사는 이와 같은 운용상품설정 리스크측면에서 어떠한 대응책을 강구 또는 추진하고 있는지 5점척도로 답변해 주시기 바랍니다.

Ⅰ-1. 기업 및 근로자가 선호하는 확정금리형 상품의 개발을 적극 추진하여 타금융권과의 상품차별성을 강화할 계획이다(　　)

Ⅰ-2. 확정금리형 상품(예: GIC상품)은 시장금리가 하락하는 경우 보험회사의 운용부담으로 작용할 수 있다는 점을 고려, 사전에 시장금리의 변동에 부응한 확정 금리형 상품개발을 추진하고 있다(　　)

Ⅰ-3. 시장금리를 고려한 연금상품개발계획을 수립함으로써 연금운용의 금리예측능력 향상을 도모하고 있다(　　)

Ⅰ-4. 근로자의 라이프사이클에 부합한 다양한 연금상품개발계획과 연금지급방식을 개발하고 있다(　　)

Ⅰ-5. 퇴직연금운용시 예정이율의 적정성을 고려하여 근로자에게 연금상품을 제시할 계획을 가지고 있다(　　)

5-1. 확정금리형 대체상품으로 옵션형 변액보험 및 합성 GIC상품 등의 개발을 적극 추진하고 있다(　　)

Ⅱ. 언더라이팅리스크 측면에서의 귀사의 리스크대응 관련사항입니다.

보험회사가 퇴직연금시장에 진출는 경우 고려하여야 할 사항은 수익과 비용입니다. 퇴직연금시장 선점만을 고려하여 경쟁력이 없는 부문에 진출하는 경우 많은 고정비용이 들 수 있는 반면, 수탁수수료(수익)은 경쟁으로 낮아지기 마련입니다. 따라서 자사의 경쟁력을 고려한 언더라이팅전략수립이 관건인데 귀사의 경우 이와 관련 어떠한 대응책을 강구 또는 추진하고 있는지 5점 척도로 답변해 주시기 바랍니다.

Ⅱ-1. 은행 등 타금융권에 비하여 비교적 강점이 존재하고 보다 특화된 부가서비스 부문에 진출할 계획이다(　　)

Ⅱ-2. 퇴직연금시장 진출시 많은 인프라비용(고정비용)이 소요된다는 점을 감안, 퇴직연금의 예상 수탁수수료를 고려하여 수익예측분석을 할 계획이다(　　)

Ⅱ-3. 진출할 기업을 대상으로 한 별도의 언더라이팅관리 리스크시스템을 설정하고 있다(　　)

Ⅱ-4. 각종 부가서비스체제를 일괄적으로 제공하는 통합서비스(bundled service)체제를 구축함으로써 인프라 비용을 점진적으로 경감하고자 한다(　　)

4-1. 기록관리비용(record keeping) 등 고정비용이 많이 드는 경우는 보험업계 공동개발추진 또는 전문컨설팅회사(서비스회사)에게 위탁할 계획이다(　　)

Ⅱ-5. 퇴직연금시장의 진출을 위해 법인조직(기존의 직급모집조직)에 대한 체계적인 교육시스템을 구축하고 있다( )

Ⅱ-6. 기업의 수익상황이나, 종업원 구성, 퇴직금제도의 운영현황 등에 대한 정보를 종합적으로 수집하여 비용부담능력 등 철저한 기업정보분석을 바탕으로 목표시장에 접근하여 비용의 효율화를 도모할 계획이다( )

Ⅱ-7. 경쟁력이 없는 사무관리업무부문은 과감히 타금융기관에 재위탁할 예정으로 있다( )

Ⅲ. 수탁자 재설정리스크 측면에서의 귀사의 리스크대응 관련 사항입니다.

선진국에서는 수탁기관에 대해 정량적 평가 및 정성적인 평가 등을 토대로 종합평가를 실시하여 수탁기관 재설정 여부를 결정하고 있습니다. 귀사는 이와 같은 수탁자재설정 리스크를 대비하여 어떠한 대응책을 강구 또는 추진하고 있는지 5점척도로 답변해 주시기 바랍니다.

Ⅲ-1. 퇴직연금의 기금운용을 위한 자산운용인력의 확충을 적극적으로 추진하고 있다( )

Ⅲ-2. 확정급여형 퇴직연금시장 진출을 위해 책임준비금의 적정성을 고려한 자산운용기법, 즉 연금ALM기법(시뮬레이션ALM기법)등을 구축하고 있다( )

Ⅲ-3. 퇴직연금의 기금을 효율적으로 운용하기 위해 별도의 자산운용계획과 자산운용기본전략을 수립하고 있다( )

Ⅲ-4. 귀사는 자회사인 자산운용전문회사가 설립되어 있습니까? ( )

① 있다 ② 없다

4-1) 설립되어 있지 않지만 향후 운용수익률제고를 위해 별도의 자산운용사를 설립하거나 타금융권과 전략적 제휴계획을 수립하고 있다( )

Ⅲ-5. 정성적인 평가를 위하여 포트폴리오구축, 운용프로세스, 인재, 투자철학 등 4P면에서 어떻게 대비하고 있는지 설문을 5점척도로 답변해 주시기 바랍니다.

4P	체크포인트	아니다 ① ② ③ ④ ⑤ 그렇다
포토폴리오구축 Portfolio	-투자철학, 운용프로세스와 정합적인 포트폴리오가 구축되어 있다(Ⅲ-5-1)	( )
	-의도한 리스크를 취하고 있으며, 의도하지 않은 리스크는 취하고 있지 않다(Ⅲ-5-2)	( )
	-포트폴리오에 의한 리스크관리를 적절하게 행하고 있다(Ⅲ-5-3)	( )
운용프로세스 Process	-투자의사결정프로세스는 확립되어 있다(Ⅲ-5-4)	( )
	-의사결정을 행하기 위한 필요한 스탭이 배치되어 있다(Ⅲ-5-5)	( )
	-의사결정이 보다 합리적이고 일관된 방법으로 행하여지고 있다(Ⅲ-5-6)	( )

4P	체크포인트	아니다 ① ② ③ ④ ⑤ 그렇다
인 재 People/ Personnel	-운용에 관련된 스탭의 전문성·자질은 충분히 갖추고 있다(Ⅲ-5-7)	( )
	-조직적 운용을 계속하여 수행할 체제가 충분히 갖추어져 있다(Ⅲ-5-8)	( )
	-개인의 능력을 충분히 발휘할 구조가 도입되어 있다(Ⅲ-5-9)	( )
투자철학 Philosophy	-투자철학은 납득할 수 있을 만큼 합리적이다(Ⅲ-5-10)	( )
	-인재배치, 운용프로세스와의 정합성이 존재하고 있다(Ⅲ-5-11)	( )
	-일관성이 존재하며 자주 변경되지 않는다(Ⅲ-5-12)	( )

Ⅳ. 소송(법률) 리스크 측면에서의 귀사의 리스크대책 관련 사항입니다.

연금자산의 규제완화추세에 따라 근로자의 대리인이라 할 수 있는 수탁기관의 수탁자책임의무가 매우 중요시되고 있습니다. 수탁기관이 수탁자책임위시 각종 감독제재조치와 더불어 근로자로부터 법률적 소송까지 제기되고 있습니다. 따라서 수탁자입장에서는 소송리스크가 중요한 리스크라 할 수 있습니다. 이와 관련 귀사는 소송(법률)리스크에 대비, 어떠한 대응책을 강구 또는 추진하고 있는지 5점척도로 답변해 주시기 바랍니다.

Ⅳ-1. 종전의 퇴직보험과 대비하여 퇴직연금제도 도입에 따른 별도의 컴플라이언스체제를 구축하고 있다(　　)

Ⅳ-2. 근로자퇴직보장법(안)상의 보험회사 수탁자책임의무(충실의무, 주의의무, 분산투자의무) 등에 대해 퇴직연금관련자의 교육이 이루어지고 있다(　　)

Ⅳ-3 근로자를 위한 투자교육프로그램(설명의무)개발이 체계적으로 추진되고 있다(　　)

Ⅳ-4. 수탁자책임 준수필요성을 임원 및 CEO 등이 강하게 인지하고 있다(　　)

Ⅳ-5. 종전의 퇴직보험에 비해 전담 보험계리사의 배정 등 제3자적 감시기능 강화가 강조되고 있다(　　)

Ⅴ. 연금운용(장수)리스크 측면에서의 귀사의 리스크대응 관련 사항입니다.

퇴직연금제도의 운용은 필연적으로 근로자의 니드에 부합한 연금상품개발로 이어질 것입니다. 그러나 자칫 역선택으로 인한 장수리스크가 증대할 수 있을 뿐만 아니라 연금상품의 개발은 연금상품중심의 상품개발위주로 상품포트폴리오를 재편시킬 것으로 생각됩니다. 이 경우 연금상품증대에 따른 보험회사의 리스크 증대가 나타날 수 있는데, 이에 대비 귀사는 어떠한 연금운용리스크 대응책을 강구하고 있는지 5점척도로 답변해 주시기 바랍니다.

Ⅴ-1. 퇴직연금제도의 도입은 궁극적으로 연금상품의 증대효과를 가져와 특히 연금상품에 대한 손익예측시스템 구축이 필요하기 때문에, 별도의 손익예측시스템구축을 계획하고 있다(　　)

Ⅴ-2. 스코어링시스템 등 연금역선택을 방지하기 위한 시스템이 구축되어 있다(　　)

Ⅴ-3. 연금상품개발의 적정성을 측정하기 위한 시나리오별에 따른 예정기초율 적정성 검증이 이루어지고 있다(　　)

Ⅴ-4. 퇴직연금제도 운용시, 근로자 니드에 부합한 연금상품개발 계획을 수립하고 있다(　　)

Ⅴ-5. 특화된 연금상품개발의 전문성 등이 퇴직연금시장의 새로운 경쟁변수로 등장할 것으로 예상되기 때문에 핵심경쟁력이 있는 선진 연금전문 설계기관과의 업무제휴를 적극 검토하고 있다(　　)

[부록 3]

근로자퇴직급여보장법, 시행령, 시행규칙

법	시 행 령	시행규칙
제 1 장 총 칙 제 1 조(목적) 이 법은 근로자 퇴직급여제도의 설정 및 운영에 필요한 사항을 정함으로써 근로자의 안정적인 노후생활 보장에 이바지함을 목적으로 한다. 제 2 조(정의) 이 법에서 사용하는 용어의 정의는 다음과 같다. 1. "근로자"라 함은 근로기준법 제14조의 규정에 의한 근로자를 말한다. 2. "사용자"라 함은 근로기준법 제15조의 규정에 의한 사용자를 말한다. 3. "임금"이라 함은 근로기준법 제18조의 규정에 의한 임금을 말한다. 4. "평균임금"이라 함은 근로기준법 제19조에 의한 평균임금을 말한다. 5. "급여"라 함은 퇴직급여제도에 의하여 근로자에게 지급되는 연금 또는 일시금을 말한다. 6. "퇴직급여제도"라 함은 제 2 장의 규정에 의한 퇴직금제도 및 제 3 장의 규정에 의한 퇴직연금제도를 말한다. 7. "확정급여형퇴직연금"이라 함은 근로자가 지급받을 급여의 수준이 사전에 결정되어 있는 퇴직연금을 말한다. 8. "확정기여형퇴직연금"이라 함은 급여의 지급을 위하여 사용자가 부담하여야 할 부담금의 수준이 사	제 1 조(목적) 이 영은「근로자퇴직급여보장법」에서 위임된 사항과 그 시행에 관하여 필요한 사항을 규정함을 목적으로 한다.	제 1 조(목적) 이 규칙은「근로자퇴직급여보장법」 및 동법시행령에서 위임된 사항과 그 시행에 관하여 필요한 사항을 규정함을 목적으로 한다.

전에 결정되어 있는 퇴직연금을 말한다.

9. "개인퇴직계좌"라 함은 퇴직급여제도의 일시금을 수령한 자 등이 그 수령액을 적립·운용하기 위하여 퇴직연금사업자에게 설정한 저축계정을 말한다.
10. "가입자"라 함은 퇴직연금에 가입하거나 개인퇴직계좌를 설정한 근로자를 말한다.
11. "적립금"이라 함은 가입자의 퇴직 등 지급사유가 발생한 때에 급여의 지급을 위하여 사용자 또는 가입자가 납입한 부담금으로 적립된 자금을 말한다.
12. "퇴직연금사업자"라 함은 퇴직연금 또는 개인퇴직계좌의 운용관리업무 및 자산관리업무를 수행하기 위하여 제14조의 규정에 의하여 등록한 자를 말한다.

제 3 조(적용범위) 이 법은 근로자를 사용하는 모든 사업 또는 사업장(이하 "사업"이라 한다)에 적용한다. 다만, 동거의 친족만을 사용하는 사업 및 가사사용인에 대하여는 적용하지 아니한다.

제 4 조(퇴직급여제도의 설정) ① 사용자는 퇴직하는 근로자에게 급여를 지급하기 위하여 퇴직급여제도 중 하나 이상의 제도를 설정하여야 한다. 다만, 계속근로기간이 1년 미만인 근로자, 4주간을 평균하여 1주간의 소정근로시간이 15시간 미만인 근로자에 대하여는 그러하지 아니하다.

② 제1항의 규정에 의한 퇴직급여제도를 설정함에 있어서 하나의 사업 안에 차등을 두어서는 아니 된다.

③ 사용자가 퇴직급여제도의 종류를 선택하거나 선택한 퇴직급여제도를 다른 종류의 퇴직급여제도로 변경하고자 하는 경우에는 당해 사업에 근로자의 과반수로 조직된 노동조합이 있는 경우에는 그 노동조합, 근로

법	시 행 령	시행규칙
자의 과반수로 조직된 노동조합이 없는 경우에는 근로자의 과반수(이하 "근로자대표"라 한다)의 동의를 얻어야 한다. ④ 사용자가 제3항의 규정에 따라 선택되거나 변경된 퇴직급여제도의 내용을 변경하고자 하는 경우에는 근로자대표의 의견을 들어야 한다. 다만, 근로자에게 불이익하게 변경하고자 하는 경우에는 근로자대표의 동의를 얻어야 한다. **제5조(퇴직급여제도의 미설정에 따른 처리)** 제4조 제1항의 규정에 불구하고 사용자가 퇴직급여제도를 설정하지 아니한 경우에는 제8조의 규정에 의한 퇴직금제도를 설정한 것으로 본다. **제6조(퇴직연금심의위원회)** ① 퇴직연금제도의 운영 및 개선에 관한 주요사항을 심의하기 위하여 노동부에 퇴직연금심의위원회(이하 "위원회"라 한다)를 둔다. ② 위원회는 위원장, 근로자를 대표하는 위원, 사용자를 대표하는 위원, 공익을 대표하는 위원, 정부위원으로 구성한다. ③ 위원회의 위원장은 노동부차관이 된다. ④ 위원회의 구성 및 운영에 관하여 필요한 사항은 대통령령으로 정한다.	**제2조(퇴직연금심의위원회의 구성 및 운영 등)** ①「근로자퇴직급여보장법(이하 "법"이라 한다)」제6조 규정에 의한 퇴직연금심의위원회(이하 "위원회"라 한다)는 다음 각호의 구분에 따라 노동부장관이 위촉하는 위원으로 구성한다. 1. 근로자 및 사용자를 대표하는 위원 각 2인 2. 공익을 대표하는 위원으로 퇴직연금에 관한 전문가 3인 3. 재경부장관 금융감독위원회가 추천하는 2급 또는 3급 공무원 각 1인 및 노동부의 퇴직급여 업무를 담당하는 2급 또는 3급 공무원 1인 ② 법 제6조 제4항의 규정에 의한 위원회의	

제 7 조(수급권의 보호) 퇴직연금의 급여를 받을 권리는 양도하거나 담보로 제공할 수 없다. 다만, 주택구입 등 대통령령이 정하는 사유와 요건을 갖춘 경우에는 노동부령이 정하는 한도 내에서 담보로 제공할 수 있다.

운영은 다음 각호와 같다.

1. 위원회의 회의는 재적위원 3분의 1 이상이 요구하는 경우 또는 위원장이 필요하다고 인정하는 경우에 위원장이 소집한다.
2. 위원장은 위원회를 대표하며, 위원회의 회무를 통할한다.
3. 위원회는 재적위원 과반수의 출석으로 개의하여 출석위원 과반수의 찬성으로 의결한다.

③ 위원의 임기는 3년으로 하되, 연임할 수 있다.

④ 위원이 궐위된 경우 그 보궐위원의 임기는 전임자의 잔임기간으로 한다.

제 3 조(담보제공 또는 중도인출) ① 법 제7조 단서 및 제13조 제5호의 규정에 의한 "대통령령이 정하는 사유"는 다음 각호의 어느 하나와 같다.

1. 가입자의 주택구입
2. 가입자 또는 그 부양가족의 6월 이상의 요양
3. 그 밖에 천재지변의 발생 등 담보제공이 불가피하다고 노동부장관이 인정하는 경우

② 법 제25조 제5항의 규정에 의한 개인퇴직계좌의 중도인출에 관한 사항 중 중도인출 사유는 제1항 각호의 어느 하나와 같다.

제 2 조(담보제공 한도) 「근로자퇴직급여보장법(이하 "법"이라 한다)」 제7조의 규정에 의한 "노동부령이 정하는 한도"는 가입자별 적립금의 100분의 50으로 한다. 다만, 근로자퇴직급여보장법시행령(이하 "영"이라 한다) 제3조 제3호에 해당하는 경우에는 노동부장관이 별도로 고시할 수 있다.

법	시 행 령	시행규칙
제 2 장 퇴직금제도 **제 8 조(퇴직금제도의 설정)** ① 퇴직금제도를 설정하고자 하는 사용자는 계속근로기간 1년에 대하여 30일분 이상의 평균임금을 퇴직금으로 퇴직하는 근로자에게 지급할 수 있는 제도를 설정하여야 한다. ② 제 1 항의 규정에 불구하고 사용자는 근로자의 요구가 있는 경우에는 근로자가 퇴직하기 전에 당해 근로자가 계속 근로한 기간에 대한 퇴직금을 미리 정산하여 지급할 수 있다. 이 경우 미리 정산하여 지급한 후의 퇴직금 산정을 위한 계속근로기간은 정산시점부터 새로이 기산한다. **제 9 조(퇴직금의 지급)** 사용자는 근로자가 퇴직한 경우에는 그 지급 사유가 발생한 날부터 14일 이내에 퇴직금을 지급하여야 한다. 다만, 특별한 사정이 있는 경우에는 당사자간의 합의에 의하여 지급기일을 연장할 수 있다. **제10조(퇴직금의 시효)** 이 법에 의한 퇴직금을 받을 권리는 3년간 행사하지 아니하면 시효로 인하여 소멸한다. **제11조(퇴직금의 우선변제)** ① 퇴직금은 사용자의 총재산에 대하여 질권 또는 저당권에 의하여 담보된 채권을 제외하고는 조세 공과금 및 다른 채권에 우선하여 변제되어야 한다. 다만, 질권 또는 저당권에 우선하는 조세 공과금에 대하여는 그러하지 아니하다. ② 제 1 항의 규정에 불구하고 최종 3년간의 퇴직금은 사용자의 총재산에 대하여 질권 또는 저당권에 의하여		

담보된 채권, 조세 공과금 및 다른 채권에 우선하여 변제되어야 한다.

③ 제2항의 퇴직금은 계속근로기간 1년에 대하여 30일분의 평균임금으로 계산한 금액으로 한다.

제3장 퇴직연금제도의 설정

제12조(확정급여형퇴직연금제도의 설정) 확정급여형퇴직연금제도를 설정하고자 하는 사용자는 근로자대표의 동의를 얻어 다음의 사항을 기재한 확정급여형퇴직연금규약을 작성하여 노동부장관에게 신고하여야 한다.

1. 퇴직연금사업자 선정에 관한 사항
2. 가입자에 관한 사항
3. 가입기간에 관한 사항. 이 경우 가입기간은 퇴직연금의 설정 이후 당해 사업에서 근로를 제공한 기간으로 하되, 당해 퇴직연금의 설정 전에 제공한 근로기간에 대하여도 가입기간으로 할 수 있다.
4. 급여수준에 관한 사항. 이 경우 가입자의 퇴직일을 기준으로 산정한 일시금의 금액이 계속근로기간 1년에 대하여 30일분의 평균임금에 상당하는 금액 이상이어야 한다.
5. 재정건전성 확보에 관한 사항. 이 경우 다음 각호의 어느 하나에 해당하는 금액 중 더 큰 금액이 적립되도록 명시하여야 한다.

가. 매 사업연도 말일 현재 급여에 소요되는 비용예상액의 현재가치와 부담금 수입예상액의 현재가치를 추정하여 노동부령이 정하는 방식에 의하여 산정된 금액으로서 대통령령이 정하는 수준

제4조(확정급여형퇴직연금제도의 설정) ① 법 제12조 제5호 가목 및 나목의 규정의 의한 "대통령령이 정하는 수준"은 각목별로 산정된 금액의 100분의 60 이상으로 한다. 다만, 법 제12조 제3호 후단의 규정에 의하여 당해 퇴직연금의 설정 전에 제공한 근로기간을 가입기간으로 한 경우에는 그 기간을 고려하여 노동부

제3조(재정건전성 확보를 위한 기준 산정방식) ① 법 제12조 제5호가목은 급여에 소요되는 비용 예상액의 현가에서 장래 근무기간분에 대하여 발생하는 급여지급을 위하여 산정되는 부담금의 현가와

법	시 행 령	시행규칙
나. 가입자 및 가입자이었던 자의 당해 사업연도 말일까지의 가입기간에 대한 급여에 소요되는 비용예상액을 노동부령이 정하는 방식에 의하여 산정된 금액으로서 대통령령이 정하는 수준 6. 급여의 종류 및 수급요건 등에 관한 사항. 이 경우 다음 각호의 내용이 명시되어야 한다. 가. 연금은 55세 이상으로서 가입기간이 10년 이상인 가입자에게 지급할 것. 이 경우 연금의 지급기간은 5년 이상이어야 한다. 나. 일시금은 연금수급 요건을 갖추지 못하거나 일시금 수급을 원하는 가입자에게 지급할 것 7. 제15조의 규정에 의한 운용관리업무 및 제16조의 규정에 의한 자산관리업무의 수행을 내용으로 하는 계약의 체결 및 해지, 해지에 따른 계약이전에 관한 사항	장관이 정하여 고시하는 수준으로 한다.	과거 근무기간에 대한 급여지급을 위하여 산정되는 부담금의 현가의 합을 공제하여 산정한다. ② 법 제12조 제5호 나목은 가입자별 예상급여를 합하여 산정한다. 이 경우 가입자별 예상급여는 당해 가입자의 근속연수에 법 제12조 제4호의 규정에 의한 급여의 수준을 곱하여 산정한다.
8. 확정급여형퇴직연금 운용현황의 통지에 관한 사항. 이 경우 매년 1회 이상 적립금액 및 운용수익률 등이 노동부령이 정하는 바에 따라 가입자에게 통지되어야 한다. 9. 가입자의 퇴직 등 급여지급 사유발생과 급여의 지급절차에 관한 사항 10. 퇴직연금의 폐지 중단에 관한 사항. 이 경우 폐지 중단사유 등이 명시되어야 한다.		**제 4 조(적립금액 및 운용수익률 등의 통지)** 법 제12조 제8호의 규정에 의한 통지방법은 다음 각호의 어느 하나와 같다. 1. 서면 2. 전자우편
11. 그 밖에 확정급여형퇴직연금의 운영을 위하여 대통령령이 정하는 사항	② 제12조 제11호의 규정에 의한 "대통령령이 정하는 사항"은 다음 각호와 같다. 1. 부담금의 부담에 관한 사항	3. 운영관리업무의 위탁계약 체결시 당사자가 합의한 방법 4. 그 밖에 노동부장관이 인

제13조(확정기여형퇴직연금제도의 설정) 확정기여형퇴직연금제도를 설정하고자 하는 사용자는 근로자대표의 동의를 얻어 다음의 사항을 포함한 확정기여형퇴직연금규약을 작성하여 노동부장관에게 신고하여야 한다. 1. 부담금의 부담에 관한 사항. 이 경우 다음의 내용이 명시되어야 한다. 가. 사용자는 최소한 가입자의 연간 임금총액의 12분의 1에 해당하는 금액은 현금으로 부담하도록 할 것 나. 가입자는 가목에 의한 사용자의 부담금 외에 추가로 부담금을 부담할 수 있다는 것 2. 부담금의 납부에 관한 사항. 이 경우 다음의 내용이 명시되어야 한다. 가. 사용자는 매년 1회 이상 정기적으로 부담금을 납부할 것 나. 사용자는 가입자가 탈퇴한 때에 당해 가입자에 대한 부담금을 미납한 경우에는 탈퇴일부터 14일 이내에 그 부담금을 납부할 것 3. 적립금의 운용에 관한 사항. 이 경우 가입자는 적립금의 운용방법을 스스로 선정할 수 있고, 매반기 1회 이상 적립금 운용방법의 변경이 가능하여야 한다. 4. 적립금 운용방법 및 정보의 제공 등에 관한 사항. 이 경우 다음의 내용이 명시되어야 한다. 가. 매반기 1회 이상 위험과 수익구조가 서로 다른 세 가지 이상의 적립금 운용방법이 제시되어 있을 것	2. 가입자에 대한 교육방법에 관한 사항 3. 확정급여형퇴직연금제도의 운영에 필요하다고 노동부장관이 정하여 고시하는 사항	정하는 방법

법	시 행 령	시행규칙
나. 운용방법별 이익 및 손실의 가능성에 관한 정보 등 가입자가 적립금의 운용방법을 선정하는 데 필요한 정보가 제공될 것 5. 중도인출에 관한 사항. 이 경우 주택구입 등 대통령령이 정하는 사유가 발생하는 때에는 중도인출이 허용되어야 한다. 6. 제12조 제1호 내지 제3호 제6호 내지 제10호에 관한 사항 7. 그 밖에 확정기여형퇴직연금의 운영을 위하여 대통령령이 정하는 사항	제5조(확정기여형퇴직연금제도의 설정) 법 제13조 제7호의 규정에 의한 "대통령령이 정하는 사항"은 다음 각호와 같다. 1. 운용관리업무 및 자산관리업무의 수행과 관련하여 소요되는 비용의 부담에 관한 사항 2. 가입자에 대한 교육방법 등에 관한 사항 3. 그 밖에 확정기여형퇴직연금제도의 운영에 필요하다고 노동부장관이 정하여 고시하는 사항	
제4장 퇴직연금사업자 및 업무의 수행 제14조(퇴직연금사업자의 등록) 다음 각호의 어느 하나에 해당하는 자로서 퇴직연금사업자가 되고자 하는 자는 재무건전성 및 인적 물적 요건 등 대통령령이 정하는 요건을 갖추어 노동부장관에게 등록하여야 한다. 1. 간접투자자산운용업법 제2조 제16호의 규정에 의한 자산운용회사 2. 보험업법 제2조 제5호의 규정에 의한 보험회사 3. 은행법 제2조 제1항 제2호의 규정에 의한 금융기관	제6조(퇴직연금사업자 등록요건) ① 법 제14조의 규정에 의한 "대통령령이 정하는 요건"은 다음 각호와 같다. 1. 법 제14조의 각호에 해당하는 자별로 노동부장관이 정하여 고시하는 재무건전성 기준을 충족할 것. 이 경우 동조 각호에 해당하는 자별로 금융감독위원회가 정한 재무건전성 감독기준 이상이어야 한다. 2. 운용관리업무 및 자산관리업무에 관한 전문	

4. 증권거래법 제28조 제1항의 규정에 의한 증권업 허가를 받은 주식회사
5. 그 밖에 제1호 내지 제4호에 준하는 자로서 대통령령이 정하는 자

제15조(운용관리업무에 관한 계약의 체결) ① 퇴직연금제도를 설정한 사용자는 다음의 업무(이하 "운용관리업무"라 한다)의 수행을 내용으로 하는 계약을 퇴직연금사업자와 체결하여야 한다. 다만, 제2호의 업무는 확정급여형퇴직연금에 한한다.

1. 사용자 또는 가입자에 대한 적립금 운용방법 및 운용방법별 정보의 제공
2. 연금제도 설계 및 연금계리
3. 적립금 운용현황의 기록 보관 통지
4. 사용자 또는 가입자가 선정한 운용방법을 제16조 제1항의 규정에 의한 자산관리업무를 수행하는 퇴직연금사업자에게 전달하는 업무
5. 그 밖에 운용관리업무의 적정한 수행을 위하여 대

성을 갖춘 인력과 업무수행에 필요한 전산요원 등 필요한 인력을 갖출 것. 이 경우 법 제15조 제1항 제2호의 규정에 의한 연금계리업무에 관한 전문인력의 요건은 노동부장관이 정하여 고시한다.
3. 운용관리업무 및 자산관리업무를 수행함에 있어서 필요한 전산설비 사무공간, 정전·화재 등의 사고가 발생할 경우 업무의 연속성을 유지하기 위하여 필요한 보완설비 등을 갖출 것

② 법 제14조 제5호의 규정에 의한 "대통령령이 정하는 자"는 신탁업법에 의하여 신탁업을 인가받은 자, 그 밖에 자산관리업무 또는 운용관리업무를 수행할 수 있다고 노동부장관이 정하여 고시하는 자로 한다.

법	시 행 령	시행규칙
통령령이 정하는 업무 ② 제1항의 규정에 의하여 운용관리업무를 수행하는 퇴직연금사업자는 대통령령이 정하는 일부 업무를 인적·물적 요건 등 대통령령이 정하는 요건을 갖춘 자에게 처리하게 할 수 있다.	제7조(운용관리업무의 일부 수행) ① 법 제15조 제2항의 규정에 의한 "대통령령이 정하는 일부 업무"는 동조 제1항 제2호 내지 제4호의 업무로 한다. ② 법 제15조 제2항의 규정에 의한 "대통령령이 정하는 요건"은 다음 각호와 같다. 1. 법 제15조 제1항 제2호의 업무를 수행하고자 하는 자는 제6조 제1항 제2호의 규정에 의하여 노동부장관이 정하여 고시하는 인력을 갖출 것 2. 법 제15조 제1항 제3호 및 제4호의 업무를 수행하고자 하는 자는 동 업무를 수행할 수 있는 전문인력, 전산설비 사무공간, 정전 화재 등의 사고가 발생할 경우 업무의 연속성을 유지하기 위하여 필요한 보완설비 등을 갖출 것	
제16조(자산관리업무의 수행) ① 퇴직연금제도를 설정한 사용자는 다음의 업무(이하 "자산관리업무"라 한다)의 수행을 내용으로 하는 계약을 퇴직연금사업자와 체결하여야 한다. 1. 계좌의 설정 및 관리 2. 부담금의 수령 3. 적립금의 보관 및 관리 4. 운용관리업무를 수행하는 퇴직연금사업자가 전달하는 적립금의 운용지시의 이행 5. 급여의 지급		

법	시행령	시행규칙
6. 그 밖에 자산관리업무의 적정한 수행을 위하여 대통령령이 정하는 업무 ② 사용자가 제1항의 규정에 의한 계약을 체결하고자 하는 때에는 근로자를 피보험자 또는 수익자로 하여 대통령령이 정하는 보험계약 또는 신탁계약의 방법에 의하여야 한다.	**제8조(보험계약 또는 신탁계약의 요건)** 법 제16조 제2항의 규정에 의한 "대통령령이 정하는 보험계약 또는 신탁계약"이라 함은「보험업법」제2조 제5호의 규정에 의한 보험회사가 취급하는 보험계약 또는「신탁업법 시행령」제3조 제2항 제1호의 규정에 의한 특정금전신탁계약으로서 다음 각호의 요건을 갖추어야 한다. 1. 가입자가 퇴직연금사업자에 대하여 직접 급여를 청구할 수 있을 것. 다만, 계속근로기간이 1년 미만인 가입자는 급여를 청구할 수 없으며, 그 적립금은 사용자에게 귀속될 수 있어야 한다. 2. 계약이 해지되는 경우 적립금은 가입자에게 지급되는 것일 것. 다만, 계속근로기간이 1년 미만인 가입자의 경우에는 그 적립금은 사용자에게 귀속될 수 있어야 한다.	
제17조(운용관리업무의 수행) ① 퇴직연금사업자는 선량한 관리자로서의 주의의무를 다하여야 한다. ② 퇴직연금사업자는 적립금의 운용방법을 제시함에 있어서 다음 각호의 요건을 갖춘 운용방법을 제시하여야 한다. 1. 운용방법에 관한 정보의 취득과 이해가 쉬울 것 2. 운용방법간의 변경이 쉬울 것 3. 적립금 운용결과의 평가방법과 절차가 투명할 것 4. 확정기여형퇴직연금과 개인퇴직계좌의 경우에는 대	**제9조(원리금보장 운용방법)** 법 제17조 제2	

법	시 행 령	시행규칙
통령령이 정하는 원리금보장 운용방법이 하나 이상 포함될 것 5. 적립금의 안정적 운용을 위하여 분산투자 등 대통령령이 정하는 운용방법 및 기준 등에 따를 것	항 제4호의 규정에 의한 "원리금보장 운용방법"은 제10조 제1항의 규정에 의한 운용방법 중 다음 각호에 해당하는 것을 말한다. 1. 금융감독위원회가 정하는 신용등급 이상의 금융기관이 취급 또는 발행하는 것으로서 당해 금융기관이 원리금 지급을 보장하는 운용방법 2. 국채증권, 지방채증권, 「한국은행법」 제69조의 규정에 의한 한국은행통화안정증권 및 정부가 원리금의 상환을 보증한 채권 3. 제1호의 금융기관이 원리금의 지급을 보장하는 사채 또는 이에 준하는 운용방법 4. 제1호 내지 제3호에 준하는 것으로서 금융감독위원회가 정하는 운용방법 **제10조**(적립금의 운용방법 및 기준 등) ① 법 제17조 제2항 제5호의 규정에 의한 "대통령령이 정하는 운용방법"은 다음 각호에 해당하는 어느 하나를 말한다. 1. 「은행법」에 의한 금융기관이 취급하는 예·적금 2. 제8조의 규정에 의한 보험계약 또는 신탁계약 3. 「증권거래법」에 의한 유가증권 4. 그 밖에 금융감독위원회가 적립금의 안정적인 운용을 위하여 필요하다고 인정하는 운용방법	

② 법 제17조 제2항 제5호의 규정에 의한 "대통령령이 정하는 기준 등"은 다음 각호에 관한 사항을 금융감독위원회가 정한다. 금융감독위원회는 퇴직연금의 형태별로 달리 정할 수 있다.

1. 위험자산(제1항 제2호 내지 제5호의 규정에 의한 운용방법 중 투자위험이 크다고 금융감독위원회가 정하는 자산을 말한다. 이하 같다)별 투자한도. 다만, 확정기여형퇴직연금의 경우 노동부령이 정하는 위험자산에는 투자할 수 없다.
2. 위험자산에 투자하는 운용방법의 경우 위험자산의 투자한도. 다만, 노동부령이 정하는 투자한도를 초과할 수 없다.
3. 제1항 제4호의 규정에 의한 유가증권의 종류 및 투자한도. 이 경우 유가증권은 사용자 또는 금융감독위원회가 정하는 이해 관계인이 발행한 것이 아니어야 한다.

③ 금융감독위원회는 제1항 제4호 및 제2항의 규정에 의한 사항(제9조 제1호 및 제4호 포함)을 정하거나 변경할 경우 사전에 노동부장관과 협의하여야 한다.

제5조(적립금의 운용기준) ① 영 제10조 제2항 제1호의 규정에 의한 운용방법은 주식을 말한다.

② 영 제10조 제2항 제2호의 규정에 의한 투자한도는 운용방법별로 100분의 30을 말한다.

제18조(퇴직연금사업자에 대한 등록취소 및 이전명령) ① 노동부장관은 퇴직연금사업자가 다음 각호의 어느 하나에 해당되는 경우에는 등록을 취소할 수 있다. 다만, 제1호 또는 제2호에 해당하는 경우에는 등록을 취소하여야 한다.

1. 해산한 경우

법	시 행 령	시행규칙
2. 거짓 그 밖의 부정한 방법으로 제14조의 규정에 의한 등록을 한 경우 3. 제14조의 규정에 의한 등록요건을 갖추지 못하게 된 경우 4. 제23조의 규정에 의한 노동부장관 또는 금융감독위원회의 명령에 따르지 아니한 경우 ② 노동부장관은 제1항의 규정에 의한 등록취소의 처분을 함에 있어 근로자의 수급권 보호를 위하여 필요하다고 인정되는 경우에는 등록이 취소되는 퇴직연금사업자에게 그 업무의 전부 또는 일부를 다른 퇴직연금사업자에게 이전할 것을 명할 수 있다. 이 경우 노동부장관은 그 업무의 전부 또는 일부를 이전받는 퇴직연금사업자의 동의를 얻어야 한다.		
제5장 책무 및 감독 제19조(사용자의 책무) ① 퇴직연금제도를 설정한 사용자는 매년 1회 이상 가입자에게 당해 사업의 퇴직연금제도 운영상황 등 대통령령이 정하는 사항에 관한 교육을 실시하여야 한다. 이 경우 사용자는 퇴직연금사업자에게 그 교육의 실시를 위탁할 수 있다. ② 퇴직연금제도를 설정한 사용자는 다음 각호의 어느 하나에 해당하는 행위를 하여서는 아니 된다. 1. 자기 또는 제3자의 이익을 도모할 목적으로 운용관리업무 및 자산관리업무의 수행계약을 체결하는 행위 2. 그 밖에 퇴직연금의 적정한 운영을 저해하는 행위로서 대통령령이 정하는 행위	제11조(가입자에 대한 교육) ① 법 제19조 제1항 및 제20조 제4항의 규정에 의한 "대통령령이 정하는 사항"은 퇴직연금의 형태별로 다음 각호와 같다. 1. 확정급여형퇴직연금제도 가. 급여의 종류별 표준적인 급여액 및 지급상황 나. 사용자의 부담금액, 납부시기 등 부담금의 납부상황 다. 예상 급여액 대비 적립금 규모 라. 가입자의 전직 이직시 처리절차, 퇴직시 적립금의 운용 · 관리방법	

제20조(퇴직연금사업자의 책무) ① 퇴직연금사업자는 이 법, 이 법에 의한 명령 및 제15조 제1항 제16조 제1항 및 제25조 제3항의 규정에 의한 계약의 내용을 준수하고 가입자를 위하여 성실히 그 업무를 수행하여야 한다.

② 퇴직연금사업자는 정당한 이유 없이 다음 각호의 어느 하나에 해당하는 행위를 하여서는 아니 된다.

1. 제15조 제1항 및 제25조 제3항의 규정에 의한 운용관리업무의 수행계약 체결을 거부하는 행위
2. 제16조 제1항 및 제25조 제3항의 규정에 의한 자산관리업무의 수행계약 체결을 거부하는 행위
3. 특정한 퇴직연금사업자와 계약을 체결할 것을 강요하는 행위
4. 그 밖에 사용자 또는 가입자의 이익을 침해할 우려가 있는 것으로서 대통령령이 정하는 행위

③ 운용관리업무를 수행하는 퇴직연금사업자는 다음 각호의 어느 하나에 해당하는 행위를 하여서는 아니 된다.

1. 계약체결시 가입자 또는 사용자의 손실의 일부 또는 전부를 부담할 것을 약속하는 행위
2. 가입자 또는 사용자에게 특별한 이익을 제공하는 것을 약속하는 행위
3. 가입자의 성명 주소 등의 개인정보를 퇴직연금의 운용과 관련된 업무수행에 필요한 범위를 벗어나서 사용하는 행위
4. 자기 또는 제3자의 이익을 도모할 목적으로 특정한 운용방법을 가입자 또는 사용자에게 제시하는 행위

④ 제25조 제1항의 규정에 따라 개인퇴직계좌를 운영

마. 그 밖에 퇴직연금제도의 운영 및 근로자의 수급권보호를 위하여 필요하다고 노동부장관이 인정하는 사항

2. 확정기여형퇴직연금제도

가. 사용자의 부담금의 수준, 납부시기 및 납부현황

나. 가입자별 적립금의 운용수익 및 운용방법별 구성비율 등 운용현황

다. 퇴직연금사업자가 제시하는 운용방법의 위험과 수익에 대한 사항

라. 가입자의 연령 근속연수 부양가족 재산상황 등을 고려한 노후설계에 관한 내용

마. 그 밖에 퇴직연금제도의 운영 및 근로자의 수급권보호를 위하여 필요하다고 노동부장관이 정하는 사항

② 퇴직연금제도를 설정한 사용자는 가입자에 대한 교육결과를 노동부령이 정하는 바에 따라 노동부장관에게 보고하여야 한다.

제12조(퇴직연금의 적정한 운영을 저해하는 행위) 법 제19조 제2항 제2호의 규정에 의한 "대통령령이 정하는 업무"는 운영관리업무 또는 자산관리업무의 수행에 필요한 자료를 고의로 누락 또는 허위로 작성하여 퇴직연금사업자에게 제공하는 행위로 한다.

제7조(교육결과의 보고) 영 제11조 제2항의 규정에 의하여 사용자는 교육결과를 교육을 실시한 날로부터 1월 이내에 노동부장관에게 제출하여야 한다.

법	시 행 령	시행규칙
하는 퇴직연금사업자는 당해 사업의 퇴직연금제도 운영상황 등 대통령령이 정하는 사항에 대하여 매년 1회 이상 가입자에게 교육을 실시하여야 한다. ⑤ 퇴직연금사업자는 매 사업연도 종료 후 3월 이내에 노동부령이 정하는 바에 따라 퇴직연금 및 개인퇴직계좌의 취급실적을 사용자(퇴직연금 취급실적에 한한다) 노동부장관 및 금융감독위원회에 제출하여야 한다. **제21조(정부의 책무 등)** ① 정부는 퇴직연금제도가 활성화될 수 있도록 지원방안을 강구하여야 한다. ② 정부는 퇴직연금제도의 건전한 정착 및 발전을 위하여 노사단체, 퇴직연금업무의 수행과 관련된 기관 단체와 공동으로 연구사업 지원 등 필요한 조치를 할 수 있다. ③ 정부는 퇴직연금의 지급보장장치 마련 등 근로자의 수급권 보호를 위한 방안을 강구하도록 노력하여야 한다. **제22조(사용자에 대한 감독)** ① 노동부장관은 사용자가 퇴직연금제도의 설정 또는 그 운영 등에 관하여 이 법 또는 퇴직연금규약에 위반되는 행위를 한 때에는 기간을 정하여 그 위반의 시정을 명할 수 있다. ② 노동부장관은 사용자가 제1항의 규정에 의한 기간 내에 시정명령에 따르지 아니하는 경우에는 퇴직연금 운영의 중단을 명할 수 있다. **제23조(퇴직연금사업자에 대한 감독)** ① 노동부장관은 퇴직연금사업자가 이 법에 위반되는 행위를 한 때에는 기간을 정하여 그 위반의 시정을 명할 수 있다.		**제6조(퇴직연금 및 개인퇴직계좌 취급실적 제출사항)** 법 제20조 제5항의 규정에 의하여 퇴직연금사업자가 퇴직연금 및 개인퇴직계좌의 취급실적을 제출하고자 하는 경우에는 다음 각호의 사항이 포함되어야 한다. 1. 당해 퇴직연금사업자 관련 사항 2. 운용관리업무 수행에 관한 사항. 이 경우 대상 사업장, 가입자 및 적립금에 대한 현황을 포함하여야 한다. 3. 적립금 운영사항. 이 경우 운용방법별 현황이 포함되어야 한다. 4. 급여 지급사항. 이 경우 급여종류별 수급 및 중도인출 현황이 포함되어야 한다. 5. 그 밖에 퇴직연금 운영현황 파악에 필요한 사항

② 노동부장관은 퇴직연금사업자가 제1항의 규정에 의한 시정명령에 따르지 아니하는 경우에는 이 법에 의하여 수행하는 업무를 다른 퇴직연금사업자에게 이전할 것을 명할 수 있다.
③ 노동부장관은 퇴직연금사업자에 대하여 이 법의 규정에 의하여 수행하는 업무와 관련하여 자료의 제출이나 보고를 명할 수 있다.
④ 금융감독위원회는 퇴직연금제도의 안정적 운영과 근로자의 수급권 보호를 위하여 대통령령이 정하는 업무에 대하여 퇴직연금사업자를 감독하고 퇴직연금사업자가 제20조의 규정을 위반하는 경우 기간을 정하여 그 시정을 명하는 등 대통령령이 정하는 조치를 할 수 있으며, 금융감독원장으로 하여금 퇴직연금사업자의 업무 및 재산상황 등을 검사하게 할 수 있다.

제13조(금융감독위원회의 업무) ① 법 제23조 제4항 전단의 규정에 의한 "대통령령이 정하는 업무"는 다음 각호와 같다.
1. 금감위 검토중
2.
3.
② 법 제23조 제4항 후단의 규정에 의한 "대통령령이 정하는 조치"는 다음 각호와 같다.
1. 금감위 검토중
2.
3.

제24조(청문) 노동부장관은 제18조 제1항의 규정에 의한 등록취소를 하고자 하는 경우에는 청문을 실시하여야 한다.

제6장 보 칙

제25조(개인퇴직계좌의 설정 및 운영 등) ① 퇴직연금사업자는 개인퇴직계좌를 운영할 수 있다.
② 다음 각호의 어느 하나에 해당하는 자는 개인퇴직계좌를 설정할 수 있다.
1. 퇴직급여제도의 일시금을 수령한 자

법	시 행 령	시행규칙
2. 안정적인 노후소득 확보가 필요한 자로서 대통령령이 정하는 자 ③ 제15조 및 제16조의 규정은 개인퇴직계좌의 운용관리업무 및 자산관리업무의 수행에 있어서 이를 준용한다. 이 경우 "사용자"는 "가입자"로 본다. ④ 적립금을 운용함에 있어서 다음의 사항이 준수되어야 한다. 1. 가입자는 적립금의 운용방법을 스스로 선정할 수 있어야 하며, 매반기 1회 이상 적립금 운용방법의 변경이 가능하여야 할 것 2. 퇴직연금사업자는 매반기 1회 이상 위험과 수익구조가 서로 다른 세 가지 이상의 적립금 운용방법을 제시할 것 3. 퇴직연금사업자는 적립금 운용방법별 이익 및 손실의 가능성에 관한 정보 등 가입자가 적립금 운용방법을 선정하는 데 필요한 정보를 제공할 것 ⑤ 개인퇴직계좌의 급여의 종류별 수급요건, 중도인출에 관한 사항은 대통령령으로 정한다.		
제26조(10인 미만 사업에 대한 특례) ① 상시근로자 10인 미만을 사용하는 사업의 경우 제4조 제1항의 규정에 불구하고 사용자가 근로자대표의 동의를 얻어 근로자 전원으로 하여금 제25조의 규정에 의한 개인퇴직계좌를 설정하게 한 경우에는 퇴직급여제도를 설정한 것으로 본다. ② 제1항의 규정에 의하여 개인퇴직계좌를 설정하는 경우에는 다음 각호의 사항이 준수되어야 한다.	**제14조(개인퇴직계좌의 급여의 종류별 수급요건)** ① 법 제25조 제5항의 규정에 의한 개인퇴직계좌의 급여종류별 수급요건은 다음 각호와 같다. 1. 연금은 55세 이상인 가입자에게 지급할 것. 이 경우 연금의 지급기간은 5년 이상이어야 한다. 2. 일시금은 연금수급 요건을 갖추지 못하거나	

1. 퇴직연금사업자 선정에 있어서 근로자대표의 동의를 얻을 것
2. 사용자는 최소한 가입자의 연간 임금총액의 12분의 1에 해당하는 금액은 현금으로 부담할 것
3. 가입자는 사용자의 부담금 외에 추가로 부담금을 부담할 수 있을 것
4. 사용자는 매년 1회 이상 정기적으로 부담금을 납부할 것
5. 사용자는 가입자의 탈퇴시에 당해 가입자에 대한 부담금을 미납한 경우에는 탈퇴일부터 14일 이내에 그 부담금을 납부할 것
6. 그 밖에 근로자의 수급권의 안정적인 보호를 위하여 대통령령이 정하는 사항

제27조(퇴직연금제도의 폐지 중단시의 처리) ① 퇴직연금제도가 폐지되거나 운영이 중단된 경우에는 폐지된 이후 또는 중단된 기간에 대하여는 제2장의 규정에 의한 퇴직금제도를 적용한다.

② 퇴직연금제도의 폐지 또는 운영의 중단으로 인하여 가입자가 급여를 지급받은 경우에는 제8조 제2항의 규정에 따라 중간정산되어 지급받은 것으로 본다. 이 경우 중간정산 대상기간의 산정 등에 관하여는 대통령령으로 정한다.

일시금 수급을 원하는 가입자에게 지급할 것

② 법 제26조의 규정에 의한 10인 미만 사업에 대한 특례가 인정되는 경우의 수급요건은 법 제12조 제6호와 같다.

제15조(중간정산대상 기간의 산정 등) 법 제27조 제2항의 규정에 의한 중간정산 대상기간 및 중간정산금의 산정은 퇴직연금의 형태별로 다음 각호와 같다.

1. 확정급여형퇴직연금의 중간정산 대상기간은 중간정산금을 기준으로 환산하며, 중간정산금은 사업별로 적립된 금액을 가입자별 근속기간 평균임금 법 제12조 제4호의 규정에 의한 급여수준 등을 고려하여 안분 산정한다.
2. 확정기여형퇴직연금의 중간정산 대상기간은 가입자별로 부담금이 납부된 시기까지로

법	시 행 령	시행규칙
	하며, 중간정산금은 가입자별로 적립된 금액으로 한다.	
제28조(업무의 협조) 노동부장관은 이 법의 시행을 위하여 필요한 경우에 금융감독위원회 등 관련기관에 자료의 제출을 요청할 수 있다. 이 경우 자료의 제출을 요청받은 기관은 정당한 사유가 없는 한 이를 거부하여서는 아니 된다.		
제29조(보고 및 조사) ① 노동부장관은 이 법 시행에 필요한 범위 내에서 사용자에게 퇴직연금의 실시상황 등에 관한 보고, 관계서류의 제출 또는 관계인의 출석을 요구할 수 있다. ② 노동부장관은 이 법의 시행을 위하여 필요하다고 인정하는 경우에는 소속 직원으로 하여금 퇴직연금을 실시하는 사업장에 출입하여 관계인에 대하여 질문하거나 장부 등 서류를 조사하게 할 수 있다. 이 경우 직원은 그 신분을 표시하는 증명서를 지니고 이를 관계인에게 내보여야 한다.		
제30조(권한의 위탁 위임) ① 노동부장관은 이 법에 의한 권한의 일부를 대통령령이 정하는 바에 따라 금융감독위원회에 위탁하거나 지방노동관서의 장에게 위임할 수 있다. ② 금융감독위원회는 이 법에 의한 권한의 일부를 대통령령이 정하는 바에 따라 금융감독원장에게 위탁할 수 있다.	제16조(권한의 위탁 및 위임) ① 법 제30조 제1항의 규정에 의하여 노동부장관은 다음 각 호의 업무를 금융감독위원회에 위탁한다. 1. 법 제14조의 규정에 의한 퇴직연금사업자의 등록 2. 법 제18조의 규정에 의한 퇴직연금사업자에 대한 등록취소 및 이전명령 3. 법 제23조 제1항의 규정에 의한 시정명령, 제2항의 규정에 의한 업무의 이전명령 및	

제3항의 규정에 의한 자료의 제출이나 보고 명령
4. 법 제24조의 규정에 의한 청문
5. 법 제35조 제3항의 규정에 의한 퇴직연금사업자에 대한 과태료의 부과 징수
6. 제6조 제1항 제1호의 규정에 의한 재무건전성 기준 설정
7. 제6조 제1항 제2호의 규정에 의한 연금계리업무에 관한 전문인력의 요건 설정

② 법 제30조 제1항의 규정에 의하여 노동부장관은 다음 각호에 해당하는 업무를 지방노동관서의 장에게 위임한다.
1. 법 제12조 또는 제13조의 규정에 의하여 사용자가 신고하는 퇴직연금규약의 신고 수리
2. 법 제22조 제1항의 규정에 의한 시정명령 및 제2항의 규정에 의한 퇴직연금의 운영중단 명령
3. 법 제29조 제1항의 규정에 의한 보고의 수리 및 제2항의 규정에 의한 사업장에의 출입 질문 장부 등 서류의 조사
4. 법 제35조 제3항의 규정에 의한 사용자에 대한 과태료의 부과 징수
5. 제11조 제2항의 규정에 의한 가입자에 대한 교육결과의 보고 수리

③ 법 제30조 제2항의 규정에 의하여 금융감독위원회는 제1항 제1호 내지 제5호의 업무를 금융감독원장에게 위탁한다.

법	시 행 령	시행규칙
제7장 벌 칙 제31조(벌칙) 제9조의 규정을 위반하여 퇴직금을 지급하지 아니한 자는 3년 이하의 징역 또는 2천만원 이하의 벌금에 처한다. 제32조(벌칙) 제4조 제2항의 규정을 위반하여 하나의 사업안에 퇴직급여제도를 차등하여 설정한 자는 2년 이하의 징역 또는 1천만원 이하의 벌금에 처한다. 제33조(벌칙) 다음 각호의 어느 하나에 해당하는 자는 5백만원 이하의 벌금에 처한다. 1. 제4조 제3항의 규정을 위반하여 근로자대표의 동의를 얻지 아니한 자 2. 제4조 제4항의 규정을 위반하여 근로자대표의 의견을 듣지 아니하거나 동의를 얻지 아니한 자 제34조(양벌규정) 법인의 대표자나 법인 또는 개인의 대리인 사용인 그 밖의 종업원이 그 법인 또는 개인의 업무에 관하여 제31조 내지 제33조의 위반행위를 한 때에는 그 행위자를 벌하는 외에 그 법인이나 개인에 대하여도 해당 조의 벌금을 과한다.		
제35조(과태료) ① 제19조 제1항 제20조 제2항 내지 제4항의 규정에 의한 사용자 또는 퇴직연금사업자의 책무를 위반한 자는 1천만원 이하의 과태료를 부과한다. ② 제19조 제2항 또는 제20조 제1항 제5항의 규정에 의한 사용자 또는 퇴직연금사업자의 책무를 위반한 자는 5백만원 이하의 과태료를 부과한다. ③ 제1항 및 제2항의 규정에 의한 과태료는 대통령령	제17조(과태료의 부과 징수 절차) ① 노동부장관은 법 제35조 제3항의 규정에 의하여 과태료를 부과하고자 하는 때에는 당해 위반행위를 조사·확인한 후 위반행위의 종류, 과태료의 금액 및 납부기한 등을 명시하여 서면으로 당해 과태료 처분대상자에게 통지하여야 한다. ② 노동부장관은 과태료를 부과하고자 하는 때에는 10일 이상의 기간을 정하여 과태료 처분	제8조(과태료의 징수절차) 영 제17조 제4항의 규정에 의한 과태료의 징수절차에 관하여는 세입징수사무처리규칙을 준용한다. 이 경우 납입고지서에는 이의방법 및 이의기간 등을 함께 기재하여야 한다.

이 정하는 바에 의하여 노동부장관이 부과 징수한다. ④ 제3항의 규정에 의한 과태료의 처분에 불복이 있는 자는 그 처분의 고지를 받은 날부터 30일 이내에 노동부장관에게 이의를 제기할 수 있다. ⑤ 제3항의 규정에 의하여 과태료의 처분을 받은 자가 제4항의 규정에 의하여 이의를 제기한 때에는 노동부장관은 지체없이 관할법원에 그 사실을 통보하여야 하며 그 통보를 받은 관할법원은 비송사건절차법에 의한 과태료의 재판을 한다. ⑥ 제4항의 규정에 의한 기간 이내에 이의를 제기하지 아니하고 과태료를 납부하지 아니한 때에는 국세체납처분의 예에 의하여 이를 징수한다.	대상자에게 구술 또는 서면(전자문서를 포함한다)에 의한 의견진술의 기회를 주어야 한다. 이 경우 지정된 기일까지 의견진술이 없는 때에는 의견이 없는 것으로 본다. ③ 위반행위의 종별에 따른 과태료의 금액은 별표와 같다. ④ 과태료의 징수절차는 노동부령으로 정한다.	
부 칙 **제 1 조(시행일)** 이 법은 2005년 12월 1일부터 시행한다. 다만, 상시 4인 이하의 근로자를 사용하는 사업은 2008년 이후 2010년을 넘지 아니하는 기간 내에서 대통령령이 정하는 날부터 시행한다. **제 2 조(퇴직보험등의 유효기간)** ① 사용자가 근로자를 피보험자 또는 수익자로 하여 대통령령이 정하는 퇴직보험 또는 퇴직일시금신탁(이하 "퇴직보험등"이라 한다)에 가입하여 근로자의 퇴직시에 일시금 또는 연금으로 수령하게 하는 경우에는 제8조 제1항의 규정에 의한 퇴직금제도를 설정한 것으로 본다. 다만, 퇴직보험등에 의한 일시금의 액은 동조 동항의 규정에 의한 퇴직금의 액보다 적어서는 아니 된다. ② 제1항의 규정은 이 법 시행 당시 퇴직보험등에 가입한 자에 한하여 효력을 가지되, 그 효력기간은 2010	**부 칙** **제 1 조(시행일)** 이 영은 2005년 12월 1일부터 시행한다. **제 2 조(퇴직보험등)** ① 법 부칙 제2조 제1항에서 "대통령령이 정하는 퇴직보험 또는 퇴직일시금신탁"이라 함은 다음 각호의 요건을 갖춘 보험 또는 신탁(이하 "퇴직보험등"이라 한다)을 말한다. 1. 퇴직하는 근로자가 퇴직보험등을 취급하는 금융기관(이하 "보험사업자등"이라 한다)에 대하여 직접 일시금 또는 연금(퇴직일시금신탁에 가입한 경우를 제외한다. 이하 같다)을 선택하여 청구할 수 있을 것. 다만, 근로연수가 1년 미만인 근로자는 일시금 또는 연금을 청구할 수 없으며 그 일시금 또는 연	**부 칙** 이 규칙은 2005년 12월 1일부터 시행한다.

법	시 행 령	시행규칙
년 12월 31일까지로 한다. **제 3 조(상시 4인 이하의 근로자를 사용하는 사업의 급여 및 부담금에 관한 특례)** 상시 4인 이하의 근로자를 사용하는 사업에 적용되는 퇴직금, 확정급여형퇴직연금의 급여액 및 확정기여형퇴직연금의 사용자 부담의 수준은 제8조 제1항 제12조 제4호 및 제13조 제1호 가목의 규정에 불구하고 동 규정이 정하는 수준의 100분의 50 이상 100분의 100 이하의 범위 안에서 대통령령이 정하는 바에 따라 단계적으로 높일 수 있다. **제 4 조(퇴직금 우선변제에 관한 경과조치)** ① 제11조 제2항의 규정에 불구하고 1997년 12월 24일 전에 퇴직한 근로자의 경우에는 1989년 3월 29일 이후의 계속근로기간에 대한 퇴직금을 우선변제의 대상으로 한다. ② 제11조 제2항의 규정에 불구하고 1997년 12월 24일 전에 채용된 근로자로서 1997년 12월 24일 이후에 퇴직하는 근로자의 경우에는 1989년 3월 29일 이후부터 1997년 12월 23일까지의 계속근로기간에 대한 퇴직금에 1997년 12월 24일 이후의 계속근로기간에 대하여 발생하는 최종 3년간의 퇴직금을 합산한 금액을 우선변제의 대상으로 한다. ③ 제1항 및 제2항의 규정에 의하여 우선변제의 대상이 되는 퇴직금은 계속근로기간 1년에 대하여 30일분의 평균임금으로 계산한 금액으로 한다. ④ 제1항 및 제2항의 규정에 의한 우선변제의 대상이 되는 퇴직금은 250일분의 평균임금을 초과할 수 없다. **제 5 조(퇴직금제도에 관한 경과조치)** 이 법 시행 당	금은 사용자에게 귀속되는 것이어야 한다. 2. 퇴직보험등의 계약이 해지되는 경우에 환급금은 피보험자 또는 수익자(이하 "피보험자등"이라 한다)인 근로자에게 지급되는 것일 것. 다만, 근로연수가 1년 미만인 피보험자등인 근로자에 대한 해지환급금은 사용자에게 귀속되는 것이어야 한다. 3. 퇴직보험등에 의한 일시금·연금 또는 해지환급금을 받을 피보험자등인 근로자의 권리는 양도하거나 담보로 제공할 수 없는 것일 것 4. 보험사업자등이 퇴직보험등의 계약체결전에 계약의 내용을 피보험자등에게 주지시키고 계약 체결후에는 그 사실을 통지하는 것일 것 5. 보험사업자등이 매년 보험료 또는 신탁부금 납부상황과 일시금 또는 연금의 수급예상액을 피보험자등에게 통지하는 것일 것 ② 제1항 제3호 본문의 규정에 의하여 해지환급금을 지급받은 경우에는 법 제8조 제2항의 규정에 의하여 지급받을 퇴직금 중 그 해당금액을 미리 지급받은 것으로 본다. ③ 사용자는 법 부칙 제2조 제1항의 규정에 의한 퇴직보험등에 의한 일시금의 액이 법 제8조 제1항의 규정에 의한 퇴직금의 액보다 적을 경우에는 그 차액을 퇴직하는 근로자에게	

시 종전의 근로기준법 제34조 제1항의 규정에 의하여 설정된 퇴직금제도와 미리 정산하여 지급된 퇴직금은 이 법에 의하여 설정되거나 지급된 것으로 본다.

제6조(다른 법률의 개정) ① 勤勞基準法 중 다음과 같이 개정한다.

제34조를 다음과 같이 한다.

제34조(퇴직급여제도) 사용자가 퇴직하는 근로자에게 지급하는 퇴직급여제도에 관하여는 근로자퇴직급여보장법이 정하는 바에 따른다.

제37조 제1항 본문 중 "賃金·退職金"을 "임금"으로 한다.

제37조 제2항 제2호를 삭제한다.

제96조 제5호중 "退職金, 賞與"를 "근로자퇴직급여보장법 제8조의 규정에 의한 퇴직금, 상여"로 한다.

② 賃金債權保障法중 다음과 같이 개정한다.

제6조 제2항 제1호를 다음과 같이 한다.

1. 근로기준법 제37조 제2항 제1호의 규정에 의한 임금 및 근로자퇴직급여보장법 제8조 제1항의 규정에 의한 퇴직금

제9조 제2호를 다음과 같이 한다.

2. 근로자퇴직급여보장법 부칙 제2조 제1항의 규정에 의한 퇴직보험등에 가입한 사업주, 동법 제3장의 규정에 의한 퇴직연금제도를 설정한 사업주(동법 제26조의 규정에 의한 특례적용 사업의 사업주를 포함한다)

③ 保險業法 중 다음과 같이 개정한다.

제108조 제1항 제2호를 다음과 같이 한다.

2. 근로자퇴직급여보장법 부칙 제2조 제1항의 규정에

지급하여야 한다.

④ 제1항 제3호에 불구하고 사용자 및 근로자가 퇴직보험등의 계약을 해지하고, 법 제12조 또는 제13조의 규정에 의한 퇴직연금제도를 실시하기로 한 경우 해지환급금이 피보험자등에게 지급되지 않을 수 있다.

법	시 행 령	시행규칙
의한 퇴직보험계약 및 제16조 제2항의 규정에 의한 보험계약 **제7조(다른 법령과의 관계)** 이 법 시행 당시 다른 법령에서 종전의 근로기준법 제34조의 규정에 의한 퇴직금제도 또는 그 규정을 인용한 경우 이 법 중 그에 해당하는 규정이 있는 때에는 종전의 규정에 갈음하여 이 법 또는 이 법의 해당 규정을 인용한 것으로 본다.		

[별 표] 과태료의 부과기준(시행령 제17조 제3항관련)

위반행위	해당 법규정	금 액
1. 사용자가 가입자에게 매년 1회 실시하여야 할 퇴직연금제도 운영상황 등에 대한 교육을 실시하지 아니한 경우	제19조 제1항	1천만원
2. 퇴직연금사업자가 정당한 사유없이 운용관리업무의 수행계약 체결을 거부한 경우	제20조 제2항 제1호	
3. 퇴직연금사업자가 정당한 사유없이 운용관리업무의 수행계약 체결을 거부한 경우	제20조 제2항 제2호	
4. 퇴직연금사업자가 특정한 퇴직연금사업자와 계약을 체결할 것을 강요한 경우	제20조 제2항 제3호	
5. 퇴직연금사업자가 사용자 또는 가입자의 이익을 침해할 우려가 있는 것으로서 대통령령이 정하는 행위를 한 경우	제20조 제2항 제4호	
6. 운용관리업무를 수행하는 퇴직연금사업자가 계약체결시 가입자 또는 사용자의 손실의 일부 또는 전부를 부담할 것을 약속하였을 경우	제20조 제3항 제1호	
7. 운용관리업무를 수행하는 퇴직연금사업자가 가입자 또는 사용자에게 특별한 이익을 제공하는 것을 약속하였을 경우	제20조 제3항 제2호	
8. 운용관리업무를 수행하는 퇴직연금사업자가 가입자의 성명 · 주소 등 개인정보를 퇴직연금의 운용과 관련된 업무수행에 필요한 범위를 벗어나서 사용하였을 경우	제20조 제3항 제3호	
9. 운용관리업무를 수행하는 퇴직연금사업자가 자기 또는 제3자의 이익을 도모할 목적으로 특정한 운용방법을 가입자 또는 사용자에게 제시하였을 경우	제20조 제3항 제4호	
10. 개인퇴직계좌를 운영하는 퇴직연금사업자가 당해 사업의 퇴직연금제도 운영상황 등 대통령령이 정하는 사항에 대하여 매년 1회 이상 가입자에게 교육을 실시하지 않았을 경우	제20조 제4항	
11. 사용자가 자기 또는 제3자의 이익을 도모할 목적으로 운용관리업무 및 자산관리업무의 수행계약을 체결하였을 경우	제19조 제2항 제1호	5백만원
12. 사용자가 퇴직연금의 적정한 운영을 저해하는 행위로서 대통령령이 정하는 행위를 하였을 경우	제19조 제2항 제2호	
13. 퇴직연금사업자가 운용관리업무, 자산관리업무 계약의 내용을 준수하지 않거나 가입자를 위하여 성실히 그 업무를 수행하지 않았을 경우	제20조 제1항	
14. 퇴직연금사업자가 매 사업연도 종료후 3월 이내에 노동부령이 정하는 바에 따라 퇴직연금 및 개인퇴직계좌의 취급실적을 사용자, 노동부장관 및 금감위에 제출하지 않았을 경우	제20조 제5항	

[부록 4] 퇴직연금감독규정

제1장 총 칙

제1조(목적) 이 규정은 「근로자퇴직급여 보장법」(이하 "법"이라 한다), 동법 시행령(이하 "시행령"이라 한다), 동법 시행규칙(이하 "규칙"이라 한다), 「금융감독기구의설치등에관한법률」 및 동법 시행령, 기타 관계법령 등에서 퇴직연금사업자 감독에 관하여 금융감독위원회(이하 "금감위"라 한다)에 위임한 사항과 그 시행에 필요한 사항을 정함을 목적으로 한다.

제2조(정의) ① 이 규정에서 사용하는 용어의 정의는 다음 각 호와 같다.

1. "운용관리기관"이라 함은 법 제15조에서 규정하고 있는 운용관리업무를 수행하기 위하여 법 제14조의 규정에 따라 퇴직연금사업자로 등록한 자를 말한다.
2. "자산관리기관"이라 함은 법 제16조에서 규정하고 있는 자산관리업무를 수행하기 위하여 법 제14조의 규정에 따라 퇴직연금사업자로 등록한 자를 말한다.
3. "신용평가기관"이라 함은 금융감독원장(이하 "감독원장"이라 한다)이 정하는 적격 국내 또는 국제 신용평가기관을 말한다.

② 제1항 각 호 이외에 이 규정에서 사용하는 용어의 정의는 법 및 시행령 등에서 정하는 바에 따른다.

제2장 퇴직연금사업자의 등록

제3조(퇴직연금사업자 등록의 세부요건) ① 운용관리기관으로 등록하고자 하는 자는 시행령 제13조 제1항 제2호 및 제3호에 의하여 다음 각호에서 정하는 인력 및 전산설비를 갖추어야 한다. 다만, 제1호의 요건은 확정급여형 퇴직연금을 취급하고자 하는 운용관리기관에만 적용한다.

1. 다음 각 목의 1에 해당하는 자로서 감독원장이 인정하는 교육과정을 이수한 자
   가. 보험계리사로서 보험계리업무 또는 법 제14조 각 호의 1의 금융기관에서 금융업무에 3년 이상 종사한 자
   나. 퇴직일시금신탁 또는 퇴직보험업무에 3년 이상 종사한 자
   다. 법 제14조 각 호의 1의 금융기관에서 금융상품개발업무에 3년이상 종사한 자
2. 전산설비의 운영 · 관리 업무에 3년 이상 종사한 자
3. 「간접투자자산 운용업법 시행령」 제132조 제1항 각 호의 1 또는 제144조 제1항 각 호의 1에 해당하는 자
4. 시행령 제13조 제1항 제3호에 의해 〈별표 1〉에서 정한 요건을 충족하는 전산설비

② 자산관리기관으로 등록하고자 하는 자는 시행령 제13조 제1항 제2호에 의하여 제1항 제2호에 해당하는 요건을 갖추어야 한다.

제4조(운용관리업무 일부 위탁시 등록요건 등) ① 퇴직연금사업자로 등록하고자 하는 자가

법 제15조 제2항에 의해 일부 업무를 위탁하는 경우 위탁하는 업무와 관련하여 제3조의 규정에서 정하는 요건을 적용하지 아니한다.

② 퇴직연금사업자 또는 퇴직연금사업자로 등록하고자 하는 자가 법 제15조 제2항에 의해 일부 업무를 위탁하고자 하는 경우 시행령 제14조 제2항에서 정하고 있는 요건을 충족하고 있다는 사실을 증빙하는 서류를 제출하여야 한다.

③ 제2항에서 퇴직연금사업자의 일부 업무를 위탁하는 자는 법 제20조 제3항 제3호에서 규정된 개인정보의 보호와 관련한 의무 및 책임에 관한 사항을 위탁계약의 내용에 포함시켜야 한다.

제5조(퇴직연금사업자의 등록절차) ① 법 제14조 및 시행령 제13조에 의하여 퇴직연금사업자가 되고자 하는 자는 별지 제1호의 등록신청서 및 첨부서류를 금감위에 제출하여야 하며, 금감위는 등록신청일부터 30일 이내에 별지 제2호의 등록증을 교부하거나 등록거부 사실을 신청인에게 서면으로 통지하여야 한다.

② 금감위는 제1항의 규정에 의한 등록신청이 있는 경우 감독원장으로 하여금 등록요건 충족 여부의 심사, 등록신청 내용의 보완 요청, 등록요건 충족여부의 확인을 위하여 관계기관, 외국감독당국 또는 신청인에게 필요한 자료의 제출 요청의 업무를 수행하게 할 수 있다. 이 경우 감독원장은 심사결과를 금감위에 보고하여야 한다.

③ 등록신청 내용의 보완기간 및 자료를 제출받는데 소요되는 기간은 제1항의 처리기간에 산입하지 아니한다.

제6조(퇴직연금사업자의 등록내용 변경 통지) 퇴직연금사업자는 등록시 제출한 서류에 기재한 사항이 변경된 경우 20일 이내에 금감위에 변경사항에 관한 내용을 보고하고 관련 서류를 제출하여야 한다.

제7조(퇴직연금사업자의 등록요건 유지 등) ① 퇴직연금사업자가 법 제14조 및 시행령 제13조에서 정하고 있는 등록요건에 미달한 경우 6월 이내에 등록요건을 충족하여야 한다.

② 금감위는 제1항에서 정한 기간 내에 등록요건을 충족하지 못한 퇴직연금사업자에 대해 법 제18조 제1항 제3호에 의해 등록을 취소할 수 있다.

③ 시행령 제13조 제1항 각 호에서 정한 등록요건 중 제1호의 요건만을 충족하지 못한 퇴직연금사업자에 대해서는 제1항 및 제2항의 규정에도 불구하고 적기시정조치 등 금감위가 정하는 바에 따라 달리 적용할 수 있다.

제3장 적립금의 운용

제8조(원리금보장 운용방법 취급 금융기관) 시행령 제16조 제1항 제1호의 "신용평가등급 등에 관하여 금감위가 정하여 고시하는 기준 이상의 금융기관"이라 함은 법 제14조 각 호의 1에 해당하는 자로서 다음 각 호의 요건을 충족하는 금융기관을 말한다.

1. 신용평가기관으로부터 받은 당해 금융기관에 대한 신용평가등급이 투자적격(국내 신용평가기관의 신용평가등급기준 BBB- 이상, 국제 신용평가기관의 경우 이에 상응하는 등급을 말한다. 이하 같다)일 것. 다만, 둘 이상의 신용평가기관으로부터 신용평가등급을 받은 경우 그 중 낮은 신용평가등급을 적용하며, 당해 금융기관에 대한 신용평가등급이 없을 경우에는 무보증사채에 대한 신용평가등급으로 갈음할 수 있다.
2. 시행령 제13조 제1항 제1호의 요건을 충족할 것

제9조(유가증권의 종류) ① 시행령 제17조 제1항 제1호라목의 규정에 의한 유가증권의 종류는 다음 각 호와 같다.

1. 「증권거래법」 제2조 제1항 제1호 및 제2호의 국채증권 및 지방채증권
2. 「증권거래법」 제2조 제1항 제3호 및 제4호의 채권 중 신용평가기관으로부터 투자적격 신용평가등급을 받은 채권(복수의 등급이 있는 경우 낮은 등급을 기준으로 하며, 보증채권의 경우 보증인의 신용평가등급을 적용한다). 다만, 「자산유동화에관한법률」에 의한 자산유동화채권은 공모방식에 의해 발행된 경우에 한한다.
3. 「증권거래법」 제2조 제1항 제6호 중 주권(「간접투자자산 운용업법 시행령」 제2조 제2항 제1호 내지 제6호에 해당하는 자가 발행한 주식은 제외한다)으로 유가증권시장 또는 코스닥시장에 상장된 것(이하 "상장주식"이라 한다)이거나, 「간접투자자산 운용업법」 제2조 제4호의 규정에 의한 투자회사가 발행한 것(이하 "투자회사 주식"이라 한다)
4. 「증권거래법」 제2조 제1항 제7호에 해당하는 증권 또는 증서로서 다음 각 목의 요건을 충족할 것
   가. 채권의 경우 OECD회원국의 중앙정부, 지방정부 및 기업 등이 발행한 것으로서 감독원장이 정하는 국제 신용평가기관으로부터 투자적격 신용평가등급을 받은 것. 다만, 국채의 경우 국가신용평가등급으로 동 채권에 대한 신용평가등급을 갈음한다.
   나. 주식의 경우 국내 유가증권시장, 코스닥시장 또는 시장의 안정성 · 유동성 · 투명성을 감안하여 감독원장이 정하는 적격 해외주식시장에 상장되거나, 「간접투자자산 운용업법」 제159조의 규정에 따라 국내에서 판매된 투자회사 주식에 한한다.
5. 「증권거래법」 제2조 제1항 제8호의 유가증권예탁증서 중 주식을 근거로 발행된 것으로서 유가증권시장 또는 코스닥시장에 상장된 것
6. 「증권거래법 시행령」 제2조의3 제1항 제1호에 의해 신탁회사가 발행한 수익증권
7. 「증권거래법 시행령」 제2조의3 제1항 제1호의2의 자산유동화계획에 따라 신탁회사가 발행한 수익증권
8. 「증권거래법 시행령」 제2조의3 제1항 제2호에 의해 자산운용회사(「은행법」에 의한 금융기관, 「종합금융회사에관한법률」에 의한 종합금융회사가 「간접투자자산 운용업법」에 따라 자산운용회사의 업무를 겸업하는 경우를 포함한다. 이하 "자산운용회사"라 한다)가 발행한 수익증권
9. 「증권거래법 시행령」 제2조의3 제1항 제3호에 의해 외국의 간접투자자산운용업자가 발행하는 수익증권. 다만, 「간접투자자산 운용업법」 제159조의 규정에 따라 국내에서 판매된 것에 한한다.
10. 「증권거래법 시행령」 제2조의3 제1항 제3호의3에 의해 주택저당채권유동화회사가 발행한 주택저당증권. 다만, 신용평가기관의 신용평가등급이 투자적격인 경우에 한한다.
11. 「증권거래법 시행령」 제2조의3 제1항 제3호의4에 의해 한국주택금융공사가 발행한 주택저당증권 및 학자금대출증권. 다만, 신용평가기관의 신용평가등급이 투자적격인 경우에 한한다.
12. 「증권거래법 시행령」 제2조의3 제1항 제4호에 의해 기업이 발행한 어음. 다만, 신용평가기관의 신용평가등급이 투자적격(A3- 이상)인 경우에 한한다.
13. 「증권거래법 시행령」 제2조의3 제1항 제7호에 의해 특정 주권의 가격이나 주가지수 수치의 변동과 연계하여 주권 또는 금전의 지급청구권을 표시하는 증권 또는 증서. 다만, 공모로 발행되고 상환금액의 최대 손실이 원금의 40% 이내인 경우에 한한다.
14. 「증권거래법 시행령」 제2조의3 제1항 제8호에 의해 발행된 증권 또는 증서. 다만, 공모로 발행되고 상환금액의 최대 손실이 원금의 40% 이내인 경우에 한한다.

② 제1항 제3호 중 투자회사 주식 및 제1항 제8호의 수익증권 등 간접투자증권의 경우 다음 각 호의 1에 해당하는 간접투자기구가 공모로 발행한 것에 한한다. 다만, 확정급여형퇴직연금의 경우에는 사모의 방법으로 발행한 간접투자증권을 포함한다.

1. 「간접투자자산 운용업법」 제27조 제1호의 증권간접투자기구
2. 「간접투자자산 운용업법」 제27조 제2호의 파생상품간접투자기구. 단, 동 법 시행령 제35조 제2항의 위험평가액이 간접투자기구 자산총액의 40% 이내인 경우에 한한다.
3. 「간접투자자산 운용업법」 제27조 제5호의 단기금융간접투자기구
4. 「간접투자자산 운용업법」 제27조 제6호의 재간접투자기구. 단, 투자대상이 제1호 내지 제3호인 경우(이에 준하는 외국 간접투자증권을 포함한다)에 한한다.

③ 운용지시자가 적립금 운용방법으로 선정한 유가증권이 신용평가등급의 하락 등으로 제1항의 유가증권에 해당되지 않게 될 경우 차기 운용방법 변경시기(퇴직연금규약에 명시된 것을 기준으로 한다. 다만, 변경을 수시로 할 수 있을 경우 3월 이내. 이하 같다)까지는 적립금 운용방법에 해당하는 것으로 본다.

제10조(이해관계인의 범위) ① 시행령 제17조 제1항 제1호라목 단서의 규정에 의한 이해관계인은 사용자와 「주식회사의 외부감사에 관한 법률 시행령」 제1조의3 제1항의 규정에 의한 지배회사 또는 종속회사의 관계에 있는 자를 말한다.

② 운용지시자가 적립금 운용방법으로 선정한 유가증권이 발행자의 지분변동 등에 의해 제1항의 이해관계인에 해당하게 될 경우 차기 운용방법 변경시기까지는 동 이해관계인에 해당하지 않는 것으로 본다.

제11조(기타 적립금의 운용방법) 시행령 제17조 제1항 제1호마목의 규정에 의한 적립금 운용방법은 다음 각 호의 1과 같다.

1. 「증권업감독규정」 제5-26조 제6항의 규정에 의한 환매조건부채권 매수계약
2. 「간접투자자산 운용업법」 제2조 제8호 및 제9호의 장내 및 장외파생상품 거래계약(제9조 제1항 제13호 및 제14호의 경우를 제외한다). 다만, 기초자산에 대한 위험회피 목적으로 체결된 것에 한한다.
3. 법 제14조 제3호 및 제4호의 금융기관이 발행한 발행어음 및 표지어음

제12조(위험자산별 투자한도 등) ① 시행령 제17조 제1항 제2호가목의 규정에 의한 확정급여형퇴직연금에 대한 위험자산의 종류 및 투자한도는 다음 각 호와 같다. 다만, 투자한도는 사용자별 적립금 총액을 기준으로 한다.

1. 다음 각 목의 주식 등에 대한 투자는 100분의 30 이내
   가. 제9조 제1항 제3호, 제4호나목 및 제5호의 규정에 의해 국내외 유가증권시장 등에 상장된 주식(다만, 투자회사의 주식은 제외한다) 및 유가증권예탁증서
   나. 주식형(약관 또는 정관상 주식의 투자한도가 간접투자기구 자산총액의 100분의 60 이상인 것) 간접투자증권등(제9조 제1항 제3호 및 제8호 중 「간접투자자산 운용업법」 제2조 제13호의 규정에 의한 간접투자증권 또는 시행령 제17조 제1항 제1호나목의 보험계약 중 보험금이 자산운용의 성과에 따라 변동하는 계약. 이하 "간접투자증권등"이라 한다)
   다. 제9조 제1항 제4호나목 및 제9호의 규정에 의한 외국 간접투자증권
   라. 제9조 제1항 제2호 중 전환사채, 신주인수권부사채, 교환사채 등 주식을 취득할 수 있는 권한이 부여된 채권
   마. 제9조 제1항 제2호 중 후순위채권

바. 제9조 제1항 제13호 및 제14호 중 최대손실 범위가 원금의 10%를 초과하는 증권 또는 증서

사. 파생상품간접투자증권등(「간접투자자산 운용업법」 제27조제2호의 파생상품간접투자기구가 발행하는 간접투자증권 또는 이에 준하는 자산운용을 하는 보험계약)

2. 다음 각 목의 수익증권 등에 대한 투자는 100분의 40 이내

가. 혼합형(약관 또는 정관상 주식의 투자한도가 간접투자기구 자산총액의 100분의 40 초과 100분의 60 미만인 것) 간접투자증권등

나. 투자적격등급 이외의 채권, 기업어음 또는 후순위채권 등에 대한 약관 또는 정관상 투자한도가 간접투자기구 자산총액의 100분의 30 이상인 간접투자증권등

다. 재간접투자기구의 간접투자증권으로서 가목 및 나목의 간접투자증권, 제1호나목의 주식형 간접투자증권등, 제1호다목의 외국 간접투자증권 및 「간접투자자산 운용업법」 제27조 제2호의 파생간접투자기구가 발행한 증권에 대한 약관 또는 정관상 투자한도의 합계가 간접투자기구 자산총액의 100분의 50 이상인 것

라. 제9조 제1항 제6호 및 제7호에 의해 신탁회사가 발행한 수익증권

마. 외국 채권에 대한 약관 또는 정관상 투자한도가 간접투자기구 자산총액의 100분의 50 이상인 간접투자증권등

바. 제9조 제1항 제4호 가목의 규정에 의한 외국의 투자적격 채권. 다만, 환위험 헤지거래를 체결하고 신용평가등급이 A- 이상인 국채는 제외한다.

3. 제1호 내지 제2호의 규정에 불구하고 집중투자로 인해 투자위험이 발생할 수 있는 경우 별도의 위험자산으로 간주하여 다음 각 목과 같이 투자한도를 적용한다.

가. 동일 주식회사가 발행한 주식(투자회사 주식은 제외)의 투자한도는 100분의 10 이내. 이 경우 투자한 주식 수는 발행주식수의 100분의 10을 초과할 수 없다.

나. 동일 법인이 발행한 채권, 기업어음 및 환매조건부채권 매수계약을 합한 자산(이하 "신용공여 성격의 투자자산"이라 한다)에 대한 투자한도는 100분의 5 이내

다. 동일 계열기업군(「독점규제 및 공정거래에 관한 법률」 제2조 제2호의 규정에 의한 기업집단을 말한다)에 속한 기업이 발행한 신용공여 성격의 투자자산에 대한 투자한도는 100분의 15 이내

라. 사용자와 「독점규제 및 공정거래에 관한 법률」 제2조 제3호의 규정에 의한 계열회사 또는 「주식회사의 외부감사에 관한 법률」 제13조에 의한 기업회계기준에서 규정한 지분법 적용관계에 있는 자(다만, 제10조의 규정에 의한 이해관계인을 제외한다)가 발행한 신용공여 성격의 투자자산에 대한 투자한도는 100분의 5 이내

② 제1항 제1호 나목, 사목 및 제2호 가목 내지 마목의 규정에 불구하고, 제9조 제2항 단서규정에 의해 확정급여형퇴직연금에서 취득한 사모 간접투자증권에 편입되어 있는 위험자산은 직접 투자한 위험자산으로 간주하여 제1항 제1호 가목, 다목 내지 바목 및 제1항 제2호바목의 규정을 적용한다. 이 경우 동 간접투자증권은 제10조의 이해관계인이 발행한 유가증권을 편입할 수 없다.

③ 시행령 제17조 제1항 제2호가목의 규정에 의한 확정기여형퇴직연금 및 개인퇴직계좌에 대한 위험자산의 종류 및 투자한도는 다음 각 호와 같다. 다만, 투자한도는 가입자별 적립금 총액을 기준으로 한다.

1. 제9조 각 호에서 규정하지 않은 유가증권과 다음 각 목의 운용방법에는 투자할 수 없다.

가. 제1항 제1호 각 목의 주식 등. 다만, 제1항 제1호 다목의 외국 간접투자증권 의

경우 제1항 제1호 나목 및 사목, 제1항 제2호 가목 및 나목에 준하는 것에 한한다.

나. 제1항 제2호 가목 및 나목의 간접투자증권등

2. 다음 각 목의 외국 유가증권 등에 대한 투자는 100분의 30 이내

가. 제9조 제1항 제4호 가목의 규정에 의한 외국의 투자적격 채권. 다만, 환위험 헤지거래를 체결하고 신용평가등급이 A- 이상인 국채는 제외한다.

나. 제9조 제1항 제4호 나목 및 제9호의 규정에 의한 외국 간접투자증권 중 제1호 가목에 해당하지 않는 것

다. 제1항 제2호 마목의 간접투자증권등

3. 제1항 제3호 라목에서 규정한 위험자산에 대한 투자한도는 100분의 10 이내

4. 동일 법인이 발행한 유가증권(간접투자증권등은 제외한다)에 대한 투자한도는 100분의 30 이내

④ 운용지시자가 운용방법을 선정한 이후 다음 각 호의 1에 해당하는 사유에 의해 제1항 각 호의 1에서 규정한 투자한도를 초과하게 될 경우 차기 운용방법 변경시기(운용지시자가 적용되는 퇴직연금규약에 명시된 것을 기준으로 한다. 다만, 변경을 수시로 할 수 있을 경우 3월 이내)까지는 동 한도 제한을 위반한 것으로 보지 아니한다.

1. 적립금에 편입되어 있는 각 운용방법에 대한 시장가치(공정가액)의 변동
2. 예상하지 못한 경비발생 등에 의한 적립금 총액의 감소
3. 계열사 및 지분법 적용대상 기업에 대한 범위의 변동
4. 유가증권을 발행한 기업 및 기관의 인수·합병 및 통합
5. 주식의 소각
6. 기타 제1호 내지 제5호에 준하는 사유로서 감독원장이 정하는 사항

제13조(간접투자운용방법의 투자한도) 시행령 제17조 제1항 제2호나목의 규정에 의한 확정기여형퇴직연금 및 개인퇴직계좌의 간접투자 운용방법의 경우 위험자산(제12조 제3항 제1호의 규정에 의한 위험자산)에 대한 총투자한도(약관 또는 정관에 명시된 최대 투자한도를 기준으로 한다)는 운용방법별 적립금액의 100분의 40으로 한다.

제14조(적립금 운용방법 및 기준의 위반사실 통보) 시행령 제17조 제1항의 규정을 위반하는 사실이 발생하는 경우 운용관리기관은 즉시 동 사실을 당해 운용지시자에게 통보하여야 한다.

제4장 퇴직연금사업자의 책무 등

제15조(약관의 제정 및 변경의 보고) ① 법 제20조 제6항의 규정에 의하여 퇴직연금사업자는 법 제15조 및 제16조에서 규정한 운용관리계약 또는 자산관리계약의 약관을 제정하거나 변경하는 경우 시행예정일로부터 10영업일 전까지 별지 제3호에서 정한 서식으로 금감위에 보고하여야 한다. 다만, 「신탁업법」 제25조의2 및 「보험업법」 제127조에 의해 약관을 보고 또는 신고?제출함으로써 금감위에 대한 약관의 보고를 갈음할 수 있다.

② 제1항의 규정에도 불구하고 다음 각 목의 경우 약관의 시행후 10영업일 이내에 금감위에 제출할 수 있다.

가. 법령의 개정 또는 금융감독위원회의 명령에 의한 약관의 변경

나. 표준약관을 원용하는 약관의 제정 또는 변경

다. 실질적 내용이 변경되지 아니하는 범위 내의 단순한 자구수정 등 경미한 사항의 변경

제16조(표준약관) ① 퇴직연금사업자가 속한 관련 금융협회(이하 "협회"라 한다)는 운용관리계약과 자산관리계약의 표준이 되는 약관(이하 "표준약관"이라 한다)을 제정·변경할 수 있다.

② 각 협회는 제1항의 규정에 의하여 표준약관을 제정 또는 변경하고자 하는 때에는 미리 금감위에 보고하여야 한다.

③ 표준약관의 제정 및 변경의 보고에 대하여는 제15조 제1항의 규정을 준용한다.

제17조(약관 등의 작성 및 운용기준) 퇴직연금사업자 및 협회는 다음 각 호에서 정한 기준에 따라 약관 및 표준약관(이하 "약관 등"이라 한다)을 작성하고 운용하여야 한다.

1. 신의성실의 원칙에 따라 공정하게 작성하여야 한다.
2. 퇴직연금 가입자의 이익을 최대한 보호하여야 한다.
3. 건전한 금융거래질서가 유지될 수 있도록 하여야 한다.
4. 「약관의 규제에 관한 법률」 등 관계법령을 준수하여야 한다.

제18조(심사기준 등) 감독원장은 제15조 및 제16조의 규정에 따라 금감위가 퇴직연금사업자 또는 협회로부터 보고받은 약관 등에 대해 다음 각 호의 1에 해당하는 내용을 포함하고 있는지 여부를 심사한다.

1. 법 제15조 제1항 및 제16조 제1항의 규정에서 정한 각각의 업무를 정상적으로 수행하기 위한 구체적 방법에 관한 내용
2. 법 제19조 제1항의 규정에 의하여 가입자 교육이 위탁된 경우 구체적인 교육방법 등에 관한 내용
3. 법 제20조 제5항의 규정에서 정한 적립금 운용실적 및 급여 지급사항 등 퇴직연금 운영과 관련한 정보의 제공에 관한 내용
4. 퇴직연금사업자의 고의 또는 중대한 과실로 인한 법률상의 책임을 배제하는 내용
5. 정당한 이유없이 퇴직연금사업자의 손해배상범위를 제한하거나 퇴직연금사업자가 부담하여야 할 위험을 사용자 또는 가입자에게 이전시키는 내용
6. 계약해지, 계약이전 및 중도인출 등을 부당하게 제한하는 내용
7. 기타 「약관의 규제에 관한 법률」 등 관련 법령에서 정한 사항에 위배되는 내용

제19조(약관 등의 변경명령) ① 금감위가 퇴직연금사업자 또는 협회로부터 보고받은 약관 등의 내용이 관련 법령 및 이 규정에 위반되는 경우 감독원장은 제15조 및 제16조의 규정에 의하여 보고일로부터 10영업일 이내에 그 내용을 변경하거나 보완할 것을 명할 수 있다.

② 제1항의 규정에 따라 약관 등의 변경명령 등을 받은 퇴직연금사업자는 감독원장이 정하는 기일 이내에 변경된 약관 등을 금감위에 보고하여야 한다.

제20조(업무보고서의 제출 등) ① 퇴직연금사업자는 매분기별 영업보고서와 매영업년도의 업무보고서를 감독원장에게 제출하여야 한다.

② 제1항의 규정에 의한 보고서의 내용, 형식, 제출시기 등 필요한 사항은 감독원장이 정한다.

③ 퇴직연금사업자는 감독원장이 업무수행을 위하여 요구하는 자료를 제출하여야 한다.

제21조(퇴직연금사업자의 공시) ① 퇴직연금사업자는 법 제20조 제7항에 의하여 다음 각 호의 사항을 자사의 인터넷 홈페이지에 게시하는 방법으로 공시한다.

1. 적립금 운용금액 및 적립금 운용수익률
2. 퇴직연금사업자가 수행하는 업무의 종류 및 업무수행방법(위탁 여부 등)
3. 운용관리수수료 및 자산관리수수료
4. 사용자 또는 가입자에게 제공한 적립금 운용방법 및 수익률
5. 운용관리계약 또는 자산관리계약 약관

② 감독원장은 각 협회를 통하여 필요한 사항을 비교공시하게 할 수 있다.

③ 감독원장은 퇴직연금사업자 및 협회의 공시내용이 사실과 달라 가입자 등을 보호할 필요가 있다고 인정되는 경우에는 공시의 중단 또는 정정공시 등을 명할 수 있다.

第22條(퇴직연금사업자의 업무 및 재산상황 검사 등) 법 제23조 제4항에 의해 감독원장은 퇴직연금사업자의 업무 및 재산상황에 대한 검사결과를 해당 금융기관의 경영실태평가에 반영할 수 있다.

제5장 보 칙

第23條(외국어로 된 자료) ① 운용관리기관 및 자산관리기관 등이 이 규정에 의하여 금감위 또는 감독원장에게 제출하는 서류 중 외국어로 작성된 서류는 국문으로 번역된 요약본을 첨부하여야 하며, 외국에서 작성된 서류는 현지의 공증을 받아야 한다.

② 제1항의 규정에 의하여 금감위 또는 감독원장에게 제출된 서류 중 외국어로 작성된 서류의 내용이 국문으로 번역된 서류의 내용과 다른 경우에는 국문으로 번역된 서류의 내용이 우선한다.

第24條(업무의 보좌) 「금융감독기구의설치등에관한법률」 제37조 제3호의 규정에 의하여 감독원장은 다음 각 호의 방법에 의하여 금감위의 업무를 보좌한다.

1. 금감위에 대한 각종 신청서, 보고서 등의 접수
2. 금감위에 대한 부의안, 보고안 등의 작성
3. 금감위의 규정 또는 결정사항의 집행
4. 금감위의 위임 및 지시사항의 처리 등

부 칙

제1조(시행일) 이 규정은 2005년 12월 1일부터 시행한다.

제2조(경과조치) 제8조 제1호의 규정에 의한 신용평가등급이 없는 금융기관에 대해 2006년 5월 31일까지 동 규정이 정한 요건의 적용을 유예한다.

참고문헌

■ 서 적 ■

금융감독원 조사연구실, 「퇴직연금의 재무건전성감독모델」, 2005. 6.

금융감독원, 「퇴직연금 감독규정」, 2005. 10.

김재현 · 이경희, 「생명보험산업의 자산운용규제 개선방향에 관한 연구」, 보험개발원 보험연구소 연구보고서, 2001. 10.

김해식, 「미국의 퇴직연금회계제도 연구」, 보험개발원 보험연구소 연구보고서, 1999. 6.

김성일 · 서창환, 「퇴직연금제」, 랜덤하우스중앙, 2005. 10.

남재현, 「주요국의 퇴직연금 현황과 시사점」, 한국금융연구원 기타보고서, 2005. 8.

노동부, 「근로자퇴직급여보장법」, 2005. 1.

노동부, 「근로자퇴직급여보장법 시행령」, 2005. 7.

노동부고시 제 2005-29호(2005년 10월 5일).

류건식, 「기업연금의 재정방식에 관한 보험수리적 고찰」, 한양대 경영학 석사논문, 1991.12.

류건식 · 손성동, 「기업연금제도의 운용과 위험관리방향」, 보험감독원 보험조사자료(98-01), 1998. 9.

류건식 · 장웅수 · 손성동 · 김태근, 「기업연금제도 개선방안 연구」, 삼성금융연구소 연구보고서, 2000. 4.

류건식 · 이태열, 「퇴직연금제도의 규제감독체계에 관한 연구」, 보험개발원 보험연구소 연구보고서, 2004. 7.

류건식 · 김세환, 「 보험회사의 퇴직연금 리스크관리전략」, 보험개발원 보험연구소 연구보고서, 2004. 7.

류건식 · 신문식 · 정석영, 「 보험회사의 퇴직연금 마케팅전략」, 보험개발원 보험연구소 연구보고서, 2005. 2.

류건식 · 이상우, 「퇴직연금제도의 재정평가체계에 관한 연구」, 보험개발원 보험연구소 연구보고서, 2004. 7.

류건식 · 박홍민 · 남효성, 「퇴직연금시장 전망 및 향후과제」, CEO Report, 보험개발원, 2003. 12.

류건식 · 신문식, 「퇴직연금시대도래 및 보험회사진입전략」, CEO Report, 보험개발원, 2004. 7.

류건식 · 이상우, 「보험회사의 퇴직연금 운용전략」, CEO Report, 보험개발원, 2006. 1.

민재성, 김원식, 「한국의 퇴직금제도와 기업연금제도 도입방안」, KDI, 1990. 11.

박홍민 · 이경희, 「기업연금시장 활성화와 보험회사 대응전략」, 보험개발원 보험연구소 연구 보고서, 2002. 4.

박홍민외, 「해외출장보고서」, 보험개발원 생명보험본부, 2004. 9. 20.

서병남, 「기업연금보험론(I)」, 보험연수원, 1999. 3.

성주호 · 김진억, 「퇴직연금 계리 및 재정」, 보험개발원 연구보고서, 1998. 6

신기철, 「기업연금제도의 재무건전성제고방안」, 노동연구원 전문가포럼자료, 2003. 3.

이봉주, 「핵심 보험경영론」, 경희대학교 출판국, 2005. 2.

이봉주 · 이순재 · 김재현 · 김헌수, 「퇴직연금제도 도입에 따른 임금채권보장제도 개편 방안」, 노동부 용역보고서, 2005. 3.

퇴직연금 감독규정 작업반, 「퇴직연금 계산기초율 적용기준」, 2005. 5.

Allen, E. T., J. J. Melone, J. S. Rosenbloom, D. F. Mahoney. 2003. *Pension Planning: Pension, Profit–Sharing, and Other Deferred Compensation Plans*(9th ed.) New York, NY: McGraw–Hill/Irwin.

Bodie, Z., O. S. Mitchell, and J. A. Turner. 1996. *Securing employer–based pensions: an international perspective*. Pension Research Council. Wharton School of the University of Pennsylvania.

Charles L, Trowbridge, *Fundamentals of Pension Funding*(Transactions Vol Ⅵ 1952).

Current Population Survey, 1995. 3.

E. Philip Davis, *Pension Funds*, Oxford University Press, 1995.

Frank J. Fabozzi, *Pension Fund Investment Management: A Handbook for Sponsors and Their Advisors*, 1990.

Investment Company Institute, *Mutual Funds and the Retirement Market*, Fundamentals, July 1999.

Keith Ambachtsheer, *Pension Funds and the Bottom Line: Managing the Corporate Pension Fund as a Financial Business*, 1991.

McGill, D. M., K. N. Brown, J. J. Haley and S. J. Schieber. 2005. *Fundamentals of Private Pensions*(8th ed.) New York, NY: Oxford University Press.

OECD, *Draft Guidelines on Pension Fund Asset Management*, 2003. 11.

OECD, *Supervisory Structure for Private Pension Fund: Survey Analysis*,

2003. 11.

OECD, *Survey of Investment Regulation of Pension Funds*, 2003. 6.

Russel L. Olson, *The Independent Fiduciary: Investment for Pension Funds and Endowment Funds*, 2000.

吉原健二, 「21世紀の 企業年金」, 東洋經濟新報社, 平成 9年 9月.

內藤修治, 「年金數理」, 日本保險計理士會, 平成元年 4月.

富士綜合硏究所(2002), 「企業年金の資産運用」, 日本法令, 2002년 11월, p. 165

富士總合硏究所, 「確定醵出型年金導入」, 日本法令, 2000. 1.

富士總合硏究所 企業年金コンサルティング室編,「確定據出型 年金導入」, 「日本法令」, 平成 12年 4月

社團法人日本生活福祉硏究機構, 「アンケート調査結果報告書」, 2002. 10.

山口 修, 「確定醵出年金のすべて」, 金融財政事情硏究會, 2002. 5.

山口 修, 「確定醵出型年金の導入戰略」, 東洋經濟新報社, 1999. 2.

山田正次, 「變革期の 企業年金戰略」, 日本經濟新聞社, 1996. 6.

日本生命保險文化 センタ-, 「2002 企業の福利厚生制度に關する調査」, 2003. 5

日本生命保險文化硏究所, 「企業年金」, 1999.

田村正雄, 「年金財政」, 社會保險廣報社, 1992. 2.

第一生命ニコ-ヨ-ク401(k)硏究會 編著, 「401(k)フランのすべて」, 金融財政事情硏究會, 平成 11年 4月.

第一生命保險相互會社, 「企業年金の 數理と 財政」, 社會保險廣報社, 昭和63年 12月.

中島富三, 「確定醵出年金」, 國政情報센터 2002. 8.

中北徹, 「企業年金の未來:401Kと日本經濟の變革」, ちくま新書, 2001. 2.

中央三井信託銀行 確定據出年金硏究會 著, 「企業のための制度設計Guide, 金融財政事情硏究 會」, 平成12年 12月.

土浪修, 「年金法制における運用機關の受託者責任と生命保險社」, 日生基礎硏究所, 2002.9.

厚生年金基金聯合會 編, 「運用自由化時代の年金基金の資産運用」, 東洋經濟新報社, 1999.2.

■ 논 문 ■

김용하, 「퇴직연금활성화를 위한 제도적 정착과제」, FY2005년 동계 금융정책 심포지엄 발표자료, 2005. 11. 28. pp. 3-39.

김원식, 「퇴직연금제도의 문제점과 발전방향」, 보험개발연구 제16권 제1호, 2005년 3월, pp.104-106.

류건식, 「연금회계기준의 적용과 기업연금의 위험관리」, 「리스크관리연구」제10집, 98년 가을호, 한국리스크관리학회, 1998. 12., pp.159-196.

류건식, 「우리나라 기업연금회계제도의 도입과제」, 「보험학회지」제53집, 한국보험학회, 1999. 3., pp.227-258.

류건식 · 손성동, 「기업연금의 지급보증제도 개선방안」, 「리스크관리연구」제55집, 한국리스크관리학회, 1999. 12., pp.140-167.

류건식, 「선진국의 기업연금위험관리와 시사점(I)」, 월간생협, 통권 257, 생명보험협회, 2000. 6. pp.7-18.

류건식, 「선진국의 기업연금위험관리와 시사점(Ⅱ)」, 월간생협, 통권 258, 생명보험협회, 2000. 7., pp.10-21.

류건식, 「퇴직연금제도의 감독정책방안 연구」, 한림법학 FORUM 제13권, 한림대학교 법학연구소, 2003. 12., pp.43-82.

류건식, 「퇴직연금 기금운용의 규제 및 감독방안」, 보험개발원, 한림대학교 공동주최(매일 경제신문사후원), 「퇴직연금 도입관련 정책세미나(주제발표)자료집」, 2003. 10.

류건식, 「퇴직연금제도 도입에 따른 금융산업의 위기와 기회: 퇴직연금제도에 대한 리스크 관리 및 감독방향」, FY2005년 동계 금융정책 심포지엄 주제발표 (예금보험공사 대강 당)논문, 2005. 11. 28. pp. 62-124.

류건식, 「퇴직연금시장에의 보험회사 진출전략과 향후과제」, 「제40회 한국보험학회 학술세미나(주제발표)자료집」, 2004. 5.

류건식, 「연금개혁과 사적연금: 퇴직연금제등을 중심으로」, 「한국사회보장학회 추계학술대회 세미나집」, 2004. 10. 22.

류건식 · 김광빈, 「기업연금 재정방식의 도입방안에 관한 연구」, 「보험조사월보」, 제20권 제2호, 보험감독원, 1997. 2., pp. 36-104.

류건식 · 손성동, 「기업연금도입에 따른 수급권보호제도정립방안」, 「사회보장연구」제14권 2호, 한국사회보장학회, 1998. 12., pp. 207-239.

류건식 · 손성동, 「기업연금운용과 수급권보호」, 「보험조사월보」,제21권 제3호, 보험감독원, 1998. 7., pp. 7-26.

류건식 · 손성동, 「기업연금운용과 수탁자책임」, 「보험조사월보」,제21권 제3호, 보험감독원, 1998. 3., pp. 7-26.

류건식 · 손성동, 「기업연금제도의 개선방안」, 「손해보험」, 대한손해보험협회, 2001. 1., pp. 98-108.

류건식 · 손성동, 「미국기업연금의 운용과 재정제도」, 「사회보장연구」 제13권 제2호, 한국 사회보장학회, 1997.12., pp. 129-154.

류건식 · 손성동, 「퇴직보험의 효율적 운용방안」, 「손해보험지」,대한손해보험협회, 1998. 10., pp. 30-45.

류건식 · 신문식, 「퇴직연금제도의 시행과 손해보험회사의 대응」, 「손해보험」, 대한손해보험협회, 2004. 9.

류건식 · 신문식, 「손해보험회사의 퇴직연금리스크관리와 대응」, 「손해보험」, 대한손해보험협회, 2004. 10.

류건식 · 신문식, 「근로자의 퇴직연금제도 인식실태와 노후보장체계」, 사회보장연구 제21권 제3호(제34집), 한국사회보장학회, 2005. 9, pp. 1-21.

류건식 · 박홍민, 「기업연금도입과 보험회사의 역할제고방향」, 「제39회 한국보험학회 정책세 미나(주제발표)자료집」, 2003. 5.

류건식 · 이태열, 「퇴직연금 기금운용의 규제 및 감독방안」, 「보험개발연구」, 보험개발원 제14권 제3호 통권 제40호., 2003. 12. pp. 99-146.

류건식 · 이희철, 「기업연금재정방식특성과 효율적 도입방안」, 「생협」, 통권 159호, 생명보험협회, 1992. 4., pp. 21-31.

류건식 · 정석영, 「보험회사의 퇴직연금리스크관리 준비실태분석」, 「리스크관리연구」, 한국 리스크관리학회, 제15권 제1호 제21집., 2004. 6. pp. 63-96.

류건식 · 이태열, 「퇴직연금 규제감독체계에 관한 보험회사의 인식실태분석」, 「보험개발연 구」,제15권 제2호 통권 제42호, 보험개발원 보험연구소, 2004. 9., pp. 37-70.

류건식 · 이기화, 「연금개혁의 동향과 사적연금제의 발전방안」, 월간생협, 2004. 12., pp. 7-37.

류동순, 「확정기여형 퇴직연금과 금융기관의 신규사업기회」, 월간금융, 2005. 9. pp. 33-34

성주호, 「연기금 지급능력 안전성을 위한 장기상각전략방안」, 「보험개발연구」, 2004. 3., pp. 67-96.

신기철, 「기업연금 도입이 금융시장에 미칠 영향」, 「증권예탁지」, 2003. 4., pp. 1-40.

신문식, 「일본출장보고서」, 보험개발원 보험연구소, 2004. 6.

이기화, 「선진국의 연금제도 개혁동향 및 시사점」, 월간생협, 2004. 10., pp. 21-38.

이봉주 · 류건식, 「기업연금제도의 변천과 재정운용」, 「보험학회지」제51집, 한국보험학회, 1998. 3., pp. 201-230.

이봉주 · 이순재 · 김재현 · 김헌수, 「확정급여형 퇴직연금제도의 사후적 수급권 보장방안」, 「사회보장연구」 제21권 제4호. 한국사회보장학회, 2005. 10, pp. 89-116.

이봉주 · 이순재 · 김재현 · 김헌수, 「확정급여형 퇴직연금제도의 사후적 수급권보장방안」, 2005년도경영관련학회 하계통합학술대회(보광피닉스파크)발표자료집, 2005. 8. 17~8. 19, pp. 14-35.

이중기, 「퇴직연금의 지배구조」, 「한림법학 FORUM」 제13권, 한림대학교 법학연구소, 2003. 12., pp. 99-105.

이홍무, 「퇴직연금 수급권보호의 취약성과 낮은 적립수준에 대한 선진국의 사례(下)」, 손해보험지 10월호, 2005. 10., pp. 20-43.

이홍무, 「일본 기업연금제도의 개혁과 과제」, 21세기 근로복지연구회 및 한국사회보장학

회 주관 세미나 발표자료

Bodie, Z. 1990. "Pensions as Retirement Income Insurance," Journal of Economic Literature 28:28-49.

Bodie, Z. 1996. "What the pension benefit guarantee corporation can learn from the Federal Savings and Loan Insurance Corporation," Journal of Financial Services Research 10: 83-100.

Helmut Reisen, Liberalizing Foreign Investments by Pension Funds: Positive and Normative Aspects, *OECD Working Paper*, January 1997.

Wonku Hong, "The Effect of Defined Contribution Pension on Retirement," ARIA, 2004, 8.

J. M. Poterba, S. V. Venti and D. A. Wise," Lump-sum Distribution from Retirement Saving Plans" Inquiries in the Economics of Aging, *NBER*, 1998.

Mark W. Riepe, Scott L. Lummer, *Pension Investment Handbook*, A Panel Publication Aspen Publishers, Inc., 1996.

N. G. Terry and P. J. White, "The role of pension schemes in recruitment and motivation: Some survey evidence," *Employee Relations*, Vol.19 No.2, 1997, pp.160-175.

N. G. Terry and P. J. White, "The role of pension schemes in recruitment and motivation: Some survey evidence," *Employee Relations*, Vol.19 No. 2, 1997, pp.160-175.

Tongxuan Yang, "Understanding the Defined Benefit vs Defined Contribution Pension Choice," ARIA, 2004, 8.

柳建植 · 申文植, 「勤勞者退職年金の選好度分析:韓國のケース中心に」, 保險學雜誌 第589号, 日本保險學會, 平成 17年 6月(2005. 6)., pp. 52-75.

李鳳周 · 柳建植 · 申文植, 「韓國型 退職年金制度の受給權保護は 向後課題」, 保險學雜誌 第 591号, 日本保險學會, 平成 18年 3月(2006. 3).

색　　인

[영문]

공저자 약력

이봉주(李鳳周)

[약력]

서강대학교 무역학과 졸업
미국 Indiana University, 경영학석사 (MBA)
미국 Indiana University, 경영학박사 (Ph.D. 보험금융전공)
삼성경제연구소 선임연구원
보험개발원 연구위원 및 조사연구실장
한국보험학회,한국리스크관리학회, 기업윤리학회이사, Asia-Pacific Risk and Insurance Association 이사
현재: 경희대학교 국제경영학부 교수

[저서]

핵심보험경영론, 경희대학교 출판국, 2005.
Risk-Based Capial(공저), 경희대학교 출판국, 2005.
보험과 리스크관리(공저), 문영사, 2006.

[논문]

"기업연금제도의 변천과 재정운용"
"확정급여형 퇴직연금제도의 사후적 수급권 보장방안"
"Effect of Market Access on Property-Liability Insurer Performance in Korea and Japan"
"A Cross-Cultural Comparison of the Ethical Environments of the U.S. and South Korean Life Insurance Markets" 등 47편

류건식(柳建植)

[약력]

전북대학교 경제학과 졸업
한양대학교 경영학석사(보험수리전공)
전북대학교 경제학박사(보험경제전공), 보험계리사
삼성금융연구소 수석연구원
보험감독원 연구위원
한국보험계리사회 이사, 한국리스크관리학회 이사
현재: 보험개발원 연구위원 및 재무연구팀장

[저서]

생명보험수리(공저), 박문각, 1992.
대인손해사정사연습(공저), 서울고시각, 2000.
보험수리학, 형설출판사, 2001.

[논문]

"퇴직연금 기금운용의 규제 및 감독방안"
"보험회사의 퇴직연금리스크관리 준비실태분석"
"연금개혁의 동향과 사적연금제의 발전방안"
"勤勞者退職年金の選好度分析: 韓國のケース中心に" 등 39편

퇴직연금론

2006年 4月 25日 初版印刷
2006年 5月 5日 初版發行

共著者 이봉주 · 류건식
發行人 安 鍾 萬
發行處 (株) 博 英 社
서울特別市 鍾路區 平洞 13-31番地
電話 (733)6771 FAX (736)4818
登錄 1959. 3. 11. 제300-1959-1호(倫)

www.pakyoungsa.co.kr e-mail: pys@pakyoungsa.co.kr

定 價 30,000원 ISBN 89-7189-447-4